Gelber Kaiser

Der Autor

Raymond A. Scofield, Jahrgang 1953, studierte Asiatische Geschichte und Sprachen und ist seit vielen Jahren als Journalist und Fernsehkorrespondent in Ostasien tätig. *Gelber Kaiser* ist sein erster Roman, in dem er seine Kenntnisse der chinesischen Geschichte, Gesellschaft und Politik auf äußerst spannende Weise verarbeitet hat.

Raymond A. Scofield

Gelber Kaiser

Roman

Scherz

Besuchen Sie uns im Internet:
www.scherzverlag.de

Taschenbuchausgabe Scherz Verlag, Bern, München, Wien, 2002

Lizenzausgabe mit Genehmigung der
Droemer Knaur Nachf. GmbH & Co., München

ISBN 3-502-51868-8
Umschlaggestaltung: ja DESIGN, Bern:
Julie Ting & Andreas Rufer
Umschlagbild: Walter Bibikow/Getty-Images, Stone, München
Gesamtherstellung: Ebner & Spiegel, Ulm

Für Valeria und Adrian

Von den fünfunddreißig Tugenden eines großen
Feldherrn ist dies die wichtigste:
ein liebendes Herz.

Dschingis Khan

Inhalt

Die Hauptpersonen

Bao Ji	Leiter der *Volkskommune 8. Juni*
Flint Cartlin	Direktor der CIA
Chen Hong	Offizier der Einheit *Rote Fahne*
George Franklin Farlane	Kleiner Drache, Xiaolong, Sohn von John Farlane
John Farlane	China-Missionar
Stenton Farlane	Professor für chinesische Sprache
Sophia Wong-Farlane	Dolmetscherin im State Department, Frau von Stenton Farlane
Han Changfa	Nachfolger von Bao Ji
Sterling Hewett III	Unterstaatssekretär im State Department
Hong Fansen	Parteikader
Honghua	Rote Blume, Frau von George Franklin Farlane
General Huang Liao	Befehlshaber der Militärregion Shenyang
General Jiang	Befehlshaber der Kriegszone Guangdong
Lao Ding	Wettveranstalter in Peking
Lao Zhu	Buchbinder und kommunistischer Kader in Changsha
Laohu	«Tiger», Fallschirmspringer
Jackie Lau Wong-Lam	Geschäftsmann in Shenzen

Lee Tai Du	Berufskiller, «Der Schatten des Todes»
Li Ling	Stenton Farlanes Jugendliebe
Marco	C-17-Agent, Bereich: China
Professor Pan	Direktor des Militärhospitals Nummer 1
General Pun	Geheimdienstkoordinator Taiwans
Fred Summers	Bereichsleiter Fernost/CIA
General Wang Guoming	Großer Wang, Revolutionsveteran und Kriegsheld
Sherry Wu	Hostess in Peking
Xiao Han	«Rattenjunge» in Zhangs Folterkeller
General Zhang	Kriegsherr von Yiyang
Zhao Zhongwen	Wirtschaftslenker in Südchina
Zhou Hongjie	Sekretär von General Wang

1. Kapitel

Yiyang, Provinz Hunan, 1931

Die beiden Männer, die sich dem General widersetzt hatten, erregten am zweiten Tag ihres Sterbens kaum noch Aufsehen. Es waren Söldner von außerhalb. Niemand in der Stadt kannte ihre Namen, niemand bedauerte sie. Gestern hatte der Vollzug ihrer Strafe die übliche Menge von Neugierigen angelockt, die sich über das Schnappen und Gurgeln amüsiert hatten, nachdem den Männern die Stimmbänder durchtrennt worden waren. Heute aber schenkten ihnen nur noch müde Bauern auf dem Weg zum Markt flüchtig ihre Aufmerksamkeit, und nur die, die das Spielen nicht lassen konnten, schlossen Wetten darüber ab, welcher der beiden wohl als Erster den Geist aufgeben würde. Der raffinierte Foltermeister des Generals hatte ihnen die Haut an Armen und Beinen abgezogen und sie draußen an der gewohnten Stelle unweit des Lagers an Pfählen festgekettet, damit sie dem zerlumpten Heer ein mahnendes Beispiel abgeben konnten. Aber um diese Jahreszeit waren die Söldner nicht mehr sehr empfänglich für Ermahnungen. Einen Monat vor der Reisernte waren die Bäuche der Krieger genauso leer wie die Speicher der Bauern. Unter diesen Umständen ließ die ohnehin niedrige Disziplin der Truppe immer mehr zu wünschen übrig. Die grausame Strafe, die der General den beiden Männern zugedacht hatte, würde keinen vom Plündern, Rauben und Morden abhalten, und so starben die Verurteilten eines qualvollen, langsamen und dabei sinnlosen Todes.

Nur einem stiegen die Tränen des Schmerzes und der Wut in die Augen, als er die Verstümmelten erblickte. Der Mann hieß John Farlane und stampfte voller Empörung zurück in die Stadt, geradewegs zur Residenz des Generals. Es war dies das größte und würdevollste Gebäude in Yiyang, ehemals der Amtssitz des kaiserlichen Mandarins. Umstanden von Schatten spendenden Platanen beherrschte es vom Hügel aus die Stadt mit seinem ausladenden Dach, dessen Drachenziegel die bösen Geister fern hielten. Von hier oben aus konnte man ganz Yiyang überblicken, wuchernd und hässlich wie ein Geschwür, das die Landschaft befallen hatte, mit ineinander verzahnten Dächern, den in Unrat und faulendem Kompost versinkenden Gassen, eingepfercht und umgeben vom gewaltigen Ring der jahrhundertealten Stadtmauer.

John Farlane durchmaß mit entschlossenen Schritten den weitläufigen Innenhof, an Stallknechten und Wächtern vorbei zum leuchtend roten Eingangstor und verlangte, den Kriegsherrn zu sprechen.

«Der ehrwürdige Herr General ist sehr beschäftigt», ließ ihn der Wachposten wissen. «Kommen Sie ein andermal wieder.»

«Ich habe mit ihm zu sprechen!», schnaubte Farlane und wischte sich den Schweiß von der Stirn. Sein stoppelkurzes, blondes Haar hatte ihm bei den Chinesen den Namen *yangzimao* eingetragen – ausländischer Strohkopf. Farlane wusste sehr wohl, wie viel Spott und Verachtung in diesem Namen mitklang. Aber das war ihm nicht wichtig. Wichtig war allein seine Aufgabe, das Wort Gottes in dieses gottverlassene, schmutzige Land zu bringen und seinen Teil dazu beizutragen, dreihundert Millionen Seelen vor der ewigen Verdammnis zu retten. Und die Menschen, auf die es ihm ankam, nannten ihn nicht *yangzimao*. Sie nannten ihn *mushi* – Meister Hirte.

Der Wächter ließ sich von dem jungen, aufgeregten Amerikaner nicht beeindrucken und glotzte stur durch den Fremden hindurch ins Leere.

«Sie werden es bereuen, wenn Sie mich nicht sofort zum General durchlassen», grollte Farlane und drohte dem Mann mit erhobener Faust.

«Lao Lu! Lass den heiligen Mann herein!», dröhnte aus dem Innern des Gebäudes der kratzige Bass des Kriegsherrn und Farlane brauste trotzig an dem Wächter vorbei in die Empfangshalle. Der General hockte breit auf seinem Stuhl aus Edelholz, der mit Schnitzereien von Feuer speienden Drachen und kämpfenden Tigern verziert war.

Wie der König der Kröten, dachte Farlane angewidert. Der Anblick des dickleibigen Chinesen ekelte ihn. General Zhang mochte nur wenig älter sein als der Amerikaner, vielleicht dreißig Jahre alt. Aber seine enorme Körperfülle täuschte das Auge und ließ ihn viele Jahre älter erscheinen. Der träge Fettwanst musterte den aufgebrachten Missionar aus Augen, in denen es heiter funkelte. Er kaute dabei schmatzend auf einer Ginsengwurzel, die nach dem Dafürhalten seines Leibarztes Langlebigkeit und Manneskraft spendete. Das Hemd seiner operettenhaften Uniform, die er sich nach dem Muster eines Gemäldes von Napoleon hatte anfertigen lassen, war bis hinunter zum Bauchnabel geöffnet. Farlane erblickte wabbelnde Speckringe.

Der Missionar war lange genug in China, um zu wissen, dass er einen unverzeihlichen Fehler beging und dass er im Begriff war vor dem General sein Gesicht zu verlieren. Er wusste, dass es in diesem Land zwecklos und sogar gefährlich war, die eiserne, gleichmütige Haltung aufzugeben und seine wahren Gefühle bloßzulegen. Aber das war ihm jetzt einerlei. Dieser gemeine Strolch, der ihn mit seinem überheblichen Blick verhöhnte, hatte ihn hintergangen, und John Farlane war kein Mann, der seinen Zorn verbergen konnte.

«Sie haben Ihr Versprechen gebrochen», schrie er mit hochrotem Kopf. Wie eine von einem plötzlichen Windstoß ausgeblasene Kerze erlosch der belustigte Ausdruck in des

Generals Augen. Er neigte den Kopf leicht zur Seite und spuckte den Wurzelsaft in hohem Bogen auf den steinernen Fußboden.

«Ich weiß nicht, warum Sie sich so ereifern, heiliger Mann.»

Seine Kaltschnäuzigkeit und der Ausdruck «heiliger Mann», mit dem der General ihn in letzter Zeit gerne neckte, brachten den Mann Gottes zur Weißglut.

«Ich war draußen am Lager!», Farlanes Stimme überschlug sich vor Empörung. «Einer der Männer, die dort sterben, gehört zu mir. Sie hatten kein Recht ihm das Leben zu nehmen!»

Mit einer Schnelligkeit, die schon vielen seiner Feinde zum Verhängnis geworden war, weil niemand seinem fetten Leib eine derartige Kraft und Geschmeidigkeit zugetraut hätte, sprang der Kriegsherr aus seinem Stuhl auf und setzte Farlane seinen Dolch an die Halsschlagader, noch bevor dieser seinen Satz fertig gesprochen hatte. Das Gesicht des Generals kam bis auf einen Zentimeter an das des Missionars heran, der faulige Wurzelatem drang in Farlanes Nase und erfüllte ihn mit Übelkeit und Angst. Er hatte die heftige Reaktion des Chinesen nicht vorausgesehen und bereute sein unbeherrschtes Verhalten. Er bereute in diesem Augenblick überhaupt alles, was er getan hatte. Dass er diesem Mann jemals geglaubt, jemals vertraut hatte. Aber jetzt kamen Reue und Einsicht zu spät. Ohne eine Miene zu verziehen, bohrte der General die Spitze seines Dolches direkt über Farlanes weißem Kragen in seine weiße Haut. Der Unhold würde ihn hier und auf der Stelle töten! Farlane schloss bibbernd die Augen und betete, dass wenigstens seine Frau und sein kleiner Sohn vom Zorn des Wüterichs verschont bleiben würden.

«Sagen Sie so etwas nie wieder», knurrte der General mit zusammengebissenen Zähnen. «Ich habe hier alle Rechte, verstehen Sie, was ich sage? Ich habe das Recht über Leben und Tod. Auch über Ihr Leben und das Leben Ihrer Familie. Sagen Sie nie, nie wieder, dass Ihnen hier irgendetwas gehört. Ihnen gehört nichts. Nicht einmal Ihr eigener Hals. Haben Sie das verstanden, Sie kleiner heiliger Mann?»

Er setzte den Dolch ab.

An der Klinge sah Farlane einen Tropfen seines eigenen Blutes hinunterrinnen. Seine Hände zitterten, seine Knie und auch seine Seele bebten. In einem fernen Winkel seines Gehirns hörte Farlane eine Stimme, die ihn dazu aufforderte, seine Ehre, seinen Glauben, seine Religion zu verteidigen und zu retten. Aber er konnte es nicht. John Farlane, der erst fünfundzwanzig Jahre alt war, erkannte in diesem Moment, als er sein Blut über den kalten Stahl einer chinesischen Messerklinge laufen sah, dass er zu sehr an seinem Leben hing und nicht bereit war, für seinen Glauben zu sterben. Das zerbrach ihn in einer Sekunde wie einen Strohhalm und sein Peiniger spürte es.

«Ich habe verstanden», brachte Farlane hervor.

«Ich habe verstanden – und . . .?»

«Ich habe verstanden, ehrwürdiger Herr General.»

Der Kriegsherr rammte seinen Dolch in einen der mächtigen Holzpfeiler, die das schwere Ziegeldach trugen, und versetzte Farlane so einen Hieb auf die Schulter, dass er zwei Schritte nach vorne stolperte.

«Haben Sie mein Haus mit einem Pinkelloch verwechselt, mein frommer Freund?», polterte Zhang nun plötzlich frohgemut und deutete mit feistem Lachen auf den dunklen Fleck, der sich auf der Hose des Kirchenmannes ausbreitete. Farlane stand mit gesenktem Haupt da und schluchzte vor Erleichterung und Scham.

«Ich bin etwas verwundert über Sie, heiliger Mann. Sie haben mir doch Ihr Ehrenwort gegeben, dass die Fracht aus dem schönen Amerika noch in diesem Monat in Shanghai eintreffen wird. Aber meine Leute dort warten immer noch vergebens. Sie wissen, dass ich eine beträchtliche Stange

Gold und Silber im Voraus bezahlt habe, das ich mir bei den geizigen Blutsaugern leihen musste, die sich Kaufleute schimpfen.»

«Ich bin ganz sicher, dass Ihre Geduld bald belohnt wird», flüsterte Farlane und wünschte, er hätte sich niemals auf den faulen Handel mit diesem Teufel eingelassen.

Wie oft hatte er gebetet, dass sein ehrgeiziges Vorhaben gelingen möge? Aber nun hatte Gott ihn zurechtgewiesen und ihm gezeigt, dass mit dem Tod unschuldiger Menschen keine Seelen gewonnen werden konnten.

In seinem Hochmut hatte John Farlane, der jüngste Chinamissionar in der Geschichte der presbyterianischen Bekehrungskirche, nämlich geglaubt, er könne die größte Gemeinde in China aufbauen, indem er sich mit dem General verbündete. Überall in diesem Land, so wusste er, arrangierten sich die ausländischen Missionare mit den örtlichen Machthabern. In manchen Gebieten waren sogar die Kriegsherren selbst schon zum Glauben übergetreten. Als Farlane vor sechs Monaten in Yiyang eintraf und seinen Antrittsbesuch bei General Zhang machte, da hatte ihn dieser hilfsbereit und überaus freundlich empfangen, hatte ihn zu seiner Arbeit ausdrücklich ermuntert und gestanden, dass er selbst das Christentum studiere und sich sogar mit dem Gedanken trage, die Taufe zu empfangen. Das Hospital, die Schule und das Waisenhaus genossen seine ausdrückliche Unterstützung.

Trotz seines abstoßenden und kriegerischen Aussehens war General Zhang dem jungen Missionar als aufgeklärter und gebildeter Mann erschienen, der seitenweise aus den Werken Rousseaus und Tocquevilles zitieren konnte. Und so verbrachte Farlane, der als einziger Ausländer weit und breit kultivierte Konversation schmerzlich vermisste, manchen Abend in der Gesellschaft des Kriegsherren bei angeregten Gesprächen über Gott, Amerika, das Zhang sehr bewunderte, und über die ungewisse Zukunft Chinas.

Es war bei einer dieser abendlichen Unterhaltungen, als General Zhang ihm ein überraschendes Angebot machte.

«Es wird bald Krieg geben», hatte Zhang düster prophezeit. «Der gottlose Feng Jian sammelt Truppen aus Räubern und Briganten und bereitet einen Angriff auf Yiyang vor. Nach meinen Berechnungen wird er spätestens im Herbst so weit sein, dass er mich besiegen kann.»

Farlane, der sich nicht für Politik interessierte und sich nicht so gut auskannte im Machtgefüge des zerrissenen China, musste sich erklären lassen, dass General Feng Jian ein rücksichtsloser Banditenführer war, der die Gegend östlich von Yiyang beherrschte und bei seinen Raubzügen und Eroberungen mit ausgesuchter Grausamkeit vorging. Damals wusste der Missionar noch nicht, dass dies auf beinahe jeden Kriegsherren im Lande zutraf, insbesondere auch auf General Zhang selbst. «Ich kann nicht für Ihren Schutz garantieren» hatte Zhang dem Missionar eröffnet. «Das Beste wäre, wenn Sie und Ihre Familie Yiyang im Spätsommer verließen und sich nach Changsha oder besser noch in Shanghai in Sicherheit brächten.»

«Ausgeschlossen!», hatte Farlane widersprochen. «Ich habe doch meine Arbeit hier gerade erst begonnen. Ich wollte Sie eben bitten, mir beim Bau einer neuen Kirche behilflich zu sein. Unsere bisherigen Räume werden allmählich zu klein.»

«Das wäre ich sehr gerne. Aber ich muss alle meine Kräfte für den Kampf mit Feng Jian aufsparen. Ich werde meinen Besitz nicht widerstandslos in die schmutzigen Hände dieses Barbaren fallen lassen.»

Dann hatte Farlane, genau wie es der General vorausgesehen hatte, die schicksalhafte Frage gestellt: «Kann ich denn irgendetwas für Sie tun?»

«Ich brauche moderne Waffen», seufzte Zhang nach einer langen Pause. «Die besten, die ich für Geld bekommen kann. Kanonen und Maschinengewehre. Damit wäre uns der Sieg sicher. Aber ich bin nicht viel in der Welt herumgekommen und ich weiß nicht, wo und wie ich die Waffen bekommen kann.»

Farlane hatte sich tatsächlich gefreut dem Kriegsherrn diesen Dienst zu erweisen. Er stellte über alte Bekannte Kontakt zu einem der großen Waffenhändler an der amerikanischen Ostküste her und fädelte so die Lieferung von zehn französischen 75-Millimeter-Kanonen vom Typ Maxim und siebenundzwanzig Browning-Maschinengewehren nebst reichlich Munition ein. Im Gegenzug, das hatte der dankbare General gelobt, würde er nicht nur den Bau einer neuen Kirche – einer regelrechten Kathedrale – unterstützen. Er stellte auch die Angehörigen von Farlanes Gemeinde mit einem Edikt unter seinen persönlichen Schutz. Mitglieder der Kirche würden nicht verfolgt und nicht gefoltert, versprach der dankbare General. Wer von seinen Soldaten sich an Mitgliedern der Kirche vergriff, der würde unverzüglich und ohne jede Milde bestraft, versicherte der General. Kaum war diese Weisung bekannt gemacht, da stieg die Zahl der Gläubigen in Yiyang sprunghaft an. Gewiss, viele waren darunter, die nicht in die Kirche kamen, um das Wort Gottes zu hören, sondern allein wegen der Sicherheit, die die Kirche verhieß. Aber das war dem Hirten nicht wichtig. Stolz meldete er nach Boston: «Die Kirche von Yiyang hat in dieser Woche ihr zwanzigtausendstes Mitglied getauft. Wir bauen zwei neue Seminare für Laienprediger und haben in zahlreichen Stadtteilen neue, provisorische Gebetshäuser errichtet. In Höfen, Speichern und sogar in einem Wirtshaus. Auf offener Straße und unter freiem Himmel kommen die Menschen zusammen, um die frohe Botschaft zu hören. Mit dem Bau einer großen Kirche wird in Kürze begonnen. Sogar aus den Reihen der Soldaten haben wir großen Zulauf.»

Mit Anerkennung hatten seine presbyterianischen Glaubensbrüder und Vorgesetzten in Boston Farlanes euphorische Berichte entgegengenommen. Sein Bezirk, obwohl er ihn erst vor so kurzer Zeit übernommen hatte, wurde in Kirchenzeitungen als Musterbeispiel hervorgehoben. Selbst altgediente China-Missionare drückten ihm in glühenden Briefen ihre Bewunderung aus und suchten seinen Rat. Von dem verrotteten Geschäft aber, vom Pakt mit dem Teufel, der dies alles erst möglich gemacht hatte, wusste niemand außer Farlane und dem General. Und dieser hatte sich heute als gewissenloser Lügner und Verräter entpuppt.

Einer der Gemarterten an der Hinrichtungsstätte draußen vor der Stadt war Lu Ping gewesen, ein junger, heller Unterführer in Zhangs Heer, ein gläubiger Christ und viel versprechender Laienprediger, der viele seiner Kameraden zum Glauben gebracht und den Farlane persönlich sehr gemocht hatte. Jetzt hing er, in blasphemischer Weise verstümmelt, an einem Pfahl.

Und Farlane musste erkennen, dass das Schutzversprechen des Generals nichts weiter war als ein Hohn. Es sollte ihn einlullen, damit er dem gefährlichen Mörder noch mehr Todeswerkzeuge beschaffte.

«Wenn meine Waffen nicht rechtzeitig eintreffen, werde ich Sie persönlich zur Rechenschaft ziehen», drohte der General. Seine Worte standen im Widerspruch zu seinem heiteren Gesicht. «Sie können sich jetzt eine frische Hose anziehen, heiliger Mann. Und: Kommen Sie nie wieder in mein Haus ohne meine ausdrückliche Einladung, verstanden?»

«Ich habe verstanden, ehrwürdiger General. Darf ich, bevor ich gehe, noch eine Bitte vorbringen?»

«Aber selbstverständlich. Sie wissen doch: Ich erfülle Ihnen jeden Wunsch.»

«Einer der Männer dort draußen an der Hinrichtungsstätte ... er gehörte zu meiner Gemeinde. Darf ich in aller Demut um die Erlaubnis bitten, seinen Leichnam in geweihter Erde auf unserem Friedhof zu bestatten?»

General Zhang verzog seine fleischigen Lippen zu einem

breiten hässlichen Grinsen. «Der Mann, von dem Sie sprechen, war ein Aufrührer. Er hat versucht meine Truppe zu spalten! Er gehörte nicht nur Ihrer, sondern noch einer ganz anderen, gefährlichen Gemeinde an. Den Kommunisten. Er hat tatsächlich versucht meine Männer dazu zu überreden, einer Bauernarmee beizutreten!» Ein heftiger Lachanfall schüttelte seinen massigen Leib. «Hat man so was schon gehört? Eine Bauernarmee! Bauern sind doch nichts weiter als Vieh. Haben Sie schon mal was von einer Rinderarmee gehört?» Dann wurde er plötzlich wieder ernst. «Der Mann bleibt, wo er ist. Die Würmer und Maden sollen sein Fleisch verzehren und die Fliegen sein Blut trinken. So sterben die Soldaten der Bauernarmee. Vielleicht – ich sage vielleicht! – können Sie hinterher seine Knochen einsammeln und verscharren, wo immer Sie wollen. Aber nur, wenn Ihnen die streunenden Hunde nicht zuvorkommen.»

«Danke, ehrwürdiger General.»

«Sieh mal da, Großer Wang!» Der kleine Junge konnte seinen Blick nicht von den beiden Männern losreißen und starrte wie gebannt auf ihre Arme und Beine, die schwarz waren von Insekten. «Ich habe noch niemals so viele Fliegen auf einem Haufen gesehen!»

Sein chinesischer Begleiter, ein ungewöhnlich hoch gewachsener junger Mann von vielleicht zwanzig Jahren mit ernstem Gesicht, versuchte vergebens, den Jungen für etwas anderes als die beiden Gefolterten zu interessieren. Wenn der Kleine seiner Mutter berichten würde, dass sie trotz ihres strengen Verbotes wieder an der Hinrichtungsstätte gewesen waren, würde sie den Großen Wang mit harten Worten kritisieren. Der Junge war noch zu klein, um zu verstehen, was er sah. Abgetrennte Köpfe belustigten ihn, zerschmetterte, zerhackte Körper erregten seine Neugierde.

Beim Abendessen würde er berichten, wie lustig das ausgesehen hatte, zwei Männer mit Armen und Beinen aus schwarzen Fliegen.

«Lass uns nach Hause gehen, Xiaolong. Es ist die Zeit der Mittagshitze.» So nannten sie den Sohn des Fremden, Xiaolong – Kleiner Drache. Denn er war wild und unbezähmbar. Er war kaum sechs Jahre alt, blond und blauäugig wie sein Vater, der Missionar.

«Meinst du, sie leiden Schmerzen?», fragte der Junge, nun ernst. Anders als sein Vater, der sein Chinesisch auf der Schule studiert hatte und die reinste, steife Hochsprache beherrschte, hatte der Junge erst hier die fremde Sprache erlernt. Spielend und ohne Anstrengung dank des Umgangs mit seinem Kindermädchen und später dank Da Wang, seinem Beschützer. Der Kleine Drache sprach den trägen, lispelnden Akzent der Bauern aus Hunan, den sein Vater kaum verstand. Vielleicht lag das daran, dass der Kleine mit Vorliebe dieselben Speisen verzehrte wie sie.

Die gefährlichen, roten Chilischoten, die getrocknet und zerhackt jede Fleischsoße und jede Nudelbrühe in ein Fegefeuer für den Gaumen verwandelten, wie der Missionar es ausdrückte – der Kleine Drache konnte sie löffelweise über seine Mahlzeiten streuen.

«Ja, sie leiden», antwortete Da Wang und sein Blick wurde kalt und böse, als er das sagte. «Komm jetzt. Du hast genug gesehen. Lass uns zurück in die Stadt gehen.»

Aber der Sechsjährige ließ nicht locker. «Gibt es denn keinen Weg ihnen zu helfen?»

«Doch, den gibt es.» Wang schob den Jungen in den Schatten eines Baumes und ließ ihn auf einem großen Stein Platz nehmen.

«Warte hier und sieh nicht zu mir. Hast du mich verstanden?»

«Warum nicht?»

«Du sollst das nicht sehen.»

«Wirst du sie totschießen?» Der Junge deutete auf die

Pistole, die Da Wang in seinem Gürtel trug. Er war der einzige Zivilist in Yiyang, dem das Tragen einer Waffe erlaubt war, um den Sohn des ausländischen Herrn vor betrunkenen Soldaten und Verbrechern zu beschützen. Er hatte seine Waffe noch nie gebraucht. Bis jetzt.

«Bleib hier sitzen und sieh mir nicht zu», wiederholte der Große Wang und drohte mit erhobenem Zeigefinger. Dann ging er zurück zu der Stelle, an der die Männer festgekettet waren.

Ein Schwarm von Fliegen erhob sich mit einem unheimlichen Summen, als Wang näher herantrat und die Pistole aus seinem Gürtel zog. Der Gestank war überwältigend. Die Köpfe der Männer hingen matt zur Seite, beide hatten ihre Augen geschlossen. Die senkrechten Messerschnitte, mit denen der Foltermeister ihre Kehlköpfe und Stimmbänder entfernt hatte, damit sie nicht schreien konnten, waren grob vernäht und mit Heilpflanzen behandelt worden, denn den beiden sollte die Gnade eines schnellen Todes durch Verbluten nicht zuteil werden. Da Wang konnte in den bloßliegenden Adern ihrer Arme und Beine das Blut pulsieren sehen. Beide waren sie junge und kräftige Männer. Sie würden gewiss noch einen Tag, wenn nicht sogar noch länger hier hängen, bevor der Tod sie erlöste.

«Lu Ping», flüsterte Wang sanft, als wecke er einen Schlafenden.

Unendlich langsam und mühevoll hob der Angesprochene seinen Kopf. Sein Blick durch die halb geöffneten Lider lag jenseits von Verstehen und Schmerz. Seine aufgesprungenen Lippen bewegten sich, als wolle er sprechen. Doch seine Zunge, längst ausgedörrt und aufgedunsen, verweigerte sich ihm.

«Wir werden dich nicht vergessen», sagte Wang und setzte dem Märtyrer den Lauf seiner Waffe an die Stirn. Ohne ein weiteres Wort drückte er ab und befreite dann auch den zweiten Mann, den er nicht kannte, von seiner Höllenqual.

«Meinst du, es hat ihnen wehgetan?», begrüßte ihn der Kleine Drache.

«Ich habe doch gesagt, du sollst nicht zusehen!», zürnte Da Wang.

«Ich habe gar nicht zugesehen!», log der Kleine. «Ich habe nur das Knallen gehört. Du hast nicht gesagt, dass ich nicht zuhören darf.»

Wang nahm ihn bei der Hand und zog ihn den Weg hinunter in die Stadt.

«Du darfst keinem Menschen erzählen, dass wir hier waren und was ich getan habe!», sagte der Leibwächter streng. «Auch nicht deinen Eltern.»

«Aber warum denn nicht? Du hast doch nichts Böses getan!»

«Ich habe dem General etwas weggenommen, das ihm sehr wertvoll ist. Wenn er erfährt, wer das getan hat, wird er mich bestrafen. Es gibt in seinem Haus einen Keller, aus dem noch nie jemand lebend herausgekommen ist.»

Als er das sagte, meinte George in seiner Stimme etwas zu hören, das er von Da Wang nicht kannte.

Furcht.

«Was hast du ihm denn weggenommen?»

«Den Tod.»

«Bist du ein Feind des Generals?»

«Stell nicht so viele Fragen!»

«Aber nun sag es mir doch. Ich kann den Fettkloß auch nicht leiden!»

«Du bist noch ein Kind, Kleiner Drache. Misch dich nicht in die Angelegenheiten der Erwachsenen ein.»

Beleidigt schwieg der Junge, bis er seine Neugier nicht mehr zügeln konnte.

«Meinst du, es hat ihnen wehgetan?»

«Nein.»

«Aber ihre Köpfe sind auseinander geflogen, und alles, was drin war, ist in der Gegend herumgespritzt!»

Da Wang strafte ihn mit einem bitterbösen Blick. «Wenn du nicht zugesehen hast, wie kannst du das dann wissen? Hat dir dein Vater denn nie gesagt, dass Lügen kurze Beine haben? Man kommt nicht weit mit Lügen. Da habe ich dich schon wieder bei einer Lüge ertappt.»

George Franklin Farlane bewunderte ihn sehr, den Großen Wang. Sein Vater durchschaute seine kleinen Lügen niemals. Aber Da Wang konnte man nichts vormachen. Der war wachsam und schlau wie ein Fuchs.

Schweigend trottete der Sohn des Missionars neben seinem Beschützer her durch die spätsommerliche Landschaft Hunans. In den goldfarbenen Reisfeldern arbeiteten die mit nicht viel mehr als Fetzen bekleideten Bauern. Magere, sonnenverbrannte Gesichter unter breiten Strohhüten. Einzelne, aus Lehm errichtete Gehöfte schmiegten sich Schutz suchend in den Schatten der Pinienhaine. Schieferfarbene Wasserbüffel glotzten dem ungleichen Paar mit blöden Blicken hinterher, bis es hinter den Stadtmauern von Yiyang verschwunden war.

2. Kapitel

Peking, 23. Dezember

Die Stimmung in der Delegation war gedrückt. Keiner verlor ein Wort, als sie ihre Sitze in der ersten Klasse einnahmen. Das Lächeln der Stewardessen, die offenbar die Nachrichten nicht verfolgten, verpuffte unerwidert. Sophia Wong, die Dolmetscherin, hatte ihr Gesicht hinter irgendwelchen Unterlagen verborgen. Olweight Sarsikian, Referatsleiter Fernost, saß neben ihr und starrte beleidigt vor sich hin.

Unterstaatssekretär Sterling Hewett III faltete mit einer geübten, ruckartigen Handbewegung die heutige Ausgabe der *China Daily* zusammen. «Chinesisch-amerikanische Kurzgespräche erfolgreich beendet», spottete das englischsprachige Staatsorgan auf der Titelseite. Hewett blickte aus dem Fenster der Boeing 747, die im Steigflug über den Sommerpalast hinwegglitt. Es war ein klarer Winternachmittag, und er konnte jedes Detail der riesigen Parkanlage erkennen, die er so oft durchwandert hatte. Den Kunming-See, die Pagoden und Pavillons, den Berg des langen Lebens, den Garten der Freude und Harmonie. Im Benennen von Dingen waren die Chinesen schon immer große Meister gewesen, dachte er. Die glanzvollsten und blumigsten Namen waren natürlich den kaiserlichen Dingen vorbehalten. Die Herrscher hatten in China schon immer alles Schöne für sich beansprucht, sogar die schönsten Worte. Die Mächtigen besaßen alle Harmonie, Wohlgerüche und Langlebigkeit.

Das einfache Volk aber lebte kurz in Streit und Gestank wie eh und je.

Große Worte, dachte er bitter. Sie machten gerne große Worte, die Chinesen. Aber dahinter steckte nichts. Die chinesisch-amerikanischen Kurzgespräche waren ein Fiasko.

«Haben Sie das hier gelesen, Sir?», ließ sich Williams vernehmen, sein eifriger Referent, der neben ihm saß und sich gleich beim Start in die Lektüre der Pressemappe vertieft hatte, die ihm die zuständige Abteilung der US-Botschaft aus den Artikeln der wichtigsten amerikanischen Tageszeitungen zusammengestellt hatte. Unterstaatssekretär Hewett wandte ihm sein Gesicht zu und zog milde interessiert seine aristokratischen Augenbrauen zusammen.

«Wird mal wieder Zeit, dass wir diesen Zecken von der *Washington Post* kräftig eins auf den Deckel geben, Sir», zischte es aus Williams' bebrilltem Strebergesicht, das, verkniffen, auf lächerliche Weise ernst wirkte. «Sehen Sie doch mal hier: ‹Unterstaatssekretär Hewett lässt sich in Peking vorführen wie ein tapsiger Tanzbär.›»

«Der Kommentar ist mir bekannt», unterbrach ihn der Diplomat frostig. «Sie brauchen ihn mir nicht noch einmal vorzulesen.»

«Gewiss. Ich meine ja nur, Sir. Was zu weit geht, geht zu weit!»

«Ja. Sicher ...» Dabei hatte der bissige Kommentator den Nagel auf den Kopf getroffen. Hewett hatte auf ganzer Linie versagt. Der Präsident hatte ihn als Sonderunterhändler nach Peking entsandt, um der dortigen Führung eine chinesische Lieferung von Nukleartechnologie an Pakistan auszureden. Es ging um irgendwelche Magnetkolben, deren Funktion weder Hewett noch irgendeiner in seiner Delegation genau verstand. Sie waren als Teile für ein Atomkraftwerk deklariert, aber sie konnten, das sagte die CIA, auch für den Bau von Kernwaffen verwendet werden. Der Kongress, der ohnehin unablässig China im Visier hatte, war hysterisch geworden, die Presse sprang dankbar auf, die indische Regierung dachte laut über einen präventiven Erstschlag nach, kurz, die US-Administration musste dringend etwas unternehmen. Hewett wurde losgeschickt und sollte die Chinesen von dem anrüchigen Deal abbringen.

«Als ob das jemals was gebracht hätte», hatte Hewett gegenüber Außenminister Hooper geseufzt. «Es wissen doch nun inzwischen wirklich alle, was passiert. Wenn wir sie bitten, das Zeug nicht zu liefern, dann werden sie es erst recht tun. Selbst dann, wenn die Pakistani es inzwischen abbestellt hätten! Nur um aller Welt und vor allem sich selbst zu zeigen, dass sie sich von Amerika nichts sagen lassen!»

Doch der Außenminister ließ in dieser Sache keinen Widerspruch gelten. «Der Präsident hat diese Mission persönlich angeordnet, Sterling. Tun Sie Ihr Bestes!» Dann war der Minister davongesegelt, um sich für einen Fernsehauftritt in *Meet the Press* schminken zu lassen und über den Nahen Osten zu schwadronieren, von dem er auch nichts verstand.

Auch Sterling Hewett III verstand die Chinesen nicht. Aber er kannte sie. Im Krieg, als junger Pilot, hatte er ein paar Mal mit den legendären «Flying Tigers» Nachschub für Chiang Kai-sheks Truppen aus Indien in die Provinz Yunnan geflogen. Aus dieser Zeit hatte er viele enge Kontakte zu den Nationalchinesen in Taiwan, wo er später seine diplomatische Laufbahn begann. Er hatte die chinesische Sprache gründlich erlernt und war einer der Diplomaten, die Präsident Nixons Epoche machenden Chinabesuch im Jahr 1972 vorbereitet hatten. Danach war er zwei Jahre Botschafter in Peking gewesen. Hewett kannte die Chinesen wie sonst kaum einer in Washington und er wusste von vornherein, dass seine Reise nichts bewirken würde. Aber dass sie zu einem derartigen Eklat führen würde, das hatte nicht einmal er vorhergesehen.

Was, zum Teufel, war bloß in die Chinesen gefahren?

Sie hatten ihn, wie der Kommentator der *Washington Post* bemerkt hatte, tatsächlich vorgeführt. Aber das war nicht alles. Sie hatten ihn gedemütigt wie noch keinen hochrangigen Delegierten zuvor. Sie ließen ihn in der Großen Halle des Volkes warten. Sie ließen – entgegen allen Gepflogenheiten – die amerikanische Presse in den Warteraum! Die Reporter waren über ihn hergefallen wie eine Horde ausgehungerter Hyänen. Kameralichter hatten ihn geblendet. Die Reporter hatten ihn mit hochsensiblen Fragen überrumpelt, die er alle mit einem hilflosen «Wir werden unser Bestes tun!», beantwortete. Genau so erschien Unterstaatssekretär Sterling Hewett III in den amerikanischen Abendnachrichten. Eine lange, dürre Gestalt mit etwas zu zerknittertem Anzug und etwas zu wirren, ergrauten Haaren. Irritiert in die Kameras blinzelnd wie eine Vogelscheuche, die selbst Angst hatte. Schon da hätte er einen Schlussstrich ziehen und zornig abbrausen müssen – das wusste er jetzt. Aber er wollte ihnen nicht den Triumph gönnen, ihn brüskiert zu haben. Er wusste, wie wichtig in China das «Gesicht» war und er wollte vor den Chinesen nicht sein Gesicht verlieren.

Ein unverzeihlicher Fehler. Denn es war noch schlimmer gekommen.

Mit halbstündiger Verspätung erschien irgendein unbekannter Vizeminister aus dem Ministerium für Technologie. Der Außenminister, den Hewett eigentlich zu sprechen gewünscht hatte, sei leider verhindert, wurde ihm lapidar mitgeteilt. Hewett hatte eine Weile mit wachsender Ungeduld zugehört, wie der Technologievizeminister einen schwer verständlichen Vortrag über Atomtechnologie hielt, und war überhaupt nicht zu Wort gekommen. Nach vierzig Minuten beendete er abrupt das «Kurzgespräch» und ließ sich durch einen Hinterausgang zu seiner wartenden Limousine lotsen. Aber da warteten bereits die Presseleute, die aus unbekannter Quelle einen heißen Tipp bekommen hatten, mit laufenden Kameras, und Sterling Hewett III sah nun vollends aus wie ein Versager – noch dazu einer, der sich heimlich verdrücken will. In vierzig Jahren Dienst im State Department, in vierzig Jahren voller schwieriger, kitzliger und manchmal unmöglicher Missionen war ihm solches nie widerfahren. Das galt nicht nur für ihn: Kein anderer amerikanischer Diplomat war jemals derartig behandelt worden. Selbst die Iraker, die Iraner, die Syrer und sogar die Libyer hatten sich etwas Vergleichbares nie erlaubt. Selbst ihnen war die Integrität und Würde eines Sonderbotschafters heilig gewesen. In der Welt der Diplomatie, in der er zu Hause war, kam solches einer schallenden Ohrfeige gleich, oder, wie er selbst es bitter nannte, einem «Tritt in die Eier».

Am Abend, in der Suite 2002 des China World Hotel, nachdem er den Außenminister am Telefon vom unerfreulichen Verlauf seiner Reise unterrichtet hatte, der allerdings die wesentliche Nachricht bereits aus dem Fernsehen kannte, goss sich Hewett einen doppelten Whisky ein und blickte aus dem Fenster hinab auf das nächtliche Peking. Erstaunt stellte er fest, dass Chinas Hauptstadt heute ein Lichtermeer war. Damals, als er hier Botschafter war und als Ehrengast zur Einweihung des benachbarten China World Trade Centre geladen war, da hatte man von hier oben auf eine relativ trostlose Lichterwüste geblickt. Die wenigen bunten Tafeln waren einem sofort ins Auge gefallen, alles andere versank in breiiger, sozialistischer Tristesse. Aber jetzt blinkten und strahlten Werbebotschaften, bekannte und unbekannte Slogans und Firmenlogos von Dächern und Hauswänden, der Autoverkehr wälzte sich zähflüssig durch weltstädtisch verstopfte Straßen, mächtige Flutlichter beleuchteten unzählige Hochhausbaustellen, auf denen rund um die Uhr gearbeitet wurde. Selbst in den fernen Vororten, einst nicht mehr als eine graue Masse einstöckiger Häuser, waren mächtige Wolkenkratzer emporgewachsen, deren rote Dachlichter in einem unergündlichen Takt aufleuchteten. Eine geschlagene Stunde stand Hewett nachdenklich am Fenster, dann setzte er sich an den Schreibtisch und verfasste sein Rücktrittsgesuch. Dies war nicht mehr seine Zeit und das da unten war nicht mehr sein China. Und im State Department konnte er sich ohnehin nicht mehr blicken lassen. Sie würden ihn auslachen. Mister «Wir-werden-unser-Bestes-tun» nannten ihn die Zeitungen. Natürlich – sie prügelten ihn, aber sie meinten den Präsidenten und seine ganze verkorkste China-Politik. Aber deswegen schmerzten ihn die Schläge nicht weniger.

«Diese miesen Läuse», schimpfte Williams, der immer noch die Pressemappe studierte. «Da werde ich gleich morgen mal ein paar Anrufe machen.»

Hewett wandte sein scharfkantiges Südstaatenprofil wieder dem Fenster zu. Sie überquerten jetzt die rauen, abweisenden Bergkuppen, über die die Große Mauer verlief. Williams suchte die Schuld wie immer bei den Medien. Wie wenig doch die jungen Leute im diplomatischen Dienst von Politik verstehen, dachte Hewett. Für sie ist Politik nur das, was sie abends in den Fernsehnachrichten sehen. Sie messen ihren Erfolg daran, wie viel Sendezeit ihnen CNN für ihr Statement einräumt und ob sie gut rüberkommen.

Na ja, dachte er resigniert. Vielleicht haben sie damit ja Recht.

Die Arena tief unten im Keller der Großbaustelle, die in wenigen Monaten das Golden Dragon Plaza werden sollte, war bis auf den letzten Platz ausverkauft. Wie das bedrohliche Surren eines riesigen Bienenstocks hallten die im Flüsterton geführten Gespräche des erwartungsvollen Publikums von den nackten Betonwänden wider. Weit über dreihundert Gäste hatten sich versammelt, hockten auf Obstkisten, Baumaterial und Brettern. Nur für das ehrbare Logenpublikum standen Stühle bereit. Wenn in diesem Augenblick ein Polizeikommando hereingestürmt wäre, hätte es einige schlagzeilenträchtige Verhaftungen vornehmen können. Mindestens ein Viertel der Zuschauer waren gesuchte Gangster, Zuhälter, Schmuggler, Entführer und Dealer, die eigens aufgefordert worden waren, ihre BMWs, Mercedes und Cadillacs unauffällig in den Seitenstraßen abzustellen, um kein Aufsehen zu erregen. Aber diesmal würde die Polizei ohnehin nicht kommen, denn in der Ehrenloge saß ein hoher Offizier des Büros für öffentliche Sicherheit. Der Rest des Publikums setzte sich aus der üblichen Mischung aus Selbstständigen, Unternehmern und reichen Auslandschinesen zusammen, die sich nicht damit abfinden konnten, dass ihr geliebtes Glücksspiel in der sittenstrengen Volksrepublik offiziell verboten war und die das Eintrittsgeld von 500 Kuai und den Mindesteinsatz von 300 Kuai mit einem müden Lächeln entrichteten.

Ein Tausend-Watt-Strahler, der eigentlich draußen auf der Baustelle der Nachtschicht leuchten sollte, war zweckentfremdet worden und tauchte den fünf mal fünf Meter großen Ring in ein gleißendes, unwirkliches Licht.

«Wie stehen die Wetten?», erkundigte sich Jackie Lau, der schmächtige Südchinese, der den Fallschirmspringer mitgebracht hatte.

«Zehn zu eins für unseren *Wujing*-Mann», gab Lao Ding zurück und zupfte sich trotzig den billigen Anzug über seinem birnenförmigen Bauch gerade. Lao Ding, dessen breites Gesicht seine mongolische Herkunft verriet, konnte den Südchinesen nicht leiden. Der brachte zwar immer mal wieder interessante Kämpfer nach Peking, aber er war trickreich und verschlagen wie ein Wiesel. Und er war ein Geck. «Jackie» nannte er sich. Wie dieser dämliche Hongkonger Filmschauspieler, dem er glaubte, ähnlich zu sehen. Jackie Lau aus Shenzhen, der sich für etwas Besseres hielt, weil seine Papiere ihm erlaubten sooft er wollte rüber nach

Hongkong zu reisen, um dort seine damenhaften Socken zu kaufen und Sex mit teuren britischen Huren zu haben. Weil er eine goldene Geldspange besaß und mit Hundert-Yuan-Scheinen um sich warf wie ein verdammter Ausländer.

«Gut so!», freute sich Jackie und zeigte herausfordernd eine Reihe schiefer Zähne. «Der Fallschirmspringer wird ihn allemachen.»

«Das werden wir ja sehen», gab Lao Ding zurück, den das Protzgehabe des Südchinesen nervte. «Wie viel willst du denn auf deinen Fallschirmspringer setzen?»

«Ich denke, ich setze mal ...», Jackie fischte aus der Tasche seines karierten Jacketts seine Geldspange heraus und ließ die Scheine durch seine Finger gleiten, «... 20000 Kuai.»

«Zwanzigtausend? Du scheinst dir deiner Sache ja sehr sicher zu sein!»

«Ist das etwa zu viel für dich? Sprengt das deinen Topf?»

«Von mir aus kannst du gerne das Doppelte setzen, wenn du willst!», gab Lao Ding etwas zu unbekümmert zurück und der Südchinese setzte sich kichernd in Richtung des improvisierten Wettschalters in Bewegung, um seinen außergewöhnlich hohen Einsatz loszuwerden. Tatsächlich würde, sollte der Fallschirmspringer gewinnen, ein großer Teil des Umsatzes an den schmierigen Südchinesen fallen, dachte Lao Ding widerwillig und sah sich den Herausforderer genauer an. Der hockte auf seinem niedrigen Schemel in der Ecke des Ringes und massierte geistesabwesend seine Fingerknochen. Er war gut einen Kopf kleiner als der baumlange *Wujing*-Mann. Aber durch Körpergröße allein, das wusste Lao Ding, war so ein Kampf nicht zu gewinnen. Die *Wujing*, die bewaffnete Volkspolizei, eine paramilitärische Sondertruppe, bildete ihre Leute knallhart im Nahkampf aus. Der hünenhafte Unteroffizier war ein ausgezeichneter Kung-Fu-Meister. Lao Ding hatte ihn vier

Mal kämpfen sehen, und keiner seiner Gegner war ihm auch nur annähernd ebenbürtig. Der *Wujing*-Mann war schnell, dabei stark wie ein Ochse und jung. Der Fallschirmspringer, den Jackie mitgebracht hatte und der sich soeben seines Hemdes entledigte, mochte Ende dreißig, Anfang vierzig sein, schätzte Lao Ding. Sein Oberkörper war sehnig und hart, ebenso sein Gesicht, das ausdruckslos und trocken war wie ein Stück Dörrfleisch. Der Mann war gewiss kein Weichling. Aber gegen den athletischen *Wujing*-Mann nahm er sich aus wie ein unterernährtes Männlein. Und doch: Die kühle Gewissheit des Südchinesen hatte Lao Ding misstrauisch gemacht. Er winkte einen seiner Mitarbeiter heran.

«Ich will, dass du zehnmal 1000 Kuai auf den Fremden setzt», sagte er, ohne den Kämpfer aus den Augen zu lassen. Das war das Gute an illegalen Wettgeschäften. Wer wollte sich beschweren, wenn der Veranstalter selbst mitspielte? Lao Ding war ein nüchterner Rechner, kein Spieler. Sollte er verlieren, reichten seine Einnahmen des heutigen Abends aus, um seinen Verlust abzufedern. Für den unwahrscheinlichen Fall aber, dass der Fallschirmspringer tatsächlich gewinnen sollte, hatte er neben dem Wettgewinn die süße Gewissheit, Jackie Lau um einen guten Teil seiner Prämie geprellt zu haben. Zufrieden ließ er sich auf dem Platz neben Jackie Lau in der ersten Reihe nieder, direkt neben der mit Sägespänen ausgestreuten Arena.

Das Publikum wurde allmählich unruhig. Es litt an einer Art Entzugserscheinung, dachte Lao Ding. Sie waren blutsüchtig. Dies war der erste Kampf seit drei Wochen. So lange hatten Lao Ding und seine Leute gebraucht, um diesen neuen Kampfplatz zu finden, nachdem die Polizei ihren alten Schlupfwinkel in einer stillgelegten Fabrik im Pekinger Südosten ausgehoben hatte. Die Flotte von verdammten Luxuskarossen, die diese neureichen Idioten direkt vor der Tür abgestellt hatten, waren einer Patrouille verdächtig vorgekommen. Diese närrischen Angeber! Lao Ding hatte ebenso viel, wenn nicht vielleicht sogar mehr Geld als die meisten von ihnen. Aber er würde es sich niemals einfallen lassen derartig damit zu protzen. Das lockte nur die Neider und die Polizisten auf den Plan, die immer ihre Hand aufhielten. Es hatte jedenfalls in dieser Nacht eine Schießerei und zwei Tote gegeben – zwei tote Polizisten, die nur einmal nach dem Rechten sehen wollten. Lao Ding musste danach alle seine Beziehungen im Behördenapparat aufbieten, unzählige Gefallen einfordern und sich tiefer in die Schuld einiger korrupter Bürokraten begeben, als ihm lieb war, um diesen Vorfall halbwegs unbeschadet zu überstehen.

«Wo hast du den eigentlich aufgestöbert?», fragte er nun den Südchinesen und deutete auf den Fallschirmspringer, der mit geschlossenen Augen im Lotossitz verharrte, um sich geistig für den Kampf zu sammeln.

«Berufsgeheimnis», beschied ihn lächelnd der schmächtige Mann. «Ich sage nur so viel: Er hat unten in Shenzhen einen Kampf gewonnen.»

«Einen Kampf?» Lao Ding sank plötzlich wieder der Mut, und er bereute, dass er soeben ein Vermögen verspielt hatte. Jeder Lahme konnte in Shenzhen einen Kampf gewinnen. Die Südchinesen waren keine großen Kämpfer. «Er hat also nur einen Kampf gewonnen, und du redest daher, als sei er unbesiegbar!»

«Wenn du Zweifel hast, dann warte nur, bis du ihn kämpfen siehst!»

«War er schon mal in Peking?»

«Soweit ich weiß einmal.»

«Zu einem Kampf?»

«Sozusagen.»

«Du hast gesagt, er sei Fallschirmspringer. Also ist er Soldat. Ist er noch aktiv im Dienst der Volksbefreiungsarmee?»

Der Südchinese lächelte dünn. «Macht das einen Unterschied?»

«Für mich schon. Nur mal angenommen, er gewinnt diesen Kampf – was ich nicht glaube –, bleibt er dann für eine Weile in Peking oder muss er wieder in die Kaserne? Kann ich ihn für den nächsten Kampf buchen oder verdrückt er sich?»

«Das musst du ihn schon selbst fragen.»

«Du hast ihn mir nicht einmal richtig vorgestellt! Wie ist überhaupt sein Name?»

«Er nennt sich Laohu – der Tiger.»

Ein Raunen ging durch die Reihen der Zuschauer, als die beiden Kämpfer an gegenüberliegenden Ecken des Ringes in Stellung gingen und sich gegenseitig musterten. Beide waren nur mit ihren Unterhosen bekleidet, beide hatten kurz geschorenes Haar und braun gebrannte Haut.

«He, da vorne – hinsetzen!», brüllte jemand von den hinteren Rängen, als die Aufregung einige Gäste weiter vorne nicht auf ihren Sitzen hielt. Ein Mann in weißem Anzug, eine Art Ringrichter, trat ins Scheinwerferlicht und blickte streng in die Runde.

«Es kämpfen heute der Eiserne Wang gegen den Mann namens Tiger», verkündete er knapp. «Der Sieger erhält 10000 Kuai in bar. Hier ist der Umschlag mit dem Preisgeld. Es gibt bei diesem Kampf keine Regeln. Sieger ist der, der den Ring lebend verlässt. Der Kampf ist eröffnet.»

Der Eiserne Wang kam sofort mit erhobenen Fäusten auf den Mann namens Tiger zugetänzelt. Jeder Muskel in seinem gestählten Körper war angespannt und wartete nur darauf, in Richtung des Gegners loszuschlagen. Der kleinere Mann namens Tiger verhielt sich defensiv. Er wich zwei blitzschnellen Fausthieben aus, die rechts und links neben seinem schmalen Kopf ins Leere gingen, und erwarb sich den Respekt des Publikums, als er einen üblen Tritt des

Kung-Fu-Meisters mit dem rechten Arm parierte. Stimmung kam auf.

«Los, Wang. Zerschmettere ihn!», brüllte einer. Der Mann namens Tiger gab sich überhaupt keine Mühe mit der Verteidigung. Sein Gesicht und sein Oberkörper waren ungeschützt. Nur durch die Flinkheit seiner Kopf- und Rumpfbewegungen entging er den fürchterlichen Schlägen und Tritten des Eisernen Wang. Es schien, als könne er sie allesamt vorausahnen. Denen, die ihr Geld auf den *Wujing*-Mann gesetzt hatten, und das waren fast alle, wurde mit einen Mal mulmig. Es sah so aus, als schlage sich der Eiserne Wang mit einem Gegner aus Luft. Lao Ding grunzte. Er hatte mal wieder den richtigen Riecher gehabt. Verstohlen beobachtete er den Südchinesen, der das Schauspiel mit größter Gelassenheit verfolgte.

Der Eiserne Wang stellte seine Taktik auf den Gegner ein. Er versuchte höher zu treten, um das ungedeckte Gesicht des Mannes namens Tiger zu treffen, und er tat damit genau das, was dieser ihm aufzwingen wollte. Die kraftraubenden Tritte erschöpften den *Wujing*-Mann. Seine Bewegungen verloren ihre spielerische Eleganz, wurden schwerfälliger. Man bemerkte, wie nach minutenlangem Kampf die Kräfte aus seinem Körper flossen, ohne dass er seinen Gegner auch nur ein einziges Mal zu Boden gebracht hatte. Seine gefürchteten Tritte wurden unachtsamer. Verzweifelter. Der Fallschirmspringer bewegte sich unverändert behände und leicht, hatte noch keinen einzigen Schlag und keinen Tritt gelandet. Doch als er endlich angriff, tat er es blitzschnell und erbarmungslos. Er erwischte den Eisernen Wang in einer Halbdrehung, mit der dieser Schwung für einen weiteren Fußtritt sammeln wollte. Der Tiger sprang den Riesen an wie eine Katze und schloss seine Armbeuge um Wangs Hals, brachte ihn mit einer raschen Zangenbewegung der Füße zu Fall. Als Wangs erstauntes Gesicht auf dem sägemehlbestreuten Boden aufschlug, war er bereits tot. Das Bersten seines Genicks war trotz des Geschreis bis in die letzte Reihe vernehmbar. Mit einem Mal wurde es totenstill in der unterirdischen Halle. Niemand schrie, niemand applaudierte. Niemand machte seinem Ärger über das verlorene Geld Luft. Niemand machte auch nur eine Bewegung. Der Mann namens Tiger holte sich wortlos vom Ringrichter das Kuvert mit dem Geld und begab sich zu seinem Schemel, um seine Kleidung anzulegen.

Der Leichnam des Eisernen Wang lag im Ring, als sei er plötzlich aus großer Höhe heruntergestürzt.

«Alle Achtung!», schnaufte Lao Ding bewundernd. «So was habe ich noch nicht gesehen. Wo lernt man denn so zu töten?»

«Mir scheint, als hätte ich soeben 200 000 Kuai gewonnen», freute sich der Südchinese.

«Ich glaube, es ist nicht ganz so viel. Soweit ich weiß, haben doch noch ein paar Gäste auf deinen Fallschirmspringer gesetzt», bedauerte Lao Ding ölig.

Jackie Lau bedachte ihn mit einem besonders schiefen Krokodilsgrinsen. «Du Sohn einer Schildkröte.»

«Was meinst du, Jackie ... wird der Mann mir den Gefallen tun und nächste Woche noch einmal antreten?»

«Selbst wenn – ich bezweifle, dass du jemanden finden wirst, der gegen ihn kämpft.»

«Ach, was. Es findet sich immer einer. Zehntausend Kuai bar auf die Hand – das ist mehr, als diese Kerle in zehn Jahren verdienen.»

«Das haben die in Shenzhen auch gedacht, aber nachdem er seinen Kampf gewonnen hatte, wollte niemand mehr.»

Lao Ding verkniff sich eine abfällige Bemerkung über die Kampfmoral der Südchinesen und zupfte Jackie an seinem karierten Ärmel. «Bring mich zu ihm. Mach uns bekannt. Bitte.»

Während das Publikum dem Ausgang zuströmte, stieg

der Mann namens Tiger in seine unauffällige Straßenkleidung und legte einen langen, grünen Armeemantel an.

«Tiger – das hier ist Lao Ding, der Veranstalter. Er möchte, dass du noch einmal hier kämpfst.»

Lao Ding schüttelte die Hand, die so mühelos das Genick seines besten Gladiators gebrochen hatte, und ging unter dem starken Zugriff beinahe in die Knie.

«Es wäre mir wirklich eine große Ehre, Sie noch einmal hier begrüßen zu dürfen», stammelte er, mit der linken Hand seine zermatschte Rechte massierend. «Wir sehen hier nicht sehr oft Männer von Ihren Fähigkeiten.»

«Was meinen Sie dazu, Jackie Lau?», fragte der Kämpfer.

Jackie Lau klopfte dem Fallschirmspringer gönnerhaft auf die Schultern. «Es war ein weiter Weg nach Peking. Wo du schon einmal hier bist, solltest du nehmen, was immer du kriegen kannst.»

Lao Ding brüstete sich manchmal damit, dass er in die Seele jedes Mannes blicken konnte. Das musste er auch, denn als erfolgreicher Geschäftsmann musste er seiner Kundschaft jeden Wunsch von den Lippen ablesen, abwägen und mit einem angemessenen Preisschild versehen. So wie er am Verhalten Jackie Laus rechtzeitig erkannt hatte, dass der Fallschirmspringer kein gewöhnlicher Kämpfer war, so erriet er nun, dass dieser Mann dringend Geld brauchte. Viel Geld.

«Ich würde das Preisgeld sogar ausnahmsweise erhöhen!», schlug Lao Ding vor, nachdem er einen Blick in die Seele des Mannes geworfen hatte.

«Wie wäre es mit verdoppeln!», mischte sich Jackie Lau ein und erntete dafür einen spitzen Blick des geizigen Lao Ding.

«Aber ich kann nicht mehr lange in Peking bleiben.» Der Fallschirmspringer zuckte bedauernd die Achseln. «Ich muss wieder zurück.»

«Wie wäre es dann, wenn wir den Kampf statt in einer

Woche schon übermorgen austragen würden? Das wäre für mich kein Problem. Übermorgen, dieselbe Uhrzeit, derselbe Ort? Zwanzigtausend Kuai.»

Der Mann namens Tiger nickte. «Einverstanden.»

Lao Ding wollte ihm die Hand reichen, die aber von der Begrüßung immer noch schmerzte. So machte er nur eine knappe Verbeugung und ließ die beiden Männer allein.

Der Ringrichter war damit beschäftigt, die Leiche des Eisernen Wang in einem schwarzen Plastiksack zu verstauen. Er würde sie im Laufe der Nacht in einem der schlammigen Kanäle der Hauptstadt versenken. Es waren noch einige Gäste zurückgeblieben, die ihm schweigend bei seiner Arbeit zusahen. Ihnen näherte sich Lao Ding.

«Übermorgen wird dieser Tiger hier noch einmal zu einem Sonderkampf antreten», erklärte er. «Siegesprämie sind 20 000 Kuai, Eintritt 1000, Mindesteinsatz 600. Gebt die Nachricht weiter.» Wenn die Kunde von diesem sensationellen Kampf in den einschlägigen Kreisen umging, dann würden übermorgen sicherlich fünfhundert bis sechshundert Zuschauer erscheinen, vielleicht sogar mehr. Lao Ding rieb sich die Hände bei dem Gedanken an einen Rekordgewinn. Jetzt blieb nur noch eine Frage zu klären: Wer war leichtsinnig oder gefährlich genug, es mit dem Tiger aufzunehmen?»

«Dein Geld war gut angelegt, Tiger», sagte Jackie Lau und gab dem Fallschirmspringer seine Geldtasche zurück, die nun 60 000 Kuai enthielt. Ein Teil des Wettgewinns gehörte verabredungsgemäß dem Südchinesen.

«Ich danke Ihnen, dass Sie mich hierher gebracht haben, Jackie Lau!» Der Tiger verbeugte sich vor dem Südchinesen, der ihn stolz angrinste. Er mochte den Fallschirmspringer. Der war trotz seiner todbringenden Kräfte ein bescheidener, leiser Mann. Die beiden schlenderten durch dunkle Gassen nebeneinander von der Baustelle zurück zum Changan-Boulevard, der Hauptschlagader Pekings.

«Nichts zu danken», wehrte Jackie Lau ab. «Ich habe eine Menge Geld gewonnen durch dich. Ich habe zu danken.»

«Aber Sie wollten nur einen Kampf mitmachen und dann aufhören, weil Sie Angst hatten. Und nun helfen Sie mir noch einen zweiten Kampf zu machen. Dafür danke ich Ihnen. Jackie Lau – ich möchte Sie etwas fragen. Ich brauche noch mehr Geld. Ich brauche mindestens 500 000. Ich besitze aber jetzt erst 60 000. Wenn ich das nun beim nächsten Kampf alles setzen würde . . .»

«. . . würde nicht viel dabei herausspringen. Du bist der klare Favorit. Alle werden auf dich setzen. Da kannst du höchstens ein paar tausend machen.»

«Ja. Aber wenn ich es auf meinen Gegner setzen würde?»

«Aber nein – das geht doch nicht. Das ist unmöglich!»

«Könnte ich dann genug Geld verdienen?»

«Ja, sicher», antwortete Jackie Lau zögernd. Jetzt dämmerte ihm, was der Mann namens Tiger vorhatte. «Wenn die Wetten wieder zehn zu eins stehen, dann bekommst du das Zehnfache deines Einsatzes. Aber hör mal, Tiger, das ergibt doch keinen Sinn.»

«Ich brauche das Geld nicht für mich, Jackie Lau. Ich habe nur noch fünf Tage Zeit, bis ich wieder bei meiner Einheit sein muss. Es gibt keinen anderen Weg, in dieser kurzen Zeit an so viel Geld heranzukommen.»

«Doch. Du könntest eine Bank ausrauben», sagte Jackie Lau, halb im Scherz. «Hier haben sie außerdem neuerdings diese gepanzerten Geldtransporter.»

«Ich meine ehrlich an so viel Geld heranzukommen», sagte der Tiger, als hätte Jackie Lau ihn in seiner Ehre verletzt.

Sonderbare Leute, diese Soldaten, dachte Lau. Da bringt er ohne zu zögern einen Menschen um für 10 000 Kuai, aber eine Bank würde er nicht überfallen.

«Ich werde einfach mein ganzes Geld auf meinen Gegner setzen und ihn gewinnen lassen. Sie sind der einzige

Mensch, den ich außerhalb meiner Einheit kenne. Können Sie mir einen Gefallen tun? Würden Sie das Geld an sich nehmen und nach meinem Ende an eine bestimmte Person überbringen?»

Sie hatten den Changan-Boulevard erreicht und wandten sich nach rechts in Richtung Tiananmenplatz. Ein scharfer Wind pfiff ihnen entgegen. Jackie Lau blieb stehen, um ein Taxi heranzuwinken. Er war verwirrt. Er kannte den Fallschirmspringer erst seit wenigen Tagen. Er hatte ihn in Shenzhen kämpfen sehen und spontan beschlossen, ihn auf seine lange geplante Geschäftsreise nach Peking mitzunehmen, wo Lao Ding immer auf der Suche nach neuen Talenten war. Er hatte einen guten Eindruck von der Persönlichkeit des Soldaten bekommen. Eigentlich hatte er ihm sogar anbieten wollen sein Leibwächter zu werden. Aber dann erfuhr er etwas über den Mann namens Tiger, das ihn schnell von dieser Idee abbrachte.

Der Fallschirmspringer hatte ihm seine Nöte anvertraut. Er hatte weniger als zwei Wochen – der aufgesparte Urlaub aus vier Jahren –, und er musste in dieser kurzen Zeit so viel Geld wie möglich verdienen. Und nun wollte er sogar sein Leben verkaufen. Jackie Lau war kein Mann der großen Gefühle. Er hatte viele Menschen sterben sehen, einige von seiner eigenen Hand. Er war ein Schieber und Schmuggler, ein Überlebenskünstler. Einer der ganz wenigen unabhängigen Ganoven, die außerhalb der gefährlichen Shenzhener Triaden operierten, und stand deswegen immer mit einem Bein im Grab. Aber als er den Fallschirmspringer in dieser selbstverständlichen Art von seinem makabren Vorhaben reden hörte, überflog ihn unter seinem Pelzmantel ein kalter Schauer, der nicht vom Dezemberwind herrührte. Ein Taxi kam neben den beiden Männern zum Stehen, aber Jackie hatte es sich anders überlegt und winkte dem fluchenden Fahrer ab. Er wusste selbst nicht, warum er es tat, aber er machte dem Tiger ein Angebot, von dem er niemals gedacht hätte, dass es über seine Lippen kommen würde.

«Wenn du in Schwierigkeiten steckst ... ich könnte dir vielleicht mit ein paar tausend aushelfen. Leihweise, versteht sich. Du zahlst es mir in Raten wieder zurück.»

Der Tiger schüttelte den Kopf. «Nein. Ich brauche so viel, dass ich es niemals zurückzahlen könnte. Ich sagte doch, 500 000 Kuai, oder sogar mehr.»

«Aber was zum Teufel willst du denn mit so viel Geld anfangen? Ein Auto kaufen? Willst du heiraten? Hast du Spielschulden? Was ist es?»

«Werden Sie mir helfen?»

«Wenn ich kann – ja. Ich werde dir helfen», sagte Jackie Lau und verletzte damit wiederum eines seiner Prinzipien.

«Nehmen Sie das Geld und bringen es der Frau Chen Yilai in der Stadt Duan nördlich von Nanning. Das ist meine Heimat. Sagen Sie ihr, dass ich das Geld schicke und dass sie es annehmen muss. Sagen Sie ihr auf gar keinen Fall, auf welche Art ich es verdient habe. Sonst würde sie es nicht annehmen.»

«Und?» Jackie Lau konnte noch immer nicht verstehen, warum der Mann sein Leben wegwerfen wollte. «Wer ist das? Deine Geliebte? Hast du ihr ein Kind gemacht? Abtreibungen sind kostenlos, weißt du? Wenn sie es richtig anstellt, bekommt sie sogar noch ein paar Kuai Prämie dafür!»

«Es ist meine jüngere Schwester. Sie ist sehr krank. Sie braucht eine Operation, und ihre einzige Hoffnung ist ein Arzt in Amerika. Mit dem Geld kann sie einen Pass beantragen, die Kaution hinterlegen, die Bestechungsgelder bezahlen und auch die Reisekosten bestreiten. Ich weiß nicht, ob es auch für die Operation reichen wird, aber mehr als das bekomme ich niemals zusammen.»

Der Mann namens Tiger blieb stehen und sah Jackie Lau zum ersten Mal direkt in die Augen. Jackie verspürte Angst und Bewunderung zugleich. «Werden Sie das für mich tun?»

«Ich werde es tun», versprach der Südchinese feierlich und fühlte sich als Mitwirkender an einer so noblen und selbstlosen Tat mit einem Mal wie ein besserer Mensch. «Ich werde es tun», wiederholte er. Aber da klang es schon nicht mehr so gut.

Keine zweihundert Meter von dem Ort entfernt, wo die beiden Männer standen, auf der anderen Seite des Changan-Boulevard, hinter einer hohen Mauer in Zhongnanhai, dem abgeschlossenen und bewachten Regierungsviertel, saßen fünf Männer in einem abhörsicheren Besprechungsraum zehn Meter unter der Erde, zu dem nur eine kleine Gruppe von handverlesenen Führungspersönlichkeiten Zutritt hatte. Drei von ihnen trugen Uniformen mit den höchsten Rangabzeichen, die die Volksbefreiungsarmee zu vergeben hatte. Zwei waren in schlichte, graue Mao-Anzüge gekleidet. Ihr einziger Schmuck war die Anstecknadel mit dem Wappen der Kommunistischen Partei. Zusammen hatten diese fünf Männer, die sich «Patrioten» nannten, mehr Macht und Einfluss als jede andere Fraktion im China nach Deng Xiaoping. Der kleine Steuermann hatte die Führung zusammengehalten, in Loyalität oder in Furcht. Aber nach seinem Tod hatten ideologische Grabenkämpfe und Machtintrigen die Elite gespalten.

«Der Staatspräsident macht sich Sorgen wegen der Amerikaner. Er fragt sich, ob es wirklich weise war, sie derartig zu verletzen, wo doch gerade die Zeichen auf Verständigung stehen», berichtete Genosse Hong Fansen mit einem Naserümpfen. Sein eierförmiger Schädel glänzte kahl, umschimmert von einem Kranz schütterer, weißer Haare. Sein habichthaftes Gesicht, das von einer Brille mit enorm dicken Gläsern regiert wurde, verriet einen Ausdruck des Ekels. «Offenbar haben die Schwächlinge vom Außenministerium ihm wieder Vorhaltungen gemacht.»

«Auch der Staatspräsident wird noch lernen, dass die

Amerikaner nur eine Sprache verstehen, und das ist unsere Sprache. Wir haben uns wahrhaftig lange genug von denen herumschubsen lassen», erwiderte der zweite Parteimann, Genosse Zhao Zhongwen. Sein schwerer Akzent deutete auf seine südchinesische Herkunft. Der Siebenundsechzigjährige, dessen breites Gesicht mit den hervortretenden Augen und dem vorgeschobenen Unterkiefer unweigerlich an einen Fisch erinnerte, war der ehemalige Parteichef von Kanton und seit vielen Jahren im Ruhestand. Aber immer noch mischte er in den Angelegenheiten der reichsten chinesischen Provinz kräftig mit. Sein wichtigstes Betätigungsfeld war die Wirtschaft. Als einer der ersten Reformer Chinas hatte Zhao das Wunder von Shenzhen und Zhuhai, der blühenden Sonderwirtschaftszonen bei Hongkong und Macao, erst möglich gemacht. Er hatte unzählige Jointventures, Gemeinschaftsunternehmen mit reichen Auslandschinesen, eingefädelt und abgesegnet, hatte unzählige Genehmigungen verkauft und unschätzbaren persönlichen Reichtum angehäuft. Zhao war den Amerikanern ein Dorn im Auge, seit die CIA ihn als Besitzer von mehr als einem Dutzend CD-Fabriken identifiziert hatte, die fröhlich amerikanische Ton- und Filmträger kopierten, ohne sich um solchen Kleinkram wie Lizenzen und Urheberrechte zu kümmern. Dass die Zentralregierung ihn dennoch gewähren ließ und sogar in Schutz nahm, zeigte, wie groß seine Macht tatsächlich war. Zhao Zhongwen war der Vater des Wirtschaftsaufschwungs, und wenn er gereizt wurde, dann könnte er gewiss Wege finden, den Pekingern den Geldhahn zuzudrehen oder andere Unannehmlichkeiten zu verursachen. Für die Amerikaner hatte Zhao nichts als Spott und Verachtung übrig. «Die kamen noch immer wieder angekrochen und wollten ihre Coca-Cola verkaufen», schnaufte er.

«Trotzdem dürfen wir unsere Karten nicht gleich alle auf den Tisch legen. Wenn die Konfrontation zu früh außer Kontrolle gerät, dann ist das schlecht für den ganzen Plan», bemerkte General Huang Liao, dessen Gesicht von einer verheerenden Narbe entstellt war, die wie die Verwerfung eines schweren Erdbebens von der Stirn über die rechte Wange bis zum Kinn verlief. Er trug sie mit Stolz, denn es war ein weithin sichtbares Ehrenmal seines Einsatzes im Koreakrieg. Ein amerikanisches Schrapnell hatte ihn erwischt. Seine Einheit, damit prahlte er noch heute gerne, hatte mehr Amerikaner getötet und mehr Waffen erbeutet als jede andere. Selten erwähnte er, dass ein Großteil dieser Beutewaffen noch immer im Einsatz war. Huang befehligte die Truppen im Nordosten des Landes, den Militärbezirk Shenyang im Dreiländereck Korea, Russland, Mongolei. Neben ihm saß General Jiang, der jüngste in der Runde, der die Truppen im Süden anführte. Der Befehlshaber der so genannten Kriegszone Guangdong war ein gut aussehender, wenngleich kleiner Mann mit fein geschnittenem Gesicht, das einem beliebten Schnulzensänger gehören könnte. Er wirkte in seiner Uniform wie ein Filmschauspieler, der das idealisierte Bild eines hohen Militärs abgab. Unter seinem Befehl standen zur Zeit knapp fünfzigtausend Mann, denn er führte den Oberbefehl für ein geplantes Großmanöver, das in wenigen Tagen beginnen sollte.

«Ich teile die Ansicht des Staatspräsidenten, der auch Oberbefehlshaber der Armee ist. Wir brauchen, wenn es so weit ist, seine Mitarbeit und dürfen ihn nicht durch voreilige Züge befremden», sagte der Schönling.

«Ich denke, Genosse Zhao hat recht», befand Hong dennoch. «Die Amerikaner sind Kapitalisten und Geschäftsleute und sie sind hart im Nehmen. Sie werden uns die unfeine Behandlung ihrer Delegation nicht nachtragen. Ich werde dafür sorgen, dass das Handelsministerium wieder ein Dutzend Flugzeuge bei Boeing bestellt, und schon wird sich der Wind wieder drehen.» Ein kurzes, humorloses Lachen folgte dieser Aussage.

«Was meinst du, Lao Wang?», richtete General Huang

nun das Wort an den dritten Uniformträger. Nur wenige Leute auf der Welt konnten sich diese Formlosigkeit gegenüber General Wang Guoming herausnehmen. Die meisten saßen an diesem Tisch.

Der Älteste der Versammelten hatte sich an dem Gespräch bisher nicht beteiligt, sondern hatte still verharrt und hörte schweigend zu, wie die anderen ihre Argumente austauschten. General Wang war neunundachtzig Jahre alt, aber ihm gebührte nicht nur wegen seines Alters unter den Anwesenden das letzte Wort. Er war einer derjenigen, die sie in China die «Unsterblichen» nennen, einer der letzten Veteranen des Langen Marsches, jenes legendären militärischen Kraftaktes, mit dem sich die kommunistischen Truppen 1935 vor ihren Feinden, den Nationalisten, in Sicherheit brachten. Zu Fuß und auf Maultieren waren sie viele tausend Kilometer von Süden nach Norden gezogen, um sich in den abgelegenen Lehmhöhlen von Yan'an eine neue Basis aufzubauen. General Wang hatte im engsten Führungsstab gesessen. Zusammen mit den Helden und Vätern des Vaterlandes. Mit Marshall Zhu De, Zhou Enlai, mit Deng Xiaoping und mit dem Größten der Großen, dem Vorsitzenden Mao Zedong.

General Wangs Gesicht war knochig und stark, wie gemacht für eine respektgebietende Büste. Über seiner hohen Stirn stieg von nur wenigen grauen Strähnen berührtes schwarzes Haar in eigenwilligen Wellen empor. Obwohl seine Augen von unzähligen Fältchen umrahmt waren, machten sie einen wachen Eindruck und waren flink wie die eines Zwanzigjährigen. General Wang war ein lebendes Denkmal des Heldentums. Er besaß jene unheimliche Macht, die es nur in China gibt. Er herrschte hinter dem Wandschirm. Unsichtbar aber nur für die Ahnungslosen. Seine offiziellen Titel und sein Kommando hatte er längst an Jüngere abgegeben. Aber keiner der Armeeführer des Landes handelte, ohne sich zuvor mit General Wang Guoming abgestimmt zu haben. Selbst die allmächtige Zentrale Militärkomission, der er viele Jahre lang vorgestanden hatte, suchte noch immer seinen Rat. Keiner, der eine Uniform in China trug, handelte ohne das Einverständnis und das Wissen des Mannes hinter dem Wandschirm.

«Ich meine, dass es unnötig war, den Amerikanern jetzt schon einen Grund zu geben, gegen uns aufgebracht zu sein.» Auch seiner tiefen und festen Stimme war sein hohes Alter nicht anzumerken. «Das wird sie nur nachdenklich und misstrauisch stimmen. Ich kann das Gefühl nachempfinden, das Genosse Hong zu dieser Behandlung des Amerikaners verleitet hat. Aber ich heiße es nicht gut.»

Der Parteibonze aus Peking senkte, von dem offenen Machtwort des Generals peinlich berührt, den Blick. Innerhalb des Parteiapparates verfügte Hong Fansen über eine vergleichbare Macht wie General Wang in der Armee, wenn auch nicht über dessen beinahe mystisches Ansehen, und so liebte er es nicht, zurechtgewiesen oder auch nur milde kritisiert zu werden. Auch Genosse Hong hatte kein offizielles Parteiamt mehr inne. Früher hatte er einige Jahre im Politbüro gesessen und war Zweiter Sekretär des Zentralkomitees gewesen. Hong hatte seine Position stets genutzt, um die Karriere derjenigen Kandidaten zu fördern, deren Loyalität er sich sicher sein konnte. Daraus leitete sich ein großflächiges Netz von Verbindungen und Kontakten ab – *guanxi,* Beziehungen, die er meisterhaft einzusetzen verstand, um seine Ziele zu erreichen. In jedem Ministerium saßen seine Leute, er hatte Gefolgsmänner und Vertraute in allen Schichten der Bürokratie und der Regierung. Er konnte damit, wenn er es darauf anlegte, politische Entscheidungen forcieren oder blockieren, politische Prozesse verlangsamen oder beschleunigen. In der Sache mit dem amerikanischen Diplomaten hatte er das Außenamt, das einzige Ministerium, das sich seinem Einfluss weitgehend entzog, kurzerhand auf das Abstellgleis geschoben und die Sache durch seine Kanäle und mit seinen Methoden geregelt. Dabei war er, wie der selbstherrliche General Wang jetzt bemängelte, seinen Gefühlen gefolgt und zu weit gegangen. Aber das konnte ihm seine diebische Freude über die Schmach, die er den Amerikanern zugefügt hatte, nicht vergällen. Er hatte sie noch nie ertragen können, diese lauten, unverschämten Barbaren. Er hasste ihre Ideologielosigkeit und ihre seichten, blöden Ideale, die sie der ganzen Welt aufzwingen wollten, damit es überall so verkommen und sittenlos aussehen würde wie in den USA. Die Freiheit, wie sie die USA auf ihre Fahne geschrieben hatten, brachte nichts als Unruhe und Chaos, und deswegen bekämpfte Hong die Amerikaner und ihre Vasallen, wo er nur konnte. Seine kompromisslose Haltung gegenüber den Vereinigten Staaten hatte ihn freilich nicht davon abhalten können zwei seiner Söhne zum Studium nach Kalifornien zu schicken.

General Wang ließ sich bei seinen Entscheidungen niemals von Gefühlen leiten. Seine Motive waren rational und strategisch begründet. Die USA waren die einzige Macht, die stark genug war, China bei der Erfüllung seiner patriotischen Pflicht in die Quere zu kommen. Und sie waren töricht genug, sich immer und immer wieder in innerchinesische Angelegenheiten einzumischen. Chinas Patrioten mussten mit den USA fertig werden, aber sie mussten dabei klug und besonnen vorgehen und nicht blindlings drauflosschlagen. Wenn Wang auf dem entbehrungsreichen Langen Marsch und im Kampf gegen die japanischen Invasoren und dann gegen die Guomindang etwas von den genialen Führern Mao Zedong und Zhu De gelernt hatte, dann war es dies: Man konnte jeden Feind, und sei er auch waffentechnisch noch so hoch überlegen, besiegen. Man konnte ihm den Zeitpunkt der Schlacht und sogar das Schlachtfeld diktieren. Man konnte ihm eine Scheinschlacht aufzwingen, einen unbedeutenden Nebenkriegsschauplatz eröffnen, wo er seine ganzen Kräfte konzentrierte, und gleichzeitig unbemerkt das eigentliche, das ursprüngliche Ziel ansteuern. Bis der Feind das Manöver durchschaute und die Falle erkannte, war es zu spät. Schon die Feldherrn des Altertums, der Nördlichen und Südlichen Dynastie, hatten gesagt: «Wenn du im Osten angreifen willst, lass den Feind denken, du marschiertest nach Westen.» Die größte aller Kriegskünste aber bestand darin, einen Sieg zu erringen, ohne eine Schlacht zu führen, und genau dies hatte General Wang Guoming vor.

«Sind die Truppen im Kriegstheater Shenyang und in der nördlichen Pekinger Militärregion einsatzbereit?», fragte er.

«Sie erwarten deine Befehle», antwortete General Huang. «Wir können die gesamte 34., die 3. und 17. Armee innerhalb von fünf Stunden an der Grenze aufmarschieren lassen. Mehr als hunderttausend Mann mit der entsprechenden Transportkapazität. Fünfhundert Panzer und die vier mobilen Raketeneinheiten. Der Luftwaffenstützpunkt in Shenyang wird zur Unterstützung zehn Su-27 aus Anhui erhalten.»

«Werden die Mongolen stillhalten?», wunderte sich Zhao Zhongwen, der Wirtschaftslenker, der nichts von alledem verstand.

«Was sollen sie denn sonst tun? Angreifen?» Dieser Gedanke schien den Genossen Hong Fansen über alle Maßen zu erheitern. «Auf ihren Pferden?»

«Ich will am 3. Januar losschlagen», bestimmte General Wang. «Sieben Tage vorher bringen wir unsere Truppen an der Grenze bei Erlian in Stellung, um den Amerikanern Zeit zu geben, angemessen zu reagieren.»

«Wird unsere Militärkommission nicht einige peinliche Fragen stellen, wenn wir ein derartiges Truppenaufgebot über so lange Zeit an der Grenze haben?», fragte der schöne Jiang vorsichtig. «Zumal Erlian zum Pekinger Militärbezirk gehört.»

«Darum werde ich mich kümmern. Nun zu unseren Landsleuten in Taiwan. Genosse Zhao?»

Der Angesprochene räusperte sich. «Ich habe jetzt eine Gruppe zusammen, die sich ausgezeichnet als Übergangsregierung eignet. Dazu gehören die Bosse der größten Handelsfirmen, zwei Bankiers und ein halbes Dutzend patriotischer Abgeordneter aus Taipeh. Natürlich denken sie noch, dass wir von einem unbestimmten Zeitpunkt in ferner Zukunft reden. Sie haben keine Ahnung, dass die Befreiung nur noch eine Frage von Tagen ist. Aber wenn wir unseren Zug gemacht haben, werden sie wie ein Mann hinter uns stehen, davon bin ich fest überzeugt. Allerdings höre ich immer wieder von ihrer Besorgnis um ihre Besitztümer.»

«Verdammte Kapitalisten», grunzte Genosse Hong. «Sie machen sich in die Hosen, weil sie ein paar Geldsäcke verlieren könnten, und vergessen das Vaterland.»

«Keine Sorge», beschwichtigte Genosse Zhao. «Sie sind alle wahre Patrioten. Und sie wissen, dass sie nach der Befreiung ihren Besitz vervielfachen können, weil sie auf der richtigen Seite stehen. Die Operation *Huangdi* wird das Beste sein, was ihnen jemals widerfahren ist.»

So nannten die alten Männer ihren Plan. Operation *Huangdi – Gelber Kaiser.* Der Gelbe Kaiser war der legendäre Herrscher, der der Erzählung nach vor fünftausend Jahren, nach einem großen Sieg über die Barbaren, das erste starke Reich auf chinesischem Boden geschaffen und ein goldenes Zeitalter begründet hatte. Nur wenige zuverlässige Eingeweihte außerhalb des geheimen Besprechungszimmers hatten jemals von dieser Operation gehört. Aber bald, wenn es zu spät war, würde die ganze Welt von nichts anderem mehr sprechen.

«Ich werde in der kommenden Woche die Nanning- und Guangzhou-Kriegszonen inspizieren», verkündete General Wang.

«Du wirst meine Truppen in unveränderter Alarmbereitschaft finden», versicherte General Jiang. «Das Manöver beginnt wie vorgesehen am 2. Januar.»

«In Fuzhou werde ich General Bai in unser Vorhaben einweihen. Ihm untersteht auch die Einheit *Rote Fahne.* Bai ist ein guter Bekannter von mir, der schon lange darauf wartet, dass endlich gehandelt wird. Er wird sich unserer Sache ohne Zögern anschließen. Sobald ich zurück bin, werden wir uns wieder hier treffen und . . .»

Ein leises Klopfen an der Tür unterbrach ihn. Die Männer wechselten irritierte Blicke. General Wang hatte strikte Order gegeben nicht gestört zu werden. Und General Wang war nicht der Mann, dessen Befehlen man sich widersetzte. Er erhob sich aus seinem Stuhl und richtete sich steif zu seiner ganzen imposanten Größe auf.

«Herein!», sagte er streng. Mit demütig gesenktem Haupt betrat General Wangs Sekretär Zhou Hongjie den Raum und blickte seinen Herrn an wie ein Hund, der weiß, dass er Prügel verdient hat, der aber dennoch unfolgsam sein muss.

«Das Treffen ist beendet», bestimmte der General. «Ich werde mich mit euch in Verbindung setzen, sobald ich von meiner Reise heimgekehrt bin.»

Die vier Männer verließen den Raum. Zurück blieben nur der General und sein langjähriger Vertrauter – auch er ein betagter Herr, der die Siebzig bereits lange überschritten hatte.

«Nun, Zhou. Ich weiß, dass Sie mich nicht stören würden, wenn nicht ein Notfall vorläge. Was ist es?»

«Entschuldigen Sie bitte vielmals, ehrwürdiger Herr General. Es ist etwas Schreckliches und Unbegreifliches geschehen. Es betrifft Ihren verehrten Enkelsohn, Wang Ming.»

«Sprechen Sie!»

«General! Die Nachricht hat mich soeben erst erreicht, und ich weiß noch nichts Genaues. Eine Patrouille des Büros für öffentliche Sicherheit hat einen verdächtigen Wagen kontrolliert und dabei einen grausigen Fund gemacht. Ihr Enkel . . . er war . . . ich weiß nicht, wie ich es sagen soll, verzeihen Sie mir. Im Kofferraum dieses Wagens fanden die Polizisten Ihren Enkelsohn, Herr General. Tot. Offenbar war sein Genick gebrochen. Sie waren allem Anschein nach auf dem Weg, ihn irgendwo zu verscharren. Die Verdächtigen werden im Moment noch vernommen. Ich habe veranlasst, dass die Ergebnisse sofort an uns weitergegeben werden.»

«Wang Ming – tot?»

«Es tut mir sehr Leid, ehrwürdiger Herr General. Es besteht kein Zweifel an seiner Identität. Ich weiß wirklich noch nicht mehr. Ich dachte, Sie sollten es sofort erfahren, denn ich weiß ja, dass Wang Ming Ihr Lieblingsenkel war.»

Der General ließ sich mit leerem Blick zurück in seinen Stuhl sinken, und Zhou stellte erschrocken fest, dass sein Herr mit einem Mal aussah wie ein Greis. Als hätten sie nur auf diesen Moment gewartet, kamen von überall her die Jahre herangeflogen und griffen nach ihm. Jahre des Sieges, aber auch viele Jahre der Entbehrungen, des Leids und des Kummers. Zhou ließ sich seine Bestürzung über diesen Anblick nicht anmerken.

«Ich warte draußen auf Ihre Befehle, mein General.»

Allein im Raum, starrte General Wang Guoming auf die gläserne Tischplatte, in der sich das Deckenlicht spiegelte.

Wang Ming.

Jede Faser, jedes Gen in seinem Körper war exakt aus demselben Stoff, aus dem der alte General gemacht war. Er hatte den Jungen, sein Ebenbild, heranwachsen sehen mit dem größten Stolz, den jemals ein Großvater für seinen Enkel empfunden hatte. In jedem Satz, in jeder Bewegung des Jungen hatte der alte Wang sich selbst wiedererkannt. Die hoch gewachsene Gestalt, die geschmeidige Kraft, die Schläue und der Zorn – all das war Wang Guoming, dem in seinem Enkelsohn ein zweites Leben auf dieser Welt geschenkt worden war. Nun war dieses Leben beendet. Der General fühlte sich schuldig. Er hatte darauf bestanden, dass Wang Ming eine militärische Laufbahn einschlug. Bei der *Wujing.* Denn in der regulären Armee hätten es die Offiziere ihm sicher zu leicht gemacht, weil er der Enkel des großen Generals Wang war. Bei der *Wujing* aber würde er genauso hart rangenommen wie die anderen – vielleicht sogar noch härter, denn die *Wujing*-Offiziere hegten eine tief verwurzelte Abneigung gegen die Führer der Volksbefreiungsarmee. Dennoch war Wang Ming schnell aufgestiegen, hatte sich bewährt und war mit seinen jungen Jahren bereits Unteroffizier. General Wang hatte in seiner Laufbahn niemals auf seinen eigenen Vorteil gesehen. Seiner Familie ging es nicht viel besser als den Familien der einfachen Soldaten. Er hatte eine Sonderbehandlung für sich und die Seinen immer abgelehnt, weil er noch immer glaubte, einer Bauernarmee zu dienen, deren stärkste Waffe die Ehrlichkeit war. Es gab keine Limousinen für seine Kinder, keine schönen Häuser, keine geschmierten Karrieren und keine Auslandsreisen. Es gab keine Privatschule und keine guten Jobs in der Privatwirtschaft für seine Enkelkinder. General Wang wusste sehr wohl, dass die anderen das anders hielten. Er wusste, dass Genosse Hong seine Söhne nach Amerika geschickt hatte, dass Genosse Zhaos Söhne zu den wohlhabendsten Unternehmern in Shenzhen gehörten, dass Jiang sich mehrere Frauen hielt und dass die Tochter von General Huang einen Lehrstuhl für Philosophie an der Peking-Universität innehatte, ohne jemals ein Buch auch nur aufgeschlagen zu haben. Er wusste dies alles, aber er machte deshalb niemandem einen Vorwurf, denn die Zeiten hatten sich natürlich geändert, und jeder musste selbst sehen, wie er zum Wohle des Vaterlandes beitrug. Aber er, der General, er wollte dadurch seinen Beitrag leisten, dass er die Ideale beibehielt, derentwegen er sich als junger Mann der kommunistischen Bewegung angeschlossen hatte. Er fühlte sich ihnen verpflichtet. Den Idealen und den vielen, vielen Kameraden, die dafür das Leben gelassen hatten. Wenn er nur für seinen geliebten Enkel eine Ausnahme gemacht hätte, dann wäre der Junge noch am Leben! Dann könnte auch er in Amerika studieren, in Paris Museen besuchen und einen ausländischen Sportwagen durch Shenzhen oder Hongkong steuern. Stattdessen lag er mit gebrochenem Genick im Keller irgendeiner Pekinger Polizeiwache.

General Wang saß lange da, regungslos. Er starrte auf die Reflexion des Deckenlichtes in der gläsernen Tischplatte und bemerkte nicht einmal, dass er zum ersten Mal in seinem Leben weinte.

3. Kapitel

Yiyang, 1931

John Farlane wälzte sich hin und her. Er konnte nicht einschlafen. Die Demütigung, die der General ihm beigebracht hatte, zernagte ihn wie ein quälender Schmerz. Wieder und wieder durchlebte er im Geiste die grauenvolle Szene seiner Niederlage, seiner Entmannung. Kein Gebet, kein Psalm konnte ihn trösten, den Missionar, der seinen Glauben verraten hatte, den Judas. Er hatte seiner Frau Sarah nichts von der Begegnung mit dem Kriegsherrn erzählt. Er wollte nicht, dass sie jemals erfuhr, an welch gottlosen Schwächling sie ihr Leben verschwendet hatte. Sie aber lag neben ihm wach, lauschte in der Dunkelheit auf seinen Atem und spürte seine Verzweiflung. Den ganzen Abend über hatte sie vergebens versucht ihn zum Sprechen zu bringen. Er hatte beharrlich geschwiegen, verschlossen vor sich hingestarrt und sein Essen kaum angerührt. Sie erriet, dass sein Kummer etwas mit dem Bau der neuen Kirche zu tun haben musste, denn seit Wochen hatte John von nichts anderem mehr gesprochen. Mit viel Optimismus und Begeisterung. Nun hatte sie den Verdacht, dass der General, den sie fürchtete und dem sie misstraute, den Bauplan doch noch durchkreuzen wollte, weil ihm die Kosten zu hoch wurden.

«John Farlane – vertraust du mir nicht mehr?», fragte sie schließlich, als sie die brennende Ungewissheit nicht mehr ertrug. Er biss sich auf die Lippen, bis es wehtat.

«Warum sagst du mir nicht, was dich bedrückt?», bohrte sie weiter. Es musste die Kirche sein, dachte sie. Nichts anderes würde ihren Mann derartig niederschmettern. «Der General hat sein Versprechen gebrochen, nicht wahr?»

Es schien ihr, als werde sein Schweigen noch lauter. Sie nahm dies als ein «Ja».

«Es ist nicht deine Schuld. Du hattest doch immer nur das Wohl deiner Gemeinde im Auge. Du hast dein Bestes getan. Glaube mir, die Kirche wird auch ohne diesen feisten Schuft gebaut. Es gibt genug reiche Händler unter den Gläubigen. Sie werden sicherlich den Bau unterstützen. Gott wird dich nicht verlassen.»

Ich habe Gott verlassen, dachte Farlane und presste eine heiße Träne aus seinem Auge. Ich wurde in Versuchung geführt und ich habe mich für den Teufel entschieden.

Sarah setzte sich seufzend in ihrem Bett auf und streichelte liebevoll seinen Arm. «Du hast alles Menschenmögliche getan. Deswegen wirst du dir doch keine Selbstvorwürfe machen?»

So sei doch endlich still, du geschwätziges, neugieriges Weib, dachte er – aber da brach es schon mit aller Gewalt aus ihm heraus. Nicht in Worten – eher ein Heulen: «Ich habe mich mit dem Teufel verbündet!»

«Was redest du?»

Schluchzend und jammernd legte er sein Geständnis ab. «Der General braucht moderne Waffen, um seinen Rivalen zu besiegen. Er versprach mir alle Hilfe für die Gemeinde. Ich habe ihm dafür geholfen Kanonen und Maschinengewehre zu beschaffen. Ich habe Briefe für ihn geschrieben und Erkundigungen eingeholt, ich habe ihm die Einkaufsliste zusammengestellt und die Bestellung aufgegeben. Ich bin Satans Waffenmeister!» Während er sich in seinen Weinkrampf ergab, streichelte Sarah noch immer seinen Arm, aber sie tat es jetzt mechanisch: Ihre Gedanken waren völlig vereinnahmt von dieser Eröffnung.

«Du darfst das niemals erzählen, Sarah», wimmerte John Farlane. «Ich bin der Missionar des Todes. Ich habe nur an meine neue Kirche gedacht und an die ständig wachsende Gemeinde. Und ich habe den Heiland verhöhnt!»

«Das darfst du nicht sagen, John Farlane. Gott hört dir zu. Er hat dir nur eine Lehre erteilt.»

«Er hat mich geprüft und ich habe versagt! Weißt du, wie viele Menschenleben der General mit den neuen Waffen auslöschen kann?»

«Er hat auch ohne diese Waffen Menschenleben ausgelöscht und würde es auch ohne diese Waffen weiter tun. Es ist seine Natur. Er braucht dazu nicht deine Hilfe. Tu du nur weiter das, wofür der Herr dich ausersehen hat. Tu es in Demut, John Farlane, denn Demut ist die mächtigste Waffe, die es auf Erden gibt. Mächtiger als alle Kanonen.» Ein schwerer Seufzer entrang sich ihrer Brust. «Und wenn du den Handel mit dem General bereust, dann ist es immer noch nicht zu spät, alles wieder gutzumachen.»

«Aber natürlich ist es zu spät. Das Schiff mit den Waffen kann jeden Tag in Shanghai eintreffen. Von dort aus wird alles in weniger als zwei Wochen nach Yiyang gelangen. Wie kannst du sagen, es sei noch nicht zu spät?»

«Du vergisst, wer den Zoll in Shanghai abwickelt. Haben wir nicht auf unserer Reise hierher eine Woche dort verbracht? Erinnerst du dich nicht an diesen dicken Herrn mit der goldenen Taschenuhr, mit der er nicht aufhören konnte, anzugeben?»

«Mister Whitecliff... natürlich!» Jetzt setzte sich der Missionar in seinem Bette auf. Also hatte der Herr ihm seine Schwäche doch verziehen und seine Gebete erhört. Es gab in der Tat noch eine Chance dem Teufel ein Schnippchen zu schlagen. Whitecliff, der einflussreiche Zollinspektor, den sie bei einem nachmittäglichen presbyterianischen Teevergnügen während ihres Zwischenstopps kennen gelernt hatten, hatte nicht ohne eine gewisse Großspurigkeit berichtet, dass aus den Vereinigten Staaten nichts nach China eingeführt werden dürfe, das er nicht genehmigt habe. Wenn Farlane nun schnell eine Kabelnachricht an die Shanghaier Zollbehörde schickte und Whitecliff im Namen Gottes und der Kirche aufforderte, die Waffenlieferung an General Zhang aufzuhalten, um so großes Blutvergießen zu verhindern – der Inspektor würde es gewiss tun. Und der General würde bis ans Ende seiner Tage auf die neuen Kanonen warten und hätte zudem ein Vermögen in Gold und Silber verloren. Außerdem würde er niemals erfahren, dass es John Farlane, der ängstliche Missionar, war, der seine hochfliegenden Pläne durchkreuzt hatte. Farlane faltete dankbar seine Hände und drückte sie fest an seine Stirn. Er spürte, wie neue Kräfte ihn durchfluteten und neue Hoffnung in ihm aufkeimte.

«Ich kann die Waffen aufhalten. Ich kann es tatsächlich!» Dann umarmte er seine Frau und sagte: «Der Herr war mir nahe, denn er hat durch dich gesprochen. Komm, lass uns beten.»

George Franklin Farlane, den sie Kleinen Drachen nannten, lag mit pochendem Herzen im Nebenzimmer und dachte fieberhaft nach. Was er soeben gehört hatte, war eine wichtige Information, die er sofort an Da Wang weitergeben musste. Der böse General hatte also gefährliche, neue Waffen geordert. Das war keine gute Nachricht für die Feinde des Generals, zu denen sein Beschützer zählte. Wenn er ihm dies berichtete, dann würde der Chinese ihn endlich ernst nehmen und nicht mehr als wertloses Kind betrachten. Er musste los. Jetzt sofort.

Der Junge legte seine Kleider an, schlich durch das stockdunkle Treppenhaus hinunter, an dem Nachtlager des schnarchenden Kindermädchens im Flur vorbei, und stahl sich aus dem Haus in die Gasse. Es war ein milder Abend, und die Luft war geschwängert mit Tausenden von Gerüchen, süßen und ekelerregenden, die den Hauseingängen und den Fenstern entströmten und sich in den Straßen innerhalb der Stadtmauer verdichteten. Nur im Wachzimmer des Hospitals gegenüber brannte eine Öllampe, ansonsten war die Gasse dunkel und verlassen. Dicht an den Hauswänden entlang huschte der Junge von der Seitengasse hinaus auf die Hauptstraße, in der auch um diese Uhrzeit noch allerhand Leben war. Händler saßen im Schein der Funzeln in den offenen Eingängen ihrer Geschäfte und klagten einander ihre Verluste. Ein Zuckerbäcker kochte in einem Ölsieder über offener Flamme sein süßes Backwerk mit Bohnenbrei und bot es mit monotonem Singsang den Passanten an, die achtlos vorübergingen. Auch von dem greisen Bettler, dessen Gesicht von einer entsetzlichen Krankheit zerfressen war und der im Schmutz kauerte und flehend zwei blutige Stümpfe, die einmal seine Hände waren, ausstreckte, nahm keiner Notiz. Ein Grüppchen Reisender aus einer fernen Provinz belagerte schmatzend und lärmend eine Garküche, wo sie sich in ihrem unverständlichen Dialekt zankten. Junge Dirnen in erbärmlichen Kleidern rempelten die Männer an und hängten sich schamlos und verzweifelt an ihre Rockzipfel. Aus den Wirtshäusern erklang das rohe Lachen und Fluchen jener Soldaten, die sich dank ihres Ranges oder ihres Geldbeutels abseits des tristen Lagers einen vergnüglichen Abend machen konnten. George Franklin Farlane bewegte sich in der nächtlichen Stadt sicher und ohne Furcht. Er kannte jedes Haus und jede Ecke. Er fürchtete die Menschen nicht, die er als liebenswerte, einfache Leute mit etwas ungehobelten Sitten und einem derben Humor kennen gelernt hatte. Nur vor den Männern des Generals musste man sich in Acht nehmen, wenn sie einen zu viel getrunken hatten, und das war eigentlich immer der Fall.

Er hatte gehofft, den Großen Wang daheim im Haus seiner Tante vorzufinden. Doch als die unfreundliche Alte nach langem Klopfen endlich das Tor einen Spaltbreit öffnete, kläffte sie den Jungen nur verschlafen an: «Mach, dass du hier wegkommst, du fremdes Teufelchen. Nein, dein Kindermädchen ist nicht hier und von mir aus kann der

Nichtsnutz auch für immer fortbleiben. Nichts als Ärger habe ich mit dem Bengel!» Sie schlug die Tür vor seiner Nase zu.

Belustigt von der Vorstellung, dass der ernste, strenge Da Wang von dieser Hexe als «Bengel» bezeichnet wurde, und voller Drang, ihn damit zu hänseln, bog George wieder in die Hauptstraße ein und durchkämmte erfolglos einige Teehäuser. Er wurde müde und ahnte allmählich, dass es vielleicht doch sinnvoller war, den nächsten Tag abzuwarten und Da Wang mit der Neuigkeit zu überraschen, wenn er am Morgen vor dem Tor wartete. Da aber sah er den Schatten eines stattlichen, jungen Mannes – war es Da Wang? – in einer Schenke verschwinden. Er beschloss, noch einen letzten Versuch zu wagen. Die Luft im Gastraum war zum Ersticken, dumpf und verräuchert. Aus dem Trichter eines Grammophons quäkte eine Frauenstimme den neuesten Schlager aus Shanghai. Obwohl sein blonder Schopf auffiel wie ein Leuchtfeuer in der Nacht, schien niemand den ausländischen Jungen zu bemerken, der sich mit der Behändigkeit einer Schlange zwischen den Zechern hindurch auf die hinteren Tische zubewegte. Doch auch hier hielt er nach seinem Beschützer vergebens Ausschau. Es waren fast nur Söldner in diesem Raum. Widerliche, stinkende Gesellen, die lachten wie Tiere. George wusste, dass er sein Glück nicht versuchen durfte, und wollte sich eben wieder zum Ausgang zurückschlängeln, als ein Gespräch seine Aufmerksamkeit erregte, das an einem Tisch im dunkelsten Winkel des Gastraumes geführt wurde. Dort saßen fünf Männer beisammen, tranken Wein und rauchten Opium aus langen Pfeifen. Der eine sagte in prahlerischem Ton: «Ihr solltet euch wirklich gut überlegen, ob dies wirklich der richtige Zeitpunkt ist, um zu Feng Jian überzulaufen. Ich sage euch: Die Armee von General Zhang ist im Moment der sicherste Platz.»

«Ja, das sagst du, Lao Lu. Aber nur, weil du in der Residenz Wache schiebst und immer was zu essen hast. Wir da draußen, wir bekommen gar nichts. Wir müssten Gras und Würmer fressen oder verhungern, wenn wir uns nicht bei den Bauern etwas stehlen könnten.»

Der Prahlhans, den sie Lao Lu nannten, senkte verschwörerisch den Ton: «Heute Nachmittag ist dem General eine wichtige Botschaft überbracht worden. Durch einen Kurier aus Shanghai. Ich stand vor der Tür Wache und habe sie zufällig mitgehört.» Er ließ die anderen schmoren, bis endlich einer sagte:

«Und? Was war das für eine Botschaft?»

«Es sind neue Waffen für den General unterwegs. Moderne Wunderwaffen aus dem Ausland. Habt ihr schon mal was von diesen Gewehren gehört, die so schwer sind, dass sie nur auf Eselskarren transportiert werden können, und die von drei Männern bedient werden? Die schießen Kugeln ab, ohne dass man nachladen muss!» Er spuckte eine mörderische Salve von Schnaps- und Opiumatem in die Runde, damit sich alle ein Bild von der vernichtenden Feuerkraft der Maschinengewehre machen konnten. Sie schwiegen beeindruckt.

«Und Kanonen sind auch bestellt. Kanonen, die tausend Mann zerreißen können, obwohl die Feinde so weit weg sind, dass man sie kaum sehen kann. Und wenn man eine Stadt belagert, dann schießt man mit der Kanone einfach ein großes Loch in die Mauer und marschiert hindurch.»

«Wo kommen diese Wunderwaffen denn her?»

«Aus Frankreich. Die Franzosen haben damit den Krieg gewonnen.»

«Welchen Krieg?»

«Den großen französischen Krieg, du Dummkopf. Und die Gewehre kommen aus Amerika, und die haben auch immer alle Kriege damit gewonnen.»

«Aber wenn doch der General die ganze Zeit hier war –», protestierte der Dummkopf, der misstrauisch war wie alle

Dummköpfe, «wie konnte er denn dann gleichzeitig in Frankreich und Amerika Waffen kaufen?»

«Der ausländische Strohkopf hat ihm dabei geholfen. Ja, genau. Der komische Kerl, der immer herumläuft und sagt, der Herr verbietet dies und das und du sollst nicht töten. Haha. Der ist ja Ausländer. Also weiß er auch, wo man solche Waffen im Ausland kaufen kann.»

Die Umsitzenden schwiegen in Verblüffung. Ihr Vorhaben, zum feindlichen Heer überzulaufen, erschien ihnen im Lichte dieser neuen Nachrichten tatsächlich nicht mehr allzu ratsam. Aber eine Frage hatte der Dummkopf doch noch: «Aber dann steht ja der General tief in der Schuld von dem ausländischen Strohkopf. Und wenn der dann sagt: ‹Ihr dürft nicht töten!›, was soll denn dann der General mit seinen Wunderwaffen anfangen?»

Der Mann, den sie Lao Lu nannten, kicherte wissend. «Du vertrottelter Sohn einer Schildkröte! Unser General steht in niemandes Schuld! Zufällig war ich heute auch auf Posten, als der Ausländer den General besuchte. Er war sehr böse, weil einer seiner Freunde getötet worden war. Ich weiß zwar nicht genau, was der General mit ihm gemacht hat, aber Freunde, ich sage euch» – er prustete belustigt –, «als der Strohkopf aus dem Haus kam, da war er nur noch halb so groß wie vorher. Und das Tollste war» – das Prusten schwoll an zu einem Wiehern –, «er hatte sich die Hosen voll gepisst. Vor Angst!» Seine Heiterkeit wirkte ansteckend. Die ganze Runde brach aus in ein hämmerndes Lachen. «Voll gepisst von oben bis unten. Der Feigling.» Lao Lu japste nach Luft, so sehr schüttelte ihn sein Lachanfall.

George Franklin Farlane, den sie Kleiner Drache nannten, erstarrte hinter dem dicken Holzpfeiler, wo er das Gespräch belauscht hatte, und spürte, wie ihm das kochende Blut ins Gesicht stieg. Noch nie in seinem Leben war er so wütend gewesen, und noch nie hatte er sich derartig geschämt. Wenn er in diesem Moment eine Waffe in der Hand gehabt hätte, dann wäre er, der Sechsjährige, zum Mörder geworden und hätte den Kopf des Wächters in tausend Fetzen geschossen, so wie Da Wang es mit den Köpfen der Gefolterten getan hatte. Eine Waffe hatte er nicht, aber dennoch sprang er ohne nachzudenken aus seiner Deckung hervor und tauchte wie ein kleiner, böser Geist vor den verdutzten Trunkenbolden auf.

«Du lügst!», schrie er mit seiner glockenhellen Kinderstimme dem Wächter ins Gesicht. «Du lügst, und mein Vater ist mächtig genug, die Kanonen noch aufzuhalten, bevor ihr Lumpen sie in die Finger bekommt!»

Noch ehe der seine Opiumpfeife beiseite legen konnte, hatte sich der Kleine Drache den halb vollen Weinkrug vom Tisch geschnappt und schleuderte ihn mit aller Kraft in die Visage des Mannes Lao Lu. Taumelig vom Opium und von dem Schlag, mit weingetränkten Haaren und Kleidern, rappelte sich Lao Lu auf und warf sich quer über den Tisch, um sich den Jungen zu greifen. Dieser sah den Angriff kommen und duckte sich rechtzeitig weg, bahnte sich schubsend und stoßend seinen Weg durch den Wald von Beinen zum Ausgang. Bevor er auch nur die Hälfte der Strecke bewältigt hatte, legte sich eine eisenharte Hand um seinen Oberarm und zog ihn zurück, dass er meinte, seine Schulter werde ihm entzweigerissen. Alle Gespräche in der Schenke erstarben, alle Augen richteten sich auf den Jungen, der zappelte und um sich trat und hieb, gehalten von einem grobschlächtigen Söldner, der dröhnend lachte. Der Kleine Drache grub in höchster Not seine Zähne in die behaarte Pranke, die ihn ergriffen hatte, doch das brachte ihm nur einen betäubenden Fausthieb auf die Stirn ein und eine Beule, die zwei Wochen später noch schmerzte.

«Da Wang! Hilf mir! Hilf mir!», schrie der Junge aus Leibeskräften. Aber niemand rührte sich. Niemand bis auf den Mann Lao Lu, der langsam und mit gefährlichem Grinsen aus dem Halbdunkel auftauchte und den Sechsjährigen ergriff.

«Ich weiß, wer du bist, du kleine Laus!», gurgelte er. «Du bist der Sohn des Mannes, der sich vor Angst bepisst.»

George überwand seinen Kopfschmerz und versuchte, den Mann zu treten, aber der Söldner, der ihn geschnappt hatte, schlang ihm von hinten seine Arme um Brust und Beine und vereitelte so jede Bewegung.

«Tu ihm nichts zuleide, Lao Lu!», rief mahnend eine weinschwere Stimme aus dem Gastraum, wo alle sofort in ein enttäuschtes Murren ausbrachen, weil sie sich um ein besonderes Schauspiel betrogen sahen. «Der ausländische Junge ist sein Gewicht in Gold wert!»

Die spitzen Enden von Lao Lus Daumen- und Zeigefinger schlossen sich wie eine Zange um Georges Ohrläppchen. Seine Fingernägel durchbohrten die weiche Kinderhaut, bis das Blut hervorquoll. «Jetzt wirst du mich kennen lernen. Und wir werden sehen, wie viel dein Leben dem Mann, der sich vor Angst bepisst, wert ist. Der Junge gehört mir!», schrie er und klemmte sich George Franklin Farlane, der, betäubt vor Schmerz, jeden Widerstand aufgegeben hatte, unter den Arm wie eine kostbare Trophäe. So stampfte er aus der Schenke, begleitet vom Lachen und den Bewunderungsrufen der Söldner.

Nur einer war unter den Gästen, der nicht lachte. Er dachte nur, was auch der kleine Farlane einige Stunden zuvor gedacht hatte. Dass er so schnell wie möglich Da Wang finden musste.

4. Kapitel

Washington, D. C., 24. Dezember

Wenn sich der Präsident aus seinem Sessel erhob und begann, mit Storchenschritten sein Büro zu durchwandern, dann verhieß das nichts Gutes. Außenminister James Clark Hooper wusste das und bereitete sich auf einen jener alttestamentarischen Zornausbrüche vor, die den Präsidenten gewiss eine zweistellige Prozentzahl von Wählerstimmen gekostet hätten, wenn die Wähler nur wüssten, dass der stets freundlich lächelnde Herr mit den vornehm ergrauten Schläfen und der väterlichen Ausstrahlung zu solcher Raserei fähig war. Der mächtigste Mann der freien Welt massierte sein Kinn, das Experten der Physiognomik als «charaktervoll» und «intelligent» beschrieben, und grummelte etwas vor sich hin, das Hooper akustisch nicht verstand. Er war aber auch zu nervös, um nachzufragen. Seine zwergenhafte Gestalt war so tief in das weiche Sofa versunken, dass er, der Außenminister, geradezu von dem Sitzmöbel verschlungen zu werden schien. Sein mageres Gesicht wirkte mehr denn je wie eine ovale Reklametafel für Gastritismedizin.

«Was bilden sich die Schlitzaugen eigentlich ein?», tobte der Präsident schließlich los.

«Ich weiß es nicht, Sir. Wir selbst sind mehr als überrascht von diesem bedauerlichen Zwischenfall. Ich habe umgehend den Außenminister in Peking angerufen und formalen Protest gegen diese Behandlung eingelegt.» Der Präsident quittierte das mit einer wegwerfenden Handbewegung und einem verächtlichen Schnauben. «Sir, das Außenministerium, mit dem wir immer relativ gute Kontakte hatten, es hat sich entschuldigt und das Ganze als ein bedauerliches Missverständnis bezeichnet.»

«Zu spät», grollte der Präsident. «Haben Sie Ihre Nase schon mal in die Zeitung gesteckt? Seit Jimmy Carter in der Geiselkrise sah kein Präsident mehr so blass und schwächlich aus wie ich. Wissen Sie, was die Brüder im Kongress aus diesem Zwischenfall machen werden? Einen verdammten Scheiterhaufen. Und ich werde darauf schmoren!»

«Gewiss, Sir. Es tut mir außerordentlich Leid. Aber niemand konnte ahnen, wie diese Mission ausgehen würde.» Dass Unterstaatssekretär Sterling Hewett III es sehr wohl geahnt hatte, war dem Minister wieder entfallen. «Hewett schreibt hier in seinem Bericht, dass er in den vielen Jahren seiner Verhandlungen mit der chinesischen Seite niemals eine derartige Erfahrung gemacht habe. Seiner Einschätzung nach ist diese ganze Sache kein isolierter Zufall, sondern steht in einem größeren Zusammenhang, den wir noch nicht vollständig verstanden haben. Übrigens bittet Hewett um Entlassung aus dem Dienst, Sir.»

«Angenommen», bellte der Präsident reflexartig, doch dann unterbrach er seine Wanderung und fragte sich, ob dies wirklich die Lösung war. Hewett hatte vor den Fernsehkameras einen Narren aus sich gemacht, und das strahlte ab auf die ganze Administration. Ihn als Sündenbock vorzuführen und fallen zu lassen, wäre ein Leichtes, und es war auch das, was jedermann nun erwartete. Freilich würde das nur für sehr kurze Zeit den Druck vom Weißen Haus nehmen – wenn überhaupt. Von allen Seiten bombardierten sie den Hausherrn mit diesem einen Thema. China, China und noch mal China. Die Menschenrechtsfuzzis standen jeden Tag mit einer neuen Petition vor der Tür. Die Wirtschaftsfritzen lamentierten bei jeder Gelegenheit über das Handelsdefizit. Die Hollywood-Mafia wollte endlich Taten gegen die Copyrightverletzungen sehen und das Pentagon schlug Alarm wegen der Atomlieferungen an Pakistan. Nicht einmal auf dem Golfplatz hatte der Präsident seine Ruhe, weil ihm da andauernd irgendwelche supersmarten Taiwanesen, die den Kongress schon so gut wie gekauft hatten, ein Schutzversprechen für ihre verdammte Insel entlocken wollten. China . . . es verfolgte ihn buchstäblich bis in seine Träume. Eine Abordnung der Tibet-Lobby marschierte in Sichtweite seines Schlafzimmers mit Pappschildern und Kerzen im Kreis herum und brummte lamaistische Sutren.

«Nein – warten Sie noch! Es reicht nicht, Hewett zu feuern. Das bringt uns nicht weiter. Sobald die Chinesen trotz unseres Protests ihre beschissenen Magneten an die Pakistani liefern, stehe ich wieder in der Schusslinie. Werden sie liefern?»

«Die Behandlung von Unterstaatssekretär Hewett lässt keinen Zweifel daran zu, dass die chinesische Seite sich einen Dreck um unseren Einspruch kümmert, Sir.»

Der Präsident machte einen schnellen Schritt zu seinem Schreibtisch und hämmerte seine Faust auf einen dicken Ordner. «Das dürfen sie nicht! Das verstößt gegen den Atomwaffensperrvertrag, und das nehmen wir nicht hin. Was ist, wenn wir die Sache vor den UNO-Sicherheitsrat bringen? Dringlichkeitssitzung!»

«Die Chinesen werden es mit ihrem Veto von der Tagesordnung schießen wie einen Spatz vom Telefondraht und die Russen werden mit ihnen stimmen.»

«Wie viel haben wir den Russen im letzten Jahr an Krediten gegeben? Vielleicht wäre es mal an der Zeit, sie daran zu erinnern!»

«Das wird nichts ändern, Mister President. Die Russen stimmen immer mit den Chinesen. Sie wollen keinen Ärger mit China.»

«Ich will auch keinen Ärger mit China! Aber die Chinesen wollen ganz offensichtlich Ärger mit mir. Können sie haben. Wenn sie ihre Magneten liefern, dann verhängen wir Sanktionen. Basta.»

«Die Sanktionsfrage ist kompliziert. Solche Maßnahmen würden unseren Textilimporteuren einigen Schaden zufügen. Ebenso den Elektronik-Leuten und den großen Handelsketten, die ihr ganzes Sortiment billig aus China beziehen. Außerdem würden die Chinesen sofort Gegensanktionen verhängen und alle US-Firmen im Land damit bestrafen. Darunter sind eine Anzahl ziemlich wichtiger Firmen, Sir. Wenn ich darauf hinweisen darf, Mister President: Es waren nicht zufällig diese Firmen, die Sie am großzügigsten mit Wahlkampfspenden unterstützt haben. Außerdem würde unsere Exportwirtschaft langfristigen Schaden nehmen, und die Europäer hätten uns über kurz oder lang vom wichtigen chinesischen Markt verdrängt. Tut mir Leid, Sir, aber Sanktionen sind kontraproduktiv.»

«Kann unsere Marine den Transport irgendwie unterbrechen? Die Lieferung aufhalten?»

«Sie meinen, das Schiff kapern? Ich würde das nicht empfehlen. Wir haben so etwas zwar schon früher mal gemacht, aber in der gegenwärtigen, angespannten Situation könnte das sehr gefährlich werden. Die Chinesen lassen sich nicht das Geringste gefallen. Es wäre zu befürchten, dass die Situation außer Kontrolle gerät.»

«Hooper, wir müssen hier bald mal eine Linie in den Sand ziehen. Wir haben es den Arabern gezeigt, den Iranern, den Kubanern und den Russen und was-weiß-ich-noch-wem. Ich werde mich nicht von einem Häuflein tatteriger Kommunisten in die Knie zwingen lassen. Haben Sie das verstanden?»

«Ja, Sir. Ganz meine Meinung. Ich schlage dennoch vor, dass wir zunächst einmal abwarten und versuchen, die Situation in aller Ruhe zu analysieren. Wie ich bereits sagte, bewertet Unterstaatssekretär Hewett das Verhalten der Chinesen als Teil eines größeren Ganzen. Er ist unser bester China-Kenner. Ich denke, er hat Recht damit, und wir sollten zunächst versuchen, dieses Ganze zu verstehen, bevor wir weitere Schritte unternehmen. Ich habe heute Nachmittag einen Termin mit Direktor Cartlin von der CIA und erhoffe mir davon einige neue Erkenntnisse.»

Der Präsident ließ sich in seinen Sessel fallen. Hinter seiner Stirn brodelte es weiter.

«Ich habe unlängst mit meinem britischen Kollegen ein langes, vertrauliches Gespräch geführt», sagte der Außenminister und blickte versonnen aus dem Fenster auf den idyllisch verschneiten Weihnachtsbaum im Garten. «Irgendwie kamen wir darauf, unsere schlimmsten Alpträume zu beschreiben. Sein schlimmster Alptraum, sagte er, sei ein China, das sich nicht an die Spielregeln hält. Ein China, das macht, was es will.»

«Und?»

«Seit ich das gehört habe, ist das auch mein schlimmster Alptraum.»

«Dann tun Sie doch irgendwas dagegen. Dafür werden Sie schließlich bezahlt.»

«Das ist ja gerade der Alptraum. Man kann nichts dagegen tun.» Der Außenminister packte die Akten zurück in seine Mappe. «Was sage ich nun dem Unterstaatssekretär?»

«Rücktrittsgesuch abgelehnt. Heute Nachmittag auf der Pressekonferenz werde ich zu dem Vorfall Stellung nehmen. Hewett wird danach aussehen wie ein Held. Wie ein Märtyrer. Die Chinesen lieben doch Märtyrer, oder?»

«Ja, Sir. Aber ich glaube, sie bevorzugen ihre eigenen.»

«Bitte, Professor Farlane, ich brauche diesen Schein für meine Abschlussprüfung! Wenn Sie mich durchrasseln lassen, dann habe ich keine Chance.» Die Studentin kämpfte mit den Tränen, und Farlane fragte sich, ob sie echt waren oder ob ihn das Mädchen nur erweichen wollte.

«Linda», brummte er geduldig, «versetzen Sie sich doch einmal in meine Lage. Ich werde dafür bezahlt, dass ich Ihnen und Ihrer Klasse die Grundbegriffe der chinesischen

Sprache beibringe. Und ich kann einfach nicht erkennen, dass Sie auch nur eine entfernte Ahnung haben, worüber wir in den vergangenen beiden Jahren gesprochen haben. Und wenn ich mir die Anwesenheitslisten ansehe, dann wundert mich das auch nicht.»

«Ich war eben ein paar Mal krank – was sollte ich denn tun? Die ganze Klasse anstecken?»

«Was hatten Sie denn? Malaria? Sie haben mehr als siebzig Fehlstunden. Ich bezweifle, dass Sie die Schriftzeichen für «eins, zwei, drei, beherrschen.»

«Geben Sie mir doch eine Chance. Bitte! In der Schriftsprache bin ich ein wenig hinterher, das gebe ich ja zu. Aber dafür beherrsche ich das Mündliche fließend.»

«Ni shi shei?»

«Wie bitte?»

«Ni shi shei?»

«Oh, ja. Okay. Wo shi Linda.»

«Ni shi zhongguoren duibudui. Danshi weishemme ni bu hui shuo hanyu?»

«Wo buzhidao.»

«Ting budong.»

«Wo buzhidao!»

«Linda, ich habe Wale singen hören, deren Töne waren besser als Ihre.»

«Ich habe Sie nicht hundertprozentig verstanden, Professor Farlane. Sie sprechen so einen komischen Akzent!»

Farlane konnte sich das Lachen nicht verkneifen. Sie hatte Recht. Den schwerfälligen Hunan-Akzent hatte er nie ganz ablegen können. Aber als Entschuldigung ließ er das nicht gelten. Alle anderen Studenten konnten seinen Worten ohne Schwierigkeiten folgen. Sie wusste das auch, und die Tränen, die nun in ihre Augen stiegen, waren jedenfalls echt.

«Bitte, Professor Farlane. Ich musste mir mein Studium irgendwie finanzieren, und deshalb habe ich diese Stelle in einem Maklerbüro angenommen. Aber ich musste immer ausgerechnet dann arbeiten, wenn Chinesisch auf dem Stundenplan stand. Okay? Was sollte ich denn tun? Ich konnte die anderen Stunden nicht versäumen, denn Chinesisch ist ja nur mein Nebenfach. Aber wenn ich den Schein nicht bekomme, dann kann ich auch meinen Abschluss nicht machen. Ich habe Marketing und Internationales Handelsrecht belegt. Ich will so bald wie möglich nach China und dort für eine amerikanische Firma in Shanghai arbeiten. Der Posten ist mir schon so gut wie sicher, aber ich brauche dazu mein Diplom. Bitte, Professor Farlane, geben Sie mir ein ‹D› – geben Sie mir die schlechteste Note der ganzen Klasse, aber lassen Sie mich nicht durchfallen.» Sie strich sich mit einer nervösen Handbewegung, die Farlane sonderbar vertraut vorkam, das schwarze Haar aus der Stirn. Wenn Li Ling damals Jeans und Sweatshirt getragen hätte, wenn sie regelmäßig einen halbwegs geschickten Friseur hätte aufsuchen können, wenn es ihr erlaubt gewesen wäre, Make-up aufzutragen, dann hätte sie ein wenig so ausgesehen wie Linda Chen, die chinesischstämmige Studentin, die die Sprache ihrer Eltern nicht verstand.

«Woher stammt Ihre Familie?», wollte der Professor wissen.

«Aus irgendeinem kleinen Dorf. Ich habe den Namen vergessen. Ist es wichtig? Es war in der Provinz Fujian. Soll ich kurz daheim anrufen und fragen?»

«Nein, schon gut. Die meisten chinesischen Einwanderer wohnen in Chinatown und sprechen daheim und vor allem mit ihren Kindern die Muttersprache. Warum haben Sie die Sprache nicht von Ihren Eltern gelernt?»

«Mein Vater war da sehr komisch. Sobald er damals seinen Fuß auf amerikanischen Boden setzte, wollte er nie wieder ein Wort in seiner Sprache sprechen. Er hat sogar Mutter verboten daheim oder im Laden Chinesisch zu benutzen.»

«Warum?»

«Wissen Sie, das ist eine komplizierte Sache, und sie hat eigentlich nichts mit mir zu tun, deshalb ...»

«Es interessiert mich aber trotzdem. – Professor Farlane fühlte sich intensiv an jemanden erinnert, der eine ähnlich drastische Einstellung vertrat.

«Mein Vater hat mir mal erzählt, dass er früher Lehrer für Englisch war. Aber dann kam ja diese Kulturrevolution, und da war so was plötzlich sehr gefährlich. Wenn einer Fremdsprachen konnte, dann galt er gleich als Spion der Imperialisten oder so was. Ich weiß nicht genau, was sie damals mit ihm gemacht haben, darüber spricht er nicht. Aber es muss sehr schlimm gewesen sein.»

Farlane nickte. Er wusste ziemlich genau, was die Roten Garden damals mit denen anfingen, die sie für Spione hielten, und er wusste auch, dass Lindas Vater Glück hatte, noch am Leben zu sein.

«Jedenfalls war es so schlimm, dass er alles riskierte und abgehauen ist. Er hat sich irgendwie nach Kanton durchgeschlagen und ist nach Hongkong geschwommen. Ich habe mir das mal auf der Landkarte angesehen. Das ist ziemlich weit. Aber er hat es trotzdem geschafft.»

«Viele andere sind auf diesem Weg ertrunken.»

«Ja, das sagte mein Vater auch. Als er in Hongkong war, halfen ihm ehemalige Nachbarn und Freunde, nach Amerika zu kommen. Und seit er hier ist, spricht er einfach kein Chinesisch mehr.»

«Aber Sie haben sich doch für den Kurs eingeschrieben!»

«Das weiß er gar nicht. Das habe ich ihm nie erzählt», gestand sie. «Aber sehen Sie – so kommt es, dass ich zwar asiatisch aussehe, aber kein Chinesisch spreche.»

«.Und was würde wohl Ihr Vater sagen, wenn Sie für eine Firma in Shanghai arbeiten?»

«Ich glaube, das wäre ihm egal. Hauptsache, es ist eine amerikanische Firma. Aber bitte, Professor, können wir wieder auf meinen Schein zurückkommen?»

«Nein, Linda. Das Thema ist beendet.»

Sie senkte den Kopf und schöpfte Kraft für einen Abgang in Würde. Die Ähnlichkeit mit Li Ling war beinahe mehr, als Farlane ertragen konnte.

«Danke, dass Sie trotzdem Zeit für mich hatten», sagte das Mädchen ohne ihn anzusehen. Sie nahm ihre College-Tasche und verließ sein Büro ohne ein weiteres Wort.

Professor Farlane saß noch lange an seinem Schreibtisch, der Erinnerung an ein Mädchen nachhängend, das längst kein Mädchen mehr war. Li Ling war heute sechsundvierzig – genauso alt wie er. Wenn sie noch am Leben war.

Irgendwann nahm er sich das Telefonbuch der Universität und suchte im Fachbereich Wirtschaftswissenschaften den Namen des Professors für Marketing.

«Professor Farlane hier von der sinologischen Fakultät. Ich habe eine Frage bezüglich einer Ihrer Hauptfachstudentinnen. Linda Chen. Ist Ihnen der Name ein Begriff?»

«Linda Chen?», rief der Wirtschaftsprofessor. «Natürlich. Ein wirklich außergewöhnlich helles Mädchen. Hat alle Prüfungen mit ‹A› bestanden. Ist was mit ihr?»

«Nein, nein. Ich wollte nur wissen, ob Sie sie kennen.»

«Und ob ich sie kenne. Wenn alle meine Studenten so viel Grips und Energie hätten, dann hätten wir die Japaner und die Europäer auf den Weltmärkten längst abgehängt.»

«Danke, Professor.»

Den zweiten Anruf, beim Dozenten für Handelsrecht, ersparte sich Farlane. Er suchte die jämmerliche Abschlussprüfung von Linda Chen aus dem Stapel und kritzelte mit roter Tinte ein D und ein dickes «Minus» unter den Text. Sie würde ihr Chinesisch in Shanghai lernen, oder sie würde es nie lernen, dachte er. Aber erfolgreich würde sie trotzdem sein und irgendwann vielleicht sogar hilfreich. Er machte sich eine geistige Notiz, dafür zu sorgen, dass sie ihm ihre Shanghaier Anschrift zukommen ließ. Dann lehnte er sich zurück und dachte wieder an Li Ling. Er hatte schon viel zu lange nicht mehr an sie gedacht. Er besaß ein Foto von ihr, das er jetzt gerne in den Händen gehalten hätte. Aber das Foto lag daheim in irgendeiner Schublade, zwischen vergilbten Dokumenten und Tagebuchseiten. Wenn er die Augen schloss, dann konnte er aus seinem Gedächtnis das Bild abrufen. Er konnte sich noch an den Tag und die Stunde erinnern, als er es aufgenommen hatte. Es war ein außergewöhnlich heißer Spätsommertag in Hunan gewesen. Kurz nach ihrer Rückkehr aus Peking, wo sie den großen Vorsitzenden Mao Zedong gesehen und gehört hatten. Nachdem er mit den Wandzeitungen fertig geworden war, hatten er und Li Ling sich heimlich aus der Kommune gestohlen und waren im Drei-Schlangen-See schwimmen gegangen, während sich die anderen zum politischen Unterricht versammelten. Sie waren beide fünfzehn gewesen. Noch Kinder. Voller Neugier und voller Unschuld. Nichts und niemand hatte sie auf dieses Gefühl vorbereitet, das sie beide so plötzlich und mit solcher Wucht ergriffen hatte. Sie wussten nur: Das Gefühl hielt sie in der Nacht wach, es verursachte Schwindelanfälle, es veranlasste ihre gleichaltrigen Freunde zu anzüglichen Frotzeleien und albernem Kichern, und es war das wunderbarste Gefühl, das sie in ihrem Leben empfunden hatten. Auf dem Foto, das er mit der alten Kamera seines Vaters aufgenommen hatte, trug Li Ling ihr Haar in strengen Zöpfen, hatte die unvermeidliche dunkelgrüne Ballonmütze mit dem roten Stern in der Mitte auf dem Kopf und lachte ihr herzliches Li-Ling-Lachen: klar wie Quellwasser und fröhlich wie ein Sonnenstrahl. Und kaum war dieses Foto gemacht, da hatte sie ihm, verwirrt und unschuldig, schüchtern und doch voller Überzeugung, mit den unheiligsten und mächtigsten aller Worte ihre Liebe gestanden. Niemand, der nicht ihre Erfahrungen gemacht hatte, und niemand außerhalb der Welt, in der sie lebten, würde jemals verstehen, was ihre Worte für eine Bedeutung hatten. Denn sie standen für die größte aller Hingabe und die schlimmste aller Sünden. Nie wieder in seinem Leben hatte ihm eine Frau eine Liebeserklärung von solcher Kraft und Wahrhaftigkeit gemacht. Und noch immer sehnte er sich nach dieser fernen Frau wie ein Blinder nach dem Licht.

Professor Farlanes Gedanken ruderten aus einem Meer der Erinnerungen zurück an den Strand der Gegenwart und sein Blick verfing sich in dem einzigen persönlichen Gegenstand, der seinen Schreibtisch schmückte. Es war dies ebenfalls ein altes Schwarzweißfoto, und es zeigte einen großen, abgemagerten jungen Mann mit strohblonden Haaren und einen kleinen, dunkelhaarigen Jungen, die mit entblößten Oberkörpern von einem harten Arbeitstag auf einer Baustelle oder auf einem Feld heimkehrten. Sie hielten einander an den Händen und lachten. Drei Schritte hinter ihnen und ebenfalls lachend folgte den beiden eine schöne, ebenfalls sehr dünne Chinesin im Mao-Anzug. Das Foto war eine unverschämte Lüge, und das Glück, das es vorgaukelte, war in Wirklichkeit nichts weiter als Angst, Verzweiflung und Hunger. Aber es war das einzige Foto von sich und seinen Eltern, das Professor Stenton Farlane besaß. Das Telefon schreckte ihn aus seinen Gedanken hoch.

Es war Sophia. Ausgerechnet.

«Willkommen daheim! Wie war die Reise mit Unterstaatssekretär Hewett dem Zweieinhalbten?» Er war bemüht, seine Schadenfreude zu verbergen und unschuldig zu klingen. So als hätte er keine Zeitung gelesen, was Sophia ohne Zögern schluckte, denn sie hielt ihn ohnehin für einen weltfremden Träumer.

«Frag lieber nicht! Ich muss mit dir sprechen.»

«Nanu? Hattest du nicht vor kurzem noch gesagt, dass du nie wieder mit mir sprechen wolltest? Wenn mich meine Erinnerung nicht trügt, dann hast du es sogar geschrien.»

«Bitte, mach es mir jetzt nicht so schwer, Sten!»

Sten! Er hatte ihr nie offen gesagt, wie sehr er es hasste, wenn sie seinen Namen in dieser Form abkürzte. Eines der vielen kleinen Dinge, die zwischen ihnen unausgesprochen geblieben waren und die sich in den drei turbulenten Jahren ihrer Ehe zu einer Lawine aus Ärger und Unzufriedenheit aufgetürmt hatten. Vor einer Woche war diese Lawine völlig unerwartet über ihn hereingebrochen, und zu allem Überfluss ritt auf dem Kamm der Lawine auch noch ein anderer Kerl, mit dem sie schlief. Jedenfalls hatte er ihr nie gesagt, dass er die Koseform, die sie für seinen Namen ausgewählt hatte, grässlich fand. Stattdessen hatte er sie zur Strafe «Soph» genannt und nannte das «zivilen Ungehorsam», weil er ganz genau wusste, wie sehr sie diese Abkürzung hasste.

«Geht es um das Sorgerecht für Fatima?», fragte er. «Wenn du sie haben willst, dann musst du mir erlauben, wenigstens einmal am Tag mit ihr spazieren zu gehen, und dich vor Gericht verpflichten eine Wohnung in meiner Nähe zu nehmen.»

«Nein. Es geht nicht um Fatima. Wie geht es ihr übrigens?»

«Sie studiert Grammatik.» Farlane warf einen zerrissenen Stoffball nach der Labradorhündin, die in einer Ecke neben dem Heizkörper döste, ihr enormes Haupt auf einem Lehrbuch für modernes Chinesisch gebettet. Fatima öffnete müde die Augen, sah den Ball vor ihrer Nase auskullern und schnaufte gelangweilt.

«Können wir uns sehen – wenn's geht noch heute?»

«Lass mich doch mal meinen Terminkalender zu Rate ziehen. Um sechs habe ich eine Sitzung der Anonymen Alkoholiker. Um sieben trifft sich die Selbsthilfegruppe gehörnter Ehemänner, und um acht bin ich auf einer Tupperparty eingeladen.»

«Sehr witzig. Wie wäre es also um neun?»

«Da habe ich den Selbstverteidigungskurs. Ehestreit für Fortgeschrittene. Aber den kann ich ja mal durch eine praktische Übung ersetzen.»

«Sten – ich will nicht mit dir streiten. Es geht nicht um unsere Ehe. Es geht um . . .»

«Etwas Wichtigeres? Dann kann es sich nur um deine Karriere handeln. Aber natürlich, Soph. Jederzeit. Um neun in Charlies Bar? Ich liebe die fritierten Kartoffelschalen, die sie dort servieren. Die hinterlassen so einen schalen Nachgeschmack, der mich an die letzten drei Jahre erinnert.»

«Du bist mies, Stenton Farlane, wirklich mies. Ich hätte wissen müssen, dass es ein Fehler war dich anzurufen.»

«Bringst du deinen neuen Freund Olbright auch mit?»

«Olweight. Nein. Ich bringe ihn nicht mit. Bis später, Sten», beendete sie hastig das Gespräch, weil sie ihn lange genug kannte, um seine nächste Frage zu ahnen. Farlane legte mit maliziösem Schmunzeln den Hörer auf die Gabel.

«Was meinst du, Fatima – ob sie ihn wohl Ollie nennt?»

Die Labradorhündin lupfte träge die rechte Augenbraue, entblößte ihre Zunge wie zu einem verschwörerischen Grinsen und hechelte dreimal.

Direktor Flint Cartlins schlichtes Äußeres verriet in keiner Weise die Macht, die er als Chef der «Central Intelligence Agency» besaß. Wer ihm etwa beim Einkaufen im Supermarkt begegnet wäre, hätte den älteren Herrn mit der gemütlichen Halbglatze für einen Finanzbuchhalter oder einen Mathematikprofessor halten mögen. Das einzig Auffällige an ihm war seine absolute Unauffälligkeit und seine ungewöhnlich großen Ohren, die innerhalb der CIA schon zu manchem Scherz geführt hatten. Allerdings nur hinter vorgehaltener Hand, denn ganz wohl war niemandem dabei, über einen Chef zu lachen, dessen Humorlosigkeit geradezu ansteckend war. Cartlin war rücksichtslos und immens erfolgreich. Sein politischer Stern hatte noch lange nicht den Zenit erreicht. Der ehemalige Oberstaatsanwalt, der erst vor ein paar Monaten die Leitung des Geheimdienstes übernommen hatte, wurde von manchen bereits als Anwärter auf den Posten des Verteidigungsministers gehandelt, und von solchen, die noch weiter in die Zukunft blickten, womöglich sogar als Anwärter auf die Präsidentschaft. Schon jetzt ging er im Weißen Haus ein und aus, denn er zählte zu den engen, persönlichen Freunden des Präsidenten.

Direktor Cartlin ließ sich wie selbstverständlich am Kopfende des Verhandlungstischs nieder, obwohl er als Gast im Außenministerium eigentlich dem Hausherrn den Vortritt hätte lassen müssen, aber Cartlin war nicht der Mann, der auf solche Feinheiten Rücksicht nahm, und Außenminister Hooper war nicht der Mann, der sein Hausrecht einforderte.

«Da haben die Gelblinge euch ja ganz hübsch gefickt», knurrte der CIA-Mann, der niemals für seine geschliffene Ausdrucksweise oder seine Bewunderung für Diplomaten aufgefallen wäre. Auch hatte Cartlin nichts für Asiaten übrig, insbesondere nicht seit seiner Zeit in Vietnam, wo er zwei Jahre lang Kriegsgefangener des Vietcong gewesen war. Cartlin war in Begleitung von Fred Summers erschienen, dem zuständigen Bereichsleiter, der in seinem Aktenkoffer nach Unterlagen kramte. Ihm gegenüber saßen der Außenminister, Olweight Sarsikian und Unterstaatssekretär Hewett, auf dessen durchfurchter Stirn seit seiner fatalen China-Mission eine zusätzliche Falte erschienen war, die sich bedrohlich vertiefte, als Cartlin fortfuhr: «Wenn die mich so behandelt hätten, dann hätte ich ihnen schon gezeigt, was Sache ist!»

«Und was getan?», platzte es aus Hewett heraus. «Den Krieg erklärt?»

«Bitte, Gentlemen, wir wollen doch vor allem sachlich bleiben», vermittelte der Außenminister, der der geborene Vermittler war. «Herr Direktor, wir haben Sie um ein Briefing gebeten und nicht um Ihre Ansichten über Diplomatie.»

Cartlin griff sich unbeeindruckt die Mappe, die Summers bereitgelegt hatte, und blätterte eine Weile schweigend darin herum.

«China», sagte er dann, legte seine Brille ab und blickte auf, als ordere er ein Gericht in einem Restaurant. «Rotchina vielmehr. Rotchina befindet sich in einer Phase des Übergangs. Eine neue Führungsgeneration hat das Ruder übernommen, und hinter den Kulissen wird mächtig taktiert. Intrigen und Machtspiele. Ein paar von den alten ‹Commies› mischen noch mit, aber die meisten sind entweder bei Marx oder nehmen keine feste Nahrung mehr zu sich. Sie haben einige Dutzend Millionen Arbeitslose am Hals, grassierende Kriminalität, ausufernde Korruption, unruhige Minderheiten in Tibet und Xinjiang, eine zunehmend aufsässige städtische Mittelschicht, und es knistert im Gebälk. Wenn sie nicht aufpassen, werden sie eines Tages den Weg aller Kommunisten gehen, nämlich in der Sickergrube der Geschichte versumpfen. Aber das ist ihr Problem. Unser größtes Problem mit Rotchina sind im Moment diese Nuklearlieferungen an Pakistan. Aber da sind die Herren ja wohl bestens informiert. Und natürlich ist da auch noch Taiwan. Nach wie vor haben die Chinesen große Truppenverbände an der Küste massiert, um die Inselchinesen ab und zu mal mit einem Manöver zu erschrecken, damit sie nicht so übermütig werden. Die nächsten Kriegsspiele sind, soweit wir wissen, für die erste Januarwoche geplant, wir haben wie immer unsere Flugzeugträger in der Nähe, damit sie nicht auf dumme Gedanken kommen. Die Unabhängigkeitsbewegung auf Taiwan hat weiterhin großen Zulauf, und natürlich wollen die Rotchinesen nicht, dass ihnen Taiwan eines Tages durch die Finger gleitet und ein selbstständiger Staat wird. Sie würden notfalls auch mit Gewalt eingreifen, aber das tun sie nicht, weil sie sonst Ärger mit uns bekommen. In letzter Zeit gab es übrigens auch eine ganze Reihe von Anzeichen dafür, dass die beiden Seiten sich gütlich einigen werden. Die Handelsbeziehungen wurden weiter ausgebaut. Die Chinesen brauchen das Geld aus Taiwan, um ihre Wirtschaft aufzubauen. Das ist immer noch die beste Lebensversicherung für die Insel. Sonst noch was?»

«Liegen irgendwelche Hinweise darauf vor, warum China ausgerechnet jetzt die Konfrontation mit uns sucht?», fragte Außenminister Hooper.

«Was meinen Sie mit ausgerechnet jetzt? Sie müssen doch am besten wissen, dass die Beziehungen mit Rotchina seit Jahren aussehen wie der Kühlschrank eines verdammten Junggesellen. Überall fault irgendwas vor sich hin, und niemand kümmert sich drum und räumt es weg. Jetzt hat Hewett mal eine Ladung schimmeliger Tomaten abbekommen. So bedauerlich das auch erscheinen mag – ich würde daraus nicht gleich ableiten, dass die Roten eine Invasion der Westküste planen. Meiner Meinung nach hat es denen schon immer an guten Manieren gefehlt.»

Der Unterstaatssekretär war dem Vortrag mit wachsendem Unwillen gefolgt und ergriff nun voller Ungeduld das Wort. «Es ist auch in China durchaus nicht üblich, dass Diplomaten meines Ranges in dieser Form abgekanzelt werden, Mister Cartlin. Selbst das Pekinger Außenministerium hat den Vorgang bedauert und angedeutet, dass der Zwischenfall außerhalb seiner Macht lag.»

«Und was, meinen Sie als Diplomat Ihres Ranges, hat das wohl zu bedeuten?» Cartlin hatte eine Art, die Augenbrauen zusammenzuziehen, die Hewett Magenschmerzen verursachte.

«Das bedeutet, dass jemand in China außerhalb des Außenministeriums Außenpolitik macht, gegen die Vereinigten Staaten von Amerika. Jemand, der sehr einflussreich ist.»

«Sosehr Ihnen persönlich diese Vorstellung auch missfallen mag, meine Herren, sehe ich da noch keine Gefahr im Verzug. Es gibt nicht die geringsten Anzeichen dafür, dass die rotchinesische Regierung ihre Politik uns gegenüber korrigiert hat. Sie haut vielleicht in letzter Zeit ein bisschen fester auf die nationalistische Pauke und benimmt sich in manchen Fragen etwas paranoid – aber alles in allem sehe ich keinen Grund Panik zu verbreiten.»

«Ich rede ja nicht von der Regierung.» Hewetts vornehmer Bariton flatterte ein wenig vor unterdrückter Entrüstung über diesen aufgeblasenen Schnüfflerkönig. «Das ist ja genau der Punkt. Ich rede von einer Macht außerhalb der Regierung.»

«Nun machen Sie sich mal nicht gleich in die Hosen. Darf ich Sie daran erinnern, dass wir die Chinesen militärisch in die Tasche stecken können, bevor sie auch nur Piep sagen können?»

«Welche Art von Arbeitsmöglichkeiten haben Sie in China?», lenkte der Außenminister das Gespräch um. Hooper hasste nichts mehr als offenen Meinungsstreit, und das provozierende Gesicht, mit dem Cartlin Hewett herausforderte, verhieß nichts Gutes.

«Die üblichen. Ein paar unserer Leute genießen die freundliche Gastfreundschaft Ihrer Botschaften und Konsulate. Dazu kommen noch einige Quellen aus der Wirtschaft und von der Presse. Ab und zu schicken wir mal eine Sonderdelegation mit Touristenvisum, um nach dem Rechten zu sehen. Und dann haben wir noch die einheimischen Informanten.»

«Wie viele?», wollte Hewett wissen. «Und wo sitzen die?»

«Ich habe die Zahl jetzt nicht im Kopf.»

Summers wurde aktiv und beugte sich mit unverständlichem Murmeln über die mitgebrachten Dokumente und Memos.

«Meine Herren, das ist sehr geheimes Zeugs, verstehen Sie?», knirschte Cartlin verdrießlich.

«Sie sollen uns ja nicht ihre Identität preisgeben, sondern nur die Zahl nennen», sagte der Außenminister.

«Hier, Sir. Aber dürfte ich vielleicht dazu noch etwas sagen?», flüsterte Summers.

«Später», wies ihn der Direktor zurück und setzte seine Brille auf. «Wir haben in Rotchina zu diesem Tag und zu dieser Stunde ... was zum verfickten Teufel ist das?»

«Ich sagte ja gerade, Sir, dass ich dazu etwas erklären muss. Ich habe Ihnen das schon in der vergangenen Woche im Memo 546 zur Kenntnis gebracht. Es hat in letzter Zeit ein paar Rückschläge gegeben. Scheinbar hat da so eine Art Säuberungswelle stattgefunden. So genau können wir das zum jetzigen Zeitpunkt noch nicht sagen. Wir haben –»

«Soll das hier» – Cartlin pochte mit seinem Zeigefinger auf das Papier – «etwa heißen, dass wir nur einen einzigen chinesischen Informanten haben?»

«Wir haben noch einige andere Mitarbeiter, Sir. Diesen zum Beispiel ...»

«Dieser Fickfrosch liefert doch nur Halbgares aus den Betten der Geschäftswelt. Lachhaft!»

«Und dann noch ...» Er legte Cartlin eine weitere Akte vor, die dieser sofort missmutig beiseite schob. «Lassen Sie mich doch erklären, Sir», versuchte Summers seine Haut zu retten. «In China steht auf alles, was mit der Weitergabe von Staatsgeheimnissen zu tun hat, die Todesstrafe. Das kann schon die Erntestatistik sein, die sehen das alles sehr streng ...»

«Das müssen Sie mir nicht erklären. Hier steht, dass wir vor drei Wochen noch zweiunddreißig Mitarbeiter in Rotchina hatten und jetzt nur noch einen. Das müssen Sie mir erklären! Wo sind die ganzen Leute geblieben?»

«Tot, Sir. Geschnappt, verurteilt und hingerichtet. Ich sagte ja gerade, es gab diese Säuberungswelle, und der sind nun mal fast alle unserer Leute zum Opfer gefallen. Vor demselben Problem stehen übrigens auch die Briten, die Franzosen und, soweit wir wissen, auch die Russen.»

«Was ist mit den Taiwanesen?», fragte Hewett messerscharf. «Im Vergleich mit anderen soll ja deren Geheimdienst, was die Volksrepublik angeht, sehr gründlich arbeiten.»

«Auch die haben viele ihrer Leute verloren. Natürlich nicht alle, aber in wesentlichen Bereichen müssen auch sie wieder von null anfangen, sagt General Pun.»

Es kostete den CIA-Direktor viel Kraft seinen Zorn im Zaum zu halten, was sein unauffälliges Gesicht rot anschwellen ließ. Er konnte sich nur schwer zurückhalten, seine Worte hinauszuschreien: «Darüber sprechen wir noch. Was ist das überhaupt für eine Art von Geheimdienst, wenn unsere Leute bei der kleinsten Säuberungswelle auffliegen wie ein Haufen verschreckter Hühner?»

«Der letzte Mann, den wir noch haben – wer ist das, und in welcher Stellung sitzt er?» Hewett ließ sich nicht anmerken, wie sehr er dieses Gespräch nun genoss. Er stellte ebenso tief empfundene Besorgnis zur Schau. Summers wühlte abermals in seinen Papieren und legte seinem Chef eine Akte vor, in deren rechter oberer Ecke ein kleines Foto befestigt war.

«Die höchste Stellung, die ich einer solchen Visage geben würde, wäre das Pförtnerhäuschen», schnappte Cartlin, für den der ganze Tag, womöglich die ganze Woche verdorben war.

«Es ist ein Geschäftsmann aus Südchina», erklärte Summers, der das wusste und sich auf schwere Zeiten gefasst machte. «Sehr tüchtig. Hat uns damals bei der Operation *Yellowbird* unschätzbare Dienste geleistet. Das war nach dem Massaker auf dem Tiananmenplatz 1989, als wir die Studentenführer außer Landes brachten. Außerdem hat er uns viele wertvolle Hinweise in Sachen Heroinschmuggel gegeben. Und zuletzt die Information über diesen Parteibonzen in Kanton, dem die CD-Fabriken gehören.»

«Nehmen Sie sofort Kontakt zu diesem Mann auf, und sorgen Sie dafür, dass er uns hilft, ein neues Netz aufzubauen.»

«Jawohl, Mister Cartlin, Sir.» Summers starrte auf das Foto, als hinge sein Leben davon ab diesen Mann so schnell wie möglich zu finden. Den schief grinsenden Kaufmann aus Shenzhen mit dem sonderbaren Namen Jackie Lau.

Ein Fernseher, der in seiner Hörweite in der Wand versenkt war, brachte die 21-Uhr-Nachrichten. Stenton Farlane spitzte die Ohren und lauschte über die Bargeräusche hinweg auf die erste Meldung. Sie war der Pressekonferenz des Präsidenten gewidmet, der heute zu dem Affront Stellung nehmen wollte, den die Chinesen seinem Sonderbotschafter bereitet hatten. Mit ernstem Gesicht und ohne auf seine Notizen zu blicken, sagte der Präsident in einem Ton, der bedrohlich und vernünftig zugleich klang: «Die unerhörte Behandlung, die unserer Delegation in Peking widerfahren ist, war nicht nur eine Beleidigung für einen unserer verdientesten Diplomaten, nicht nur eine Beleidigung für diese Administration und für mich persönlich. Es war auch eine Beleidigung des gesamten amerikanischen Volkes. Das amerikanische Volk sucht nicht die Konfrontation, und es sucht keine Vergeltung schlechter Manieren. Das amerikanische Volk will Frieden und Wohlstand für alle. Deswegen appelliere ich an unsere chinesischen Freunde: Bleiben Sie unsere Freunde. Kehren Sie zurück an den Verhandlungstisch, und gefährden Sie nicht unsere Zusammenarbeit durch die Lieferung von Atomtechnologie an andere Staaten. Halten Sie sich an die bestehenden Verträge, und tragen Sie dazu bei, dass unsere Welt und die Welt unserer Kinder eine Welt des Friedens und der Sicherheit für alle bleibt. Ich wiederhole: Das amerikanische Volk sucht keine Konfrontation. Aber auch unsere Geduld hat ihre Grenzen. Wir werden nicht zusehen, wie gefährliche Waffen weiterverbreitet werden und wir werden es nicht hinnehmen, dass unsere Unterhändler derart beleidigt werden. Es darf kein Zweifel daran bestehen, dass wir entschlossen, bereit und fähig sind, angemessen zu reagieren, wenn diese Gefahr besteht.»

«Amen», kommentierte Stenton Farlane. «Jetzt hat er es ihnen aber gegeben.» Und zwar allen, dachte er den Satz zu Ende. Denn genau dafür war dieser Präsident allgemein bekannt: Er gab immer allen, was sie wollten, und am Ende war jeder genauso weit wie vorher, und alles blieb beim Alten.

Sie hatte die unnachahmbare Fähigkeit, jeden Raum, den sie betrat, allein durch ihr Erscheinen zu verändern. Sie ging hochaufgerichtet, fast ein wenig steif. Ihre festen, entschlossenen Schritte zeugten von Autorität und Würde. Ohne dass sie darum bitten musste, machte man ihr Platz. Ihr langes, seidenschwarzes Haar umwehte ihr scharf geschnittenes, exotisch schönes Gesicht wie die Flagge eines unbezwingbaren Piratenschiffes. Blicke folgten ihr, oft auch ein Wispern. Farlane sah sie, bevor sie ihn an seinem Tisch im hinteren Bereich von Charlies Bar erspäht hatte, und stellte nicht ohne Bewunderung fest, dass der Spitzname «Drachenlady», mit dem er sie heimlich bedacht hatte, mehr als angebracht war.

Sophia Wong, auf dem Papier noch Sophia Wong-Farlane, Tochter eines überaus betuchten chinesischen Handelsherrn aus San Francisco, der Millionen damit gemacht hatte, tropische Früchte in Dosen aus Mittelamerika in die Staaten zu bringen, Harvard-Absolventin, ehemals Universitätslektorin, jetzt Dolmetscherin im Dienste des State Department, umgab eine einzigartige Aura aus Selbstbewusstsein, Rücksichtslosigkeit, Intelligenz und Sexualität.

Farlane winkte ihr zu, und sie steuerte seinen Tisch an, ließ sich grußlos ihm gegenüber nieder und sah sich nach dem Kellner um, der umgehend herbeigeeilt kam.

«Gin Tonic» war alles, was sie sagte, und es klang wie ein Vorwurf, dass der Drink nicht schon serviert war.

Als sie Farlane anblickte, musste sie sich – wenn auch mit

Widerwillen – eingestehen, dass seine Augen es immer noch vermochten sie gefangen zu nehmen. Sie konnte diese Augen mit keinem andern Wort als «zauberhaft» beschreiben. Tiefdunkel, durchdringend, irgendwie verwirrend, denn es waren keine asiatischen Augen und auch keine kaukasischen. Seine Augen waren wie Stenton Farlane selbst, der Sohn eines Amerikaners und einer Chinesin, eine Mischung zweier entgegengesetzter Welten. Er war groß und muskulös, mit dominanten Gesichtsknochen und einer eigensinnigen Nase, und dennoch hielten ihn alle, selbst jeder Chinese, zumindest auf den ersten Blick für einen hundertprozentigen Asiaten. Er war klug, gebildet und humorvoll mit einem irritierenden Hang zum Sarkasmus. Dabei war er auch naiv und nach innen gekehrt, zerbrechlich wie Porzellan. Wie ein chinesischer Weiser war er nur an seinen Studien interessiert und gab sich einer weltfremden, total unpraktischen Gelehrsamkeit hin, die sie zu verachten gelernt hatte. Er war ein Zyniker und gleichzeitig ein unverbesserlicher Idealist und Romantiker. Sie hatte ihn, den zehn Jahre älteren Professor, geheiratet, weil sie dieser Cocktail aus Gegensätzen angezogen hatte. Sie bewunderte und beneidete ihn dafür, dass er ihr, der Vollblutchinesin, die Erfahrung voraushatte, in China aufgewachsen zu sein, obwohl er ihr immer wieder beteuert hatte, dass sie ihn um alles, aber nicht darum beneiden könne. Was Stenton Farlane bis heute nicht zu schätzen wusste: Es hatte immerhin ganze drei Jahre gedauert, bis Sophia, die Verwöhnte, die Anspruchsvolle, die Gierige, glaubte, genug von ihm bekommen zu haben. Bei vielen anderen Männern hatte das nicht einmal drei Stunden gedauert. Mit einem Kopfschütteln verjagte sie diese Gedanken und sagte kühl: «Ich habe nicht viel Zeit.»

«Okay.» Er nippte seelenruhig an seinem Bier. «Ich hatte nicht vor dich aufzuhalten. Darf ich dich daran erinnern, dass du um dieses Treffen gebeten hast?»

«Spar dir deine Sprüche, und fang bloß nicht wieder so an

wie heute am Telefon. Ich bin nur deinetwegen hier. Ich habe eine Nachricht für dich von einer Person aus Peking. Ich habe ihr versprochen, dass ich sie dir persönlich übermitteln werde, und das tue ich hiermit. Ich halte mein Wort.»

«Ihr?»

«Ich kenne die Frau nicht. Sie kam spätnachts in mein Hotelzimmer. Frag mich nicht, wie sie herausgefunden hat, wer ich bin und dass ich dich kenne. Sie bat mich dir auszurichten, dass sie dich dringend sprechen muss.»

«Was denn? Das ist alles? Kein Name, keine Adresse, keine Telefonnummer? Es war doch nicht schon wieder diese Frau Liu von der Peking-Universität? Die liegt mir seit Monaten in den Ohren, ich solle dort einen Vortrag über China-Studien in den USA halten. Aber ich habe keine Lust.»

Der Kellner brachte ihren Drink und wollte galant fragen, ob sie sonst noch einen Wunsch hätte. Aber sie beachtete ihn gar nicht. Der junge Bursche verließ den Tisch und kam sich vor wie Ungeziefer. Sophia hatte eine einzigartige Begabung dafür überflüssige Fragen zu beantworten, ohne dass sie überhaupt gestellt wurden.

Sie nahm einen kräftigen Schluck Gin Tonic.

«Nein, es war nicht Frau Liu. Und nun tu bloß nicht so scheinheilig. Sie sagte, dass sie dich am Drei-Schlangen-See zum politischen Unterricht erwartet.» Sie hatte mit ihrem scharfen Blick keine Sekunde von ihm abgelassen, und so entging ihr nicht, wie Farlanes Gesicht sich förmlich auflöste. Wie es mit einem Mal einen Ausdruck des Schreckens annahm, als sei hinter ihr ein Dämon erschienen. «Ich nehme an, dass du bei deinen zahlreichen Vortrags- und Studienaufenthalten in China immer ausgezeichnet betreut worden bist», versetzte sie spitz und bewies, dass sie ihm in der Disziplin «kühle Scharfzüngigkeit» um nichts nachstand. Er rang vergebens nach erklärenden Worten, was sie als Geständnis auslegte und daraufhin fortfuhr: «Verstehe mich bitte nicht falsch. Ich mache dir deswegen keinen Vorwurf. Ich bin nicht wie du. Ich kann mit so was leben. Aber tu mir einen Gefallen und verschone mich in Zukunft mit deinen überflüssigen Bemerkungen zum Thema eheliche Treue, du verdammter Lügner.»

Farlane hatte ihr entweder nicht zugehört oder ihre Worte nicht verstanden.

«Wie sah sie aus?», fragte er, immer noch wie unter Schock.

«Das sieht dir wahrhaftig ähnlich, dass du dir nicht einmal den Namen deiner chinesischen Hostess merken kannst. Ich muss jetzt weiter. Viel Glück am Drei-Schlangen-See, Sten. Ich bin sicher, du hast nichts dagegen, wenn ich während deiner Abwesenheit den Rest meiner Sachen aus dem Haus hole.»

«Bitte, Sophia. Wie sah sie aus? Ich muss es wissen. Ich habe sie sehr lange nicht gesehen und ausgerechnet heute an sie gedacht.»

Sie bedachte ihn mit einem giftigen Blick, der im State Department mit sofortiger Suspendierung vom diplomatischen Dienst geahndet worden wäre. Solche Blicke konnten einen Krieg auslösen. «Zu deiner Information, Romeo: deine Pekinger Maus hat schulterlanges Haar, eine recht ansehnliche Figur. Der Busen ein wenig zu groß für eine Chinesin – hast du ihr die Operation bezahlt? Sie hat nette Grübchen und ist etwa Mitte Zwanzig. Und sie trägt braunen Nagellack, was ich für einen Verstoß gegen die Menschenrechte halte.»

«Lass doch den Unfug!», bat er, aber da hatte sie sich schon zum Gehen gewandt.

Geringere Frauen wären bei einem derart furiosen Abgang auf ihren Stöckelschuhen umgeknickt oder zumindest mit dem Kellner zusammengestoßen. Nicht Sophia Wong. Sie brauste ab wie ein Torpedo, die Wasser teilten sich geradezu vor ihr. Am Ausgang warf sie ihren Pelzmantel über und verschwand in einem wartenden Wagen, der vermutlich von Ollie Sarsikian gesteuert wurde.

Aber das interessierte Farlane jetzt nicht mehr. Er ließ ein viel zu hohes Trinkgeld auf dem Tisch und wanderte nach Hause. Obwohl seine Schuhe bald von Schneematsch durchtränkt waren, spürte er weder Kälte noch Nässe.

Zwei Stunden brauchte er, bis er auf dem Dachboden endlich die staubbedeckte Kiste mit dem alten Foto ausgegraben hatte. Die Stunden, die er damit verbrachte, das Foto anzusehen, zählte er nicht. Er sah es auf viele verschiedene Arten an. Fragend. Traurig. Heiter. Sehnsuchtsvoll. Am häufigsten aber sah er es auf die Art an, wie am selben Tag in derselben Stadt ein nervöser CIA-Beamter das Foto eines Geschäftsmannes aus Shenzhen fixierte: als hinge sein Leben davon ab.

Selbst noch im Schlaf erschrak Marco, denn der alte Traum war plötzlich wieder zurückgekehrt. Zum ersten Mal seit vielen Jahren fand er sich gehetzt und wehrlos im Zentrum des tobenden Strudels von Leibern und Gliedern und Hassgrimassen. Hunderte zorniger Fäuste schlugen nach ihm, Klauen rissen an seinen Kleidern, Fußtritte brachten ihn zu Fall. Münder, Mäuler, Schlünde brüllten, kreischten und spuckten das Wort auf ihn hinab, der er zusammengekrümmt im Staub lag und das Gesicht in den Händen verborgen hatte. Schrille Schreie, Wehklagen und Triumphgeheul gellten immer wieder dieses eine Wort: «Spion, Spion, Spion!», bis es in seinen Ohren dröhnte, in seinem Kopf widerhallte und jeden Gedanken erstickte, bis er selbst es stammelte: «Spion, Spion, Spion!»

Dieser Traum, tausendmal geträumt, der ihn verfolgte wie der zehrende Schmerz einer schlecht vernarbten Wunde, dieser Traum hatte kein Ende. Er selbst bestimmte das Ende, indem er daraus floh. Er floh trotz der Gefahr und trotz des Schmerzes immer nur widerwillig, denn er hatte sich nicht verteidigen können. Er floh als Schuldiger und in allerletzter Sekunde und nur deshalb, weil sie ihn sonst zerrissen hätten.

Diesmal rettete ihn, noch bevor er die Flucht ergreifen konnte, das Telefon.

«2:44» blinkte die Digitalanzeige der Uhr als einzige Lichtquelle im Raum. Er ließ es dreimal klingeln, bevor er sich genügend gesammelt hatte, um den Hörer abzunehmen. Das Wutgebrüll seiner Verfolger schwand in der weiten Ferne einer anderen Zeit und einer anderen Welt dahin.

«Ich muss Sie sehen. Sofort.»

Es war Fred Summers. Wer sonst würde zu dieser Uhrzeit anrufen? Ohne ein weiteres Wort hängte er ein.

Marco knipste das Licht an und rieb sich die Augen. Mit einem Kopfschütteln verjagte er die Geister der Vergangenheit und schwang seinen schweißgebadeten Körper aus dem Bett in die Gegenwart. Er blieb eine Weile ermattet auf der Bettkante sitzen und fragte sich wieder einmal, ob er nicht langsam zu alt für diesen Job wurde. Sie hätten vor Jahren schon einen Jüngeren für den C-17-Bereich in China ausbilden sollen. Aber wie vieles andere hatten sie auch das versäumt, und Marco, der sich nicht mehr fit fühlte, war nach wie vor ihr Ass. Aber was für eines! Seine Reflexe waren nicht mehr die alten, und wenn er gelegentlich zum Kampftraining in das Camp nach Maryland fuhr, legten ihn immer öfter irgendwelche ahnungslosen Anfänger aufs Kreuz. Auch um seine Kondition war es nicht mehr so gut bestellt. Es ermüdete ihn heute manchmal schon der Fußmarsch zu seiner Arbeitsstätte. Vor ein paar Jahren noch hätte er um diese unmenschliche Uhrzeit aus dem Tiefschlaf fahren und sofort wahlweise einen akademischen Vortrag über die Töpferei der frühen Han halten, einen maskierten Eindringling unschädlich machen oder einen verzwickten Code entschlüsseln können. Jetzt sehnte er sich nach einer Tasse Kaffee und einer Dusche und wünschte sich, er könne hier bleiben im warmen Bett und müsste nicht hinaus in die nasskalte Winternacht zum üblichen Treffpunkt am Chesapeake-Ohio-Kanal, nur wenige Fußminuten von seinem Haus entfernt, wo Summers ihn erwartete.

Der Bereichsleiter Fernost hatte wie immer seine Oldsmobile-Limousine auf dem Parkplatz vor dem über den Winter geschlossenen Bootsverleih abgestellt und saß wie festgefroren hinter dem Lenkrad. Marco ließ sich auf dem Beifahrersitz nieder.

«Es gibt Schwierigkeiten», eröffnete Summers unverzüglich das Gespräch.

«Die Atomlieferung an Pakistan?» Marco hatte die Nachrichten verfolgt, und Summers' Anruf war eigentlich keine Überraschung.

«Nein. Die Atomlieferung ist nicht mehr aufzuhalten. Wir können nur noch versuchen, das Ganze hinterher durch unsere Leute in Pakistan zu regeln. Was mich jetzt mehr beschäftigt, ist unser Netz in China.» Er beschrieb die schwierige Lage, in der sich die CIA nach der unerwarteten und gründlichen Säuberungswelle befand. «Wir hätten schon vor einer Woche handeln müssen, aber Cartlin hat die Sache einfach schleifen lassen, weil er zu sehr mit seinen diversen Dinnereinladungen beschäftigt ist.» Summers' Fäuste schlossen sich um das Lenkrad, als sei es die Kehle seines Vorgesetzten. «Wir müssen praktisch wieder von vorne anfangen!»

«Wer ist noch übrig?»

«Dieser Clown in Shenzhen.»

«Jackie Lau?»

«Ja. Ausgerechnet der. Ich habe nie verstanden, warum Sie uns ausgerechnet den angeworben haben. Und nun ist er der Einzige.»

«Haben Sie ihn schon verständigt?»

«Sherry Wu macht das. Er soll sich zur Zeit in Peking aufhalten. Hoffentlich findet sie ihn schnell.»

«Und ich?»

«Sie gehen rüber und bauen umgehend was Neues auf. Das State Department hat das Fracksausen bekommen und meint, es sei irgendwas Großes im Busch. Außenminister Hooper sitzt den ganzen Tag über dem Präsidenten auf dem Schoß, der Präsident ruft sofort bei Cartlin an, und der macht mir Feuer unterm Hintern. Sherry Wu erwartet Sie in Peking.»

«Mister Summers – ich habe bei meinem letzten Einsatz ein Versprechen abgelegt, und ich gedenke, es einzuhalten.»

Summers angelte aus dem Handschuhfach einen Umschlag und drückte ihn Marco in die Hand.

«Schon gut, schon gut. Hier ist das Ding. Wir haben schon so viele Gangster und Zuhälter in diesem Land, da kommt es auf einen mehr oder weniger auch nicht an . . .»

Wiederum ohne ein Wort des Abschieds stieg Marco aus Summers' Wagen. Noch bevor er die Treppe erreicht hatte, an deren oberen Ende sein Haus stand, waren die roten Hecklichter des Oldsmobile in der nebligen Dezembernacht verschwunden.

5. Kapitel

Yiyang, 1931

Die Nachricht vom Verschwinden des ausländischen Jungen verbreitete sich rasend schnell in der Stadt, und je mehr Bürger davon erfuhren, umso mehr meldeten sich, die ihn gesehen haben wollten. Um die Mittagszeit quoll die Gasse vor dem Haus des Missionars über mit Augenzeugen, die Einlass begehrten, um ihre Beobachtungen mitzuteilen und dafür eine angemessene Belohnung von den dankbaren Eltern zu erhalten. Denn jeder wusste, dass der Fremde ein Mann von sagenhaftem Reichtum war. Geschrei brach aus, wenn ein Zeuge, der den Jungen bei Sonnenaufgang in der Nähe des Marktplatzes gesehen hatte, seinen Nebenmann berichten hörte, der Junge sei ihm um ebendiese Stunde auf der Stadtmauer begegnet. Dann mischte sich ein Dritter ein und stempelte die beiden Streithähne zu Lügnern. Er sei mitten in der Nacht wach geworden und habe aus dem Fenster gesehen, und da seien ihm diese beiden Gestalten aufgefallen. Und als er genauer hingesehen habe, da erkannte er den kleinen Ausländer. Die andere Gestalt aber sei ein Fuchsgeist gewesen, der den armen Jungen weggebracht habe. Wenn die drei Widersacher dann handgreiflich wurden, sich erst herumschubsten und sich dann zum Vergnügen der Umstehenden gegenseitig ins Gesicht schlugen, erklärte ein vierter Zeuge seinem erstaunten Nachbarn, er könne die Aufregung gar nicht verstehen. Er sei hier, um zu berichten, dass der Sohn des Missionars sich heute Morgen bei ihm nach dem schnellsten Weg in die Hauptstadt Changsha erkundigt habe. Und so ging es weiter. Jeder hatte einen anderen Bericht abzugeben. Aber niemand unter den vielen, die vor dem Missionshaus warteten, war in der Nacht zuvor in der Schenke gewesen. Der Schankwirt hatte wohl darüber nachgedacht seine Geschichte für gutes Geld zu verkaufen. Aber dann hatte er es doch mit der Angst bekommen, denn die Söldner würden sofort wittern, dass er es war, der einen der Ihren verraten hätte, und würden dann grausame Rache üben. So schwieg der Wirt und war einer der wenigen in Yiyang, die den Jungen in dieser Nacht nicht gesehen hatten.

Einer aber hatte ihn gesehen: General Zhang, der sich in der Nacht auf seinem Lager mit zwei Konkubinen räkelte, als laute Geräusche, Fluchen und ein Frauenschrei im Quartier seiner Leibgarde ihn ablenkten. Die Wächter bewohnten den Seitenflügel seiner Residenz und waren ausdrücklich dazu ermahnt, die Nachtruhe des Kriegsherrn nicht zu stören und keine Weiber mitzubringen. Umso zorniger schnaufte General Zhang, als er seinen qualligen Leib in ein seidenes Nachtgewand gehüllt und den Dolch ergriffen hatte, mit dem er am Morgen den Missionar zu Tode erschreckt hatte. Wie ein wütender Kampfstier stürmte er hinüber zur Unterkunft der Leibgarde, fest dazu entschlossen, einen oder mehrere blutige Morde zu begehen.

Mit voller Wucht trat er die Tür zu der Kammer ein, aus der die verdächtigen Geräusche kamen, und brüllte: «Was geht hier vor?»

Schreckensstarr blinzelte ihn sein altgedienter Wächter Lao Lu an und bemühte sich zu verbergen, dass er sich gerade an einem offenbar sehr jungen Mädchen vergehen wollte. Er hatte dem Kind einen Sack über den Kopf gestülpt, hatte ihm seine Arme um den Brustkorb gelegt und presste den zuckenden, kleinen Körper fest an sich.

Der Kriegsherr hob den Dolch und schickte sich an, den Störenfried zu zerhacken, als dieser mit einer plötzlichen Bewegung den Sack vom Kopf des Kindes riss und George Franklin Farlanes strohblonder Schopf zum Vorschein kam.

«Bitte, ehrwürdiger General, seht nur. Ich habe Euch etwas mitgebracht», winselte Lao Lu und schubste den taumelnden Jungen schützend zwischen sich und den Wüterich.

«Was soll das, du Wurm! Sprich, bevor ich dir deine schmutzige Zunge herausschneide.»

«Bitte, bitte, General. Ehrwürdiger, mächtiger General! Ich tat es nur für Euch. Wenn der ausländische Strohkopf wieder frech wird, dann haben wir seine Brut hier als Geisel!» Er kam einen Schritt auf den General zu und stützte sich mit einer Hand auf dem Tisch ab, der neben der Tür stand.

«Dummkopf!» Der General tat zwei Dinge gleichzeitig. Mit der rechten Hand bohrte er seinen Dolch durch Lao Lus Hand hindurch in den Holztisch. Mit der Linken ergriff er den Jungen, der an ihm vorbei ins Freie entwischen wollte. Lao Lu verbiss sich den Schmerz und ging weinend in die Knie. «Bitte, bitte, ehrwürdiger General. Verschont mein Leben.»

«Merke dir eines: Ich brauche keine Geisel, um mit dem heiligen Mann fertig zu werden, und ich brauche keinen Wächter, der auf Ideen kommt!»

«Ich merke es mir, ehrwürdiger General. Ich merke es mir ganz bestimmt. Aber so hört doch, was der Junge zu sagen hat.» Noch immer kniend und eine Hand auf der Tischplatte festgespießt, packte er den sich verzweifelt windenden Knaben am Arm und drückte so fest zu, dass George aufheulte. «Los! Sag es dem ehrwürdigen General, du kleiner Teufel. Sag ihm, was du über die neuen Kanonen gesagt hast!»

«Was ist mit den Kanonen?» General Zhang war mit einem Mal hellhörig geworden. Hoffnungsvoll schloss Lao Lu seine Hand noch fester um Georges Arm.

«Mein Vater kann sie aufhalten!», krähte das Kind und wusste im selben Augenblick, dass es mit seinem vorlauten

Mundwerk einen unwiderruflichen, schweren Fehler begangen hatte. «Lass mich los, du Hurensohn!»

«Hoho! Das ist aber keine ziemliche Ausdrucksweise für den braven Sohn eines heiligen Mannes!» Und wie schon am Morgen in der Auseinandersetzung mit dem Missionar, änderte der General wieder von einer Sekunde auf die andere sein Wesen. Vom tobenden Unhold wandelte er sich plötzlich zum freundlichen Onkel. «Hörst du nicht, was der kleine, weiße Herr sagt, Hurensohn? Nimm deine schmutzigen Finger weg!»

Lao Lu war versucht, mit seiner freien Hand endlich den Dolch des Generals aus der anderen zu ziehen, die in einer Lache frischen Blutes auf dem Tisch lag wie ein frisch geschlachtetes Huhn. Aber dann besann er sich doch. Niemand führte den Dolch des Generals außer General Zhang selbst.

«Und wie, mein tapferer, junger Freund, will denn dein Vater die Kanonen aufhalten?»

«Ich habe gelogen!», log George und hoffte, damit zumindest die schlimmsten Konsequenzen seines Fehlers zu verhindern. Sein Vater schwebte in großer Gefahr, wenn der General seine Waffen nicht bekam und erfuhr, wer die Lieferung verhindert hatte. «Ich habe das nur so gesagt, um die Männer zu ärgern.» Aber er konnte sehen, dass ihm der General nicht glaubte.

General Zhang wiegte nachdenklich sein Krötenhaupt. Er hatte geahnt, dass es ein Fehler war sich gehen zu lassen und dem Ausländer sein wahres Gesicht zu zeigen, bevor er die neuen Waffen in seinem Besitz hatte. Er hatte den Fremden bis aufs Blut gedemütigt, hatte seinen Willen gebrochen und einen Verräter aus ihm gemacht. General Zhang hatte eine feine Nase für Verrat. Sofort versuchte er zu berechnen, wie sehr ihm dieser Verrat bei seinem großen Vorhaben schaden konnte. Und er kam zu dem Schluss, dass er ohne die Kanonen und Gewehre, ohne den Sieg über Feng Jian, wieder von vorne anfangen musste.

Vor wenigen Jahren noch war Zhang nicht mehr als ein Räuberhauptmann, Anführer einer Bande von zweihundert Verbrechern, die sich in den Wäldern versteckte und Reisenden auflauerte. Wie eine Plage suchten sie den Landkreis heim, überfielen Höfe, mordeten, vergewaltigten, verstümmelten und nahmen den mittellosen Pachtbauern noch das letzte Hemd weg. Es gab keine Macht, die sie aufhalten konnte. China war morsch wie ein wurmstichiges Haus, das jeden Moment einzustürzen drohte. Der Kaiser war längst von seinem Thron gestoßen worden. Der Traum einer Republik war schnell ausgeträumt. In Peking saß ein verwirrter Militärführer mit der Wahnidee, eine neue Dynastie zu begründen, und konnte nicht einmal seine eigenen Truppen bei der Stange halten. Allein die Armeen der Nationalisten, der Guomindang, konnten in ihren Gebieten eine gewisse Ordnung aufrechterhalten, aber sie waren zu schwach und zu korrupt, um das ganze Land zu einen. Während China zerfiel und verkam, bereiteten sich die Ausländer darauf vor es wie eine reife Frucht zu pflücken. Allen voran die Japaner leckten sich die Lippen bei der Aussicht auf eine reiche Kolonie direkt vor ihrer Haustür.

Die eigentlichen Herrscher in China waren die vielen Kriegsherren, die je nach der Größe ihrer Armeen einen Landkreis oder eine ganze Provinz kontrollierten. Viele von ihnen waren Offiziere und Militärgouverneure des zerfallenen kaiserlichen Heeres, manche hatten sich den Nationalisten angeschlossen, andere aber waren Glücksritter und Banditenhäuptlinge wie Zhang selbst, die sich die Wirren der Zeit klug und rücksichtslos zunutze gemacht hatten. Zhang hatte nie in einer regulären Armee gedient, er hatte sich das Kriegshandwerk selbst beigebracht und war zu seinem Titel auch so gekommen, wie zu allem, was er besaß: durch Mord – in diesem Fall durch siebzehnfachen Mord.

Er war der zweite Sohn eines Korbflechters aus Changsha, geboren im letzten Jahr des vergangenen Jahrhunderts, den seine Eltern ausersehen hatten, sich für das kaiserliche Examen vorzubereiten und ein Mandarin zu werden, vielleicht sogar ein mächtiger Eunuch am Hof in Peking. Dafür studierte der junge Zhang unter Anleitung strenger Lehrer Tag und Nacht die alten Klassiker, lernte die schwer verständlichen Schriften Wort für Wort auswendig, um sich eines Tages der Prüfung zu stellen. Aber so weit sollte es nicht kommen. Das Reich der Qing-Dynastie geriet ins Wanken. Man hörte von Hungeraufständen der Bauern, von Unruhen in den Städten. Man hörte auf der Straße junge Menschen abfällig vom Kaiserhaus und dem Hofstaat sprechen. Ausländer in weißen Anzügen ließen sich von Kulis durch die Städte tragen, als seien sie bereits die neuen Herren Chinas. In den jahrtausendealten Werken der klassischen Dichter fand der junge Zhang keine Antwort auf die verwirrenden Fragen, die überall gestellt wurden. Seine Studien, seine Mühen waren mit einem Mal nutzlos und wurden von vielen sogar als schädlich angesehen. Noch bevor der Kaiser im Jahre 1912 abdankte und das kaiserliche Prüfungsamt für immer geschlossen wurde, gab der junge Zhang seine Studien auf und wandte sich den westlichen Denkern zu, über deren Theorien die Studenten in hitzigen Debatten stritten und dabei affig mit ihren neumodischen Gehstöcken einander drohten. Rousseau hieß einer dieser Denker. Ein anderer hieß Tocqueville. Aber die fremden Dichter hatten ihm nichts zu sagen. Er lernte, wie er es gewohnt war, jedes Wort ihrer übersetzten Schriften auswendig, aber er verstand nichts davon und die anderen jungen Männer lachten ihn aus, wenn er sich an ihren Streitgesprächen beteiligen wollte. Es war im Verlauf eines solchen Streites, als der junge Zhang seinen ersten Mord beging. Der schmächtige Student mit dem dünnen Sun-Yat-Sen-Bärtchen trug einen Anzug westlichen Zuschnitts und deutete mit seinem Gehstock auf den ehemaligen Kandidaten der kaiserlichen Prüfung, der sein langes, traditionelles Gewand noch nicht abgelegt hatte, weil es das Einzige war, das er besaß.

«Seht euch diese ahnungslose Kreatur an!», schrie der Student seinen Freunden zu. «Diesen jammervollen Tropf, der nichts von der Welt weiß. Das ist der wandelnde Beweis dafür, dass wir Chinesen vom Westen lernen müssen und unser Land so schnell und so gründlich wie möglich modernisieren müssen.» Der Beleidigte zögerte nicht lange.

«China muss für immer China bleiben!», schrie er, entriss dem hochnäsigen Schwächling den Gehstock und schmetterte ihn mit solcher Wucht auf den Schädel des Studenten, dass das Holz splitterte und entzweibrach. Und als der Geschlagene in die Knie sank, da bohrte Zhang ihm das spitze Splitterholz kurzerhand in den Hals. Er tat dies vor einem Dutzend Zeugen, die ihn sofort überwältigten. Da sie an Recht und Gesetz glaubten, schleppten sie ihn zum örtlichen Polizeichef und verlangten einen öffentlichen Prozess. Der Polizeichef von Changsha war aber ein sehr im Althergebrachten verhafteter Mann und ein treuer Anhänger des Kaiserhauses, der die Frechheit der modernen Studenten zutiefst missbilligte.

«Er wird seiner gerechten Strafe nicht entgehen«, beruhigte er die Gruppe und schickte sie weg. Dann ließ er Zhang zu sich bringen und nahm ihm persönlich die Ketten ab.

«Gut gemacht», lobte er den verblüfften jungen Mörder. «Meinetwegen hättest du sie alle erschlagen können. Ich hätte dir einen Orden verliehen. Aber die Zeiten sind kompliziert. Du musst aus der Stadt verschwinden und darfst dich nie wieder hier blicken lassen. Ich werde eine Suche nach dir ausrufen, und wenn sie dich finden, dann kann ich nichts mehr für dich tun.»

Und so war Zhang noch am selben Tag, da er einen Menschen ermordet hatte, wieder auf freiem Fuß und auf dem Weg nach Westen. Wenn auch als gesuchter Verbrecher. Er schloss sich einer Bande von Wegelagerern und Räubern an, die die Gegend um Yiyang unsicher machten, und verlebte bei ihnen die nächsten Jahre. Durch Klugheit, Grausamkeit und seine feine Nase für Verrat stieg er stetig höher in ihren Rängen, bis er selbst der Anführer der Bande war. Im Alter von siebenundzwanzig wollte er sich mit dem Rauben nicht mehr zufrieden geben, und der Zufall wollte es, dass die Zeit nun reif war für Größeres. Changsha war von der Armee der Nationalisten erobert worden, und ihr Befehlshaber, General Yin, streckte seine Fühler nach allen Seiten aus, um Verbündete und Hilfstruppen zu finden. Seine große Stunde schlug, als Räuberhauptmann Zhang eine Gruppe von siebzehn Reisenden, alles gut gekleidete Städter, überfiel und sie in seinen Unterschlupf bringen ließ. Als Geiseln konnten sie von einigem Wert sein. Als er aber Erkundigungen einholte, wurde ihm klar, dass seine Gefangenen gesuchte Umstürzler und Aufrührer waren – so genannte Kommunisten –, auf deren Köpfe die Guomindang hohe Prämien ausgesetzt hatte. Zhang ließ die Geiseln noch am selben Tag enthaupten und ihre sterblichen Überreste «mit freundlicher Empfehlung von General Zhang» nach Changsha bringen. Dafür gab es nicht nur ein stattliches Kopfgeld. General Yin schrieb mit eigener Hand einen langen Brief, adressiert an General Zhang, in dem der mächtige Offizier den jungen Helden für seine patriotische Tat lobte und ihm anbot den Bezirk Yiyang zu leiten. Zhang ließ sich nicht lange bitten und schloss sich den Nationalisten an, obwohl er nicht wusste, wer sie waren und welche Ziele sie verfolgten. Sie hatten Changsha erobert, und das bedeutete für ihn: Sie besaßen Macht. Er brauchte für seine Verbindung mit den Mächtigen nichts weiter zu tun, als bereitzustehen, wenn General Yin ihn rief, was aber nie geschah. Dafür wurde er der Herr des Bezirks Yiyang und bekam das Recht, Steuern einzutreiben und Wegezoll zu erheben. Es war nichts weiter als sein altes Geschäft, Raub, nur tat er es jetzt unter dem Anschein des

Rechts. Nun brauchte er sich nicht mehr in den Wäldern zu verbergen, sondern residierte mitten in der Stadt im vornehmen Haus des entmachteten Mandarins. Größer und größer wurde die Zahl seiner Truppen, denn durch seine Einnahmen konnte er regelmäßig Sold bezahlen. General Zhang aber wollte sich auch damit nicht zufrieden geben. Er hatte hochfliegende Pläne, denn er spürte, dass ein Zeitenwechsel in der Luft lag. Das Rad der Geschichte, das sich in China in immer gleichen Bewegungen dreht, war kurz vor der entscheidenden Stelle angelangt. Nach dem Sturz einer Dynastie kam immer die Periode des Zerfalls. Doch aus dem Zerfall erwuchs immer eine neue, zentrale Macht. Aus dem Chaos immer eine neue Ordnung. Das harte Studium der Klassiker, dem er sich als Kind unterworfen hatte – es war nicht vergebens gewesen. General Zhang witterte die Chance seines Lebens, wie ein Raubtier die Beute wittert. Das Land lechzte nach Einheit und Führung. Die Zeit der Willkür, der Zersplitterung und der Kriegsherren ging ihrem Ende zu. Wer jetzt handelte, der konnte das neue China nach seinen Vorstellungen schmieden. Wie der Begründer der Qin-Dynastie, Qin Shi Huang Di, der vor mehr als zweitausend Jahren die Epoche der Reichsfehden beendet hatte und China das imperiale System gegeben hatte. General Zhang war zum Handeln entschlossen. Sobald er stark genug war, wollte er das Tollkühne wagen und gegen Changsha marschieren, General Yin vernichten und seine Vaterstadt, nach der er oft Heimweh verspürte, zurückerobern. Er, der damals in Schimpf und Schande als Mörder geflohen war, wollte als Triumphator zurückkehren. Und wenn er Changsha hielt, wer konnte ihn dann noch stoppen? Es gab im Moment nur zwei ernsthafte Rivalen: die Kommunisten und die Guomindang. Von deren Anführer, dem General Chiang Kai-shek, wusste er nicht viel. Aber was er gehört hatte, reichte ihm, um zu wissen, dass Chiang nicht das Zeug hatte, um das ganze Land zu erobern. Der hatte zu viele ausländische Ideen im Kopf, er hatte sich sogar dem Christentum angeschlossen. So einer würde niemals China regieren. Seine Truppen aus Zwangsrekrutierten und Söldnern würden ihn irgendwann sitzen lassen, und General Zhang konnte die städtischen Machtzentren der Guomindang eines nach dem anderen schleifen. Schwieriger war es, mit den Kommunisten und ihrer Bauernarmee fertig zu werden. Das war zwar kaum mehr als eine lachhaft ausgerüstete, wild zusammengewürfelte Schar von Landvolk. Aber General Zhang hatte mit Besorgnis vernommen, dass ihnen die jungen Burschen zu Tausenden zuströmten und dass sie in einigen abgelegenen, ländlichen Gebieten bereits die Kontrolle übernommen hatten. Aber auch ihre wirren Ideen würden sich auf Dauer in China nicht durchsetzen. Denn auch die kamen aus dem Ausland. Wer China regieren wollte, der musste den chinesischen Weg gehen.

Mit Klugheit, Macht und Gewalt.

Wuhan könnte auf General Zhangs Siegeszug die nächste Station sein. Er hatte Agenten in Wuhan, die ihm von den chaotischen Zuständen in der großen Stadt berichteten, die nur darauf wartete, von einer fähigen und strengen Hand geführt zu werden. Den Yangtze hinunter waren es nur wenige Tage bis nach Shanghai, wo er einflussreiche Freunde in der alles beherrschenden Unterwelt hatte. Und war es nicht schon immer so gewesen, dass, wer über den Yangtze gebot, der Herr über China war? General Zhang hatte, als er noch nicht einmal dreißig Jahre alt war, die Vision, das ganze Land für sich zu gewinnen. Der erste und entscheidende Schritt auf seinem Siegeszug aber war die Niederwerfung der Armee von Feng Jian, seinem Nachbarn im Osten. Fünftausend Mann. Wenn sie erführen, dass er Kanonen und Maschinengewehre hatte, dann würde es gar nicht zum Kampf kommen. Sie würden scharenweise zu ihm überlaufen. Sein Heer würde sich mit einem Schlag verdoppeln und damit stark genug sein Changsha anzugreifen. Angelockt von der Aussicht auf reiche Plünderungen würden sich ihnen unterwegs noch Dutzende von Räuberbanden und vielleicht sogar Teile der Truppen von General Yin anschließen, in denen es weithin hörbar rumorte. Aber ohne die Wunderwaffen aus Amerika war dieser wundervolle Plan nicht durchführbar.

Ein sechsjähriger, ausländischer Knabe hielt plötzlich den Schlüssel zur Herrschaft über China in seinen Händen, und General Zhang erkannte, dass dieser Junge aus einem anderen Holz geschnitzt war als sein Vater. Er log mit Dreistigkeit, und er würde weiter lügen. Aber der General wäre nicht seiner Herausforderung würdig, hätte er nicht das Werkzeug für diesen besonderen Fall parat. Narren und Versager wie Lao Lu hätten versucht, mit dem Knaben als Geisel den Vater gefügig zu machen. Aber Männer mit Visionen, und dazu zählte sich General Zhang, gaben sich damit nicht zufrieden. Der Junge musste in den Keller.

«Ich kann dich heute Nacht nicht mehr zu deinen Eltern bringen, mein kleiner Freund», sagte er mit einer Miene des Bedauerns. «Du siehst ja selbst, welcher Abschaum sich zu vorgerückter Stunde in den Straßen dieser Stadt herumtreibt.» Er versetzte Lao Lu einen Tritt. «Du wirst diese Nacht als mein Gast verbringen.» Das Gesicht des Jungen blieb unbewegt, aber Zhang konnte in seinen Augen erkennen, wie der Kleine Drache nach einem Haken suchte. Ich weiß schon, wie ich dich zum Sprechen bringe, dachte Zhang.

«Leider habe ich nur ein sehr bescheidenes Quartier für dich. Ich werde es sofort herrichten lassen. Es wird dir gefallen, denn du wirst dort ein wenig Gesellschaft haben. Bring den Jungen nach unten!»

Lao Lu stöhnte dankbar, als der Kriegsherr endlich seine Hand von dem Dolch befreite und die blutbefleckte Klinge am Gewand des Wächters abwischte.

«Träume etwas Süßes, mein kleiner Freund.» Damit war er zur Tür hinaus.

George wusste, dass er ein Gefangener war. Was immer der General mit freundlichem Lächeln versprach, er würde ihn nicht wieder gehen lassen. Vielleicht würde er ihm sehr wehtun, ihn sogar ermorden. Seine einzige Hoffnung war, dass Da Wang bald käme und ihn befreite. Auf Hilfe von seinem Vater hoffte er nicht. Er hoffte auf Hilfe für seinen Vater.

Lao Lu zog ihn hinter sich her durch den dunklen Hof zu einer Tür, hinter der viele feuchte Stufen hinab in ein kühles Gewölbe führten. Als Lao Lu eine Öllampe entzündete, sah George die eisernen Gitterstäbe, die von der Decke bis auf den Boden reichten. Das war also der Keller, von dem Da Wang gesprochen hatte und der sogar ihn, den Verwegenen, mit Furcht erfüllt hatte. Es schauderte George, wenn er daran dachte, wie viele arme Menschen der General hier unten gemartert hatte. Seltsamerweise verspürte er aber kaum Angst. Es war mehr ein Gefühl des Stolzes, das ihn ergriff. Hier war er, noch ein Kind, das sich nicht in die Angelegenheiten von Erwachsenen einmischen sollte, gefangen im gefürchteten Keller des Generals. Lao Lu hängte die Lampe auf, öffnete die Käfigtür und beförderte den Jungen mit einem kräftigen Stoß in den Verschlag. George landete unsanft auf dem festgetretenen, nackten Erdboden.

«Sieh dir den hier ganz genau an, du kleiner Teufel», krächzte Lao Lu und deutete auf etwas, das George nicht sofort erkennen konnte. «So enden Verräter!»

Der Mann hing mit dem Kopf nach unten da, seine weit gespreizten Beine waren an den Knöcheln von eisernen Spangen umfasst. Seine mehrfach gebrochenen Arme baumelten hin und her, als ob eine leichte Brise sie bewegte, und seine Fingerspitzen befanden sich nur eine Handbreit, doch unerreichbar hoch, über dem Boden. Aus seinem Bauch ragte wie der Zeiger einer schaurigen Sonnenuhr ein abgebrochener Speer, dessen lang gezogener Schatten im Licht der Funzel tanzte. Die Augen des Mannes waren weit aus den Höhlen getreten, so als hätte ein erbarmungsloser Riese seinen Körper zusammengequetscht.

«Du kannst mir keine Angst machen!», schrie George dem Wächter hinterher, der kichernd die Stufen hinaufstieg. Aber schon der Klang seiner eigenen Stimme erschreckte ihn. «Da Wang wird mich hier herausholen», sagte er leise und zu sich selbst.

Der Käfig, der etwa so groß war wie sein Zimmer im Missionarshaus, war leer bis auf einen Haufen Stroh in der Ecke. George rümpfte die Nase über den erbärmlichen Gestank, der diesen Ort erfüllte. Er erblickte zu seinem Schrecken eine fette Ratte, die auf ihren Hinterbeinen aufgerichtet im Stroh hockte und ihn musterte.

«Geh weg!», schrie George, erhob sich so schnell er konnte und presste seinen Rücken gegen die kalten Gitterstäbe. Die Ratte tauchte mit einem Rascheln in den Strohhaufen. Aber dann geschah etwas, das George fast den Verstand raubte. Der Strohhaufen begann, sich zu bewegen! Es war ein einziges Rattennest, dachte der Junge, starr vor Entsetzen. Oder es lebte eine riesige Ratte darin, die ihn nun angreifen und verspeisen würde. George vergaß den dummen Stolz, der ihn eben noch erfüllt hatte, er vergaß, dass er sich mächtig erwachsen vorgekommen war. Er dachte nur noch daran, dass ihn gleich eine Riesenratte anfallen und zerfleischen würde. Schreiend versuchte er, sich an den Gitterstäben hochzuziehen, aber in seinen Armen war keine Kraft mehr, und die Hände rutschten immer wieder von den blanken Eisenstäben ab.

«Hilfe, Hilfe!», schrie der Junge, während der unheimliche Strohhaufen sich weiter bewegte, wuchs und größer wurde und die Riesenratte zum Sprung ansetzte.

«Schrei doch nicht, bitte, schrei doch nicht, sonst kommen sie und tun dir weh!», sagte die Ratte mit leisem Flehen. Mit weit aufgerissenen Augen und offenem Mund erstarrte George. Es war keine Ratte unter dem Stroh. Es war ein

Mensch. Ein kleiner Mensch. Es war ein Junge, genau wie er. Er war in schwarze Lumpen gekleidet, auch sein Gesicht war schwarz vor Dreck, und seine Haare, in denen Strohhalme eingewachsen schienen, waren von Schmutz verklebt. Das Stroh, unter dem er sich schlafen gelegt hatte, fiel von ihm ab, als er auf George zukam und ihn neugierig betrachtete.

«Bist du ein ausländischer Mensch?», fragte der Strohjunge.

«Natürlich bin ich das!», keuchte George, dem der Schrecken nicht so schnell aus den Gliedern weichen wollte. «Wer bist du? Was machst du hier?»

«Ich heiße Xiao Han. Wie heißt du?»

«George. Ich heiße George. Ich bin der Sohn des *mushi.*»

«Was ist ein *mushi*?»

«Der Missionar. Der Missionar aus Amerika.»

«Ich verstehe deine Worte nicht. Was ist Amerika?»

George hatte nicht die Geduld, diese Frage zu beantworten.

«Was machst du denn hier unten? Bist du ein Gefangener?»

«Ja. Ich lebe hier.»

«Was? Wie alt bist du? Wo sind denn deine Eltern?»

«Das weiß ich nicht.»

«Warum hat dich der General hier eingesperrt?»

Der Junge kam ganz nahe an George heran und berührte seinen Arm und dann seine Haare. «Ich habe schon mal was von Ausländern gehört. Es kommen manchmal Leute in den Keller, die schon mal Ausländer gesehen haben. Die haben mir gesagt, wie Ausländer aussehen. Aber ich habe noch nie einen mit eigenen Augen gesehen.»

«Was denn für Leute?»

«Leute eben.» Der junge Xiao Han deutete auf den Gemarterten an der Wand. «Verräter. So wie der da. Das ist ein Verräter.»

«Meinst du, er lebt noch?»

«Du meinst, ob es ihm wehtut? Ich glaube nicht. Der Mann mit der Zange hat ihm so wehgetan, dass da gar nichts mehr da ist, was wehtun könnte. Wird er dich auch aufhängen?»

«Du hast da zugesehen? Wenn sie gefoltert werden? Was macht der Mann mit ihnen?»

«Er kneift sie mit seiner Zange, bis sie so laut schreien, dass man sich die Ohren zuhalten muss.»

«Ich habe heute zwei Männer gesehen, die hatten keine Haut mehr.»

«Das habe ich auch schon oft gesehen. Bist du schon mal auf einem Pferd geritten?»

«Natürlich.»

«Ich wünschte, ich könnte auch mal auf einem Pferd reiten. Ich kann mich erinnern, wie Pferde aussehen. Ich habe ganz früher mal eines gesehen, als ich noch ganz klein war.»

«Aber warum hält dich der General denn schon so lange in diesem schrecklichen Keller fest?»

«Kennst du das Wort Geisel?»

«Natürlich.»

«Ich bin eine Geisel», sagte der Junge, als sei das etwas, auf das man stolz sein konnte.

«Wie weißt du das?»

«Ich rede doch mit den Leuten, die kommen. Ich stelle ihnen Fragen. Und einer hat mir mal gesagt, dass ich eine Geisel wäre und dass mein Vater ein sehr wichtiger Mann sei, der dem General gefährlich werden könnte. Und deswegen habe er mich als Geisel genommen, damit mein Vater ihm nichts tut.»

«Dieser verdammte Schuft.»

«Ich habe den General einmal gesehen. Er ist sehr dick und hat sicherlich viel zu essen. Ich bekomme nicht sehr viel zu essen. Nur etwas Reis und Bohnen. Bist du auch eine Geisel?»

«Ich glaube, ja. Und ich glaube, mein Vater könnte dem General auch gefährlich werden.»

«Dann wirst du jetzt sicherlich sehr lange bei mir bleiben.»

George bekam es mit der Angst zu tun. Der Junge, der nicht viel älter sein konnte als er selbst, saß bestimmt schon viele Monate, wenn nicht sogar Jahre in diesem Loch bei den Ratten. Was wäre, wenn der General auch ihn so lange hier festhalten würde? Oder wenn er ihn aufhängen und mit Zangen bearbeiten ließ und einen Speer in seinen Bauch steckte? George spürte, wie sich Panik in ihm breit machte.

«Bestimmt nicht! Mein Vater wird mich schnell hier herausholen, denn er hat etwas, das der General braucht, Kanonen und Gewehre, weißt du?»

«Das habe ich auch gedacht, dass mein Vater mich ganz schnell holen würde.»

«Aber dein Vater ist kein Ausländer, und er hat keine ausländischen Freunde. Mein Vater ist Presbyterianer. Und der amerikanische Zollinspektor in Shanghai, das ist auch ein Presbyterianer, der heißt Mister Whitecliff, und wenn mein Vater ihm sagt, dass er die Kanonen nicht nach China hineinlassen soll, dann tut Mister Whitecliff das auch. Siehst du? Bei mir ist das alles ganz anders.» George hatte so überzeugend gesprochen, dass er selbst mit einem Mal ganz sicher war, dass sich alles zum Besten wenden würde. Und auch Xiao Han schien verunsichert.

«Vielleicht hast du Recht. Du bist ja immerhin ein Ausländer.»

«Genau. Und wenn ich draußen bin, dann werde ich dafür sorgen, dass du auch bald freikommst. Weißt du, ich habe einen Freund, der trägt eine Waffe. Da Wang. Er ist sehr groß und furchtbar stark, und er kann den General nicht leiden. Aber er ist ein sehr guter Mensch. Heute hat er zwei Männer erschossen. Weißt du, die beiden, von denen ich erzählt habe. Die ohne Haut. Sie hatten große Schmerzen, und er hat sie erlöst. Der wird mir bestimmt helfen, dich zu holen.»

«Glaubst du wirklich?»

«Natürlich. Dann kannst du auch mal auf einem Pferd reiten.»

«Das wäre schön.»

«Du brauchst jetzt keine Angst mehr zu haben.»

George fühlte sich besser. Er fühlte sich wieder stark. Und müde. Er gähnte herzhaft und fragte sich, ob er sich wohl auf dem Stroh ausruhen könnte, ohne dass die Ratten ihn anknabbern würden. Es ist ja nur für eine Nacht, dachte er, streckte sich auf dem unbequemen Lager aus und versuchte, nicht an den Mann zu denken, der einen Speer im Bauch stecken hatte und an der Wand hing. Er schloss die Augen und wartete auf den Schlaf, während er sich im Stroh zusammenrollte, neben dem schmutzigen Jungen, dem jungen Xiao Han, den der General nur für einen Zweck im Folterkeller bei den Ratten hielt, nämlich als Spion. Jeder Gefangene hatte den Rattenjungen kennen gelernt, und der hatte jedem der Gefangenen auf seine Art alle Geheimnisse entlockt, die der Foltermeister ihm mit all seinen fürchterlichen Werkzeugen nicht abnehmen konnte.

Sie hatten keinen Winkel des Hauses ausgelassen, hatten auch im Hospital, in der Schule und im Waisenhaus alle Räume, Kammern und Keller durchsucht. Sie hatten alle Nachbarn gefragt und die Ladenbesitzer an der Hauptstraße, und sie waren sogar zu der verlotterten Bande von Trunkenbolden gegangen, die sich nicht einmal dafür schämte, den Namen «Polizei» zu beanspruchen, und hatten sie um Hilfe gebeten. Alles vergebens. John und Sarah Farlane machten sich bittere Selbstvorwürfe. Besorgte Gemeindemitglieder hatten sie davor gewarnt, ihren Sohn ohne Bewachung durch die Stadt laufen zu lassen.

Die Soldaten, die draußen vor den Toren lagerten und sich frech und frei innerhalb der Befestigungsmauern bewegten, waren in den Augen der Städter nichts weiter als eine wüste Horde von Verbrechern. Keinen Deut besser als die Räuberbanden, die die Bauern terrorisierten, allenfalls besser bewaffnet und ein wenig besser organisiert. «Aus gutem Eisen macht man keine Nägel, und aus guten Menschen macht man keine Soldaten», hatten sie warnend das alte Sprichwort zitiert. Deswegen hatten ja die Eltern den jungen Mann, der ihnen von vielen Leuten als ehrlich und zuverlässig empfohlen worden war, als Leibwächter in ihre Dienste genommen. Aber dieser hatte wohl die schreckliche Nachricht schon gehört und war heute gar nicht wie üblich erschienen, um George zum Morgenspaziergang abzuholen. Wer hätte denn ahnen können, dass die Entführer in der Nacht in das Missionshaus steigen würden, um den Knaben zu holen? Das Kindermädchen brach immer wieder in hysterische Weinkrämpfe aus und beteuerte laut, dass sie ganz gewiss keine Schuld treffe, damit nicht noch jemand auf die Idee käme, sie für das Verschwinden des jungen Herrn zu bestrafen.

John Farlane wusste, dass es jetzt nur noch einen gab, den er um Hilfe bitten konnte, auch wenn er Angst davor hatte und alle seine Kräfte und Überwindung aufbieten musste. Er musste zu General Zhang gehen und ihn anflehen sich an der Suche zu beteiligen.

«Soll ich dich begleiten?», fragte Sarah mit von Tränen erstickter Stimme. Sie wusste, wie schwer ihrem Mann dieser Gang fallen musste, von dem sie sich nichts weiter versprach als eine erneute, grausame Verhöhnung.

«Nein. Ich gehe besser allein. Aber es gibt etwas anderes, das so schnell wie möglich erledigt werden muss, und das musst du in die Hand nehmen. Gehe zum Telegrafenamt und gib die Kabelnachricht an Mister Whitecliff in Shanghai durch. Wir dürfen keine Zeit verlieren.»

So trennten sie sich am späten Vormittag, in Eile und Sorge.

Sie drängten sich, abgeschirmt von ihrem Personal und gutherzigen Helfern aus der christlichen Gemeinde, durch die dichten Reihen der Wartenden, die von allen Seiten auf sie einschrien, reichten sich an der Ecke zur Hauptstraße kurz die Hände und sollten einander nie wiedersehen.

6. Kapitel

Peking, 25. Dezember

Seine Herberge war ein ehemaliger Luftschutzbunker im zweiten Untergeschoss eines der grauen Wohnblocks im Pekinger Nordosten. Er wurde in den sechziger Jahren gebaut, als der Vorsitzende Mao Zedong täglich mit einem Atomangriff der heimtückischen Russen rechnete und vorsorglich die ganze Hauptstadt unterkellern ließ.

Die Behörden, Polizei und Feuerwehr und das allmächtige, allwissende Nachbarschaftskomitee hätten längst dafür gesorgt, dass das illegal eröffnete unterirdische «Hotel» wieder schließen musste, wenn sie nicht selbst an dessen Einnahmen beteiligt gewesen wären. Nur hin und wieder beschwerten sich besorgte Anwohner über das Gesindel von außerhalb, das in der Absteige unterkroch und ihr Misstrauen erregte.

Drei Kuai pro Nacht bezahlte der Fallschirmspringer für sein winziges, kaltes Zimmer, auf dessen betongrauen Wänden sich schon viele Durchreisende mit obszönen Kritzeleien verewigt hatten. Das Bett war nicht mehr als eine Pritsche mit einer schmutzstarrenden Wolldecke. Er schlief bekleidet und deckte sich mit seinem Armeemantel zu. Waschgelegenheit gab es keine, wenn man von einer verbeulten Metallschüssel absah, die manch einer wohl schon als Ersatz für die fehlende Toilette benutzt hatte. Eine dünne Holztür mit einem Sichtfenster führte hinaus in den langen, von zwei nackten Glühbirnen notdürftig beleuchteten Korridor.

Der Fallschirmspringer, der sich Tiger nannte, hatte sein Zimmer seit dem Kampf gegen den *Wujing*-Mann nur verlassen, um bei einer Garküche in der Nachbarschaft seine Mahlzeiten zu holen. Lauch in öltriefenden Teigtaschen zum Frühstück, Schweinefleisch in öltriefenden Teigtaschen zum Mittag- und zum Abendessen. Er fühlte sich nicht wohl in Peking. Die Köche benutzten zu viel Öl. Außerdem hasste er die ungemütliche Winterkälte. Den eisigen, mit gelbem Staub aus der mongolischen Steppe befrachteten Wind spürte er in den Knochen. Und dann war die Luft so trocken, dass man fortwährend Durst hatte, und er wollte kein unnötiges Geld für Wasser ausgeben. Er mochte auch die Pekinger nicht. Sie waren meist unfreundlich und laut. Ihre Sprache war rau und ihr Akzent reich an Knurrlauten, wie gemacht für Beleidigungen und Anrempeleien. Wie sehr vermisste er doch den melodischen Singsang des Südens, wo die Menschen sich viel freundlicher und offener gaben und wo die Natur auch um diese Jahreszeit grün und saftig aussah, wo niemand frieren musste und das Essen tausendmal gekonnter zubereitet war als hier.

Der Fallschirmspringer hatte seinen grünen Mantel über das Sichtfenster gehängt, um vor neugierigen Blicken geschützt zu sein, hatte den Geldgürtel, den er immer ganz nah an seinem Körper trug, abgenommen, saß auf der Pritsche und zählte wieder und wieder die Scheine. Die Hundert-Kuai-Noten mit den Profilen von Mao, Zhu De, Zhou Enlai und Liu Shaoqi strich er zum wiederholten Male mit der Handkante glatt. Wenn er neun Scheine beisammenhatte, faltete er den zehnten quer darüber, bis er sechzig solcher kleinen Stapel auf der schmierigen Wolldecke ausgebreitet hatte. Sechzigtausend Kuai. Der größte Betrag, den er jemals in seinen Händen gehalten hatte. Jackie Lau besaß eine Armbanduhr, die mehr wert war als alles das hier. Sechzigtausend Kuai. Jackie Lau hatte ihm auch gesagt, dass es Leute gebe, die damit die Rechnung in dem bunt beleuchteten Kanton-Restaurant beglichen, das sie auf dem Rückweg von der Baustelle hier ganz in der Nähe gesehen hatten.

Sechzigtausend Kuai für Fischgerichte, Karaoke und die Gesellschaft einer jungen Dame. Für ihn wäre das mehr als genug, um nach dem Ende seiner Armeezeit sein eigenes Restaurant oder einen kleinen Laden aufzumachen. Genug, um zu heiraten und eine Familie zu gründen. Aber nicht genug, um das Leben seiner Schwester zu retten. Er kannte nicht einmal den Namen der Krankheit, die sie plötzlich befallen hatte. Etwas in ihrem Kopf. Sie hatte auch noch nie etwas davon gehört. Aber als die Schwindelanfälle immer häufiger kamen und als die Ärzte in Duan keinen Rat mehr wussten, als keine Akupunktur und kein Kräutersud mehr helfen konnten, da war sie bis in die Hauptstadt Nanjing gefahren, um sich dort untersuchen zu lassen. Ein Arzt hatte ihr gesagt, dass die Krankheit, die sie habe, zum Tod führen würde und nicht heilbar sei. Jedenfalls in diesem Stadium nicht mehr und nicht in China. Aber er hatte in einer ausländischen Fachzeitschrift gelesen, dass an irgendeiner amerikanischen Universität eine Operation für Fälle wie den ihren entwickelt worden sei. Sie hatte ihrem Bruder das in einem langen Brief mitgeteilt, der ihm vorgekommen war wie ein Abschiedsbrief. Yilai war der einzige Mensch, den er auf der Welt hatte. Ihre Eltern waren vor vielen Jahren gestorben. Sein Leben bei der Armee eröffnete keine Freiräume für private Interessen. Wirkliche Freunde hatte er nicht. Kameraden wohl, Untergebene auch – aber keine Freunde, denn er war Offizier der Einheit *Rote Fahne* und hatte sich mit Haut und Haaren dem Dienst verschrieben. Er hatte Yilais Brief viele Male gelesen, und er trug ihn immer bei sich in derselben Geldtasche, in der er auch seine gesamte Habe aufbewahrte. Und er war schier daran verzweifelt, dass er seiner kleinen Schwester nicht helfen konnte, dass er tatenlos und ohnmächtig in seiner Kaserne in Fujian sitzen sollte, bis ihn eines Tages die Nachricht von ihrem Tod erreichen würde. Doch eines Abends, bei einem Tischgespräch während eines der Taiwan-Manöver, hatte er einen seiner Offizierskameraden davon berichten hören, dass in Shenzhen Schaukämpfe auf Leben und Tod ausgetragen würden, bei denen der Gewinner viele tausend Kuai bekäme. Von diesem Tag an hatte er nur noch ein Ziel. Töten konnte er. Er hatte das Töten gründlicher gelernt als alles andere in seinem Leben. Wer bei der Einheit *Rote Fahne* landete, der konnte mit den bloßen Händen auf vierunddreißig verschiedene Arten töten. Und wer es in dieser Einheit zum Offizier brachte, der konnte im Schlaf töten. Er nahm Urlaub. Dringende Familiensache, gab er als Grund an, und seine Vorgesetzten, die seine Briefe lasen, lange bevor sie sie an ihn aushändigten, wussten, was gemeint war. Neun Tage bekam er, um mit dem Überlandbus nach Guangxi zu reisen, seine Schwester in den Tod zu geleiten, sie zu bestatten, alle Formalitäten zu erledigen und sich wieder bei der Einheit zu melden. Und das auch nur, sagte man ihm, weil er in den letzten vier Jahren keinen Tag Urlaub geltend gemacht habe.

Er war sehr vorsichtig. Er verschwendete wertvolles Geld, um eine Busfahrkarte nach Nanjing zu kaufen, denn das konnte nachgeprüft werden, und bei der Einheit *Rote Fahne* wurde das nachgeprüft. Aber er bestieg nicht den Bus nach Nanjing, sondern den nach Guangzhou. Dort hatte er einen Bekannten, der ihm einen Gefallen schuldete und ihm zu der Sondererlaubnis verhalf, die jeder Chinese braucht, um ins Eldorado des großen Geldes und der freien Marktwirtschaft, nach Shenzhen, zu gelangen. Dort hörte er sich um, bis er den besagten Kampfplatz fand. Der Veranstalter, ein wabbeliger Hongkongchinese, hatte ihm in Aussicht gestellt, dass er seinen garantierten Gewinn von 3000 Kuai verdoppeln könne, wenn er den Gegner in den ersten sechzig Sekunden tötete. Umgeben von großkotzigen Geschäftsleuten und Freunden des Hongkongchinesen, die feine Anzüge an ihren unförmigen Körpern und teure Brillen auf ihren breiten Nasen trugen und kichernde, blutjunge

Zweitfrauen an ihren Armen hängen hatten wie lebendige Schmuckstücke, hatte der Fallschirmspringer gefragt:

«Was ist, wenn ich ihn in den ersten dreißig Sekunden töte?» Der fette Hongkonger hatte gelacht. «Dann bekommst du das Dreifache. Neuntausend Kuai.»

«Und was, wenn ich ihn in den ersten fünfzehn Sekunden töte?»

Seinem Lachen nach war diese Frage das Lustigste und Dümmste, was der Hongkonger in seinem Leben jemals gehört hatte. Denn der Gegner war ein gefürchteter Killer der Kwang-Triade und hatte nicht weniger als siebzehn Kämpfe ohne einen Kratzer überstanden.

«Wenn du ihn in den ersten fünfzehn Sekunden abservierst, dann bekommst du von mir 15 000 Kuai bar auf die Hand!», hatte der Hongkonger gelacht.

Der Fallschirmspringer hatte genau neun Sekunden gebraucht, bis sein Gegner mit gebrochenem Genick vor ihm am Boden lag. Widerwillig zahlte der Veranstalter das Geld aus – wohl nur, weil er sein großspuriges Versprechen vor so vielen Zeugen gemacht hatte. Laohu – der Tiger. Diesen Namen gab ihm nach dem Kampf einer der Freunde des feisten Hongkongchinesen, der sich ihm als Jackie Lau vorstellte. Er erwähnte, dass er eine große Zukunft für ihn sah und dass er ohnehin gerade in geschäftlicher Angelegenheit nach Peking unterwegs sei. Dort würden die Gewinner solcher Kämpfe nicht nur besser bezahlt als hier, weil ein Menschenleben dort nicht ganz so billig war, sondern dort wären auch die Wetteinsätze höher. Ob der Tiger nicht Interesse hätte, mitzukommen? Nachdem sich die Nachricht von seinem schnellen Sieg in Shenzhen herumgesprochen hatte und sich auch nach zwei Tagen kein neuer Herausforderer meldete, schloss sich der Fallschirmspringer dem Mann namens Jackie Lau an und flog mit ihm nach Peking. Jackie Lau bezahlte für die Flugscheine in der ersten Klasse. Natürlich hatte Jackie Lau versucht, ihn unterwegs auszuhorchen.

Aber als Offizier in der Einheit *Rote Fahne* wusste der Mann namens Tiger, wie viel er sagen durfte. Seinen wahren Namen, Chen Hong, behielt er natürlich für sich. Dass er Fallschirmspringer sei, nur das sagte er dem neugierigen Geschäftsmann. Und dass er schon einmal in Peking gewesen sei, das konnte er auch ohne Gefahr zugeben. Aber wozu er damals in Peking war, Anfang Juni 1989, das sagte er natürlich nicht.

«Doch nicht zu einem Kampf?», hatte Jackie Lau alarmiert gefragt. «Wenn du zu einem Kampf schon mal da warst, dann werden sich die Leute an dich erinnern. Das wäre nicht gut!»

«Nein, es war kein Kampf, jedenfalls nicht so einer», hatte er gesagt. Er war immer schon ein schlechter Lügner gewesen.

«Anfang Juni 1989 – Tiananmenplatz? Die Studenten? Sag jetzt nicht, dass du mit diesen Traumtänzern am Märtyrerdenkmal gelagert hast und für Demokratie und diesen ganzen Unfug im Hungerstreik warst!»

«Nein.» Sein Lächeln veriet alles.

«Du warst auf der anderen Seite? Du hast geholfen, die Studenten fertig zu machen?», bohrte Jackie Lau weiter.

«Nein. Ich habe keinen Studenten fertig gemacht! Ich habe noch nicht einmal einen Studenten zu Gesicht bekommen!»

Zu Chen Hongs Überraschung wusste Jackie Lau alles über die Sache damals auf dem Tiananmenplatz. Warum und von wem – diesem Thema wich er komischerweise galant aus. Er habe so seine Quellen, sagte er nebulös.

«Du brauchst nicht besorgt zu sein. Ich werde nicht verraten, wo du herkommst», hatte Jackie Lau dann versprochen. «Aber ich weiß alles. Du gehörst zur Einheit *Rote Fahne*, stimmt's?»

«Ich weiß nicht, wovon du redest!» Wieder verriet er sich, diesmal durch seine allzu schnelle Antwort. Jackie Lau konnte man nichts vormachen. Nur sehr wenige Chinesen kannten ihren Namen oder wussten von der *Roten Fahne.* Nicht einmal die hohen Offiziere der regulären Truppen wussten Näheres über diese Einheit. Es gab Gerüchte über ihre Existenz, aber mehr nicht. Die ungefähr tausend Angehörigen der Sondertruppe waren unter Todesdrohungen zu absolutem Stillschweigen verpflichtet worden, selbst gegenüber ihren Familien.

«Wenn du als Soldat auf dem Tiananmenplatz warst und keinen Studenten zu Gesicht bekommen hast, dann kannst du nur zur *Roten Fahne* gehört haben», führte Jackie Lau aus. «Frag mich nicht woher, aber ich weiß alles. Die *Rote Fahne* hatte den Auftrag, um genau vier Uhr morgens am 4. Juni den Tiananmenplatz zu besetzen, das Märtyrerdenkmal zu räumen und jeden, der Widerstand leistete ohne Rücksicht zu beseitigen. Aber da gab es niemanden mehr zu beseitigen, weil die meisten Studenten nämlich zuvor abgezogen waren. Das erklärt, warum du zwar an diesem Tag in Peking warst, aber niemals einen demonstrierenden Studenten zu Gesicht bekamst. Du kannst nur bei der Einheit *Rote Fahne* gewesen sein.»

Chen Hong, der Fallschirmspringer, der Mann namens Tiger, wurde schweigsam. Niemals und niemandem durfte er sagen, was er wusste, wer er war und wohin er gehörte. Nicht einmal unter Folter. Die Folter, die es bei der *Roten Fahne* für Verräter gab, das wusste er, war noch schlimmer als alle Folterungen ihrer Feinde zusammengenommen.

«Ich weiß gar nicht, wovon du redest. *Rote Fahne* – was soll das heißen?»

«Ach, komm! Wir beide müssen nun wirklich nicht Versteck spielen. Du bist ein Soldat oder sogar ein Offizier in der geheimen Eliteeinheit der Volksbefreiungsarmee!»

«Ich weiß wirklich nicht, was du meinst. Und was bist du?»

«Ich?» Jackie Lau setzte sein schiefstes Grinsen auf und

zeigte die zwei Goldzähne, die er erst vor einem Monat bekommen hatte und auf die er besonders stolz war. «Ich bin ein von Grund auf ehrlicher und integrer Geschäftsmann, der nichts weiter tut als das, was unser ehrenwerter Genosse Deng Xiaoping allen Chinesen verordnet hat: reich zu werden.»

Aber dann hatte Jackie Lau das Grinsen aus seinem Gesicht genommen wie eine Maske und wurde nun plötzlich sehr ernst. «Ich wollte dich ursprünglich fragen, ob du nicht für mich arbeiten willst. Aber das spare ich mir jetzt. Ich sage nur eines: Wenn ich gewusst hätte, woher du kommst, dann hätte ich dich nicht nach Peking eingeladen, verstanden? Ich bin – frag mich nicht, warum – einer der wenigen in diesem Land, die wissen, was die Einheit *Rote Fahne* ist. Und ich will ganz bestimmt nicht mehr wissen. Weil ich nämlich weiß, dass alles, was die *Rote Fahne* berührt, den Tod bringt. Siehst du – ich kenne sogar euren Wahlspruch. Du machst deinen Kampf in Peking, und dann trennen sich unsere Wege.»

Und dann hatte Jackie Lau den Satz gesprochen, der Chen Hong, den Fallschirmspringer, davon überzeugte, dass er dem Geschäftsmann aus Shenzhen vertrauen konnte. Der Satz lautete:

«Ich habe nämlich Angst.»

In Peking hatten sich ihre Wege zunächst getrennt. Jackie stieg, wie immer, wenn er in der Stadt war, im Hotel Kempinski ab. Chen Hong bezog sein trauriges Billigquartier nur zehn Fußminuten von der klotzigen, rotbraunen Hotelanlage entfernt und wartete, bis Jackie Lau ihn zu seinem Kampf abholte.

Das tat er auch jetzt wieder. Ohne besondere Gefühle, obwohl er dazu entschlossen war, sich sein Leben an diesem Abend von einem Unbekannten nehmen zu lassen. Er verstaute seine 60 000 Kuai in der Geldtasche und schnallte sie unter dem Hemd um seinen Oberkörper. Später würde er Jackie Lau bitten, alles auf seinen Gegner zu setzen.

Er hörte den Südchinesen draußen mit dem halb blinden Greis streiten, der den wackeligen Empfangstisch bewachte, und erhob sich mit einem Seufzer von seinem Lager. Den Armeemantel über den Unterarm gelegt, kam er auf Jackie Lau zu, der seinen teuren Pelzmantel trug und soeben dabei war, den Alten, der ihn nicht zu den Zimmern durchlassen wollte, aufs herzlichste zu beschimpfen. Als er Chen Hong kommen sah, ließ er widerwillig von dem Pförtner ab.

«Pekinger!», entrüstete er sich laut genug, dass der Alte es noch hören konnte, als sie die groben Betonstufen hinaufstiegen. «Stur wie die Hornochsen! Nicht für einen Kuai Grips in der Birne, aber stur wie die Hornochsen!»

«Ihr verdammten Südchinesen lebt doch noch auf den Bäumen!», krächzte der widerborstige Alte, hinterher. «Und ihr fresst alles, was vier Beine hat und kein Tisch ist!»

Jackie Lau wollte umkehren, aber Chen Hong hielt ihn zurück, und zusammen traten beide hinaus in den nebelkalten Winterabend. Vor der Tür wartete ein teures Luxustaxi des Hotels mit laufendem Motor.

Als der Fahrer den Wagen schweigend durch den dichten Verkehr fädelte, nur gelegentlich mal einen Radfahrer anhupte und einem Fußgänger Prügel androhte, hatte sich Jackie Lau wieder beruhigt. Er sprach Kantonesisch, von dem er wusste, dass der Tiger es verstand, um sicherzugehen, dass der Mann hinter dem Steuer ihre Unterhaltung nicht belauschte.

«Hast du dir die ganze Sache noch einmal überlegt?», wollte er wissen.

«Was gibt es da zu überlegen? Ich brauche das Geld.»

«Wenn du nur ein bisschen mehr Zeit hättest, dann könntest du mit mir nach Shenzhen kommen. Mit etwas Glück und deinen Fähigkeiten kann man so eine Summe da in ein paar Wochen mit Leichtigkeit verdienen.»

«Ich bin Soldat. Ich kann nicht einfach desertieren und nach Shenzhen gehen, um Geld zu verdienen. Tu du nur, was du mir versprochen hast, und bringe das Geld zu meiner Schwester.»

«Du solltest in Peking bleiben. Die Leute hier sind genauso verbohrt wie du!» Jackie Lau wusste, dass es sinnlos war, den Fallschirmspringer umstimmen zu wollen. «Es ist dein freier Wille», sagte er schließlich. Das Taxi passierte soeben die hell erleuchtete Zuckerbäckerfassade des Beijing Hotel. Jede Laterne auf dem Tiananmenplatz ein paar hundert Meter weiter erstrahlte in einem goldenen Kranz aus Nebel. «Bevor wir da hineingehen, lass mich dir noch eines sagen: Mach es bloß deinem Gegner nicht zu leicht. Wenn Lao Ding den Verdacht hat, dass du absichtlich verloren hast, wird er Zicken machen und das Geld nicht auszahlen wollen, der verdammte Geizhals. Wir reden hier immerhin von über einer halben Million Kuai. Also, wehre dich und lange ein paar Mal kräftig hin, damit es nicht nach Schiebung riecht, verstanden? Ich werde dein Geld in allerletzter Minute setzen, so dass Lao Ding davon nichts mitbekommt, sonst würde er erstens misstrauisch werden und dir zweitens deinen Gewinn kaputtmachen. Das hat er beim letzten Mal auch getan. He, Meister, da vorne links können Sie anhalten und uns rauslassen!», rief er dem Fahrer zu, der die Limousine an einer Bushaltestelle zum Stehen brachte.

Auf seinem breiten, mongolischen Gesicht lag ein undurchdringlicher Ausdruck von Teilnahmslosigkeit und Arroganz. Lao Ding ließ es sich niemals anmerken, wenn er zufrieden war. Und heute war er sogar höchst zufrieden. Der Andrang zum zweiten Kampf des Fallschirmspringers hatte seine kühnsten Erwartungen noch übertroffen. Im Keller der Baustelle drängten sich siebenhundert bis achthundert Besucher. Vor dem Wettschalter sah es aus wie vor dem einzigen Rettungsboot eines untergehenden Dampfers. Hände, die dicke Geldbündel schwenkten, ragten aus dem Menschenmeer empor. Fluchend und einander anrempelnd versuchte jeder, seinen Einsatz noch vor dem Nebenmann und, wenn möglich, sogar noch vor dem Vordermann loszuwerden. Wie erwartet war er Fallschirmspringer der haushohe Favorit. Die Berichte über seinen spektakulären Kampf hatten sich in Windeseile verbreitet und fielen mit jedem neuen Übermittler erstaunlicher und atemberaubender aus. Der Mann namens Tiger war jetzt schon eine Legende in den einschlägigen Kreisen in Peking. Leider hatte das, wie Jackie Lau vorhergesagt hatte, auch dazu geführt, dass sich absolut niemand fand, der gegen den geheimnisvollen Killer antreten wollte. Lao Ding hatte sein ganzes weitläufiges Netz von Kontakten und Beziehungen mobilisiert – zur *Wujing*, zur Armee und zur Polizeitruppe. Vergebens. Alle hatten vernommen, wie es dem Eisernen Wang ergangen war, und keiner verspürte die Lust, der Nächste zu sein. Selbst die hohe Siegprämie hatte ihre Wirkung verfehlt, und Lao Ding hatte sich am Nachmittag dieses Tages mit der unangenehmen Aussicht konfrontiert gesehen, die Arena voller Zuschauer zu haben, aber keinen Kampf anbieten zu können.

Es gab nur einen Ausweg aus dieser vertrackten Lage, doch er wollte ihn nicht gehen, ohne sich mit dem Südchinesen abgestimmt zu haben. Es war dies der einzige Mensch, bei dem Lao Ding noch weniger Skrupel und eine noch niedrigere Moral vermutete als bei sich selbst. Zu Recht, wie sich zeigen sollte. Nachdem er Jackie Lau und seine sehr attraktive Pekinger Nutte, auf deren Anwesenheit der Möchtegernplayboy bestand, zum Mittagessen eingeladen und ihm die verzwickte Lage geschildert hatte, wusste Lao Ding, dass seinem Plan nichts mehr im Wege stand. Nur eines hatte sich der Südchinese ausbedungen: Er wollte hinterher seinen Wetteinsatz in voller Höhe zurückhaben. Lao Ding sicherte erleichtert zu, dass dies kein Problem sei.

Im Palace Hotel, einer teuren Luxusherberge, wo er nachmittags gerne in der Lobby saß und seinen Tee schlürfte, war ihm ein Wachmann aufgefallen, der außergewöhnlich groß und kräftig war und von der Statur her beinahe ein wenig an den unglücklichen Eisernen Wang erinnerte. Sein Gesicht aber war gedrungen und hatte einen etwas dümmlichen Ausdruck – beides zusammen war genau das, wonach Lao Ding Ausschau hielt. Er kam mit dem jungen Mann ins Gespräch. Dieser war zunächst misstrauisch und lockerte sich erst, als Lao Ding anfing vom großen Geld zu sprechen. Der Bursche, Li mit Namen, kam aus der Provinz Shandong, aus einer armen, ländlichen Gegend, und war ahnungslos wie ein Maulwurf. Er war Absolvent einer angesehenen Kung-Fu-Schule am Fuße des Shaolin-Klosterberges und von einem privaten Wachdienst angeheuert worden. Da verdiente er 450 Kuai im Monat. Als Lao Ding ihm versprach, er könne heute Abend mit 20000 Kuai in der Tasche nach Hause gehen, da weiteten sich Lis Augen zu einem fassungslosen Staunen.

«Ich mache dir nichts vor, mein Freund», hatte Lao Ding in vertraulichem Ton gesagt. «Ich bin so ziemlich am Ende meiner Weisheit angekommen. Alle die großen Helden von *Wujing,* Polizei und Armee bekommen plötzlich das Flattern, weil dieser Mann beim letzten Mal gewonnen hat. Deswegen bin ich auch bereit dir so viel Geld zu zahlen. Wenn man bedenkt, dass du kein Risiko eingehst, ist das wirklich eine ganz stattliche Summe, findest du nicht?»

Der Bursche war auch dieser Ansicht. Die 20000, rechnete er sich geschwind aus, waren allemal genug, um ein paar Schrammen und blaue Flecken einzustecken und sich in einer anderen Stadt einen neuen Job zu suchen. Er gab sich den Kampfnamen «Tobender Li».

Das Schauspiel sollte in Kürze beginnen. Die meisten Gäste hatten ihre Plätze eingenommen. Dicht gedrängt standen sie um den Ring und reckten ihre Hälse. Die letzten der Wettenden belagerten den Schalter, der eine Minute vor dem Kampf geschlossen wurde. Der Topf musste gewaltig sein. Eine Million, vielleicht sogar mehr, schätzte Lao Ding und musterte mit kühler Gelassenheit den Mann namens Tiger, der mit bloßem Oberkörper einige Aufwärmübungen machte. Der Bursche aus Shandong ließ seinen Gegner nicht aus den Augen. Auch er lockerte seine beachtlichen Muskeln, ließ seinen Kopf kreisen und machte einige blitzschnelle Übungsschläge gegen einen unsichtbaren Widersacher.

Einer seiner Mitarbeiter drängelte sich fluchend zu Lao Ding durch und raunte atemlos: «Der schmierige Südchinese hat gerade 60000 Kuai gesetzt!»

«Soll er doch!»

«Aber nicht auf den Fallschirmspringer! Er hat sein Geld auf den jungen Wachmann gewettet!»

Lao Ding nickte noch einmal mit einem starren Gesicht. Seine Augen suchten Jackie Lau. Er entdeckte den Gecken im Gedränge, neben seiner aufgedonnerten, gertenschlanken Nutte, die jetzt eine hautenge Lederkluft trug und ihn um Haupteslänge überragte. Das sah diesem quecksilbrigen Hundesohn ähnlich, dass er sich erst versprechen ließ, seinen Wetteinsatz zurückzubekommen, und dann so viel setzte, dass es Lao Ding richtig wehtun musste. Oder hatte Jackie Lau am Ende doch noch einen Weg gefunden ihn zu übervorteilen? Die Seele dieses Mannes würde ihm für immer ein Rätsel bleiben.

Lao Ding winkte drei seiner stärksten Männer heran, die ihn abschirmen sollten. Es würde sehr bald Ärger geben, und zwar mit jemandem, der einen sehr festen Händedruck hatte und der mit seinen Händen noch ganz andere Dinge anrichten konnte, wenn man dem nicht gewappnet war.

Mit seinem üblichen knappen Spruch eröffnete der weiß gekleidete Kampfrichter die Todesarena und ließ die beiden aufeinander los. Die Gladiatoren kamen vorsichtig aufeinander zu, umtänzelten einander mit federleichten Schritten, die kaum das Sägemehl auf dem Boden zu berühren schienen. Der Mann namens Tiger, der sich sehr genau an die

Ermahnungen von Jackie Lau hielt, landete eine Reihe von üblen Schlägen, die den Jüngeren durch den Ring schickten wie eine Kugel im Flipperspiel. Dabei machte Chen Hong eine irritierende Entdeckung. Dieser Junge beherrschte zwar meisterhaft die Standardbewegungen des Shaolin-Kung-Fu, und er hätte einem schwächeren Gegner zumindest einige Schwierigkeiten verursachen können – aber er war keiner, der einen Menschen töten konnte. Während er unter den Anfeuerungsrufen des Publikums um den Wachmann schlich und tänzelte, beobachtete er genau dessen Augen. Sie waren ängstlich und vorsichtig, bedacht darauf dem Kampf auszuweichen. Der Eiserne Wang war auf ihn zugekommen mit der Gewissheit einer Dampfwalze, in seinem Gesicht stand nichts anderes als der Wille zum Sieg. Der Tobende Li aber wollte nicht nur nicht töten, er wollte kneifen! Anstatt die Angriffsflächen auszunutzen, die Chen Hong ihm absichtlich bot, anstatt zuzuschlagen, den Sieg an sich zu reißen und den Gegner zu vernichten, wirbelte der Junge ziellos durch den Ring, steckte die Schläge des Tigers ein, ohne auch nur einen einzigen ernsthaften Versuch zu wagen ihn zu packen. Seine Fausthiebe waren wie Liebkosungen, seine Tritte weich und langsam. Noch bevor er es mit Sicherheit wissen konnte, ahnte Chen Hong, dass er den größten Kampf seines Lebens, den Kampf um das Leben seiner Schwester, verloren hatte. Gegen zwei Verschwörer: einen Schwächling und einen Betrüger. Die Gewissheit hatte er, als der Junge floh. Er drehte sich einfach herum, senkte seinen Kopf, stieß wie ein Rammbock durch die vielen Reihen der entsetzt beiseite weichenden Zuschauer und rannte um sein Leben. Ein ohrenbetäubendes Geschrei und Getöse brach in der Arena los – wütend brüllten die genarrten Zuschauer dem Feigling, der in der Dunkelheit verschwand, die übelsten Schmähungen hinterher. Ein Aufruhr brach los, und Lao Ding trat, abgeschirmt von drei Bodyguards, mit beiden Armen gestikulierend und unverständliches Zeug schreiend, in den Ring, wo der Mann namens Tiger allein zurückgeblieben war.

«Ich verstehe Ihre Gefühle!», schrie Lao Ding entschuldigend gegen die brausenden Fluten des Unwillens an. «So was ist auch mir noch nie passiert, und ich werde dafür sorgen, dass es nie wieder geschieht.»

«Schiebung!», wetterte die Menge. Eine Bierflasche kam von irgendwoher angeflogen und zerschellte zu Lao Dings Füßen. Seine drei Leibwächter aber machten keine Anstalten ihren Arbeitgeber vor dem Zorn des Mobs zu schützen. Er hatte ihnen gesagt, dass er mit den siebenhundert wütenden Zuschauern alleine fertig werden könne. Sie sollten nur den einen im Auge behalten, der mit zornrotem Kopf und geballten Fäusten wie vom Donner gerührt fünf Schritte neben Lao Ding stand und schwer atmete.

Jackie Lau wusste, wenn er jetzt nicht schnell genug handelte, würde der Mann namens Tiger über den Veranstalter herfallen, um ihn zu zermalmen. Und er wusste auch, dass Lao Ding für diesen Fall Vorsorge getroffen hatte. Der Tiger hätte ein Messer im Bauch, noch bevor er auch nur in die Nähe des Betrügers kam. Jackie ließ seine attraktive Begleiterin sitzen und arbeitete sich mit rudernden Armen zu dem Kämpfer vor: «Bleib ruhig!», rief er dabei dem Fallschirmspringer zu. «Bleib ganz ruhig!»

«Wir sind zwar um einen Kampf betrogen worden!», erklärte Lao Ding dem Publikum, das sich nicht beruhigen wollte und ihn immer wieder mit üblen Beschimpfungen bedachte. «Aber im Grunde kam doch alles, wie die meisten es erwartet hatten!» Er wagte nicht, den Fallschirmspringer anzusehen, als er nun auf ihn deutete. «Dieser Mann hat den Kampf gewonnen. Der Tiger gewann diesmal nicht durch die tödliche Kraft seiner Hände, sondern allein mit der Kraft seiner mächtigen Seele, mit der er seinen Gegner in die Flucht schlug. Niemand konnte ahnen, dass der Tobende Li ein solcher Feigling sein würde.» Jemand kam in den Ring gehuscht und sagte Lao Ding etwas ins Ohr. Staunend und ungläubig ließ sich der Veranstalter die Botschaft wiederholen und warf dann hocherfreut beide Hände in die Luft. «Die Gerechtigkeit, liebe Freunde, hat ihren Lauf genommen. Der Feigling ist von seiner eigenen Feigheit besiegt worden! Bringt ihn herein!» Zu viert, ihn an Armen und Beinen haltend, trugen sie die Leiche des Wachmannes in den Ring. Sein Kopf hing in unnatürlichem Winkel nach unten und baumelte lose hin und her. Genickbruch. «Er ist bei seiner überstürzten Flucht draußen auf der dunklen Baustelle ausgerutscht und hat sich das Genick gebrochen!», posaunte Lao Ding, der mit diesem geschickten Zug die Hälfte der Zuschauer schon wieder für sich eingenommen hatte. Und als er nun verkündete, dass jeder, der sein Geld auf den Mann namens Tiger gesetzt hatte, seinen Wettgewinn in voller Höhe einstreichen könne, da hatte sich der Sturm der Entrüstung mit einem Mal gelegt.

Jackie Lau hatte beide Arme um den bebenden Oberkörper des Fallschirmspringers gelegt und flüsterte beschwörend auf ihn ein. «Bleib ruhig. Wenn du ihn angreifst, bist du ein toter Mann. Siehst du den Typen da und den da? Die mit den Händen in den Taschen – die sollen dich umlegen. Mach jetzt keinen Fehler. Er hat schon den Jungen da betrogen und draußen umbringen lassen. Glaubst du, der wäre wirklich gestürzt? Das war alles geplant, Tiger! Tu ihm jetzt nur nicht den Gefallen und gib ihm einen Vorwand, auch dich noch zu ermorden. Verstehst du? Wir nehmen ihn uns später vor. Es ist noch nicht alles verloren. Vielleicht können wir zumindest deine 60000 zurückbekommen und dann woanders noch mal neu anfangen. In Shanghai gibt es auch Kämpfe. Da kenne ich auch Leute. Du wirst das Geld für deine Schwester schon zusammenbekommen. Ich helfe dir dabei. Sie wird gesund werden ...» Jackie Lau redete ohne Pause, versuchte, die ganze Aufmerksamkeit des Mannes zu beanspruchen und von seinen Mordgelüsten wegzulenken, die er nur zu gut verstand.

Das Publikum hatte sich beruhigt, und es war allenfalls noch hier und da ein Murren zu vernehmen, als sie nun wieder zum Wettschalter strebten, um ihre Gewinne abzuholen. Die sechzig Stapel säuberlich glatt gebügelter Scheine, die ein Leben retten sollten, verschwanden, aufgeteilt in viele kleine Summen, in den Taschen fremder Leute.

Lao Ding hatte sich schnell hinter einen Vorhang in einem dunklen Nebenraum abseits des Kampfkellers zurückgezogen, rauchte mit hastigen, tiefen Zügen eine Zigarette und versuchte, die Bilanz dieses Abends zu ziehen. Er hatte viel von seiner Glaubwürdigkeit verloren. Sein Ruf als Veranstalter war nicht nur angekratzt, sondern vielleicht für immer ruiniert. Heute Abend hatte er durch seine Klugheit zwar das ganz große Chaos noch abwenden können. Aber wenn die Leute nach Hause gingen und noch einmal über alles nachdachten, dann würde den meisten schon klar werden, dass da etwas nicht mit rechten Dingen zugegangen sein konnte. Das Geschäft mit den Kämpfen jedenfalls würde für die nächste Zeit schwierig werden. Die Konkurrenz würde seine vorübergehende Schwäche ausnutzen und ihm die Kundschaft wegschnappen. Zum Glück machten die Kämpfe nur einen Teil seiner Aktivitäten aus. Das meiste Geld verdiente er nach wie vor mit seinen sieben Restaurants und Karaoke-Bars und den amerikanischen Zigaretten, die er billig in der Ukraine einkaufte und nach China schmuggelte. Die Hauptsache war jetzt erst einmal, dass er die ganze Sache körperlich unversehrt überstanden hatte.

«Lao Ding – da ist jemand, der dich sprechen möchte!» Einer der Leibwächter, die vor dem Eingang Stellung bezogen hatten, steckte den Kopf durch den Vorhang. Lao Ding seufzte. Das musste Jackie Lau sein, der sein Geld zurückforderte. Sechzigtausend Kuai. Das tat weh, aber schließlich war er ein Ehrenmann und hielt Wort. Er schob den Vorhang zurück und erstarrte. Statt in die krumme Visage von

Jackie Lau blickte Lao Ding in das steinharte Gesicht eines gut gekleideten Mannes – vielleicht Mitte vierzig – mit militärisch kurzem Haarschnitt. Lao Ding hatte diesen Mann noch nie gesehen, und doch kannte er ihn, denn Lao Ding konnte in die Seele jedes Mannes blicken, und in der Seele dieses Mannes sah er nichts als absolute Finsternis. Es war der Mann, den es in einem Land wie China und unter einem System wie dem chinesischen immer gab. Es war der Mann, dem man, wenn alles gut ging, niemals gegenübertreten musste und der, wenn etwas schief ging, immer da war, um zuzugreifen. Der Mann, der alles über jeden wusste.

«Ding Jianxia?», fragte der Mann nur. Es war das erste Mal seit Jahren, dass Lao Ding mit seinem vollen Namen angesprochen wurde.

«Ja», sagte er und fühlte, wie seine Knie weich wurden. Mein Telefon!, dachte er reflexartig. Welcher von meinen Leuten hat mein verdammtes Mobiltelefon? Ich muss sofort ein paar Anrufe machen! Aber auch das würde ihm nichts nützen. Niemand, den er anrufen und um Hilfe bitten konnte, niemand bei der Behörde für öffentliche Sicherheit, niemand bei der Stadtverwaltung und auch niemand im mächtigen Pekinger Parteiapparat konnte ihm nun noch helfen, auch wenn sie ihm einen noch so großen Gefallen schuldeten. Keine *guanxi*, keine Kontakte und keine Beziehungen waren stark genug, und niemandes Einfluss ging weit genug, um ihn aus dem Griff dieses Mannes zu befreien.

«Ich habe nichts getan!», beteuerte Lao Ding unsinnigerweise.

«Natürlich nicht. Kommen Sie freiwillig mit?»

«Aber ich habe doch nichts getan!»

«Es gibt Leute, die sind da anderer Ansicht», sagte der Mann kühl. «Was ist nun? Kommen Sie freiwillig oder muss ich nachdrücklich werden?»

Sie hatten etwas abseits gewartet, als das Publikum den Keller verließ, und dabei nicht den Raum aus den Augen gelassen, in dem Lao Ding verschwunden war.

«Verhalte dich jetzt ganz ruhig und lass mich mit ihm reden!», ermahnte Jackie Lau den Fallschirmspringer. Dass er bei dem Verrat mitgewirkt hatte, bereitete ihm keinerlei Gewissensbisse. Im Gegenteil. Er fühlte sich wie ein Lebensretter. Er freute sich auf die kleine Komödie, die er und Lao Ding dem Tiger nun vorspielen würden. «Ich weiß, wie man diesen Strolch anfassen muss. Wenn wir Glück haben, bekommen wir etwas von deinem Geld wieder. Vielleicht sogar alles. Aber nur, wenn ich ihn bluffen kann. Lao Ding und sein Geld sind schwieriger zu trennen als ein Schwein von seiner Scheiße.»

«Wieso haben Sie mich die Sache nicht auf meine Art zu Ende bringen lassen?», zürnte Chen Hong. «Ich hätte wenigstens meine Ehre gerettet.»

«Und wärst tot, und nichts wäre gewonnen.»

«Sie denken immer nur an den Gewinn.»

«Das muss ich als Geschäftsmann auch. Hör zu, Tiger! Ich weiß einen Weg, wie du an dein Geld kommst. Hast du die Frau gesehen, die mich heute Abend begleitete?»

Chen Hong blickte Jackie Lau geringschätzig an. «Die Nutte? Da kann ich mir schon denken, was Sie vorhaben. Jemand soll ihren Zuhälter beseitigen. Oder sie angelt sich einen reichen Freier, den ich dann kalt mache. Aber das mache ich nicht, Jackie Lau. Ich begehe keine Morde.»

«Das sollst du auch gar nicht. Die Frau ist in Wirklichkeit keine Nutte. Aber das ist jetzt zu kompliziert, das erkläre ich dir später.»

«Sie vergessen, dass ich keine Zeit mehr habe, um Geld zu verdienen. Ich muss zurück in meine Kaserne.»

«Das sollst du auch, Tiger. Genau das sollst du auch ... Was zum Teufel ist das?» Jackie Lau griff den Fallschirmspringer an seinem Armeemantel und zog ihn tiefer in den Schatten.

Die Besucher waren verschwunden, das große Flutlicht war erloschen.

Der Keller war jetzt leer bis auf das halbe Dutzend Angestellte und Mitarbeiter Lao Dings, die wie nach jedem Kampf die Leiche beiseite schafften, die Spuren beseitigten und das Geld zählten und eintüteten.

Aber plötzlich gewahrte Jackie Lau einen Mann, der nicht zu Lao Dings Helfern gehörte. Er betrat den Keller durch einen Seiteneingang und schritt geradewegs zu dem kleinen Nebenraum, in den Lao Ding sich zurückgezogen hatte. An dem Durchgang, durch den er den Keller betreten hatte, bezog ein weiterer Mann Stellung. Jackie blickte hinüber zum Haupteingang, wo links und rechts von der nackten Treppe plötzlich zwei Schatten aufgetaucht waren. Zuerst dachte Jackie, es sei eine Abordnung der Bauaufsicht, die sich ihren Anteil am Gewinn des heutigen Abends abholen wollte, der ihnen dafür zustand, dass sie Lao Ding den Keller für seine Geschäfte zur Verfügung stellten. Aber der Mann, der den großen Raum schon zur Hälfte durchquert hatte, gehörte zu keiner Baubrigade. Jackie Lau kannte den Mann. Nicht seinen Namen, natürlich. Niemand kannte seinen Namen. Jackie Lau hatte diesen namenlosen Mann vor vielen Jahren böse an der Nase herumgeführt, als er den Amerikanern für viel Geld dabei geholfen hatte, die Studentenführer vom Tiananmenplatz außer Landes zu bringen. Dieser Mann hatte sie gejagt.

Jetzt jagte er Lao Ding. Auf seine eigene, leise und doch tödliche Art. Jackie Lau brauchte kein Fernglas, um zu erkennen, dass die Schatten, die die Ausgänge bewachten, Gewehre im Anschlag hielten. Wer immer von Lao Dings Leuten eine Dummheit beging, würde noch nicht einmal eine Sekunde Zeit haben, diese zu bereuen. Aber was mochte der birnbäuchige Schmierlappen verbrochen haben, das wichtig genug war, den Namenlosen auf den Plan zu rufen? Jackie konnte keine Antwort darauf finden. Lao Ding war doch viel zu gewieft, als dass er es sich mit den Mächtigen verderben würde. Er spendierte ihnen feine Essen und schickte ihren Frauen teure Pralinen. Er erwies ihnen Gefälligkeiten, aber er legte sich doch nicht mit ihnen an! Als jetzt der Vorhang beiseite geschoben wurde und Lao Ding wie ein armer Sünder mit hängendem Kopf hinter dem Namenlosen hertrottete, ohne dass seine Leibwächter auch nur den Finger hoben, da tat er Jackie Lau fast ein bisschen Leid. Was nun vor dem Verhafteten lag, war nichts, was Jackie dem schlimmsten seiner Feinde wünschen würde.

«Was hat das zu bedeuten?», fragte der Fallschirmspringer, der die Szene verständnislos beobachtet hatte.

«Das Geld ist verloren», sagte Jackie Lau, als die Männer vom Geheimdienst mit ihrem Gefangenen verschwunden und nur sie und Lao Dings verwirrte Mitarbeiter im Keller zurückgeblieben waren. «Und auch Lao Ding.»

Es waren insgesamt sieben Leute, die zu seiner Verhaftung aufgeboten waren. Sie verteilten sich auf drei gepanzerte, schwarze Limousinen. Lao Ding, dem inzwischen Handschellen angelegt worden waren, fand sich auf dem Rücksitz des mittleren Wagens, eingekeilt zwischen zwei groben Agenten, deren verborgene Waffengürtel gegen seine Rippen stießen und ihm Schmerz verursachten. Der Namenlose hatte im dritten Fahrzeug Platz genommen. Sobald die unheimliche Kolonne auf den Changan-Boulevard einbog, ließ der Führungswagen seine Sirene erklingen und schaffte Platz auf der linken Spur. In weniger als drei Minuten hatten sie das Hauptquartier des Geheimdienstes neben dem Tiananmenplatz erreicht, bogen mit quietschenden Reifen in eine Tiefgarage ein, und schon senkten sich stählerne Tore hinter ihnen. Lao Ding war übel vor Angst. Was um alles in der Welt hatte er nur falsch gemacht? War er nicht immer vorsichtig gewesen? Niemals hatte er sich eines Vergehens schuldig gemacht, durch das der gefürchtete Geheimdienst auf ihn aufmerksam geworden wäre. Er hatte keine Staatsgeheimnisse verraten, er hatte keine feindliche Propaganda verbreitet. Gewiss, er hatte hier und da mal über die Partei und die Parteibosse gewitzelt und eine unachtsame Bemerkung fallen lassen. Aber das war doch keine große Sache – das tat schließlich jeder. Er hatte hier und da mal ein paar kleine Geschenke verteilt, und das wurde neuerdings ganz oben nicht mehr gerne gesehen, weil das Volk wütend war über die ausufernde Korruption. Die Kämpfe – gewiss –, legal waren die nicht. Aber das war auch nichts, was den Geheimdienst beschäftigen würde. Die Polizei sicherlich, wenn man nicht genug bezahlte. Aber nicht den Geheimdienst! Vielleicht wollten sie ihn deswegen verhören. Vielleicht brauchten sie ihn nur als Zeugen. Vielleicht wollten sie ihn einfach nur ein wenig erschrecken. Vielleicht wollte einer seiner Konkurrenten seine Restaurants übernehmen und hatte ihm irgendetwas Unaussprechliches angehängt. Das weiträumige, graue Gebäude am Tiananmenplatz, durch dessen Tiefgarage sie nun brausten, es war ihm nie besonders Furcht einflößend vorgekommen. Es war auch nicht bedrohlicher als das Revolutionsmuseum nebenan oder die Große Halle gegenüber auf der anderen Seite des riesigen Platzes. Aber jetzt wusste er, dass hinter diesen Mauern ein ganz besonderes Grauen wohnte. Das Grauen der Ungewissheit. Sie zerrten ihn vom Rücksitz und führten ihn stumm durch lange, hellgrün gestrichene Korridore in einen Verhörraum. Zwei Stühle und ein schmaler Tisch standen darin, sonst nichts. Sie hießen ihn auf dem einen Stuhl Platz zu nehmen und zu warten. Dann verschwanden sie.

Er wartete elf Stunden. Seine Glieder waren steif und flehten um etwas Bewegung, aber er wagte es nicht sich zu erheben und zur Entspannung durch den Raum zu schreiten. Er saß einfach nur da, spürte den Durst und den bohrenden Hunger mit jeder Minute stärker werden. Einmal wäre er fast eingenickt, aber er riss sich zusammen und blieb wach.

Mehrmals erschreckten ihn Schreie. Spitze, verzweifelte Schreie, die aus den anderen Verhörzimmern in diesem langen Flur kommen mussten. Aber sie verhallten schnell wieder und ließen in ihm nur die Vorausahnung einer noch unheimlicheren Angst zurück als der, die er jetzt verspürte.

Draußen musste es längst heller Morgen sein. Aber hier drin war es wie in einer anderen Welt. Hier gab es weder Tag noch Nacht. Nur den immer gleichen kalten Schein der Leuchtröhre an der Decke und den unwirklichen, hellgrünen Schimmer der Wände. Wie ein hungriger Aasfresser schlich die Angst um seinen Stuhl, der mit jeder Stunde unter der Last der uneingestandenen Sünden und Verbrechen, die Ding Jianxia begangen hatte, mehr und mehr nachzugeben schien. Nach und nach, während die Stunden vergingen, fielen sie ihm alle wieder ein, und jedes, auch das kleinste Vergehen, klopfte er eindringlich danach ab, ob es wohl schlimmer gewesen war, als er einst angenommen hatte. Bis zurück in seine Jugend, in die Zeit der Kulturrevolution, wanderten seine Gedanken. Als er, gerade sechzehn Jahre alt, einen alten Lehrer erschlagen hatte, der konterrevolutionäres Gedankengut verbreitet hatte und dafür von den amerikanischen Imperialisten bezahlt wurde. Sie waren in seine Wohnung eingefallen, hatten ihn und seine Frau an den Haaren hinaus auf den Sportplatz gezogen und die Schränke und Schubladen durchwühlt, bis sie das Belastungsmaterial in den Händen hielten. Es war eine Sammlung von ausländischen Münzen. Das allein wäre als Beweis für althergebrachtes, bourgeoises Besitzdenken schon schlimm genug gewesen. Aber unter den Geldstücken waren auch welche aus den USA und England, den Erzimperialisten. Der widerborstige Klassenfeind versuchte tatsächlich noch sich zu verteidigen, statt seine Verbrechen offen einzugestehen! Er sagte, er habe das Geld, zweifellos die Bezahlung von Spionagearbeit, nur gesammelt, weil er sich für Numismatik interessiere. Der junge Ding Jianxia beschloss dem unverbesserlichen Reaktionär eine Lektion zu erteilen. Sie hatten ihn bejubelt, die Roten Garden. Sie hatten ihn als Helden gefeiert, weil er der Einzige war, der sich zu tun traute, was alle im Sinn hatten: den Ziegelstein zu nehmen und ihn immer und immer wieder auf den Kopf des Kuhdämons zu hämmern, bis die Schädeldecke brach. Er hatte das bisher nie bereut. Er hatte bisher noch nicht einmal richtig über diesen Zwischenfall nachgedacht. Jetzt tat es ihm Leid. Der Mann war doch nur ein alter Lehrer gewesen, und seine, Dings, Schulnoten waren nicht besonders günstig ausgefallen. Das war der wahre Grund gewesen. Ob der Lehrer wirklich ein Klassenfeind oder gar ein Spion war, darauf kam es seinem Mörder gar nicht an. Ding kannte viele seiner Altersgenossen, die Ähnliches getan und Ähnlichem untätig oder Beifall klatschend zugesehen hatten. Aber das war längst vorbei, und man sprach nicht mehr darüber. Er war sogar später der Frau und der Tochter des Lehrers einmal wieder begegnet. Sie hatten damals am Rande des Sportfeldes gestanden und zusehen müssen, wie er den Lehrer ermordet hatte. Aber obwohl sie ihn zweifellos wiedererkannt hatten, gingen sie weiter, als ob sie ihn nie gesehen hätten. Diese Sache von damals – das konnte doch nicht der Grund dafür sein, dass er hier saß – oder doch? Hatte die Tochter einen mächtigen Kader geheiratet und ihn dazu aufgestachelt mit ihm abzurechnen?

Und weiter ging Lao Ding durch sein langes Sündenregister. Er hatte zweimal vergewaltigt. Beides waren dumme Bauernhühnchen aus Sichuan gewesen, die in seinen Karaoke-Bars als Hostessen arbeiteten. Er hatte sie geschlagen, gefesselt und sich ihnen aufgezwungen. Sie hatten danach beide weiter für ihn gearbeitet, weil sie genau wussten, dass es ihnen anderswo auch nicht besser gehen würde. Außerdem war er beide Male betrunken gewesen. Wieso sollte so etwas plötzlich den Geheimdienst interessieren? Hatte vielleicht Yun Xinhua, dieser verschlagene Moslem-Kellner aus

Xinjiang, der alles gesehen und versucht hatte, ihn damit zu erpressen, der Polizei einen Tipp gegeben?

Oder war es der Zigarettenschmuggel? Das hatte doch keinerlei Bedeutung.

Die Konkurrenz? Wollte dieser heimtückische Hund Lu Bing, der eine Zeit lang bei ihm gearbeitet und ihn dann hintergangen und sich selbstständig gemacht hatte, ihn anschwärzen? Verdammter Lu Bing. Ja, der musste hinter dieser ganzen Sache stecken. Hinterlistig und verlogen genug war er gewiss. Und er hatte Einblick in Lao Dings Bücher gehabt. Er wusste, dass Lao Ding weniger Steuern zahlte, als er eigentlich zahlen musste. Und hatte er nicht immer am lautesten gelacht, wenn Lao Ding einen seiner beliebten Witze über Deng Xiaoping machte? Kein Zweifel, es musste Lu Bing sein, der ihn in diese Lage gebracht hatte. Davon war Lao Ding so überzeugt, dass er, als sich endlich die Tür öffnete und der Mann, der alles wusste, den Raum betrat, rief: «Lu Bing ist ein Lügner! Er sollte hier sitzen und nicht ich! Bitte, glauben Sie mir. Lu Bing will nur meine Restaurants übernehmen und mich vernichten.»

Der Mann, der alles wusste, setzte sich auf den anderen Stuhl. Er sah ausgeruht und frisch aus und verströmte den gemütlichen Geruch von Tee und Dampfnudeln. Er legte seine Hände auf den Tisch und blickte Lao Ding direkt in die Augen.

«Ding Jianxia», nannte er Lao Ding wieder bei seinem vollen Namen. «Sie wurden uns genannt als der Veranstalter der Kämpfe um Leben und Tod im Keller der Baustelle. Geben Sie Ihre Verwicklung in diese illegale Aktivität zu?»

Hatte der teuflische Lu Bing ihn etwa auch damit belastet? Mit den Kämpfen? Das war doch nur sein Hobby! Da ging es doch nicht um Staatsaffären. Das konnte doch den Geheimdienst nicht interessieren!

«Kämpfe», sagte Lao Ding wachsam. «Was denn für Kämpfe?»

«Wollen Sie bestreiten, dass Sie derartige Kämpfe veranstaltet haben?»

«Ich habe niemals etwas gegen die Interessen des Staates unternommen. Ich schwöre es. Ich war immer ein guter Kommunist. Ich habe mich immer –»

«Was ist mit den Kämpfen?»

«Das weiß ich nicht.» Er hätte eine klügere Antwort parat haben sollen. Womöglich wäre sogar die Wahrheit hilfreich gewesen. Aber er war so ängstlich, dass er lieber log, als sich zu verraten. «Ich habe immer die Partei unterstützt. Ich habe sogar einmal die Mitgliedschaft beantragt, denn ich . . .»

«Ding Jianxia. Meine Zeit ist knapp bemessen, und ich scherze nicht. Zwei Zimmer weiter sitzt der vormalige Stellvertretende Leiter des Südbezirkes vom Amt für öffentliche Sicherheit und weint wie ein kleines Kind. Er schwört, dass er einen Kampf gesehen hat, der von Ihnen veranstaltet wurde und in dem ein unbekannter Mann, der sich Tiger nannte, einen anderen Mann, einen gewissen Eisernen Wang, umgebracht hat. Und nun kommt meine Frage, und Sie haben eine einzige Chance auf eine ehrliche Antwort. Wer ist dieser Mann namens Tiger, und wo finden wir ihn?»

Das war es also! Der verdammte Südchinese hatte ihn in eine Falle gelockt und nicht Lu Bing. Jackie Lau hatte ihn denunziert, vermutlich weil er selbst ins Kampfgeschäft einsteigen wollte. Lao Ding atmete erleichtert auf. Es war kein politisches Vergehen, dessen ihn die Staatsmacht verdächtigte. Es war nur dieser verfluchte Kampf des Mannes namens Tiger. Er war gerne bereit, dem Mann, der alles wusste, alles zu sagen.

«Ja. Das stimmt. Aber ich bin nicht der Veranstalter. Ich bin nur so eine Art Berater. Ich habe diese Kämpfe immer missbilligt und wollte schon längst Anzeige erstatten. Ich erinnere mich sehr gut an den Kampf, den Sie ansprechen. Eiserner Wang unterlag einem Fallschirmspringer, dessen wahren Namen ich nicht kenne.»

«Sie sagen Fallschirmspringer. War er ein aktiver Soldat? Zu welcher Einheit gehörte er?»

«Das hat er nicht gesagt. Er hat nur gesagt, dass er übermorgen wieder in der Kaserne sein müsste. Das war alles. Er brauchte viel Geld. Aber der wirklich Schuldige, der Drahtzieher, den Sie suchen, der heißt Jackie Lau, und er kommt aus Shenzhen.»

«Das reicht mir noch nicht.»

«Aber das ist alles, was ich weiß. Jackie Lau. Lau, so wie die Südchinesen Liu aussprechen. Jackie Liu!»

«Und wie ist sein richtiger Name? Wo können wir ihn finden?»

«In Shenzhen vielleicht.»

«Und der Fallschirmspringer?»

«Er hat seinen Namen nicht genannt. Er hieß nur Tiger.»

Der Mann, der alles wusste, erhob sich. «Ich glaube, wir haben uns noch nicht richtig verstanden. Ich werde vielleicht später noch einmal wiederkommen. Bis dahin ist Ihr Gedächtnis vielleicht ein bisschen auf die Sprünge gekommen. In der Zwischenzeit werden Sie die Bekanntschaft eines Herrn machen, der Ihnen dabei behilflich ist.»

«Aber so glauben Sie mir doch! Ich weiß nichts weiter über den Fallschirmspringer. Und der andere heißt Jackie Lau. Bitte, ich weiß doch nicht mehr von ihm! Er kommt nur selten nach Peking!»

Ohne ein weiteres Wort verließ der Mann, der alles, fast alles wusste, den Raum.

Lao Ding blieb nicht lange allein. Diesmal waren es seine Schreie, die durch die leeren Flure hallten und die andere Gefangene in anderen Verhörzimmern erschauern ließen.

Siebzehn Stunden später hatte Lao Ding alles gestanden, denn es war ihm alles auf wundersame Weise wieder eingefallen. Der Fallschirmspringer war ein gewisser Yun Xinhua und war bei einem Regiment in Xinjiang stationiert. Und Jackie Lau hieß in Wirklichkeit Lu Bing und besaß mehrere Restaurants in Peking.

Lao Ding starb langsam und unter entsetzlichen Qualen. Aber er starb, wenn man die besonderen Bedingungen seines Todes berücksichtigte, als ein glücklicher Mensch.

Noch bevor sein Leichnam erkaltet und zur Beseitigung in die Verbrennungsanlage für Krankenhausmüll gebracht worden war, die der Geheimdienst gelegentlich für seine eigenen Entsorgungsbedürfnisse benutzte, wurde Lao Dings Aussage von einem Sonderkurier in einem mit den Schriftzeichen für «Streng vertraulich» versehenen Ordner zu einer Adresse in Zhongnanhai gebracht, wo ein älterer Herr sie in Empfang nahm. Dieser hatte vor vielen Jahren schon die Erlaubnis erhalten, die vertraulichen und auch die streng vertraulichen Dokumente zu öffnen, die seinem Herrn, dem mächtigen General Wang Guoming zugestellt wurden. Er musste sie ihm vorlesen. Denn obwohl der betagte General seiner Umgebung meisterhaft vorzutäuschen verstand, dass er alle seine Sinne beisammen habe, hatte das hohe Alter seinen Tribut gefordert. Er hörte längst nicht mehr so gut wie früher. Und obwohl seine Augen ihren wachen Glanz nicht verloren hatten, versagten sie ihm mehr und mehr ihre Dienste. Nicht den Politikern und Parteigrößen, die ihn regelmäßig besuchten und um seinen Rat baten, nicht den ausländischen Gästen, die er gelegentlich empfing, nicht einmal seinen Kindern und Enkelkindern und ganz bestimmt nicht seinen Mitverschwörern der Operation *Gelber Kaiser* hatte der alte Mann gestanden, dass die Welt um ihn herum auf erschreckende Weise immer dunkler und leiser wurde. Dass er immer öfter Namen und Gesichter vergaß, dass er Erinnerungen nicht mehr zuordnen konnte und manchmal in seinen «schwierigen Minuten» nicht einmal mehr Erinnerung und Gegenwart auseinander zu halten in der Lage war. Und immer öfter fiel seine Zunge zurück in den schwerfälligen, lispelnden Hunan-Akzent, den nur wenige in seiner Umgebung verstanden. Sekretär Zhou, der selbst aus Hunan kam, verstand ihn indes sehr wohl, und manchmal bildete er sich ein, der Einzige auf dieser Welt zu sein, der Wang Guoming noch verstand. Und wenn der General plötzlich während eines Gesprächs in die Sprache seiner Jugend verfiel, dann musste Zhou den leicht befremdeten Zuhörern die Worte seines Herrn übersetzen. Und manchmal, wenn der General auch in seinem Dialekt dachte, dann musste Sekretär Zhou die Worte der anderen für den General übersetzen.

Sekretär Zhou studierte die Papiere des Geheimdienstes und nickte stumm. Er würde sie dem General später zeigen, nach dessen Nickerchen, obwohl er ausdrücklich angeordnet hatte, dass ihm die Befragungsergebnisse unverzüglich, zu jeder Tages- und Nachtzeit, überbracht werden sollten. Der alte Mann wusste nicht immer, was gut für ihn war. Das und vieles andere zu entscheiden, dafür hatte er Zhou.

Sherry Wu hatte über die Verbindungsleute an der Botschaft ihren Bericht an die Zentrale abgesetzt, hatte sich abgeschminkt und ihren bemerkenswerten, für eine Chinesin beinahe zu üppig ausgestatteten Körper aus ihrer heutigen Arbeitskleidung, der hautengen Lederkluft, geschält. Sie lag im Bademantel auf ihrem Sofa, hörte eine CD von Kenny G. und gönnte sich ein Glas Champagner. Im Gegensatz zu den meisten anderen Mitarbeitern der CIA in China blickte sie zurück auf drei Wochen des Erfolgs, die heute in zweifacher Form gekrönt worden waren. Erstens: Jackie Lau hatte einen sensationellen Informanten angeworben, und sie konnte die gute Nachricht überbringen. Sie wusste, dass die trüben Tassen im Hauptquartier in Langley sie nicht leiden konnten. Aber sie war auf dem richtigen Weg und sie machte es dem verstaubten Idioten Summers und vor allem dem Obermacho Cartlin schwerer und schwerer, ihre Erfolge zu ignorieren. Sie hatte ihre eigenen Methoden und ihren eigenen Stil, und mit so was konnten die Bürokratenärsche nun mal nichts anfangen. Marco allein wusste ihre Arbeit zu schätzen. Er hatte sie in dieses Geschäft gebracht, und er glaubte an sie. Und nun war er auf dem Weg nach Peking. Das war der zweite Grund, warum sie sich so gut fühlte. Sie hatte ihm einen großen Dienst erwiesen, und nun schuldete er ihr einen Gefallen. Sie ließ die Perlen des edlen Getränks auf ihrer Zunge tanzen und freute sich auf den Mann, den sie liebte.

7. Kapitel

Malagash, Nova Scotia, 25. Dezember

Fatima sprang mit großen Sätzen durch den knietiefen Schnee und bellte übermütig. Die letzten Sonnenstrahlen tauchten den vereisten Strand und das Meer in ein verzaubertes Licht, aber Stenton Farlane hatte jetzt keine Augen für die Schönheit der Natur an diesem idyllischen Ort. Er fluchte leidenschaftlich, als er versuchte, die Seile zu lösen, mit denen er den viel zu großen Tannenbaum auf dem Dach seines Kombis festgezurrt hatte. Der eiskalte Fahrtwind hatte die Knoten zu massiven Klumpen zusammengeschweißt, und seine Fingerkuppen schmerzten, als er die Seile auftrennen wollte. Er hatte ja eigentlich keine Bäume mehr sehen können nach der anstrengenden Fahrt durch Maine, wo es außer Bäumen nichts gab. Er hatte wie immer die ganze lange Strecke aus Washington an einem Stück bewältigt. Müde und schlecht gelaunt nach sechzehn Stunden hinter dem Steuer wollte er nur noch hinein in das warme Haus, seine Beine ausstrecken und vor dem Kamin eindösen, dabei einen Tee mit Rum schlürfend. Wenn ihm nur nicht in Moncton, ganz kurz vor dem Ziel, dieser Weihnachtsbaumverkäufer am Straßenrand aufgefallen wäre! Zu Weihnachten gehört ein Weihnachtsbaum, hatte sich Stenton gedacht, kurz entschlossen angehalten und den Baum gekauft. Erst jetzt fiel ihm ein, dass er gar keinen Schmuck für den Baum hatte und dass wohl der einzige Ort in der westlichen Welt, wo zu dieser Jahreszeit kein Christbaumschmuck zu finden wäre, das Haus am Meer in Malagash, Nova Scotia, war.

«Was machst du denn da?» Die kratzige Stimme ließ ihn schuldbewusst zusammenfahren. Wie immer schon erschien der Alte auch jetzt im ungünstigsten Moment. Wenn etwas, ein Projekt, eine Idee, eine Überraschung wie in diesem Fall, noch nicht ganz fertig war oder gerade noch einer eingehenden Überprüfung oder Verbesserung unterzogen wurde, wenn das Vorhaben in Schwierigkeiten war, verwundbar und offen für skeptische Fragen und beißende Ironie, dann, genau dann, musste er hereinplatzen und alles kaputtmachen.

«Ich versuche den Baum loszubinden», antwortete Stenton gereizt und fühlte sich ertappt.

«Das sehe ich. Warum fährst du durch die Gegend mit einem Baum auf deinem Auto?»

«Es ist Weihnachten, Vater. Das ist ein Weihnachtsbaum.» Er ließ von dem unlösbaren Knoten ab und wandte sich dem Alten zu.

George Franklin Farlanes große Gestalt passte perfekt in die raue Landschaft und in die Jahreszeit. Er trug klobige Schnürstiefel, einen verwaschenen Jeans-Overall, darüber einen grob gestrickten Pullover und eine gefütterte Jacke mit großen roten und weißen Karos darauf. Es fehlte nur die Mütze mit Ohrenschützern, und man hätte ihn für einen typischen neuschottischen Farmer und Hinterwäldler halten können. Aber er trug keine Mütze, er hatte Kopfbedeckungen aller Art immer abgelehnt. Und der etwas zu lange, weiße Haarschopf wäre keinem Farmer von seinen kritischen Nachbarn sonntagmorgens in der Kirche vergeben worden. Aber in die Kirche ging der alte Farlane ohnehin nie.

«Schön, dass du da bist!» George Franklin nahm seinen Sohn in die Arme, und sofort lösten sich Stentons Missmut und Müdigkeit auf, und er freute sich, den alten Mann endlich wiederzusehen.

«Hi, Dad», sagte er und erwiderte die Umarmung.

«Ich sehe, du kommst allein. Wo hast du denn deine CAMP gelassen?» Das war seine Bezeichnung für die Drachenlady Sophia. CAMP, «Chinese-American-Mandarin-Princess»

«Ich hätte nicht gedacht, dass du sie vermissen würdest.»

«Stimmt. Ich vermisse sie so sehr wie einen Blinddarmdurchbruch.»

George hatte sie nur einmal gesehen – damals, als Stenton sie gleich nach der Hochzeit hinauf nach Malagash gebracht hatte, um sie seinem Vater vorzustellen. Er hätte wissen müssen, dass die beiden zu gegensätzlich waren, um sich leiden zu können. Aber dass sie von der ersten Sekunde an aufeinander losgingen wie tollwütige Kampfhunde, das hatte Stenton dann doch überrascht.

«So, George» hatte Sophia in ihrem schönsten Harvard-Näseln gesagt und die schmal gezupften Augenbrauen dabei zu einem spöttischen Bogen gelupft, «wie ich höre, setzen Sie hier oben also die missglückte chinesische Revolution mit anderen Mitteln fort? Kommen Sie sich nicht ein bisschen albern dabei vor – ich meine, wo doch sogar schon die Chinesen längst nicht mehr an den Kommunismus und den ganzen Quatsch glauben?» Sie meinte das bestimmt nicht als Beleidigung. Stenton kannte sie lange genug, um zu wissen, dass dies einfach ihre Art war, auf Menschen zuzugehen. Indem sie ihnen ihre Eindrücke ohne Rücksicht auf Gefühle vor den Latz knallte und sie herausforderte. George Franklin Farlane jedenfalls hatte die Herausforderung angenommen, denn bei diesem Thema verstand er keinen Spaß. Zielsicher hatte sie den einzigen Nerv getroffen, der bei ihm bloßlag.

Erst blickte er sie lange an, dann Stenton, dann wieder sie und seufzte:

«Mädchen – der Kommunismus ist noch lange nicht tot, und du verstehst so viel von der Revolution wie ich von Wimperntusche. Aber ich weiß eines: Dein reicher Herr

Papa hätte dir, statt dich mit dem goldenen Löffel zu füttern, lieber mit einer hölzernen Latte den Arsch verhauen sollen.» Dies war für Georges Verhältnisse eine noch sehr milde Erwiderung. Der alte Farlane war im Grunde ein Bauer. Die einzige Schule, die er je besucht hatte, war, wie er selbst nicht ohne Stolz sagte, die «Schule der Revolution». Und da standen nicht Konversation und taktvolle Ausdrucksweise auf dem Stundenplan, sondern Guerillakrieg, Parteirichtlinien und Schweinezucht.

Bevor Stenton überhaupt Luft holen konnte, um seinen mäßigenden Einfluss geltend zu machen, konterte die chinesische Millionärstochter von der amerikanischen Westküste schnippisch: «Verstehe. Ich bin wohl hier der Klassenfeind, stimmt's? Ich hoffe, Sie wollen mich jetzt nicht einer Kampfsitzung unterziehen!» Sophias Vater, vor seiner Flucht aus China ein wohlhabender Shanghaier Kaufmann, hatte von den Kommunisten Übles ertragen müssen. Während einer solchen «Kampfsitzung», bei der die «Revolutionäre» die gefangenen «Kapitalisten» fertig machten und folterten, waren ihm sämtliche Finger der rechten Hand gebrochen worden. Daraufhin hatte er seiner Heimat den Rücken gekehrt und sich nach Kalifornien gerettet.

«Verdient hätten Sie es sicherlich!», schnappte George Franklin Farlane zurück.

Und so war es weitergegangen. Anderthalb Tage lang hatte Stenton den Austausch von Feindseligkeiten und Schmähungen verfolgt und gehofft, dass den beiden Widersachern irgendwann das Pulver ausgehen würde. Aber genauso hätte er darauf hoffen können, dass Fatima lernte auf den Hinterbeinen zu laufen und Cocktails zu servieren. George und Sophia würden jetzt noch endlos weiterstreiten, denn sie trugen einen heiligen Krieg aus, der sie beide aus ganz unterschiedlichen Gründen ihr Leben lang nicht loslassen würde. Die chinesisch-amerikanische Prinzessin, die ihre Heimat nur als Touristin und Geschäftsreisende der

Luxusklasse kannte, und der hart gesottene, chinesische Revolutionsveteran, der nur den einen Makel hatte, nämlich Amerikaner zu sein – sie versuchten sich gegenseitig zu beweisen, wer der bessere Chinese war.

Schließlich hatte Stenton die Initiative ergriffen und den missglückten Besuch überstürzt abgebrochen, hatte Sophia buchstäblich ins Auto getragen, während sie George als «verbohrten Altstalinisten» beschimpfte und der sich revanchierte, indem er sie als «reaktionäre Hexe» titulierte. Als einzigen Erfolg dieser Begegnung wertete Stenton, dass sich die beiden nicht tatsächlich gegenseitig an die Gurgel gesprungen waren. «Was macht deine CAMP?» – genüsslich, wie er manchmal auf obszönen Schimpfworten kaute, hatte der alte Farlane sich danach bei ihren unregelmäßigen Telefonaten nach dem Wohlbefinden seiner verhassten Schwiegertochter erkundigt und sich nicht die Mühe gemacht zu verbergen, dass er sich am meisten über die Antwort: «Sie hat die Pest» oder «Sie ist unter den Bus gekommen» oder «Wir haben uns getrennt» gefreut hätte.

Jetzt endlich konnte Stenton seinen Vater glücklich machen.

«Ta gei wo dai lü maoze», sagte er lächelnd auf Chinesisch. In dieser Sprache ließ sich so etwas Schmerzhaftes irgendwie leichter aussprechen. «Sie hat mir den grünen Hut aufgesetzt» – so heißt das, wenn die Frau dem Mann untreu wird.«

«Gut so.» Mehr hatte George Franklin Farlane nicht mehr für sie übrig. Wenn der Gegner endlich besiegt war, am Boden lag und nicht einmal mehr zuckte, dann musste man auch nicht mehr auf ihn einstoßen. «Komm ins Haus, Junge.»

«Und mein Baum?»

«Den holen wir später.»

Aber nicht in die Stube. Die Seile durchtrennten sie mit einer Säge, und den Baum legten sie neben dem Haus ab. Es war ja ohnehin nur eine kleine Geste, tröstete sich Stenton. Nicht, dass sein Vater sich viel aus derartigen Gesten machte.

Die Dunkelheit kam schnell über die Northumberland-Straße gekrochen und hatte bald die einsame Farm des alten Farlane verschluckt. Hell schimmernd gegen den sternklaren Nachthimmel, wie ein endloses, weißes Tuch, breitete sich die Schneedecke hinter dem Haus über den Feldern und Weiden aus. Kein Geräusch war zu hören bis auf das leise Plätschern des Meeres, das sich vergebens gegen das Eis wehrte, das weiter und weiter vom Ufer her in die Meerenge hineinwuchs und seine kalten Finger nach Prince Edward Island ausstreckte.

George hatte gekocht – seine typische, abenteuerliche Mischung aus chinesischer und westlicher Küche. Bratkartoffeln und Kohl, den er wie früher in China auch hier im November erntete und den ganzen Winter über draußen an der Luft lagerte. Es gab Reis dazu, zweimal gekochtes Schweinefleisch in Sojasoße und chinesische Pilze, die Stenton in einer großen Tüte aus einem exzellenten China-Lebensmittelladen in Washington mitgebracht hatte. Sie aßen mit Stäbchen und tranken Maotai und Molson-Bier. Ebenso wie das Essen war auch das spartanische Mobiliar seines Hauses ein Mischmasch aus chinesischen und nordamerikanischen Elementen. Die schwere Truhe mit den vergoldeten Verschlägen stammte aus China, ebenso der mit Schnitzereien verzierte Schrank und der klotzige Tisch. Die Stühle aber waren einfache Massenware aus einem Möbelhaus in Moncton, ebenso die beiden Sessel am Kamin. In der Mitte des Raumes dagegen lag ein riesiger, etwas zerschlissener Teppich aus den Knüpfereien von Kashgar in Xinjiang. George besaß keinen Fernsehapparat und kein Radio. Die elektronische Ausstattung seiner Küche beschränkte sich auf einen Herd und ein elektrisches Messer, das ihm irgendjemand mal geschenkt hatte, das er aber noch nie benutzt hatte. Das

Einzige, was es in seinem bescheidenen Heim im Überfluss gab, waren Bücher, zumeist chinesische. Abgegriffene, zerlesene Bücher, mit denen kein Mensch im Umkreis von Tausenden Kilometern etwas anfangen konnte. Liu Shaoqis *Wie man ein guter Kommunist wird* stand da. *Das Kapital* in chinesischer Übersetzung. Und daneben das legendäre Rote Buch mit den Sprüchen des Vorsitzenden Mao Zedong und auch die sechsunddreißigbändige Ausgabe der *Gesammelten Werke* des «großen Lehrers und Steuermannes». Der erste Jahrgang der *Volkszeitung* war darunter und noch allerhand andere revolutionäre Literatur. Sophia Wong hatte ein einziger Blick auf das unordentliche Bücherregal gereicht, um George als hoffnungslos Verrückten einzustufen. Stenton brachte zwar nicht das geringste Interesse für die stattliche Sammlung von chinesischer Untergrund- und Klassenkampfliteratur auf, aber er machte seinem Vater keinen Vorwurf daraus, dass er sie immer noch studierte. Trotz all dem, was geschehen war. Er wusste, dass George niemals aufhören würde, George zu sein. Zwischen den vergilbten Seiten lag sein ganzes Leben, seine Hoffnungen und seine Enttäuschungen. Wer ihm dies wegnehmen wollte, der saugte ihm das Blut aus den Adern.

«Wo sind deine Leute?», fragte Stenton, als der Tisch abgeräumt, das Geschirr gespült war und sie sich Tee trinkend in den Sesseln am Kamin ausgestreckt hatten. Fatima lag träge wie immer zwischen ihnen und gähnte das Feuer an.

«Bei ihren Familien. Ist das nicht lustig? Da kommt Weihnachten, und plötzlich stellt sich heraus, dass sie irgendwo eine Frau oder eine Schwester oder so was sitzen haben. Haben sie natürlich vorher nie erwähnt. Na ja. Dieser Mike, dem ich das Saufen ausgetrieben habe, ist nach Idaho oder Illinois, ich weiß nicht mehr so genau, wo er nun hinwollte. Vermutlich erst mal zur nächsten Spirituosenhandlung. Claude, der Frankokanadier, ist zurück nach Quebec gefahren, weil er meinte, hier machten sich alle nur über seinen

Akzent lustig, und Miguel wollte nach New York. Ich glaube, sie hatten alle einfach nur Angst, dass sie hier mit mir sitzen und den ganzen Winter über die Wände anstarren müssten.»

Stenton nickte und dachte bei sich, dass sie wohl vor allem deswegen abgehauen waren, weil George dazu neigte, an langen Winterabenden eintönige, politische Aufklärungsmonologe zu halten. Die Flüchtigen hatten sein vollstes Verständnis.

«Kommen sie irgendwann zurück?»

«Was weiß ich? Ist ja erst mal nichts mehr zu tun. Die paar Kühe kann ich alleine melken. Und wenn der Frühling kommt, finde ich schon wieder neue. Man muss nur nach Moncton fahren oder rüber nach Prince Edward Island. Das kapitalistische System produziert so viel Auswurf, dass man keinen Schritt machen kann, ohne über diese Leute zu stolpern.» Er sagte das leichthin, so als bedeute es ihm nichts. Aber in Wirklichkeit war Georges großes und zum Misserfolg verdammtes Projekt in Malagash ebenso wie Georges Bücherregal nichts weiter als der verzweifelte Versuch, eine bittere Vergangenheit mit Leben und mit Bedeutung zu erfüllen. Nach ihrer Rückkehr aus China war es Stenton gewesen, der Glück gehabt hatte und genug Geld zusammenbrachte, die Farm in Nova Scotia zu kaufen. Er überschrieb das Anwesen sofort auf seinen Vater, der nur ein Ziel hatte: seinen alten Traum zu verwirklichen. Er wollte eine Welt schaffen – und sei sie auch noch so klein –, in der alles, an das er glaubte, Sinn ergab und endlich funktionierte. Es hatte damals einige Aufregung unter den eher konservativen Nachbarn in Malagash gegeben, als er im Herbst 1966 an der Einfahrt zu seiner neu erworbenen Farm das Schild mit der Aufschrift *«Volkskommune 1. Oktober»* aufgehängt hatte. Die Bevölkerung befürchtete wohl, es werde nun in ihrer Mitte eine revolutionäre Zelle gegründet, die die langhaarigen Radikalen aus ganz Kanada und den USA anlocken würde. Aber ihre Sorge erwies sich als unbegründet. Für die Radikalen, sofern es sie denn überhaupt gab, hatte das arbeitsreiche Farmleben nicht den geringsten Reiz. Sie blieben lieber in Kalifornien, rauchten Dope, hörten ihre wilde Musik und demonstrierten gegen den Krieg in Vietnam. Und ihr neuer Nachbar George Franklin Farlane, den sie zunächst für einen gefährlichen Umstürzler oder irren Sektenführer gehalten hatten, erschien den wackeren Kartoffelfarmern und Hummerfischern an Kanadas Atlantikküste bei näherem Hinsehen als freundlicher und über alle Maßen hilfsbereiter Mann, der indes ohne Zweifel ein Sonderling war und etwas verschrobene Ansichten hatte. Aber sie lernten darüber hinwegzusehen, und akzeptierten den wunderlichen Mann aus dem fernen, unbekannten China als einen der Ihren. Georges Arbeiter, seine «Leute», waren Obdachlose und Penner, die er bei seinen seltenen Ausflügen in die nächstgrößeren Städte aufsammelte wie menschliches Strandgut. Er fand immer eine Hand voll Habenichtse, die froh waren, für ein Bett und regelmäßiges Essen auf der Farm arbeiten zu können und seine «Volkskommune» zu bevölkern. Aber wenn die Erntezeit vorbei war und der Winter anbrach, dann ließen sie ihn immer allein zurück. Natürlich war die Volkskommune nichts anderes als die verzweifelte Schimäre eines kauzigen, naiven Greises. Aber anders als Sophia, seine Exfrau und Drachenlady, hätte sich Stenton lieber die Zunge abgebissen, als seinem Vater gestanden, was er von der ganzen Sache hielt.

«Wie war die Ernte dieses Jahr?»

«Hätte besser sein können. Wir haben ziemliche Schäden bei den Kartoffeln gehabt, wegen der verdammten Käfer. Kohl war gut. Konnten sogar ein paar Zentner verkaufen an die chinesischen Restaurants in Charlottetown. Die schwören auf unseren Kohl.»

«Sie wissen, was gut ist.»

«Ja, aber ihre Gäste nicht. Kaum jemand bestellt Kohl.

Alle wollen immer nur das verdammte Chop-suey. Ich glaube, die Chinesen kaufen mir das Zeug nur ab, um ein bisschen mit mir zu plaudern, oder weil sie das Gefühl haben, irgendetwas wieder gutmachen zu müssen.»

«Was macht dein Bein?»

«Immer noch dasselbe. Wenn ein Regen in der Luft liegt, wird's schlimmer. Ich hätte nie geglaubt, dass wirklich was dran ist an diesem Wetterzeugs. Aber es stimmt.» Er klopfte auf sein rechtes Bein, das vor vielen Jahren gebrochen war und mangels sofortiger ärztlicher Behandlung niemals ganz verheilte. Sie hatten nie darüber gesprochen, auf welche Art der Knochen damals zu Bruch gegangen war und dass George Franklin Farlane am selben Tag und zur selben Stunde auch seine Geruchsnerven verloren hatte, nachdem ihm ein Siebzehnjähriger unter dem Applaus seiner Freunde brennende Zigaretten in beide Nasenlöcher gedrückt hatte. Dieser Tag im August 1966 war ein Tabu zwischen Vater und Sohn, an dem niemals gerührt wurde. Als George nun aufstand und zu seinem Schrank ging, bemerkte Stenton, dass er wieder schwerer hinkte als bei seinem letzten Besuch vor einem Jahr.

«Ich muss dir was zeigen», sagte George, der seine Brille aufgesetzt hatte und im Schrank stöberte. «Es kam vor ein paar Tagen mit der Post. Weiß der Himmel, wie er meine Adresse herausgefunden hat.» Er fischte einen Briefumschlag aus einem chaotischen Stapel von Dokumenten, sah, dass es der falsche war, und setzte seine Suche fort. «Hat mich wirklich überrascht, denn ich dachte ja, die hätten mich längst vergessen. Aber dann kam ... na, wo ist er denn? ... dann kam dieser Brief. Hier. Lies mal!» Er kam zurück und überreichte Stenton ein Manila-Kuvert, das mit einer chinesischen Briefmarke versehen war.

Der handgeschriebene Brief war in einer steifen und förmlichen Sprache verfasst, die Schriftzeichen waren kantig und teilweise sogar fehlerhaft – gewiss nicht von der geschulten, flinken Hand eines chinesischen Intellektuellen zu Papier gebracht.

«Es ist Zeit, unserer alten Freunde zu gedenken und vergangene Stürme ruhen zu lassen», stand da. *«Kein Jahr ist vergangen, in dem ich nicht an den Tag unseres gemeinsamen Triumphes am 3. Januar gedacht hätte und meine Gedanken weit über das Meer geflogen sind zu dir. Und jedes Jahr zu dieser Zeit wollte ich diesen Brief schreiben, denn ich weiß, du glaubst, ich hätte dich verraten. Aber mein Mut, mit dem ich mich tausend Armeen entgegenwerfen würde, er verließ mich stets, wenn ich diesen Brief schreiben wollte. Nun ist der Herbst meines Lebens angebrochen, und der Winter sammelt Kräfte für seinen großen Angriff. Ich spüre, dass mir nur noch dieser eine Jahrestag vergönnt sein wird und ich will ihn nicht allein verbringen. Denn der 3. Januar ist ein guter Tag zum Siegen, und den größten aller Siege möchte ich mit dir teilen … Ich bitte dich deshalb, nach China zu kommen und gemeinsam mit mir unseres Sieges zu gedenken. Ich bitte dich, weil ich weiß, dass im großen Herzen des Kleinen Drachen die Vergebung wohnt.»*

Stenton blickte auf und sah, dass George bemüht war eine Träne zurückzuhalten, doch der Schein des Kaminfeuers ließ seine Augen verräterisch glänzen.

«Der Große Wang?», fragte Stenton mit einem Kloß im Hals.

«Ja, stell dir mal vor! Nach all den Jahren …» George zeigte nicht gern seine wahren Gefühle. Das und manches andere hatten ihm die Jahre in China gründlich ausgetrieben. Er versuchte, einen amüsierten Eindruck zu machen. Aber Stenton wusste genau, dass dieser Brief dem alten Farlane mehr bedeutete als alles andere in seinem Leben. «Und da, sieh mal, er wusste wohl auch, dass ich nicht gerade ein Krösus bin. Er hat mir sogar die Flugkarte beigelegt. Das war schon immer seine Art. Bittet um etwas, dabei ist es in Wirklichkeit ein Befehl.» Der alte Mann seufzte schwer, und

Stenton konnte sehen, wie glücklich er über diese Einladung war. Nur wegen der kleinen Freude, die ihm das kindische Theaterspiel bereitete, fragte er pro forma: «Was meinst du, Junge? Soll ich fahren?»

Stenton überlegte nicht lange. «Natürlich – es ist doch wie . . .»

Weiter kam er nicht. Fatima sprang plötzlich mit einem Satz auf und setzte zu einem fürchterlichen Gebell an. Dann splitterte das Fenster. Für den Bruchteil einer Sekunde dachte Stenton, ein Wintersturm hätte einen der Bäume umgerissen und ein Ast habe das Fenster durchstoßen. Aber das war es nicht. Noch bevor das zerborstene Glas den Fußboden erreicht hatte, sah Stenton, wie der Lauf einer Waffe durch das Fenster geschoben wurde und auf George zielte. In dem Moment, als der Schuss krachte, hatte er sich bereits über seinen Vater geworfen und noch bevor der Schütze erneut zielen konnte, ein brennendes Holzscheit aus dem Feuer gerissen und nach dem Fenster geschleudert. Fatima sprang mit dem bösartigsten Bellen, das er jemals von ihr gehört hatte, zu dem zerbrochenen Fenster und stand stocksteif davor, während neben ihr der Vorhang Feuer gefangen hatte. Die Flamme vertrieb den Schützen von seinem Platz, und er musste um das Gebäude herum zum zweiten Fenster eilen. Stenton griff nach dem eisernen Schürhaken und postierte sich direkt daneben, um ihn zu erwarten, aber das wäre gar nicht nötig gewesen. Mit seiner blutüberströmten Schulter hatte sich George Franklin Farlane bereits aufgerappelt und war mit zwei Schritten bei seiner alten chinesischen Truhe.

«Steh da nicht dumm rum, Junge – mach das verdammte Feuer aus!», brüllte er, und Stenton sah zu seinem Schrecken, dass sein Vater eine doppelläufige Flinte in den Händen hielt. Mit einem Hechtsprung brachte sich der Professor für chinesische Sprache in Sicherheit. Der Attentäter hatte das Haus umrundet und wollte seinen zweiten Schuss wagen, doch da verfing er sich mit den Füßen in den Ästen des abgelegten Weihnachtsbaums und geriet ins Taumeln. Die zwei Sekunden, die er brauchte, um wieder festen Halt zu finden und die Waffe zu heben, wurden ihm zum Verhängnis. Es donnerte ihm eine Salve aus Georges Büchse entgegen, die das Fenster in tausend Splitter zerspringen ließ, einen Teil der Wand zerschlug und den Mann in der Brust und im Gesicht erwischte wie der Schlag einer Abrissbirne.

Sie fanden ihn im dunkel verfärbten Schnee drei Meter hinter dem Haus. Sein Brustkorb sah aus wie ein Bombenkrater. Die Hälfte seines Gesichts war nichts weiter als ein blutiger Brei.

«Verdammt, verdammt!», keuchte Stenton. «Oh, geh weg da. Weg da, Fatima!», verjagte er die Hündin, die neugierig die Leiche beschnüffeln wollte.

«Wer ist das?», fragte George so cool, als hätte Stenton den Attentäter unangemeldet zum Essen mitgebracht. Seine Schulter, die das Projektil nur geschrammt hatte, war verbunden. Der tote Mann war Asiate, vermutlich Chinese, vielleicht Mitte dreißig und trug die falsche Kleidung für einen Ausflug ins winterliche Nova Scotia. Einen dunklen Anzug wie für einen Empfang, eine Krawatte, lederne Halbschuhe. Seine Waffe, die unter dem Fenster lag, war ein schlankes Präzisionsgewehr, das aussah, als könne man es leicht zusammenschrauben und auseinander nehmen.

Stenton kniete sich neben den Toten in den Schnee und durchsuchte sein Jackett.

«Der Kerl wollte mich tatsächlich umbringen!», entrüstete sich der alte Farlane. «Da muss er aber früher aufstehen. Da sind schon ganz andere vor ihm gekommen.»

«Hierher?» Stenton war entsetzt.

«Nein, Junge. In China. Früher. Aber eines verlernt man einfach nicht: seine verdammte Haut zu retten. Übrigens danke, dass du an den Weihnachtsbaum gedacht hast. Ich glaube, der hat uns das Leben gerettet. Und deine Reflexe sind verdammt gut für einen Eierkopf von der Universität.

Das brennende Holzscheit hat genau gesessen.» Stenton fand in der Innentasche des Jacketts einen vom Schrot durchsiebten, burmesischen Diplomatenpass, der auf den Namen Choy Fang Dong ausgestellt war. Das darin eingeschlagene Flugticket verriet, dass der Mann heute Nachmittag aus London kommend auf dem Internationalen Flughafen von Halifax kanadischen Boden betreten hatte. Stenton starrte wie gebannt auf das Passfoto, das unversehrt geblieben war.

«Was ist – kennst du den Kerl?»

«Natürlich nicht», log Stenton.

In der Tasche befand sich auch ein Autoschlüssel, der zu einem gemieteten Toyota gehörte, den sie später mit laufendem Motor zweihundert Meter vom Haus entfernt am Straßenrand abgestellt fanden. Zuvor hatten sie den Chinesen mit burmesischem Pass in den Geräteschuppen geschleppt und darüber beraten, ob sie die Polizei verständigen sollten.

Stenton war dafür, George dagegen. «Was soll das bringen? Einen Haufen überflüssiger Fragen und jede Menge Ärger. Die Polizei in Malagash kann mich nicht besonders leiden und sucht schon lange einen Vorwand, die Volkskommune dichtzumachen. Hier in Kanada ist das mit den Waffen nicht so einfach wie bei euch in den USA. Genau genommen dürfte ich die alte Flinte gar nicht besitzen. Aber man weiß ja nie, was für ein Gesocks sich hier nachts in den Wäldern herumtreibt. Das wird ein gefundenes Fressen für meine Feinde, wenn sie erfahren, dass ich mit einer illegalen Waffe jemanden erschossen habe.»

«Aber aus Notwehr. Das kann ich bezeugen!»

«Egal. Ich hänge drin.»

«Aber du kannst ihn doch nicht einfach hier verscharren!»

«Natürlich kann ich das. Die Farm hat siebzig Acres. Da findet sich schon ein passender Platz für ihn. Er bleibt tief gefroren, bis der Boden weich wird, und dann weg mit ihm.»

Stenton war von neuem entsetzt über die Gleichgültigkeit, mit der sein Vater selbst über die schrecklichsten Ereignisse hinwegging. Die einzige Erklärung dafür war, dass er in seinem Leben vieles gesehen und erlebt hatte, das viel, viel schlimmer war als dies hier.

George schüttelte den Kopf. «Ich weiß ja, dass manchen Leuten die Volkskommune hier nicht in den Kram passt. Aber dass sie deswegen gleich einen Killer auf mich ansetzen, ist doch ziemlich übertrieben, was? Oder war der Kerl am Ende hinter dir her? Hast du irgendwas ausgefressen? Hat ihn vielleicht deine CAMP angeheuert? Zuzutrauen wäre ihr das.»

Stenton schwieg verwirrt. Dann bestimmte er: «Du kannst hier nicht bleiben.»

«Natürlich kann ich das. Der Kerl hatte seinen Versuch und er hat es verpatzt. Die Sache ist erledigt.»

«Was ist, wenn er nicht allein war? Vielleicht kommt morgen schon der nächste!»

«Dann sollte ich ihn lieber doch nicht begraben. Ich kannte mal einen, der hätte den Leichnam als abschreckendes Beispiel draußen an der Einfahrt aufgehängt. Nur würde das wohl nicht so gut bei meinen Nachbarn ankommen. Aber egal. Ich gehe hier nicht weg.»

Schließlich verlor Stenton die Geduld mit seinem störrischen Vater. «Sei doch einmal vernünftig!», schrie er. «Gütiger Gott! Jemand hat versucht dein Leben zu beenden! Ganz offensichtlich ein professioneller Killer! Wer immer hinter dir her ist, weiß, wo du wohnst. Wir fahren zu mir nach Washington. Am besten jetzt sofort. Los, pack deine Sachen zusammen und lass uns von hier verschwinden!»

George schüttelte stur den Kopf. «Ich setze keinen Fuß auf amerikanischen Boden, und wenn sie mich mit noch so vielen Killern jagen. Niemals, verstanden? Lieber will ich auf der Stelle tot umfallen, als nach Washington zu fahren. In die Hauptstadt des Imperialismus!»

Stenton dachte flüchtig an die Studentin Linda Chen und ihren Vater, der sich geweigert hatte, auch nur ein Wort in seiner Muttersprache zu sprechen. Auch wenn sie ihn nicht so sehr an Li Ling erinnert hätte – diese Einzelheit in ihrer Familiengeschichte hatte ihn sofort für sie eingenommen. Denn in seinem, Stentons, Fall war das Ganze umgekehrt. Sein Vater wollte nichts mehr mit Amerika und den Amerikanern zu tun haben. Er hatte das Land, seit er es als Kind verlassen hatte, nie wieder betreten. So gut wie alles, was er darüber wusste, bestand nur aus hasserfüllter, chinesischer Propaganda. Aber er wollte es gar nicht besser wissen. So tief saß seine Ablehnung gegen Amerika, dass er sich sogar weigerte, auch nur eine Telefonnummer in den USA anzurufen. Selbst wenn es sich dabei um die Nummer seines eigenen Sohnes handelte. So endgültig wie Linda Chens Vater China den Rücken gekehrt hatte, hatte sich George Franklin Farlane von seinem Land getrennt.

Stenton war ratlos. Nur wenn er ihn betäubte und fesselte, konnte er George in die Staaten in Sicherheit bringen. Wer immer diesen Mann geschickt hatte, er würde nicht ruhen, bis ein anderer Mann den Auftrag ausgeführt hatte. Der einzige Ort, wo er sicher war, war der sicherste Ort in dem einzigen Land, in das George gehen würde.

«Das Ticket nach China, das Da Wang geschickt hat –»

«Komisch, daran habe ich auch gerade gedacht. Es hat kein Datum drauf. Das heißt doch wohl, ich kann jederzeit fliegen – oder wie funktioniert das?»

Stenton besah sich den Flugschein. Von Halifax über Montreal nach Vancouver und von dort weiter nach Peking. Da Wang schien wirklich alles über den Kleinen Drachen zu wissen. Sogar, dass er eine Route über einen amerikanischen Flughafen nicht genommen hätte. Das Ticket war offen. Wenn er wollte, konnte George morgen auf dem Weg nach China sein.

«Ist dein Pass in Ordnung?», fragte Stenton. George

kramte aus dem chaotischen Schrank seinen amerikanischen Reisepass hervor, den ihm damals ein missvergnügter Konsularbeamter bei der Durchreise in Hongkong ausgestellt hatte, während Stenton mit den beiden Männern gesprochen hatte. Der Pass war vor siebzehn Jahren abgelaufen.

«Verdammt!», jaulte Stenton auf.

«Was ist? Glaubst du, ich kann deswegen nicht fliegen? So ein Unfug. Ich brauche diesen beschissenen Pass nicht. Habe ihn nie gebraucht. Wollte ihn schon längst wegwerfen.»

«Und wie willst du ohne Pass nach China reinkommen?»

«Ich gebe einfach Da Wang Nachricht, mit welcher Maschine ich ankomme. Er wird schon dafür sorgen, dass sie mir keine Schwierigkeiten machen. Das wäre ja gelacht.»

Sie ließen den toten Chinesen im Schuppen zurück und fuhren noch in derselben Nacht nach Halifax, wo Stenton seinen Vater am nächsten Morgen zum Flughafen geleitete. Zuvor hatte er in Peking angerufen und die Daten durchgegeben. Er brachte George bis zur Sicherheitsschleuse und winkte ihm nach.

Der Kleine Drache flog zurück nach China.

Zum ersten Mal seit dreißig Jahren.

«Mann, George», dachte Stenton im Stillen und ein wenig ängstlich, «mach dich auf ein paar Überraschungen gefasst. Es hat sich einiges dort verändert . . .»

Eines immerhin hatte sich in China in all den Jahren nicht geändert, und das waren die Spielregeln der Macht. Kein Grenzbeamter am Flughafen würde es wagen, George Franklin Farlane nach einem Pass oder einem Visum zu fragen, wenn Da Wang ihn eingeladen hatte. Es gab keine einzige Tür in China, die sich nicht bei der Erwähnung seines Namens öffnete. Der Große Wang.

General Wang Guoming.

8. Kapitel

Yiyang, 1931

General Zhang zog die zerkauten, bräunlichen Überreste einer Ginsengwurzel zwischen seinen gelben Zähnen hervor und angelte sich eine frische aus dem Porzellankübel neben seinem thronartigen Stuhl.

«Ich muss Ihnen sagen, dass ich mit großer Bestürzung vom plötzlichen Verschwinden Ihres kleinen Sohnes gehört habe», sagte er zu der Wurzel, bevor er sie mit einem Grunzen in seinen Mund schob. Der Missionar, den er eine Stunde auf Einlass hatte warten lassen, stand vor ihm mit gesenktem Blick, denn er konnte den Anblick des selbstgefälligen, fetten Kriegsherrn nicht mehr ertragen. Stumm betete John Farlane zu Gott, dass dieser ihm die Kraft geben möge, das entwürdigende Treffen durchzustehen. «Natürlich habe ich sofort die Suche nach dem Kleinen Drachen veranlasst, denn ich weiß ja, was ich meinen ausländischen Freunden schuldig bin. Es gibt auch schon die ersten Hinweise.»

John Farlane überwand seinen Ekel und schaute auf. Denn nur dieser Mann und sonst niemand konnte ihm seinen Sohn zurückbringen.

«Was für Hinweise, ehrwürdiger General?»

«Nun – es scheint, als hätten Sie dem falschen Mann vertraut. Der junge Kerl, den Sie als Beschützer des Jungen angestellt haben –»

«Wang Guoming?»

«Genau der. Der ist, nach allem, was ich jetzt weiß, ein ganz außerordentlich böser Bube.»

«Aber das kann doch nicht sein! Da Wang ist ...» Der scharfe, strafende Blick des Generals brachte ihn zum Schweigen.

«Ich will Ihnen nur helfen, heiliger Mann. Wenn Sie meinen, dass Sie alles besser wissen, dann sehe ich keinen Grund, warum ich meine kostbare Zeit länger mit Ihnen verschwenden sollte.»

«Natürlich, ehrwürdiger General. Bitte, verzeihen Sie meine unbedachte Äußerung und fahren Sie fort.»

Zhang quälte ihn mit einer langen Pause, in der er ihn ausdruckslos anstarrte. «Wang Guoming gehört einer Bande von gesuchten Verbrechern an. Man könnte sogar sagen, dass er so etwas wie der Kopf dieser Bande ist. Die haben Ihren Jungen entführt. Offenbar mit dem Ziel, ein hohes Lösegeld von Ihnen zu erpressen.»

Farlane wog die Worte des Generals ab und kam zu dem Schluss, dass er vielleicht tatsächlich die Wahrheit sprach. Immerhin war Wang an diesem Morgen nicht wie üblich erschienen, um George abzuholen. Das konnte nur heißen, dass er bereits von dessen Verschwinden wusste. Vielleicht, weil er selbst ihn entführt hatte. Und noch etwas war merkwürdig. Wieso hatte sich George verschleppen lassen, ohne zu schreien und seine Eltern zu alarmieren? Das konnte bedeuten, dass – was Gott verhüten möge – die Entführer ihm sogleich etwas angetan hatten. Es konnte aber auch bedeuten, dass er seinen Entführer kannte. Plötzlich packte den Missionar eine ohnmächtige Wut auf den jungen Chinesen, der sich in sein Vertrauen geschlichen hatte.

«Ich bin bereit, Sie bei der Suche nach dem Übeltäter und seinen Kumpanen zu unterstützen. Doch dazu brauche ich mehr Informationen über diesen jungen Wang. Er wohnt bei einer Frau im Ostbezirk, seiner Tante. Das habe ich bereits selbst herausgefunden. Das Weib wurde auch schon verhört. Aber sie wusste nicht viel über das schändliche Doppelleben ihres Neffen. Zumindest hat sie nicht sehr viel gesagt.»

«Ich kenne diese Frau. Auch sie ist Mitglied in meiner Gemeinde. Vielleicht sollte ich einmal mit ihr sprechen.»

General Zhang unterdrückte ein Grinsen. «Ich fürchte, diese Unterhaltung würde wohl etwas einseitig ausfallen.»

O Gott, dachte Farlane und sah sich schon wieder an einem neuen Abgrund, der geradewegs in die Hölle führte. Es war, als säße er festgekettet auf einem furchtbaren Karussell des Schreckens, und mit jeder Umdrehung tauchte er in ein neues Inferno des Mordes, der Folter und des Verrats. Eines grauenhafter als das andere. Farlane zweifelte nicht daran, dass Zhang die alte Frau grausam misshandelt und umgebracht hatte.

«Ich muss alles über den Verbrecher wissen!» Der General zeigte eine ungewöhnliche Anspannung. «Ich muss wissen, wer seine Freunde waren, welche Häuser er aufsuchte, mit wem er sich traf. Nur so können wir Ihren kleinen Sohn wiederfinden. Sagen Sie mir alles, was Sie von Wang Guoming wissen. Über ihn und die ganze verdammte Bande von Kommunisten!»

Es stimmte also, was gerüchteweise in der Gemeinde kursierte und was Farlane immer als bösartiges Geschwätz abgetan hatte, dass nämlich Da Wang den Kommunisten angehörte, die General Zhang stürzen wollten.

Es muss eine Strafe des Herrn sein, dachte Farlane verzweifelt. Gott straft mich! Nichts anderes als die Vorsehung konnte so mächtig, so allwissend und so endgültig sein wie das, was er nun erlebte. Das Gewicht des Allmächtigen fiel plötzlich mit aller Wucht auf ihn wie ein Fels. Alles, alles war verloren. Er hatte keine Kraft und keine Hoffnung mehr. Die Kommunisten hatten seinen Sohn entführt! Die Kommunisten, die, wie jedermann wusste, ihre Befehle aus Russland empfingen, wo Kirchen abgebrannt und Priester zu Tausenden erschlagen wurden. Jetzt setzten die russischen Kommunisten ihr frevlerisches Werk in China fort und ließen den Sohn des Missionars verschleppen, um die verhasste Kirche zu treffen. Es gab keine Rettung mehr für George in den Händen der Gottlosen, denn der Einzige, der ihm helfen konnte, war Satan persönlich, der sogar alte Frauen quälte und mordete.

«Helfen Sie nicht den Kommunisten!», herrschte der General ihn an. «Sagen Sie mir alles, was Sie von dem Burschen wissen!»

«Ich kann nicht ... ich weiß nichts!», keuchte Farlane, fieberhaft nach einem Ausweg suchend. Wenn die Kommunisten erführen, dass er Da Wang verraten hatte, dann würden sie nicht einmal mehr auf das Lösegeld warten, sondern seinen Jungen sofort umbringen.

«Ich hätte Ihnen das gerne erspart, heiliger Mann», sagte der Kriegsherr, plötzlich erschreckend ruhig und feierlich. «Aber weil Sie offenbar entschlossen sind, den Aufrührern zu helfen, muss ich Ihnen etwas zeigen, das auch mich sehr bestürzt hat. Ich war gezwungen, Sie so lange warten zu lassen, weil eine andere, dringende Angelegenheit meine ganze Aufmerksamkeit beanspruchte. Folgen Sie mir!»

General Zhang erhob sich aus seinem Stuhl und schritt voraus in den Nebenraum, wo zwei Krieger herumlungerten, die sich sofort zurückzogen. In der Mitte des Raumes stand ein einsamer Tisch. Auf dem Tisch lag, in dem Kleid, das er sie an diesem Morgen hatte anlegen sehen und das nun durchtränkt war mit Blut, Sarah.

«Das haben die Kommunisten getan!», verkündete Satan. «Wir haben die Schuldigen bereits verhaftet und unschädlich gemacht. Ich wünschte, Ihnen dies nicht zeigen zu müssen. Aber es muss sein, damit Sie endlich einsehen, mit welcher Art von Leuten wir es hier zu tun haben! Was ist denn mit Ihnen los, heiliger Mann? Stehen Sie auf!»

Farlane, der stumm in die Knie gesunken war, konnte nicht antworten. Er konnte nicht einmal mehr denken. Die Hand des Wahnsinns tastete nach ihm.

Kommunisten, Satan, Sarah. George. Kommunisten.

Wang. Satan. Folter. Mord. Heiland, nimm meine Frau Sarah in Gnade bei dir auf und vergib mir meine Sünden! Ich bin dein Diener. Ich tue dein Werk!

Er sprang auf und warf sich mit dem Schrei eines Irrsinnigen auf Satan, schloss seine Hände um die Gurgel des Antichristen und würgte, würgte mit aller Kraft. Würgte um die Rettung seiner Seele, um die Seele seiner geliebten Frau und das Leben seines unschuldigen Kindes. Würgte für seine Sünden und um seine Erlösung. Würgte, bis ein greller Lichtstrahl vom Himmel fiel und ihn am Hals berührte, bis seine Hände erschlafften, bis die Engel des Herrn kamen und Satan ergriffen und in die Höhe zogen und endlich Frieden kam.

«Verdammter heiliger Mann!», schnaubte der General, noch außer Atem von der unverhofften Anstrengung, und zog seinen Dolch aus Farlanes Hals. Verärgert stellte er fest, dass das Blut seine Uniform besudelt hatte. Der Missionar lag, noch immer zuckend und blutend, zu seinen Füßen. Er versetzte ihm einen Tritt. «Verdammter Narr.»

«Da Wang! Ich wusste, dass du kommen würdest!» Georges Herz hüpfte vor Freude. Er erhob sich von seinem Strohlager und lief jauchzend zum Gitter. Aber als er seinen Beschützer im schwachen Schein der Laterne näher ansah, erschrak der Junge. Da Wangs Gesicht war geschwollen und blutig. Er hinkte und umklammerte mit der linken Hand den rechten Oberarm, der verletzt war. Außerdem war Da Wang nicht allein. Hinter ihm gingen mit grimmigen Mienen zwei Häscher des Generals.

«Du dummer Kleiner Drache!», murmelte Da Wang. Er konnte nur noch murmeln, denn sein Mund war übel zugerichtet.

Einer der Söldner öffnete den Käfig und beförderte Da Wang mit einem Hieb ins Kreuz in das Verlies, scheppernd fiel die Eisentür hinter ihm ins Schloss. George kniete neben dem Gestrauchelten nieder und streichelte unbeholfen sein Haar. «Da Wang», flüsterte er verschreckt. «Was haben sie mit dir gemacht? Ist das meine Schuld?»

Der Rattenjunge kam aus der Dunkelheit herangekrochen. «Ist das dein Freund, der den General nicht leiden kann?»

George antwortete nicht, streichelte weiter Da Wangs geschundenen Kopf.

«Ich glaube, der kann uns jetzt auch nicht mehr helfen. Der kann nicht mal sich selber helfen. Sie werden ihn an die Wand hängen und wir müssen zusehen!»

«Sei doch still!»

«Ist doch wahr. Es ist jedes Mal das Gleiche. Erst reißen sie ihm die Nägel aus, und dann schneiden sie ihm sein Ding ab. Und dann . . .»

«Nicht ihm! Nicht Da Wang!»

«Wirst schon sehen!»

«Sei still!» Er schubste seinen schmutzverschmierten Zellengenossen weg. Schmollend zog sich der Rattenjunge auf seinen Strohhaufen zurück.

«Da Wang», jammerte George. «Es tut mir so Leid. Es ist alles meine Schuld, nicht wahr?»

Der Chinese sagte nichts, doch seine wachen Augen waren fest auf das Kind gerichtet. In seinem Blick konnte George zu seiner Erleichterung keinen Vorwurf finden. Nur Traurigkeit. Eine sonderbare, wissende Traurigkeit, die er nicht verstand und die ihn verunsicherte.

Da Wang hatte sich an diesem Mittag in einer der konspirativen Wohnungen der kleinen Gruppe von Kommunisten in Yiyang aufgehalten. Er wusste längst, dass der Junge einem von Zhangs Wächtern in die Hände gefallen war, er wusste auch, dass er nichts mehr für den Kleinen Drachen tun konnte. Für ihn bedeutete das Verschwinden des Missionarssohnes zuallererst, dass er seine Arbeit in dieser Stadt nicht mehr fortsetzen konnte wie bisher. Selbst wenn General

Zhang ihn lebend wieder herausgeben würde, was Da Wang nicht glaubte, hätte der Kriegsherr dem schwatzhaften Knaben jedes Geheimnis entwunden – auch die Geschichte von den beiden Gefolterten, die er aus Mitleid erschossen hatte. Von heute an würde der Kriegsherr wissen, wer sein Feind war, und er würde nicht ruhen, bis er ihn beseitigt hatte. Die Nachricht, dass seine Tante von Söldnern des Generals abgeholt worden war, zeigte, dass Zhang keine Zeit verlor und mit eiserner Faust zuschlug. Für Wang Guoming persönlich, aber wichtiger noch, für die Bewegung, war dies ein schwarzer Tag. Sie hatten monatelang ihre Kräfte gesammelt für den entscheidenden Schlag gegen Zhang. Yiyang hätte das nächste befreite Gebiet in Hunan werden können. Aber nun war der General ihnen durch die Dummheit eines vorlauten, ausländischen Jungen zuvorgekommen. Versunken in düsteren Betrachtungen stand Da Wang am Fenster, nahm kaum das bunte Getümmel auf dem Marktplatz wahr. Rikschafahrer stritten mit Sänftenträgern, Käufer mit Händlern, Bettler, in erbärmliche Lumpen gekleidet oder ganz nackt, huschten wie Schatten durch die Menge. Doch mit einem Mal brach das Geschrei und das Gelächter ab. Als sei dort ein grässlicher Geist erschienen, drängten die Menschen in Eile weg von einer Stelle in der Nähe des Eingangs zum Telegrafenamt, bevor sich um den Ort des Schreckens ein Kreis von Gaffern bildete. Von seinem Fenster aus konnte Da Wang diesen Punkt genau einsehen. In der Mitte des Kreises von Neugierigen lag die Frau des Missionars. Er erkannte sie sofort an ihren feinen Kleidern und den hellen Haaren. Da Wang sah auch das frische Blut, das aus einer klaffenden Wunde in ihrer Brust sprudelte. Wenige Schritte neben ihr lag der Dolmetscher und Bewacher, Lao Bi, und wand sich in Todeskrämpfen, denn ihm war die Kehle durchgeschnitten worden. Niemand machte Anstalten den beiden zu helfen. Die Menschen wussten nur zu gut, dass derjenige, der jetzt einschritt, sofort die Verantwortung für alles übernehmen, womöglich sogar die Kosten für das Begräbnis bezahlen musste. Diejenigen, die sich schließlich doch erbarmten, erkannte Da Wang als prominente Mitglieder der christlichen Gemeinde. Gao Bing kam herbeigeeilt, der Getreidehändler und reichste Mann der Stadt. Kurz nach ihm drängte sich Fu Daozhou durch die Menge, der Sprecher der Kaufmannsgilde, ein kluger, gebildeter Mann, der sofort die Umstehenden befragte und Auskünfte über den Zwischenfall einholte. Bald darauf trafen nacheinander die abgerissenen Stadtpolizisten, eine weiß gekleidete Abordnung aus dem Missionshospital und schließlich eine Gruppe Söldner von General Zhang ein, die die Kontrolle an sich rissen und die Leiche der ausländischen Frau auf einem Eselskarren zur Residenz ihres Anführers brachten. Da Wang verstand nicht, was er sah. Nur einer in Yiyang war mächtig und verrückt genug, ein solch schamloses Verbrechen zu begehen. Aber warum? Nicht einmal der General konnte es ohne weiteres wagen eine Ausländerin auf offener Straße ermorden zu lassen. Noch dazu die Frau des Missionars, der sich bei vielen Bürgern großer Beliebtheit erfreute. Da Wang verließ die Wohnung und begab sich zu einem anderen Haus, in dessen Keller die Kommunisten eine unauffällige Kommandozentrale eingerichtet hatten. Zu dieser Zentrale gehörte auch ein Raum, in dem seit dem Morgen zwei Söldner des Generals verhört wurden, die in der vergangenen Nacht mit dem Wächter Lao Lu an einem Tisch gesessen hatten. Genosse Li hatte sie seit Stunden bearbeitet und herausgefunden, dass Lao Lu etwas von modernen Waffen gefaselt hatte, die General Zhang angeblich mit Hilfe des Missionars im Ausland geordert hatte und die nun auf dem Weg nach Yiyang waren. Dann sei plötzlich der ausländische Junge aufgetaucht und habe verkündet, dass sein Vater mächtig genug sei die Lieferung aufzuhalten. Wang Guoming bezweifelte nicht, dass der Mord an der Missionarsfrau irgendwie mit diesen Waffen zu tun hatte. Er beschloss den Missionar aufzusuchen, sich ihm als Anführer der Rebellen zu offenbaren und alles über die tödliche Fracht aus Amerika in Erfahrung zu bringen. Doch als er sich durch die Menge der immer noch wartenden Zeugen zum Missionshaus durchgeboxt hatte, erfuhr er, dass der fremde Herr in die Residenz des Generals gegangen sei, um den Kriegsherrn um Hilfe bei der Suche nach seinem Sohn zu bitten. Als er dies hörte, wusste Wang, dass er John Farlane niemals wieder lebend zu Gesicht bekommen würde, und er schmiedete einen neuen, einen verzweifelten Plan, der so kühn und ungewöhnlich war, dass nicht einmal er selbst an sein Gelingen zu glauben wagte, und zu welchem gehörte, dass er, halb tot geprügelt von den Schergen des Generals, im gefürchteten Keller der Residenz landen würde.

«Fu Daozhou und Gao Bing wünschen Sie zu sprechen, mein General», meldete der Wächter.

General Zhang, der soeben auf dem Weg in den Keller zu einem Spektakel war, das ihn mit besonderer Vorfreude erfüllte, wandte unwillig den Kopf. «Was wollen denn die Krämerseelen? Bring Sie herein!»

Die beiden reichsten Männer von Yiyang, deren großzügige Kredite es dem General erst ermöglicht hatten, die Wunderwaffen aus Amerika zu bestellen und die Hälfte im Voraus zu bezahlen, betraten den Audienzraum mit säuerlichen Blicken. Beide trugen sie die langen, hoch geschlossenen Gewänder der Kaufmannsklasse, deren Seidenstoff kostbar mit Gold durchwirkt war. Ihre hochaufgerichtete Körperhaltung verriet dem Kriegsherrn, dass er es heute schwer mit ihnen haben würde.

Gao Bing hielt sich nicht lange bei der Vorrede auf. «General! Es gab einen sehr bedauernswerten Zwischenfall vor dem Telegrafenamt, über den wir mit Ihnen reden müssen.»

«Ich weiß, ich weiß!» General Zhang gab sich Mühe betroffen auszusehen. «Das waren die Kommunisten. Wie oft habe ich vor diesen Verbrechern gewarnt? Nun haben sie einmal mehr gezeigt, welcher infamen Meucheltaten sie fähig sind.»

«Mir kam aber anderes zu Ohren», sagte Fu Daozhou. «Zeugen, die den Mord an der Missionarsfrau sahen, haben eindeutig einen Ihrer Söldner mit einem blutigen Messer flüchten sehen. Was hat das zu bedeuten, General?»

«Wer waren denn diese Zeugen? Nennen Sie mir ihre Namen, und ich werde sie gerne selbst noch einmal befragen. Sie sind den Lügen der verdammten Kommunisten aufgesessen, meine lieben Freunde! Wieso sollten meine braven Soldaten so etwas Grauenvolles tun?»

Gao Bing ergänzte scharf: «Andere Zeugen haben den *mushi* in Ihrer Residenz verschwinden sehen. Aber niemand sah ihn wieder herauskommen. Demnach müsste er ja noch Ihre Gastfreundschaft genießen. Können wir wohl mit ihm sprechen?»

General Zhang hatte die Kaufleute immer gehasst. Soweit es ihn betraf, waren Kaufleute nichts weiter als Geldsäcke auf Beinen, die man überfallen und ausrauben konnte. So war es zumindest früher gewesen. Aber heute, als offizieller, von der Guomindang eingesetzter Kriegsherr von Yiyang, musste er sich irgendwie mit dem geizigen und furchtsamen Händlerpack arrangieren. Sonst würden die ihren Brüdern in Changsha Beschwerde geben, und die würden ihn bei General Yin anschwärzen, und Zhang würde das blinde Vertrauen seines unbekannten Gönners, den er demnächst vernichten wollte, schnell verlieren, wenn er mit dem feigen Mord an einem Kirchenmann in Verbindung gebracht würde. Denn jedermann wusste, dass General Yin viele amerikanische Freunde hatte. Immer mehr unerwartete Hindernisse türmten sich vor seinem großen Vorhaben auf, China zu erobern. Er musste seine ganze Klugheit und List aufbieten, um sich nicht unversehens in den Fallstricken seiner eigenen Verbrechen zu verfangen.

«Sie haben wohl recht gehört, ehrwürdige Herren. Der

mushi war tatsächlich hier, aber er ist schon längst wieder weg. Wie Sie vielleicht wissen, ist sein kleiner Sohn heute Nacht entführt worden und er konnte deswegen nicht lange bleiben. Ich habe ihm übrigens versichert, dass ich alles in meiner Macht Stehende tun werde, um ihm bei der Suche nach dem Jungen behilflich zu sein.»

«Aber wenn er, wie Sie sagen, nicht mehr hier ist – warum warten dann immer noch sein Rikschafahrer und der Dolmetscher draußen vor dem Tor?»

General Zhang verfluchte die Unachtsamkeit seiner vertrottelten Wächter. Die beiden Leute des Missionars hätten längst hereingebeten und beseitigt werden können. Stattdessen standen sie immer noch draußen auf offener Straße wie menschliche Wegweiser herum.

«Ich vertraue auf Ihre Verschwiegenheit, meine Herren. Der *mushi* selbst hat mich nämlich gebeten, niemandem etwas von seinem Besuch zu sagen. Wie es aussieht, ist der Junge von den Kommunisten entführt worden, und der *mushi* wollte auf verschwiegenen Wegen mit den Entführern Verbindung aufnehmen. Ich habe ihm deswegen einen Hinterausgang gewiesen. Aber natürlich nicht, ohne ihn eindringlich gewarnt zu haben. Wir alle wissen, zu welch grauenhaften Verbrechen die Kommunisten fähig sind. Denken Sie nur an die gemeine Entführung und an den Mord an der schönen, bedauernswerten Frau. Ich muss sagen, dass ich nun schon etwas in Sorge um den *mushi* bin und mir schwere Selbstvorwürfe mache. Es wäre – und das sage ich nur unter uns –, es wäre keine Überraschung für mich, wenn man ihn mit einem Messer im Rücken aus dem Fluss bergen würde. Ich bete natürlich zu unserem Gott, dass dies nicht geschehen wird.»

Er konnte die beiden Kaufleute nicht täuschen. Sie spürten, dass jedes Wort stimmte, mit denen Da Wang sie alarmiert und um ihre Hilfe angefleht hatte. Widerwillig nur und voller Zweifel hatten sie sich einverstanden erklärt und den Vorschlag des jungen Mannes, der sich als Anführer der gefürchteten Kommunisten entpuppte, angenommen. Die Kommunisten waren eine Bedrohung für ihre Besitztümer. Sie beide besaßen zahlreiche Felder im Umland, auf denen arme Pachtbauern wie Sklaven schufteten, und es hatte ihnen widerstrebt, mit dem Aufrührer der so genannten Bauernbefreier gemeinsame Sache zu machen. Aber dann hatte Fu Daozhou an ihre Christenpflicht erinnert, zumindest das Leben des unschuldigen Jungen zu retten.

Es war Fu, der nun mit böser Miene sprach: «General, wir brauchen Ihnen gewiss nicht zu sagen, dass der Tod der Missionarsfrau und das Verschwinden des Missionars ein großes Gewicht für unsere Stadt haben. Nicht nur, dass der *mushi* durch sein freundliches Wesen und die Klarheit und Hoffnung seiner Botschaft hier eine große Anhängerschaft gewonnen hat. Es könnte großen Unmut, sogar Unruhe geben, wenn ruchbar wird, was den beiden Ausländern widerfahren ist. Aber schlimmer noch: Wenn die Amerikaner in Wuhan und Shanghai erfahren, was geschehen ist, werden sie Mittel und Wege finden, uns alle für den Tod ihrer Landsleute verantwortlich zu machen. Das wäre gewiss sehr schlecht für unsere Geschäfte. Aber wenn sie sich gar zu einer militärischen Strafaktion entschließen, wäre das auch Ihr Untergang, General.»

«Wir erwarten, dass dieser Fall schnell und gründlich aufgeklärt wird», sagte Gao Bing streng. «Wir erwarten, dass den Schuldigen öffentlich der Prozess gemacht wird und dass sie nicht auf geheimnisvolle Weise in Ihrem Keller verschwinden. Wir haben nämlich auch gehört, dass Sie bereits den Hauptverdächtigen dingfest gemacht haben.»

«Sie haben wirklich ausgezeichnete Ohren!», räumte der General zerknirscht ein. «In der Tat ist uns ein Verdächtiger in die Schlinge gegangen, der sowohl für das Verschwinden des kleinen Jungen wie auch für die beiden Morde die Verantwortung trägt. Der Mann heißt Wang Guoming und ist ein gefährlicher Kommunist.» General Zhang bemerkte nicht einmal, dass er soeben erstmals den Tod des Missionars eingestanden hatte. Den beiden Kaufleuten entging das durchaus nicht.

«Wir haben uns wohl deutlich genug ausgedrückt, General. Wir verlangen, dass diesem Kommunisten Wang Guoming, den Sie verhaftet haben, öffentlich und mit der ganzen Stadt als Zeuge der Prozess gemacht wird. Nach diesem Prozess wird es eine Befreiungsaktion der Kommunisten geben, und der Übeltäter wird fliehen. Nur so können wir die gesamte Verantwortung für den Vorfall auf unsere gemeinsamen Feinde abwälzen und die Ehre und Ruhe von Yiyang retten.»

«Sie haben weise gesprochen, meine Herren.» General Zhang beruhigte sich mit der Aussicht, die beiden reichen Bastarde zu vierteilen, sobald er seinen Siegeszug angetreten hatte.

Bevor sie gingen, ließ Fu Daozhou den Kriegsherrn wissen, dass sie sein gemeines Spiel durchschaut hatten: «Und noch eines, General. Das betrifft den Knaben, den, wie Sie sagen, die Kommunisten entführt haben. Wir würden es sehr begrüßen, wenn die Kommunisten ihn bald unversehrt wieder laufen ließen. Es wäre wohl das Beste, wenn die Kommunisten ihn in einer Stunde wohlbehalten in meinem Haus ablieferten.»

Sie drehten sich um und rauschten ohne ein Wort des Abschieds davon. Sobald er sicher war, dass sie ihn nicht mehr hören konnten, verfiel General Zhang in fürchterliche Raserei. Er schleuderte die Möbelstücke im Raum herum und zerschmetterte in seiner Wut sogar die kostbare Vase mit den Leben spendenden Ginsengwurzeln.

«Verdammte Hurensöhne», brüllte er. «Verdammte, reiche Kaufmannsbrut!» Sie hatten ihm einen dicken Strich durch seine Rechnung gemacht, und, was noch schlimmer war, sie hatten ihm eine Niederlage beigebracht. Wang Guoming, der Kommunistenanführer, und der kleine Missionarsbastard sollten ihr Ende im Keller finden. Aber genau das ging nun nicht mehr, ohne die Kaufleute, einen Großteil der Stadtbevölkerung und womöglich sogar die Guomindang und die ausländischen Truppen gegen sich aufzubringen.

Die verfluchten Händler hatten ihm ihre Lösung aufgezwungen und würden keine andere Lösung dulden.

In einer mit erlesenen Stoffen verhängten Sänfte, in der sonst die Konkubinen des Generals durch die Straßen getragen wurden, ließ Zhang den Kleinen Drachen aus der Residenz und ins Haus des Kaufmannes Fu bringen. Zuvor war der Leichnam des *mushi*, ganz wie es der General vorausgesagt hatte, erdolcht im Ufergestrüpp des Flusses entdeckt worden. Der Kaufmann selbst war nicht in seinem Haus, um sich des verstörten Waisen anzunehmen, denn er saß zur gleichen Zeit im *Yamen* im Zentrum der Stadt und wohnte zusammen mit den anderen Stadtältesten von Yiyang dem Doppelmordprozess gegen den Kommunisten Wang Guoming bei. Wang verweigerte zwar die Aussage, aber der Richter kam nach Abwägung aller Beweise zu dem Schluss, dass er und seine Mitverschwörer das scheußliche Verbrechen begangen hatten, und verurteilte ihn zum Tode durch Erschießen. Auf dem Weg zur Hinrichtungsstätte aber hatten die Kommunisten einen Hinterhalt gelegt und befreiten ihren Anführer in aller Schnelle und ohne großes Blutvergießen.

Die entsetzten Bürger von Yiyang erfuhren, dass die ruchlosen Kommunisten unter ihrem Anführer Wang Guoming den Missionar und seine Frau aus ideologischen Gründen ermordet und den Jungen entführt und wahrscheinlich ebenfalls umgebracht hatten.

Die christliche Gemeinde von Yiyang hielt am nächsten Tag eine große Messe für die Ermordeten und trug ihre Leichen zu Grabe. General Zhang war der erste unter den Trauergästen, es folgten ihm Gao Bing und Fu Daozhou, die ihr christliches Gewissen mit der Rettung des Knaben beruhigt hatten und die mit der Schuldzuweisung an die Kommunisten die Interessen und die Ehre ihres Standes und der ganzen Stadt wiederhergestellt hatten. Es kam ihnen gar nicht in den Sinn, dass dieser kluge Plan nicht ihr eigener gewesen war.

Bevor er Yiyang für immer verlassen hatte, war Da Wang bei ihnen erschienen, um den Kleinen Drachen in Gewahrsam zu nehmen.

«Wir haben Ihr Leben geschont, weil es unsere Pflicht war, den ausländischen Jungen zu retten», sagte Fu dem jungen Mann, der gezeichnet war von den Spuren der Misshandlung. «Als Gegenleistung erwarten wir von Ihnen, dass Sie den Kleinen Drachen in die christliche Mission in Changsha bringen, wo für ihn gesorgt wird. In Yiyang ist er nicht mehr sicher. Und auch Sie nicht, Da Wang. Wenn wir Sie und Ihre Genossen hier jemals wiedersehen, werden wir Sie ohne Gnade verfolgen. Wir wissen, dass der General ein gefährlicher Mann ist. Aber er bringt Ruhe und Stabilität in diese Stadt, und deshalb werden wir immer auf seiner Seite stehen.»

Da Wang brach noch in dieser Nacht mit dem Missionarssohn in Richtung Changsha auf. In die Stadt Mao Zedongs, der hier vor Jahren als Lehrer und politischer Vordenker gearbeitet hatte, bevor er in den Untergrund ging. Obwohl die Guomindang blutig unter den kommunistischen Zellen in der Provinzhauptstadt gewütet hatte, gab es ein gut organisiertes Netzwerk, und von dort aus wollte Da Wang seine nächsten Schritte planen und durchführen.

Der kleine George Franklin Farlane war erfüllt von Stolz und Dankbarkeit dafür, dass ihn Da Wang aus dem Kerker des Kriegsherrn befreit hatte. Aber er wusste nicht wie, und er wusste nicht warum. Natürlich war Da Wang sein Beschützer. Er hatte seine Pflicht getan und das, wofür seine Eltern ihn bezahlten. Seine Eltern. Die Frauen im Hause des

Kaufmannes, die ihn am Nachmittag pflegten und versorgten, hatten sonderbare Andeutungen gemacht und ihn immerfort komisch von der Seite angesehen. Aber keine hatte offen mit ihm gesprochen.

«Da Wang?», versuchte der Junge das bleischwere Schweigen zu brechen, in das sich der Chinese seit Stunden hüllte, seit sie Yiyang verlassen hatten und auf kleinen, ausgemergelten Pferden durch eine mondhelle Nacht nach Osten in Richtung Changsha ritten.

«Da Wang? Wo gehen wir hin? Kommen meine Eltern nicht mit? Kommen sie nach?»

Da Wang sagte nichts. Aber der Junge sah, wie sein Freund, der vor ihm ritt, die Schultern zusammenzog, als ducke er sich vor einem drohenden Hieb. George dachte wieder an den Ausdruck der wissenden Traurigkeit in Da Wangs Augen.

«Ist etwas mit ihnen? Da Wang – so sprich doch mit mir!»

«Deine Eltern kommen nicht nach. Sie . . .» Da Wang spürte eine Lüge heranfliegen wie einen schwarzen Nachtvogel. Die Lüge kreiste über ihm mit leichten Schwingen, aber er griff nicht nach ihr. Er wusste, dass weitere Lügen kommen würden, und mit jeder würde es schwieriger werden, den Weg zur Wahrheit wiederzufinden. «Deine Eltern sind tot. Beide. Der General hat sie ermorden lassen.»

Der Junge schrie nicht, wie Da Wang erwartet hatte, er beklagte nicht laut den schrecklichen Verlust. Er hielt einfach nur sein Pferd an und saß stocksteif im Sattel. Der Kleine Drache hörte ihm nicht mehr zu, hörte ihn vielleicht nicht einmal mehr. Aber er sprach trotzdem weiter. Es war besser, als zu schweigen.

«Du wirst vielleicht Leute darüber reden hören, dass ich sie umgebracht habe. Aber das stimmt nicht. Das war nur eine List, um uns beide lebend aus der Stadt zu bringen.»

Da Wang zog die Zügel herum und trabte zurück zu dem Jungen. Das Licht des Vollmondes war hell genug, um

Georges Gesicht zu sehen. Sein Blick war geradeaus gerichtet. Sein Kinn und seine Lippen zuckten und bebten. Da Wang hörte seinen Atem, der schnell ging, als sei er gerade gerannt und außer Puste.

«Ich habe sie umgebracht!», keuchte er.

Da Wang ergriff seine Hand. «Red keinen Unsinn, Junge. Du bist noch ein Kind und trägst keine Schuld. Der General hat sie umgebracht. General Zhang ist ein böser Mensch, und wir müssen jetzt unsere ganze Kraft darauf verwenden, ihn zu besiegen und Yiyang zu befreien.»

George schüttelte die Hand des Chinesen ab und sagte noch einmal:

«Ich habe sie umgebracht.»

Da Wang beschloss, dass sie in dieser Nacht nicht mehr weiterreiten würden. Sie waren an einem kleinen Wäldchen angekommen, das auf einem Hügel wie eine Insel im Meer der Reisfelder lag. Er stieg vom Pferd und führte seines und das Tier des Jungen, der immer noch steif im Sattel saß, tiefer in den Wald hinein, bis er einen geeigneten Lagerplatz fand. Er hob den Knaben vom Pferd, umhüllte den frierenden Körper mit den beiden Decken, die er mitgebracht hatte, und hockte sich auf den Waldboden. Da Wang wünschte, er hätte die Lüge gewählt und anderen die unangenehme Aufgabe überlassen, dem Kind die Wahrheit zu sagen. Wenn der Junge nun krank würde und ihn tagelang aufhielt, wäre wertvolle Zeit verloren. Aber er durfte ihn nicht zurücklassen, denn der Junge war zu wichtig. Dies war der einzige Grund, warum Da Wang sein Leben riskiert hatte, um George aus dem Keller des Kriegsherrn zu retten. Er hatte es nicht getan, weil er so sehr an dem Kind hing oder weil ihn sein Pflichtgefühl als Leibwächter dazu gedrängt hätte. Er hatte es getan, weil es nach dem Tod des Missionars und seiner Frau nur noch zwei Menschen gab, die das Geheimnis der Waffen kannten. Der eine war der General selbst, und der andere war George Franklin Farlane.

Die ganze Nacht wachte Da Wang neben dem zitternden Kind, das der Schlaf überkommen hatte und das in Alpträumen briet wie im Fegefeuer. Oft schrie der Junge auf in der Sprache seiner Eltern, die Da Wang nicht verstand. Dann wieder murmelte er unverständliches Zeug. Und einmal sprach er laut und deutlich auf Chinesisch, aber es war wirres Zeug.

«Der Rattenjunge!», stammelte George, und Da Wang horchte auf. «Der Rattenjunge hat ihm alles verraten. Und ich habe dem Rattenjungen alles verraten. Der Rattenjunge ist schuld. Er hat sie umgebracht!» Dann verlor sich seine Sprache wieder in einer anderen Furche seines besinnungslosen Schmerzes.

Am Morgen erwachte der Kleine Drache, und das Fieber war vorüber. Er sprach nicht viel, was Da Wangs schweigsamem Wesen entgegenkam, und wortlos setzten sie ihren Weg nach Changsha fort, das sie spätabends erreichten. Da Wang kannte dort die Adresse eines Parteimitgliedes. Der Mann wollte scheinbar nichts mit dem verdächtigen Gespann, einem chinesischen Jüngling und einem ausländischen Kind, zu tun haben. Er verhielt sich ihnen gegenüber roh und abweisend. Aber er schrieb ihnen nach langem Hin und Her endlich die Adresse eines anderen Mannes auf, den sie aufsuchen sollten. Die Partei hatte aus leidvoller Erfahrung gelernt. Keinem der Kader war erlaubt, mehr als einen anderen Kader mit Namen zu kennen. So konnte die Guomindang immer nur einzelne Personen, nie aber die ganze Organisation enthaupten. Der Fabrikarbeiter verwies sie weiter an den Bettler, der gab ihnen den Namen des Uhrmachers, der kannte den alten Professor, und der wiederum führte sie zu dem Buchbinder, in dessen winzigem Zimmer sie unterkrochen.

Da Wang dachte nicht daran, sein Versprechen, den Jungen beim christlichen Missionshaus abzugeben, einzulösen. Jedenfalls nicht, solange George ihm nicht alles über die

Waffen berichtet hatte. Es war ein langsamer, schmerzhafter Weg, den er beschritt. Er fragte nie direkt heraus, denn er wollte nicht an den offenen Wunden rühren und riskieren, dass George wieder die Kontrolle über sich verlor. Erst Tage später, nach vielen kleinen Fragen, die für sich genommen kaum etwas bedeuteten, konnte Da Wang die einzelnen Teile des Bildes zusammensetzen. So erfuhr er von Mister Whitecliff, dem amerikanischen Zollmenschen in Shanghai, den der Missionar hatte warnen wollen, bevor der General dieses Vorhaben auf seine Weise vereitelte. Da Wang setzte mit Hilfe eines Genossen, der die englische Sprache beherrschte, ein Telegramm nach Shanghai ab. Er stellte sich als Mister Smith vor, als Freund des ermordeten Missionars, und erkundigte sich bei Mister Whitecliff, ob in letzter Zeit oder in vorhersehbarer Zukunft eine Lieferung von amerikanischen Maschinengewehren und französischen Kanonen, bestimmt für Yiyang, in Shanghai eingetroffen sei oder erwartet würde. Es war, als habe er im Dreck gebohrt und sei dabei auf eine Goldader gestoßen. Mister Whitecliff zeigte sich außerordentlich hilfsbereit. Er zog sogar telegrafische Erkundigungen in Amerika ein und meldete drei Tage später, dass die Bestellung zwar sehr wohl angekommen sei und auch bearbeitet würde, dass es aber Verzögerungen bei der Lieferung gegeben hätte, woran vor allem die Franzosen Schuld hätten. Mit dem Eintreffen der Waffen sei deswegen nicht vor Dezember zu rechnen. Er wolle, wenn das Schiff anlege, sofort Bericht erstatten.

Da Wang wusste nun genug, um seine weiteren Schritte zu planen. Genug auch, um George Franklin Farlane bald dorthin zu bringen, wo er hingehörte – zu den amerikanischen Missionaren.

Aber da erlebte der Revolutionär eine Überraschung.

9. Kapitel

Unweit Erlian, mongolische Grenze,
25. Dezember

Das Kreischen und Dröhnen der schweren Motoren erfüllte die klirrend kalte Winternacht wie das unheimliche Geschrei längst ausgestorbener Riesenechsen. Im grellen Licht mannsgroßer Scheinwerfer erwachten hustend, hämmernd, quietschend die Panzergetriebe zum Leben. Verloren wirkend zwischen den vielen Tonnen Stahl, Ketten und Geschützen winkten dick eingemummte Posten mit rot leuchtenden Signallampen den Panzerpiloten den Weg von den Eisenbahnwaggons und Schwertransportern hinunter in ihre Stellungen – ihr Atem erzeugte kleine Nebelwolken, die in den erstickenden Dieseldünsten aufgingen. Zwanzig Kilometer vom Grenzort Erlian weg, am südlichen Rand der Wüste Gobi, war binnen zwei Tagen eine Zeltstadt aus dem Boden gewachsen, in der 48 000 Infanteristen auf weitere Befehle warteten. Die Soldaten hatten keine Ahnung, wohin genau sie der unerwartete und unwillkommene Marschbefehl verschlagen hatte und wo sie sich aufhielten. Nur die Offiziere wussten, dass die Verbände ganz dicht an die mongolische Grenze verlegt worden waren. Aber sie wussten nicht, warum so plötzlich und zu welchem Zweck dies geschehen war. Ein weiteres Manöver vielleicht.

Sechzig Kilometer östlich vom größten Feldlager bei Erlian waren innerhalb der letzten zwei Tage 24 000 Soldaten verlegt worden. Hundertvierzig Kilometer westlich waren es 37 000 Mann. Dort, etwas abseits der ausgebauten Straßen und Eisenbahnwege, würden die schweren Waffen erst morgen oder übermorgen eintreffen. 223 der modernsten Panzer des gesamten chinesischen Arsenals kamen heute Nacht im Hauptlager an, noch einmal 90 und 160 waren für die benachbarten Lager vorgesehen. Dazu kamen Hunderte gepanzerter Personentransporter und schwere Artillerie und sieben mobile Lenkwaffensysteme vom Typ M-9, die die Wüste überfliegen und mühelos in vier Minuten die mongolische Hauptstadt Ulan Bator erreichen konnten.

Die Bauern, Hirten und Händler, die in dieser rauen Gegend lebten, fluchten über die Ungelegenheiten, die der plötzliche Aufmarsch so vieler Soldaten verursachte. Die Straßen waren seit Tagen gesperrt, die Züge verkehrten gar nicht mehr oder nur mit vielstündiger Verspätung. Hubschrauber donnerten im Tiefflug über ihre Höfe und Felder hinweg und versetzten Mensch und Tier in Angst und Schrecken.

General Huang hatte sein Hauptquartier in einem wohlbeheizten Zelt bezogen und ließ Tee servieren. Er streckte sich zufrieden und fühlte sich endlich wieder wie ein Krieger, obwohl sein Anteil an der Operation *Gelber Kaiser* lediglich ein strategischer war. Die ganze Arbeit und ein Großteil des Ruhmes würden General Jiang zufallen, worum er den Kameraden beneidete. Aber General Huang konnte warten, bis auch seine Stunde schlug. Die Mongolei gehörte ihm. Sibirien gehörte ihm. Korea, das er damals nicht gewinnen konnte, gehörte nun ihm. General Jiang tat nur, was ohnehin selbstverständlich war, er holte Taiwan heim. Aber General Huang war der Mann, der die Grenzen in Nordasien neu ziehen würde. Sein stolzes, zernarbtes Heldengesicht würde auf den Titelseiten der Zeitungen in aller Welt erscheinen, würde die Einbände seiner Biographie schmücken und von Denkmälern in den Zentren der Städte auf die Menschen und Völkerschaften hinabblicken, die er unter der roten Flagge Chinas zusammengefügt hatte.

Die anderen erkannten seine Stellung als Herr des Nordens an, denn sie kamen heute zu ihm in sein Feldlager, nicht er musste sich zu ihnen bemühen.

Hong Fansen, der zukünftige Staatspräsident und Generalsekretär der Partei, Zhao Zhongwen, der Leiter und Lenker der Wirtschaft, und General Jiang, der Herr des Südens. Ein Hubschrauber holte sie aus Hohot ab und brachte sie alle drei in die kalte Einöde von Erlian. Einer nach dem anderen betraten sie sein Zelt, und Huang begrüßte sie mit Handschlag. Draußen heulten die Motoren und wurden Befehle geschrien, als sie ihre Mäntel ablegten und sich niederließen, um die letzten Details ihrer eigenen Version der Operation *Gelber Kaiser* zu besprechen.

«General Wang machte keinen guten Eindruck auf mich, als ich ihn heute Morgen sah», begann Genosse Hong das Gespräch. Er bewohnte das parteieigene Hochhaus im Südwesten Pekings, in dessen Obergeschoss das Büro des Generals eingerichtet war, und hatte Wang Guoming zufällig beim Verlassen seines Büros gesehen, als dieser zu seiner Reise nach Fuzhou aufgebrochen war. Der große alte Mann hatte ausgesehen wie ein Gespenst. Hong hatte ihn angesprochen, aber der General hatte nur abwesend einige unzusammenhängende Worte im Hunan-Akzent gemurmelt.

«Das verwundert mich nicht. Wie ich hörte, wurde sein Enkel ermordet. Das ging dem Alten sicherlich sehr zu Herzen», erklärte Zhao Zhongwen.

«Dann ist es umso besser, dass wir die entscheidenden Züge ohne ihn machen», bestimmte General Jiang, der Herr des Südens. Er war nicht weniger begierig als General Huang, sein Gebiet, dem die reichen Küstenprovinzen einschließlich Shanghai und Hongkong angehörten, allein zu beherrschen und so bald wie möglich einige offene Rechnungen in Südasien zu begleichen. Taiwan war nur der Anfang. Er war entschlossen, den Vietnamesen, den Filipinos, den Malaysiern und Indonesiern endlich zu zeigen, wem die Nansha-Inseln im Südchinesischen Meer wirklich gehörten.

Er brannte darauf, die Japaner mit Gewalt von den Diaoyu-Inseln zu vertreiben und China die Fischgründe und Ölreserven zu sichern, die es zu Recht beanspruchte. Wie auch General Huang war er zutiefst enttäuscht vom Lavieren der Pekinger Politiker, die stets bemüht waren gut Wetter bei den Nachbarn zu machen, und dabei die Interessen des Landes aus den Augen verloren. Mit Hong Fansen an der Spitze von Staat und Partei würde es bei territorialen Fragen wie bei vielen anderen Fragen auch keine Kompromisse mehr geben.

«Wang Guoming könnte uns dennoch einige Schwierigkeiten machen», warnte Huang. «Ohne sein Gewicht und seine Unterstützung wäre die ganze Operation nicht möglich. Wir brauchen ihn, um nach unserem Sieg die Reihen der Armee geschlossen zu halten. Aber er ist loyal zur Partei und zur jetzigen Staatsspitze. Er wird kein Verständnis dafür haben, dass wir sie alle absetzen wollen, und könnte versuchen, das zu verhindern.»

«Wir haben für diesen Fall vorgesorgt», sagte Hong Fansen. «Sobald er die *Rote Fahne* losgeschickt hat, wird er mit einer sehr dringenden, persönlichen Frage konfrontiert, die ihn butterweich machen wird. Wie Sie seinem plötzlichen Verfall nach dem Tod des Enkels entnehmen, hängt Wang Guoming sehr an den Seinen und ist ein sehr auf sein Familienleben bedachter Mensch. Ich habe keinen Zweifel daran, dass wir ihn in der Hand haben und dass er tun wird, was wir von ihm verlangen. Außerdem ist er alt und krank, und wir haben ihn in ein paar Monaten ohnehin vom Halse.»

«Was ist mit Zhou Hongjie? Müssen wir auch für ihn Vorsorge treffen? Wird er dem General folgen?»

«Zhou ist wie eine Wetterfahne. Er wird bemerken, aus welcher Richtung der Wind weht, und sich entsprechend einrichten. Ich habe keine Sorge wegen ihm.»

So entledigten sie sich des Mannes, der sie zusammengebracht hatte, und des Mannes, der sie anführen sollte. Sie musterten die aus, deren Hilfe sie nur für den ersten Schritt brauchten. Alle anderen Schritte würden sie allein machen. Denn ihre Vision war größer und ihr Vorhaben gewaltiger als die Operation *Gelber Kaiser.*

In einem Zelt in der Eiswüste, begleitet vom Röhren der Panzermotoren und vorbeirollender Kriegsmaschinen, die den Boden erzittern ließen, bauten sie das neue China. Ein Land, das seine Vergangenheit kolonialer Schmach und ideologischer Schwächung hinter sich gelassen hatte. Ein Land, das mit starker Hand von vier gleichberechtigten Kaisern regiert wurde. Ein Land, das sich nichts gefallen ließ und dessen Forderungen zu ignorieren sich niemand leisten konnte. Ein Land, das wachsen würde wie der Wolkenpilz nach einer Atomexplosion, denn die Aufhebung der strengen und unpopulären Geburtenkontrolle war eine Maßnahme, die sie schon am ersten Tag verkünden wollten, um sich die feurige Unterstützung der Bevölkerung zu sichern. Ein Land, das nicht mehr «China» heißen würde. China war ein kolonialer Name. Ihr China würde *«Zhongguo»* heißen, und auch die Ausländer mussten es so nennen, selbst wenn sie sich die Zunge dabei brachen. Zhongguo – das Reich der Mitte, das Zentrum der Welt.

10. Kapitel

Kaserne der Einheit «Rote Fahne»,
Dafu, 26. Dezember

Sie wussten es, sie wussten alles. Sie kannten ihn besser als seine eigenen Eltern, denn sie hatten ihn geschaffen. Sie erkannten einen Verräter an seinem Geruch, an der Bewegung seiner Pupillen und am Klang seiner Stimme. Jetzt spielten sie nur noch ein wenig mit ihm, ließen ihn die Angst kosten, gaben ihm die Gelegenheit, die ganze abgrundtiefe Verderbtheit seines Wesens zu erkennen und zu bereuen, um ihn dann zu zertreten wie einen Wurm.

Kaum dass er sich fristgerecht in der Kaserne in Dafu auf der Insel Pingtan zurückgemeldet hatte, waren zwei Adjutanten von General Bai in seiner Stube erschienen und hatten ihn in die Befehlszentrale zitiert. Der Oberkommandierende habe unverzüglich mit ihm zu sprechen. Noch niemals hatte General Bai ihn persönlich sehen wollen. Es konnte nur das eine sein: Sie hatten ihn erwischt, noch bevor er irgendwelchen Schaden anrichten konnte. Der Soldat fürchtete nicht den Schmerz, den sie ihm zufügen würden. Er hatte keine Angst vor dem Tod. Weitaus schlimmer war die Schande, die wie Teer an seinem Namen kleben würde. Chen Hong – ein Name, der für immer und ewig als Schmutzfleck die ruhmvolle Geschichte der Armee besudelte. Sie würden seinen Namen verfluchen und beschmutzen, jeder Rekrut würde seinen Namen mit Hass aussprechen und auf sein Andenken spucken und pinkeln. Denn Chen Hong hatte sein Land, seine Armee und seine Einheit an den Feind verkauft.

Er durchschnitt, flankiert von den Stabsoffizieren des Generals, wie ein Gefangener den weitläufigen Kasernenhof. Möwen überflogen kreischend das Gelände, und wenn man lauschte, konnte man das Rauschen des Meeres hören. Die Kaserne lag nur wenige hundert Meter von der Küste entfernt, wo sich das Wasser der Taiwanstraße an schroffen Felsen brach. Die ganze Landzunge um die Ortschaft Dafu im Süden der dem Festland vorgelagerten Insel Pingtan war militärisches Sperrgebiet. Für keinen ohne Sondergenehmigung zugänglich und vor allem für keinen Ausländer. Die Einheit *Rote Fahne* war erst vor zwei Jahren hierher verlegt worden, nachdem die Krise mit Taiwan sich mehr und mehr zuspitzte. Zuvor war sie für längere Zeiträume lediglich in Xinjiang und Tibet stationiert gewesen, ansonsten je nach Bedarf von Ost nach West, von Nord nach Süd verschoben worden, ein tödlicher Joker im chinesischen Machtspiel. Sie waren die Fallschirmspringer – besser ausgebildet, besser ernährt und besser motiviert als der Rest der Armee. Sie hatten gelernt, wochenlang in der Wüste, im verschneiten Hochgebirge oder im Dschungel zu überleben. Sie konnten hinter jeder feindlichen Linie bei Nacht und im Sturm abspringen und sie waren in der Lage, mit weniger als hundert Mann eine ganze Stadt einzunehmen und zu sichern. Sie waren ausgebildet im Straßenkampf und im Guerillakrieg, aber auch geschult an Computern und Flugsimulatoren, konnten Zieldaten für Raketen programmieren und, wenn nötig, ein U-Boot bemannen. Sie beherrschten die wichtigsten Dialekte Chinas und konnten unbemerkt in der Masse untertauchen, sprachen Mandarin, Kantonesisch, Uigurisch und Tibetisch. Sie waren unterwiesen in den Richtlinien der Partei und ideologisch so zuverlässig wie der Generalsekretär selbst. Sie hatten den Tiananmenplatz in Peking geräumt und moslemische Rebellen an der schwer zugänglichen Grenze zu Afghanistan zurückgeschlagen. Sie hatten Aufruhr in tibetischen Klöstern erstickt und Heroinschmuggler im südlichen Yunnan gejagt. Ein Teil der Einheit war vorübergehend in Shenzhen eingesetzt worden und in die Übernahme Hongkongs eingebunden. Und bei alledem waren sie eine Schatteneinheit, von der kaum jemand in China wusste und im Ausland niemand.

Bis gestern Abend.

Denn gestern Abend, an seinem letzten Abend in Peking, im Zimmer eines Luxushotels, hatte Chen Hong, der Verräter, all dies einem neugierigen Südchinesen und seiner ebenso neugierigen Freundin verraten. Jackie Lau hatte nach dem getürkten Kampf stundenlang auf ihn eingeredet und ihm eröffnet, dass er jemanden kenne, der seine Schwester mit Vergnügen noch in dieser Woche nach Amerika bringen und sogar die hohen Kosten für die Gehirnoperation übernehmen würde. Aber natürlich erwarte dieser Jemand im Austausch dafür eine Gefälligkeit. Informationen über die Einheit *Rote Fahne* waren so gut wie Bargeld, sagte Jackie Lau, der sich mit diesen Sachen auskannte wie keiner, den Chen Hong jemals getroffen hatte, und er konnte überzeugend reden wie ein Funktionär. Dennoch hatte er es mit dem Mann namens Tiger nicht einfach.

«Ich will kein Verräter werden.» Mit diesen Worten war der Fallschirmspringer Jackie Laus drängenden Fragen immer wieder begegnet.

«Was heißt denn hier Verräter? Was verrätst du denn schon, was die nicht schon lange wissen? Und sieh mich an! Es gibt kaum ein Gesetz, das ich nicht schon gebrochen hätte. Und bin ich deshalb ein Verbrecher? Nein! Ich bin ein chinesischer Patriot. Ich trage auf meine Art dazu bei, China stark und mächtig zu machen. Aber dabei gibt es ein Geheimnis. Man muss erst einmal selber sehen, wo man bleibt, Tiger, und dann kann man sich um sein Land verdient machen. Niemand hilft einem, das ist nun mal so.» Mit solchen und ähnlichen Worten, in gesenkter Stimme gesprochen, hatte Jackie Lau weit über eine Stunde auf ihn eingeredet und ihn immer wieder an seine kranke Schwester erinnert, für die er, Chen Hong, die Verantwortung trug. Die katzenhafte Frau, die der scheue Chen Hong nicht einmal direkt anzusehen wagte, versprach, dass sie gleich am nächsten Morgen nach Nanning fliegen, Yilai abholen und in eine große, amerikanische Stadt namens Zhijiage zur Behandlung schicken könne. Schließlich war der Soldat schwach geworden und hatte nicht nur einen umfassenden Bericht über seine Einheit abgeliefert, sondern sich auch verpflichtet, von nun an jeden Tag von den Vorgängen in der Kaserne zu berichten. Es stand immerhin ein weiteres, großes Manöver bevor, bei dem die *Rote Fahne* wie immer eine besondere Rolle spielen würde.

Jetzt aber wusste er, dass dies nur eine Falle war. Jackie Lau und seine lederne Katzenfrau waren nur Agenten, mittels welcher die Einheit seine Loyalität auf die Probe stellen wollte. Er erwartete fast, den schief grinsenden Lockvogel im Zimmer bei General Bai vorzufinden.

Aber der General war allein.

In perfekter Haltung trat der Verräter vor seinen Kommandeur. Er stand da, stramm, salutierte und legte dann die Hände an die Hosennaht, sein Blick geradeaus gerichtet auf einen Punkt über dem Kopf des Generals, der hinter seinem Schreibtisch sitzen blieb.

«So, Hauptmann Chen, wie geht es Ihrer Schwester?», erkundigte er sich, nachdem die Adjutanten die Tür geschlossen hatten. Seine Mundwinkel waren wie immer sonderbar heruntergezogen, so als hätte er gerade in etwas Unappetitliches gebissen.

«Sie ist sehr krank.»

«Das tut mir Leid. Waren Sie in der Lage ihr Leiden zu lindern?», fragte er listig.

«Nein.»

Der General betrachtete ihn schweigend, seine Mundwinkel sanken tiefer und tiefer.

Wollte er ihm Gelegenheit geben von sich aus alles zuzugeben? Vielleicht konnte Chen Hong das Schlimmste doch noch abwenden, wenn er sein Gewissen jetzt erleichterte und alles gestand, bevor der General ihm seine Untat auf den Kopf zusagte. Wenn er nur beschreiben könnte, dass er doch alles Denkbare versucht hatte! Dass er bereit gewesen war sein eigenes Leben zu opfern. Wenn er ihm nur die Verzweiflung schildern konnte, die ihn zu diesem letztmöglichen Schritt getrieben hatte! Die Armee und das Vaterland würden ihm gewiss niemals vergeben. Aber vielleicht konnte er einen kleinen Funken von Verständnis wecken, und vielleicht würden sie ihn dann nicht als ein ehrloses Schwein hinrichten, sondern als Mann, der versagt hatte, weil er helfen musste. Er wollte das alles jetzt aussprechen, aber er wusste nicht, wo er anfangen sollte. Dass Jackie Lau, der Provokateur, garantiert hatte, seine Schwester werde innerhalb der nächsten drei Tage die rettende Operation bekommen? Dass alles, ihre Reise und die Krankenhauskosten bezahlt würden? Dass er niemals vorhatte, wirklich alle Geheimnisse auszuplaudern?

General Bal blätterte aufreizend langsam in einem Dossier, das vor ihm auf dem Tisch lag. Vermutlich der Bericht von Jackie Lau, dachte Chen Hong und nahm allen Mut zusammen, um den General um die Erlaubnis zu bitten, etwas zu sagen. Doch gerade als er Luft dazu holte, grunzte der Befehlshaber anerkennend:

«Ich sehe, dass Sie einer unserer fähigsten Leute sind, Hauptmann Chen. Sie sind auf der MIG ausgebildeter Flieger, Sie können die modernsten MIL- und Gazelle-Hubschrauber bedienen, und Sie haben die höchsten Auszeichnungen im Kampf gegen konterrevolutionäre Aufständische und Separatisten in Peking, Lhasa und Urumuqi erhalten. Während der letzten Manöver in der Taiwanstraße haben Sie sich durch besonderes Geschick bei den Landeübungen hervorgetan. Sie haben mit der Kampfgruppe, die Sie befehligen, Erstaunliches geleistet.»

Und doch bin ich ein Verräter, dachte Chen Hong.

«Sie sind Ihren Männern ein Ansporn und ein Vorbild. Es sind Soldaten wie Sie, die das Banner der Revolution tragen, und dafür möchte ich Ihnen danken.» Selbst als er dieses unerwartete Lob aussprach, waren seine Mundwinkel nach unten gezogen.

Chen Hong, dem heiß war und dem sein Kragen mit einem Mal viel zu eng erschien, meinte, der General wollte ihn verspotten, als er fortfuhr: «Sie befehligen zu diesem Zeitpunkt zweihundert Mann. Das ist nicht genug für einen Offizier von Ihren Fäliigkeiten. Ich habe Sie zur Beförderung vorgeschlagen, und heute kam die positive Antwort von der Verteidigungskommission. Herzlichen Glückwunsch, Brigadegeneral Chen Hong.»

Chen Hong schluckte schwer und wagte nicht, dem General in die Augen zu sehen.

«Aber das ist es nicht, weswegen ich Sie kommen ließ. Es geht um mehr. Eine große vaterländische Aufgabe ruft, und uns wurde die Ehre zuteil sie auszuführen. Die Einheit *Rote Fahne,* die Speerspitze der Revolution, hat eine historische Pflicht zu erfüllen, die für immer in die Geschichte Chinas eingehen wird als eine der größten Heldentaten. Sie wurden dazu ausersehen diese Mission zu leiten.»

Chen Hong, erschrocken und unsäglich erleichtert zugleich, immer noch misstrauisch und voller Schuldgefühle, sagte: «Ich bin dessen nicht würdig.»

«Ich hatte keine andere Antwort von Ihnen erwartet.» General Bai nickte zufrieden. General Wang Guoming, der seit gestern Abend in Dafu weilte und ihm den Mechanismus der Operation *Gelber Kaiser* erklärte, hatte eine ausgezeichnete Hand bei der Auswahl gehabt. Dieser Chen Hong war genau der Richtige. Tausend Mann konnten nur so viel leisten wie der eine Mann, der sie anführte. Es musste ein Mann von außerordentlichen Fähigkeiten, eisernem Willen und unbezwingbarem Mut sein, dabei Demut zeigen und blind jeden Befehl ausführen. Einer, der selbst aus den Reihen der Elitesoldaten als einzigartig hervorragte. Deren gab es unter seinem Befehl einige Leute. Aber wären sie auch stark genug, um der heiligen Sache willen ihre eigenen Landsleute zu töten? Waren sie der Partei ergeben genug, auch ohne die Billigung der Partei das Beste für ihr Land zu tun? Waren sie geschickt genug, die technisch anspruchsvollen Aufgaben, von denen der Erfolg der Mission abhing, zu lösen?

Auf Chen Hong traf dies alles zu. Und mehr noch. General Bai zog aus der Akte auf seinem Schreibtisch ein Papier hervor, das Chen Hong sofort wiedererkannte. Es war eine Examensarbeit, die er vor vier Jahren an der Akademie der Luftwaffe in Chengdu verfasst hatte. Der Titel der Arbeit lautete *Die Fackel Befreiung über die Taiwanstraße tragen*, und sie befasste sich in ihrem ersten Teil mit den Möglichkeiten eine kleine, schnelle Vorauseinheit nach Taiwan zu entsenden, die die starke Abwehr der Nationalchinesen innerhalb kürzester Zeit zerschlagen und die Weichen für eine groß angelegte Invasion vom Festland her stellen konnte. Der zweite Teil der Arbeit war dem entgegengesetzten Szenario gewidmet und erörterte die Chancen der taiwanesischen Armee für einen erfolgreichen Angriff auf das Festland. Es war dieser zweite Abschnitt, der Chen Hong einigen Ärger mit den Sachverständigen eingebracht hatte, denn die beurteilten das Ergebnis, zu dem er gekommen war, als Häresie und Verrat. Die Volksbefreiungsarmee, hatte Chen Hong nüchtern und akkurat bilanziert, war auf Jahre hinaus nicht in der Lage, einen Angriff der besser und moderner ausgerüsteten Taiwanesen abzuwehren. Wenn es den Taiwanesen nur gelänge, die chinesischen Truppen zu spalten und an zwei verschiedenen Fronten zu beschäftigen, hätten sie ein leichtes Spiel. Der erste Teil der Arbeit wurde archiviert, der zweite schleunigst eingestampft. Nur um Haaresbreite entging Chen Hong, der von dem Aufruhr, den seine Arbeit in gewissen Kreisen verursacht hatte, nichts ahnte, der Entlassung aus der Armee und einer mehrjährigen Haftstrafe im Arbeitslager. Denn es war einer unter den Prüfern gewesen, der Chen Hongs Thesen mit besonderem Interesse gelesen hatte. Wenn man einige Korrekturen anfügte und den letzten Stand der Waffentechnik in Betracht zog, dann konnten sie immer noch als ein Leitfaden für die Eroberung Taiwans dienen. Auch wenn ihr Verfasser seit vielen Jahren nicht mehr an seine Abhandlung gedacht hatte, gab es einen, den der Gedanke daran nicht mehr losließ und der dafür gesorgt hatte, dass Chen Hong in der Einheit *Rote Fahne* weiter aufstieg.

«Es gibt jemanden, der mit Ihnen sprechen möchte. Folgen Sie mir.»

General Bai erhob sich und schritt voraus in den Besprechungsraum.

An der Stirnseite der Wand, flankiert von zwei Staatsflaggen, die schlaff von mannshohen Metallstäben hingen, war eine übergroße Landkarte der Volksrepublik China angebracht. Der ovale Konferenztisch war abgeräumt bis auf eine säuberliche Reihe von leeren Teetassen. Von den Fenstern aus konnte man den Exerzierplatz der *Roten Fahne* übersehen, wo Soldaten ihre morgendlichen Kung-Fu-Übungen abhielten. Gedämpft drang der vertraute Schrei aus ihren Kehlen: «Töte, Töte!»

Am Fenster stand, die Arme auf dem Rücken verschränkt und die Soldaten beobachtend, General Wang Guoming.

Chen Hong kam sich vor wie in einem Traum. Noch immer hatte er nicht die Furcht davor überwunden, dass dies alles nur Teil seiner Bestrafung sein könnte. Dass sie ihn erst zum Schein erhöhen und dann umso grausamer erniedrigen wollten. Vielleicht war sein Verbrechen so unerhört und gewaltig, dass selbst der mächtigste Mann der Armee darüber unterrichtet worden war und persönlich über die Verurteilung und die Vollstreckung der Strafe wachen würde. Aber mehr und mehr wurden diese Gedanken in den Hintergrund gedrängt von der Gewissheit, dass sein Verrat unentdeckt geblieben war und dass sie ihn tatsächlich ausersehen hatten, die Befreiung Taiwans anzuführen. Dieser Gedanke war beinahe ebenso erschreckend.

«Mir wird berichtet, dass Sie ein vorbildlicher Soldat sind. Ein Held», sagte der General, ohne seinen Blick von dem Exerzierplatz abzuwenden. Er sprach nicht zu Chen Hong, er sprach zum Fenster. «Vor uns liegt eine Aufgabe, die Helden erfordert. Sind Sie bereit, diese Aufgabe zu übernehmen?»

Chen Hong vergewisserte sich durch einen schnellen Seitenblick zu General Bai, dass Wang Guoming zu keinem anderen als zu ihm gesprochen hatte und eine Antwort erwartete.

«Jawohl, Herr General!» Er konnte nicht glauben, dass er dies tatsächlich gesagt hatte!

Wang Guoming löste seinen Blick von dem Schauspiel auf dem Exerzierplatz und wandte sich um. Er trug eine einfache, grüne Uniform ohne Rangabzeichen. Chen Hong wagte nicht, ihm ins Gesicht zu sehen.

«Brigadegeneral Chen Hong. Ich übertrage Ihnen hiermit für eine begrenzte Zeit den Befehl über die Einheit *Rote Fahne.* Sie unterstehen weiterhin General Bai und mir. Und sonst niemandem. Haben Sie das verstanden?»

«Ich habe verstanden, Herr General!»

«Sie werden in den nächsten Tagen weitere Befehle erhalten.»

«Jawohl, Herr General.» Wenn er doch die Uhr nur um vierundzwanzig Stunden zurückdrehen könnte, weit genug, um den gestrigen Abend ungeschehen zu machen, dachte der Fallschirmspringer. Wenn er dies vorher gewusst hätte, niemals wäre er Jackie Lau auf den Leim gegangen! Hier stand er und sprach mit dem wahrscheinlich mächtigsten Mann in China! Ein mutiges Wort mochte reichen und General Wang würde dafür sorgen, dass Yilai gerettet wurde, die Schwester des Helden und Befreiers von Taiwan.

Aber dann geschah etwas, das diesen Traum zerplatzen ließ. Als er den Raum verließ, wusste Chen Hong, dass niemand außer Jackie Lau und seinen unheimlichen Freunden der Todkranken helfen würde.

«Mir wurde berichtet, dass eine familiäre Angelegenheit Sie betrübt, Brigadegeneral», sagte Wang, und irgendwie fand der Soldat nun doch den Mut, den Blick des Patriarchen zu erwidern. Und er stutzte. Er sah dasselbe Gesicht, das er von den Fotos in der Armeezeitung und aus dem Fernsehen kannte. Aber etwas war doch anders. Der General sah müde aus und alt. Weniger stark, weniger männlich, weniger wie General Wang.

«Jawohl, General. Meine Schwester ist sehr krank.»

Wang nickte und wandte sich wieder dem Fenster zu, als sei ihm dieser plötzliche Ausflug in die traurigen Familienangelegenheiten eines Soldaten unangenehm. «Es sterben unsere Liebsten, und wir bleiben allein», sagte er wie zu sich selbst. «Aber das ist gut so. Denn es zeigt uns, dass wir, die Männer des Krieges, lieben können mit aller Kraft unseres Herzens. Sie sind ein tapferer Mann, Brigadegeneral Chen. Bald werden Sie ein Eroberer sein. Der größte aller Eroberer, Dschingis Khan, hat einmal gesagt: ‹Von den fünfunddreißig Tugenden eines großen Feldherrn ist dies die wichtigste: ein liebendes Herz.› Ich habe diesen Satz vor vielen Jahren gehört, aber erst jetzt habe ich ihn verstanden. Sie haben diese Tugend, Brigadegeneral. Ihre Schwester stirbt nicht sinnlos. Ihr Tod macht aus Ihnen einen besseren Menschen.»

Er versank in Schweigen.

General Bai bedeutete Chen Hong mit einem Blick den Raum zu verlassen. Chen Hong salutierte ins Nichts und verschwand. Wang Guoming blieb allein. Sein Herz: gebrochen und schwarz. Nicht mehr viel Liebe darin, nur noch viel Hass. Seit er das Vernehmungsprotokoll des Pekinger Gauners gelesen hatte, wohnte in seinem Herzen nur noch der eine Wunsch, und der überschattete sogar die große Aufgabe, die ihm oblag. Im ganzen Land waren Hunderte von Fahndern, Ermittlern und Agenten beschäftigt, um diesen Wunsch zu erfüllen. General Wang wollte den Mörder seines Enkels finden und töten. Diesen Mann namens Tiger und seinen Freund und Helfer, den Mann namens Jackie Lau.

11. Kapitel

Shenzhen, 26. Dezember

«Was ist das?» Jackie Lau nahm mit beiden Händen den schmutzfarbenen, ovalen Stein aus der Holzkiste und betrachtete ihn mit Faszination und Abscheu. Das Ding war beinahe so groß wie sein Kopf.

«Ein Ei. Von einem Dinosaurier», antwortete brav Daniel Kwok, sein Privatsekretär.

«Was macht das Ei von einem Dinosaurier in meiner Wohnung?»

«Ich weiß es nicht. Ein Mann hat es gebracht und gesagt, es sei das Ei von einem Dinosaurier. Ich nehme an, jemand will es kaufen.»

«O ja! – Jackie Lau schlug sich mit der flachen Hand auf die Stirn. «Natürlich. Calvin Lee!»

Der Ausflug nach Peking war ihm nicht gut bekommen. Über dem ganzen Trubel mit dem Fallschirmspringer hatte Jackie Lau seine anderen Geschäfte vernachlässigt. Er hatte diesem wurstigen Wissenschaftler in Hebei 100 000 Kuai im Voraus bezahlt, damit er ein verdammtes Ei aus der letzten Ausgrabung abzweige und nach Shenzhen bringe. Calvin Lee, der Hongkonger Immobilienkönig, war der Letzte unter seinesgleichen, dessen Salon noch ohne Dinoei war, und er hatte sich vertrauensvoll an Jackie Lau gewandt mit der Bitte, ihm so schnell wie möglich ein besonders gut erhaltenes Exemplar zu besorgen. Über den Preis war noch nichts vereinbart worden, aber Jackie beschloss, dass dieses Ei gut und gerne seine zwei Millionen Hongkongdollar wert war.

Jackie Lau machte seit vielen Jahren Geld mit allem, was

Geld abwarf, und allem, das er irgendwie dazu bringen konnte Geld abzuwerfen, und das war so gut wie alles. Jackie, oder Lau Wong-Lam, wie er eigentlich hieß, war nach einer kurzen und glanzlosen Universitätslaufbahn, die er mit dem Studium der Elektrotechnik verbrachte, einem maroden Staatsbetrieb in Guangzhou zugeteilt worden, der früher einmal Pumpen produziert hatte und dann auf Küchengeräte umgestiegen war, die kein Mensch kaufen wollte. Wenn Jackie Lau durch die neu eröffneten Geschäfte und Warenhäuser in seiner Heimatstadt schlenderte, dann sah er nur die japanischen, die amerikanischen oder die europäischen Küchenmaschinen in den Regalen. Obwohl die viel teurer und nicht annähernd auf den chinesischen Bedarf zugeschnitten waren. Die Chinesen, folgerte er, kauften das Zeug eben nur, weil es ausländisch war. Die Produkte seiner Firma, die nicht unbedingt schlechter waren, fanden sich nirgendwo im Angebot. Jackies Hunger nach Reichtum und seine überdurchschnittliche Intelligenz, gepaart mit einem geringen Maß an Skrupeln, gaben ihm die richtige Intuition. Die chinesischen Konsumenten waren wie Kinder, denen ein großzügiger Onkel eine größere Menge Geld geschenkt hatte. Jetzt liefen sie ziellos herum und schafften sich alles an, von dem sie meinten, dass sie es brauchten, um ihren neuen Status als weltgewandte Großverdiener zu zeigen. «Bitte sehr», dachte Jackie bei sich. «Sie wollen ihr Geld unbedingt loswerden. Dabei kann ich helfen.»

Sein erster Coup war eine Ladung von zweitausend T-Shirts, die nicht einmal die großzügige Qualitätskontrolle ihres Shenzhener Textilbetriebes überstanden und die der Hersteller für einen Kuai das Stück abgab. Jackie lieh sich Geld und schlug sofort zu, handelte mit einem befreundeten Druckbetrieb die Anfertigung von zweitausend Plastikhüllen mit dem Aufdruck «Valentino – Neu aus USA» aus und verbrachte zwei volle Tage damit, T-Shirts zusammenzufalten und in Plastikhüllen einzutüten. Als er fertig war, verteilte er die Ware an Shenzhener Kleiderhändler. Aber nicht an die üblichen Billigstände, wo derartige Ausschussware normalerweise gelandet wäre, sondern an die hochklassigen Läden und Boutiquen. Mit einem Preisschild von 75 Kuai versehen waren die «Valentino – Neu aus USA»-T-Shirts innerhalb weniger Tage ausverkauft. Es gab keine Reklamationen. Jackie machte mit dieser Aktion einen Reingewinn von 43550 Kuai – einen vielfachen Jahresverdienst – und kündigte am selben Tag seinen Job in dem Küchengerätebetrieb. Er war dreiundzwanzig und stand am Beginn einer glänzenden Karriere, wie so viele findige und windige junge Männer seiner Generation. Und wie viele fuhr Jackie auf der rasanten Überholspur der Marktwirtschaft – immer halb im Straßengraben der Illegalität. Er verschob Pornohefte aus Japan nach Shanghai, ließ ohne Lizenzabgaben Mickymaus-Artikel herstellen und vertrieb sie ins Inland, er schmuggelte Antiquitäten und Kunstschätze aus China nach Hongkong, Singapur und Taiwan, organisierte für spielsüchtige Parteikader Tagestouren in die Kasinos von Macao. Über Kontakte bei der Volksbefreiungsarmee gelang es ihm, zwei Container mit halbautomatischen Waffen zu erstehen und an die schießwütigen Amerikaner abzustoßen. Manchmal wurde es heiß, zweimal wäre er um ein Haar aufgeflogen, manchmal wurde es hässlich, und er musste seine Haut gegen schwerkriminelle Gangster verteidigen. Dreimal hatte er töten müssen, um selbst davonzukommen.

Und dann war dieser Mann Marco in sein Leben getreten. Dieser ganz unchinesische Chinese oder – wie er dann herausfand – dieser ganz unamerikanische Amerikaner. Es war im Mai 1989, als er sich in Peking aufhielt, um zwei Waggonladungen von Mützen mit dem Emblem der «Chicago Bulls» loszuschlagen. Draußen marschierten gerade die wild gewordenen Studenten durch die Straßen und brüllten nach Demokratie und Meinungsfreiheit. Jackie und Marco lernten sich während einer hitzigen Diskussion kennen, die abends in der Bar eines Luxushotels von einigen chinesischen Geschäftsleuten und Intellektuellen geführt wurde.

«Es ist wie ein Wunder», schwärmte einer der Geschäftsleute. «Sie schimpfen auf die Partei, und niemand kommt und verbietet ihnen den Mund!»

«Wird doch Zeit, dass denen endlich mal einer die Wahrheit sagt», erklärte ein anderer. «Das geht doch so nicht mehr weiter mit der Korruption! Das wissen die in der Partei auch.»

«Ja, genau. Und das mit der Pressefreiheit ist auch keine schlechte Idee», meinte ein Dritter. «Seht euch doch mal unsere Zeitungen an. Also mir kommt regelmäßig das Frühstück wieder hoch, wenn ich diesen Mist lesen muss. Ich will endlich richtige, interessante Zeitungen. Ich habe es satt ständig meine Intelligenz mit dieser dummen Parteipropaganda beleidigen zu lassen.»

«Das schreiben die ja nicht freiwillig!», wagte ein Intellektueller zu sagen. «Sie werden dazu gezwungen. Deswegen sind die Redakteure der *Renmin Ribao* ja heute auch mitmarschiert in der Demonstration. Eine ganze Abordnung von der *Volkszeitung* und vom staatlichen Fernsehen. Sie streiken. Sie hatten Spruchbänder, auf denen stand: ‹Wir wollen dem Volk keine Lügen mehr erzählen!›»

«Sogar die Diebe in Peking streiken», schwärmte ein anderer. «Sie sagen, sie wollen nicht mehr stehlen, wenn endlich wieder Gerechtigkeit einkehrt.»

Jackie hatte ein paar Drinks zu viel genommen, und er ließ sich von dem allgemeinen Optimismus anstecken. Was er in den zwei Tagen in diesem verrückten Peking gesehen hatte, war verunsichernd und einnehmend zugleich. Da draußen spielten sich unglaubliche Szenen ab. Wildfremde Menschen lächelten einander an statt sich anzuraunzen. Sie gaben einander Erfrischungen und Mahlzeiten aus statt sich gegenseitig Geld abzuknöpfen. Arbeiter und Rentner, Marktfrauen und Polizisten tauschten bedächtig ihre Meinungen über Politik aus, ohne sich gegenseitig zu verprügeln, zu verleumden, zu verhaften oder auch nur die Stimme zu heben. Jackie glaubte nicht an all das, wofür die Studenten demonstrierten. Aber tief in seinem Herzen wünschte er, dass sie wenigstens einen kleinen Erfolg davontragen würden.

«Ich finde die ganze Sache lächerlich und gefährlich», war sein Beitrag zur Diskussion. «Aber ich bewundere jeden einzelnen der Demonstranten da draußen, und ich würde jeden in meinem eigenen Haus verstecken, wenn der Wind umschlägt. Es sind Träumer und Spinner, aber sie sind unser gutes Gewissen.»

Als sich später die Runde zerstreute, war dieser Marco auf ihn zugekommen, und sie hatten sich lange unterhalten und festgestellt, dass sie in vielen Fragen einer Meinung waren. Sie hatten ihre Visitenkarten ausgetauscht, und vier Wochen später, als es in Peking tatsächlich krachte, war er Marco gegen eine Bezahlung von 300 000 US-Dollar dabei behilflich einige der Träumer und Spinner sicher außer Landes zu bringen. Es war der Beginn seiner lukrativen Zusammenarbeit mit der CIA.

«War sonst noch was?», fragte er Kwok, während er das kostbare Ei aus einer anderen Zeit vorsichtig wieder in die Kiste bettete.

«Das Wichtigste ist in der Mappe auf Ihrem Schreibtisch zusammengestellt. Diese Leute von der Lone Wolf Company aus Hongkong haben jeden Tag zehnmal angerufen und nach Ihnen gefragt. Sie sagten, sie wollten zahlen.»

«Haha.» Das hatte er ihnen auch geraten. Einer der Lone-Wolf-Manager war mitsamt seiner Familie von den wütenden Geschäftspartnern in Chongqing kurzerhand entführt worden, nachdem ihr Gemeinschaftsunternehmen, in dem Damenwäsche für den Export hergestellt wurde, in Schwierigkeiten geraten war. So war das, wenn man mit den Chinesen Geschäfte machte. So war das selbst dann, wenn Chinesen mit den Chinesen Geschäfte machten. Da wurden ganz plötzlich höhere Preise gefordert, da erfanden sie plötzlich neue Klauseln und Bestimmungen und versuchten im Nachhinein alle Risiken auf die anderen abzuwälzen. Jetzt forderten die Chongqinger, dass die Hongkonger den Verlust übernehmen sollten, widrigenfalls der Manager und seine Familie nicht mehr freigelassen würden. Jackie Lau war für drei Prozent des Streitwertes als neutraler Unterhändler verpflichtet worden und hatte sofort erkannt, dass die Ganoven in Chongqing ihren Geiseln eher den Hals umdrehen als klein beigeben würden. Es freute ihn, dass seine Empfehlung befolgt wurde und die Lone Wolf Company das genauso sah und sich zum Zahlen entschlossen hatte.

«Das Geschäft mit den Einreisegenehmigungen für Hongkong scheint der größte Wurf zu werden. Wir haben bisher an die zweihundert Anfragen. Und das nach nur einer Woche.»

«Exzellent», kommentierte Jackie und durchschritt sein Appartement im vierundzwanzigsten Stockwerk des Landmark Building, das gleichzeitig sein Büro war. Die lange gepflegte Verbindung zum Pekinger Hongkongbüro erwies sich nun endlich als Goldgrube. Ein Besuch bei der Behörde war der eigentliche Grund für seinen Ausflug in die Hauptstadt gewesen. Die Sache mit dem Fallschirmspringer, die sich dann plötzlich als riesige Chance entpuppte, sollte eigentlich nur ein Zeitvertreib sein. Für weniger als tausend Hongkongdollar pro Stück bekam Jackie von einem korrupten Beamten, der eine Vorliebe für teure russische Frauen pflegte, Blanko-Einreisegenehmigungen, fertig gestempelt und unterschrieben. Nur die Namen mussten noch eingesetzt werden. Mit diesen Papieren konnte ihr Besitzer problemlos für drei Monate nach Hongkong reisen. Jackie, der zweihundert solcher Scheine aus Peking mitgebracht hatte, verkaufte sie weiter zum Preis von 10000 Hongkongdollar an Arbeiter, Nutten, Glücksritter, kleine Gangster und womöglich andere Händler, die sie für 15 000 weiterverkauften. Wenn der Beamte seine kostspielige Leidenschaft weiterpflegte, rechnete Jackie mit einem Monatsdurchschnitt von hundert Karten, das bedeutete 900 000 Hongkongdollar Reingewinn für ihn.

Seine Geschäfte liefen schon fast zu gut. Wenn er nicht aufpasste, würden bald die Triaden auf ihn aufmerksam, und dann konnte all das schnell vorbei sein und Jackie mit durchtrennter Kehle im Fluss enden. Aber Jackie wäre kein guter Businessman, wenn er nicht auch für diesen Fall vorgesorgt hätte. Er hatte in den vergangenen Jahren ein Vermögen von nicht weniger als 2,9 Millionen US-Dollar beiseite geschafft, und das wuchs ständig. Es lag sicher und zinsbringend auf einem Konto bei einer Hongkonger Bank. Es fehlte ihm nur noch eines, das er mit diesem Geld nicht kaufen konnte: der amerikanische Pass. Sobald er den hatte, würde Jackie, der Sohn einer Fabrikarbeiterin und eines Chauffeurs aus Kanton sich seinen Lebenstraum erfüllen und wie ein König nach Los Angeles reisen, eine Kette von Chinarestaurants eröffnen und eine Villa am Stadtrand kaufen. Jackie war schon mehrmals in L. A. gewesen, hatte schon die Immobilien für seine Restaurants besichtigt und auch die Villenviertel. Die Amerikaner, mit denen er gute Beziehungen pflegte, hatten ihm schon damals, nach der Sache mit den Studenten, den Pass in Aussicht gestellt. Aber immer wieder war etwas dazwischengekommen, und sie hatten ihn weiter hingehalten. Sie brauchten ihn hier, sagten sie immer wieder. Und sie zahlten dafür ja auch nicht schlecht. Jetzt, endlich, hatte er seine Chance. Jetzt brauchten die Amerikaner ihn so dringend wie noch nie zuvor. Er hatte ihnen den größten Coup geliefert, den es in China geben konnte. Einen Offizier der Einheit *Rote Fahne.* Und seine Bedingung war gewesen, dass ihm noch in dieser Woche die amerikanische Staatsbürgerschaft erteilt würde und er seinen Pass bekäme. Sherry Wu, seine Kontaktperson und

CIA-Mitarbeiterin in Peking, die sich gerne als Prostituierte aufmachte, hatte es ihm im Austausch für den Mann namens Tiger versprochen. Mit ihrem Wort alleine hätte Jackie sich natürlich nicht zufrieden gegeben. Doch Sherry hatte gesagt, dass Marco sich persönlich um die Passgeschichte kümmern werde, und das hatte Jackie überzeugt.

Denn Marco hatte sein Ehrenwort gegeben und Marco log nicht. Er ließ sich in seinen Sessel fallen, legte die Füße auf den Tisch und zündete sich eine Marlboro-Zigarette an.

«Wie war es in Peking?», wollte Daniel Kwok wissen, der ihm gefolgt war und nun eine Tasse Kaffee servierte.

«Kalt», sagte Jackie und überflog die Mappe mit den Nachrichten, die sich in seiner Abwesenheit angesammelt hatten. «War sonst noch was?»

«Vor einer Stunde kam noch ein Anruf. Moment, ich habe mir das aufgeschrieben. Ein Mann namens Ma Ko wollte Sie dringend sprechen. Er sagte, er sei auf dem Weg. Sie sollten so schnell wie möglich herausfinden, für wen Lee Tai Du zur Zeit arbeitet.»

Jackie nahm ruckartig die Füße vom Tisch. Ma Ko.

Oder auch Marco.

«Es gab auch noch eine Einladung zu einem Bankett am 30.», meldete Daniel Kwok. «Gastgeber ist Zhao Zhongwen. Soll ich zusagen?»

«Unbedingt. Zhao fährt immer ausgezeichnete Seegurken auf.» Zhao Zhongwen, die graue Eminenz des Wirtschaftswunders, machte sich vielleicht nicht viel aus dem geistigen Eigentum anderer, aber er war dennoch ein ausgezeichneter Gastgeber. Zhaos alljährliches Neujahrsbankett Ende Dezember war einer der gesellschaftlichen Höhepunkte in Shenzhen. Eine Einladung zu dieser Veranstaltung galt als höchste Auszeichnung im China südlich des Yangtze.

Jackies Gedanken kehrten zurück zu Marco. Wieso wollte er nach China kommen? Er kam doch nur, wenn Gefahr im Verzug war. Und wieso suchte er Lee Tai Du, den

Schatten des Todes? Diesen Mann suchte nur, wer einen Mord begehen wollte.

«Und dann hat auch noch einer namens Meng angerufen.»

Jackie Laus Körper versteifte sich. «Ja? Und?»

«Er sagte, dass du zurückrufen sollst. Dringend.»

Jackie schickte Kwok eiligst hinaus und wählte Mengs Nummer. Er musste zweimal neu ansetzen, weil seine Finger plötzlich zitterten und er die falschen Tasten erwischte.

«Was ist los?», fragte er, nachdem er die Stimme des Mannes erkannt hatte.

«Du musst abhauen. Sie suchen dich!»

«Wer denn? Wer sucht mich?»

«Die Pekinger. Du weißt schon. Er. Er sucht dich im ganzen Land. Ein Rundschreiben kam. Dich und einen Fallschirmspringer, der Tiger heißt.»

«Warum?» Jackie Lau dachte verzweifelt nach. Er hatte ihn, den Mann ohne Namen, dabei beobachtet, wie er Lao Ding abführte. Aber anscheinend war er eigentlich hinter ihm, Jackie, und hinter dem Fallschirmspringer her. Wäre er doch nur seinem ersten Reflex gefolgt und hätte die Finger von einem Angehörigen der *Roten Fahne* gelassen! Alles, was die *Rote Fahne* berührte, war tot.

«Ich weiß es nicht. Hau ab und such dir einen neuen Namen in einem anderen Land. Und vergiss bloß nicht mir die 500000 Kuai zu hinterlassen!» Meng hatte aufgelegt.

Ein anderes Land, ja. Er musste schnell in ein anderes Land. Wenn sie ihm doch, verdammt noch mal, jetzt endlich den Pass ausstellen würden! Aber dazu musste er noch diese eine Sache zu Ende bringen. Nur diese eine noch. Marco hatte sein Wort gegeben!

«Ich muss noch mal weg», erklärte Jackie. «Ich brauche dich heute nicht mehr.» Und wahrscheinlich auch nicht für den Rest deines Lebens, setzte er im Geiste hinzu.

«Danke», sagte Daniel Kwok.

Jackie nahm sich ein Taxi zum Oriental Regent Hotel, in

dessen Lobby sich eine anrufbare Telefonzelle befand, deren Nummer er an zwei Personen weitergegeben hatte. Die eine Person war der Fallschirmspringer, der sich jeden Abend Punkt 19.30 Uhr hier melden und Bericht über die Manövervorbereitungen erstatten sollte. Die andere Person war irgendein unbekannter CIA-Mitarbeiter in Amerika, der dafür sorgen würde, dass die Schwester des Fallschirmspringers um 19.20 Uhr anrief. Der Soldat war nervös und misstrauisch, und er war nicht dumm. Er hatte noch von Peking aus mit seiner todkranken Schwester telefoniert, hatte ihr berichtet, dass er durch Armee-interne *guanxi* eine Operation in Zhijiage für sie arrangiert habe. Er trug ihr auf, sie solle jeden Tag um exakt diese Uhrzeit die Shenzhener Nummer anrufen und Jackie Lau mitteilen, wie ihr Befinden sei. Aber nicht nur das. Es gab einen Code, den nur er und seine Schwester kannten. Sie sollte bei jedem Anruf den Namen eines ihrer Onkel und Tanten nennen, und zwar in der Reihenfolge ihres Alters. Sie hatten insgesamt zehn Onkel und Tanten, erfuhr Jackie Lau. Und als nun das Telefon schellte, erfuhr er den Namen des ältesten. Onkel Lu. Sie sei wohlbehalten angekommen, sagte die Schwester. Es habe eine erste Untersuchung gegeben, und sie solle so bald wie möglich operiert werden. Kaum hatte Jackie aufgelegt, meldete sich der Fallschirmspringer.

«Wie ist der Name?», fragte er sofort.

«Onkel Lu.»

«Was ist die Botschaft?»

Jackie berichtete. «Und was ist deine Botschaft?»

Er hörte den Fallschirmspringer atmen. Offensichtlich war dem Informanten noch nicht ganz wohl in seiner Rolle. Er gehörte zu den Privilegierten, die die Kaserne zu bestimmten Stunden verlassen und sich einigermaßen frei in der Ortschaft Dafu bewegen konnten. Jackie Lau hatte ihm empfohlen, jeden Abend ein anderes, privates Restaurant aufzusuchen, um seinen Anruf zu machen. Das hatte der

Soldat offenbar auch getan. Im Hintergrund hörte Jackie das Geschrei einer Küchenmagd und das Klappern von Tellern und Schüsseln.

«Tiger? Was ist deine Botschaft?», wiederholte er.

«Es soll etwas Großes geschehen in der Taiwanstraße. Es soll schnell geschehen und bald.» Jackie konnte der vorsichtigen Sprechweise entnehmen, dass der Mann sehr viel mehr wusste, als er nun zu sagen wagte.

«Was soll geschehen? Und wann? Meinst du das Manöver?»

«Wir sprechen uns morgen wieder. Nach der Operation.»

«Lass mich jetzt nicht hängen – wir haben eine Abmachung getroffen!»

Die Leitung war tot.

12. Kapitel

Washington, D. C., 26. Dezember

Unterstaatssekretär Sterling Hewett III setzte seine Brille ab und rieb sich die müden Augen. Schon vor Stunden hatte er seinen Referenten Williams, der wie ein besorgter Wachhund im Vorzimmer seines Herrchens auf und ab ging, gnädig nach Hause geschickt. Memos, Berichte, vertrauliche Papiere, Zeitungsartikel türmten sich auf seinem Schreibtisch. Was immer kluge Köpfe und Insider in den letzten Wochen und Monaten über China, seine Politik, seine Ziele geschrieben hatten, er hatte es gelesen. Sein kühler, logischer Verstand rang mit der Vielzahl von Informationen, Analysen und Meinungen, quetschte auch den kleinsten Hinweis aus, wog Parallelitäten und Widersprüche ab. Ihm war, als setze er die Steine mehrerer verschiedener Puzzles zusammen, und er kam am Schluss immer wieder zu dem Ergebnis, zu dem auch CIA-Direktor Cartlin gekommen war, ohne auch nur die blasseste Ahnung von «Rotchina» zu haben: Nichts war anders als sonst. Es gab keine Anzeichen für eine Veränderung in der chinesischen Politik gegenüber Amerika oder dem Rest der Welt. Es gab Zeichen der Annäherung und Zeichen des Konfliktes. Ein ständiges Auf und Ab bestimmte die Beziehungen wie seit Jahren schon. Und doch wollte er sich mit diesem Ergebnis nicht zufrieden geben. Unter den Schriftstücken, die er studiert hatte, war auch ein Aufsatz des früheren australischen Verteidigungsministers Robert Ray, der gesagt hatte, es würde mehrere Jahre voller warnender Vorzeichen geben, bevor China tatsächlich zu einer Bedrohung werden könne. Diese Zeit der Warnungen war längst angebrochen, hatte Hewett erkannt. Der Verteidigungshaushalt der Volksrepublik war seit den späten achtziger Jahren mit jedem Jahr umfangreicher geworden. China kaufte in Russland und der Ukraine hochmodernes Kriegsgerät zusammen. Es besaß längst die leisen U-Boote der Kilo-Klasse, und es besaß eine unbekannte Anzahl von Su-27-Kampfjägern. Es hatte die führenden Nuklearwissenschaftler aus der ehemaligen Sowjetunion angeheuert. Peking kooperierte mit dem Regime in Burma mit dem Ziel, über kurz oder lang einen Marinestützpunkt am Indischen Ozean zu eröffnen, und es würde dann die lebenswichtigen Schiffsrouten nach Japan kontrollieren. Gleichzeitig drängten die Hardliner in der Zentralen Militärkommission darauf, einen chinesischen Flugzeugträger zu bauen. Im Ringen um die Spratley- oder Nansha-Inseln im Südchinesischen Meer trat die Marine der Volksrepublik immer aggressiver auf und schien entschlossen, den Gebietsstreit mit den kleineren, schwächeren Anrainerstaaten um ein paar Felsen, unter denen Öl vermutet wurde, bis an die Schwelle eines Krieges zu treiben. Und noch immer waren die beinahe 500 000 Soldaten, die in der Provinz Fujian, gegenüber Taiwan, stationiert waren, in erhöhter Alarmbereitschaft und würden bald mit einem weiteren Raketen- und Landungsmanöver das tapfere Inselvolk schikanieren und einschüchtern.

Hewett, der in seiner langen Laufbahn beim State Department nicht oft Grund gehabt hatte an seinem Urteilsvermögen zu zweifeln und besonders im Falle Chinas selten falsch gelegen hatte, kam zu dem Ergebnis, dass die Zeit der Warnungen schon vorüber war.

Die Zeit der Entscheidung hatte begonnen.

Seine verunglückte Peking-Mission war ein Indiz dafür. Die plötzliche Säuberungswelle unter den Geheimdienstmitarbeitern war ein weiteres Indiz dafür. Und als just in diesem Augenblick das Telefon läutete, wurde ihm ein drittes Indiz dafür offenbart.

Es war sein Diensttelefon. Diese Nummer kannten nur wenige ausgewählte Personen in der Administration. Bevor er den Hörer abnahm, blickte Hewett auf die Uhr. Kurz vor Mitternacht. Er war also nicht der Einzige in Washington, dem das Chinaproblem schlaflose Nächte bereitete.

«Unterstaatssekretär Hewett?» Die kleine, atemlose Stimme kam ihm bekannt vor, ohne dass er sie sofort zuordnen konnte. «Hier spricht Fred Summers, äh, wir hatten heute Nachmittag kurz das Vergnügen ...»

«O ja. Gewiss.» Fast hätte Hewett sich gehen lassen und einen seiner Elder-Statesman-Scherze gewagt, den er, wie die meisten seiner Scherze, bereut hätte. Ihm lag auf der Zunge zu fragen: Hat der wilde Cartlin Sie etwa rausgeschmissen? Aber er verbiss sich die spitze Bemerkung, denn schon am Nachmittag war ihm Summers als eine zutiefst bedauernswerte Kreatur erschienen, wie sie nur ein Menschenschinder wie Cartlin formen konnte. Offenbar hatte der tobsüchtige CIA-Direktor den armen Wicht zu Überstunden und Nachtarbeit verdonnert, um seine, Cartlins, Versäumnisse auszubügeln. «Was kann ich für Sie tun, Mister Summers?»

«Sir, es ist etwas, das mir hier gerade gemeldet wurde, und ich weiß nicht so recht, was ich davon halten soll.»

Hewett klopfte irritiert mit seinem Bleistift auf die Schreibunterlage. Es war durchaus nicht üblich, dass Mitarbeiter der CIA beim Außenministerium anriefen, um sich Ratschläge zu holen. Tatsächlich war das Außenministerium so ziemlich der letzte Ort, bei dem sich Cartlins Leute eine Auskunft einholten.

«Ich würde mich freuen, Ihnen behilflich sein zu können», sagte Hewett vorsichtig und in fragendem Ton.

«Das können Sie vielleicht auch. Ich habe da eine sehr sonderbare Meldung von einem unserer Pazifik-Relais bekommen. Es scheint, als hätten die Chinesen ein ziemlich großes Truppenkontingent an der Grenze zur Mongolei zusammengezogen.»

«Mongolei?»

«Ja, Sir. Mehrere hundert Panzer und an die hunderttausend Soldaten. Ich weiß, das hört sich verrückt an, aber es sieht so aus, als bereiteten sie eine Invasion vor.»

«Haben Sie Direktor Cartlin schon darüber informiert?»

«Natürlich, Sir. Er ist der Auffassung, dass die verdammten Kommunisten einen Angriff auf das wehrlose und tapfere Volk der Mongolen planen, und hat sofort den Präsidenten und den Verteidigungsminister entsprechend informiert, und er empfiehlt, die verdammten Rotchinesen in ihre Grenzen zu verweisen.»

Hewett schmunzelte über die originalgetreue Nachahmung des ruppigen CIA-Direktors.

«Absurd!»

«Ich glaube, wenn es nach ihm ginge, würden wir sofort Atomraketen auf China abfeuern.»

«Wenn es nach ihm ginge, würden wir sofort Atomraketen auf zwei Drittel der Welt abfeuern.»

«Wie Sie meinen ... na ja ... Wir sind ja nun leider im Moment, wie Sie ja auch wissen, ein bisschen knapp an Leuten in China. Wegen dieser Säuberungswelle. Wir sind zwar dabei, etwas Neues aufzubauen, aber das wird noch ein wenig Zeit in Anspruch nehmen. Direktor Cartlin meinte, dass wir in diesem Fall unsere Kontakte nach Taiwan nutzen sollten, um von unseren Freunden dort etwas zu erfahren. Das habe ich gerade getan. Aber die Taiwanesen sagen, dass sie auch nicht wissen, was das Ganze zu bedeuten hat.»

«Das ist ungewöhnlich. Normalerweise teilen sie doch alle ihre Quellen mit uns. Schon aus eigenem Interesse.»

«Ja, Sir. Und ich nehme ihnen einfach nicht ab, dass sie nichts wissen. Ihre China-Überwachung ist lückenlos. Sie zeichnen jeden militärischen Funkverkehr auf, und manche Quellen sagen, sie hätten sogar die Ausrüstung, jedes einzelne Telefongespräch, das auf dem Festland geführt wird, abzuhören. Die Generäle der Volksbefreiungsarmee können, mit Verlaub, keinen Furz lassen, ohne dass es in Taiwan gehört wird. Aber jetzt sagen sie, sie wüssten nichts.»

«Das kann nur politische Gründe haben.»

«Ja, Sir. Vielleicht könnte es sein, dass die Regierung noch ein bisschen verstimmt darüber ist, dass wir ihrem Wirtschaftsminister nicht erlaubt haben, eine Rede bei der Eröffnung dieses Handelszentrums in Los Angeles zu halten. Sie erinnern sich vielleicht.»

Und ob Hewett sich erinnerte. Das Weiße Haus hatte sich wieder einmal dem massiven Druck aus Peking gebeugt, keine taiwanesischen Kabinettsmitglieder zu offiziellen Anlässen in den USA auftreten zu lassen. Und die hatten sich wieder mit einem ihrer typischen, faulen Kompromisse aus der Affäre gezogen. Sie hatten dem Wirtschaftsminister zwar ein Visum für den Besuch gegeben, aber keine Redeerlaubnis. Denn die Taiwanesen traten immer so auf, als repräsentierten sie ein unabhängiges Land, und dazu das bessere China, und das machte die Festlandchinesen fuchsteufelswild. Und es würde den Taiwanesen tatsächlich ähnlich sehen, Washington auf diese Weise, nämlich durch die Verweigerung von wichtigen Informationen, daran zu erinnern, dass die Freundschaft zwischen den beiden auf gemeinsamen Interessen fußte.

«Sie sagten, dass ich Ihnen weiterhelfen könnte . . .?»

«Ja, Sir. Es ist so, dass dieser Offizier, mit dem ich in Taipeh zu tun hatte, Winston Ma, mir andeutete, dass es jemanden im State Department gebe, der gute Kontakte nach ganz oben habe, und dass wir vielleicht mal auf diesem Weg versuchen könnten etwas herauszubekommen.»

«Wieso sollte der Mann Ihnen Informationen verweigern und gleichzeitig auf einen anderen Weg hinweisen, auf dem Sie diese Informationen doch bekommen könnten?», fragte Hewett skeptisch.

«Winston Ma und ich, wir kennen uns gut, Sir. Wir haben

zusammen studiert. Er gab mir diesen Tipp inoffiziell und als Freund.»

Guanxi, dachte Hewett, die ganze Welt funktioniert nur noch mit *guanxi*.

«Mein Freund Ma deutete weiter an, dass Sie dieser Mann sein könnten, und deshalb rufe ich Sie an.»

«Ach so.»

«Sind Sie dieser Mann, Sir?»

«Ja, ich glaube, das bin ich wohl. Ich hatte während meiner ersten Jahre in China Gelegenheit, einen ganz außergewöhnlichen Mann kennen zu lernen, der heute eine ganz außergewöhnliche Stellung in seinem Land genießt. Man könnte sagen, er ist so was wie der heimliche Herrscher.»

«Wäre es zu viel verlangt, wenn ich Sie bäte, diesen heimlichen Herrscher zu fragen, was er über die Sache an der Grenze weiß?»

«Haben Sie keine Quellen in der Mongolei?»

«Doch gewiss. Aber die sind genauso überrascht von dieser Aktion wie wir auch. Niemand kann sich einen Reim darauf machen. Auch die Mongolen sind offenbar überzeugt, dass eine Invasion der Chinesen bevorsteht. Die Regierung in Ulan Bator hat sofort einen Krisenstab eingesetzt, und ich glaube, die zählen jetzt gerade ihre Soldaten. Damit dürften sie aber nicht sehr lange brauchen, denn sie haben nur dreißig- oder vierzigtausend. Außerdem haben sie bei uns angerufen und um Hilfe gebeten. Wir brauchen dringend harte Informationen!»

«Ich kann Ihnen nicht versprechen, dass meine Vertrauensperson die erbringen kann.»

«Ich wäre Ihnen dennoch sehr zu Dank verpflichtet, wenn Sie es wenigstens versuchen würden.»

«Ich melde mich wieder bei Ihnen, Mister Summers.»

«Vielen Dank.»

«Ach, bevor Sie auflegen, Mister Summers ...»

«Ja, Sir?»

«. . . hätte ich dann doch gerne noch eine Sache von Ihnen gewusst.»

«Ja?» Summers klang verlegen, als hätte ihn jemand bei einem sittenwidrigen Akt ertappt.

«Während des Briefings vorgestern machten Sie Direktor Cartlin auf ein Dossier aufmerksam, das der Direktor sofort beiseite schob.»

«Ja, Sir?»

«Ich würde sehr gerne wissen, wen oder was dieses Dossier betraf.»

«Sir, ich weiß wirklich nicht, ob ich die Freiheit habe . . .»

«Und ich weiß wirklich nicht, ob ich die Freiheit habe, meine Kontakte für Sie zu bemühen.»

«Nicht über das Telefon!»

«Einverstanden. Vielleicht sollten wir morgen zusammen essen gehen? Dann sage ich Ihnen, was ich herausgefunden habe, und Sie setzen mich ins Bild über das, was Sie wissen. Wie wäre das?»

«Sehr gerne, Sir. Aber ich glaube nicht, dass ich so lange warten kann. Der Präsident und der Verteidigungsminister müssen morgen in aller Frühe meinen Bericht auf dem Tisch haben.»

«Dann kann ich Ihnen nur noch anbieten, sich trotz der späten Stunde in mein Büro zu bemühen, dann können wir unsere Informationen sozusagen brandheiß austauschen.»

«Das wollte ich gerade anregen, Sir.»

«Dann bis gleich, Mister Summers.»

«Ja, Sir.»

Guanxi, dachte Hewett. Gefallen und Gefälligkeiten erweisen und erwiesen bekommen. Treue halten und nie diejenigen vergessen, die einem einmal aus der Patsche geholfen haben. Vielleicht stünde die Welt und gewiss stünde Washington besser da, wenn sie das uralte chinesische System von Geben und Nehmen besser verstünden.

Er war unsicher und befangen, als er wieder zum Telefon

griff. Er hatte die Nummer, die er als womöglich einziger amerikanischer Politiker kannte, schon seit einigen Jahren nicht mehr gewählt, und sein Freund war alt, sehr alt sogar. Wenn nicht der regelmäßige Austausch von Grußkarten zum Neujahrsfest wäre, er wüsste nicht einmal mehr, ob der alte Haudegen überhaupt bei guter Gesundheit war. Aber die freundliche Karte des Generals, die erst vor ein paar Tagen hier eingetroffen war – ein reich ornamentiertes chinesisches Motiv –, stand aufgefaltet auf seinem Fensterbrett. Erst neulich hatte sich Hewett Gedanken darüber gemacht, was er dem Alten wohl zum hundertsten Geburtstag schenken sollte. Der General war ein Phänomen. Alt wie ein Baum und ebenso mächtig. Voller Weisheit und Erfahrung, aber zur gleichen Zeit hart wie Eisen und unbezwingbar. Damals, direkt nach dem Krieg, als Hewetts Einheit Lebensmittelspenden der Vereinten Nationen im hungergeplagten Hunan verteilte, hatte er ihn kennen und schätzen gelernt. Er hatte ihn seinerzeit gegen ziemlich unangenehme Anschuldigungen in Schutz nehmen können, und ihre Freundschaft hatte all die Jahre danach, die guten und auch die schwierigen Zeiten, unbeschadet überdauert. Dennoch war Hewett etwas nervös, als er die Nummer wählte. Was war, wenn der große alte Mann sich seiner doch nicht mehr erinnerte. Es wäre eine Enttäuschung, die Hewett nur sehr schwer wegstecken könnte, denn die Bekanntschaft des Generals hatte ihm schon immer viel bedeutet. Weit entfernt, auf der anderen Seite der Welt, wo es jetzt um die Mittagszeit war, klingelte ein Telefon. War sein Chinesisch nicht schon zu eingerostet, um das feine, nuancenreiche Spiel der *guanxi* zu spielen?, fragte sich Hewett besorgt. Würde er den General mit seiner ungewöhnlichen Bitte vor den Kopf stoßen und seinen geradezu biblischen Zorn herausfordern?

«Wei?» Er erkannte die Stimme sofort. Eine Stimme wie ein Hammerschlag.

«Wei-ni hao! General?»

«Wer sind Sie?»

«Es ist schon ein paar Jahre her, dass wir gesprochen haben ...»

Hewett wunderte sich, dass sein Chinesisch doch noch recht flüssig kam. «Verzeihen Sie bitte, dass ich so unverhofft anrufe und Ihre Ruhe störe. Hier spricht Sterling Hewett aus Amerika. Erinnern Sie sich an mich?»

Eine kurze Pause, dann brauste der General los wie ein Taifun. «Huey? Verdammt noch mal, wie könnte ich Sie vergessen, Huey, mein Bester! Sie haben mir schon lange versprochen, mich mal wieder zu besuchen. Und ich warte vergebens. Ist das vielleicht eine Art alte Freunde zu behandeln?»

«Ich hatte es vor, General. Aber Sie wissen ja, wie das ist in der Politik. Es kam immer wieder etwas dazwischen. Geht es Ihnen gut?»

«Mir geht's blendend. Könnte nicht besser sein. Die Ärzte haben immer was zu beanstanden wegen dem Blutdruck – aber das sind doch bloß Angsthasen. Und Sie? Was macht das Golfspiel?»

«Immer noch nicht besonders gut. Ich glaube, ich werde Sie niemals schlagen.»

«Nur Mut, Huey – Sie sind ja noch jung. Wie alt jetzt? Siebzig?»

«Zweiundsiebzig!»

«Ein Kind! Was verschafft mir die Ehre Ihres Anrufs?»

Hewett wusste aus Erfahrung, dass der General es nicht liebte, wenn man zu lange um den heißen Brei herumschlich.

«Es geht um eine Sache, die uns etwas Kopfzerbrechen bereitet und über die Ihnen gewiss bessere Informationen vorliegen als uns. Die Truppenbewegungen an der Grenze zur Mongolei.»

«Ah, das», seufzte der General schwer. Für einige Sekunden hörte Hewett nur das Rauschen der Leitung. «Also, mein lieber Huey, ich weiß, ihr habt es nicht immer einfach mit uns. Aber letztendlich sitzen wir ja alle in einem Boot, nicht wahr? General Pun hockt mal wieder auf seinen Informationen wie eine Glucke auf ihren Eiern. Und die Schwachköpfe von der Regierung spielen manchmal Versteck mit euch, aber die meinen das gar nicht so, glauben Sie einem alten Freund. Die Sache an der Grenze ist anscheinend ernst. Ich bin ja nur ein alter Mann und habe selbst nicht zu allen Informationen Zugang. Aber irgendwas geht da vor, und wahrscheinlich habt ihr da drüben ganz Recht, wenn ihr euch deswegen ein bisschen Sorgen macht. Viele in der chinesischen Führung sehen in der Mongolei nicht mehr als ein Anhängsel Chinas, auf das sie einen rechtmäßigen Anspruch haben. Sie haben Hongkong bekommen, bald bekommen sie Macao, sie strecken die Finger nach jedem mickrigen Inselchen aus, das sie kriegen können, und Taiwan steht sowieso ganz oben auf ihrer Liste. Aber da würden sie dummerweise überall eine blutige Nase bekommen. Nur nicht in der Mongolei. Kennen Sie diese alte chinesische Kriegsweisheit, die besagt: Greife immer den Schwächsten an. Und die Mongolen sind nun mal weit und breit die Schwächsten. Ich glaube, sie wollen es tatsächlich riskieren.»

Hewett war beunruhigt über diese Nachricht, aber überglücklich über das Maß an Vertraulichkeit und Freundschaft, das ihm der alte Mann erwies. Wer weiß, dachte er, wo die amerikanische Politik ohne so treue Freunde wie ihn stehen würde. «Ich danke Ihnen sehr, General.»

«Übrigens, Huey –?»

«Ja, ehrwürdiger General?»

«Ach, mir kam da gerade so eine Idee. Die mag Ihnen etwas sonderbar erscheinen. Aber solange unsere Regierung und die Stümper vom Geheimdienst sich so dusselig anstellen ... Wie wäre es, wenn Sie selbst jemanden schickten? Dann müssen Sie nicht immer mich anrufen und mich aus dem Mittagsschlaf oder sogar noch wichtigeren horizontalen

Beschäftigungen reißen. Ich bin gerade in der äußerst seltenen Lage, dass ich eine Person nach ganz oben einschleusen kann. Es müsste jemand sein, dem Sie absolut vertrauen können. Keiner von den üblichen Windbeuteln von der CIA, mit denen will ich nichts zu tun haben. Die richten immer mehr Schaden an als sonst was. Und keinen *yangguize*, keinen ausländischen Teufel, verstanden? Aber Sie müssen sich beeilen, lange kann ich den Posten nicht mehr offen halten.»

«Ich werde es mir überlegen. Es ist . . . in der Tat ein wenig ungewöhnlich, denn für derartige Einsätze sind meine Leute natürlich nicht geschult. Geben Sie mir etwas Zeit?»

«Aber nicht viel. Hier ist es jetzt Mittagszeit. Ich will heute noch eine Antwort. Ich weiß, dass Sie geeignete Leute in Washington haben. Ich wüsste sofort jemanden . . .»

«Ich weiß, wen Sie meinen. Aber ich muss die betreffende Person doch zumindest erst einmal fragen. Sie werden Ihre Antwort bekommen. Vielen Dank, General.»

«Nicht doch, Huey. Ich weiß genau, was ich Ihnen schuldig bin. Sie sind ein feiner Kerl. Kann ich Ihnen sonst noch irgendwie helfen?»

«Nur noch eines wüsste ich gerne.»

«Und was ist das?»

«Wie schaffen Sie es nur, so alt zu werden und dabei so gesund und fit zu bleiben?»

Der General lachte laut und herzhaft. «Mein Lieber, das ist eine Frage, die ich nun wirklich nicht gerne beantworte, denn sie rührt an den ehernen Geheimnissen Chinas, die euch Ausländer nichts angehen!»

«Sagen Sie es mir trotzdem?»

«Aber nur, weil Sie es sind. Und sagen Sie es keinem weiter. Ich will ja nicht, dass alle meine Feinde auch dahinter kommen. Es sind die Ginsengwurzeln, Huey. Ich kaue immer noch die guten alten Ginsengwurzeln.»

«Ich werde dieses Geheimnis für mich behalten», lachte Hewett.

«Gut so. Dann also: Good bye, Huey. Ich halte Sie auf dem Laufenden. Das ist ein Versprechen. Sie können sich auf mich verlassen. Wenn unsere Regierung auch im Moment ein bisschen spinnt und eingeschnappt ist und euren Jungs nichts sagen will – von mir erfahren Sie alles. Amerika und Taiwan sind Brüder auf immer und ewig.»

«Good bye, General Zhang.»

Keine fünf Minuten später erklang am Eingang das dezente Brummen der Türklingel und meldete die Ankunft des CIA-Bereichsleiters. Fred Summers schlüpfte mit gesenktem Kopf in Hewetts Bürosuite wie ein verspäteter Gast bei der Opernpremiere.

«Es tut mir wirklich Leid, Sir. Ich weiß, es ist spät.»

Hewett wunderte sich erneut über die servile, bucklige Körperhaltung seines Besuchers. Summers war ein wichtiger Mann. Er koordinierte die Bewegungen der CIA im asiatischen Theater – wie sie das nannten –, von Kabul bis Wladiwostok. Aber es schien, als hätte er dafür sein Rückgrat an der Garderobe abgeben müssen.

«Darf ich fragen, ob Sie bei Ihrem Bekannten etwas erreichen konnten?»

«Sind wir uns über die Bedingungen dieses Handels einig?», erkundigte sich Hewett.

Summers schrumpfte noch mehr zusammen und verdrehte nervös die Augen. «Ja, Sir. Aber bitte, haben Sie Verständnis. Sie verlangen etwas von mir, das mich meinen Kopf kosten könnte.»

«Ich glaube, ganz so streng wie in China geht es bei uns noch nicht zu, oder? Hat Cartlin neue Spielregeln eingeführt? Bitte, nehmen Sie doch Platz. Ich habe gerade ein sehr interessantes Telefongespräch geführt . . .» Hewett gab dem CIA-Mann, der, die Hände auf den Knien, auf dem Sofa saß, eine Zusammenfassung seines Gesprächs mit General Zhang und versäumte nicht, die alte Kriegsweisheit zu erwähnen, die der General zitiert hatte.

«Sie wissen vielleicht», fügte Hewett erklärend hinzu, «dass General Zhang als einer der verdientesten Veteranen des Landes über ganz außergewöhnliche Quellen und Kontakte verfügt. Er ist Vorsitzender und Gastgeber des Generals' Club in Taipeh, wo sich alle paar Wochen die Armeeführer des Landes ein Stelldichein geben. Außerdem ist er einer der wohlhabendsten Männer der Insel und einer der größten Reeder der Welt.»

«Ich bin im Bilde, Sir», entgegnete Summers, sichtlich verunsichert von Hewetts Bericht. Der Unterstaatssekretär beneidete den Mann nicht um seine Lage. In seinem Gebiet braute sich was zusammen, und nicht nur wusste er nichts, er musste sogar beim State Department betteln gehen.

Summers kritzelte Notizen auf einen Block und sah zunehmend unglücklicher aus. «Das könnte tatsächlich ... großen Ärger bedeuten ...», murmelte er.

Hewett nickte. «Das ist wohl das Mindeste, was es bedeutet.»

«Darf ich Sie bitten mich umgehend zu informieren, wenn der General weitere Details mitteilt?»

«Selbstverständlich. Und nun ...» – Hewett stopfte sich eine Pfeife, die er sich nur noch selten gönnte – «... zu Ihrem Teil des Handels. Ich bin lange genug im Geschäft, und ich kaufe Ihnen nicht ab, dass die Säuberungswelle in China die CIA derartig kalt erwischt hat. Sie haben Cartlin vorgestern auf eine Akte aufmerksam gemacht, die er sofort beiseite schob und offensichtlich nicht zur Sprache bringen wollte. Und Sie sagten, wenn ich mich recht entsinne, etwas wie: ‹Wir haben noch ihn ...› Von wem, Mister Summers, war die Rede?»

Summers massierte aufgeregt mit dem Daumen und dem Zeigefinger seiner linken Hand den Zeigefinger seiner Rechten. «Es handelt sich dabei ...», setzte er an, doch dann unterbrach er sich selbst, ordnete seine Gedanken und begann von neuem: «Dies ist eine ‹Code-17›-Information, Mister Hewett. Nur eine ganz kleine Anzahl von Mitarbeitern hat Zugang dazu, und nur der Direktor und der zuständige Bereichsleiter haben alle Unterlagen darüber, welche C-17-Optionen es für das jeweilige Theater gibt. Die C-17-Leute sind anders als unsere herkömmlichen Mitarbeiter. Unsere herkömmlichen Mitarbeiter, und das ist die überwiegende Mehrzahl, haben lediglich den Auftrag, Fakten zu sammeln und Kontakte herzustellen. Das Mandat der C-17-Leute aber geht weit darüber hinaus.»

«Und?»

«Sie dürfen Veränderungen herbeiführen.»

«Veränderungen?»

«Sie dürfen eingreifen, Sir.»

«Auf welche Art?»

«Auf die Art, die für den vorliegenden Fall angemessen erscheint. Sehen Sie, Mister Hewett, nicht alle und besonders nicht die Presse und manche romantischen Parlamentarier verstehen ganz, was wir zu tun versuchen. Wir schützen die Interessen der Vereinigten Staaten von Amerika.» Summers spielte damit auf eine für die CIA sehr unangenehme Sitzung des Geheimdienstausschusses im Kongress an. Es ging um den Fall eines Mannes, der in Haiti kurz vor der Rückkehr des Präsidenten Aristide mehrere Morde an politisch unliebsamen Offizieren begangen hatte. Es war, angefacht von diversen Zeitungen, der Verdacht aufgekommen, dass der Killer im Auftrag der CIA gehandelt hatte, und eine Untersuchungskommission war eingesetzt worden. Der damalige CIA-Direktor, den die Abgeordneten vorluden und löcherten, stritt jede Beteiligung der CIA und jede Verbindung zu diesem Mann unter Eid ab. Der Fall wurde mangels Beweisen zu den Akten gelegt.

«Ich verstehe», sagte der Unterstaatssekretär. Summers hatte ihm gerade auf umständliche Weise gestanden, dass

Cartlins Vorgänger vor dem Untersuchungsausschuss einen Meineid geleistet und dass der Killer in Haiti ein C-17-Mann gewesen war, der eingegriffen hatte.

«Was China betrifft, haben wir über einen Zeitraum von vielen Jahren zwei vollwertige C-17-Mitarbeiter aufgebaut, die zu den besten gehören, über die wir in unserem Apparat verfügen», fuhr Summers fort. «Der eine ist im Moment in Hongkong unabkömmlich. Wenn wir ihn abzögen, würde unsere ganze Operation dort in sich zusammenfallen. Der zweite ist der Mann, auf den Sie während des Briefings aufmerksam wurden. Wir sind im Moment dabei ihn zu aktivieren. Aber wir wissen nicht, ob er in diesem Falle überhaupt hilfreich sein kann. Mehr kann ich Ihnen wirklich nicht zu dieser Angelegenheit sagen. Bitte haben Sie Verständnis.»

«Das war nicht gerade sehr viel», bemerkte Hewett unzufrieden. Es war aber sinnlos Summers zu weiteren Aussagen zu drängen. Hewett wog, mit Genuss seine Pfeife rauchend, die Informationen ab und kam zu dem Schluss, dass er etwas unternehmen musste. Er persönlich. Allein und auf eigene Faust, und zwar sofort. Es blieb keine Zeit zu warten, bis die Administration den Ernst der Lage verstanden hatte. Es blieb keine Zeit zu warten, bis die CIA mühsam ein neues Netz von Informanten angelegt hatte. Und wenn bis dahin das gesamte «China-Theater» in den Händen eines ihrer C-17-Killer lag, dann konnte das schlimme Folgen haben. Sterling Hewett III kannte China, und er wusste, dass dies kein Land für die C-17s dieser Welt war. Im Umgang mit China musste man zu anderen, feineren Mitteln greifen als denen, über die die CIA oder gar das Verteidigungsministerium verfügten. Wenn der drohende Konflikt abgewendet werden konnte, dann nur durch geschickte Diplomatie und auf der Grundlage aller verfügbaren Informationen. General Zhang in seiner Weisheit hatte ihm den richtigen Weg gewiesen. Was er brauchte, war eine eigene Quelle, einen eigenen Agenten. Seine eigene kleine CIA. Er verabschiedete sich von Summers und sammelte seine Gedanken für einen neuerlichen Anruf bei seinem alten Freund.

An wen Hewett denn gedacht habe?, erkundigte sich Zhang. Der Unterstaatssekretär erwähnte einen Namen, und General Zhang zeigte sich überaus zufrieden.

«Heilige Scheiße!» Sie ließ mit einem Aufschrei das Fotoalbum fallen und fuhr herum. «Musst du mich so erschrecken? Verdammt noch mal!»

Fatima kam schwanzwedelnd herein und beschnüffelte freudig ihr Knie. Anders als bei ihrer letzten Begegnung war Sophia nicht in ihre erlesene Abendgarderobe gehüllt. Sie trug verwaschene Jeans und einen dicken Pullover und sah wieder aus wie damals, als sie noch Mitarbeiterin des Instituts war und noch nicht Topdolmetscherin des State Department.

«Entschuldigung. Ich dachte, es wären Einbrecher im Haus.» Stenton weidete sich an ihrem Schrecken. Er hatte ihren Wagen an der Straße gesehen und wusste sehr wohl, dass sie im Haus war, um, wie angekündigt, «ein paar Sachen» zu holen. Es hatte ihm ein diebisches Vergnügen bereitet, sich anzuschleichen und sie zu Tode zu ängstigen. «Was hast du denn da? Oh, die Hochzeitsfotos . . .»

«Ich dachte, du wärst in Malagash bei dem alten Revolutionär.»

«Der alte Revolutionär ist auf dem Weg nach Peking.»

«Wirklich?» Sophias mandelförmige Augen blitzten bösartig auf.

«Hast du alles gefunden, was du suchst?» Stenton deutete auf die schwere Bücherkiste, die überquoll mit den Erinnerungen aus drei gemeinsamen Jahren. Fotos und Briefe – vermutlich dazu bestimmt, mit Benzin übergossen in Flammen aufzugehen.

«Ich habe nichts eingepackt, was nicht mir gehörte.»
«Du kannst einpacken, was immer du willst.»
«Würdest du mir helfen, die Kiste nach draußen zu bringen?»
«Mit dem größten Vergnügen.»
Zusammen schleppten sie die Kiste nach draußen in die feuchte Kälte der Dezembernacht. Es war spät. Nur in wenigen Fenstern der gemütlichen Georgetowner Stadthäuser brannte noch Licht. Der Schneematsch verursachte schmatzende Geräusche unter ihren Füßen. Fatima blieb in der Tür stehen und blickte den beiden sorgenvoll hinterher. Stenton kam sich vor wie der Teilnehmer eines heimlichen Begräbnisses bei Nacht und Nebel. Als sie den Sarg ihrer Ehe im Kofferraum verstaut hatten, standen sie sich gegenüber und wussten nicht, wie sie Abschied nehmen sollten.
«Fröhliche Weihnacht, Sophia», sagte er schließlich.
«Oh, ja. Fröhliche Weihnacht.»
«Bis irgendwann. Olbright wartet sicher mit dem Gänsebraten auf dich.»
«Olweight. Er ist bei seiner Exfrau und den Kindern.» Sie bemühte sich um ein Lächeln, das aussehen sollte, als habe sie vollstes Verständnis für die Pflichten eines geschiedenen Familienvaters. Sie konnte Stenton nicht täuschen. Ihr Liebhaber hatte sie heute Abend versetzt, und sie hatte eine entscheidende Schlacht um seine Loyalität verloren. Das würde sie ihm niemals vergeben. Ollie war, sofern es Sophia betraf, ein toter Mann. Und sie wollte, dass Stenton das wusste.
«Ich habe um meine Versetzung gebeten», sagte sie. «Ich habe es satt nur Dolmetscherin zu sein.»
«Ein kluger Zug. Hewett, der Anderthalbte, wird sicherlich weinen. Nicht so sehr wie ein gewisser anderer in dieser Abteilung.»
«Schau mich bitte nicht so an, Stenton.»

«Entschuldigung.»

«Und hör auf dich ständig zu entschuldigen.»

Sie mussten beide lachen.

«Wann fliegst du nach China?», fragte sie, wieder ernst.

«Übermorgen.»

«Wirst du sie sehen?»

«Wen?»

«Das Mädchen – die junge Frau vom Drei-Schlangen-See.»

«Ich denke, ja.»

Eine eisige Böe erfasste sie und Sophia kreuzte mädchenhaft fröstelnd die Arme vor ihrer Brust.

«Komisch. Als sie zu mir ins Hotelzimmer kam und mir das sagte ... ich war auf einmal so eifersüchtig und so wütend auf dich –» Sie unterbrach sich selbst, indem sie unwillig mit dem Fuß aufstampfte. «Ach, vergiss es. Ich muss los.»

«Nein, warte noch. Falls es dir etwas bedeutet: Ich habe keine Geliebte in China.»

«Das ist doch nicht wichtig», wehrte sie ab und durchsuchte ihre Handtasche nach dem Autoschlüssel. «Ich bin fertig mit dir, Stenton. Ich muss jetzt wirklich weiter.»

Der Professor beobachtete sie schmunzelnd. Sophia, das Luder, die Feuer speiende Drachenlady, die verwöhnte, kapriziöse chinesische Prinzessin. Es waren immer wieder neue Spielchen, die sie ersann. Aber sie hatten immer nur ein Ziel. Sie gab die Regeln vor und Stenton, den sie für unwissend hielt, spielte mit.

«Ich glaube, ich habe den verdammten Schlüssel im Haus liegen lassen», fauchte sie.

Einen Moment lang war er versucht sie bloßzustellen. Es lag ihm auf der Zunge. «Ich weiß», hätte er beinahe gesagt, «denn ich habe gesehen, wie du ihn absichtlich neben dem Sofa fallen gelassen hast ...» Aber er sagte es nicht, denn sie sollte nicht erfahren, dass er Augen im Kopf hatte, denen nichts entging. Außerdem genoss er das Spiel viel zu sehr. Es steckte ihm im Blut. Genauso wie es ihr im Blut steckte.

Sie schubste ihn herum, war abweisend, angriffslustig und verletzend.

Auf genau diese Art zeigen Chinesinnen ihre Liebe.

13. Kapitel

Changsha, 1931

Die Bleibe des Buchbinders Zhu lag im armen Westbezirk von Changsha, direkt an den Ufern des Xiang Jiang, wo die traurigen Boote der Flussfahrer vertäut waren. Der Ekel erregende Hauch des verschlammten Ufers, wo in Fäulnis und Schmutz alle erdenklichen Seuchen gärten, lastete schwer über dem ganzen Viertel. Die heimatlosen Flussmenschen, denen verboten war, die Nacht an Land zu verbringen, lebten wie Ungeziefer, wie Läuse am Rande der großen Stadt und waren der Willkür der Bürger ausgeliefert. Zweimal erlebte George Franklin Farlane, wie mutwillig gelegte Feuer die Flotte des Elends zerstörten. Er sah brennende Menschen ins Wasser springen, und er hörte die Schreie der Eingeschlossenen. Dicht an dicht waren die Dschunken und Flöße vertäut, und man konnte auf den wurmstichigen Planken und Bastgeflechten trockenen Fußes über wohl zweihundert Boote wandern, die alle bewohnt waren von gebückten alten Weibern und opiumlahmen Greisen, schnell gealterten, in Lumpen gehüllten Frauen, Männern und Kindern, die mit nichts als Dreck bekleidet waren. Hunger und Krankheit regierten auf den meisten der Boote, und nur wenige davon würde ein zivilisierter Stadtmensch überhaupt betreten. Es waren dies die Bordelle.

Zwar hatte ihm Da Wang unter Androhung schlimmer Strafen verboten, das Zimmer des Buchbinders zu verlassen. Aber der Revolutionär war ständig unterwegs. Manchmal blieb er tagelang weg, um sich mit den Genossen im befreiten Gebiet Dongqiao zu treffen. Auch der Buchbinder war tagsüber nicht zu Hause. Und wenn die beiden Männer in der Stadt ihren umstürzlerischen Geschäften nachgingen, dann hielt es den Jungen nicht in der stickigen, fensterlosen Kammer, und er schlich sich hinaus, auf die Boote der Flussmenschen. Es bereitete ihm Vergnügen, die alten Frauen zu erschrecken, die meinten einen Geist gesehen zu haben, wenn sein fremdländisches Gesicht plötzlich hinter einer abgelegten Fischreuse auftauchte. Wenn der Abend kam, lauschte er den schwermütigen Gesängen der Fahrensleute, die unglaubliche Geschichten aus fernen Landesteilen erzählten, und er schlich im Schutz der Dunkelheit um ihre kleinen Versammlungen und hörte, wie sie sich zuflüsterten, dass es irgendwo im Norden – oder war es im Westen? – einen tapferen Helden gäbe, der mächtig und stark war und der sie eines Tages aus ihrer Verdammnis erlösen würde. Hier im Gestank und Unrat der Lausmenschen auf dem Fluss hörte er zum ersten Mal den Namen Mao Zedong.

Am nächsten Tag war er allein mit dem Buchbinder. Da Wang hatte sein Lager vor Tagesanbruch verlassen, und George erwachte, als ihm der süße Geruch von Maissuppe in die Nase stieg.

«Lao Zhu – wird Mao Zedong den Flussmenschen wirklich helfen?», fragte er den Buchbinder, der schon auf dem Weg zur Tür und zu seiner Arbeit war. Lao Zhu, dessen graue Augenbrauen in einem schrägen Winkel nach oben standen, was ihm das Aussehen einer Eule gab, blieb stehen und nickte bedächtig.

«Nicht nur denen, sondern allen. Den Bauern. Du hast gesehen, wie die Bauern in China leben. Sie werden behandelt wie Tiere. Wenn du älter bist, wirst du lernen, dass es immer die Bauern waren, die eine Dynastie in die Knie gezwungen haben, wenn ihr Los unerträglich wurde. Aber diesmal wird es anders. Es wird keine neue Dynastie geben. Diesmal wird das Volk selbst die Macht übernehmen, und Mao Zedong, unser Lehrer und Retter, wird es befreien und anführen. Ganz China wird erblühen wie eine wunderbare, rote Blume.»

«Da Wang und du – ihr gehört doch auch zu den Befreiern, nicht wahr?»

Der Junge war klug und neugierig, und das machte ihn gefährlich. Da Wang hatte Zhu gewarnt, dem Kleinen Drachen nicht zu viel zu erzählen. Schon einmal hatte der nämlich der Bewegung großes Unheil verursacht. Je weniger er wusste, umso besser. Es war schon schlimm genug, dass Lao Zhu die Ausflüge des Kleinen duldete und vor Da Wang geheim hielt. Aber der Buchbinder sah ein, dass ein Kind nicht den ganzen Tag eingesperrt bleiben konnte und er sorgte dafür, dass George unauffällige, chinesische Kleidung trug und seinen verräterischen blonden Schopf unter einem eng gebundenen Tuch verbarg, das George aus ganzem Herzen verabscheute.

«Du stellst viele Fragen, Xiaolong. Ich muss aber jetzt zur Arbeit. Vielleicht können wir ein andermal weitersprechen.»

Enttäuscht und allein blieb George in der Kammer zurück und malte sich aus, wie er und Da Wang und Lao Zhu zusammen mit dem Helden Mao Zedong die Bauern befreiten und auch die Flussmenschen. Wie sie die feigen Soldaten des Generals Zhang und der anderen Kriegsherren unterwarfen und diejenigen, die nicht aufgeben wollten, zermalmten. Zusammen mit den Helden würde er nach Yiyang zurückkehren und Rache nehmen für den Tod seiner Eltern. Die Rache an General Zhang würde er Da Wang oder Mao Zedong überlassen. Aber die Rache an dem Verräter würde er selbst üben. An dem Rattenjungen. Er hatte ihn nur im schwachen Schein der Laterne gesehen, sein Gesicht war schmutzig und halb von den filzigen Haaren bedeckt. Aber George würde dieses Gesicht sofort wiedererkennen. Unter Tausenden und Millionen würde er den Rattenjungen wiedererkennen, jetzt und für den Rest seines Lebens.

Am Abend dieses Tages führte ihn sein üblicher Streifzug durch das Viertel zu einem der ansehnlicheren und größeren Flussschiffe, die etwas abseits der anderen lagen und nur mit Ruderbooten zu erreichen waren. Bei Nacht wurden sie von roten Laternen beleuchtet. George wusste nicht, dass General Yin, der Changsha beherrschte, alle Bordelle auf den Fluss verbannt hatte, nachdem ein mächtiger und frommer amerikanischer Freund sich über die große Zahl von Freudenhäusern und spärlich bekleideten Prostituierten mitten in der Stadt gewundert hatte.

Für George waren die Schiffe, von denen des Nachts Musik und Gelächter herüberdrang, nichts weiter als Restaurants. Und weil er Hunger hatte und noch nicht nach Hause zu Lao Zhu zurückkehren wollte, stahl er sich unbemerkt auf eines der Ruderboote, die an Tauen mit den Restaurantschiffen verbunden waren, und zog sich im Schutz der Dämmerung unbemerkt hinüber. Der wunderschöne Gesang einer Frau drang aus einem der größeren Räume, wo George die Gäste vermutete. Er suchte die Küche, denn er hatte im Umgang mit vielen Köchen in den Restaurants am Hafen gelernt, wie man sie zum Lachen bringen und ihnen dann kleine Leckerbissen abhandeln konnte. Aber er fand keine Küche. Es gab außer dem großen Raum nur einzelne Kabinen, deren Vorhänge zugezogen waren. Langsam und mit knurrendem Magen schob sich George auf einem schmalen Vorsprung vorwärts, entlang der verhängten Kabinenfenster, und spähte hinein, konnte aber nichts erkennen. Einmal erschreckte ihn ein plötzliches, lautes Lachen, das wie das Gackern eines Huhnes klang, so sehr, dass er beinahe die Balance verloren hätte und ins Wasser gestürzt wäre. Zwei Fenster weiter vernahm er ein anderes Geräusch. Er lauschte angestrengt, bis er das Geräusch erkannte. Es war das Wimmern eines Kindes. George wagte es, den Vorhang ein wenig zur Seite zu schieben.

Auf einem mit roten Tüchern und Kissen bepackten Bett

saß ein Mädchen und weinte. Sie konnte nicht viel älter sein als George, aber sie war gekleidet wie eine Frau. Sie trug einen seidenen *qipao*, das lange, hochgeschlossene Kleid der reichen Chinesinnen, das an beiden Seiten mit langen Beinschlitzen versehen war. Das Haar des Mädchens war sauber gekämmt und hochgesteckt, ihr Gesicht war geschminkt, aber die Schminke hatte sich unter ihren Tränen aufgelöst. Als sie aufblickte, erschrak der Junge sehr, denn die verlaufene Farbe auf ihren Wangen sah schauerlich aus. Sie bemerkte die Bewegung des Vorhanges und legte verwundert den Kopf zur Seite. Dann stand sie auf und kam zum Fenster. George wollte schnell weg, aber seine Hose blieb an einem hervorstehenden Nagel hängen, und bevor er sich befreit hatte, erschien das Furcht einflößende Gesicht der Mädchenfrau direkt vor ihm.

«Du bist ein Flussgeist, nicht wahr?», fragte sie unter Tränen.

«Nein, wieso? Gibt es hier Flussgeister?»

«Natürlich. Sie kommen immer nachts und sie sind sehr gefährlich. Sie holen sich manchmal Mädchen. Das sagt zumindest die Madamu. Bist du gekommen, um mich zu holen?»

«Nein. Wer ist die Madamu?»

«Ihr gehört das Schiff. Sie ist sehr schön. Warum bist du hier? Und wieso hast du so ein komisches Gesicht?»

«Ich bin ein Ausländer.»

«Was machst du dann hier?»

«Ich suche etwas zu essen. Wie heißt du?»

«Ich weiß es nicht. Ich habe keinen Namen. Meine Eltern haben mir keinen gegeben. Die Madamu nennt mich ‹Nummer vier›.

«Was hast du denn da?» Erst jetzt bemerkte George, dass ihre Wange geschwollen war.

«Der Mann hat mich geschlagen.»

«Welcher Mann?»

«Ich kenne ihn auch nicht. Er kam einfach herein und hat mich da unten angefasst. Und als ich ihn gebissen habe, hat er mich geschlagen. Dann wurde die Madamu sehr böse, und auch sie hat mich geschlagen.»

«Wo sind deine Eltern? Können sie dir nicht helfen?»

«Sie haben mich verkauft.»

«Verkauft? Man kann doch kein Kind verkaufen.»

«Sie haben mich aber an die Madamu verkauft, und die sagt, ich gehöre jetzt ihr. Wir hatten daheim nichts zu essen. Hier gibt es immer etwas zu essen. Ich habe, seit ich hier bin, jeden Tag nur gegessen und gegessen. Madamu hat gesagt, ich muss viel essen, weil ich so mager bin.»

«Und dann?»

«Ich weiß nicht.»

«Ich glaube, ich weiß es», sagte George und wurde wütend. «Ich glaube, es sollen noch viele Männer kommen und dich anfassen.»

«Dann beiße ich sie.»

«Und sie schlagen dich.»

«Aber ich kann nicht weg von hier. Wenn ich das Zimmer verlasse, dann holen mich die Flussgeister, das hat die Madamu gesagt.» Das Mädchen Nummer vier fing wieder an zu weinen.

«Sie lügt. Aber ich kann dir helfen. Ich gehöre nämlich zu den Befreiern. Und ich werde dich befreien.»

«Oh, bitte, bitte.»

«Kannst du hier herauskommen?»

«Nein. Ich habe Angst.»

«Komm schon!»

Sie versuchte, auf eine Kommode zu steigen, doch der enge *qipao* behinderte sie.

«Du musst das ausziehen», befahl George.

«Aber es ist so schön. Ich habe noch niemals so schöne Kleider gehabt! Daheim war ich immer ganz nackt.»

«Zieh es aus, sonst musst du hier bleiben!»

Schweren Herzens streifte sie das Gewand ab und klomm in ihrem dünnen, seidenen Unterkleid aus dem Fenster.

«Ganz leise jetzt», hauchte George. «Und pass auf, dass du dir hier nicht wehtust, da ist ein Nagel!»

Zu zweit schlichen sie zurück zum Bug, wo jetzt drei Ruderboote vertäut waren, die in der leichten Strömung schaukelten. Als sie sich eben in eines der Boote hinunterhangeln wollten, flog die Tür des Hauptraumes auf, und ein uniformierter Mann trat hinaus auf das Deck. Mit beiden Armen seinen Hals umfassend folgte ihm eine feine Dame, auch sie war mit einem *qipao* aufgemacht. Ihre Ohren waren mit schwerem Schmuck behängt, und in ihrem streng zurückgebundenen Haar trug sie eine zierliche, edelsteinbesetzte Krone.

Sie drückte dem Offizier schmatzend einen Kuss auf die Wange und saugte dann sogleich an einer langen Zigarettenspitze, die sie zwischen zwei knochigen Fingern hielt.

«Die Madamu!», quiekte das Mädchen Nummer vier, und die Frau blickte auf und sah die beiden Kinder.

«Greif sie!», schrie die Madamu dem Mann zu, und bevor er sich bewegen konnte, kam sie selbst wie eine Pantherin auf George und das Mädchen zugesprungen. Mehr aus Schock denn aus Berechnung ließ sich George rücklings in den Fluss fallen und zog das Mädchen mit sich. Sie schrie im Fallen und schluckte viel Wasser. Als sie wieder auftauchten, hustete sie und stöhnte, dass George meinte, sie würde ersticken. Oben auf dem Schiff brach Unruhe aus. Frauen- und Männerstimmen gellten durcheinander. Laternen wurden geholt. Auch auf den benachbarten Bordellschiffen traten Leute an Deck und schauten, wem der Trubel galt. George zog das Mädchen, das immer noch erbärmlich hustete, ganz nah an den Schiffsrumpf und klammerte sich an den Seilen fest, die für die Sandsäcke gedacht waren, falls das Schiff an einer befestigten Hafenmauer vertäut werden sollte.

«Wo sind sie?», brüllte eine Männerstimme.

«Bringt mir das Mädchen zurück! Ich habe zwei Silberstücke für sie bezahlt. Bringt mir das verdammte Biest zurück.»

«Seid doch mal still! Hört ihr nicht das Husten? Sie sind hier unten!»

Mit einem Mal verstummten alle Stimmen auf dem Schiff. Das Mädchen Nummer vier erschrak so sehr, dass sie zu atmen vergaß, und ihr Husten hörte auf. Nur das erwartungsvolle Schnaufen der Verfolger war von oben zu hören.

«Von hier aus kann ich sie nicht sehen», sagte einer der Männer.

«Steig doch in das Boot. Und hier, nimm die Laterne mit.»

Weiter und weiter zog George den schlotternden Körper des Mädchens am Rumpf des Schiffes entlang, bis sie das Heck erreicht hatten.

Zwei Männer stiegen hinunter in ein Ruderboot und suchten das Wasser ab.

«Hier ist keiner!», meldete er nach oben. «Wahrscheinlich sind sie ertrunken.»

«Ich habe zwei Silberstücke bezahlt!», jaulte die Madamu auf.

«So viel hast du mir gerade für eine Flasche Wein abgeknöpft!», empörte sich der Offizier. «Hör schon auf zu maulen. Morgen wirst du schon ein neues Mädchen finden. Musst eben besser auf deine Küken aufpassen!»

Unter Gelächter verschwand die Gesellschaft im Gastraum. Auch die beiden Männer im Ruderboot gingen zurück an Deck. Auf den Nachbarschiffen wandte man sich wieder seinen besonderen Vergnügungen zu.

George strampelte sich ab und zog das Mädchen Nummer vier bis hinüber zum Ufer, wo er sich erschöpft in den Schlamm fallen ließ.

«Du bist wirklich ein Befreier», keuchte das Mädchen, als es wieder genug Atem hatte. «Und du kannst schwimmen.»

«Das hat mir Da Wang beigebracht.»

Sie schnatterten beide vor Kälte und Angst.

«Wer ist das?»

«Du wirst ihn kennen lernen. Wir gehen zu ihm. Jetzt gleich. Aber erst brauchst du noch etwas.»

«Neue Kleider?»

«Nein. Du brauchst einen Namen. Wenn ich dich Da Wang vorstellen soll, musst du doch einen Namen haben.»

«Ich kenne aber keinen Namen für mich.»

George überlegte kurz und schnippte dann mit dem Finger. «Ich weiß einen. Einen schönen Namen. Du heißt ab heute Honghua.»

«Das ist wirklich ein schöner Name.»

Er nahm sie bei der Hand, und sie liefen, immer noch triefend, das Ufer hinauf. George Franklin Farlane, der Befreier, und Honghua, die Rote Blume.

Da Wang kam spät nach Hause und befand sich wie immer in ruheloser Stimmung. Der Zollbeamte aus Shanghai hatte Mister Smith benachrichtigt, dass die Maschinengewehre und Kanonen aus Amerika innerhalb der nächsten zwei Wochen in Shanghai erwartet würden. Genug Zeit also, den entscheidenden Schlag vorzubereiten. Genosse Li berichtete aus Yiyang, dass General Zhang bereits eine Gruppe seiner zuverlässigsten Leute nach Shanghai geschickt hatte, die die Waffen in Empfang nehmen und auf dem Yangtze bis nach Wuhan, von dort mit der Eisenbahn nach Changsha und weiter auf dem Landweg nach Yiyang bringen sollten. Die Route führte durch Guomindang-Gebiete, und da General Zhang sich den Nationalisten angeschlossen hatte und zumindest vorgab für ihre Sache zu kämpfen, würde der Transport unterwegs auf keinerlei Hindernisse stoßen. Da Wang aber hatte längst Verbindung zu den Genossen im befreiten Gebiet Dongqiao aufgenommen, wo eine Armee von viertausend Mann bereitstand. Sie waren zwar wie alle Truppen der Kommunisten nur mit museumsreifen Gewehren ausgerüstet. Dazu hatten sie zwei von der Guomindang erbeutete, alte Kanonen, aber keine Munition dafür. Und die Munition, die sie im Überfluss erbeutet hatten, passte nicht in die Kanonen. Mit ihren Waffen allein waren sie den Feinden hoffnungslos unterlegen. Und doch besaßen sie etwas, das ihnen jetzt schon in jeder Schlacht einen Vorteil verschaffte. Die Soldaten der Nationalisten kämpften, weil sie von ihren Offizieren dazu gezwungen wurden. Die Soldaten der Bauernarmee kämpften für ein gemeinsames Ziel: für die Befreiung ihrer Familien und ihres Landes. Nichts und niemand konnte diese Armee aufhalten, wenn der Standard ihrer Bewaffnung einmal ebenso hoch war wie ihr Siegeswillen und ihre Kampfmoral. Und Da Wang war dabei, die Truppen in Dongqiao diesem Ziel einen entscheidenden Schritt näher zu bringen.

Er betrat mit knappem Gruß die Kammer des Buchbinders und machte sich sofort über eine Schale Reis mit Gemüse her, die der Genosse ihm bereitgestellt hatte. George hockte auf seinem Lager und beobachtete den Großen Wang, der gierig seine Mahlzeit einnahm. Hinter ihm, in tiefem Schlummer versunken, lag Honghua. Lao Zhu hatte versprochen es auf sich zu nehmen, den Revolutionär, dessen Temperament in letzter Zeit immer unberechenbarer geworden war, von ihrer neuen Mitbewohnerin und dem Plan zu unterrichten, den der Kleine Drache geschmiedet hatte. Da Wang, der sich ständig in Lebensgefahr befand und von den Agenten des Generals Yin verfolgt wurde, hatte mehr und mehr die Anwesenheit des jungen Ausländers als Belastung und Gefährdung empfunden und ihn nur deshalb noch nicht zum Waisenhaus der Missionare gebracht, weil der Junge durch ein falsches Wort zu einem der Ausländer, die General Yin nahe standen, das ganze Vorhaben gefährden konnte.

«Da Wang», begann Lao Zhu vorsichtig, «ich denke, es wird Zeit, unseren kleinen, ausländischen Freund in Sicherheit zu bringen.»

«Du musst noch ein paar Tage Geduld haben, Genosse. Dann werde ich den Jungen dorthin schaffen, wo er hingehört und wo er sicher ist.»

«Aber sind wir dann auch sicher, Da Wang? Er kennt mich und noch einige andere aus der Bewegung. Was ist, wenn er sich verplaudert?» Es war Georges Idee gewesen, dass er es mit diesem Trick versuchen sollte.

Da Wang kaute ungeduldig auf seinem Gemüse. «Was soll ich mit ihm tun, Lao Zhu? Du verlangst doch nicht, dass ich ...»

«Nein, nein.» Lao Zhu erhob sich und schlurfte zu George, der ihrer Unterhaltung voller banger Erwartung folgte. Er legte dem Jungen die Hand auf die Schulter: «Ich frage mich nur, ob es wirklich sinnvoll ist ihn zu den Amerikanern zurückzubringen. Aber hier kann er auch nicht mehr lange bleiben. Ich meine, das Beste wäre, wenn wir ihn nach Dongqiao brächten.»

George hielt den Atem an. Jetzt war es heraus. Er hatte Lao Zhu so lange angebettelt und auf ihn eingeredet, bis der Buchbinder selbst von der Notwendigkeit überzeugt war, den Kleinen Drachen und das schlotternde Mädchen, das er mit nach Hause gebracht hatte, in das befreite Gebiet zu schaffen. «Sie hat niemanden», hatte George verkündet. «Ihre Eltern haben sie verkauft. Du hast gesagt, Mao Zedong würde den Flussmenschen helfen. Aber sie kann nicht so lange warten. Wir müssen ihr jetzt sofort helfen.»

Lao Zhu, dessen eigener Sohn vor langer Zeit gestorben war, hatte sich ein Schmunzeln nicht verkneifen können. Dieser Junge hatte seinen eigenen Kopf, und darin, das erkannte Lao Zhu, war viel Platz für die Ideen der Kommunisten. Gewiss, der Junge war kein Chinese. Aber er hatte Mut und Mitleid genug, das Mädchen unter Lebensgefahr aus den Klauen der Kupplerin vom Bordellschiff zu retten. Lao Zhu war überzeugt, dass der kleine Amerikaner das Zeug zu einem großen Revolutionär hatte.

Da Wang antwortete nicht sogleich auf den Vorschlag, und George fürchtete schon, dass er ablehnen würde. Aber zu seiner Überraschung und Erleichterung sagte der junge Held: «Das habe ich mir auch schon überlegt. Aber er gehört nicht zu uns und wird niemals zu uns gehören, Lao Zhu. Er ist ein Ausländer.»

«Wenn ich richtig informiert bin, leben in Dongqiao bereits zwei oder drei Ausländer», hielt der Buchbinder wacker dagegen.

«Das sind Russen. Sie sind verdiente Revolutionäre und Berater. Sie gehören auch nicht wirklich zu uns. Sie haben besondere Wohnquartiere und bekommen besonders reichhaltige Mahlzeiten.»

«Ich brauche kein besonderes Essen und ich kann dort wohnen, wo alle wohnen.» George konnte nicht mehr an sich halten. «Bitte, Da Wang, lass uns nach Dongqiao!»

«Wieso uns?»

George schluckte hart. «Es ist kaum zu glauben, Da Wang. Ihre Eltern haben sie verkauft . . .!»

Da Wang hatte niemandem je seine ganze Lebensgeschichte erzählt. Sie war gezeichnet von Schande und Not. Er war der erste Sohn eines Bauern aus der Gegend östlich von Yiyang. Nach einem Sommer voller Unwetter und Hochwasser und einer schlechten Ernte, als er nicht mehr wusste, wie er seine elfköpfige Familie satt bekommen sollte, hatte sein Vater einen Großgrundbesitzer um Hilfe angefleht. Der reiche Mann hatte sich mit wachsender Ungeduld die Nöte des Bauern angehört, denn es waren die Nöte aller Bauern im ganzen Landkreis. Und dann hatte er ihm dasselbe rettende Angebot gemacht wie allen anderen auch, die an seine Türe klopften. Bauer Wang konnte sich aus den bis unter das Dach gefüllten Speichern des Großgrundbesitzers bedienen und die hungrigen Mäuler stopfen. Aber dafür musste er zahlen. Einen bestimmten Betrag in Silbergeld, und den Rest musste er von der Ernte des nächsten Jahres verpfänden. Bauer Wang ließ sich auf diesen Handel ein, denn das Geschrei der Kinder und Frauen daheim, die nichts mehr zu essen hatten, war allzu schmerzhaft. Wang Guoming war damals noch klein, gerade sechs Jahre alt, so alt wie der Kleine Drache heute. Er war von robuster Gesundheit. Er würde später einmal ein kräftiger Mann werden, sagten die kenntnisreichen, alten Weiber voraus. Weil er das nötige Silbergeld für den Großgrundbesitzer nicht besaß, verkaufte Bauer Wang zwei jüngere Söhne. Der Fünfjährige wurde in ein Bergwerk geschickt, von wo er niemals zurückkam, den anderen, der erst drei Jahre alt war, nahm eine durchreisende Operntruppe als Schüler auf. Weil das Geld immer noch nicht reichte und er außer seinen Kindern nichts weiter hatte, verkaufte der Bauer auch zwei seiner Töchter an die Bordelle in Yiyang und Changsha. Der kleine Wang Guoming sah sie gehen. Sie weinten und wehrten sich, aber die fremden Männer trugen sie lachend davon. Der Reis, den er aß, war von da an bitter, denn er wusste, dass es das Fleisch und Blut seiner Geschwister war. Der Junge aß ihn mit Hass. Auch die Ernte des nächsten Jahres fiel nicht bedeutend besser aus. Es hätte gerade gereicht, die geschrumpfte Familie zu ernähren. Aber ein Drittel hatte Bauer Wang dem Großgrundbesitzer versprochen. Dieser zeigte jedoch Gnade. Er beanspruchte nur die Hälfte des ihm zustehenden Anteils, damit die Familie überleben konnte. Aber dafür musste ihm der Bauer die Hälfte seines Landes überschreiben. Und im nächsten Jahr, als eine gute Ernte kam, hatte die Familie immer noch nicht genug zu essen, denn der Großgrundbesitzer nahm ihnen und allen anderen seiner Schuldner die Hälfte ab, obwohl er dafür eigens neue Speicher bauen musste. Fast alle Bauern im Landkreis teilten das Schicksal von Bauer Wang. Zum Glück hatte seine Frau eine Schwester in der Stadt, die vor vielen Jahren dort die zweite Frau eines wohlhabenden Goldschmiedes geworden war. Der Goldschmied und seine erste Frau waren längst tot, und die Tante hatte von seinen Söhnen eine anständige Rente zugesichert bekommen. Als Wang Guoming dreizehn Jahre alt war, schickten die Eltern ihn zu seiner Tante nach Yiyang und hofften, dass er dort gut versorgt würde, vielleicht sogar lesen und schreiben lernen möge, während sie und ihre verbliebenen Kinder sich bedingungslos in die Knechtschaft des Großgrundbesitzers ergaben.

Die Tante, die ihre verarmte Sippe längst vergessen hatte, erfüllte widerwillig ihre familiären Pflichten. Wang Guoming bekam einen lichtlosen, winzigen Raum in ihrem Haus und erhielt den Befehl, sich so selten wie möglich bei der Tante blicken zu lassen. Sie gab ihn nicht in eine Schule, sondern vermittelte ihn an einen Rikscha-Unternehmer, der kräftige Burschen brauchte. Und so wurde aus dem Jungen ein Kuli, der, in Lumpen gekleidet, reiche Städter durch die schlammigen, stinkenden Straßen von Yiyang zog.

Eines Abends wartete er mit seiner Rikscha vor einem vornehmen Restaurant am Südtor auf Kundschaft, als ein betrunkener Kaufmann und seine blutjunge Begleiterin sein Gefährt bestiegen und verlangten, zu einer noblen Adresse im Norden der Stadt gebracht zu werden. Da Wang legte sich mächtig ins Zeug, denn wenn man sich sichtlich anstrengte, gaben die reichen Kunden manchmal ein ansehnliches Trinkgeld. Während er, den Blick immer starr auf den Morast gerichtet wie ein menschliches Lasttier, die Achse der Rikscha in seinem Nacken spürte und während die ledernen Riemen in die Haut seiner Unterarme schnitten, lauschte er der angeregten Unterhaltung seiner Passagiere.

«Du bist eine wahre Künstlerin deines Faches, kleine Nachtigall», grunzte der Mann. «Wo hast du dein Handwerk gelernt? Doch nicht etwa im Süden? Ich mag keine Weiber aus dem Süden!»

«Nicht im Süden, feiner Herr», antwortete das Mädchen. «Ich bin aus Hunan, genau wie Ihr. Mein Dorf liegt gar nicht weit von hier, Wuliqiang.»

Der Rikschakuli fuhr zusammen wie unter einem Peitschenhieb. Dies war der Name des Dorfes, in dem seine Familie wohnte.

«Ich kenne Wuliqiang», grölte der Kavalier. «Ich habe dort einige Ländereien! Halt da vorne an, du vaterloser Dummkopf!», brüllte er dem Kuli zu. Da Wang brachte seine Rikscha vor einem großen, von zwei Laternen beleuchteten Stadthaus zum Stehen und sprang herbei, um den Gästen beim Aussteigen behilflich zu sein. Der Passagier ergriff seine Hand wie ein Stück Holz und zog sich schwerfällig aus dem Sitz empor, stolperte und schlug Da Wang mit der flachen Hand ins Gesicht: «Du Tölpel! Jetzt habe ich mir meine Schuhe schmutzig gemacht!»

«Es tut mir sehr Leid, mein Herr!»

«Ich zahle dir keinen Strohhalm für diese Fahrt! Wer bezahlt die Reinigung meiner Schuhe?»

«Hilf mir hier heraus, du Ei einer Schildkröte!», kreischte das Mädchen ihn an. Da Wang fuhr herum und reichte ihr die Hand. Im Schein der Laterne sah er ihr Gesicht und erkannte sie sofort. Es war seine zweite Schwester. «Was für ein ungeschickter Hurensohn!», schrie sie. «Du sollst mir heraushelfen, und stattdessen glotzt du mich nur blöde an! Sieh her, mein Kleid ist ganz besudelt.»

Der reiche Mann zückte eine Reitgerte und hieb auf den Kuli ein. «Nimm das als Bezahlung, du verdammter Trottel. Du hast meine Dame beleidigt und ihr Kleid beschmutzt! Los, verschwinde, bevor ich dich kurz und klein schlage!»

Unter dem heiseren Grölen des Großgrundbesitzers und dem spitzen Lachen seiner eigenen Schwester flüchtete Da Wang in die Nacht. Er verspürte keinen Zorn, noch nicht. Das kam später. Jetzt, als er seine Rikscha in die dunkle, stinkende Straße zog, hatte er nur die eine Gewissheit: Er würde etwas tun, damit niemals wieder irgendein Mensch erfahren musste, was er selbst soeben erfahren hatte. Seine Schwester war verloren. Aber niemals, das schwor er sich, niemals würde er aufhören für ihre Würde zu kämpfen. Als sie und seine zweite Schwester verkauft wurden, da war er noch ein Kind und hatte nichts verstanden. Er hatte sie nicht retten können. Jetzt verstand er. Er konnte sie zwar nicht mehr retten. Aber er konnte die vielen anderen Schwestern der vielen anderen Brüder retten, die Töchter der vielen anderen Eltern. Er hatte unlängst von einem Mann gehört, der genau davon gesprochen hatte, und noch in dieser Nacht würde er versuchen diesen Mann zu finden ...

Da Wang schüttelte die Erinnerungen ab wie einen bösen Traum und kam auf das kleine Mädchen zu, das sich ängstlich hinter George versteckte.

«Sei ihm nicht böse», beschwichtige Lao Zhu, der einen weiteren Wutausbruch des jähzornigen jungen Mannes befürchtete. «Er wusste es nicht besser. Er hat sie aus einem der Bordellschiffe befreit und hierher gebracht.»

«Wie heißt du?», fragte Da Wang das Mädchen.

«Ich weiß es nicht», sagte sie. «Aber der Kleine Drache hat mich Honghua genannt.»

Als Da Wang ihn nun anblickte, entdeckte der irritierte George in den Augen des Chinesen so etwas wie Wärme.

«Ich danke dir, Xiaolong. Danke, dass du Honghua hierher gebracht hast. Du bist ein Held.»

George wusste nicht, was er sagen sollte. Er hatte mit Beschimpfungen, sogar mit Prügeln gerechnet. Aber damit nicht!

«Hast du einen Bruder, Honghua?», fragte Da Wang.

«Ich habe drei Brüder!», verkündete das Mädchen stolz.

Georges Verwunderung kannte keine Grenzen. Zum ersten Mal, seit er ihn kannte, lächelte Da Wang.

Und er sagte: «Deine Brüder sind die ersten Brüder des neuen China, kleine Rote Blume.»

Dann wandte er sich an Lao Zhu. «Ich muss morgen in einer dringenden Sache nach Dongqiao. Diesmal reise ich nicht allein.»

Der schwerfällige Tross mühte sich im Regen über morastige Wege durch die Reisfelder hindurch in Richtung Yiyang. Dreiundzwanzig Pferdewagen mit schweren Kisten, die alle hundert Meter im Schlamm stecken blieben und von den Geleittruppen unter wütendem Gebrüll herausgezogen und angeschoben werden mussten. Als sie die hügelige Landschaft unweit des Dorfes Wuliqiang erreicht hatte, legte die Kolonne eine Rast ein, denn das Gasthaus bot feine Küche für einen lächerlich niedrigen Preis. Es war noch immer eine Tagereise bis ans Ziel, und die Männer waren hungrig und müde. Schon längst hätte ein gewaltiges Vorauskommando aus Yiyang sie in Empfang nehmen und ihnen einen Teil der Lasten, die sie seit vier Tagen durch den Dreck zerrten, abnehmen sollen. Aber wie immer hatte man sie vergessen. Sie wussten nicht, was sie da unter so großen Mühen durch den Regen transportierten. Die Beschriftungen der Fracht waren in einer fremden Sprache abgefasst, und General Zhang hatte sie nicht informiert. Aber sie ahnten, dass es etwas Wichtiges sein musste, denn sonst hätte er nicht seine ganze Eliteabteilung dafür eingesetzt. Zweihundertfünfzig Soldaten, bestens bewaffnet und gut bezahlt, hatten den Auftrag, die Fracht wenn nötig unter Einsatz ihres Lebens zu verteidigen. Aber gegen wen denn? Die Strecke von Changsha nach Yiyang war sicher. Die Räuberbanden hatten sich längst in eigenem Interesse dem Heer des Generals angeschlossen, und die nächste Basis der Kommunisten, das Gebiet Dongqiao, war hundertfünfzig Kilometer entfernt. Die Karawane kam an dem verlockenden Gasthaus zum Stillstand, und die Offiziere verzogen sich in den warmen, trockenen Innenraum, während die einfachen Soldaten in der Scheune nebenan warteten, bis ihnen von den eifrigen, süßen Mädchen Reis, Fleischsoße und roter Chili serviert wurde. Sie hatten ihre Mahlzeit noch nicht beendet, als eine laute Stimme sie anrief: «Soldaten von General Zhang. Ihr seid in eine Falle geraten, und es gibt keine Rettung für euch.

Legt eure Waffen ab, und schließt euch der Bauernarmee an oder sterbt.»

Sie ließen verblüfft ihre Essschüsseln sinken. Wer in dieser Gegend wollte den Truppen des mächtigen Generals Zhang derartige Forderungen stellen? Die Bauernarmee war weit weg und nicht mehr als ein Hirngespinst. Es konnte sich nur um eine üble List irgendwelcher Banditen handeln. Sofort griffen sie zu ihren Gewehren und stürmten hinaus. Sie starben, ohne Ausnahme. Die Kommunisten hatten zuerst die Voraustruppen aus Yiyang in eine Falle gelockt und vernichtet und sich dann die Karawane aus Changsha vorgenommen. Denn im Gegensatz zu den Bewachern wussten sie ganz genau, was in den fremdartig beschrifteten Kisten verstaut war. Es war der Schlüssel zur Stadt Yiyang und vielen weiteren Städten.

General Li Xiannian, der die Eroberung anführte, gab den Bürgern genau drei Stunden Zeit, um die Tore zu öffnen und die Stadt kampflos zu übergeben. Es werde keine Plünderungen geben, sicherten die Kommunisten zu. Die Städter hörten die Botschaft und versammelten sich vor der Residenz des Generals Zhang, um von ihm eine Erklärung zu verlangen. Wo waren seine Truppen, deren Anwesenheit man nur deswegen erduldet und ertragen hatte, weil sie Yiyang verteidigen sollten? Wieso sah man seine Soldaten plötzlich in den Reihen der Belagerer? Doch der General war für niemanden mehr zu sprechen.

Für die Eroberung Yiyangs wurde kein einziger Schuss abgefeuert. Bei ihrem Einmarsch trafen die Truppen der Kommunisten nicht auf Widerstand. Es standen sogar einige Bürger am Straßenrand und warfen ihnen Blumen zu.

Da Wang, der im Stab von Li Xiannian an der Spitze der Roten Armee in die befreite Stadt zurückkehrte, fand im Hauptquartier des verhassten Kriegsherrn nur noch eine umgestürzte Vase mit Ginsengwurzeln und zwei verschreckte Konkubinen vor. Allein stieg er hinab in den Keller der Residenz, in dem so viele Genossen ihr grausames Ende erlebt hatten und dem er selbst drei Monate zuvor nur mit einer List entkommen war. Er fand dort nichts als die grauenvollen Blutflecken an der Wand, leere Käfige und einen Haufen Stroh. Und darin einen verstörten Jungen, der sich vor ihm in den Schmutz warf und um Gnade winselte.

Es war der 3. Januar 1932. Der Tag, dessen Wang Guoming fortan in jedem Jahr mit besonderem Stolz gedachte. Denn es war der Tag seines ersten, großen Sieges gewesen.

Aber es war dies auch der Tag seiner größten Niederlage.

14. Kapitel

Peking, 29. Dezember

Er brauchte gar nicht durch die Passkontrolle und den Zoll zu gehen. Sie holten ihn am Flugsteig ab. Es waren zwei junge Männer in Zivil, aber er erkannte an ihrer Körperhaltung, dass sie Offiziere waren.

«Willkommen in Peking», sagten sie im Chor und geleiteten ihn hinaus auf einen besonderen Parkplatz, wo sie in eine dunkle Limousine mit weißem Armeenummernschild stiegen. George Franklin Farlane war müde. Er hatte keine Minute geschlafen auf dem ganzen langen Flug, hatte immer nur aus dem Fenster gesehen, auf Wolken, Gebirge und Meer, und versucht, sich innerlich auf diesen Moment vorzubereiten. Er hatte nicht mehr darauf gehofft, dass er jemals nach China würde zurückkehren können. Und eigentlich hatte er auch nicht mehr zurückkehren wollen. Was er den Zeitungen und den Briefen der wenigen alten Freunde entnommen hatte, war vor allem, dass das China von heute nicht mehr das China sein konnte, das er mit aufgebaut hatte. Es war das China, das Deng Xiaoping geformt hatte. Er hatte diesen Deng nie leiden können, den kleinen Mann mit der tiefen, festen Stimme. Obwohl er ihn nur einmal gesehen hatte, als der damalige Generalsekretär der Kommunistischen Partei 1961 die *Volkskommune Achter Juni* in Dongqiao besuchte und sich die Erfolge der Ernte zeigen ließ. Es war das Jahr nach dem Jahr des großen Hungers, in dem auch Honghua sterben sollte.

Noch vor dem ersten Jahrestag ihres Todes war Generalsekretär Deng mit großer Gefolgschaft in Dongqiao erschienen und hatte die Getreidespeicher der Kommune begutachtet. Sie wollten ihm auch ihre mittlerweile stillgelegte Stahlhütte und die Halle des glorreichen sozialistischen Aufbaus zeigen, aber Deng hatte dafür kein Interesse.

«Füllt nicht mehr diese albernen Hochöfen», hatte er mit einem heiteren Lachen gesagt. «Füllt lieber eure Bäuche!» Es war George vorgekommen, als lache er über seine Honghua. Deng hatte vor einer kleinen, ausgewählten Gruppe von Kadern und Musterarbeitern, der auch George Franklin Farlane angehörte, einen kurzen Vortrag gehalten und gesagt: «Die Zeit des Klassenkampfes ist nun endgültig vorbei. Die Feinde sind ohne Ausnahme besiegt. Nun geht es darum Wohlstand zu schaffen und satt zu werden. Es ist egal, ob eine Katze schwarz oder weiß ist. Die Hauptsache, Genossen, die Hauptsache ist, dass die Katze Mäuse fängt.»

Als sich zwanzig Minuten später die Staubfahne, die seine abfahrende Wagenkolonne auf dem ausgetrockneten Weg aufgewirbelt hatte, über die Reisfelder senkte, standen sie in Grüppchen vor dem Eingang des Versammlungshauses herum, und einer murrte: «Wenn der morgen unsere Kommune übernähme, hätten wir übermorgen wieder die Großgrundbesitzer und die Guomindang im Nacken!»

Neunzehn Jahre später hatte dieser politisch verdächtige Deng Xiaoping nicht nur eine Kommune übernommen, sondern das ganze Land. George, der zu diesem Zeitpunkt schon längst in Malagash wohnte, hatte in seinem Exil kaum eine Zeitung angerührt und nichts mehr von Dengs China wissen wollen. Nur einmal, 1989, waren die Nachrichten von so großer Bedeutung, dass sie auch ihn erreichten. Sogar im verschlafenen Malagash sprach jeder davon, und sie fragten ihren Gewährsmann Farlane, was davon zu halten sei: Dengs Soldaten hatten auf dem Tiananmenplatz demonstrierende Studenten niedergemetzelt. Er sagte ihnen, dass ihn das Massaker überhaupt nicht verwundere und nur in seiner Meinung bestätigte. Dieser Deng sei eben nichts weiter als ein korrupter Kapitalist. Die braven Kartoffelbauern von Malagash konnten mit dieser Auskunft allerdings nicht viel anfangen.

Deng aber hatte China so gründlich und endgültig verändert, dass es nicht mehr wiederzuerkennen war. George war nicht naiv und hatte nicht geglaubt, sein Land im selben Zustand vorzufinden wie vor über dreißig Jahren. Aber was ihn hier erwartete, war der größte Schock seines Lebens.

Als er auf dem bequemen Rücksitz einer Limousine mit klopfendem Herzen in die Hauptstadt von Dengs China einfuhr, war es ihm, als lösten sich all seine Ideale, seine Träume und Visionen, seine Leidenschaft in nichts auf. Wie Schnipsel eines zerrissenen Buches flatterte sein ganzes Denken aus dem Fenster heraus und verschwand unwiederbringlich. Die CAMP, die verhasste Schwiegertochter, sie hatte Recht gehabt. Nichts schmerzte ihn so sehr wie dieses Eingeständnis. Er war einem Trugbild nachgehangen. Er war ein alter, verbohrter und unwissender Tropf, der in seinem Schneckenhaus in Kanada hockte, während China explodierte.

Als er Peking zum letzten Mal gesehen hatte, gab es hier kein einziges Hochhaus, und alle Menschen trugen im Winter die einfachen, blauen Steppjacken und die blauen Mützen. Es gab jetzt nicht einmal mehr dieses besondere Blau. Nur wenn er ganz genau hinsah, konnte er zwischen den Glasfassaden der Hochhäuser und den Kränen der Baustellen die niedrigen Dächer der wenigen verbliebenen Hutongs, der traditionellen Pekinger Hofhäuser, erkennen. Überall sah er weiße Satellitenschüsseln, die wie riesige Ohren in die Welt hinauslauschten und jede fremde Mode aufnahmen und priesen. Überall sah er Reichtum und Überfluss. Restaurants. Wohin er auch blickte, sah er Restaurants. Manche hatten ihre bunten Neonbeleuchtungen schon angeschaltet, obwohl es noch nicht einmal richtig dunkel war. Deng und seine Leute hatten einen Rummelplatz aus Peking gemacht! Überall blinkte und leuchtete es in allen Farben, und manche unternehmungslustige Gastronomien hatten sogar weihnachtliche Lichterketten in die Bäume vor dem Eingang gehängt. Supermärkte, hell erleuchtet mit voll gepackten Regalen. Reklametafeln für Mobiltelefone, ausländisches Bier und Kreditkarten. Und dann die Straßen! Kaum hatten sie den dichten Stadtverkehr erreicht, setzte der Fahrer ein rotes Signallicht auf das Autodach und nahm die Sirenen in Betrieb. Aber nicht einmal damit kam er durch. Die anderen Autofahrer, in gelben Taxis, japanischen Mittelklassewagen und deutschen Luxuskarossen, ignorierten ihn einfach, sie blieben frech und stur in der Spur vor ihm und schnitten ihm, wann immer sich eine günstige Gelegenheit bot, von allen Seiten den Weg ab. Hatte denn niemand mehr Respekt vor einem Fahrzeug der Volksbefreiungsarmee? Und wie sie sich untereinander verdrängten und die Vorfahrt streitig machten, wie sie sich nichts schenkten und jeder nur auf seinem eigenen Vorteil beharrte! Mein Gott, dachte George, der an keinen Gott glaubte, wenn dieses Volk heute genauso lebt, wie es Auto fährt, dann ist es noch schlimmer dran als vor der Revolution.

Was waren das für Menschen geworden, die in modischer Winterkleidung vor den Schaufenstern der Geschäfte auf und ab gingen? Die Frauen trugen lange Haare, und manche waren geschminkt. Eine sah er, die trug trotz der Kälte einen kurzen Rock! Er sah Männer in schwarzen Lederjacken mit lächerlichen Pelzkragen und Kinder, aufgemacht in dicken, bunten Kostümen, die aussahen, als gehörten sie zu den Außerirdischen. Und dann sah George etwas, das ihn mehr erschütterte als alles andere und das ihm zeigte, dass der Kommunismus genauso tot war wie seine chinesischen Väter: Die Bettler waren zurückgekehrt. In dicke Lumpen gehüllt kauerten sie in Hauseingängen, auf den Bürgersteigen vor den vornehmen Hotels und Einkaufszentren. Sie streckten ihre blau gefrorenen Hände nach den Passanten aus, mit Gesichtern schwarz wie von Kohlestaub, verzerrt in Grimassen der Unterwerfung und hündischer Demut. Kinder klammerten sich an die Hosenbeine eilig vorbeischreitender Männer, die sie abschüttelten und wegschubsten. Die Lausmenschen, dachte er. Sie waren einmal befreit und dann wieder unterjocht worden von der grimmigsten und erbarmungslosesten Macht Chinas: von der Armut.

Sie fuhren den Changan-Boulevard hinunter, der gesäumt war von monströsen Gebäuden, und passierten den Tiananmenplatz. Mit Widerwillen bemerkte George, dass das Bildnis des großen Vorsitzenden Mao noch immer am Tor des Himmlischen Friedens hing. Das war vorbei, unwiderruflich und endgültig vorbei – genauso wie alles, an das er geglaubt, für das er gekämpft, gestritten und gelitten hatte. Die Zeit war einfach über ihn und seine Generation hinweggegangen.

Dann öffneten sich die bewachten Tore von Zhongnanhai, und es war wie das abrupte Ende einer grauenhaften Geisterbahnfahrt.

George atmete auf. Mit einem Mal verstummte das neue, fremde China.

Sein Puls beruhigte sich.

Er war wieder daheim. Aber er war nicht mehr derselbe.

Sherry Wu hielt ihren schnittigen japanischen Sportwagen auf der Überholspur des Airport Expressway, wo um diese Uhrzeit nicht mehr viel Verkehr war, und schmollte. Sie hatte gedacht, er würde sich freuen sie nach vier Monaten endlich wiederzusehen. Sie hatte gedacht, er würde ihr ein wenig Dankbarkeit zeigen für den außerdienstlichen Gefallen, den sie ihm erwiesen hatte. Statt dessen war Marco zu ihrer Enttäuschung ganz der strenge, zugeknöpfte Vorgesetzte, und noch dazu hatte er sie mit scharfen Worten gerügt. Zunächst hatte er den freudig erregten Ankömmling gespielt und sich sogar von ihr einen Kuss auf die Wange drücken lassen. Aber natürlich nur, um kein Aufsehen zu erregen. Sein ganzes Leben bestand ja nur aus dem Gebot niemals Aufsehen zu erregen. Besonders an Orten wie dem Pekinger Flughafen. Da war immer eine Hand voll aufmerksamer Mitarbeiter des chinesischen Geheimdienstes in der Ankunftshalle postiert, die die ausländischen Passagiere und besonders ihre chinesischen Abholer im Auge behielten. Außerdem war auf dem Pekinger Airport ein hochmodernes Videoüberwachungssystem installiert. Die Bänder wurden Tag für Tag ausgewertet, protokolliert und auf eventuelle Besonderheiten hin überprüft. Das war immer schon das Problem mit den Chinesen. Sie waren paranoid in Bezug auf Fremde, die in ihr Land kamen, und sie hatten einfach zu viele Leute. Marco hoffte, dass keinem der Aufpasser der stattliche Herr aufgefallen war, der mit der Abendmaschine der United Airlines aus New York über Tokio eingetroffen war und den eine grell geschminkte, junge Chinesin in Empfang nahm.

Kaum waren die Autotüren geschlossen, hatte seine Schauspielerei ein Ende:

«Was fällt Ihnen ein mich abzuholen? Haben Sie alles vergessen, was man Ihnen beigebracht hat?»

«Ich dachte . . .»

«Es braucht nur irgendeinem übereifrigen Polizeioffizier einzufallen, dass er in diesem Monat noch nicht genügend Nutten verhaftet hat, und schon sitzen wir ganz tief in der Scheiße.»

«Es tut mir Leid», piepste sie trotzig. Das stimmte. Es tat ihr Leid sich solch eine Blöße gegeben zu haben.

«Tun Sie so etwas Dummes nie wieder.»

«Bestimmt nicht.»

«Bringen Sie mich zum Kunlun Hotel».

Es gehörte zu Marcos ganz besonderem Humor, dass er bei all seinen Aufenthalten in der chinesischen Hauptstadt im Kunlun abstieg. Er tat es aus einer schelmischen Kollegialität. Mitinhaber des Kunlun war nämlich der chinesische Geheimdienst. In der Fremdenverkehrsbranche verdienten sich die bettelarmen Kollegen in Peking etwas dazu.

Eigentlich hatte Sherry Wu ihm anbieten wollen, dass er auch bei ihr übernachten könne, in ihrem schmucken Reihenhaus in einer vornehmen Pekinger Vorortsiedlung. Aber sie hielt es jetzt nicht mehr für klug ihm diese Offerte zu unterbreiten. Sie fühlte sich wie ein dummes, kleines Gänschen, das den Wolf geneckt hatte.

«Uns beschäftigen zwei Dinge. Das bevorstehende Manöver in der Taiwanstraße und das Manöver an der mongolischen Grenze. Jedenfalls hoffe ich, dass es nur ein Manöver ist. Haben wir noch irgendjemanden in der Gegend?»

«Wir hatten eine Frau im Hauptquartier der Militärregion Shenyang, aber sie ist tot.»

«Niemanden sonst? An der Grenze?»

«Niemand.»

«Was ist mit dem Kerl im Sekretariat der Zentralen Militärkommission? Diesem Feng Sowieso?»

«Ich habe vorsichtig versucht etwas aus ihm herauszubekommen, aber er sagt, er wisse nichts. Das ist natürlich Unsinn. Die Zentrale Militärkommission weiß alles.»

Sie hatten die ersten Wohnblocks, die ersten Ausläufer der großen Stadt erreicht. In der Ferne erstrahlte gelblich die Beleuchtung der dritten Ringstraße, auf der sich selbst zu dieser Stunde noch der Verkehr nur im Kriechtempo bewegte. Schon konnte Marco die braune Fassade des Kunlun ausmachen, das mit seinem Drehrestaurant auf dem Dach aussah wie eine Landebasis für Ufos.

«Hat Jackie Lau sich gemeldet?»

«Er ist in Shenzhen und wartet auf weitere Instruktionen. Unser neuer Mann in der *Roten Fahne* ruft täglich bei ihm an.»

«Hat der schon irgendwas geliefert?»

«Jackie Lau meinte, er müsse wohl erst noch ein wenig auftauen. Er sagte nur, dass etwas Großes in der Taiwanstraße geschehen soll, und meinte vermutlich das Manöver. Er erwartet übrigens, dass wir ihn über die Genesung seiner Schwester auf dem Laufenden halten. Ich war selbst in Nanjing und habe sie über Hongkong rausgebracht und in eine Maschine nach Chicago gesetzt. Sie war in keiner sehr guten Verfassung.»

«Ordnen Sie einen D-12-Mitschnitt an – nur um sicherzugehen.» Zum ersten Mal zeigte Marco ein wenig von dem, was sie sich von ihm wünschte: Anerkennung. «Ich weiß, dass Sie in den vergangenen Tagen viel geleistet haben. Wir sind im Moment in einer schwierigen Lage, aber deswegen bin ich hier.»

Sie hatten die Kreuzung erreicht, und Sherry wollte rechts zum Kunlun Hotel abbiegen, doch er bedeutete ihr am Straßenrand zu halten.

«Ich gehe die paar Meter zu Fuß», sagte er. Der bitterkalte Dezemberwind schnitt wie ein böser Fluch in die wohlige Wärme des Wagens, als er die Tür öffnete und seinen Koffer vom Rücksitz nahm.

«Ich will morgen Abend in der Maschine nach Shenzhen sitzen. Bis dahin halten Sie den Dienstweg ein, wenn Sie mir etwas mitzuteilen haben, verstanden?»

Der Dienstweg, über die amerikanische Botschaft, war die einzig korrekte Verbindungslinie zwischen Sherry, der Feldagentin, und Marco, dem C-17. Sie hatte den Dienstweg heute Abend leichtsinnigerweise durchbrochen, weil sie diesen Mann begehrte. Sie hatte ihm das bisher immer nur durch ihre außergewöhnlich gute Arbeit gezeigt, und nun hatte sie es ihm endlich durch ihre Hände, Lippen und ihre Zunge zeigen wollen. Dafür verfluchte sie sich.

Er stellte den Koffer auf dem Bürgersteig ab und beugte sich hinab. Unsinnigerweise erwartete sie einen Kuss.

«Sie haben mir einen großen Gefallen getan, und dafür bin

ich Ihnen dankbar», sagte er und erwähnte endlich die Sache, derentwegen sie geglaubt hatte, er schulde ihr etwas. «Gute Arbeit, Sherry.» Damit schlug er die Tür zu und verschwand im Getümmel vor Garküchen am Straßenrand.

«Sie sprechen Englisch, Fräulein Jiang?», fragte der schmächtige, ältere Herr, dessen schwarz gefärbtes Haar in öligen Strähnen nach hinten gekämmt war. Sein schmales Gesicht mit den zwei tiefen Falten, die den Mund einrahmten, wurde von einer wuchtigen, bommelbehängten Schreibtischlampe im Design der fünfziger Jahre beleuchtet. Unter seinem Kinn hingen Lappen faltiger Haut, die sie an ein Reptil erinnerten. Er erhob sich nicht aus seinem Stuhl, um sie zu begrüßen. Er bot ihr auch keinen Platz an. Sie stand da, ermüdet von dem langen Flug, und versuchte, ihre Augen an das schummrige Licht in dem großen Raum zu gewöhnen. Das Mobiliar war spärlich, aber mit vortrefflichem Geschmack ausgewählt. Einige der Ming-Möbel würden sich gewiss gut im Museum machen. Die Vase auf der Anrichte war ein Schmuckstück. Die Wände waren verziert mit Bambus- und Landschaftsmalereien. Die Kalligraphierolle, die an der Wand hinter dem Schreibtisch hing, erregte sofort ihre Aufmerksamkeit. Sie erkannte die Schrift. Der Vorsitzende Mao Zedong persönlich hatte diese Zeichen geschrieben: «Wenn der Hahn kräht, bricht der Tag an.» Er war wirklich ein großer Dichter, dachte sie in einem leichten Anflug von sarkastischem Humor, der ihr eigen war.

Dort, wo sie herkam, würde man diese Wohnung ein «Penthouse» nennen. Sie war wie ein großzügiger Bungalow, errichtet auf dem flachen Dach eines grauen, dreizehnstöckigen Wohnblocks für verdiente Parteikader im Südwesten der Stadt, direkt am Changan-Boulevard und gegenüber dem Hochhaus des staatlichen Fernsehens. Man konnte aus dem Zimmer, dem Saal eigentlich, in dem sie sich befanden, auf das Dach hinaustreten, wo ein kleiner Ziergarten angelegt war und wo dieselben, altmodischen Straßenlaternen, die auch den Tiananmenplatz beleuchteten, ihren fahlen Glanz über einem gepflasterten Spazierweg spendeten, der entlang der Außenmauer hoch über den Dächern von Peking verlief.

«Ja», antwortete sie. «Ich spreche fließend Englisch.»

«Ich kenne Ihren Namen nicht, aber ich kann aus Ihren Unterlagen entnehmen, dass Sie einige gute Referenzen vorzuweisen haben. Ihr Vater war ein angesehener Kader in Guangzhou. Sie haben die Parteihochschule in Shanghai besucht, danach zwei Jahre in Amerika studiert und dann im Büro der *Xinhua*-Nachrichtenagentur in Hongkong gearbeitet.» Ihre Knie drohten weich zu werden, als der Mann die gefälschten Papiere durchging, mit denen die Taiwanesen sie ausstaffiert hatten. Sie hatte nicht mehr als zehn Stunden Zeit im Flugzeug gehabt, um sich mit einem ganzen Paket von Namen und Daten vertraut zu machen, sich unbekannte Gesichter auf grobkörnigen Fotos einzuprägen, unverfängliche Antworten auf mögliche Fragen vorzubereiten und die Identität dieser Person Jiang Mei anzunehmen, die es in Wirklichkeit nie gegeben hatte. Die Kontaktleute hatten ihr Bestes getan sie zu beruhigen. Der Posten, für den sie ausersehen war, musste dringend besetzt werden, auf den unteren Ebenen war alles bereits abgeklärt, und wenn es Nachfragen geben sollte, waren die entsprechenden Leute darauf vorbereitet, ihre Geschichte zu untermauern und ihre Referenzen zu bestätigen. Mit nervösen Fingern strich sie sich durchs Haar, um damit zu spielen und ein wenig Druck von ihren überspannten Nerven zu nehmen. Aber die Haare waren nicht mehr da. Geopfert auf dem Altar des Vaterlandes, dachte sie säuerlich. Sie hasste ihren neuen Kurzhaarschnitt, aber es war zu ihrem eigenen Besten.

«Haben Sie bei *Xinhua* auch mit meinem alten Freund, dem Genossen Kiang Fu zu tun gehabt?», fragte der Mann, ohne sie anzusehen. Sie überlegte zu lange! Verdammt. Sie hätte sofort antworten müssen. Die Frage war eine Falle! Kiang Fu – sie erinnerte sich, den Namen in den Akten gelesen zu haben. Der gehörte ganz sicher nicht zum Hongkonger Stab von *Xinhua.* Aber wo gehörte er hin?

Der Mann hob seinen Kopf und durchbohrte sie mit dem Blick eines Inquisitors. «Haben Sie meine Frage verstanden?»

«Nein, ich meine: Ja, ich habe die Frage verstanden. Nein, ich habe nicht mit einem Kiang Fu zu tun gehabt. Meinen Sie Kiang Fu, den Parteisekretär von Jiangsu? Der hat *Xinhua* schon vor vielen Jahren verlassen und war meines Wissens auch nie beim Hongkonger Büro. Aber ich kann mich natürlich irren.»

Der Mann schob die Unterlagen beiseite. Er ließ sich nicht anmerken, ob sie den Test bestanden hatte oder nicht.

«Sie wissen, wer ich bin?»

«Sie sind Genosse Zhou Hongjie und leiten das Büro von General Wang Guoming», antwortete sie tapfer.

«Sie wissen, was von Ihnen erwartet wird?»

«Nicht genau. Mir wurde nur gesagt, dass Sie einen Dolmetscher für Englisch brauchen.»

«Wir brauchen nicht nur einen Dolmetscher. Wir haben Dolmetscher und Übersetzer zu Hunderten. Wir brauchen jemanden, der jede, auch die kleinste Nuance aus dem Chinesischen ins Englische übertragen kann und umgekehrt. Wir haben keine Zeit für Experimente. Lassen Sie mich Ihr Englisch hören.»

«Wie meinen Sie?»

«Sprechen Sie was! Sprechen Sie was auf Englisch!»

Sie dachte kurz nach und sagte dann:

«‹Lo, in the orient when the gracious light
Lifts up his burning head, each under eye
Doth homage to his new-appearing sight,
Serving with looks his sacred majesty;
And having climb'd the steep-up heavenly hill,

Resembling strong youth in his middle age,
Yet mortal looks adore his beauty still,
Attending on –»

Zhou Hongjie gebot ihr mit einer Handbewegung Einhalt.

«Das reicht. Es hört sich gut an. Was bedeutet das?»

«Es ist ein Sonett von Shakespeare. Es geht darin um das Licht der Sonne, das im Orient erstrahlt . . .»

«Wie unser Vorsitzender Mao Zedong, die Rote Sonne Chinas», nickte Zhou zufrieden. «Sie haben ein gutes Gedicht gewählt, Genossin Jiang. Halten Sie sich zu unserer Verfügung.» Damit war sie entlassen.

Sie hören Shakespeare und denken an Mao, dachte erleichtert und trotzig Sophia Wong, als sie von einem uniformierten Begleiter zum armeeeigenen Hotel gebracht wurde, das in direkter Nachbarschaft des Wohnblocks lag und in dem ein Zimmer für sie reserviert worden war. Die verdammten Kommunisten sind wirklich noch verbohrter, als ich dachte. Die Angst und Unsicherheit, die sie unter dem Blick des unheimlichen Herrn Zhou verspürt hatte, waren verschwunden. Sie hatte eine Prüfung bestanden, und sie war stolz darauf. Unterstaatssekretär Hewett hatte die perfekte Person für diese heikle Mission ausgewählt. Sein Angebot war gerade zum richtigen Zeitpunkt gekommen. Die Enttäuschung über Olweight saß tief und tat weh. Die Verwirrung, in die Stenton sie immer noch zu stürzen vermochte, war keine gute Ratgeberin, wenn es darum ging, die Zukunft zu planen. Sie hatte Hewett um andere als die Aufgaben einer Dolmetscherin gebeten, und wenig später befand sie sich in Peking, ganz dicht am Zentrum der Macht, und konnte beweisen, was in ihr steckte.

Ihr Nochehemann und Immer-noch-Liebhaber, Professor Stenton Farlane, der keine Ahnung hatte, dass sie in der Stadt war und in welcher Angelegenheit, stieg prustend aus der Dusche in seinem Hotel am anderen Ende der Stadt und betrachtete kritisch die Konturen seines Körpers im dampfbeschlagenen Badezimmerspiegel. Der Bauchansatz war nicht mehr zu verleugnen, und nur, wenn er seine Lunge aufblähte, die Luft anhielt und die Schultern zurückdrückte, konnte er noch schwach die Umrisse des jüngeren Farlane ausmachen, auf den er einmal so stolz gewesen war. «Midlifecrisis» – wer hätte gedacht, dass ihn dieses affektierte Modewort, über das er früher allenfalls amüsiert lächeln konnte, irgendwann einmal auf so drastische Weise einholen würde? Dass er seine Sophia – zumindest vorübergehend – an einen grau melierten Bürokraten aus dem State Department verloren hatte, wurmte ihn mehr, als er zugeben wollte. Nun hatte er sie, wiederum vorübergehend, zurückgewonnen, und er hatte sich eingestehen müssen, dass er sie nicht missen wollte. Ihr immer gleiches Spiel von Ablehnung und Anziehung, das doch jedes Mal neu und erregend war, die sprühenden Funken ihrer Intelligenz und Bildung, wenn sie sich mit seiner eigenen Scharfzüngigkeit maß, schließlich das Feuer ihrer Umarmung – das alles war so dicht an dem, was ein Mann als seine Erfüllung bezeichnen konnte, dass er Angst verspürte bei dem Gedanken, es zu verlieren. Sie hatten sich, nachdem sie auf ihre besondere Art das Weihnachtsfest verbracht hatten, verabschiedet, ohne weitere Verabredungen getroffen zu haben. Es war, wie so oft zwischen ihnen, ein zweideutiges Schweigen gewesen, das man als stumme Übereinkunft auslegen konnte oder einfach als Sprachlosigkeit. Er war auf dem Weg nach Peking zurück in seine Vergangenheit, sie befand sich an der Schwelle einer neuen Zukunft, ihrer dritten oder vierten. Denn sie konnte sich einfach nicht entscheiden, was sie nun mit ihren Talenten und Ansprüchen und mit dem vielen Geld ihres Vaters anstellen sollte, und sie, die störrische Chinesin, die sie war, hatte kluge Ratschläge und Anregungen schon immer als Einmischung in innere Angelegenheiten betrachtet und deshalb abgelehnt. Stenton wünschte, sie wäre hier. Er wünschte sogar, sie würde ihn begleiten auf seiner angsteinflößenden Reise ins Gestern. Die nächtliche Botschaft, die die eifersüchtige Sophia in ihrem Hotelzimmer empfangen hatte, war das Zeichen dafür, dass Li Ling am Leben war.

Er hatte seit seiner ersten Rückkehr nach China, im Jahre 1972, vergeblich nach ihr gesucht. Er hatte Dutzende, vielleicht Hunderte von Netzen und Schlingen ausgeworfen. Er hatte jeden, dem er so weit vertrauen konnte, dass er ihn in eine persönliche Angelegenheit einweihen konnte, um Hilfe gebeten. Er hatte ihren Namen in den Archiven und Bibliotheken, in den Telefonbüchern jeder Stadt gesucht. Er hatte Namensregister und sogar geheime Parteidokumente durchsucht, und er war tatsächlich mehrmals fündig geworden. Aber seine Liebe von damals hatte er nicht gefunden. Denn Li Ling war kein Name, den es nur einmal in diesem Land von 1,2 Milliarden Menschen gab, das nur fünfhundert Nachnamen kannte. Kinder, besonders Mädchen, trugen andere Namen als ihre Eltern, Frauen trugen andere Namen als ihre Männer. Und erschwerend kam hinzu, dass in China Menschen ihre Namen gelegentlich änderten. Gerade in der Kulturrevolution, als er sie zum letzten Mal sah, wollte niemand ihrer Generation mehr seinen alten Namen tragen, weil jeder meinte, dieser sei womöglich mit allerlei feudalistischem Ballast beladen. Alle waren bestrebt sich einen wohlklingenden, revolutionären Namen zu geben, der den Aufbruch in eine neue Zeit symbolisieren sollte. Was war, wenn sie nicht mehr Li Ling hieß, sondern Li Hongxia, die Rote Wolke Li? Oder Li Yang Guang, die Li des Sonnenlichtes. Oder Li Chun Miao, die Frühlingsknospe Li?

Aber dennoch gab es eine verschlungene Fährte zurück zu ihr, die auch das Chaos der Kulturrevolution nicht hatte verwischen können und die jede Namensänderung überdauern würde. Nur reichte diese Fährte leider nach ganz oben in die verriegelten Quartiere der Mächtigen. Jemand hatte, auf welche Art auch immer, diese Spur verfolgt und Li Ling gefunden. Stenton wusste nicht einmal, warum er seine Jugendliebe aufsuchen wollte. Sie würde jetzt, mehr als dreißig Jahre später, sicherlich nicht mehr dieselbe sein. Gewiss war sie verheiratet und hatte eine Familie. Und er war ja auch nicht mehr derselbe. Aber er musste sie dennoch wiedersehen, um das schönste und grausamste Kapitel seines Lebens abzuschließen, das nie vollendet worden war. Er hatte sie damals verlassen müssen, ohne ihr Lebewohl sagen zu können. Dieses unausgesprochene Lebewohl war gewachsen und hart geworden wie ein bösartiger Tumor in seinem Leben. Der Dank, den er ihr nie sagen konnte, die Liebesbeweise, die er ihr nie erwidern konnte. Ihr Lächeln, gebannt auf einem vergilbten Foto, hatte ihn nie mehr losgelassen. Und dieser letzte Satz, so sündig und so überwältigend zugleich, den sie zu ihm gesprochen hatte, bevor der johlende Mob über sie beide herfiel, war für immer unbeantwortet geblieben.

Nur in seinen Träumen hatte er ihr eine Antwort geben können.

Professor Stenton Farlane kleidete sich an und blickte aus dem Fenster hinunter auf Peking, diese wild wuchernde Stadt, in der er sich niemals wirklich wohl gefühlt hatte und die selbst bei Nacht noch ihre ganz besondere Aura von Überheblichkeit und Gleichgültigkeit gegenüber dem Rest des Landes und sogar dem Rest der Welt ausstrahlte. Irgendwo dort hinten im Südwesten, wahrscheinlich nicht allzu weit von der selbst den Glanz der Zwölf-Millionen-Stadt noch überstrahlenden Lichtquelle über dem Tiananmenplatz, in Zhongnanhai, dem unzugänglichen Regierungsviertel, wusste er seinen Vater. Er hatte George nicht gesagt, dass auch er selbst auf dem Weg nach Peking war. Seine Geschäfte und seine Gedanken und die des alten Farlane waren zu unterschiedlich. Sein Vater würde ihn und seine Arbeit niemals verstehen, ebenso wenig wie er verstand, was Stenton an der CAMP attraktiv fand.

Obwohl es ihm sicherlich unschätzbare Chancen für seine Arbeit eingebracht hätte und die Versuchung beinahe unwiderstehlich war – Stenton hatte niemals versucht, einen Vorteil daraus zu ziehen, dass er General Wang Guoming früher «Onkel» genannt hatte und vor vielen Jahren, als Junge, spielend auf dem Rücken eines der mächtigsten Männer in China geritten war. Teils deshalb, weil seine Ehre es nicht zuließ, aus seinen besonderen, familiären *guanxi* Nutzen zu schlagen. Teils, weil er den politischen Unterricht geschwänzt hatte, um mit der Tochter des Generals am Drei-Schlangen-See schwimmen zu gehen und dabei erwischt worden war.

Der Mann ohne Namen, der Mann, der alles wusste, war äußerst ungehalten. Der Ganove namens Ding Jianxia hatte sehr genaue Angaben gemacht, wo die gesuchten Männer zu finden waren, und dennoch hatte er noch immer nichts in der Hand, das er nach oben weitergeben konnte. Seine Leute in Xinjiang, die angeblich besonders gut informiert waren, brachten nach drei Tagen intensiver Suche nur einen verstörten, uigurischen Kellner herbei, der zwar bestätigte, den Mann Ding zu kennen. Aber sosehr sie ihn auch herannahmen, der Kellner weigerte sich schlicht, zuzugeben, dass er ein Fallschirmspringer war, und er wollte auch seit mehr als einem Jahr nicht mehr in Peking gewesen sein. Der Mann war nutzlos, und er war sofort nach seiner Vernehmung erschossen worden. Gleiches widerfuhr einem Pekinger Restaurantbesitzer namens Lu Bing, der absolut nicht und auch nach zweiundzwanzig Stunden hartnäckigen Verhörs nicht zugeben wollte, dass er in Wirklichkeit Jackie Lau hieß.

Der Mann ohne Namen stand wieder am Anfang. Es war ein Alptraum. General Wang persönlich erwartete stündlich seinen Erfolgsbericht und er hatte nichts zu berichten. Es gab in seiner Behörde genügend andere Männer ohne Namen, die ihn liebend gerne in seine Einzelteile zerlegt in die Verbrennungsanlage für Krankenhausmüll verfrachtet hätten, wenn sie selbst dadurch an seinen Job gekommen wären. Wieder und wieder las er das Vernehmungsprotokoll dieses Ding Jianxia und suchte nach versteckten Hinweisen. Nach seiner Erfahrung logen die Verhafteten erst einmal stundenlang, bis ihnen dann nach und nach und mit der entsprechenden Unterstützung die Augen aufgingen und sie die Wahrheit sagten. Nach diesem bewährten Verfahren hatte er auch den vorliegenden Fall behandelt. Was aber, wenn das Vorgehen diesmal falsch war? Was aber, wenn Ding Jianxia gleich zu Anfang die Wahrheit gesagt hatte?

«Aber ich kenne den, der ihn hergebracht hat. Jackie Lau. Er kommt aus Shenzhen und ist alle paar Monate in Peking. Jackie Lau ist der, der eigentlich diese Kämpfe veranstaltet. Er ist ein Südchinese, und er hat diesen Fallschirmspringer mitgebracht, der sich Tiger nannte und der den Eisernen Wang besiegt hat.»

Shenzhen.

Es lag einiges im Argen in Shenzhen. Nach der Hongkong-Übernahme waren mehr als drei Viertel der Shenzhener Abteilung nach drüben verlegt worden, um sich um die Aufwiegler und Konterrevolutionäre dort zu kümmern. Die Arbeit in der Sonderwirtschaftszone, die ohnehin immer schon schwierig war, weil die meisten Verdächtigen betucht genug waren, um sich ohne weiteres freizukaufen, war dadurch beinahe zum Stillstand gekommen. Der Chef der Station, Meng, stand schon lange im Verdacht käuflich zu sein. Wenn Ding Jianxia nun tatsächlich die Wahrheit gesagt hatte und dieser Jackie Lau dort zu Hause war, dann wäre es kein Wunder, wenn ihn niemand gefunden hatte. Natürlich war auch der Shenzhener Station ebenso wie allen anderen Stationen im Land die dringende Suche nach dem Mann Jackie Lau befohlen worden. Aber aus Shenzhen kam wie von allen anderen Stationen nur die Nachricht, dass es einen Mann dieses Namens nicht gebe.

Nun, mit dem Rücken zur Wand, beschloss der Mann ohne Namen, dass er selbst nach Shenzhen reisen würde, um seine eigenen Erkundigungen einzuholen. Er ließ eine Nachricht an General Wang zurück, die besagte, dass er dem Mörder seines Enkels nun ganz dicht auf der Spur war und dass er hoffe, ihn noch in dieser Woche nach Peking zu bringen. Das würde ihm für ein paar Tage Luft schaffen. Eines wusste der Mann ohne Namen, der alles wusste. Wenn er mit leeren Händen zurückkam, dann war er ein toter Mann.

Der Staatspräsident, der auch Vorsitzender der Zentralen Militärkommission war, bebte vor Zorn. Wie konnte ein einzelner General es wagen, ohne Order und ohne Absprache mit der Zentrale in seinem Militärbezirk eine derart umfassende Übung anzuordnen? Noch dazu in direkter Nähe der Grenze!

«Ich verlange eine Erklärung!», raunzte der Präsident.

«Werter Präsident, diese Aktion ist eine Schutzmaßnahme, die die Interessen der Volksrepublik China wahrt», antwortete geduldig der hochdekorierte Offizier, der vor dem Schreibtisch des Präsidenten strammstand.

«Und wer hat das bestimmt?»

«General Wang Guoming persönlich.»

Der magische Name nahm erheblich Dampf aus den Kesseln des Präsidenten, der sich nur mit der Hilfe der Armee und des Generals an der Macht halten konnte. Es gab mächtige Herausforderer und Konkurrenten innerhalb der Partei. Männer mit ausgezeichneten Beziehungen innerhalb des Machtgeflechts, die ihm, der von außerhalb kam und allzu schnell seinen Weg nach oben gemacht hatte, seinen Posten neideten. Es gab Männer mit großem Einfluss und beachtlicher Hausmacht in den Provinzen, die begehrlich nach seinem Sessel schielten. Bissige, ausländische Pressekommentatoren hatten den chinesischen Präsidenten wiederholt respektlos als «Thunfisch in einem Schwarm von Haien» bezeichnet, und genauso fühlte er sich manchmal. Das Einzige, das seine Position und seine Person unantastbar machte und jeden davon überzeugte, dass man sich mit ihm besser nicht anlegte, war die Unterstützung der Volksbefreiungsarmee. Er sorgte im Gegenzug dafür, dass ihr Budget regelmäßig erhöht wurde, unternahm vermehrt anstrengende Staatsbesuche und Einkaufstouren, damit sie zu günstigen Konditionen an neue Waffen kam, und ließ sich mindestens einmal pro Woche beim Besuch einer Kaserne filmen, um das Ansehen der Truppe zu mehren.

«Aber warum informiert er nicht zuvor mich?»

«Es war dies eine Maßnahme, die dringender Verrichtung bedurfte, und Sie waren zu Ihrer Inspektionsreise in Sichuan unterwegs.»

«Das sehe ich ein. Aber warum musste diese Maßnahme ergriffen werden?»

«Es scheint, als gebe es Probleme in der Mongolei, und wir müssen uns auf alle Eventualitäten vorbereiten.»

«Welches ist das größte Problem mit der Mongolei? Ich war immer der Meinung, die Mongolen haben vor einigen hundert Jahren aufgehört, ein Problem für China zu sein!»

«Es sind nicht die Mongolen, werter Präsident. Es sind die Amerikaner und die Japaner. Es liegen uns eindeutige Beweise dafür vor, dass die Amerikaner in großem Stil militärische Ausrüstung in die Mongolei schaffen und die Japaner sind daran beteiligt. Zu Ihrer Beruhigung: Es ist von unserer Seite durchaus nicht an einen Angriff gedacht, sondern lediglich an eine Einschüchterung und Warnung.»

Der Präsident nickte mit steinerner Miene. «Das habe ich kommen sehen. Schon lange habe ich immer und immer wieder vor amerikanischem Hegemonismus und japanischem Militarismus gewarnt.»

«Jetzt zeigt sich, wie Recht Sie damit hatten, werter Präsident.»

«In diesem Fall muss ich sagen, dass dies ein kluger und außerordentlich bedeutender Schritt war. Bitte teilen Sie General Wang mit, dass er meine volle Unterstützung und mein Vertrauen genießt und dass ich ihm bei der nächsten Sitzung der Zentralen Militärkommission ausdrücklich für seinen Einsatz danken werde.»

«Das werde ich tun, werter Präsident.»

15. Kapitel

Washington, D. C., 29. Dezember

Der Generalstabschef, General Doug Finch, kam als Erster. In voller Uniform, denn er hielt auf Stil. Er hatte seine schwarze Mappe unter den Arm geklemmt und schwenkte eine zusammengerollte Landkarte wie ein Schwert in der Hand. Die Presseleute, die ihre Kameras in gebührendem Abstand aufgebaut hatten und erbärmlich froren, warfen ihm einige Fragen zu, weil sie meinten, er führe ohnehin gerade ein Selbstgespräch und sei deswegen geneigt ihnen einen «Soundbite» zurückzuwerfen. Aber Finch antwortete nicht. Und er führte auch kein Selbstgespräch. Sein mächtiges Gebiss, das dazu geeignet schien auf Steinen zu kauen, zermalmte ein Bonbon oder einen Kaugummi oder was immer er gerade Essbares in die Finger bekommen hatte, denn niemals war Finch gesehen worden, ohne dass sein Unterkiefer in Bewegung war. Seine imposante Körperfülle legte weithin sichtbar Zeugnis von seinem nimmermüden Appetit ab. Er ignorierte das Nachrichtenvolk.

Zwei Minuten später rollte der Wagen von Verteidigungsminister Everett vor dem Weißen Haus vor, dem der Minister und der Nationale Sicherheitsberater Ed Myers entstiegen. Everett trug eine legere Strickjacke mit Wintermotiven, denn der Ruf des Präsidenten hatte ihn bei einem kurzen Skiausflug in Aspen, Colorado, erreicht. Eine Minute nach ihnen kam James Clark Hooper, der Außenminister, der noch blasser und besorgter aussah als sonst, wenn das überhaupt noch möglich war. Er kam geradewegs von einem ernsten Gespräch mit Unterstaatssekretär Sterling

Hewett III und hatte sehr beunruhigende Nachrichten zu überbringen. Hewett, der über persönliche Kontakte einen hohen taiwanesischen General angezapft hatte, wusste zu berichten, dass es offenbar tatsächlich eine Fraktion innerhalb der Pekinger Führung gab, die eine Invasion der Mongolei befürwortete, und zwar, um chinesische Interessen zu sichern. Es gebe Anzeichen dafür, dass am 3. Januar «etwas passieren solle». Hooper hasste es derartige Nachrichten überbringen zu müssen.

Das schlotternde Washingtoner Pressekorps, das über das kurzfristig anberaumte Treffen berichten sollte, fühlte sich vom Anblick der vorfahrenden Limousinen, der hineinhuschenden Militärs und Politiker an ein Ritual erinnert, das vor einigen Jahren, während des Golfkrieges, zu ihrem täglichen Brot gehört hatte. Und einigen wollte es scheinen, als liege nun wieder ein Krieg in der Luft. Es sei nur eine Routinebesprechung, hatten die jeweiligen Pressesprecher der Ministerien die Zeitungs- und Fernsehleute unterrichtet. Aber alle wussten, dass eine Routinebesprechung mitten im Weihnachtsurlaub wohl kaum reine Routine sein konnte. Das Thema war kein Geheimnis: Es ging um die Situation an der Grenze zwischen China und der Mongolei.

«Was geht da vor?» Der Präsident kam, kaum dass die Männer am Tisch Platz genommen hatten, zur Sache. Er war in Begleitung seines Freundes, CIA-Direktor Cartlin, den er mitsamt Familie für die Tage zwischen Weihnachten und Neujahr nach Camp David eingeladen hatte.

«Schwer zu sagen», sagte General Finch kauend. «Aber Faktum ist: Die Chinesen haben innerhalb von nur drei Tagen genug Truppen und Hardware an die Grenze verlegt, um einen Blitzkrieg zu starten. Soweit wir es überblicken können, haben sie auch moderne Luftunterstützung in die Region gebracht. Leider haben sie die Angewohnheit, uns nicht in ihre Aktionen einzuweihen. Es gibt auch noch keinerlei offizielle Stellungnahme zu dieser ganzen Sache.»

«Blitzkrieg ...», schnaubte Sicherheitsberater Myers. «Können Sie mir einen vernünftigen Grund nennen, wieso es den Chinesen plötzlich einfallen sollte, die Mongolei anzugreifen?»

«Mir fallen da eine ganze Reihe von guten Gründen ein», sagte der Verteidigungsminister. «Erstens: Lebensraum. China hat 1,2 Milliarden Menschen, die riesige Mongolei nur zwei Millionen. In Europa waren die Zahlenverhältnisse nicht einmal annähernd so drastisch, und Hitler hat den Krieg begonnen. Zweitens: Rohstoffe. Die Mongolen sitzen auf allen nur erdenklichen Reserven von Erzen, Öl und Gas, die sie bisher nicht bergen können, weil das Geld fehlt. Wenn ich daran erinnern darf: Die Japaner haben sich am Zweiten Weltkrieg vor allem beteiligt, um sich Rohstoffquellen zu sichern. Damit haben sie zwei ziemlich einsichtige Gründe. Und wenn Sie sich China heute ansehen, gibt es eine Menge Parallelen zum damaligen Japan und sogar zum Deutschland am Vorabend des Ersten Weltkriegs. Und es gibt noch einen dritten Grund, der aus der Sicht der Chinesen für eine Invasion spricht: strategische Sicherheit. Die Mongolei ist der Puffer zwischen Russland und China. Wer dort oben sitzt, der kann Russland östlich des Urals und China nördlich des Yangtze kontrollieren.»

Cartlin, der neben dem Präsidenten saß, vergewisserte sich durch einen fragenden Seitenblick, ob er diese Sache in dieser Runde ansprechen durfte. Der Präsident gab ihm mit einer Handbewegung das «Okay».

«Außerdem sind die Vereinigten Staaten sehr am weiteren Schicksal der Mongolei interessiert. Seit das Land demokratisch wurde, haben wir unsere Präsenz dort ständig ausgebaut. Wir haben eine ganze Reihe von Beratern und Technikern dorthin in Bewegung gesetzt. Es gibt inoffizielle Verhandlungen mit der Regierung über umfassende Wirtschaftskooperation im Austausch gegen ... einige strategische Unterstützung.»

«Und das wissen die Chinesen?», fragte mit großen Augen der Außenminister. Er konnte sich lebhaft vorstellen, welche Art von «Beratern» der CIA-Chef den Mongolen aufgehalst hatte.

Es waren immer dieselben. Die warfen mit Dollarscheinen nur so um sich, versprachen das Blaue vom Himmel herunter und wollten nur eines: Landerechte für amerikanische Militärflugzeuge und womöglich hier und dort ein Stück Land als Stützpunkt für amerikanische Truppen. Und Land hatten sie ja, die Mongolen. Sie hatten ja ansonsten nicht viel, aber an unbebauten Grundstücken herrschte kein Mangel.

«Die Rotchinesen haben wohl schon seit einiger Zeit Lunte gerochen, aber jetzt haben sie offenbar beschlossen, dass es ihnen nicht passt. Den Russen gefällt diese Aussicht übrigens auch nicht besonders, aber die sind zu schwach auch nur den Finger zu heben.»

«Jetzt wird mir einiges klar», stellte Hooper fest, und als die anderen ihn fragend anstarrten, berichtete er von Hewett und seinem Informanten in Taiwan. «Dieser Informant, eine der höchsten und einflussreichsten Persönlichkeiten, hat es in ziemlich eindeutige Worte gekleidet. Er sagte: Wenn die Chinesen angreifen und wir nicht sofort massiv und entschlossen reagieren, dann haben wir aufgehört in Asien eine Rolle zu spielen.»

«Massiv und entschlossen. Ganz meine Meinung», unterstrich Cartlin. «Jetzt ist keine Zeit mehr für diplomatisches Süßholz.»

Hooper schluckte eine Erwiderung herunter und dachte, dass irgendwann sein Magen platzen würde wegen all der Erwiderungen, die er im Lauf der Jahre heruntergeschluckt hatte. «Wie dem auch sei, meine Herren. Es scheint, als könne es zum Äußersten kommen.»

«Wenn das tatsächlich der Fall sein sollte, sind wir gut vorbereitet. Sogar noch besser als sonst.» General Finch übernahm das Wort und wandte sich seiner Landkarte zu, auf deren Ecken zwei Fettflecken prangten. «Da haben sich die Chinesen selbst ein Bein gestellt. Zusätzlich zu unseren Stützpunkten in Südkorea und Japan, zu denen auch der Flugzeugträger *Independence* gehört, haben wir nämlich wegen der bevorstehenden Taiwan-Manöver der Chinesen noch die Kampfgruppen der Flugzeugträger *Nimitz* und *Kitty Hawk* am nördlichen Eingang der Taiwanstraße. Innerhalb von zwei Tagen könnten alle drei Verbände im mongolischen Theater einsatzbereit sein. Die F-15-Jets der 44. Flugstaffel aus Okinawa brauchen nur fünfundneunzig Minuten bis ins Zielgebiet. Unsere hundert F-16 aus Südkorea weniger als dreißig Minuten.»

Der Präsident, der der Diskussion wortlos gefolgt war, brach sein bedächtiges Schweigen: «Um das alles einmal zusammenzufassen, Gentlemen: Der Truppenaufmarsch der Chinesen deutet darauf hin, dass sie entschlossen und bereit sein könnten, das Nachbarland anzugreifen, um uns daran zu hindern dort Fuß zu fassen. Richtig?»

«Das wäre eine Sicht der Dinge», bestätigte Sicherheitsberater Myers, der sich allmählich unwohl in der Rolle des bedächtigen Mahners fühlte.

«Und, wenn ich das recht überblicke, haben wir ein erhebliches strategisches Interesse an der Mongolei. Wir können nicht zusehen, wie sie überrannt wird.»

«Richtig. Es ist wie damals in Kuwait», sagte Cartlin.

«Nur damals gab es selbst in der UNO den Konsens, dass etwas getan werden musste. Wir konnten eine internationale Streitmacht gegen die Iraker zusammentrommeln. Diesmal sind wir allein. Die Chinesen würden im Sicherheitsrat noch nicht einmal eine Diskussion über die Mongolei zulassen. Die UNO ist machtlos. Wir würden allein gegen China antreten müssen.»

«Auch das ist korrekt, Sir. Und, wenn ich das noch sagen darf: Die Japaner und die Südkoreaner würden sich fein heraushalten. Die Russen ebenso. Auch die NATO würde natürlich dankend abwinken.»

«Feine Freunde haben wir», knirschte Finch.

«Warten Sie mal, warten Sie mal.» Es hielt den Präsidenten nicht mehr auf seinem Stuhl. «Everett – haben Sie mir nicht vor ein paar Monaten mal gesagt, dass die Chinesen Atomraketen haben, die auch Los Angeles erreichen könnten, und dass sie sogar indirekt einmal mit deren Einsatz gedroht haben?»

«Jawohl, das war während der ersten Taiwankrise.»

Der Präsident, dessen Regierungsprogramm mit Fragen der Gesundheitsreform und der Arbeitsplätze, mit Steuerkürzungen und Verbesserungen im Erziehungswesen gespickt war und der seine Außenpolitik auf die einfache und eingängige Formel. «Wir haben den Kalten Krieg gewonnen!», gebracht hatte, stützte sich mit beiden Armen auf dem Besprechungstisch ab und blickte seinen Beratern einem nach dem anderen unangenehm tief in die Augen.

«Soll das alles nun heißen, dass wir uns möglicherweise an der Schwelle eines nuklearen Konfliktes mit Rotchina befinden?» Betretenes Schweigen senkte sich über die Runde. Außenminister Hooper, dem gar nicht gefallen wollte, dass der Präsident sich die Diktion Cartlins zu Eigen machte, holte tief Luft, aber Ed Myers kam ihm mit einem kräftigen Räuspern zuvor:

«Ich glaube, da tun Sie den Chinesen zu viel Ehre an. China stellt keine militärische Bedrohung dar. Nicht in den nächsten fünfzig Jahren. Sicher, sie haben ein paar Atomwaffen. Aber die werden sie nicht benutzen aus dem Grund, aus dem auch die Russen ihre nicht benutzt haben. Sie sind keine Selbstmörder. Sie wissen, dass sie ein paar Minuten später mit Mann und Maus ausradiert wären. Und abgesehen von ihren ballistischen Raketen ist die ganze riesige chinesische Armee nichts weiter als das größte Militärmuseum der Welt. Nehmen Sie nur mal die Luftwaffe. Von den 5000 Flugzeugen würden 4900 bei uns nicht mal benutzt, um die Post auszuliefern. Es ist nichts weiter als eine Schönwetterflotte, die schon bei leichtem Regen nicht starten kann. Es sind MIGs und modifizierte MIGs, allesamt hoffnungslos überaltert. Mit den russischen Su-27 könnten sie ein wenig Schaden anrichten. Aber nicht für lange Zeit, das kann ich Ihnen garantieren. Strategisch gesehen haben sie immer noch nicht mehr zu bieten als Menschenwellen, wie damals in Korea.»

Verteidigungsminister Everett, der während des Krieges zwischen Iran und Irak als Militärberater in Bagdad stationiert war, hob den Zeigefinger. «Dasselbe haben alle damals von den Irakern gesagt. Schlechte Ausrüstung, niedrige Motivation. Und trotzdem hat Saddam Hussein Kuwait geschluckt.»

«Und sich dabei gehörig den Magen verdorben!», fügte Cartlin beleidigt ein.

«Ich bleibe bei meinem Wort», beharrte Myers. «Die Chinesen sind nur so weit eine Bedrohung, wie ihre Soldaten zu Fuß gehen können.»

Der Präsident schüttelte unwillig den Kopf. «Aber sie können in die Mongolei gehen, nicht wahr?»

«Ja, Sir.»

«Dann sind sie dort eine Bedrohung?»

«Nun ja . . .»

«Ich kann das nicht glauben. Vor ein paar Tagen reden wir noch von einer Lieferung von Magneten an Pakistan! Und das war schon schlimm genug. Und plötzlich sitzen wir hier und reden vom Atomkrieg! War das nicht vorauszusehen? Gab es keine Warnungen? Ich kann das nicht glauben! Haben Sie alle keine Augen im Kopf?»

Der Außenminister nuschelte etwas.

«Was war das, Hooper? Was sagten Sie da?», kläffte der Präsident.

«Der Alptraum, Sir. Es ist nur dieser Alptraum. China macht, was es will, und wir können nichts unternehmen.»

«Bockmist», quittierte Cartlin. «Natürlich können wir was unternehmen.»

Myers unternahm einen letzten Versuch, aber er wusste schon jetzt, dass es sinnlos war:

«Wenn Sie meine Meinung hören wollen – und es ist nicht mehr als eine Meinung –, ich glaube nicht, dass die Chinesen jemals die Grenze überschreiten werden und den Konflikt mit uns suchen. Ich glaube nicht an einen Blitzkrieg und schon gar nicht an einen Atomkrieg. China war noch niemals eine aggressive Macht. Und schon gar nicht heute. Sie bauen ihre Wirtschaft auf. Ganz Ostasien würde ein gefährliches Wettrüsten beginnen, wenn die Chinesen heute eine falsche Bewegung machen. Das kann nicht in ihrem Interesse liegen. Lassen Sie mich mal ein etwas ungewöhnliches Bild nehmen, Sir: China ist wie ein riesiges Ei, das mitten unter uns im Nest liegt, und plötzlich regt sich was in diesem Ei. Die Schale bricht auf. Erst hier, dann da. Man kann noch nicht sehen, was dabei herauskommen wird. Vielleicht ist es ein Monstrum. Vielleicht aber auch nicht. Das Geheimnis ist, dass wir selbst entscheiden, was es ist. Je nachdem, wie wir jetzt reagieren. Wir dürfen uns nicht einschüchtern lassen, aber wir dürfen auch nicht überreagieren.»

«Was immer aus diesem Ei schlüpft, es wird ein chinesischer Drache sein», prophezeite Cartlin. «Und ich kann mir nichts Gefährlicheres vorstellen, als diesen Drachen groß werden zu lassen. Dann haben wir ihn morgen in der Mongolei, übermorgen in Moskau und nächste Woche bei uns vor der Tür. Wir müssen handeln, und zwar jetzt. Wer etwas anderes sagt, ist nichts weiter als ein romantischer Märchenprinz, Mister Myers.»

«Bitte, meine Herren!»

«Wir können die Mongolei halten, Mister President»,

erklärte General Finch mit Bestimmtheit. «Wir haben drei Flugzeugträger direkt vor der Haustür. Die haben mächtig große Kampfverbände mit Zerstörern, Fregatten und U-Booten und genug Munition im Geleitzug. Unsere B-52er aus Guam können die chinesischen Panzer pulverisieren, noch bevor sie die Wüste Gobi auch nur zur Hälfte durchquert haben. Wir können sie stoppen, ohne dass auch nur ein einziger amerikanischer Soldat mongolischen oder gar chinesischen Boden betreten muss. Alles andere ist dann nur noch eine Frage von Tagen. Und wir können das Ganze tun, ohne auch nur einen Finger an unsere Atomwaffen zu legen und sogar ohne zusätzliche Truppen in den Pazifik zu verlegen. Nur wenn die Chinesen sich erst in diesem Land eingenistet haben, könnte es schwierig und langwierig werden.»

«Wir müssen schnell handeln. Und ich wiederhole: massiv und entschlossen», empfahl Cartlin. «Wenn sie auch nur einen Pfeil in Richtung Mongolei abschießen, dann machen wir sie platt.»

Der Präsident nickte. «Genau das werden wir auch tun. Schnell handeln. Ich will diese drei Flugzeugträger in unmittelbarer Nähe. Und die U-Boote der 7. Flotte. Ich will, dass alle Truppen im Pazifik sofort in erhöhte Alarmbereitschaft versetzt werden, und ich will, dass alle Welt und besonders die Chinesen das wissen. Hooper, weisen Sie sofort die Botschaften und Konsulate in China und der Mongolei an, die Evakuierung aller amerikanischen Staatsbüger vorzubereiten. In einer Stunde gehe ich vor die Presse. Das hier ist meine Kubakrise, Gentlemen, und ich bin entschlossen dem Feind in die Augen zu sehen. Nur weil wir damals hart und entschlossen waren, haben die Russen geblinzelt und sind abgezogen. Ich will, dass diesmal die Chinesen blinzeln. Bringen Sie die Chinesen zum Blinzeln! Ich will keinen Krieg. Aber wenn das Ei nicht im Nest bleibt, wird es zerquetscht.»

«Jawohl, Sir. Was ist mit den Manövern vor Taiwan, Sir?», erkundigte sich der Generalstabschef.

«Was?»

«Wir ziehen die Flugzeugträger dort ab, Sir. Aber sie sollten die Manöver vor Taiwan beobachten.»

«Lassen Sie einen Zerstörer vor Taiwan, den Rest müssen die Taiwanesen selbst in die Hand nehmen. Wieso haben wir ihnen denn über all die Jahre alle die Waffen geliefert, Himmelherrgott? Ich werde jetzt Präsident Dingsda in der Mongolei anrufen und ihm unsere Unterstützung anbieten.»

Der Präsident war sichtlich nicht in friedvoller Weihnachtsstimmung, als er, gefolgt von Cartlin, den Raum verließ. Die vier Berater blieben noch eine Weile schweigend am Tisch sitzen, vermieden Augenkontakt und dachten alle das Gleiche: Der Präsident war wieder einmal seiner Kennedy-Psychose erlegen. Kennedy hatte die Russen bezwungen, er wollte die Chinesen bezwingen. Jeder Präsident hatte irgendwann in seiner Amtszeit irgendwo auf der Welt seine Nemesis gefunden. Was wäre ein Präsident ohne die Gadhafis, die Saddams und Ayatollahs, die Diktatoren und Terroristen? Sogar ein farbloser Bürokrat wie George Bush hatte ein Held werden können, indem er die Iraker ohrfeigte.

Muss er sich ausgerechnet die Chinesen aussuchen?, dachte Außenminister Hooper. Sie waren vielleicht nicht besonders gut bewaffnet, da hatten die Militärs schon Recht. Aber sie waren schon lange in einer antiamerikanischen Stimmung, die jederzeit in offenen Hass umschlagen konnte. Wenn sie es wirklich darauf anlegen und wenn wir sie dazu einladen, dachte Hooper, dann werden sie alles Mögliche tun.

Aber blinzeln, blinzeln würden sie nicht.

«Wir haben Besorgnis erregende Truppenbewegungen der Chinesen an der Grenze zur Mongolei ausgemacht», sagte der Präsident mit gesenktem Haupt. Bis auf das gelegentliche Klicken eines Kameraverschlusses war es totenstill im «Briefing-Room» des Weißen Hauses. Die Journalisten schrieben jedes Wort mit, Live-Kameras übertrugen die Pressekonferenz ins ganze Land, manche in die ganze Welt. «Es scheint, als bereiteten sie sich darauf vor, das friedliche und freie Volk der Mongolen zu bedrohen. Ich habe mit dem Präsidenten in Ulan Bator telefoniert und ihm auf seine Bitte hin zugesichert, dass wir eine Aggression gegen sein Land nicht dulden werden.» Dann blickte er plötzlich auf. Unterstaatssekretär Hewett, der die Pressekonferenz am Bildschirm in seinem Büro verfolgte, hatte keinen Zweifel, dass der Präsident diese ruckartige Kopfbewegung mit seinen Imageberatern mehrmals geübt hatte. Sie saß perfekt. «Ich habe heute eine Mobilmachung in Ostasien angeordnet, die größer ist als die Operation *Wüstensturm* gegen Irak.» Der Präsident blickte direkt in das Objektiv der Nachrichtenkamera. «Auch diese Operation hat einen Namen. Operation *Returning Arrow.* Denn jeder Pfeil, der über die bestehenden Grenzen in Asien hinaus abgeschossen wird, fällt hundertfach auf den Schützen zurück. Ich danke Ihnen.»

«Verdammt», würgte Hewett. «Ist der Mann noch zu retten?» Sofort wählte er die Nummer des Außenministers.

«Mister Hooper – was um Himmels willen soll das denn? *Returning Arrow*? Wissen Sie, was das für die Chinesen bedeutet? ‹Arrow› – das war der Name des britischen Schiffes, das die Chinesen stürmten und das den Opiumkrieg auslöste! Den kennt in China jedes Kind. *Returning Arrow!* Der Präsident hat gerade den Chinesen angedroht, dass er sie mit einem kolonialen Krieg überziehen will, um ihren Markt für amerikanische Produkte zu öffnen!»

«Das war nicht mit mir abgesprochen!», verteidigte sich Hooper lahm. «Ich nehme an, er hat den Namen nur gewählt, weil er sich so gut anhörte! Vermutlich hat ihm Cartlin das eingeflüstert.»

«Dieser Irre! Ich bitte Sie, stellen Sie das sofort beim Außenminister in Peking richtig!»

Das Außenministerium in Peking zeigte sich verschnupft und wortkarg. Man sei mehr als erstaunt über diese Wortwahl, teilte der Außenminister über seinen Dolmetscher mit, aber man werde vorerst keine weiteren Schritte unternehmen. Die Truppenbewegungen im Norden gelten allein der Verteidigung von Chinas Interessen und hätten keinen offensiven Charakter. Man frage sich nun aber schon, ob die Amerikaner in Ostasien vielleicht in die Fußstapfen der Briten treten wollten. Dies sei selbstverständlich mit dem heutigen China nicht mehr zu machen.

Die Pressekonferenz des Präsidenten und der unglücklich gewählte Name Operation *Wiederkehrender Pfeil* bewirkten, was die Väter der Operation *Gelber Kaiser* in Peking nicht einmal zu hoffen gewagt hatten: Die gesamte Führung, das Politbüro, die Zentrale Militärkommission, der Staatsrat und sogar das Außenministerium standen plötzlich wie ein Mann hinter dem mysteriösen Truppenaufmarsch an der mongolischen Grenze. Keiner wusste, warum er ursprünglich veranlasst worden war, und keiner fragte jetzt mehr danach. Es ging jetzt nur noch darum, den Amerikanern und ihren offen eingestandenen, imperialistischen Absichten eine klare Absage zu erteilen. Es erhoben sich plötzlich Stimmen, die forderten, man solle sofort noch mehr Truppen an die Grenze verlegen, denn offenbar sei die Souveränität des Vaterlandes in Gefahr. Vielleicht hatten die Amerikaner bereits Armeen und Raketen in der Mongolei stationiert, die China bedrohten. Aus dem waghalsigen Abenteuer einer Gruppe von Verschwörern wurde innerhalb weniger Stunden eine offizielle Maßnahme der Regierung. In allergrößter Eile wurden Ausschüsse gebildet und Kommissionen berufen. Armeen wurden verschoben und

Raketen umprogrammiert. Während die amerikanischen Flugzeugträger von der nördlichen Taiwanstraße umkehrten und Kurs auf die Gewässer vor Korea nahmen und die Soldaten in Okinawa, Japan und Südkorea über die Urlaubssperre fluchten, konzentrierte die Volksrepublik China mehr als eine halbe Million Mann im Grenzgebiet. Es wurde sogar diskutiert, das lange geplante Großmanöver in der Taiwanstraße zu verschieben und die Soldaten aus der Nanjing- und Guangzhou-Kriegszone in den Norden zu verlegen. Aber dagegen regte sich Widerspruch. General Huang, der die Truppen an der Grenze befehligte, versicherte, dass die Lage dort nunmehr absolut unter Kontrolle sei und dass weitere Truppen nur Verwirrung stiften würden. General Jiang meldete aus dem Süden, dass die Vorbereitungen für das Manöver nur unter größten Schwierigkeiten und hohen Kosten zu stoppen seien. Den Ausschlag aber gaben die Worte von General Wang Guoming, der sagte, gerade jetzt dürfe China den Amerikanern keine Schwäche offenbaren, sondern müsse an beiden möglichen Fronten Stärke zeigen. Das Manöver wurde nicht abgesagt.

Die Operation *Gelber Kaiser* ging unter den bestmöglichen Voraussetzungen in ihre entscheidende Phase.

16. Kapitel

Shenzhen, 30. Dezember

Das Bankett begann bereits um 18.00 Uhr und würde, wie alle anständigen chinesischen Bankette, nach einer und einer Viertelstunde mit einem Trinkspruch des Gastgebers abrupt zu Ende gehen.

Zhao Zhongwen wusste, was er seinen Freunden schuldig war. Er hatte für sein traditionelles Neujahrsdiner wie immer den Jade Ballroom im Dongfang Hotel, den größten Saal der Stadt, gemietet und begrüßte, eingerahmt von zwei blutjungen Schönheiten im samtenen *qipao*, seine Gäste am Eingang. Zweihundertdreißig Einladungen waren verschickt worden an Firmenbosse und Funktionäre, Investoren aus Taiwan und Makler aus Hongkong, an hohe Beamte von der Zollbehörde und dem Büro für öffentliche Sicherheit, die sich wie die Teilnehmer eines Staatsempfanges in einer langen Schlange der Fracks und Maßanzüge, der Abendkleider und Perlenketten aufreihten, um dem Gastgeber die Hand zu schütteln.

Zhao kannte sie alle beim Namen. Alle bis auf einen, der in letzter Minute gewünscht hatte, auf die Gästeliste aufgenommen zu werden, und dieser Mann war keiner, dem man einen Wunsch abschlagen konnte.

Als alle an den Tischen Platz genommen hatten, brachte Zhao das Cello- und Violinquartett, das in der Ecke zwischen zwei gewaltigen Blumenarrangements Kammermusik zum Besten gab, mit einem Wink zum Verstummen und hob sein Glas.

«Liebe Freunde! Ein hoffentlich für Sie alle erfolgreiches

Jahr geht zu Ende. Deswegen habe ich mir erlaubt, Sie zum Dank für die gute Zusammenarbeit zu einem bescheidenen Abendessen einzuladen. Ganz besonders herzlich heiße ich die Landsleute aus Hongkong willkommen, die endlich von der fremden Herrschaft der Briten befreit sind.» Applaus hob an, und die Hongkonger erhoben sich, ebenfalls klatschend, von ihren Stühlen. «Ich begrüße unsere Landsleute aus Taiwan», fuhr Zhao fort, seinen Fischmund zu einem Lächeln verbogen. «Nun, da Hongkong zurückgekehrt ist, gelten unsere ganzen Anstrengungen der Wiedervereinigung mit unseren dortigen Brüdern.» Wiederum gab es begeisterten Beifall. Wiederum standen die Angesprochenen, die überall im Saal verteilt waren, auf und winkten wie Lotteriegewinner in die Runde. «China ist auf dem Weg in eine strahlende Zukunft, und glauben Sie mir, meine Freunde, die Zukunft beginnt schneller, als mancher zu hoffen gewagt hat. Das Jahr, das vor uns liegt, wird nach unserem Kalender das Jahr des Tigers sein. Ein Jahr voller Gefahren und Risiken, aber auch voller Chancen. Wer im Jahr des Tigers Mut zeigt, wird reich belohnt. Möge es für Sie alle ein gutes Jahr sein. Auf Ihr aller Wohl erhebe ich mein Glas! Und auf unser Land. Auf Zhongguo.» Zhao Zhongwen beschrieb mit der Hand, die den Sektkelch hielt, einen weiten, feierlichen Bogen über die Tische der Gäste, die ebenfalls zu ihren Gläsern griffen, und leerte es dann in einem Zug. Das Streichquartett stimmte den Marsch der Freiwilligen an, Chinas Nationalhymne.

Jackie Lau saß blass und nervös an einem Tisch im hinteren Bereich, zusammen mit zwei millionenschweren Spielzeugfabrikanten, einem Diskothekenbesitzer, einem Börsenmakler aus Hongkong nebst ihren Begleiterinnen und einem wortkargen Zolloffizier. Er hatte dem mit goldenen Schriftzeichen gedruckten Menü die Speisefolge der erlesensten Köstlichkeiten entnommen, zu denen auch die feinen Seegurken gehörten, derentwegen er sich immer ganz besonders auf dieses Bankett freute. Aber er konnte jetzt nicht mehr an die Gaumenfreuden denken. Nur noch daran, wie er heil wieder hier herauskommen konnte. Der Mann, der Lao Ding geholt hatte, der Mann ohne Namen, der ihn suchte, war hier in diesem Saal! Jackie Lau hatte ihn hereinkommen sehen und war sofort hinter einem Blumenstrauß in Deckung gegangen. Er hatte ihn beobachtet, als er aufmerksam wie ein Raubfisch auf Beutesuche durch die Reihen der Millionäre gestrichen war. Er grüßte niemanden und wurde von niemandem gegrüßt, suchte seinen Tisch und ließ sich nieder, seine Blicke aber glitten weiter forschend durch den Raum. Jackie Lau verfluchte seinen Leichtsinn und seine Verfressenheit. Es war nur wegen der verdammten Seegurken, dass er trotz der Warnung von Meng zu diesem Bankett gegangen war, obwohl er schon längst auf Tauchstation hätte sein müssen. Jackie bezwang seine Panik mit Vernunft. Der Mann kannte sein Gesicht nicht. Er kannte auch nicht seinen wahren Namen: Lau Wong-Lam. Er wusste vermutlich nicht einmal, dass er hier war. An seinem Tisch saß zwar auch der Polizeichef von Shenzhen. Aber falls der Namenlose bei seinem Tischnachbarn Erkundigungen einholen wollte, kannte der ihn auch als Lau Wong-Lam, zumindest hoffte Jackie das. Vielleicht – Jackie klammerte sich an diesen Gedanken wie ein Ertrinkender an ein Stück Holz –, vielleicht war der Mann gar nicht hier, um ihn zu verhaften. Vielleicht war er am Ende auch nur wegen der Seegurken gekommen.

Die Serviererinnen schwirrten aus und brachten die erste Vorspeise, gedünstete Riesengarnelen in feiner Austernsoße. Es gab keinen Weg hinaus, ohne die Aufmerksamkeit des ganzen Saales auf sich zu ziehen. Er musste dieses Bankett durchsitzen und durchleiden und hoffen, dass er es überlebte. Das Tischgespräch kam langsam in Gang. Die Spielzeugfabrikanten berichteten von einer neuen Generation von Teddybären, der Diskothekenbesitzer von einem taiwanesischen Popsänger, den er für einen Auftritt gewonnen hatte. Der Zolloffizier schmatzte schweigend. Jackie bemühte sich, der Unterhaltung zu folgen, und warf hier und da eine geistreiche Bemerkung ein, während er den Mann nicht aus den Augen ließ. Der erste Schock klang allmählich ab. Nichts deutete darauf hin, dass der Mann ohne Namen seinetwegen hier war. Er beteiligte sich nicht an dem Gespräch seiner Tischgenossen, wechselte nur einmal ein paar Worte mit dem Polizeichef. Zhao Zhongwen wanderte von einem Tisch zum anderen und erkundigte sich laut nach dem Wohlbefinden seiner Gäste. Als er an Jackies Tisch angekommen war, plauderte er ein wenig mit den Spielzeugleuten, klopfte dem Zöllner auf die Schultern und ließ sich von dem Diskothekenbesitzer zwei Freikarten für das Konzert aufschwatzen, obwohl er sich sicherlich nichts aus Kanton-Pop machte.

«Ich habe gehört, Lau Wong-Lam, dass Sie neuerdings als Eierhändler tätig sind!», scherzte er. «Mein alter Freund Calvin Lee berichtete, Sie hätten ihm einen großen Wunsch erfüllt.»

«Es freut mich, dass er mich weiterempfiehlt», entgegnete Jackie.

«Meinen Sie, es wäre auch für mich noch ein Ei aus diesem Nest übrig?»

«Das halte ich für durchaus wahrscheinlich. Aber eines muss ich Ihnen ganz ehrlich sagen: Ich glaube nicht, dass es an die hundertjährigen Wachteleier heranreicht, die ich gerade verspeist habe!»

Zhao Zhongwen lachte herzlich und verabschiedete sich mit einem Augenzwinkern.

Endlich wurden die Seegurken aufgetragen. Aber wie alles an diesem Abend wollten selbst die ihm nicht so recht schmecken. Alles hatte heute den salzigen Geschmack von Angst. Wieder und wieder winkte er den Kellner heran und ließ sich Wasser einschenken, trank es gierig, wenn er wusste, dass seine Tischnachbarn ihn beobachteten. Als Zhao Zhongwen seine Runde beendet und einen neuerlichen Toast ausgebracht hatte, zu dem sich alle aus ihren Sitzen erhoben, nahm Jackie nicht wieder Platz, sondern nutzte, wie einige andere auch, die entstandene Unruhe, um sich auf die Toilette zu begeben. Er hatte nicht vor wegen der Karamelltörtchen zum Dessert wiederzukommen. Er wäre am liebsten sofort die breiten Stufen hinuntergeeilt, aber das viele Wasser drückte tatsächlich schmerzhaft auf seine Blase, und er lenkte seine schnellen Schritte zum Waschraum, schloss sich ein und erleichterte sich. Als er eben dabei war seine Hose zu schließen, betraten zwei Männer die Toilette. Er hörte ihre alkoholschweren Stimmen. Dem Akzent nach zu urteilen, waren es Taiwanesen, die zum Urinal schlurften.

«Ich weiß nicht, wieso Zhao ständig diese Fragen stellt», hörte Jackie einen der Männer sagen. «So als ob er es eilig hätte. Natürlich wäre ich bereit einen Ministerposten zu übernehmen. Aber das ist doch reine Spekulation.»

«Hast du bemerkt, wie er immer vom ‹neuen Taiwan› redet?», mokierte sich der andere.

«Ach, komm! Du bist nur verärgert, weil er dich nicht gefragt hat, ob du dir vorstellen könntest, im Kabinett zu sitzen.»

«Mich hat er gefragt, ob ich Interesse hätte, die Staatsbank zu leiten!»

«Und – was hast du gesagt?»

«Was wohl? Natürlich habe ich Interesse. Aber was soll das Ganze?»

Sie hatten ihr Geschäft beendet, und ihre Schritte entfernten sich.

«Wie sagte Genosse Zhao? Die Zukunft beginnt schneller, als mancher das zu hoffen gewagt hatte.»

Heilfroh, dass er unentdeckt geblieben war, verließ Jackie Lau die Toilette und strebte der Treppe zu, die an einem gewaltigen Kronleuchter vorbei in einem vornehmen Bogen nach unten ins Foyer führte, wo weiß gekleidete Jünglinge dienstfertig herumstanden. Aus dem Bankettsaal drang gedämpft das Geräusch von hundert Tischgesprächen, untermalt vom wehmütigen Klang der Violinen, die das Thema des alten Evergreens «Edelweiß» angestimmt hatten. Jackie widerstand unter großen Mühen dem Drang einfach loszurennen. Sein Abgang sollte ganz natürlich aussehen, so dass niemand sich auch nur erinnern würde ihn gesehen zu haben. Er gestattete sich nicht einmal, den Kopf zu wenden und sich umzusehen. Das war ein Fehler.

Denn der Mann ohne Namen, dessen Schuhe mit leisen Gummisohlen versehen waren, ging nur zehn Schritte hinter ihm.

17. Kapitel

Dongqiao, 1949

Die Kunde kam über die Berge geflogen und über die Felder geweht, sie wiegte die Bäume hin und her wie ein belebender Wind. Die Menschen hielten bei ihrer Arbeit inne und warfen überglücklich ihre Strohhüte in die Luft. Sie kamen aus den Häusern ins Freie gelaufen und jubelten. Hunderte versammelten sich auf dem Platz vor dem Hauptgebäude und warteten. Drinnen hockten die Kader um einen klapprigen Radioempfänger und hielten den Atem an. Sie erkannten die nasale, hohe Stimme. Sie gehörte dem Vorsitzenden Mao, der in Peking einmarschiert war, ohne dass auch nur ein Schuss gefallen war, und der nun oben auf dem Tor des Himmlischen Friedens stand, im Mittelpunkt Chinas, im Mittelpunkt der Welt. Sie hörten die Worte, die das Ende des Leids und der Unterdrückung bedeuteten: «Die Chinesen, ein Viertel der Menschheit, haben sich erhoben. Ich erkläre die Gründung der Volksrepublik China.» Die Menschen in Dongqiao lebten schon lange so, wie nun endlich alle in China leben sollten. In Würde und Freiheit, ohne die grausame Willkür der Kriegsherren und ihrer Räuberbanden. In Frieden, ohne die barbarischen japanischen Aggressoren und ohne die korrupten Beamten und plündernden Truppen der Guomindang. Ohne die Ausbeutung der herzlosen und gierigen Großgrundbesitzer. Niemand sollte mehr hungern. Niemand sollte mehr wie ein Sklave leben. Ja, das Volk hatte sich erhoben, und die Partei des Volkes hatte die Macht übernommen. Sie hatten nie daran gezweifelt, dass dieser Tag kommen würde. Der 1. Oktober 1949, der Tag der Befreiung.

George Franklin Farlane saß direkt neben dem Lautsprecher, und seine Brust blähte sich stolz, als er den Vorsitzenden sprechen hörte, als er den Jubel der Massen auf dem Tiananmenplatz vernahm. Noch immer nannte er sich Xiaolong, der Kleine Drache, aber er war längst zu stattlicher Größe emporgeschossen, hatte vor wenigen Tagen seinen vierundzwanzigsten Geburtstag gefeiert. Neben ihm saß seine Frau, Honghua, die Rote Blume, mit der er vor siebzehn Jahren aus Changsha in das befreite Gebiet geflohen war. Der Sohn des amerikanischen Missionars war ein chinesischer Bauer und überzeugter Kommunist geworden. Sein blondes Haar war stoppelkurz geschoren, er trug mit Stolz die einfache Kleidung der Landbevölkerung, er bekam die gleichen Essensrationen wie sie, wohnte mit seiner Frau in einer bescheidenen, beinahe möbellosen Wohnung wie alle anderen auch und war es zufrieden. Mehr als das – er war erfüllt und hätte mit keinem Menschen auf der Welt tauschen wollen.

Die Jahre des Krieges gegen die Japaner und des Bürgerkrieges gegen die Nationalisten hatten das Land verwüstet und ausgeblutet. Obwohl Dongqiao weit entfernt lag von den Schlachtfeldern und keine feindliche Armee in die unzugängliche Bergregion vorgedrungen war, hatten auch die Menschen hier ihren Teil der Last mitgetragen. Flüchtlinge aus dem Süden waren zu Zehntausenden in das befreite Gebiet geströmt, denn es hatte sich in Changsha herumgesprochen, dass im kommunistisch kontrollierten Land jedermann zu essen bekam. Ein langer Treck des Elends war nach Dongqiao geströmt. Bis auf die Knochen abgemagerte Menschen, manche schon zu schwach, ihre leeren Reisschüsseln zu heben, pochten und kratzten an den Türen und flehten um Hilfe. Sie wurden alle aufgenommen und irgendwie verpflegt, bekamen Kleider und Arbeit in den neuen Feldern, die an den steilen Berghängen angelegt wurden.

Nur einmal in den vergangenen siebzehn Jahren hatte

George einen Amerikaner zu Gesicht bekommen. Ein Jahr nach dem Ende des Krieges gegen Japan, im Sommer 1946, kam für ein paar Tage ein blutjunger US-Offizier mit einem länglichen, etwas naiv wirkenden Gesicht in das Lager, der die Lebensmittelhilfe der Vereinten Nationen begleitete. Er sollte berichten, ob die Hilfslieferungen tatsächlich die Hungernden erreichten. George hatte seinen richtigen Namen schnell vergessen, erinnerte sich nur an seinen chinesischen Namen. Hu. Sein richtiger Name war wie aus den Geschichten von tapferen Königen, die ihm vor vielen Jahren sein Vater erzählt hatte. Diese Könige hatten nicht nur einen Namen, sondern auch noch eine Zahl dahinter. Richard II. Heinrich VI. Einen solchen Namen hatte auch dieser Amerikaner, der sehr erstaunt war, mitten in den Bergen von Hunan einen Landsmann vorzufinden, der aber kaum noch die eigene Sprache beherrschte. Der Amerikaner mit dem sonderbaren Namen hatte einige Tage in Dongqiao verbracht, hatte sich vergewissert, dass das gespendete Getreide ehrlich und gerecht verteilt wurde, und war dann wieder nach Changsha aufgebrochen. Danach hatte George nichts Gutes mehr von den Amerikanern gehört. Nach außen hin gaben sie vor, sie wollten Frieden und einen Waffenstillstand in China. Aber im Verborgenen belieferten sie die Guomindang mit Waffen und wollten ihnen helfen den Bürgerkrieg zu gewinnen. Dafür hasste und verachtete sie George. Es gab nur eine rechtmäßige Macht, die China regieren konnte, und das waren die Kommunisten. Sie hatten niemals Dörfer geplündert und wehrlose Menschen erschossen wie die Guomindang. Ihre Soldaten waren selbst Bauern und stahlen und vergewaltigten nicht, wenn sie eine Eroberung machten. Im Gegenteil. Sie halfen, die Kriegsschäden zu beheben, halfen, die Häuser wieder aufzubauen und die Saat auszubringen. Sie hungerten lieber selbst, als dass sie einem armen Bauern sein sauer verdientes Brot wegnahmen. Es war die erste Armee in der langen chinesischen Geschichte, die nicht kam, um zu morden, sondern um Leben zu retten. Wo immer die Soldaten der Bauernarmee einmarschierten, wurden sie vom Volk mit Blumen und mit Jubel begrüßt. Aber dennoch stellten sich die Amerikaner auf die Seite der Banditen.

«Warum tut ihr das?», hatte George den Besucher mit dem komischen Namen gefragt. «Wie könnt ihr euch mit diesen Verbrechern überhaupt an einen Tisch setzen?»

«Es sind nicht alles Verbrecher», hatte der Mann mit dem naiven Gesicht gesagt. «Ich gebe zu, dass manche darunter sind, mit denen wir lieber nicht allzu eng zusammenarbeiten sollten. Andere aber sind ehrliche Leute und wirklich bemüht China aus dem Dreck zu ziehen und den Menschen ein besseres Leben zu bringen. Ich habe gerade vor ein paar Tagen in Changsha einen solchen Mann kennen gelernt. Er heißt General Zhang, er ist ein sehr belesener und aufgeklärter Mann, und er kümmert sich dort in vorbildlicher Weise um die Verteilung von Lebensmitteln an die Armen.»

George fuhr bei der Erwähnung dieses Namens unwillkürlich zusammen. Er hatte schon vor langer Zeit gehört, dass der General nach seiner Niederlage in Yiyang mit dem verbliebenen Teil seiner Truppen nach Changsha gezogen war und sich dort dem Heer des Generals Yin angeschlossen hatte. Als General Yin wenige Monate später unter mysteriösen Umständen ums Leben kam, war Zhang der Befehl über die Provinzhauptstadt zugefallen, die er bis heute kontrollierte und wo er immer mehr Divisionen zusammenzog, obwohl im ganzen Land noch ein von den Amerikanern vermitteltes Stillhalteabkommen galt, das große Truppenbewegungen verbot.

George mochte den Amerikaner mit dem sonderbaren Namen. Er erkannte seine guten Absichten, und er wollte ihn davor bewahren, im Umgang mit General Zhang denselben Fehler zu begehen, den einst sein eigener Vater begangen hatte.

«Ich bringe Sie zu einem Mann, der Ihnen etwas anderes über den General berichten wird», sagte er.

Da Wang war nicht mehr oft in Dongqiao. Nach dem Sieg in Yiyang und der Erbeutung der Kanonen war er schnell in der Hierarchie der Bauernarmee aufgestiegen. Bald befehligte er seine eigene Einheit, dann eine ganze Division und schließlich seine eigene Armee. Jahrelang war er verschwunden gewesen, hatte sich auf dem Langen Marsch bewährt und einige bedeutende Aufstände und Offensiven angeführt. Er hatte die legendäre 27. Frontarmee gegründet, und Mao selbst beförderte ihn zum politischen Kommissar, der bei jedem Feldzug das letzte Wort sprach und größere Entscheidungsbefugnisse hatte als die eigentlichen militärischen Führer. Wang Guoming, nunmehr General der Roten Armee, war zwei Jahre im neuen Hauptquartier der Kommunisten in den Lehmhöhlen von Yan'an geblieben und dann zu neuen Eroberungen in den Süden zurückgekehrt. Der Zufall wollte es, dass er gerade zu der Zeit für ein paar Tage hier bei seiner Familie in Dongqiao Station machte, als der Amerikaner mit dem Zahlennamen das Gebiet besuchte. George führte ihn zum Quartier des Generals, ließ ihn ein paar Minuten warten, während er selbst mit Da Wang sprach, und bat ihn dann herein.

Der Amerikaner mit dem naiven Gesicht fand den gefürchteten Kommunistenanführer hinter einem wackeligen Tischchen, auf dem Landkarten ausgebreitet waren, in Socken und mit geöffnetem Hemd vor.

«Mein Name ist Sterling Hewett III», stellte sich der Fremde in holprigem Chinesisch vor. «Mein chinesischer Name ist Hu. Ich freue mich, Ihre Bekanntschaft zu machen, General Wang. Landauf, landab hört man von Ihren Heldentaten.» George, der wusste, dass sein ehemaliger Leibwächter es nicht schätzte bei wichtigen Gesprächen ungebetene Gäste zu haben, zog sich bescheiden zurück und hockte sich draußen auf die Schwelle. Auch von hier aus konnte er die Stimmen der beiden Männer noch gut hören.

«Mein Freund Xiaolong berichtete mir, dass die Amerikaner durchaus angetan sind von der Arbeit des Generals Zhang», begann Da Wang, und George hörte mit Freude, dass Da Wang ihn als seinen Freund bezeichnete.

«Die Situation in der Stadt scheint mir sehr ernst. Changsha hat eine große Menge von Flüchtlingen aufnehmen müssen. Viele von ihnen waren völlig ausgehungert und starben wie die Fliegen. Schon auf den Zufahrtsstraßen sah ich Leichen verfaulen. Ein abscheulicher Geruch liegt über der ganzen Gegend. Deswegen haben wir mit Geldern aus dem Hilfsfonds von Shanghai aus eine besonders große Lieferung von Getreide nach Changsha bringen lassen. General Zhang hat die Verteilung übernommen, und wir konnten sehen, dass sich die Lage in der Stadt innerhalb von wenigen Tagen entscheidend verbessert hat.»

«Wo haben Sie das Getreide gekauft?», fragte Da Wang kühl.

«In Hongkong. Das ist der schnellste Weg.»

«Wie viel Getreide haben Sie gekauft?»

«An die 20000 Tonnen.»

«War es teuer?»

«Natürlich war es teuer. Die Händler haben sich längst auf die neue Situation eingestellt und die Preise verdreifacht.»

«Lassen Sie mich raten – Sie haben die 20000 Tonnen in Hongkong beim Handelshaus Feng Dong gekauft. Ist das richtig?»

«Jawohl. Das ist einer der größten Lieferanten.»

«Wissen Sie, wie viele Tonnen Getreide in den Wochen zuvor nach ganz Hunan geliefert wurden?»

«Insgesamt etwa dieselbe Menge. Zwanzigtausend Tonnen. Worauf wollen Sie hinaus?»

«Die Firma Feng Dong in Hongkong gehört niemand anderem als General Zhang selbst. Er hat die erste Lieferung von 20000 Tonnen kassiert und direkt weiter nach Hongkong gebracht, während die Menschen zu Hunderten, zu Tausenden am Straßenrand und im Schmutz verreckten. Dann kamen Sie und haben ihm einen überhöhten Preis für dasselbe Getreide bezahlt, damit es noch einmal nach Hunan geliefert wurde. Dann hat er Sie zusehen lassen, wie es an die Armen ausgegeben wurde, und Sie denken nun, dass er ein Menschenfreund ist.»

Der Amerikaner war sprachlos. «Das können Sie nicht beweisen!», sagte er.

«Überprüfen Sie meine Angaben, und beweisen Sie es sich selbst, wenn Sie den Mut dazu haben.»

«Das ist eine absurde Anschuldigung gegen einen verdienten General der Nationalchinesen.» George hörte, wie der Fremde sich empörte und sein Chinesisch immer unverständlicher wurde. «Sie sind mit der Guomindang auf Kriegsfuß, und deswegen versuchen Sie, mich gegen den General einzunehmen. Ich kann das von unabhängiger Warte beurteilen! Ich habe keinen einzigen Hinweis auf irgendwelche Unregelmäßigkeiten.»

«Sie haben eben nicht danach gesucht. Ihr Amerikaner wolltet von Anfang an, dass die Guomindang China übernimmt. Und ihr schließt sogar beide Augen, wenn sie euch bescheißen und euch das Geld aus der Tasche ziehen.»

An dieser Stelle war der Amerikaner aus dem Raum gestürmt und in der Dunkelheit zu seiner Unterkunft geeilt. George blieb an der Schwelle zu Da Wangs Zimmer stehen und wagte nicht, hineinzugehen. Aber Da Wang, der seine Anwesenheit gespürt haben musste, kam von sich aus ins Freie. Der General legte eine Hand auf die Schulter des jungen Bauern und sagte: «Sie wollen nichts sehen und nichts hören. Bring mir nie wieder einen von diesen Amerikanern herbei, Xiaolong.»

«Das werde ich gewiss nicht tun», sagte der Kleine Drache voller Reue. «Ich dachte nur ...»

Zweimal klopfte Da Wang ihm wortlos auf die Schultern und verschwand dann wieder in seinem Zimmer, wo er die halbe Nacht über den Landkarten brütete. Am nächsten Tag schon war er wieder auf dem Weg nach Norden, wo die Vorbereitungen liefen für den bevorstehenden, unausweichlichen Krieg mit der Guomindang. Am nächsten Tag brach auch der Amerikaner wieder auf und kehrte zurück nach Changsha. Er war davon überzeugt, dass die Kommunisten hier wie überall in der Welt logen und bis aufs Messer bekämpft werden mussten. General Zhang empfing ihn noch am selben Abend mit einem Bankett. Die haltlose Anschuldigung gegen den General hatte, wie Hewett einige Tage später feststellte, sogar schon seine Vorgesetzten in Shanghai erreicht. Aber er konnte ihnen versichern, dass dies nichts weiter war als ein verzweifeltes Täuschungsmanöver der Kommunisten, die nun alle Register zogen, um ihre Feinde bei den Amerikanern in Verruf zu bringen. Seine Vorgesetzten glaubten ihm.

Die unerfreuliche Begegnung mit dem Amerikaner bestätigte George, was er schon lange fühlte: dass seine eigenen, amerikanischen Wurzeln faul waren und er sie so gründlich wie möglich ausreißen musste. Er war Chinese, nicht besser und nicht schlechter als die Menschen, unter denen er seit siebzehn Jahren lebte. Natürlich – er konnte weder sein Gesicht ändern noch seine Haut- und Haarfarbe und schon gar nicht seine Vergangenheit. Mit einer erschreckenden Hartnäckigkeit versuchten die Mitarbeiter des Reiskomitees immer noch, ihm, dem Ausländer, eine größere Portion zuzuteilen als den anderen. Und er hatte zur Enttäuschung seiner Frau lange darum gekämpft, dass das Wohnungskomitee sie nicht in einem der leer stehenden, bequemen Häuser unterbrachte, in dem früher die anspruchsvollen russischen Revolutionäre residiert hatten, die längst aus Dongqiao verschwunden waren. Und immer noch kamen die Menschen zu ihm, wenn sie etwas über Amerika und den Westen erfahren wollten, als wisse er mehr darüber als sie selbst.

«Wie denn, Genosse?», rief er dann wütend. «Ich habe dieses Land verlassen, als ich fünf Jahre alt war!»

Seine eindrücklichste Erinnerung waren Kindheitserinnerungen. Die kalten Winter, die Schneeberge, die sich vor den gemütlichen Bostoner Backsteinhäusern bildeten, der Geruch von Weihnachtsgebäck, besonders dieses unvergesslichen Hefekranzes mit Zitrone, den seine Mutter nach einem alten Familienrezept bereitete, und der Gottesdienst in der großen, dunklen Kirche, deren Namen er schon längst vergessen hatte. Nur einmal in all den Jahren hatte er sich für ein paar Stunden tatsächlich als Amerikaner gefühlt und einen besonderen, schwer erklärlichen Stolz empfunden. Das war, als die Nachricht von der Kapitulation der Japaner Dongqiao erreichte. Ansonsten war ihm dieses Land gleichgültig und fremd, und als sich die Anzeichen mehrten, dass die Amerikaner mit der Guomindang zusammenarbeiteten, begann er es zu verachten und zu hassen, und stritt sich bereitwillig mit jedem, den er in anderen als herabsetzenden Worten von *Meiguo*, dem schönen Land, reden hörte, für das viele in Dongqiao wegen seiner Stärke und seines Reichtums eine fatale, heimliche Bewunderung hegten.

Die Bauern und die Kader, die Soldaten und die Handwerker in Dongqiao, sie akzeptierten sehr wohl, dass George zu ihnen gehörte. Aber sie vergaßen niemals, was George schon lange vergessen hatte: dass er ein Ausländer war und für immer ein Ausländer bleiben würde. Und sehr bald schon gab es einen Vorfall, der allen bewies, dass der Kleine Drache tatsächlich ganz anders war als sie.

Es war ein sonniger, kühler Herbstvormittag, nicht lange nach der Gründung der Volksrepublik, als auf dem Hauptplatz vor dem Versammlungshaus in Dongqiao große Unruhe entstand. Das Geschrei lockte die Neugierigen aus ihren Häusern und die Bauern von den Feldern und sie liefen auf dem Platz zusammen, über dem sich stolz die rote Fahne mit den gelben Sternen in einer leichten Südwestbrise wiegte. Auch George und Honghua, die in ihrer Kammer saßen und einander die Erfolgsmeldungen aus einer vier Tage alten *Volkszeitung* vorlasen, eilten hinaus und drängten sich wie alle anderen vor zum Zentrum des Menschenauflaufs, wo Parteisekretär Bao auf einen Stuhl gestiegen war und versuchte, die aufgebrachte Masse zu beruhigen.

«Genossen, Genossen!», rief er mit der hysterischen Fistelstimme, derentwegen man ihn scherzhaft Bao Ji, das «Hühnchen Bao», nannte. «Genossen, so tretet doch zurück und macht ein wenig Platz hier in der Mitte! Wir brauchen Platz hier. Ja du, Lao Feng, einen Schritt zurück. Und noch einen. Und Genosse Yu auch. So ist es besser!»

George ließ Honghua am Rande des Tumults zurück und bahnte sich allein seinen Weg bis in die erste Reihe, wo er sehen konnte, wem die Aufregung galt.

In der Mitte des Kreises, die Hände auf den Rücken gelegt und den Kopf schamhaft gesenkt, stand ein Mann, der George irgendwie bekannt vorkam, ohne dass er wusste, woher. Der Mann trug einen dunklen Anzug westlichen Zuschnitts, der vor einiger Zeit einmal vornehm ausgesehen haben musste. Nun waren seine feinen Kleider verdreckt und durchlöchert. Er ging barfuß. Seine Füße waren blutig. George drängte sich noch weiter vor, widerstand einem mahnenden Blick von Bao Ji und erkannte, dass der Mann die Hände nicht einfach nur auf dem Rücken hielt. Er war gefesselt.

«Hiermit eröffne ich die Sitzung gegen den Ausbeuter, Kapitalisten und Menschenschinder Fu Daozhou aus Yiyang. Wer eine Anschuldigung gegen ihn vorzubringen hat, der melde sich!»

Fu Daozhou, dachte George, und in seiner Erinnerung

formte sich das Bild des Kaufmannes aus Yiyang, in dessen Haus er nach seiner Befreiung aus dem Keller des Generals gebracht worden war. Der hagere, ausgezehrte Mann, der wie ein reumütiger Sünder in der Mitte des Kreises stand, hatte nichts mehr gemein mit dem feinen, mächtigen Herrn von damals.

«Er ist ein Großgrundbesitzer», brach ein heiserer Ruf aus der Menge. «Er besaß hundert Felder und presste den Bauern ihr Herzblut ab, um sich zu bereichern!»

«Er ist der Anführer der Kaufleute in Yiyang», setzte eine andere, nicht minder erregte Stimme die Anklage fort. «Er und seinesgleichen horteten das Getreide in ihren Speichern, bis die Preise anstiegen und sie mehr Profit herausschlagen konnten. Und wir mussten die ganze Zeit hungern!»

«Er ist ein Freund des Generals Zhang!», schrie ein Dritter.

«Bestraft ihn!», toste die Menge.

«Lasst ihn bezahlen für seine kapitalistischen Untaten!»

«Schlagt ihn tot, den Helfer der Tyrannen!»

Fu Daozhou wagte nicht seinen Kopf zu heben. Er stand da in seinem zerrissenen Anzug, mit seinen gebundenen Händen und seinen blutigen Füßen und schluchzte.

Bao Ji kämpfte mit beiden Händen gestikulierend gegen den Sturm an. «Genossen, Genossen!», rief er immer wieder. «Wir müssen dem Feind Gelegenheit geben seine Fehler genau zu erkennen und Selbstkritik zu üben. Es dürfen nunmehr nur die sprechen, denen persönlich von den Händen dieses Mannes Unrecht widerfahren ist. Ja, Genossin Zhu?»

Ein verschrumpeltes, altes Weib trat in die Mitte und baute sich direkt vor dem Gefangenen auf, die Arme in die Hüften gestemmt. Jeder konnte sehen, dass sie zum ersten Mal in ihrem Leben so etwas wie Stolz und Kraft verspürte. «Meine Familie hatte nichts mehr zu essen, und meine Kinder und Enkelkinder schrien vor Hunger. Dieser Mann» – sie deutete mit einem zitternden Zeigefinger auf Fu – «hatte unsere ganze Ernte beschlagnahmt, weil wir ihm Geld schuldeten. Mein jüngstes Enkelkind verhungerte und hauchte seinen unschuldigen Geist in meinen Armen aus, während dieser Mann, der niemals in seinem Leben eine einzige Reispflanze gesetzt hat, in einem großen Haus in Yiyang seine fürstlichen Mahlzeiten zu sich nahm. Ich beschuldige ihn des Mordes an meinem Enkelsohn!»

Die Umstehenden quittierten das mit einem Aufschrei des Hasses.

«Schlag ihn!», brüllte einer. «Schlag ihn für deinen Enkelsohn!»

Angefeuert von den Zurufen ringsherum trat sie zwei Schritte auf den gefesselten Kaufmann zu und ohrfeigte ihn mit all der Kraft, die in ihren morschen Knochen steckte. Fus Kopf sank noch tiefer. Er sagte etwas, aber das ging im Johlen der Menge unter.

Ein Mann, der an Krücken ging, trat vor. «Ich war Soldat im Heer des Generals Zhang. Ich habe gehört, dass dieser Mann dem General viel Geld für neue Kanonen geliehen hat, damit der Blutsauger uns weiter quälen konnte.» Er hob eine seiner Krücken und schlug sie auf Fus Kopf. Der Kaufmann sackte unter der Wucht des Schlages zusammen. Sofort sprangen zwei Männer herbei, die ihn wieder aufrichteten.

«Ich war Bettler und schlief eines Nachts vor seinem Haus! Da kam er mitten in der Nacht heraus und prügelte mich wie einen Hund!»

Ein Stein flog von irgendwoher und erwischte Fu an Nase und Mund. Er spuckte Blut und einen Zahn.

«Er hat mein Land beschlagnahmt und mich und meine Familie einfach weggejagt.»

«Das ist der Mann, der meine Nichte vergewaltigte und halb totprügelte!»

«Er hat unsere Genossen in Yiyang an den Geheimdienst der Guomindang verkauft!»

«Fu Daozhou hat mit den Japanern paktiert!»

«Er hat Kinder geraubt und ihr Fleisch gegessen!»

Aus allen Richtungen schlugen die Anschuldigungen ein wie Bomben. Wahrheit und Lüge, wer machte sich schon etwas daraus? Dieser Mann war der Teufel, das Monstrum, der Klassenfeind. Die Bauern, die direkt von den Feldern gekommen waren und ihre Hacken bei sich trugen, waren nicht mehr zu halten. Sie drängten nach vorne und hieben auf den gefesselten Fu ein. Friedliche Menschen, die niemals an Vergeltung und Gewalt gedacht hatten, wurden mit einem Mal zu Bestien, deren einziges Ziel es war, zu töten. Vernichtende Schläge prasselten auf den Gefangenen hernieder, der zusammenbrach, sich in Todesangst wand und um Vergebung bettelte.

«Zu spät, zu spät», kreischten die Bauern, die nicht ruhen würden, bis sie ihn in tausend Stücke zerhackt hatten. Sie waren die neuen Herren Chinas, und er, der Herr von gestern, war nun nicht mehr wert als ein Stück Scheiße.

Er wusste nicht, warum er es tat. Er hatte ja die Anschuldigungen gehört und kannte das Leid und die Demütigungen, die das gemeine Volk von all den Fu Daozhous dieses Landes viel zu lange hatte erdulden müssen, ganz genau. Er teilte ja ihre Entrüstung und ihre Genugtuung, endlich den ersten der gewissenlosen Verbrecher zur Verantwortung ziehen zu können. Aber er konnte einfach nicht anders, als er sah, wie all die einfachen, gütigen Menschen, die er liebte, sich plötzlich in eine entmenschte Horde von blutrünstigen Racheengeln verwandelten, von denen er seinen Vater so oft hatte sprechen hören, und sich auf einen wehrlosen, verletzten Mann stürzten: George Franklin Farlane warf sich schützend über den am Boden sich krümmenden Ausbeuter und schrie so laut er konnte diese unsinnigen Worte, die er sich später, wenn er darüber nachdachte, gar nicht erklären konnte. Er schrie: «Wer von euch ohne Schuld ist, der werfe den ersten Stein!»

Gespenstisch, wie mit einem Mal alles Gebrüll und Geschrei auf dem Platz erstarb. Wie Stöcke und Stiele, die eben noch drohend erhoben waren, sich langsam senkten, wie der tobende Mob sich plötzlich schweigend zerstreute und George allein mit dem Sterbenden in seinen Armen zurückblieb im Staub, neben einem umgestürzten Stuhl, unter der roten Fahne des neuen China.

«Du bist der Junge des Missionars», flüsterte Fu Daozhou aus seinem geschwollenen, blutverschmierten Mund, bevor er starb. «Ich habe dich gleich erkannt. Verschwinde, Kleiner Drache, fliege weg aus China. Fliege, bevor sie auch dich töten . . .» George kam es vor, als sehe er die Seele des Mannes wie einen Schmetterling in den klaren Herbsthimmel steigen.

«Was ist denn bloß in dich gefahren?!», schalt ihn Honghua am Abend dieses Tages. «Wie konntest du einen so bösen Klassenfeind vor seiner gerechten Strafe bewahren? Weißt du, dass alle in Dongqiao nur noch davon sprechen, dass du einem Mörder das Leben gerettet hast?»

«Wenn ich ihn gerettet habe – wie kommt es dann, dass er tot ist?», versetzte George gereizt. «Sprich nicht von Sachen, von denen du nichts verstehst!»

«Du hättest das nicht tun dürfen. Das Volk hat ein Recht auf Rache. Wir müssen die Feinde der Revolution ausmerzen, sonst wird unser Erfolg nicht von Dauer sein – hat nicht der Vorsitzende Mao Zedong das gesagt? Glaubst du denn, dieser Erzkapitalist hätte zu seiner Zeit auch nur einen Moment gezögert, uns alle zu erschlagen, wenn er dadurch nur noch ein wenig reicher geworden wäre?»

«Er hat mein Leben gerettet.»

«Ja, aber . . .» Sie verstummte. «Du bist ein Ausländer», hatte sie sagen wollen. Sie sagte es nicht, weil sie seine wunden Gefühle in diesem Punkt nicht verletzen wollte. Aber sie dachte es, und alle dachten es an diesem Abend in Dongqiao. George hatte mit seinem törichten Eingreifen eine sichtbare Linie zwischen sich und den Rest der Siedlung gezogen.

Man würde sich daran erinnern.

Das Ende des Kaufmannes Fu Daozhou war kein Einzelschicksal im neuen China. Jetzt und in den folgenden Jahren ereilte es Millionen von Menschen. Überall wandten sich unter der Führung der Partei die vormals Unterdrückten gegen ihre Unterdrücker.

Überall wurden Großgrundbesitzer und Geschäftsleute als Klassenfeinde und Konterrevolutionäre angeklagt und gerichtet. Eine Revolution ist kein Gastmahl, hatte der Vorsitzende Mao gesagt.

Und als die Unterdrücker ausradiert waren, folgte die nächste Kampagne. Nun galt es, die Spione und Agenten zu finden, die im Auftrag feindlicher Mächte oder der Guomindang die Revolution untergraben wollten. Die so genannten Rechtsabweichler lauerten überall, warteten auf ihre Stunde und gefährdeten mit ihrem althergebrachten Denken den Aufbau des Staates. Das wurde allen klar, als der Vorsitzende Mao die Massen wohlwollend aufforderte, die Partei offen und ehrlich zu kritisieren. Hundert Blumen sollten blühen, hatte der Vorsitzende das genannt. Aber es kam viel zu viel giftiges Unkraut zum Vorschein. Die Ewiggestrigen und die Lakaien des Imperialismus krochen sabbernd aus ihren Löchern und bewarfen die Kader und die Partei mit allem Schmutz, den sie nur finden konnten. Sie bemängelten die Arbeit der Funktionäre, warfen ihnen Selbstherrlichkeit und Willkür vor, verlangten auch noch Redefreiheit für ihre maßlosen Angriffe und bekamen sie. Die Kader waren entsetzt von den Angriffen, denen sie sich plötzlich ausgesetzt sahen, und manch einer stellte sogar insgeheim die Weisheit des Vorsitzenden Mao Zedong in Frage, weil er die Pforten zu dieser gefährlichen Kampagne aufgestoßen hatte. Aber bald schon erkannten sie, welches

Ziel die Parteiführung wirklich hatte, und atmeten erleichtert auf. Die «Hundert Blumen» waren nur eine Finte gewesen, und die Feinde der Revolution waren leichtsinnig genug, darauf hereinzufallen. Wer seine defätistische Meinung offen geäußert hatte, der musste nun die Konsequenzen tragen.

Es kam die Zeit der Untersuchungen.

Jeder in Dongqiao, jeder in China wurde aufgefordert, einen detaillierten Lebenslauf zu schreiben und zur Prüfung bei den zuständigen Kadern abzugeben.

Jeder, außer George Franklin Farlane.

«Was soll denn das?», empörte er sich. «Ist vielleicht mein Lebenslauf nicht interessant? Will niemand von mir wissen, wie ich die Revolution vorangebracht habe?»

«Darum geht es doch gar nicht!», beschwichtigte Honghua. «Sie suchen in den Lebensläufen doch nicht nach Verdiensten, sondern nach Fehlern! Die Partei will jedem die Gelegenheit geben seine Verbrechen zu entdecken und Selbstkritik zu üben.»

«Na und? Ich habe genauso meine Fehler gemacht wie alle anderen auch! Habe ich vielleicht nicht das Recht, von der Partei korrigiert und belehrt zu werden? Ich bin Mitglied der Partei, und für mich gilt, was für alle anderen gilt. Ich will aus den Fehlern der Vergangenheit lernen und mich in Zukunft bewähren.»

«Du verdammter Sturkopf!», schimpfte Honghua mit unterdrücktem Zorn. «Sieh einmal dort hinüber! Da liegt deine Zukunft! Nicht in Selbstkritik und einem blöden Lebenslauf!» Sie wies auf die Wiege aus Reisstroh, in der ihr kleiner Sohn schlummerte, Stenton Farlane.

«Ja, eben!», parierte George. «Welche Zukunft hat er denn, wenn ich jetzt nicht endlich aufstehe und allen ein für alle Mal klar mache, dass ich einer von ihnen bin? Er soll stolz auf mich sein, Honghua. Er soll sich an meiner Loyalität zur Partei ein Beispiel nehmen und nicht eines Tages erfahren, dass ich immer dann, wenn es brenzlig wurde, einen Sonderstatus innehatte. Dass ich ein ausländischer Drückeberger war.»

Honghua sah, dass es keinen Zweck hatte ihrem Mann die Sache auszureden, und lenkte ein.

«Ja, vielleicht hast du Recht», gab sie nach. «Setz dich hin und schreibe deinen Lebenslauf.»

Er tat es noch in dieser Nacht, legte besonderes Gewicht auf seine Fehler und Irrungen, selbst wenn ihn gar keine Schuld daran traf. Wie er satt und zufrieden in einem wohlgeheizten, bürgerlichen Haus in Boston aufwuchs, während draußen in der Kälte die Arbeitslosen, die Bettler und die Einwanderer um eine Schale warmer Suppe anstanden. Wie sie auf dem großen Schiff aus San Francisco nach Shanghai eine ganze Kabine für sich hatten, während auf dem Unterdeck in Schmutz und Dunkelheit zwischen Ratten und anderem Ungeziefer die chinesischen Kulis zusammengepfercht waren. Wie sie in einem herrschaftlichen Missionshaus mit Garten in Yiyang wohnten, während aussätzige Bettler in den Gassen der Stadt wie Hunde abkratzten. Ja, er war durch und durch ein schädliches, bürgerliches Element gewesen. Aber dank seiner Bekanntschaft mit Da Wang sei ihm ein ganz neuer Blick auf das Leben und die Gesellschaft eröffnet worden, und er habe sich von da an begeistert der Sache der Revolution angeschlossen und seine imperialistische, dekadente Vergangenheit als Sohn eines amerikanischen Missionars hinter sich gelassen. Er beschrieb ausführlich, wie er, statt zu den Seinen, den Amerikanern, zurückzukehren, den Weg nach Dongqiao gewählt und dort immer sein Bestes gegeben hatte und sobald er alt genug war, die Parteimitgliedschaft beantragte. Er schrieb auch von seiner Begegnung mit dem Amerikaner, der diesen komischen Zahlennamen trug und wie er zunächst naiv geglaubt hatte, die Vereinigten Staaten könnten China bei der Befreiung und beim Aufbau helfen, nur um dann umso enttäuschter einzusehen, dass sie allesamt ein Haufen von Erzverrätern und Erzverbrechern waren, die sich mit ihren Feinden von der Guomindang verbündet hatten. Als er den Stift mit einem zufriedenen Lächeln beiseite legte, waren es zehn eng beschriebene Seiten, die vor ihm lagen und die er am nächsten Morgen in aller Frühe zum Parteisekretariat trug.

«Was soll das, Genosse Long?», fragte Bao Ji bestürzt und legte dazu seinen Kopf in die Schräge, so dass er einen Moment lang tatsächlich wie ein Hühnchen aussah.

«Das ist mein Lebenslauf, und ich verlange, dass er genauso kritisch überprüft wird wie alle anderen Lebensläufe auch.»

Bao Ji war peinlichst berührt und blätterte wieder und wieder durch die zehn Seiten, die George ihm in die Hand gedrückt hatte. Jeder in Dongqiao mochte den Ausländer, wenn auch nicht jeder verstand, was ihn dazu bewogen hatte ihr Los zu teilen, anstatt sich ein feines Leben bei seinen amerikanischen Brüdern zu machen. In letzter Zeit, angefacht durch das allgemeine Misstrauen, das die verschiedenen Kampagnen gegen Konterrevolutionäre erzeugt hatten, war jedoch hinter vorgehaltener Hand immer wieder das hässliche Wort vom «imperialistischen Agenten» gefallen, auf den man ein Auge haben müsste. Allein die Freundschaft und das Vertrauen des Generals Wang Guoming, das Farlane besaß, hatten seine Person unantastbar gemacht.

«Ich werde deinen Lebenslauf sorgfältig studieren», versprach der ratlose Bao Ji.

«Keine Sonderrechte für mich, nur weil ich eine andere Hautfarbe habe!», forderte George.

«Ganz gewiss nicht. Du bist einer von uns, Xiaolong. Das weißt du doch.»

Den ganzen Tag über war Bao Ji für niemanden zu sprechen. In höchster Gewissensnot ging er stundenlang in seinem Zimmer auf und ab und grübelte darüber nach, wie er die unangenehme Situation, in die der Ausländer ihn hier gebracht hatte, beilegen könnte. Als die Abendsonne hinter den Hügeln verschwand, hatte er endlich eine Antwort gefunden. Und als George am nächsten Morgen in aller Frühe zur Feldarbeit aufbrach, erwartete ihn ein Schock. Auf der Anschlagtafel in der Mitte des Versammlungsplatzes, wo die wichtigsten Meldungen der *Volkszeitung* und die größten Erfolge von Dongqiao kundgetan wurden, prangte in großen, roten Schriftzeichen sein Name. Daneben war, fein säuberlich Zeichen für Zeichen in Großschrift abgeschrieben, sein Lebenslauf ausgehängt, vor dem sich bereits eine beachtliche Gruppe von interessierten Lesern eingefunden hatte. Manche waren bereits dabei ganze Passagen abzuschreiben.

«Lernt von Xiaolong!», forderte die Überschrift. «Lernt von unserem amerikanischen Freund, wie man schonungslos mit der Vergangenheit abrechnet und seinen Geist läutert.»

Hände streckten sich nach ihm aus und berührten ihn, als strahle er magische Kräfte aus.

«Da ist er, da ist er!», rief einer, und sie brachen in einen spontanen Beifallssturm aus.

«Wir sind stolz auf dich, Xiaolong – wir alle können von deiner Offenheit und Ehrlichkeit lernen», lobte ein Zweiter.

«Xiaolong sollte sofort in die Parteizentrale aufgenommen werden und dort bei der Auswertung aller Lebensläufe zugegen sein!», schlug ein Dritter vor und erntete damit einen überwältigenden Applaus. «Die Maßstäbe, die er gesetzt hat, sollten an uns alle angelegt werden!»

Bao Ji, der etwas abseits stand und ein zufriedenes Grinsen zur Schau stellte, nickte zustimmend. «Das wäre gar keine schlechte Idee.»

Und so fand sich George mit sofortiger Wirkung von der Feldarbeit suspendiert und in den inneren Zirkel der Partei berufen, der den ganzen Tag über im früheren Haus der sowjetischen Berater über Lebensläufen und Selbstkritiken grübelte und verdächtige Sätze sowie offensichtliche Auslassungen mit roter Tinte markierte.

Von Bao Ji zu größter Sorgfalt und Wachsamkeit angehalten, fanden sie in beinahe jedem der Schriftstücke Hinweise auf ernste und weniger ernste Verfehlungen. Zuerst legten sie die Lebensläufe derjenigen beiseite, die während der Hundert-Blumen-Kampagne unangenehm aufgefallen waren. In diesen sonnenklaren Fällen bedurfte es gar keiner besonderen Untersuchung mehr – diese Leute, die zum Teil horrende, so genannte «Verbesserungsvorschläge» gemacht hatten, waren schon jetzt für die Umerziehung durch Arbeit vorgesehen. Da gab es welche, die hatten allgemeine, geheime Abstimmungen über wichtige Fragen gefordert, andere äußerten Zweifel am sowjetischen Modell, da gab es solche, die mit dem Rationierungssystem der Lebensmittel nicht zufrieden waren und die offen einer Rückkehr zum Markt das Wort redeten. Da gab es sogar einige Schamlose, die die Parteispitze in Peking angegriffen hatten. Eine Liste mit 768 Namen lag in Bao Jis Schreibtisch, und er wartete nur noch auf die Nachricht aus der Zentrale, wo Genosse Deng Xiaoping darüber nachdachte, wie mit diesen gefährlichen Konterrevolutionären genau zu verfahren sei. Komplizierter wurde die Arbeit des Komitees bei all den verdeckten und schlauen Rechtsabweichlern, die ihre zersetzende Gesinnung wie einen verborgenen Virus mit sich herumtrugen. Die mussten vorgeladen und angehört, mussten dazu gebracht werden ihre Fehler offen einzugestehen und öffentlich zu bedauern. Wer schnell geständig war, den schickten sie nach Hause, um eine Selbstkritik zu schreiben. Wenn er am nächsten Tag wiederkam, bemängelten sie, die Kritik sei zu kurz ausgefallen. Er müsse sich schon etwas mehr anstrengen. Es gab Kandidaten, die mehr als zwanzig Versionen ablieferten, bevor sie endlich die Milde der Partei spüren durften.

«Die Partei hat größte Nachsicht mit denen, die ihre Fehler einsehen und sich bessern wollen!», belehrte sie Bao Ji. «Aber wer stur und uneinsichtig ist, wer seine Verbrechen verleugnet, der kann nicht mit unserer Rücksicht rechnen.»

Manchmal wurden die Rechtsabweichler im kleinen Kreis vernommen und kritisiert. Die siebzehn Mitglieder der Untersuchungskommission saßen an ihrem hufeisenförmigen Tisch, dem oder der Verdächtigen wiesen sie einen einfachen Schemel in ihrer Mitte zu, der keine andere Körperhaltung zuließ, als mit eingezogenen Schultern dazuhocken und die Hände schuldbewusst in den Schoß zu legen.

«Was hast du zu deinen Verbrechen zu sagen?», begann der Vorsitzende üblicherweise eine solche Sitzung.

«Welche Verbrechen?» – dies war eine Antwort, die zu sofortigem Geschrei und wüsten Beschimpfungen führte. Wer so anfing, dem war der Weg in das Umerziehungslager schon fast gewiss.

«Ich bereue meine Verbrechen und will der Partei zeigen, dass ich dennoch ein guter Kommunist bin» – dies war die Antwort, mit der man ganze Verfahren erheblich abkürzen und erleichtern konnte. Manchmal kam ein einsichtiger Rechtsabweichler mit einer einfachen Strafe davon und musste nur hundert große Wandzeitungen schreiben, auf denen er der Partei für ihre Weisheit und ihre Rücksichtnahme dankte.

Manchmal gab es auch große Sitzungen, zu denen außer Kommission auch die Angehörigen der Einheit, in der der Verdächtige arbeitete, zugegen waren. Da ging es dann sehr viel ruppiger zu. Hass und alte Feindschaften kochten noch, Neid und persönliche Streitigkeiten wurden mit einem Mal zur Staatsaffäre.

«Hu Feng hat in meinem Beisein einen Witz über die Hosen des großen Vorsitzenden gemacht!», schrie einer.

«Nieder mit Hu Feng, dem Erzrechtsabweichler!», schrien die anderen.

«Hu Feng – wenn du nicht sofort gestehst, dann wirst du bald nicht mehr viel zu lachen haben!», donnerte der Vorsitzende.

«Ich habe doch nichts Schlimmes gesagt!», winselte Hu Feng.

«Gestehe deine konterrevolutionären Verbrechen, und bitte die Partei um Gnade!»

«Ich habe nie etwas über die Hosen von Mao Zedong gesagt!»

«Lügner, Lügner, da seht ihr, wie er sich windet, die verdammte, kapitalistische Natter. Zertretet ihn!»

«Tong Xie hat sich immer wieder mit hohen Guomindangfunktionären eingelassen!», hieß es in einer anderen Versammlung. «Sie war eine Hure unserer Feinde!»

«Tong Xie – was hast du zu dieser Anschuldigung zu sagen?», fragte streng der Vorsitzende.

«Ich musste mit ihnen reden, denn ich war in der Kommission zur Verteilung der Lebensmittel! Ich musste unseren Anteil heraushandeln. Ich war immer eine Dienerin der Partei! Was wollt ihr denn, Genossen? Wollt ihr mir etwa vorwerfen, ich sei eine Spionin der Guomindang?»

«Das hast du gesagt, Tong Xie. Und sprich uns gefälligst nicht als ‹Genossen› an. Gestehe deine Verbrechen, bevor du dich weiter in ein Netz von Lügen verstrickst!»

So ging es von morgens bis abends. Ein Leben nach dem anderen wurde auf die Bühne des Klassenkampfes gezerrt und dort unter Geschrei und Beleidigungen verdreht und zertrampelt, bis endlich erreicht war, was von Anfang an feststand: dass die Partei allwissend und unfehlbar war.

Nach zwei Wochen in der Komission, die er am Anfang als notwendiges Übel akzeptiert hatte, musste George Franklin Farlane sich zwingen, jeden Tag aufs Neue zu diesem entwürdigenden, grausamen Schauspiel anzutreten. Er verhielt sich zwar meist still und beteiligte sich nicht an den Hasstiraden gegen die so genannten Verdächtigen, aber er fühlte sich schuldig. Er konnte sehen, wie viele voller Schrecken irgendwelche Verbrechen gestanden, die sie niemals begangen hatten, nur um die Partei um Vergebung anzuflehen und besser dazustehen als die wenigen anderen, die gutgläubig und ahnungslos auf ihrer Unschuld beharrten. Einige der Verdächtigen kannte er persönlich, manche sogar über viele Jahre. Aber er stellte sich nicht gegen den Sturm. Er verteidigte sie nicht und stellte das Urteil der Partei niemals in Frage.

Er verlor auch nicht sein Vertrauen in die Partei. Seine Loyalität überstand alle, auch die absurdesten und widerlichsten Kampfsitzungen unbeschadet. Insgeheim machte er den Führer dieser Aktion, Deng Xiaoping, für das Unrecht verantwortlich, und er wünschte sich, er fände doch eines Tages den Mut einen Brief an den Vorsitzenden Mao zu schreiben und ihm zu enthüllen, wie schäbig und gedankenlos auch die tapfersten Revolutionäre von einst mit einem Mal behandelt wurden. Aber tief im Inneren kannte er die Antwort schon. Wenn er ihn überhaupt einer Antwort für würdig befunden hätte, dann hätte der Vorsitzende Mao ihm gewiss geantwortet: «Die Revolution ist kein Gastmahl.»

George hätte sich gerne mit seinem Freund Da Wang unterhalten, ihm seine Verwirrung geschildert und von ihm vielleicht erfahren, dass die Kampagne politisch notwendig war und dass nach einer Weile alle vermeintlichen Rechtsabweichler wieder mit offenen Armen in der Partei begrüßt werden würden. Er war bereit jede Erklärung anzunehmen, die sein Gewissen beruhigt hätte. Aber der General weilte wieder einmal für längere Zeit in Peking. Allein seine Frau, Li Jinxin, war mit den vier Töchtern in Dongqiao zurückgeblieben. Sie und Honghua waren dicke Freundinnen. Und da George die kleine, zähe Frau aus Yiyang als aufrichtige und kluge Person schätzte, die sich in den zuweilen verschlungenen Wegen der Partei allerbestens zurechtfand, suchte er sie auf, um ihren Rat einzuholen.

«Ich wünschte, du wärst früher zu mir gekommen, bevor du diese törichte Selbstkritik verfasst hättest», zürnte Li Jinxin.

«Bao Ji schien aber nicht der Meinung zu sein, dass meine Selbstkritik töricht war», hielt er dagegen, erstaunt und beleidigt wegen ihrer heftigen Reaktion.

«Du hast Bao Ji damit in eine Ecke gedrängt und ihn gezwungen, einen Befreiungsschlag zu machen. Jetzt erteilt er dir eine Lektion, indem er dich alle Kampfsitzungen durchstehen lässt, und am Ende wird jemand allein wegen deiner Sturheit darunter leiden müssen. Hast du denn immer noch nicht verstanden, wie die Partei funktioniert? Bist du denn wirklich ein solcher Träumer?»

Sie hatte Recht. George verstand die Partei immer noch nicht, und er verstand noch nicht einmal, was Li Jinxin ihm sagen wollte. Aber schon am übernächsten Tag fand er heraus, dass sie die Wahrheit gesprochen hatte, und er erschrak über die Präzision, mit der Bao genau den richtigen Menschen herausgesucht hatte, um die Lektion so eindringlich wie möglich ausfallen zu lassen.

Lao Zhu war wenige Monate nach George und Honghua in Dongqiao angekommen. Der Buchbinder aus Changsha war in der Stadt nicht mehr sicher, nachdem ein Rollkommando der Guomindang, die jetzt vom rigorosen General Zhang geleitet wurde, ihre Zentrale gestürmt und zwölf Genossen getötet hatte. Wie durch ein Wunder war Lao Zhu entkommen und hatte sich nach Dongqiao durchgeschlagen, wo er eine Stelle in der Druckerei zugewiesen bekam. Bei der Arbeit in der schlecht beleuchteten Werkstätte verdarb er sich die Augen, aber er verschwieg seinen Kollegen, dass sein Sehvermögen mehr und mehr nachließ. Bis sie es vor einigen Wochen auf drastische Art und Weise selbst herausfanden. Der eulengesichtige alte Buchbinder hatte in einem Artikel, in dem es um die Vorschriften des Vorsitzenden Mao Zedong bei der Verfolgung und Bestrafung von heimlichen Anhängern der feudalistischen Linie ging, das Schriftzeichen für Mao mit dem für *quan* verwechselt. Ein unverzeihlicher Fehler, der, so vermuteten einige von Anfang an, gar kein Fehler war, sondern ein Ausdruck offener Rebellion. Denn das Zeichen *quan* bedeutete «Hund». Die Zeitung war soeben in tausendfacher Ausfertigung an die Verteilerstellen gegangen, bevor ein aufmerksamer Genosse Alarm schlug. Mit knapper Not konnte die gesamte Auflage noch sichergestellt und verbrannt werden, bevor größerer Schaden entstand. Lao Zhu, der seinen Fehler noch nicht einmal einsah und nur immer wieder lächelnd den Kopf über seine Dummheit schüttelte, war mit sofortiger Wirkung von seiner Arbeit entbunden worden. Auch in seinem Lebenslauf, der nun der Untersuchungskommission vorlag, war der *quan*-Zwischenfall mit keinem Wort erwähnt, obwohl er sich in Dongqiao schnell herumgesprochen hatte und jeder davon wusste.

«Was sollen wir mit diesem Mann anfangen?», fragte Bao Ji in die Runde.

George Franklin Farlane brannte die Antwort auf den Lippen, aber er sagte nichts, denn er wollte sich nicht verdächtig machen. Lao Zhu war ein liebenswerter, etwas zerstreuter Mann, dessen revolutionäre Gesinnung über jeden Zweifel erhaben war.

«Wir müssen ihn verhören. Ich hatte schon immer den Verdacht, dass dieser angebliche Fehler eine absichtsvolle Verunglimpfung des Vorsitzenden und damit der gesamten Partei sein sollte», bemerkte Genosse Yang.

«Es erscheint mir auch sehr verdächtig, dass Lao Zhu nur sehr oberflächlich über die Ereignisse berichtet, die seiner Flucht aus Changsha vorangingen», befand Genossin Guo.

«Wir sollten ihm aber Gelegenheit geben dieses Versäumnis wieder gutzumachen, bevor wir ihn vorladen», beschloss Bao Ji. Ein Abgesandter der Kommission wurde zu Lao Zhu geschickt und forderte den Alten auf seinen Lebenslauf noch einmal zu schreiben. «Und diesmal nichts verschweigen!» Er wurde für den folgenden Tag, zehn Uhr, in das Parteigebäude geladen.

Schon bevor Bao es sagte, wusste George, dass ihm ausgerechnet für dieses Verfahren die Hauptlast aufgebürdet würde.

«Genosse Xiaolong hat nun einige Kampfsitzungen miterlebt und sich immer sehr zurückgehalten», bemerkte Bao Ji mit vorwurfsvollem Unterton. «Ich denke, es ist nun an der Zeit, dass er einmal die Anklage führt.»

«Eine fabelhafte Idee», stimmten die anderen Mitglieder zu. «Du bist mit dem Verbrechen Lao Zhus vertraut?»

«Ich habe seinen Lebenslauf gelesen», erwiderte George ausweichend.

«Hast du auch die lückenhaften Stellen bemerkt?»

«Ich habe nur bemerkt, dass er schreibt, er sei am 2. Mai aus Changsha geflohen, weil ihm die Geheimpolizei auf den Fersen war.»

«Das ist richtig. Aber wie wir alle wissen, gab es am 3. Mai einige Razzien, bei denen viele Genossen verhaftet und später hingerichtet wurden.»

«Wollt ihr damit sagen, Lao Zhu habe seine Kampfgefährten an die Guomindang verraten?»

George sah sie einen nach dem anderen an. Sie wichen seinem Blick aus und vertieften sich dabei in ihre Unterlagen.

«Wir wollen gar nichts sagen», beruhigte ihn Bao Ji. «Wir wollen nur die Wahrheit wissen. Bringt ihn herein.»

Lao Zhu, alt und hinfällig, saß auf dem Hocker und blinzelte mit seinen freundlichen, halb erblindeten Kauzaugen in die Runde.

«Nun, Genossen, was kann ich für euch tun?»

Betretenes Schweigen entstand, denn George brauchte lange, um seine Anklage zu formulieren.

«Lao Zhu», begann er schließlich, «die Sache mit dem Schriftzeichen . . .»

«Ach, ja.» Der Alte schüttelte den Kopf. «Das tut mir so Leid. Ich habe es wirklich nicht gesehen. Das Licht in der Druckerei ist nicht so gut, wisst ihr? In der Ecke, in der ich arbeite, war an dem Tag auch noch eine Lampe ausgefallen und ich bat den Genossen Elektriker dreimal, etwas zu tun, aber er ließ mich immer warten . . .»

«Aha! Willst du damit sagen, dass der eigentliche Schuldige ein anderer ist? Willst du dein eigenes Versagen auf einen unschuldigen und aufrechten Genossen abwälzen?», schnappte Genossin Guo.

«Nein, nein. Ich weiß doch, dass der Elektriker dein Ehemann ist, Genossin.»

«Rede nur, wenn du gefragt wirst!»

«Aber du hast mich doch gefragt!»

«Wir sprechen nicht von einem Versäumnis, Lao Zhu», fuhr George unter den erwartungsvollen Blicken der anderen fort. «Manche meinen, dass du die Schriftzeichen absichtlich vertauscht hast.» George fühlte sich wie ein Hund. Es war, als triefe stinkendes Öl in seinen Kragen und besudele ihn. Er erinnerte sich an den Tag, da er Lao Zhu zum ersten Mal nach Mao Zedong gefragt hatte. «Mao ist unser Held und Retter», hatte er gesagt, und George wusste, dass Lao Zhu sich lieber die Hand abhacken würde, als den Vorsitzenden wissentlich zu beleidigen.

«Nein. Das würde ich niemals tun», sagte Lao Zhu nur.

«Aber dennoch hast du es getan!», wetterte Genosse Jiang und drohte dem alten Mann mit der Faust. «Sage uns, wer deine Auftraggeber sind!»

«Ich arbeite für die Druckbrigade der *Volkskommune Achter Juni*», antwortete der Alte, der den Sinn der Frage nicht verstand.

«Schon wieder versucht er, andere zu belasten!», kreischte Genosse Peng auf, der im Führungsstab der Druckbrigade saß. «Du kannst uns nicht täuschen, Zhu. Dein Verbrechen ist schwerwiegend, und die Haltung, die du hier an den Tag legst, ist unverbesserlich!»

Lao Zhu sah fragend auf George, der dem hilflosen Blick des Alten nicht standhalten konnte und stattdessen auf seine Unterlagen starrte und sich räusperte. «Lao Zhu. Du schreibst in deinem Lebenslauf, dass du am 2. Mai aus Changsha geflohen bist. Weißt du, was am 3. Mai dort geschah?»

«Natürlich weiß ich das. Die Guomindang überfiel unsere Treffpunkte und nahm viele Genossen gefangen und brachte sie um.»

Nun konnte Bao Ji nicht länger an sich halten. Seine Hühnchenstimme fuhr George ins Mark wie ein Degen. «Und wie kannst du das wissen, wenn du doch auf dem Weg nach Dongqiao warst?»

Lao Zhu zuckte erschreckt zusammen und besah seine Hände. «Ich habe es später erfahren.»

«Und warum meinst du, kannte die Guomindang plötzlich alle geheimen Verstecke?»

«Es war dieser neue General gekommen. General Zhang. Der hatte sehr gute Informanten. Ich hatte damals schon einen Jungen namens Han in Verdacht, der sich als Freund von Wang Guoming ausgab . . .»

«Das reicht!», bellte Genossin Guo. «Damit hat er uns genug verraten! Wieder versucht er auf heimtückische Weise andere mit seinen Untaten zu belasten. Und er schreckt nicht einmal davor zurück unsere größten Helden ins Zwielicht zu setzen.»

Lao Zhu erhob sich von seinem Stuhl und kam mit einem so hilflosen Ausdruck im Gesicht auf George zu, dass dieser am liebsten aufgesprungen wäre und den Alten in die Arme genommen hätte.

«Xiaolong – was wollen die denn von mir?», weinte er. «Bitte, sag mir doch, was sie von mir wollen!»

George konnte es nicht mehr ertragen. Er sprang von seinem Stuhl auf und rannte aus dem Zimmer, wo die Luft verpestet war von Lügen, Misstrauen, falschen Verdächtigungen und seiner eigenen Schwäche. George rannte den Abhang hinunter und über den Hauptplatz. Er rannte quer über die Felder und mühte sich in der Mittagssonne den steilen, weglosen Berg hinauf, sank oben erschöpft und außer Atem in sich zusammen und verbarg den Kopf unter den Armen. Er lag dort, bis die Kühle des Abends ihn packte, bis die Sterne über ihm erschienen und bis die Sonne des nächsten Tages den östlichen Himmel erhellte. Mochten sie ihn verdächtigen und anklagen. Mochten sie ihn verurteilen und verbannen. Er würde alles gestehen. Er würde ins Umerziehungslager gehen, würde arbeiten, hungern, sich verprügeln und sich umerziehen lassen, ohne die Stimme zu heben. Er war noch nicht der Mensch, den die Partei brauchte, und vielleicht würde er es niemals werden. Seine bourgeoise und imperialistische Vergangenheit ließ ihn einfach nicht los. Er war untauglich für die Revolution. Er wünschte dennoch, dass die Partei ihn formen, ihm die Richtung zeigen und ihn bessern möge. Er empfand Mitleid mit Lao Zhu, einem überführten Konterrevolutionär und Agenten der Guomindang! Er wollte einen Mann trösten, der Mao einen Hund nannte! Er wagte sich nicht zurück in die Kommune. Vielleicht war inzwischen bekannt geworden, wie nachlässig er seine Pflichten in dem Komitee behandelt hatte, wie er seine persönlichen Gefühle dem Wohl der Partei vorangestellt hatte. Warum war er geflüchtet? Warum war er nicht aufgestanden und hatte dem Feind seine Empörung ins Gesicht geschrien, wie die anderen es getan hatten?

Als er am frühen Morgen halbwegs geläutert wieder ins Tal hinabstieg und den Hauptplatz erreichte, sah er die anderen Rechtsabweichler, die gerade abtransportiert wurden. Sie trugen nichts bei sich als zusammengerollte Decken über den Schultern, hatten in einer langen Reihe Aufstellung genommen und bestiegen die Lastwagen, die sie in die berüchtigten Lager in den kalten und wasserlosen Regionen des Landes bringen sollten. Die Wut packte ihn angesichts dieses Abschaums, der sich gegen die Partei und die Revolution gestellt hatte.

Er marschierte weiter, den Berg hinauf, zum Parteigebäude. Der unermüdliche Bao Ji war sicher zu dieser frühen Stunde schon in seinem Büro. George wollte ihn um Verzeihung bitten und vorschlagen, dass er sich dem Tross der Verurteilten gleich hier und jetzt anschließen und in irgendein Lager gehen könne, bis die Kommission ihn der Rückkehr für würdig erachtete. Er war bereit Honghua und seinen kleinen Sohn alleine zurückzulassen, damit die allwissende Partei ihn in Gnade wieder aufnehmen möge.

Aber er kam gar nicht bis zum ehemaligen Haus der russischen Berater.

Wang Guoming, der in der Nacht aus Peking zurückgekehrt war, wartete auf ihn auf einer steinernen Bank im Schatten eines Baumes.

«Was zum Teufel bildest du dir eigentlich ein?», fuhr Da Wang den Reumütigen an. «Deine Frau ängstigt sich zu Tode, und ich warte hier seit Stunden auf dich.»

«Ich habe versagt, Da Wang. Die Partei hat mich geprüft und ich habe versagt.»

«Die Partei? Dass ich nicht lache. Bao Ji wollte dir eins auswischen, weil du dumm genug warst, ihm deine lächerliche Selbstkritik aufzudrängen.»

«Aber ich habe einen Konterrevolutionär beschützt!»

«Das genau war es doch, was Bao Ji erreichen wollte, du Narr. Er wollte dich bloßstellen. Du hast darum gebeten, und er hat dich bestraft.»

«Ich muss umerzogen werden.»

«Ja, das stimmt wohl. Du musst endlich lernen, dass du nicht dazugehörst, Xiaolong.» Da Wang war so wütend, wie er ihn nie erlebt hatte. «Du bist ein Ausländer, verdammt noch mal. Das Wort ‹Spion› steht dir in großen, leuchtenden

Schriftzeichen auf der Stirn geschrieben, verstehst du das denn nicht? Egal, wie treu du der Partei dienen willst. Genossen werden verurteilt, weil sie nur ein paar Worte der englischen Sprache beherrschen oder einmal mit einem Guomindang-Offizier zusammen gesehen wurden. Und da meinst du mit deinem blonden Strohkopf, du seist einer von uns? Tausend Jahre Umerziehung können dich nicht zu einem Chinesen machen, Xiaolong. Und ich an deiner Stelle wäre manchmal dankbar dafür.»

«Aber ich will doch einer von euch sein. Ich habe doch sonst nichts.» George brach zusammen wie ein kleines Kind. Er ließ sich auf die kalte Steinbank sinken und vergrub das Gesicht in seinen Händen.

«Ich habe dich hierher gebracht und ich trage die Verantwortung für dich. Deswegen höre mir gut zu. Du wirst nie einer von uns sein, egal, wie sehr du dich anstrengst, und egal, wie revolutionär dein Lebenslauf ist. Du bist hier geduldet, weil niemand weiß, was er sonst mit dir anfangen soll. Versuche deine Aufgaben so gut wie möglich zu erledigen. Versuche deinen Teil zum Aufbau beizutragen. Versuche deiner Frau ein guter Mann und deinem Sohn ein guter Vater zu sein. Aber versuche niemals wieder, die Gesetze der chinesischen Revolution so weit zu verbiegen, dass sie dich erreichen, denn das wirst du nicht überleben, weil du nun mal kein Chinese bist. Es gibt für dich kein Umerziehungslager. Es werden nur Chinesen umerzogen. Es gibt für dich nur das Gefängnis oder eine Kugel in den Kopf. Hast du das verstanden?»

Da Wang war vor George auf und ab geschritten wie ein strenger Lehrer, der einen widerborstigen Schüler tadelt. Nun hielt er inne und blickte hinab auf den Kleinen Drachen, ein erwachsener Mann, der dort hockte wie ein Häuflein Elend und schluchzte.

«Es wird der Tag kommen, wo du deine Aufgabe für China finden wirst. Deine besondere Aufgabe, die niemand außer dir erfüllen kann», sagte Da Wang, nun etwas versöhnlicher gestimmt. Er legte seine Hand auf Georges Schulter. «Komm jetzt. Wir haben noch etwas zu tun. Ein alter Freund ruft nach uns, und wir dürfen ihn nicht im Stich lassen.»

Der verwirrte Lao Zhu war von der Sitzung nach Hause geschickt worden mit der Aufgabe, bis um zehn Uhr am darauf folgenden Tag einen neuen Lebenslauf vorzulegen, in dem nichts, aber auch gar nichts ausgelassen war und in dem er seinen Verrat und seine Verbindungen zur Guomindang genau schildern sollte.

Er hatte nichts geschrieben.

Er war in seine kleine Kammer zurückgekehrt und hatte ein stumpfes Messer genau in sein Herz gerammt. Da Wang hatte den Leichnam gefunden.

Er und George trugen den Toten hinauf in die Berge und hoben ein Grab für ihn aus.

«Ein Heldengrab», sagte Da Wang.

18. Kapitel

Peking, 30. Dezember

Sherry Wu hatte den ganzen Morgen damit zugebracht sich über ihre unverzeihliche Dummheit vom Vorabend zu ärgern, und war noch immer wütend auf sich selbst, als sie gegen Mittag an dem lächerlich aussehenden Pförtner in roter Livree den Imperial Club betrat. Ihre hohen Absätze erzeugten ein munteres Klacken auf dem spiegelnden Fußboden. In der Lobby gluckste verträumt ein Springbrunnen, auf dem eine kitschige Nymphe aus Marmor ihr Haar kämmte. In Grüppchen standen die «üblichen Verdächtigen», wie sie sie nannte, herum: froschgesichtige Millionäre aus Taiwan und Hongkong, großspurige Unternehmer aus Shanghai und Peking, wichtigtuerische Parteibonzen, vorwiegend aus der unangenehmen, mittleren Führungsebene, die sich zu einem Arbeitsessen mit anschließendem Karaoke einladen ließen, um entspannt und in Ruhe in der exquisiten Atmosphäre des Clubs über diese und jene Genehmigung, diesen oder jenen Auftrag, diese oder jene Gefälligkeit zu sprechen. Der Imperial Club war Pekings höchster Tempel der *guanxi.* Im türkischen Dampfbad oder auf Plüschsesseln in den Karaoke-Séparées, beim Essen im Fünf-Sterne-Restaurant oder beim Tanz in der Diskothek wurden an einem Abend mehr Deals gemacht, mehr Gelder und Posten verschoben und mehr politische Entscheidungen getroffen als an allen Verhandlungstischen Pekings zusammen in einer Woche.

Sherry Wu, Chinesin mit amerikanischem Pass und amerikanischer Erziehung, war in Seattle aufgewachsen und zum Studium nach Washington, D. C., gegangen. Sie war dort von Marco entdeckt und von Marco nach China vermittelt worden. Die Universität langweilte sie. Sie wollte was erleben. Marcos Angebot für die amerikanische Regierung in Peking zu arbeiten, kam ihr gerade recht. Natürlich sagte er ihr nicht gleich, dass sie für die CIA tätig sein würde. Das kam viel später. Aber sie hatte es geahnt und sich immer die entsprechenden Arbeiten ausgesucht. Recherchieren, Informationen sammeln, wichtigen Leuten dumme Fragen stellen und ihre Antworten in intelligenten Berichten zusammenfassen. Sie selbst hatte den Imperial Club als ihr Revier ausgewählt, denn es entsprach ihrem Naturell. Sie liebte den üppig zur Schau gestellten Luxus und den Geruch des großen Geldes. Sie liebte ihr zweites Gehalt, das der schwule Hongkongchinese Oliver Kwai-Yan, der Manager des Clubs, zahlte, und das dritte Gehalt, das aus Trinkgeldern kam. Die Arbeitsbestimmungen waren überaus freizügig auszulegen. Sie konnte sich selbst die fünfzehn Abende im Monat aussuchen, an denen sie im Club als Hostess arbeitete, mächtigen und reichen Männern Drinks einschenkte und Feuer gab, ihrem abscheulichen Karaoke-Geplärr applaudierte und ihren linkischen Bewegungen auf der Tanzfläche folgte. Sie gurrte Schmeicheleien in ihre Ohren und legte ihnen scheinbar arglos während des Gespräches sanft die Hand auf den Arm. Sie hörte sich ihre Prahlereien und ihre Klagen an, zeigte Anteilnahme und Bewunderung, aber sie speicherte dabei jede Information, die irgendwie wichtig sein könnte und die sie in ihren Berichten verwerten konnte. Innerhalb der CIA, das wusste sie, waren ihre Position und ihre Berichte nicht sehr hoch angesehen. Es waren meist nur Wirtschaftsinformationen, mit denen sich die Bürokraten aus Langley manchmal bei den Bossen der in China operierenden Konzerne wichtig machen konnten – politisch waren ihre Erkenntnisse so gut wie unbrauchbar. Und einmal, als sie dachte, den großen Wurf gemacht zu haben, stellte sich heraus, dass die vermeintlich «streng geheimen Militärdokumente», die sie erbeutet hatte, nichts weiter waren als die Hausaufgaben von irgendwelchen Kadetten. Nur selten bekam sie ein positives Echo von der Zentrale. Nur Marco, der alle zwei bis drei Monate für ein paar Tage nach Peking kam, bedachte sie immer mit Lob. Er allein wusste, was sie an ihr hatten.

Zweimal war Sherry als Hostess bis zum Äußersten gegangen und hatte sich von Club-Gästen in ihre Hotelzimmer einladen lassen. Einer war dieser Hongkonger Bankier. Es war im Juni gewesen, kurz vor der Rückgabe Hongkongs an die Volksrepublik, und der Banker saß an prominenter Stelle in der neuen, von Peking kontrollierten Verwaltung des Territoriums. Sie erfuhr, dass er zwei Kinder hatte und seiner Frau entfremdet war. Sie erfuhr, dass seine ganze Leidenschaft dem Reiten galt und er ein stimmberechtigtes Mitglied des Hongkong Jockey Club war. Und sie erfuhr, dass es eine Liste mit den Adressen, Telefonnummern und detaillierten Lebensläufen aller als fragwürdig geltenden Elemente gab, die dem chinesischen Geheimdienst vorlag, der noch am 1. Juli die ersten Verhaftungen vornehmen wollte. Sie erfuhr sogar die Namen der drei wichtigsten Leute, denen langjährige Umerziehung durch Arbeit in Straflagern der Provinz Xinjiang drohte. Die drei verließen Hongkong mitsamt ihren Familien am 30. Juni. Ein Dankeschön oder irgendeine andere Anerkennung aus Langley gab es nicht. Und der Banker war ein lausiger Liebhaber gewesen. Das zweite Mal lag erst wenige Tage zurück. Diesmal hatte sie höher gepokert, hatte dem feisten Funktionär, der sich seiner guten Beziehungen zur Armee rühmte, ganz klar gemacht, dass sie eine Gegenleistung erwarte, denn sie tat es der Liebe wegen. Ganz gewiss nicht aus Liebe zu dem verschwitzten Parteibonzen, der, wie sie erfahren musste, Freude daran hatte, sie während des widerlichen Aktes zu schlagen. Auf ihren Oberschenkeln waren immer noch die blauen Flecken zu sehen, die das Schwein ihr beigebracht hatte. Sie tat es aus Liebe zu Marco, dem sie diesen Gefallen erweisen wollte, um den er sie vor langer Zeit schon gebeten hatte. Der Funktionär schien der richtige Mann zu sein, der diese besondere Information beschaffen konnte, und deswegen war sie ihm gefolgt. Er hatte tatsächlich Wort gehalten, und sie hatte sich aus Trotz eine kleine Bosheit gegenüber Marco herausgenommen, die sie nun ebenso bereute wie alles andere. Vielleicht war er wegen dieser kleinen Bosheit so abweisend und unfreundlich gewesen. Sie hatte es mal wieder völlig falsch angefasst.

Sherry erwiderte mit zierlicher Schüchternheit die Grüße der «üblichen Verdächtigen» und begab sich zur Garderobe der Hostessen, um sich für den Abend zurechtzumachen. Sie hatte eben ihr Kostüm abgelegt und war dabei, in ein Abendkleid zu schlüpfen, das den langen Beinschlitz des ansonsten hochgeschlossenen *qipao* mit einem überaus gewagten, mediterranen Dekolletee kombinierte, als die Tür aufflog und der kleine, übergewichtige Oliver hereingesegelt kam.

«Sherry, mein Schätzchen. Wo warst du denn? Ich habe dich seit Tagen nicht mehr gesehen und schmerzlich vermisst. Gestern hast du was verpasst. Deine Freunde aus Suzhou waren da.»

«Oh, wie schade!», heuchelte sie. Die Singapurchinesen, die in Suzhou Milliarden investiert hatten, kamen alle zwei Wochen zu Gesprächen mit irgendeinem Ministerium nach Peking und fielen in den Imperial Club ein wie ein Schwarm von Heuschrecken. Sie waren aufgeblasene Angeber und als Informationsquelle so gut wie nutzlos, aber dafür warfen sie mit Trinkgeld nur so um sich.

«Macht nichts, Süße, gräme dich nicht. Ich habe wieder etwas Besonderes für dich. Ach, bin ich froh, dass du da bist. Du bist doch mein bestes Pferd im Stall, wenn ich das mal so salopp sagen darf.» Er tätschelte mit seinen ewig feuchten

Händen ihren Arm und redete wie ein Wasserfall: «Heute Abend bekommen wir einen besonders illustren Gast, um den du dich kümmern sollst. Er ist Parteimitglied und die *Sanjiu*-Leute haben ihn eingeladen. Er ist das erste Mal hier, und die Sache ist ein bisschen kitzelig, weißt du? Das ist einer von denen, die unser kleines Etablissement gerne als dekadent und bourgeois beschimpfen. Einer von den ganz Linken. Und heute kommt er also auf Einladung der *Sanjiu*-Gruppe mal persönlich in die Höhle des Löwen. Ich möchte dich bitten, ihn zu verwöhnen, aber nicht zu sehr, verstehst du, nicht zu bourgeois, damit er nicht den falschen Eindruck von uns bekommt. Ich weiß, du kannst das!»

«Und wie heißt der saubere Genosse?»

«Es ist Hong Fansen. Ich weiß nicht, ob dir der Name etwas sagt. Ich musste auch erst fragen. Er hat kein Parteiamt mehr inne, aber er hat anscheinend hinter den Kulissen sehr viel zu melden. Und wir möchten doch nicht, dass unser Unternehmen bei all den großen Vorsitzenden in Ungnade fällt, nicht wahr? Also ... hm, hm.» Sie hatte, während er weitersprach, das Abendkleid angelegt, und Oliver stierte sorgenvoll in ihr Dekolletee.

«Ich weiß nicht, ob das dem Genossen nicht vielleicht ein wenig zu tief geht?»

«Keine Sorge, Dickerchen.» Sie kniff ihn mit ihren braun lackierten Fingernägeln verspielt in seine speckige Wange. «Ich habe noch keinen Genossen erlebt, der nicht davon eingenommen war.»

Stenton Farlane hielt den Brief in den Händen, den ein Kurier an der Rezeption abgegeben hatte, und wagte nicht, das Kuvert zu öffnen. Seine Vergangenheit lag darin, seine große Liebe, seine Sehnsucht. Alles zusammengefasst in einem einzigen Namen und einer Adresse. Wenn er diesen Umschlag öffnete, dann würde sein Leben nicht mehr wie vorher sein. Er musste sie wiedersehen. Aber würde sie ihn sehen wollen nach allem, was geschehen war? Würde Sophia mit ihren Befürchtungen Recht behalten, und würde er ihr wieder verfallen, der schönen, sanften, klugen Li Ling? Wie sah sie jetzt aus? Als er sie zum letzten Mal gesehen hatte, trug sie die khakifarbene Uniform der Roten Garden, die zerrissen war, und wartete darauf, dem Genossen Han Changfa gegenüberzutreten. Es war ein absichtliches Versäumnis seiner Bewacher, die vor dem Zwischenfall am See seine besten Freunde gewesen waren, dass sie ihn ausgerechnet auf diesem Weg aus dem Parteigebäude lotsten. Auf dem Weg, wo Li Ling wartete, die er laut Beschluss der Vorläufigen Untersuchungskommission niemals mehr wiedersehen sollte. Sie saß regungslos im Halbdunkel des langen Flures auf einer Holzbank neben der Tür, an die keiner in der *Volkskommune Achter Juni* gerne klopfte, denn es war die Tür zum Büro des Kommissars für Interne Untersuchungen und Leiter des örtlichen Revolutionskomitees. Stenton war die Begegnung mit dem gefürchteten Han erspart geblieben. Nicht aber seinem Vater. George, noch immer halb betäubt von den wahnsinnigen Schmerzen, die sein gebrochenes Bein verursachte, kam auf zwei Krücken gestützt aus dem Zimmer gehumpelt, weiß wie die Wand und mit einem so entsetzten Gesichtsausdruck, als sei er dem Teufel persönlich begegnet. Stundenlang hatte er nur schweigend vor sich hingestarrt und kein Wort mit Stenton gewechselt, bis der Junge fürchtete, sein Vater würde ihn allein hier zurücklassen oder allein in die Welt hinausschicken. Er wusste nicht, welche der beiden Aussichten die schlimmere war. Erst als der Wagen des Generals kam, um sie abzuholen und für immer von hier wegzubringen, fand George seine Sprache wieder. Und er sagte etwas, das Stenton noch viel mehr erschreckte als das lange Schweigen, ja, mehr noch als ein Tobsuchtsanfall oder eine Tracht Prügel. Der Mann, der wegen einer unverzeihlichen Dummheit seines Sohnes sein Land, seine Freunde, sein ganzes Leben zurücklassen musste, sagte: «Danke, Stenton.»

Das Papier zerriss, als er, plötzlich entschlossen, ungeduldig den Umschlag mit dem Zeigefinger öffnete und die Karte entnahm. Eine einfache Karteikarte, wie er sie selbst oft benutzte, um sich Notizen für einen Vortrag aufzuschreiben. «Li Ling» stand da geschrieben, in weiblicher Handschrift. «Militärhospital Nummer 1, Guangzhou.» Stenton ließ sich auf die Bettkante sinken und schloss die Augen. Sie hatte sich also ihren großen Wunsch erfüllen können und war Ärztin geworden. Sie hatte schon damals immer den Barfußärzten in der Volkskommune zugesehen und, wo es ging, ausgeholfen. Aber schon bald hatte sie erkannt, dass Maos Art die Gesundheitsprobleme auf dem Lande zu lösen, nichts weiter war als eine Verhöhnung jeglicher Medizin. Beinahe ohne Ausbildung, gewappnet allenfalls mit den elementarsten Grundkenntnissen des menschlichen Körpers und der Biologie, wurde, wer gerade nichts anderes zu tun hatte, zum Barfußarzt ernannt. Sie sahen sich die Zunge des Kranken an, wie sie das den traditionellen, chinesischen Ärzten abgeschaut hatten, sie fühlten, wenn sie ihn überhaupt ausfindig machen konnten, den Puls, sie klopften den Körper des Patienten mit ernstem Gesicht an den sonderbarsten Stellen ab und verschrieben immer die gleiche Kräutermedizin.

«Xiao Peng ist gestern wegen ihrer Magenschmerzen zur Barfußärztin gegangen», berichtete Li Ling Stenton eines Tages voller Entrüstung von ihrer Freundin. «Und weißt du, was diese Quacksalberin gesagt hat? Sie sagte: Trinke dreimal täglich diesen Kräutersud und lies dreißigmal täglich laut die Worte des Vorsitzenden Mao Zedong!»

Als Stenton nicht sofort antwortete, fuhr sie wutentbrannt fort: «Das ist doch absurd! Wie sollen die Worte des Vorsitzenden Mao denn Magenschmerzen heilen?»

«Schrei doch nicht so! Willst du unbedingt, dass jemand

hört, wie du den Vorsitzenden Mao beleidigst?», ermahnte Stenton.

«Darum geht es doch gar nicht!», gab sie heftig zurück, aber zum Glück mit gedämpfter Stimme. «Der Vorsitzende Mao ist ein wirklich großer Mann, und alle Chinesen lieben und verehren ihn – aber das heißt doch nicht, dass der Magen plötzlich seine Schmerzen vergisst, wenn man ihm Maos Worte vorliest!»

Nun war sie, die tapfere Li Ling, also selbst Ärztin geworden. Stenton freute sich für sie. Er prüfte seinen Zeitplan und stellte fest, dass sich eine Reise nach Guangzhou sehr gut mit seinen anderen Verpflichtungen verbinden ließ. Vielleicht konnte er sie schon übermorgen, am Neujahrstag, sehen.

So tief war er in Gedanken versunken, dass er das Klopfen des Zimmermädchens nicht wahrnahm. Als keine Antwort kam, öffnete sie mit ihrem Schlüssel. Sie unterdrückte einen Schrei, als sie Stenton erblickte.

«Entschuldigen Sie, mein Herr, ich dachte, Sie wären nicht im Zimmer. Ich komme später noch einmal wieder.»

«Nein, ist schon gut, ich wollte ohnehin gerade gehen.» Er packte seine Sachen zusammen.

«Sie kommen aus Hunan!», freute sie sich, als sie seinen Akzent erkannte. «Ich bin auch aus Hunan.»

«Wirklich. So ein Zufall, nicht wahr?»

Sie sah ihn mit großen Augen an. «Aber Sie sehen gar nicht aus wie einer aus Hunan. Sie sind viel zu groß für einen aus Hunan.»

«Sind Sie aus dem Norden?»

«Nein, ich komme aus dem Süden. Aus der Gegend von Hengyang.»

«Sehen Sie? Ich bin aus dem Norden. Da sind viele Leute so groß wie ich. Manche sogar noch größer. Die reinsten Riesen.»

Schmunzelnd ließ Stenton das verwirrte Mädchen zurück. Aber auch ein wenig erleichtert. Er hatte nämlich den Verdacht, dass in seinem Gesicht mit den Jahren die westlichen Züge mehr und mehr die Oberhand gewannen über die asiatischen. Bisher hatte ihn nur sein für einen Chinesen ungewöhnlicher Bartwuchs verraten, während sein Gesicht, obwohl es kantiger und mit ausgeprägten Kieferknochen versehen war, fast ausschließlich auf die mütterlichen Gene zurückging. Aber die Begegnung mit dem Zimmermädchen hatte ihm gezeigt, dass er zumindest auf den ersten Blick noch immer als Chinese durchgehen konnte. Und sein breiter Hunan-Akzent tat ein Übriges.

Das würde ihm den Zugang zu einem Hospital der Armee, das Ausländern normalerweise nicht zugänglich war, erheblich erleichtern.

«Der General erwartet Sie zum Frühstück», meldete der junge Soldat, der ihm gestern Abend das Zimmer im Haus seines Freundes gewiesen und sein Essen gebracht hatte. Als George nach der Höllenfahrt durch das erschreckende, neue Peking im Haus des Armeeführers angekommen war, hatte er zu seiner Enttäuschung Da Wang nicht vorgefunden. Der General sei noch auf einer wichtigen Reise im Süden und komme erst morgen zurück, hatte ihm der Soldat berichtet. Aber George war nach dem langen Flug über viele Zeitzonen ohnehin müder, als er sich selbst eingestehen wollte, und sank, kaum dass er sich auf dem Bett in dem schlicht eingerichteten Zimmer ausgestreckt hatte, in tiefen Schlaf.

Zwölf Stunden hatte er geruht, als das vorsichtige Klopfen an der Tür seine Sinne erreichte und der Adjutant seinen Kopf hereinsteckte.

Mühsam rappelte George sich hoch, stellte gleichmütig fest, dass er in seinen Kleidern geschlafen hatte, und schritt zur Wand, wo ein Waschbecken installiert war. Das kalte Wasser belebte sein Gesicht. Er brachte sein etwas zu langes Haar in Ordnung, zupfte ein wenig an seinem Pullover und seiner Cordhose herum und folgte dem Soldaten, der ihn schweigend beobachtet hatte, in den Hauptraum des Anwesens.

Das Haus des Generals war ein aus schweren Ziegelsteinen auf quadratischem Grundriss erbautes, einstöckiges Gebäude. Fünf Zimmer, schätzte George, kein Schnickschnack. Soldatisch karg bis in die Details – kaum Wandschmuck, einfache, verbrauchte Möbel, die aus der Zeit direkt nach der Befreiung stammen mussten. George humpelte hinter dem jungen Mann her durch den Gang.

«Kriegsverletzung?», fragte der Soldat mit einem Blick auf sein Bein.

«Genau», antwortete der Amerikaner einsilbig.

«Werden Sie nicht unruhig. Er hat eine sehr schwere Zeit hinter sich. Manchmal hat General Wang deshalb einige schwierige Minuten. Aber die gehen vorbei.» Mit dieser eigenartigen Warnung öffnete der Soldat die Tür, ohne selbst einzutreten, und salutierte George, als er den Raum betrat.

So schnell die Aufregung und Freude am Vorabend verpufft war, so plötzlich kam sie jetzt, als er über die Schwelle trat, zurück. Er hatte sich nie Gedanken um sein Herz gemacht – aber jetzt fragte er sich, ob es dieses Pochen überstehen würde, ohne zu zerspringen. Zu keinem anderen Menschen auf dieser Welt, nicht einmal zu seinem eigenen Sohn, hatte George eine engere Beziehung als zu Da Wang, auch wenn diese seit mehr als dreißig Jahren nicht gepflegt worden war. Während seiner Kindheit in Yiyang, Changsha und Dongqiao war ihm der ältere Freund zu einem Ersatzvater geworden, obwohl George das niemals zugegeben hätte. Im Krieg gegen die Japaner war Da Wang sein Vorbild an Tapferkeit und Patriotismus gewesen. Beim Aufbau des neuen China waren es Da Wangs Ideale, die er als die seinen übernahm und denen sein ganzes Streben galt.

Ihre letzte Begegnung war ein stummer Händedruck gewesen, ein hastig hingesprochener Satz, mit dem George seinen Freund verließ, der ihm und Stenton das Leben gerettet hatte und damit ein enormes Risiko eingegangen war. «Von den fünfunddreißig Tugenden eines großen Feldherrn ist dies die wichtigste: ein liebendes Herz», hatte er den Satz des Dschingis Khan zitiert, den er irgendwo aufgeschnappt hatte, bevor sie in das wartende Flugzeug gestiegen waren, das sie nach Guangzhou brachte.

Nun stand er ihm gegenüber, seinem Retter und Helden, der lebenden Legende in China, und war befangen.

Sie reichten sich schweigend die Hände, während die vielen Jahre der Trennung von ihnen abfielen wie Herbstlaub von den alten Bäumen und sie sich in der Gegenwart eines Pekinger Mittwochmorgens wiederfanden.

«Willkommen daheim, Kleiner Drache», sagte Da Wang.

«Daheim ist wohl nicht ganz das richtige Wort», bemerkte George. «Ich habe China nicht wiedererkannt.»

«Ja, das habe ich mir gedacht. Aber habe keine Sorge. Die Menschen haben sich nicht geändert.»

Aber du hast dich geändert, hätte George beinahe gesagt. Er suchte in den kantigen Gesichtszügen des greisen Generals vergeblich nach dem alten Da Wang, der ihm das Schwimmen, das Schießen und das Reiten beigebracht, der alle Feinde besiegt hatte und dem er selbst und dem China so viel verdankte. Er konnte ihn nicht finden. Sein Gesicht lag jenseits der Vergangenheit und der Erinnerungen. Es war eine Maske der Macht, undurchdringlich und stählern. George fühlte sich an Mao selbst erinnert, der in seinen späten Jahren denselben Gesichtsausdruck hatte. Er wäre über die Härte dieses Gesichtes erschrocken gewesen, hätte er nicht einen Ausdruck von Schmerz in den Augen des Mannes gesehen, der sofort sein Mitleid erregte.

«Du siehst müde aus», sagte er ehrlich, so als sei er immer noch der vorlaute George von damals. Dann erblickte er in der hinteren Ecke des Raumes etwas, das ihn diesen Satz sofort bereuen ließ. Es war ein Sarg. Da Wang folgte seinem Blick und schmunzelte.

«Ich kann den Bauern in mir nun mal nicht ablegen», sagte er. In den ländlichen Gebieten Chinas war es seit jeher Brauch, dass die Söhne ihrem Vater einen Sarg schenkten, lange noch, bevor der Herr des Hauses starb. So konnte er schon zu Lebzeiten sicher sein, dass seine Kinder ihn nach seinem Tode ehren und respektieren würden. «Den habe ich selbst gekauft», erklärte Da Wang mit einem kurzen, humorlosen Lachen. «Das heißt natürlich: kaufen lassen von meinem Sekretär. Ich habe ja keine Söhne – nur drei Töchter.»

George stutzte. Da Wangs Familie, seine Frau und seine Töchter hatten in Dongqiao gewohnt. Seine vier Töchter. Eine Frage brannte ihm auf den Lippen, doch er stellte sie nicht. Er wollte nicht an die alten Wunden rühren. Heute nicht und überhaupt niemals wieder.

«Aber sie haben dir gewiss stolze Enkelsöhne geschenkt!»

«Ja, das haben sie.» Ein heiserer Klang lag auf seiner Stimme, und George fluchte insgeheim über die verschlossene Art des Chinesen, der niemals offen und frei über das gesprochen hatte, was ihn bewegte. Er war immer schon mit großem Erfolg darum bemüht gewesen, den Eindruck zu erwecken, dass nichts auf dieser Welt ihn bewegen konnte. Aber seine Stimme und vor allem seine Augen spielten dieses Spiel nicht mehr länger mit. George sah, dass er mit dieser unschuldigen Frage die Tür zu einer dunklen Kammer aufgestoßen hatte, in der Da Wang gefangen war. Allein und verbittert in seinem Schmerz. Da Wang schüttelte sich, als liefe ihm ein eiskalter Schauer über den Rücken.

«Was macht dein Sohn?»

«Er ist Professor. Ein echter Eierkopf. Lehrt Chinesisch an der Universität und reist andauernd zu irgendwelchen akademischen Kongressen nach China.»

«Aber dich hat er nicht überreden können, mitzukommen?»

George seufzte. «Ich hatte tausend Tonnen Sehnsucht, aber nur ein Gramm Mut. Einmal hätte ich es fast gewagt. Gleich nachdem dieser Nixon hier war. Ich dachte: Meine Güte wenn sie dem schon die Hand schütteln, dann werden sie mich doch nicht zurückweisen! Aber ich hatte gerade meine eigene Volkskommune aufgebaut und wollte kein Risiko eingehen.»

«Komm, setzen wir uns. Ich habe Maissuppe und *mantou*-Dampfbrötchen bringen lassen. So wie früher.» Er nahm George am Arm und geleitete ihn zu einem niedrigen Tisch, der für zwei Personen gedeckt war. Zwei Tassen mit Blumentee dampften verlockend, und George wünschte sich seinen Geruchssinn zurück, nur für diesen einen Moment, um das köstliche Aroma nur dies eine Mal noch tief in sich aufzunehmen. «Ich sehe, dein Appetit hat dich nicht verlassen. Berichte mir, Xiaolong.»

Nur wer mit dem Hunan-Akzent aufgewachsen war und wer das Vokabular der alten Revolutionäre kannte, hätte der Unterhaltung der beiden alten Männer folgen können. Dem Soldaten, der ab und zu hereinkam, um Tee nachzuschenken, war es, als unterhielten sie sich in einer fremden Sprache. George berichtete ausgiebig von seinem Neuanfang in Kanada, von seiner Liebe für China, das sich so verändert hatte, und von seinem unveränderten Hass auf alles Amerikanische, von seiner Volkskommune, von seiner Freude über den unerwarteten Brief und zuletzt von dem Mordversuch, den er als dummen Streich eines ungezogenen Lümmels schilderte. Da Wang aber horchte auf.

«Ein Attentat? Warum?», fragte er betroffen. «Welche Feinde könntest du dir gemacht haben?»

«Ich weiß es wirklich nicht. Ich hatte in meinem ganzen Leben nur einen einzigen wirklichen Feind, und mit dem bist du fertig geworden», erklärte George und erwähnte dabei nicht den anderen. «Erinnerst du dich an General Zhang?»

Da Wang lächelte wie ein Wolf. «General Zhang ist heute ein mächtiger Mann auf Taiwan.»

«Nicht möglich! Der Bastard lebt noch?»

«Er hat sich mit der Guomindang nach der Niederlage nach Taipeh abgesetzt. Das Geld, das er aus den Hilfslieferungen erschwindelt hatte, ermöglichte ihm da drüben einen besonders guten Start. Er blieb auch weiterhin General unter Chiang Kai-shek und ist bis heute einer der mächtigsten und reichsten Männer auf der Insel, weil er ein Experte darin ist den Amerikanern in den Arsch zu kriechen. Und die fressen ihm zum Dank dafür aus der Hand und geben ihm alle Waffen, nach denen er fragt, und sogar die, nach denen er nicht fragt. Es heißt, er kontrolliere einen Teil der Armee und auch den Geheimdienst. Vielleicht steckt er hinter dem Anschlag auf dich. Vielleicht hat er irgendwie erfahren, dass ich dich eingeladen hatte, und wollte verhindern, dass wir uns wiedersehen.» Da Wang sprach die letzten Worte versonnen und wie zu sich selbst.

«Aber was kann ich ihm denn schon anhaben? Wieso sollte er mir einen Mörder ins Haus schicken? Noch dazu einen so ungeschickten? Und warum meinst du, er wolle unser Wiedersehen verhindern?»

Da Wang löste seinen Blick von einem Punkt in weiter Ferne und fixierte George. Wieder wunderte sich dieser über den Ausdruck in den Augen des alten Freundes. Wenn er nicht genau gewusst hätte, dass Da Wang nichts ferner lag als Gefühle, dann hätte er diesen Ausdruck «melancholisch» genannt.

Da Wang hob die rechte Hand und führte die Spitze des Daumens und des Zeigefingers zusammen, so dass sie einander beinahe berührten. «Weil wir nur noch so weit von unserem Sieg entfernt sind.»

«Dem Sieg? Welchem Sieg denn?»

«Deswegen habe ich dich kommen lassen, Xiaolong. Ich habe fünfzig Jahre auf diesen Augenblick gewartet und ich wollte, dass du ihn mit mir teilst.»

«Wovon redest du?»

Zum ersten Mal blitzte in Da Wangs Augen etwas auf, das George an den Mann von früher erinnerte.

«Wir holen uns Zhang. Endlich. Und mehr als das. Wir holen Taiwan heim.»

George, der der geöffneten Packung Zigaretten Marke «Roter Pagodenberg» nicht widerstehen konnte und eben dabei war, sich seine erste Zigarette seit Jahren anzuzünden, hielt in der Bewegung inne, bis das Streichholz die Hornhaut seines Daumens ansengte. Er machte das Feuer aus und nahm die Zigarette aus dem Mund.

«Donnerwetter», flüsterte er. «Das wurde, verdammt noch mal, auch Zeit ...»

Man wies ihr gleich am Morgen ein Zimmer zu, eine Art Büro im Penthouse dieses Zhou Hongjie mit den schwarz gefärbten Ölhaaren. Noch immer wusste Sophia nicht, was der Sekretär des Generals Wang eigentlich von ihr erwartete. Oder was Unterstaatssekretär Hewett von ihr erwartete. Sie sollte, sobald sie etwas – irgendetwas – in Erfahrung bringen konnte, von einem öffentlichen Telefon aus eine Pekinger Nummer anrufen und die Information weitergeben. Sie reimte sich zusammen, dass die ganze Sache irgendwie mit dem Truppenaufmarsch an der mongolischen Grenze zu tun haben musste, über den die Nachrichten berichtet hatten, und als Zhou Hongjie nun ihr Büro betrat, zeigte sich, dass sie richtig geraten hatte. Grußlos warf ihr der unheimliche Mann ein loses Bündel Papiere auf den Tisch, die mit handgeschriebenen Zeichen, Korrekturen und Streichungen versehen waren. Das Manuskript sah aus wie die Spuren der letzten Schritte eines geköpften Hühnchens, dem man die Füße schwarz bemalt hatte.

«Dies ist eine Erklärung, die wir in zwei Stunden veröffentlichen wollen. Übertragen Sie es ins Englische.»

Kein Wunder, dachte Sophia, dass diese Rohlinge keine vernünftigen Dolmetscher hatten. Jeder halbwegs begabte Fremdsprachenstudent mit etwas Grips und Ehrgefühl musste sich weigern unter diesen sklavischen Bedingungen zu arbeiten. Pikiert ergriff sie die erste Seite und las. «Die Volksrepublik China empfindet die Präsenz der amerikanischen Truppen und den geplanten Aufbau von Raketenbasen in der Mongolei als eine Bedrohung ihrer nationalen Sicherheit, ihrer strategischen Interessen und ihrer Souveränität.» Hoppla, dachte sie. Da war wieder dieses böse Wort. Das hatte sie in den vielen Gesprächen, Dokumenten und Mitschnitten, die sie für das State Department übersetzt hatte, gelernt: Wenn die Chinesen das Wort «Souveränität» benutzten, dann hieß das: Pfoten weg. Schotten dicht. Periskop runter. Alarmstufe rot. Da verstanden sie absolut keinen Spaß. Sie las weiter: «Der Hegemonismus der USA und der Militarismus Japans lassen uns keine andere Wahl, als mit aller Entschlossenheit die Integrität unserer mongolischen Nachbarn zu beschützen.»

Die sind verrückt geworden, dachte Sophia. Diesmal sind sie ernsthaft und wirklich übergeschnappt. Dieses Urteil erhärtete sich, als sie weiterlas. Von einem «antiimperialistischen Kampf gegen Uncle Sam und seine japanischen Lakaien» war da die Rede. Von «Bächen und Flüssen von amerikanischem Blut, die in der Wüste Gobi versickern würden», von «todbringenden Raketen, die auf den Schwingen der Befreiung in die Lüfte emporsteigen und die feigen Angreifer zermalmen» würden, vom «Donnerhall der chinesischen Bomben, die auf amerikanische und japanische Städte niedergehen würden, sollten die USA die ernsthafte Konfrontation suchen». Sophia saß aufrecht auf ihrem Stuhl und geriet mit einemmal ins Schwitzen. Das hier war kein Spiel mehr. Vor ihr lag nichts Geringeres als eine Kriegserklärung Chinas an die USA für den Fall, dass die USA nicht den Schwanz einzögen. Wenn sie die verschmierte Vorlage wortwörtlich übersetzen und diese Hassbotschaft in die Welt hinaustrompeten würde, blieb vielleicht nicht einmal mehr genügend Zeit, um in den Bombenkeller zu flüchten. Kein amerikanischer Präsident konnte sich einen derartigen Bockmist und derart unverhüllte Drohungen anhören, ohne entsprechend zu reagieren.

Sie dachte fieberhaft nach, und dann begann sie zu schreiben. Vorsichtig, als entschärfe sie einen hochexplosiven Sprengsatz. Als Zhou Hongjie wieder hereinkam, um ihre Übersetzung abzuholen, war sie erschöpft wie nach einer Bergtour. Sie hatte getan, was sie konnte, aber sie wusste nicht, ob es genug war.

«Warten Sie hier auf weitere Befehle», sagte knapp der Sekretär. Zehn Minuten später stand er wieder in der Tür und hielt ihr das Manuskript unter die Nase wie eine Anklage wegen Kindsmords. «Ich habe das überprüfen lassen. Sie haben sich bei der Übersetzung einige Freiheiten herausgenommen», bellte er. «Wie kamen Sie dazu?»

Sie geriet, was ihr noch nie passiert war, ins Stottern. «Sehen Sie, ehrwürdiger Herr Zhou, die Sache ist die ... ich habe ... ich kenne die Amerikaner ziemlich gut ... Ich will nur sagen: Man muss etwas vorsichtiger mit ihnen umgehen, als das in dem Originaltext der Fall war, leider. Ich meine, denken Sie mal an Saddam Hussein, wie der damals die Amerikaner herausgefordert hatte ... und wie sie dann geantwortet haben ...»

«Wollen Sie damit sagen, dass uns das Gleiche widerfahren würde?», fragte Zhou herausfordernd. Sophia konnte nicht anders, als an eine sprechende Schlange zu denken, die sie mit magnetischen Augen hypnotisierte.

«Nein, das natürlich nicht. Aber China will doch sicherlich keinen Krieg mit Amerika, das wäre doch ganz unsinnig. Wenn Sie aber den Text so unverblümt und grob verkünden, dann würden das viele Amerikaner als eine sehr ernste Drohung auffassen, und der Präsident müsste handeln, um nicht das Gesicht zu verlieren. Diese Erklärung ist so was wie Pearl Harbor auf Papier – verstehen Sie, was ich meine? Und deswegen habe ich die ganze Sache mit dem Blut und den Bomben und so eben weggelassen und etwas abgeschwächt. Das käme in Washington nicht sehr gut an, ehrwürdiger Herr Zhou. Bitte, glauben Sie mir.»

«Wir wollen keinen Krieg mit den Vereinigten Staaten.»

«Sehen Sie, das dachte ich mir.»

Zhou nickte. «Sie haben den Test bestanden, Fräulein Jiang. Sie sollen nicht nur übersetzen, sondern auch denken. Als wahre Patriotin denken. Nehmen Sie sich den Rest des Tages frei und gehen Sie ein wenig bummeln. Im Revolutionsmuseum ist eine sehr interessante Fotoausstellung über Leben und Werk des Genossen Deng Xiaoping zu sehen.»

Ein Test? dachte sie erleichtert und wütend zugleich. Ein verdammter Test? Dann fragte sie sich, ob sie es als Kompliment oder als Beleidigung auffassen sollte, dass ein Schurke wie dieser Zhou sie als «wahre Patriotin» bezeichnet hatte.

Später nahm sie sich ein Taxi und fuhr tatsächlich ins Revolutionsmuseum. Nur für den Fall, dass dieser hinterlistige Schlangenmann sie morgen danach fragen würde. Von einem billigen, roten Telefon aus, das sie an einem Getränkekiosk fand, meldete sie sich bei ihrem Kontaktmann, vermutlich bei der US-Botschaft, und gab einen ersten Bericht. Ihre Aussagen waren lückenhaft und unprofessionell, denn eigentlich wusste sie ja nicht mehr, als dass man sie einem beängstigenden Test unterzogen hatte. Alles, was sie aus dem heutigen Vormittag schließen konnte, war, dass es bald, sehr bald eine Situation geben würde, in der ein Krieg zwischen Amerika und China so nah wäre, dass der Flügelschlag eines Schmetterlings über Leben oder millionenfachen Tod entscheiden konnte. Und sie musste alle Kräfte zusammennehmen, um nicht in Panik zu verfallen, wenn sie daran dachte, dass dieser Flügelschlag sehr wahrscheinlich ihre Übersetzung sein würde.

Die Sonne über den Westbergen verlor gerade ihren gelblichen Schein und war dabei sich in einen Feuerball zu verwandeln, eingehüllt von den schweren Smogwolken, die wie ein milchiges, giftiges Tuch über der Hauptstadt lagen. In einer halben Stunde würde es dunkel werden. Die trockene Kälte kroch zurück in die Stadt, wo sie sich über Nacht einnisten würde. Eisige Windböen ließen die Menschen frösteln. Sophia hüllte sich fest in ihren Mantel und überquerte die breite Straße, die den Tiananmenplatz umgab. Sie tat etwas, zu dem sie während ihrer vielen Aufenthalte in Peking als Dolmetscherin des State Department nie Zeit gefunden hatte. Sie ging auf dem Platz spazieren und war auch um diese Uhrzeit und trotz des scharfen Windes umgeben von Tausenden anderer Spaziergänger. Sie sah abgerissene Bauern aus fernen Provinzen mit großen Augen die Stätten des Ruhmes bewundern. Blau gefrorene Finger deuteten auf das Tor des Himmlischen Friedens, die Große Halle des Volkes, das Revolutionsmuseum, die Säule der Märtyrer und das Mausoleum Mao Zedongs, vor dem immer noch eine lange Reihe von Pilgern anstand.

Sie sah Väter, die mit ihren Kindern dem chinesischsten aller Zeitvertreibe nachgingen: Sie ließen Drachen steigen. Wie oft hatte sie sich in ihrer Kindheit gewünscht, ihr Vater wäre nur einmal mit ihr nach Chinatown gegangen und hätte einen dieser wundervollen, bunten Drachen gekauft, die die Händler dort anboten! Aber da war mit ihrem Vater nicht zu reden. Er verachtete billige Volksvergnügungen dieser Art und lachte sie aus. Er schickte sie stattdessen zum Klavierunterricht.

Sie sah sich selbst in der Gestalt eines kleinen Mädchens, das jauchzend über die großen Steinplatten des Platzes rannte und versuchte den Drachen einzufangen. «Langsam, langsam!», rief ihr Vater besorgt. «Du wirst noch hinfallen!»

Sie sah zwei junge Frauen, die sich am Fuße einer Straßenlaterne niedergelassen hatten, ein Schwätzchen hielten und dabei strickten. Wenn sie in ihrer üblichen Stimmung gewesen wäre, dann hätte sie sich insgeheim über die beiden lustig gemacht. Was um alles in der Welt treibt sie dazu sich an einem kalten Winternachmittag ausgerechnet auf den Tiananmenplatz zu begeben und zu stricken?, hätte sie gehöhnt. Aber komischerweise war ihr jetzt gar nicht nach Hohn zumute. Sie beobachtete die beiden, die die Welt um sich herum vergessen hatten, mit geröteten Gesichtern dasaßen, als sei der Platz die heimische Couch, und sich über eine Seifenoper unterhielten, die sie im Fernsehen gesehen hatten. Ein Lächeln schlich sich auf Sophias Gesicht. Einen kurzen Augenblick lang verspürte sie den seltsamen Wunsch sich zu diesen beiden Frauen zu setzen und über diese Seifenoper zu reden, als sei es ihr eigenes Leben. Und sie spürte, dass die beiden sie sofort angenommen hätten, denn sie war ja auch eine Chinesin.

Sie ging weiter, vorbei an Fotografen, die kleine, dreiköpfige Familien mit dem Tor des Himmlischen Friedens im Hintergrund ablichteten. Sie hatten sich fein herausgeputzt. Vater fror, denn er trug tapfer einen Sommeranzug, der einzige, den er besaß. Mutter hatte immerhin einen Mantel, und der Sohn, der nicht aufhören konnte alberne Fratzen zu schneiden, einen dick gefütterten, signalfarbenen Steppkombi mit tanzenden Häschen darauf.

«Und jetzt alle lächeln!», blaffte der schlecht gelaunte Fotograf. Ihre Gesichter erstrahlten. Stolz und glücklich. Wieder blieb Sophia stehen, und es bereitete ihr keine Mühe, sich auch in diese Menschen hineinzudenken. Das überteuerte und schlecht belichtete Foto, das da gerade entstand, würde diese Familie über viele Jahre begleiten.

Sie würden sich damit an diesen denkwürdigen Tag erinnern, an dem sie zusammen den Mittelpunkt Chinas und der Welt betreten hatten. Das Foto würde in einem kitschigen, falschen Goldrahmen landen, auf einer mit anderem Kitsch und einer Küchenmaschine, einem Föhn, einer Flasche Likör, einem Stapel Schulbücher und einem Apfel beladenen Kommode, in einer der typischen, engen Ein-Zimmer-Wohnungen, in der womöglich die Großeltern, die Eltern und das eine Kind, das zu zeugen ihnen erlaubt war, zusammen hausten.

Sophia wanderte weiter, tief hinein in eine Nebenstraße, die parallel zur Verbotenen Stadt verlief. Zeitungsverkäufer hatten ihre schwer beladenen Fahrräder am Straßenrand geparkt und machten mit lauten Rufen auf sich aufmerksam. Alte Männer in dick gesteppten Jacken und Hosen kamen ihr entgegengehumpelt und trugen mit Tüchern zugedeckte Vogelkäfige mit sich herum. Sophias verwöhnte Nase kräuselte sich widerwillig, als sie an einer öffentlichen Toilette vorbeikam. Warum brachten die Chinesen es eigentlich nicht fertig, hygienische und geruchsgedämpfte Bedürfnisanstalten zu bauen?, fragte sie sich. Ein Volk mit einer Geschichte von fünftausend Jahren! Und sie lebten in diesem Dreck und Filz, und niemand dachte daran, etwas zu ändern! Und dann das Geschrei da drüben? Warum mussten sie einander immer anschreien? Warum konnten sie nicht vernünftig und zivilisiert miteinander reden als Nachkommen der ältesten Zivilisation auf dieser Erde?

Es hatte einen kleinen Unfall gegeben. Ein schwarzer Audi war auf einen gelben Minibus chinesischer Fertigung geprallt. Eine Stoßstange und ein Bremslicht des Gelben waren zerstört. Wild gestikulierend und einander mit üblen Schimpfworten bedenkend gingen die Fahrer der beiden Wagen aufeinander los.

«Der Wagen gehört meiner Einheit, du dummes Schwein!

Wenn ich den in diesem Zustand zurückbringe, werden sie mir ein ganzes Monatsgehalt einbehalten!»

«Spiel dich doch nicht so auf, du Sohn einer Schildkröte! Das ist doch nichts. Schau mal hier! Wer bezahlt denn den Kratzer hier? Das kostet mindestens 200 Kuai!»

«Du Arschloch hast nicht rechtzeitig gebremst, weil du mit deinen Gedanken woanders warst.»

«Es gab überhaupt keinen Grund plötzlich hier zu bremsen! Du hast wohl zu viel Maotai getrunken und geglaubt, es laufe ein Elefant vor dir über die Straße!»

In Sekundenschnelle bildete sich eine Menschentraube von Neugierigen um die Streithähne, und Sophia fühlte sich magisch angezogen.

«Du bezahlst mir den entstandenen Schaden. Jetzt und auf der Stelle!»

«Nein, du bist schuld. Du musst mir Geld geben!»

Geld, Geld, Geld. Warum ging es den Chinesen immer nur ums Geld? Und warum hatten sie diese manische Furcht davor, übervorteilt und betrogen zu werden? Warum vermuteten sie immer gleich das Schlimmste? Warum gab es nicht das geringste Vertrauen untereinander?

«Sie haben es nicht anders erlebt.» Die Stimme war so deutlich, als stünde er plötzlich neben ihr. Es war Stentons Stimme. Aber sie ertönte in ihrem Kopf. Stenton hatte viele Male versucht, ihr das China, wie er es kennen gelernt hatte zu erklären. Sie hatte nicht zuhören wollen. Sie hatte sich damit zufrieden gegeben, dass sie diese Menschen nicht verstand und niemals verstehen würde. Dass sie diese Menschen rundheraus ablehnte. Ihre Gier, ihre Unfreundlichkeit, ihre Rohheit.

«Hast du mal miterlebt, wie das ist, wenn Chinesen für irgendetwas Schlange stehen müssen?», hatte sie Stenton herausgefordert. «Sie können das nicht! Es ist, als wenn du Kühen Ballett beibringen willst. Sie kapieren es einfach nicht! Sie drängeln sich vor, schubsen ihren Nebenmann beiseite, und ihr einziges Ziel ist es ihre Mitmenschen abzuhängen.»

«Ja, und?», hatte er gleichmütig geantwortet. «Wundert dich das in einem Land mit 1,2 Milliarden Menschen? Es ist wie ein Gesetz der Evolution. Wer nicht drängelt und schubst, der erreicht nichts.»

«Du bist ein verdammter Romantiker.»

«Ich bin ein verdammter Realist.»

Die Fahrer der beiden Unfallwagen wurden handgreiflich. Ihre Stimmen wurden lauter, ihre Beleidigungen deftiger. Mutige Passanten mischten sich ein und hielten sie von einer Prügelei ab. Die Umstehenden lachten und feuerten die Widersacher an. Sophia blickte sich um und sah in ihren Gesichtern, dass sie nicht wirklich an dem Unfall interessiert waren. Sie genossen einfach die Aufregung, die Abwechslung. Wie einen packenden Kinofilm, den zu sehen sie sich nicht leisten konnten.

«Was ist denn geschehen?» Ein älterer Herr mit einer runden Intellektuellenbrille, der zu kleinwüchsig war, um über die Schultern und Köpfe zu spähen, zupfte sie am Ärmel.

«Es war der mit dem Audi. Er ist aufgefahren», sagte Sophia, ohne nachzudenken. Sie erschrak selbst, als sie hörte, wie laut ihre Stimme war.

«Du glaubst wohl, dein Audi ist besser als der chinesische Wagen?», krächzte unverzüglich der Alte. «Nur weil du ein ausländisches Auto hast, bist du noch lange nicht im Recht!»

Das brachte eine neue Wendung in die Auseinandersetzung. Die Menge, die bisher den Audifahrer unterstützte, schlug sich geschlossen auf die Seite des Gerammten.

«Wenn du dir einen solchen Wagen leisten kannst, dann wirst du wohl diesem armen Mann seinen Schaden erstatten können!», forderten sie.

Als Sophia dem Schauspiel den Rücken kehrte, zückte der Audifahrer gerade unter Protest und dem Gejohle der

Menge mit hängendem Kopf seine Brieftasche. Kein Polizist hatte sich genähert, und kein Versicherungsprotokoll war erstellt worden. Und doch war die Sache erledigt.

«China funktioniert nach seinen eigenen Gesetzen», hatte Stenton ihr immer wieder gesagt. «Ob du es nun wahrhaben willst oder nicht. Es ist nicht immer gerecht. Manchmal ist es sogar so ungerecht, dass man aufschreien will. Aber das ändert überhaupt nichts. Am Ende machen die Chinesen immer das, was sie wollen und was die Mehrheit für vernünftig hält.»

Sie gelangte an den zugefrorenen See am Beihai-Park, auf dem im letzten Tageslicht die Schlittschuhläufer ihre Bahnen zogen. Die Frau am Ufer, die Schlittschuhe verlieh, wollte endlich Feierabend machen.

«Was willst du denn jetzt noch?», keifte sie. «In zehn Minuten ist es stockfinster. Ich will nach Hause. Ich muss für meinen Mann und die drei Söhne und Schwiegertöchter und drei Enkelkinder einkaufen und kochen. Was bildest du dir denn ein?»

«Bitte. Nur für fünf Minuten!»

«Das kostet aber fünfzehn Kuai!»

«Zwanzig Kuai. Bitte!»

«Na, gut. Aber nur zehn Minuten. Und wenn es eine Minute länger ist, dann zahlst du dreißig Kuai!»

«Einverstanden.»

«Oder sogar fünfzig!»

«Niemals!»

«Na, gut. Dann dreißig.»

Unbeholfen und wackelig ruderte sie hinaus, stolperte über Unebenheiten in der Eisfläche und fing sich wieder, lachte laut auf und wirbelte in halsbrecherischen Pirouetten herum – zum ersten Mal in ihrem Leben auf dem Eis. Als sie endlich ihr Gleichgewicht gefunden hatte, wiegte sie sich, ihre Arme Balance haltend ausgestreckt, wie in einem langsamen Tanz und wünschte sich nichts sehnlicher, als Stenton bei sich zu haben. Bestimmt konnte er auch Schlittschuhlaufen.

Er konnte alles, was die Chinesen konnten. Sie beschloss hier und jetzt, dass sie es lernen wollte.

Und sie wollte es von ihm und niemandem sonst lernen.

19. Kapitel

Kaserne der Einheit «Rote Fahne»,
Dafu, 30. Dezember

Chen Hong, der Verräter, nutzte die Ruhe des Abends zu einem Spaziergang über den Klippen. Die Dezembersonne von Fujian spendete eine angenehme Wärme und ließ den kühlen, rauen Meerwind vergessen. Wo die Felswände schroff in die Tiefe abfielen und dreißig Meter tiefer die Wellen in schaumigen Strudeln zwischen den Felsen brodelten, blieb er stehen und blickte hinab. Ein Schritt, ein Sprung trennten ihn von den Antworten, nach denen er seit Tagen vergebens suchte. Seine Schwester war in Sicherheit, die rettende Operation war schon vollzogen oder stand unmittelbar bevor. Sie würden sie doch nicht sterben lassen, weil er sich nicht mehr meldete? Die Amerikaner waren bei allem Hegemonismus und allem Imperialismus schwache Menschen. Weichlinge mit einem unverbesserlichen Hang zur Sentimentalität, das hatte er in den ideologischen Seminaren gelernt. Er aber war Chinese, er war ganz anders. Er fürchtete sich nicht vor dem Tod, jedenfalls nicht vor seinem eigenen. Wenn er nun sprang und alles beendete, würde man es für einen Unfall halten, ein unachtsamer Schritt in der Abenddämmerung. Wenn sie ihn überhaupt jemals fanden und das Meer nicht seinen Körper schlucken würde. Er versuchte das Meer als Feind zu sehen, die Klippen als Gegner, damit er sich auf sie stürzen konnte mit Todesmut. Aber es wollte nicht gelingen. Das pastellfarbene Licht und der Wind, in dem die Möwen über den Saum des Wassers segelten, vermochten ihn nicht mit genügend Hass und Verzweiflung zu erfüllen. Und er brauchte die Gewissheit. Er wollte ihre Stimme hören und aus ihrem Munde vernehmen, dass alles gut war. Yilai würde wahrscheinlich gerettet, vielleicht – aber er musste es mit aller Sicherheit wissen, sonst konnte er nicht sterben.

Über zwei Anrufe bei Jackie Lau hatte er sich mit vagen Hinweisen retten können, aber nun würde das nicht mehr gehen, denn nun wusste er zu viel. General Bai hatte ihn heute in die Details der Operation *Gelber Kaiser* eingeweiht, die ausgerechnet er, der Verräter, anführen sollte.

Siebenhundert Mann, die Besten der Besten, würden am späten Abend des 3. Januar mit hundert Kampfhubschraubern über die Taiwanstraße fliegen. Gefährlich niedrig. Nur wenige Meter über dem Wasser in einer endlosen Reihe würden sie dahindonnern, unsichtbar für den Radar. Erst kurz vor der feindlichen Küste würden sie sich trennen, während in Festlandsnähe das Großmanöver mit unverminderter Kraft, mit Lande- und Nachtflugübungen, mit Raketentests und dem Feuerwerk der Flugabwehr weiterging und alle Aufmerksamkeit der Taiwanesen beanspruchte. Mit fünfzig Hubschraubern würde er selbst die nördliche Zange nach Taipeh führen. Sie hatten eine ganze Reihe von strategischen Zielen dort. Kommandozentralen des taiwanesischen Generalstabs, die Stellungen der Patriot-Raketen und anderer Luftabwehrsysteme, die Hauptquartiere der Marine und der Luftwaffe, den Horchposten des Generalstabs in Lin-Kou und die Basis des 12. Aufklärungsgeschwaders der Luftwaffe, von der ein großer Teil des Frühwarnsystems gespeist wurde und die innerhalb der ersten drei Minuten eingenommen werden musste. Auch das Bereitschaftsnetz der Marine musste ausgeschaltet werden, was hauptsächlich der südlichen Zange oblag. Insgesamt waren für den ganzen Handstreich nicht mehr als vierzig Minuten Operationszeit vorgesehen. Länger brauchte die *Rote Fahne* nicht, um Taiwan zu umhüllen. Es würde keine Bodenkämpfe geben, die einen langen, blutigen Krieg bedeuteten. Keine einzige

Sirene würde Panik verbreiten, denn niemand würde wissen, was geschah. Sobald Luftwaffe und Marine ausgeschaltet waren, würde die Invasion beginnen. Erst in allerletzter Minute sollten die chinesischen Truppen erfahren, dass das, was sie für ein Manöver hielten, in Wirklichkeit der Ernstfall war. Noch bevor die Invasionsarmee gelandet war, hätten Chen Hongs Fallschirmspringer alle Fernsehsender und Radiostationen besetzt und würden die Landsleute zu Ruhe und Besonnenheit aufrufen. Es würde, wenn alles glatt ging und die Taiwanesen nicht den Kopf verlören, nicht mehr als hundert oder zweihundert Tote geben, und die Sonne des 4. Januar ginge über einem befreiten Taiwan auf.

Chen Hong hatte eigentlich gehofft, er dürfe den Hauptschlag anführen, den gegen das 12. Aufklärungsgeschwader. Aber heute Morgen kam ein Befehl vom Büro des Generals Wang Guoming aus Peking, der Chen Hong mit einer Sonderaufgabe betraute, die ihn mit Stolz und Genugtuung erfüllte. Er sollte mit seinem Hubschrauber einen geheimen Bunker am Berg Taman südlich von Taipeh angreifen und einnehmen. Ein genauer Lageplan und eine Skizze der Sicherheitsvorrichtungen waren beigefügt. Der Bunker, der hinter fünf Meter dicken Betonwänden in einen Berg eingelassen war, war das Herz Taiwans. Es ging aus den Papieren nicht eindeutig hervor, aber Chen Hong ahnte, dass dies möglicherweise die Basis der taiwanesischen Atomraketen war, deren Existenz die Regierung in Taipeh immer noch bestritt. Er vermutete dies, weil zu dem Befehl ausdrücklich vermerkt war, dass er diesen Schlag auf jeden Fall ausführen sollte – selbst wenn der ursprüngliche Angriffsplan aus irgendeinem Grunde widerrufen oder geändert werden sollte.

Aber dies war nicht wahrscheinlich. Der Angriffsplan, dessen Grundzüge Chen Hong Jahre zuvor selbst entwickelt hatte, war kühn, dabei aber einfach und logisch. Die Stärke der Taiwanesen lag vor allem in ihrer Abwehr und ihrem Frühwarnsystem. Wer das zerstören konnte, dem wurde die Erstürmung der Insel leicht gemacht. Ohne ihre Frühaufklärung war die taiwanesische Truppe wie ein Raubtier ohne Augen, ohne Gehör- und Geruchssinn. Und das beste an der Operation *Gelber Kaiser* war dies: Der Dompteur dieses Raubtieres gehörte zu ihnen. Seine erste Aufgabe würde es sein dafür zu sorgen, dass die gefährlichen Luftaufklärer der Marine und der Luftwaffe, die in Pingtung im Süden der Insel stationiert waren, den Anflug der hundert Kampfhubschrauber nicht entdeckten. Dies war der entscheidende Punkt des ganzen Plans. Alles, was danach folgte, war machbar, wenn die *Rote Fahne* erst einmal gelandet war. Zum Glück für die Angreifer hatten sie den einzigen Mann, der für diese Aufgabe mächtig und einflussreich genug war, auf ihrer Seite.

Verräter, dachte Chen Hong mit einem wissenden Lächeln. Überall nur Verräter. Die große vaterländische Aufgabe würde nur durch Verrat erfüllt werden, wenn nicht Verrat sie zuvor vereitelte. Sein Verrat. Denn die Amerikaner waren die größte Gefahr. Sie hatten ihre Flugzeugträger geschickt, um das Manöver zu beobachten und sie konnten von ihren Stützpunkten in Okinawa innerhalb weniger Minuten in Taiwan eingreifen. Nur wenn eine unmittelbar drohende Gefahr ihre Blicke auf eine andere Bühne lenken konnte, könnte man auch sie mit dieser wagemutigen Blitzaktion überraschen. Dann würden auch sie sich am Morgen des 4. Januar die Augen reiben, an die mongolische Grenze blicken und feststellen, dass sich die Truppen dort plötzlich zurückgezogen hätten, und fänden sich vor die Wahl gestellt, Taiwan unter enormen Opfern zurückzuerobern und darüber einen großen Krieg zu riskieren, oder den Chinesen ein für alle Mal das zu überlassen, was ohnehin ihr rechtmäßiges Eigentum war. Chen Hong fasste einen Entschluss. Er war sonst keiner, der Kompromisse machte, aber in diesem Fall musste es sein. Er würde ihnen sagen, was geplant war, vielleicht sogar, für wann es geplant war. Aber er würde ihnen nicht mitteilen, wie es durchgeführt werden sollte.

Es war jetzt kurz nach halb sieben, und die Sonne verschwand hinter den Hügeln im Westen. Ein letztes Mal blickte Chen Hong hinab auf den sinnlosen Kampf der brüllenden Wellen gegen die gleichmütigen Felsen und schritt dann zurück in die Kaserne, um sich einen Wagen zu holen und in die Ortschaft Dafu zu fahren. Als Offizier hatte er dieses Privileg.

Als Verräter die Pflicht seinen Anruf zu machen.

20. Kapitel

Shenzhen, 30. Dezember

Noch zehn Schritte bis zur Drehtür. Nur nicht rennen! ermahnte sich Jackie Lau, kein Aufsehen erregen. Die Uhr an der Stirnseite der Wand zeigte 19.05 Uhr. Wenn er einigermaßen zügig zu Fuß ging, könnte er in zehn Minuten am Oriental Regent sein und sogar noch einen Drink nehmen, bevor er erst den Anruf von Yilai und dann den Anruf des Fallschirmspringers entgegennahm. Hoffentlich würde der Offizier nicht wieder Versteck mit ihm spielen. Seinen bisherigen Informationen hatte Jackie nur entnehmen können, dass das Großmanöver in der Taiwanstraße anders verlaufen sollte als die vorherigen Manöver. Aber was genau anders sein sollte und warum, darüber hatte der Fallschirmspringer noch nichts gesagt. Es würde vielleicht Zeit ihn daran zu erinnern, dass seine Schwester noch immer nicht über den Berg war.

Noch vier Schritte bis zur Tür. Der Boy mit dem albernen, runden Hut machte eine Verbeugung und wünschte ihm einen guten Abend. Als Jackie Lau jedoch auf gleicher Höhe mit ihm war, sah er im Vorbeigehen, wie der Junge sich gleich noch einmal verbeugte und jemandem, der direkt hinter ihm ging, ebenfalls einen guten Abend wünschte. Im Fenster gewahrte Jackie das Abbild seines Verfolgers, der in diesem Moment seinen Gang beschleunigte und die Hand nach ihm ausstreckte, um ihn zu fassen, bevor er in der Drehtür verschwand. Jackies letzter Schritt war ein Sprung. Gerade weit genug, um das rettende Dreieck der Tür zu erreichen, mit beiden Händen die Stange zu ergreifen, die vor ihm an der fingerdicken Glasscheibe angebracht war, und das gesamte Karussell mit aller Kraft nach vorne zu drücken. Ein Schrei – er hatte ihn erwischt! Der Arm, mit welchem der Mann ohne Namen ihn ergreifen wollte, war eingequetscht zwischen dem hinteren Flügel der Tür und dem gläsernen Rahmen. Mit der freien Hand pochte er, rasend vor Schmerz, an die Scheibe und versuchte, wie ein tollwütiges Tier seinen hochroten Kopf mit dem wutverzerrten Gesicht in den Zwischenraum zu klemmen, wo Jackie Lau wie in einem gläsernen Käfig gefangen war. Er warf sich noch einmal mit Wucht gegen die Außentür und hörte das Brechen eines Knochens. Das Geschrei des Mannes schwoll zornentbrannt an. Jetzt fingerte er mit der freien Hand in seinem Jackett nach der Waffe. Ein modisch gekleidetes Yuppie-Pärchen, das soeben im Begriff war, das Hotel durch diesen Eingang zu betreten, wich angstvoll zurück und suchte Deckung auf dem Parkplatz. Der Türboy, der das Ganze nicht verstand, hielt es für ein unglückliches Versehen und kam ratlos herbei, um dem Mann ohne Namen zu helfen. Zwei weitere Portiers und ein Sicherheitsangestellter kamen herbeigeeilt und hängten sich an den Türrahmen, um ihn nach innen zu zerren. Jackie keuchte und quietschte vor Anstrengung, aber er wurde wie von einer riesigen Kehrschaufel langsam und unaufhaltsam wieder nach innen geschoben. Der Zwischenraum wuchs, bald würden sie ihn herausziehen können. Der Geheimdienstmann bekam genug Luft, um seinen kaputten, rechten Arm aus der Tür zu ziehen, der nutzlos an seinem Körper herunterhing. In der linken Hand hielt er nun eine Pistole. Als sie aber die Waffe erblickten, ließen die drei Helfer des Mannes erschrocken von der Türe ab, und Jackie legte seine ganze Kraft in einen letzten, verzweifelten Schub, mit dem er die Drehtür öffnete und freikam. Die Waffe des Mannes jagte ihm eine Kugel hinterher, die ein Spinnennetzmuster auf den Scheiben hinterließ und neben seinem Kopf in die Nacht pfiff. Er duckte sich, rannte dabei weiter, rutschte aus und zerschmetterte sein Knie und seinen rechten Kiefer auf der scharfen Kante des Absatzes zwischen Durchfahrt und Eingang, jaulte vor Schmerz auf und versuchte vergeblich wieder auf die Beine zu kommen. Es ging nicht. Sein Bein war taub, das angeschlagene Gelenk wollte ihn nicht tragen. Eine zweite Kugel verfehlte ihn, der Mann war mit der linken Hand kein besonders guter Schütze. Während die entsetzten Hotelangestellten hinter der Glasfront Aufstellung nahmen und auf Jackie glotzten, der unfähig war, sich aufzurappeln, und wie ein Volltrunkener auf dem Boden lag, drückte der Mann ohne Namen mit der Schulter die Drehtür auf und baute sich breitbeinig vor seinem Opfer auf. Seine linke Hand erhob sich zitternd, der Lauf der Pistole zielte auf Jackies Stirn. Jackie schloss die Augen und erwartete den Treffer des Projektils, das seine Schädeldecke spalten und sein Gehirn wie einen Brei überall auf dem Asphalt der Hoteleinfahrt verteilen würde. Aber der Mann schoss nicht. Er sprach:

«Wer ist der Fallschirmspringer?», fragte er, und seine Stimme klang wie das Fauchen einer Großkatze. «Rede, du verdammter Hurensohn! Wer ist der Fallschirmspringer, der dem Enkel von General Wang den Hals gebrochen hat?»

Jackie war gelähmt vor Todesangst, seine Zunge wollte sich nicht bewegen, der angeschlagene Kiefer war unbrauchbar. Nur seine Lippen formten lautlos das Wort «Hong Qi», wie die stumme Beschwörung eines bösen Geistes.

«Lauter!», schrie der Mann ohne Namen und kam mit erhobener Waffe einen weiteren Schritt näher. «Lauter, dreckiges Schwein. Lauter!»

«Hong Qi!», hauchte Jackie immer noch kaum vernehmbar. Der Mann ohne Namen stand jetzt direkt über ihm. Die Mündung der Pistole war nur noch wenige Zentimeter von der Stirn des Gefangenen entfernt. Die Betäubung seines verletzten Arms ließ nach und verursachte ihm barbarische

Schmerzen. Und dennoch war der Mann zufrieden. Er hatte den richtigen Riecher gehabt, als er sich zum Bankett Zhao Zhongwens einlud, bei dem alles, was in Shenzhen Rang und Namen hatte, vertreten sein würde. Der Gastgeber persönlich hatte ihm den entscheidenden Tipp gegeben, als er bei seinem Rundgang am Tisch des Mannes angelangte und prahlte, er habe gerade bei Lau Wong-Lam ein besonderes Schmuckstück für die Vitrine in seiner Wohnstube bestellt. Nur ein unerklärlicher Impuls, sein in langen Jahren geschulter Instinkt, ließ den Namenlosen fragen: «Dieser Lau Wong-Lam – ist der zufällig verwandt mit dem anderen Lau, diesem Jackie Lau?» Zhao Zhongwen lachte. «Sie sind wohl auch auf die Eier scharf!» Der Mann ohne Namen wusste nicht, was damit gemeint war, aber er wusste, dass er ins Schwarze getroffen hatte. Zhao Zhongwen machte ihn auf die schlanke, wieselartige Gestalt aufmerksam, die soeben dabei war sich vom Tisch zu erheben und zum Ausgang zu gehen. «Aber verderben Sie nicht die Eierpreise!», röhrte Zhao, als der Mann sich erhob und Jackie folgte. Zuerst glaubte er ihn verloren zu haben, hastete die Treppe hinunter und stürzte hinaus. Aber die Türsteher versicherten, niemand habe das Hotel in den letzten drei Minuten verlassen. So begab er sich wieder nach oben in den ersten Stock und konnte gerade noch rechtzeitig hinter einer Säule verschwinden, als Jackie Lau aus dem Waschraum kam und sich verdrücken wollte. Jetzt lag Jackie Lau wehrlos vor ihm im Schmutz der Hoteleinfahrt in einer Pfütze wie ein zur Strecke gebrachtes Stück Wild. Der Mann ohne Namen rang das Verlangen nieder, den Schweinehund, der seinen Arm gebrochen hatte, auf der Stelle zu erledigen. Er würde ihn nach Peking bringen müssen, damit General Wang sah, dass er und kein anderer ihn gefangen hatte. Jetzt blieb nur noch der andere Kerl, der Fallschirmspringer, der eigentliche Killer. Hong Qi. War das sein Name, oder sollte es tatsächlich *Rote Fahne* heißen?

«Steh auf!», zischte er und fuchtelte mit der Waffe in der Luft herum, um seinen Wagen heranzuwinken.

«Ich kann nicht! Mein Knie ist kaputt», wimmerte Jackie kaum verständlich, weil er den Kiefer nicht bewegen konnte. Die Sirenen und Lautsprecherwarnungen mehrerer Polizeiwagen, die von den verängstigten Hotelmitarbeitern alarmiert worden waren, näherten sich und übertönten die anderen Großstadtgeräusche. Ein dunkler Mercedes mit weißem Militärnummernschild rollte lautlos heran und kam neben den beiden zum Stehen. Die Beifahrertür flog auf, hinter dem Steuer saß der Chauffeur, dessen Gesicht im Schatten versank. Jackie Lau sah nur seine kräftigen, behaarten Hände und daran das Glitzern eines breiten, silbernen Ringes.

«Bitte, ich weiß doch nichts. Bitte!», keuchte er, während er sich mühselig an der Tür emporzog.

Mit der Waffe in der Hand öffnete der Mann ohne Namen umständlich die hintere Tür. «Los, da hinein!» Diesen Moment der Unachtsamkeit nutzte Jackie aus und stieß den Mann mit beiden Händen von sich. Er fiel hin, und ein Schuss löste sich aus der Waffe, der eine der runden Deckenlampen unter dem Empfangsdach zum Zerplatzen brachte. In einem Regen aus Glasscherben hechtete Jackie Lau auf den Vordersitz, und gleichzeitig kreischten die Reifen des Mercedes auf, als das Fahrzeug davonschoss wie ein Pfeil.

«Fahr, fahr, fahr!», brüllte Jackie und schaute nach hinten, wo der Mann ohne Namen aufstand und seine Waffe anlegte.

«Vorsicht!» Der Mercedes wich, noch immer beschleunigend, mit knapper Not zwei Polizeiwagen aus, die soeben in die Einfahrt des Dongfang Hotel bogen, und mähte ein Blumenbeet nieder, durchbrach eine Zierhecke, verfehlte um zwei Schritte einen Händler, der auf dem Bürgersteig lächerlich bunte Poster verkaufte, und landete mit heulendem Motor auf der Hauptstraße, vollführte eine komplette Umdrehung, wurde am Heck von einem dritten Polizeiauto erwischt und brauste dann ab, die hell beleuchteten Häuserschluchten hinunter. Die Polizeiwagen folgten ihm, aber der Fahrer bog hinter der nächsten Kreuzung in eine dunkle Seitenstraße ein und hatte nach einem Dutzend weiterer Haken in den Gassen der Südstadt die Verfolger abgeschüttelt.

Seit Jackie die Drehtür betreten hatte und die Hand des Mannes kommen sah, waren nicht einmal zwei Minuten vergangen, aber er fühlte sich um zehn Jahre gealtert. In einer wüsten Orgie von Schmerzen pochte sein Knie, seine verschrammte und gerötete rechte Gesichtshälfte sah aus, als hätte sie jemand aufgeblasen, die Backenzähne saßen locker und seinen Herzschlag spürte er wie Hammerschläge in seinen Schläfen. Gleichzeitig durchflutete ihn eine warme Woge der Dankbarkeit.

«Marco», stieß er unter Schmerzen hervor. «Scheiße, Scheiße, Scheiße. Diesmal hätten sie mich beinahe gehabt!» Er hatte den Freund an seinem Ring erkannt und sofort geschaltet. Daniel Kwok hatte Marco mitgeteilt, wo er Jackie finden konnte, er war zum Hotel gekommen, hatte gesehen, dass Jackie in der Tinte saß, und den Fahrer des Namenlosen unschädlich gemacht. Nun würde alles gut werden, dachte Jackie. Marco hatte die Verantwortung über sein Leben auf sich genommen und da wusste er sie in guten Händen.

«Was zum Teufel ist passiert?», wollte Marco wissen.

«Sie sind hinter mir her.»

«Das habe ich gesehen. Weißt du, wer der Kerl war?»

«Er hat 89 die Jagd auf die Studenten angeführt. Ich kenne seinen Namen nicht.»

«Ich auch nicht. Aber wenn ich richtig gesehen habe, war es der Chef der Inneren Operationsabteilung vom *Guojia Anquanbu*, eurem Geheimdienst. Womit um Himmels willen hast du den denn auf deine Spur bekommen? Hast du was aus dem Nachttisch des Staatspräsidenten geklaut?»

«Ich schwöre: Ich weiß nicht, wie die ausgerechnet auf mich kommen. Lao Ding muss ihnen meinen Namen gegeben haben, diese Ratte. Ich glaube, sie sind in Wirklichkeit hinter dem Fallschirmspringer von der Einheit *Rote Fahne* her ... Ah, Schweinescheiße!»

«Was ist?» Marco trat auf die Bremse und hielt nach einer Straßensperre Ausschau. Aber da war nichts.

«Zwanzig nach sieben! Ich muss ins Oriental Regent Hotel. Sofort. In fünf Minuten ruft die Schwester an. Und dann der Mann selbst.»

«Dann müssen wir das Auto hier stehen lassen. Und uns ein Taxi nehmen.»

«Scheiße, Scheiße!»

Sie stellten den Mercedes vor einer heruntergekommenen Spelunke in der Straße der Befreiung ab und liefen, so schnell es Jackies verletztes Bein zuließ, zur Hauptstraße vor, wo sie ein Taxi zum Hotel nahmen. Sie kamen genau drei Minuten zu spät.

«Wenn der nicht das Neueste von seiner Schwester hört, flippt er aus!», jammerte Jackie. «Er ist sowieso nicht besonders gesprächig. Wenn ich jetzt nichts bieten kann, springt der uns glatt wieder ab!»

Das Telefon schellte dezent zwei Minuten später, und Jackie hatte schon den Hörer ergriffen, bevor das erste Klingeln verebbt war.

«Wei?»

Der Piepser eines Satelliten. Es war die Schwester. Jackie verdrehte erleichtert die Augen zum Himmel.

«Tante Peng Meimei», gab die Todkranke den nächsten Familiennamen durch. «Ich werde morgen operiert, sagen die Ärzte.»

Der Hörer war noch nicht wieder ganz auf die Gabel gesunken, als der Fallschirmspringer anrief. Jackie übermittelte die Nachricht und dichtete hinzu, dass seine Freunde in Amerika eine Bedingung gestellt hatten, die erfüllt werden müsse, bevor sie die Operation durchführten. Sie wollten harte Informationen. Etwas, das sie nicht ohnehin schon wussten. Er ließ den kritischen Satz verklingen und lauschte gespannt. Der Mann namens Tiger atmete schwer. «Jetzt kommt's», dachte Jackie. «Jetzt muss er auspacken.»

Als es dann kam, wünschte er fast, er hätte den Fallschirmspringer nicht dazu gezwungen. Marco sah, wie Jackie das Blut aus dem Gesicht wich, nachdem er den Hörer aufgelegt hatte. «Sie wollen Taiwan angreifen.»

«Wann?»

«Das sagt er mir erst, wenn seine Schwester operiert ist. Aber ... hör mal – das kann doch nicht wahr sein!»

«Ist der Mann zuverlässig?»

«Er macht keine Witze, wenn du das meinst. Er sagte, General Wang Guoming führe das Kommando an.»

«Ist mein Zeug noch in der Garage?»

«So wie du es zurückgelassen hast.»

«Dann lass uns keine Zeit verlieren.»

«Scheiße, Scheiße.»

Sie nahmen ein Taxi bis in das Industriegebiet und ließen sich an einer menschenleeren Kreuzung absetzen, um den Rest des Weges zu Fuß zu gehen. Jackie, dessen Knie bei jedem Schritt zu bersten drohte, kam schon bald außer Puste und hatte Schwierigkeiten bei den langen Schritten des CIA-Mannes mitzuhalten.

«Renn doch nicht so. Ich habe noch was zu sagen!», japste er.

«Was ist?»

«Ich habe auf dem Klo was mit angehört. Zwei Taiwanesen unterhielten sich darüber, dass Zhao Zhongwen ihnen Posten in Taiwan angeboten hatte.»

Das wirkte. Marco verlangsamte seinen Gang.

«Zhao vergibt Posten in Taiwan? Wie kommt er denn dazu?»

«Keine Ahnung. Aber offenbar weiß er zumindest genauso viel, wie wir wissen, und vermutlich noch ein wenig mehr.»

Jetzt erwies sich seine Taktik als Fehler. Marco eilte mit noch schnelleren Schritten den Berg hinauf zur Garage.

Die Garage gehörte zu einem Betrieb im Nordosten Shenzhens, wo Gehäuse für Telefonanrufbeantworter hergestellt wurden. Der Inhaber, ein geiziger Taiwanchinese, hatte für teures Geld ein Dutzend Garagen in einem unbenutzten Nebengebäude an verschiedene Kunden vermietet – die meisten aus der Unterwelt, was die beste Versicherung gegen mögliche Einbrecher war. Hier stand seit dreieinhalb Jahren auch ein kleiner, weißer Lieferwagen japanischer Bauart mit Pekinger Kennzeichen. Im Laderaum lagen noch zwanzig weitere Sätze mit den Nummernschildern anderer Städte. Außerdem befand sich dort eine Waffenkammer mit zwei Schnellfeuergewehren, Handgranaten und einem Sortiment von Pistolen verschiedener Kaliber. Ein Satellitentelefon, ein Laptop, eine Garderobe mit den unterschiedlichsten Kleidungsstücken, vom Frack bis zu Trachten der wichtigsten nationalen Minderheiten, eine professionelle Kameraausrüstung, ein Nachtsichtgerät und mehrere leistungsstarke Ferngläser sowie Abhörmikrofone. In einem Versteck über dem Radkasten, von dem nicht einmal Jackie Lau wusste, lagen 500000 US-Dollar in bar. Es war eine komplette, mobile Einsatzzentrale für den schlimmsten aller Fälle. Der Wagen war eine Spezialanfertigung: kugelsicher, mit einem 270-PS-Motor und Vierradantrieb ausgestattet, war er als Privatfahrzeug von einem US-Diplomaten ins Land gebracht und dann als gestohlen gemeldet worden. Als er ihn hierher gebracht hatte, hatte Marco gehofft, das Fahrzeug werde hier nur stehen, um Staub anzusetzen und in regelmäßigen Abständen von Jackie Lau gewartet und auf den neuesten Stand der Technik gebracht zu werden. Aber jetzt sah es so aus, als stünde der schlimmste aller Fälle unmittelbar bevor.

Marco befiel bei dem Gedanken keine Nervosität, denn für diesen Fall war er ausgebildet worden. Seine Laufbahn bei der CIA hatte vor drei Jahrzehnten begonnen. Er hatte während des Vietnamkriegs die Grenzprovinz Guangxi durchstreift auf der Suche nach Anzeichen dafür, ob die Chinesen eingreifen würden. Er hatte nach Maos Tod vergebens versucht eine Gruppe von Intellektuellen zusammenzubringen und aus dem Chaos der Nachfolgekämpfe eine Oppositionsbewegung gegen die Kommunisten zu schmieden. Er hatte das Netz von Kontaktpersonen und Informanten aufgebaut, das unlängst aufgeflogen war. Er hatte zwei amerikanische Staatsbürger aus einem Arbeitslager in Qinghai befreit, wo sie wegen Spionage zehn Jahre verbüßen sollten, und er hatte diese Cowboys von der Drogenbehörde DEA auf Schleichwegen durch die Berge Südwestyunnans geführt, um einen burmesischen Heroinring zu sprengen. Er war auf dem Platz des Himmlischen Friedens gewesen in der Nacht, als die Panzer kamen, und er hatte siebzehn der Studentenanführer sicher ins westliche Ausland gebracht. Mutige, lebensgefährliche Einsätze allesamt. Aber es waren nur Fingerübungen im Vergleich zu dem, was ihm nun bevorstand.

«Was hast du vor?», fragte Jackie Lau, der Marco nervös dabei beobachtete, wie er die Ausrüstung im Lieferwagen einer eingehenden Prüfung unterzog.

«Plan B», sagte Marco, ohne seine Arbeit zu unterbrechen. «Seit einiger Zeit gibt es einen Plan B für genau diesen Fall.»

«Ihr wollt doch nicht da eingreifen, ihr Amerikaner, was? Das kann doch nicht euer Ernst sein, oder?»

«Wir greifen nie ein.» Marco lächelte schief und rätselhaft in sich hinein. Jackie Lau fragte sich, ob sein Freund vielleicht verrückt geworden war.

«Hör mal, Marco. Ich will ja nicht zimperlich erscheinen oder so was. Aber wenn die Volksbefreiungsarmee nach Taiwan marschiert, dann ist das kein Fall für Plan B, den sich irgend so ein Bürokrat am Schreibtisch ausgedacht hat.»

«Du liegst falsch, mein Freund.» Marco knipste probeweise eine Taschenlampe an und aus. «Plan B habe ich mir persönlich ausgedacht. Denn ich kenne Plan A.»

«Was ist Plan A?»

Mit gebeugtem Oberkörper, um nicht mit dem Kopf am Dach anzustoßen, stieg Marco über die Kisten und Bündel zur Vorderseite des Laderaumes und durchsuchte das Fach mit den Landkarten.

«Das ist eine komplizierte Sache. Ich bekam vor ein paar Monaten ein Papier in die Hand, das Sherry geliefert hatte und das keiner in Langley ernst nehmen wollte. Ich zuerst auch nicht. Es war nichts weiter als ein Packen mit Prüfungsunterlagen. Darin befand sich auch die theoretische Arbeit von irgendeinem jungen Heißsporn der chinesischen Luftwaffe, die ziemlich genaue Anweisungen darüber gab, wie eine Voraustruppe von wenigen hundert Mann in Taiwan einfallen könnte, welche Ziele sie dabei ansteuern musste und welche Einrichtungen sie anzugreifen hatte. Ich habe den Plan von allen Seiten durchleuchtet und zu knacken versucht. Aber das Sonderbare war: Er hielt stand. Es gab ein paar Schönheitsfehler, ein paar wichtige Voraussetzungen, die zuvor erfüllt sein müssten. Sie würden einen ziemlich hochpositionierten Mann in der taiwanesischen Führung brauchen, der ihnen helfen würde die Weichen zu stellen. Aber ich glaube, den haben sie jetzt gefunden. Und wenn sie ihn haben, dann ist das Ding alles in allem wasserdicht.»

«Diese Vorauseinheit ist die *Rote Fahne*?»

«Wer sonst?»

«Und Plan B? Wie sieht nun dein Plan B aus?»

«Die *Rote Fahne* ausschalten.» Marco hatte gefunden, was er gesucht hatte, malte etwas darauf und warf es Jackie zu, der es ungeschickt auffing. Es war die Straßenkarte der Provinz Fujian, eingekreist waren die Insel Pingtan und die Landzunge von Dafu. Jetzt hatte er keinen Zweifel mehr. Marco war tatsächlich verrückt.

«Scheiße», sagte Jackie Lau.

21. Kapitel

Peking, 30. Dezember

Schon von weitem erkannte sie, dass der Kerl mit dem Raubvogelgesicht und den runden Brillengläsern, die so dick waren wie der Boden einer Cola-Flasche, ihr Mann sein musste. Er trug einen hochgeschlossenen Mao-Anzug aus edlem, schwarzem Stoff und blickte sich im Restaurant um mit dem beleidigten Gesichtsausdruck eines schlecht gelaunten Bestattungsunternehmers, der sich auf eine Party von lebenstrotzenden Teenagern verirrt hatte. Vor ihm stand ein halb leeres Glas Kokosnuss-Limonade. Seine Gastgeber, die Leute von der *Sanjiu*-Gruppe, eines Pharmakonzerns, der der Volksbefreiungsarmee gehörte, hatten vorsichtshalber das Feld geräumt und überließen es Sherry Wu, den schmallippigen Tugendwächter zu unterhalten. «Harte Nuss», dachte Sherry, als sie durch die Reihen der Tische schwebte, an denen zu französischen Weinen Abalonen und Wachtellebern gereicht wurden. Aber sie würde ihn schon kleinkriegen. Am Ende bekam sie noch jeden klein.

«Genosse Hong?», zwitscherte sie, freudig erregt, als sie seinen Tisch erreicht hatte. «Genosse Hong Fansen?»

Der Mann hob seinen Blick, als habe sie ihn gerade beleidigt, und musterte sie wie eine Immobilie.

«Ja.»

«Ich dachte, dass Sie es wären, aber ich war mir nicht ganz sicher. Ich habe viel von Ihnen gehört und wollte nur sagen, dass ich sehr glücklich darüber bin, dass es in China noch immer Männer wie Sie gibt.»

Er schluckte den Köder nicht.

«Was soll das heißen?», fragte er misstrauisch.

«Verzeihen Sie – ich habe mich nicht vorgestellt. Mein Name ist Wu Yuyin.»

«Es ist mir egal, wie Sie heißen. Sie haben meine Frage nicht beantwortet.»

Sherry fühlte sich plötzlich, als habe sie einen zugefrorenen See betreten und bewege sich auf sehr, sehr dünnem Eis. Sie hatte sich auf ihre körperlichen Reize verlassen, das Ganze wie das übliche Spiel begonnen und erkannte zu spät, dass dieser Mann mit dem Blick eines missvergnügten Habichts nicht für Spiele zu begeistern und nicht für die üblichen Genüsse zu interessieren war. Er gehörte zu der Sorte von Menschen, deren einziges Vergnügen darin bestand andere Menschen leiden zu sehen. Sie fühlte sich mit einem Mal nackt und entblößt in ihrem raffinierten Abendkleid und wünschte, sie hätte auf den ängstlichen Oliver gehört und sich wenigstens etwas weniger auffällig angezogen und etwas weniger Make-up aufgetragen.

«Na ja ... ich war immer schon der Meinung, dass vieles in unserem Land nicht zum Besten steht und dass es ... dass die ideologische Führerschaft der Partei auf allen Ebenen gestärkt werden sollte. Besonders, um uns auf unser chinesisches Erbe zu besinnen und die Lehren des Vorsitzenden Mao Zedong zu befolgen.» Sie betete herunter, was sie vor ein paar Tagen in oberflächlicher Lektüre beim Frühstück einem knochentrockenen Leitartikel der *Renmin Ribao* entnommen hatte.

«Sie lesen die *Volkszeitung*?», fragte der Habicht, eine Spur weniger feindselig.

«Ja, selbstverständlich. Jeden Tag.»

«Die Worte, die Sie eben zitierten, stammen von mir. Den Beitrag habe ich geschrieben.»

Halleluja, dachte Sherry. «Ja, eben ...!», flötete sie. «Ich wollte Ihnen nur sagen, dass ich eine große Bewunderung für Ihre Gesinnung hege und meine, wir alle sollten von Ihnen lernen. Das war schon alles. Bitte verzeihen Sie die Störung. Auf Wiedersehen, Genosse Hong ...»

Köder Nummer eins geschluckt.

«Warten Sie» gebot der Kader. «Warum nehmen Sie nicht Platz und erklären mir, wie ein anständiges Mädchen wie Sie zu diesem Fummel kommt und in diesem ... Lokal arbeitet.»

Sie ließ sich erleichtert auf einen Stuhl sinken, senkte beschämt den Blick und beugte gleichzeitig ihren Oberkörper. Sie konnte förmlich hören, wie die Augäpfel des Sittenwächters in ihren Ausschnitt plumpsten wie zwei Steine in einen See. «Ich bin allein in Peking und habe keine andere Arbeit gefunden. Ich brauche das Geld. Meine Familie daheim in Guizhou ist sehr arm, und ich versorge meine Eltern, Geschwister und die Großeltern mit meinem Gehalt. Auch die meisten meiner Kolleginnen haben daheim Familien zu versorgen. Dieser Club ist nicht schlimm, wissen Sie? Das Management ist sehr wählerisch bei den Aufnahmebedingungen, und es kommen in der Hauptsache kultivierte Menschen hierher, Geschäftsleute ...»

Seit wann sind Geschäftsleute kultiviert?», höhnte Genosse Hong. «Die meisten, die ich kenne, sind Ausbeuter und Betrüger. Weiß Ihre Familie, dass Sie sich hier als Gesellschaftsdame für neureiche Schnösel verdingen müssen?»

«Nein – natürlich nicht. Das würde sie auch sehr erschüttern. Mein Vater ist Parteimitglied und sehr korrekt in allem, was er tut. Er ist etwa in Ihrem Alter ...»

«Ja – unsere Generation hat noch gelernt, was es heißt zu verzichten und zu kämpfen.»

Köder Nummer zwei geschluckt. Sherry Wu begab sich weiter und weiter hinaus auf das Eis und stellte erleichtert fest, dass es tatsächlich trug. Am Ende kriegte sie doch alle klein.

«Haben Sie selbst Kinder ...?»

Zwei Stunden später wusste sie mehr über den Menschen

und Politiker Hong Fansen, als sie jemals wissen wollte. Es war so trocken und freudlos wie Sägespäne, vorgetragen im steifen, pompösen Stil eines Parteimanifestes. Hong mischte seine persönliche Geschichte mit langwierigen Ausführungen zur Entwicklung der Partei und zum Aufbau der Volksrepublik, wobei er auch die Themen der Wirtschafts- und der Außenpolitik streifte. Sherry gab nur hin und wieder ein Stichwort und ekelte sich vor dem Anblick seines mageren Gesichts, das wegen der dicken Brillengläser in dem Winkel, aus dem sie es betrachtete, keine Augen zu haben schien. Sie strapazierte ihre Gesichtsmuskulatur bis zum Äußersten, quittierte den ermüdenden Vortrag je nach Bedarf mit Lächeln, Stirnrunzeln und Lippenschürzen und hatte die Hoffnung schon aufgegeben, aus der bemerkenswerten Begegnung mit einem der wichtigsten Ideologen und Drahtzieher der Kommunistischen Partei irgendwelchen Nutzen für ihren nächsten Bericht zu ziehen, als das Gespräch eine viel versprechende Wendung nahm. Ringsherum wurden von hüstelnden Kellnern die Tische abgeräumt. Die meisten Gäste hatten sich bereits in die Karaoke-Räume, das Dampfbad und die Diskothek begeben. Hong Fansen ließ sich eine weitere Dose Kokos-Limonade kommen und sprach, während er eingoss: «Es gibt keinen Zweifel daran, dass wir bemüht sein müssen, den zersetzenden Einfluss des Westens und vor allem der Amerikaner auf allen Gebieten und auf allen Ebenen zurückzudrängen. Und wir sind dabei, das zu tun. Was im Moment an der mongolischen Grenze vor sich geht, ist nur das Vorspiel.»

Mit einemmal wurde Sherry hellwach.

«Ich war wirklich entsetzt, als ich in den Nachrichten hörte, dass sich die Amerikaner tatsächlich die Mongolei unter den Nagel reißen wollen», sagte sie, bevor er sich auf ein anderes Thema stürzen konnte. «Können wir Chinesen denn da gar nichts tun?»

Zum ersten Mal stahl sich ein Lächeln auf die schmalen Lippen des Genossen.

«Oh, doch. Aber wir Chinesen werden bestimmt nicht tun, was sie erwarten.»

«Das ist Politik», seufzte sie wie ein hoffnungsloses Dummchen. «Davon verstehe ich leider nicht viel.»

«Es ist gar nicht so schwer. Es funktioniert im Prinzip so ähnlich wie in diesem Lokal hier. Wir machen ihnen den Mund wässrig und locken sie von ihrem Tisch an das große Buffet, und in der Zwischenzeit besetzen wir die Küche.» Jetzt lachte er sogar, zufrieden mit seiner Metapher.

Heiliger Himmel, dachte Sherry und setzte ein verwirrtes Gesicht auf. «Die Küche?»

«Es dauert nur noch wenige Tage, und Sie werden wissen, was ich meine.»

«Ich bin so ungeduldig!», kicherte sie, als habe sie jemand mit einer Feder im Nacken gekitzelt. Sag's mir, sag's mir, dachte sie.

Hong Fansen tätschelte väterlich ihren Arm. «Meine Freunde wären sehr ungehalten, wenn ich jetzt schon alles ausplaudern würde – es soll doch eine Überraschung sein.»

«Ihre Freunde? Die Regierung? Der Staatspräsident?» Ihre Ehrfurcht erregte ihn.

Genosse Hong bleckte die Zähne. «Der Staatspräsident, kleine Taube, ist eine Null. Er findet mit beiden Händen in der Dunkelheit nicht einmal seinen eigenen Arsch. Nein, auf diesen Strohmann und seine Clique kann man sich ganz gewiss nicht verlassen.»

«Die Armee? Der große General Wang?»

Seine Habichtsaugen blitzten hinter den Brillengläsern auf, und beinahe hätte Hong es gesagt. Etwas wollte aus ihm heraus. Aber er biss sich auf die Zunge.

«Es wird Zeit, dass ich mich verabschiede.»

Jede weitere Frage hätte das Misstrauen dieses Mannes erregt. Sherry beschloss, es mit dem, was sie nun wusste, bewenden zu lassen. Es war schon mehr als genug.

«Sie sind so klug und so erfahren!», hauchte sie. «Ich würde Sie gerne wiedersehen und mehr von Ihnen lernen.»

«Das lässt sich gewiss einrichten. Aber nicht hier. Ich fühle mich nicht wohl in diesem dekadenten Glitzerding hier. Es gibt ein Restaurant, in dem authentische Gerichte aus der Kulturrevolution serviert werden, auch das Leibgericht des Vorsitzenden Mao Zedong: Schweinefett in brauner Soße. Wenn Sie sich etwas anderes anziehen, können wir demnächst einmal gemeinsam dort zu Abend essen.»

«Ich liebe Schweinefett in brauner Soße!»

Ein aufmerksamer Kellner an der Bar nahm ihre Aufbruchsbewegungen wahr und benachrichtigte per Haustelefon die Vertreter von *Sanjiu*, die eine Minute später auf der Bildfläche erschienen und dem Genossen in seinen Mantel halfen.

«Vielen Dank für die Einladung», sagte er knapp. «Ich habe mich gut unterhalten.»

Sie wartete, bis die Tür des Lifts sich schloss, und lehnte sich, als sie sicher war, dass niemand sie beobachtete, erschöpft an die Wand. Der verschrumpelte Raubvogel hatte ihr soeben nichts Geringeres als einen Staatsstreich angekündigt! Und mit der «Küche», von der er sprach, konnte nur Taiwan gemeint sein. Der Aufmarsch an der mongolischen Grenze war nichts weiter als ein Ablenkungsmanöver für die Amerikaner, die auf dem Weg waren in eine grandiose Falle zu rennen!

Endlich! dachte sie, und vor ihrem geistigen Auge sah sie die CIA-Chefs in Langley über ihren Erkenntnissen ins Schwitzen geraten. Endlich.

22. Kapitel

Dongqiao, 1960

«Tötet die Vögel!», hallte aus Hunderten junger Kehlen der neue Kriegsruf durch das Tal. Die Kinder waren wegen der Jagd von der Feldarbeit und der Schule befreit worden und liefen in kleinen Kampfgruppen durch die Siedlung, schlugen mit Stöcken auf die Töpfe und Pfannen, die sie aus der Gemeinschaftsküche geraubt hatten, und verursachten so einen Höllenlärm. «Da ist wieder einer! Lasst ihn nicht sitzen und ausruhen! Los, hinterher!» Das Geschrei, das Klappern und Hämmern entfernte sich, als sie, einen einsamen Spatz verfolgend, den Berg hinaufhasteten, quer über die Terrassenfelder und über die Kuppe, bis das Tier wie ein Stein aus der Luft fiel und zu ihren Füßen landete. «Nummer 2732!», jubelte der Anführer der Meute, quetschte den warmen Federbalg mit der rechten Hand zusammen und drehte ihm mit der Linken den Hals um. Er steckte den toten Vogel in den Sack zu den anderen neunundachtzig Vögeln, die sie an diesem Morgen schon zu Tode gehetzt hatten. Der Anführer, der ein rotes Stirnband trug, war größer und stärker als die meisten in seiner Gefolgschaft. Obwohl auch er erst acht Jahre alt war, ließ sein Körperbau schon jetzt erkennen, dass er einmal zu imposanter Größe emporschießen würde. Seine Schultern zeigten bereits unverkennbar die Ansätze von Muskulatur und Durchsetzungsvermögen, und keiner war unter den Gleichaltrigen und auch nicht unter den Älteren, die es wagten sich mit ihm anzulegen. Nicht nur, weil er kräftiger und kampfeslustiger war als die meisten, sondern auch, weil er der Sohn des Ausländers war. Seinen schwierigen, fremden Namen konnten sie sich nicht merken. Sie nannten ihn einfach Xiaolong, den Kleinen Drachen. Seinen Vater redeten nunmehr alle in Dongqiao als Laolong an, den Alten Drachen. Alle bis auf einen, der sich nur selten hier blicken ließ.

«Da vorne ist noch einer!», krähte der Späher, und die Bande setzte sich sofort in Bewegung. Töpfe schlagend und mit Gebrüll stürmte sie den Berg hinunter.

Sie rannte ganz vorne, aber dann trat sie unglücklich auf einen losen Stein und stürzte vornüber in einen Dornenstrauch.

«Dummes Ding!», kreischte der Anführer, der über ihre Beine stolperte und der Länge nach hinschlug. Der Trupp bremste schwerfällig, aber der Kleine Drache schrie: «Weiter, weiter! Holt den verdammten Vogel! Kümmert euch nicht um mich!» Und weiter stürmten sie, ins Nachbartal hinab, während er unter Höllenpein die bösartigen, kleinen Steinchen entfernte, die sich im Sturz in die Ballen seiner Hände gebohrt hatten.

«Es tut mir so Leid. Es tut mir so Leid», stammelte das Mädchen.

«Warum kannst du nicht aufpassen?», herrschte er sie an, und in ihren Augen sammelten sich Tränen.

«Ich kann doch nichts dafür! Ich habe mir doch selbst wehgetan! Meine Arme sind ganz zerkratzt.»

«Blödes Weibsbild!», fluchte er und kam mit schmerz- und wutverzerrtem Gesicht auf die Beine.

«Den Frauen gehört die Hälfte des Himmels, hat der Vorsitzende Mao gesagt!», hielt sie dagegen, während sie sich aus dem Dornenbusch befreite.

«Aber du bist keine Frau. Du bist nur ein dummes Mädchen. Dir gehört nur die Hälfte von meinem Verstand!»

«Wenn dir nur die Hälfte von meinem Verstand gehörte, wärest du schon doppelt so klug wie jetzt!», schrie sie zurück.

«Du glaubst wohl, nur weil dein Vater so ein wichtiger General ist, kannst du dir alles erlauben!»

«Und du glaubst wohl, nur weil dein Vater ein Ausländer ist, kannst du dir alles erlauben!»

«Blöde Ziege!»

«Faules Ei!»

Er versetzte ihr mit beiden Händen einen Stoß, dass sie rücklings in den Dornenstrauch fiel, und lachte sie aus. Das Geschrei der Jagdtruppe, die unterdessen die Talsohle erreicht hatte, drang aus der Ferne zu ihnen. Er wandte seinen Kopf, um zu sehen, ob sie den Vogel schon erwischt hatten, da traf ihn unverhofft ein dumpfer Schlag an der Stirn. Ein Stein! Das Biest hat einen Stein nach mir geworfen, dachte er noch, bevor er in die Dunkelheit abtauchte.

Als er seine Augen wieder aufschlug, sah er weiße Wolken über den blauen Himmel ziehen, und als er sie wieder schloss und noch einmal öffnete, sah er ihr Gesicht, das zu ihm heruntergebeugt war, und spürte das sanfte Klatschen ihrer Hände auf seinen Wangen. «Wach doch auf, Kleiner Drache, bitte, wach doch auf!», hörte er sie betteln. Sie hatte seinen Kopf in ihren Schoß gebettet und streichelte sein Haar. «Bitte, ich wollte dir doch nicht wehtun!» Er fuhr mit der Hand an seine Stirn und ertastete eine Beule, so groß wie ein Ei. Sein Schädel tat weh.

«Du hast . . .»

«Oh, wunderbar. Du kannst wieder sprechen! Ich dachte schon, du wärst vielleicht tot.»

«Die Vögel . . .»

«Die anderen jagen die Vögel. Bleib ganz ruhig, du bist verletzt.» Er versuchte sich ruckartig aus ihrem Schoß zu erheben, aber sofort packte ihn ein böses Schwindelgefühl, und er sank kraftlos zurück. «Ich glaube, du hast eine Gehirnerschütterung!»

«Wo ist mein Stirnband?»

«Hier. Ich habe es abgenommen, damit die Beule atmen kann.»

«Die Vögel ... wir müssen doch die Vögel töten! Das hat der Vorsitzende Mao befohlen. Die Vögel nehmen den Bauern das Essen weg und das dürfen wir nicht zulassen.»

Stentons Ehrgeiz und sein Pflichtgefühl ließen ihn nicht ruhen. Seit der Parteisekretär Bao Ji verkündet hatte, dass laut Befehl des Vorsitzenden Mao die «vier Übel» vernichtet werden sollten, die die Menschen plagten – Ratten, Fliegen, Mücken und Spatzen –, galt die ganze Anstrengung aller dem Kampf gegen die Vögel, denn die waren leichter zu erwischen als die anderen drei Übel. Außerdem machte die Jagd mehr Freude. Und niemand war dabei erfolgreicher als Stenton und seine Meute. Säckeweise hatten sie tote Vögel abgeliefert und waren sogar für eine lobende Erwähnung in der *Volkszeitung* ins Gespräch gebracht worden. Kaum eine Gruppe im ganzen Land hatte in einem so kurzen Zeitraum so viele Vögel zur Strecke gebracht wie sie. Neulich hatten sie einen ganzen Lastwagen mit Tausenden der kleinen Kadaver beladen und unter wildem Kriegsgeschrei aus der Kommune abtransportiert.

«Weißt du», sagte sie, plötzlich nachdenklich, «ich mag ja auch keine Vögel. Sie sind Schmarotzer und ernähren sich von den Körnern, die die Bauern mühsam ausbringen, und sie fressen sogar einen Teil der Ernte ... aber meine Mutter sagt, dass es gar nicht gut ist, wenn wir wirklich alle Vögel töten.»

«Was?» Er war noch zu benommen, um den Sinn ihrer Worte sogleich zu verstehen.

«Sieh mal – die Vögel stehlen zwar einen Teil der proletarischen Produktion und sind so eine Art feudalistisches Element. Aber sie fressen ja auch die ganzen Käfer und die ganzen Mücken und die anderen Schädlinge, und wenn keine Vögel mehr da sind, dann haben wir auf einmal überall Ungeziefer – das sagt zumindest meine Mutter.»

Sein Kopf wollte zerspringen vor Schmerz und Empörung.

«Eben. Deswegen sollen wir ja auch Mücken und Fliegen töten. Der Vorsitzende Mao ...», widersprach er, doch da fiel sie ihm abermals ins Wort.

«Meine Mutter versteht etwas von der Landwirtschaft, denn sie ist jeden Tag auf den Feldern.»

«Meine auch!»

«Natürlich! Weil die Männer ihre kostbare Zeit beim Graben in den Bergen verschwenden, sagt meine Mutter.»

Es waren tatsächlich nur noch Frauen und Kinder mit dem Reis-, Mais- und Gemüseanbau auf den Terrassenfeldern beschäftigt, seit die gesamte männliche Bevölkerung der Kommune schon morgens vor Tagesanbruch mit Hacken und Schaufeln in die Berge zog, um Erz zu suchen. Das war nicht nur hier so, sondern überall in China, denn es war die Pflicht und die Aufgabe des Volkes, das Land und die Schwerindustrie aufzubauen. Für den Aufbau brauchte man Stahl, hatte der Vorsitzende Mao Zedong verkündet, und so waren die Männer überall damit beschäftigt Hochöfen zu errichten und Erz zu suchen. Wenn sie sich nur anstrengten, dann konnten sie innerhalb weniger Jahre die Engländer in der Produktion von Stahl überflügeln, hatte der Vorsitzende Mao gesagt.

Zwar hatten die Klügeren und Gebildeten unter den Männern gleich darauf hingewiesen, dass man in den Kalkbergen rund um Dongqiao bestimmt nicht so schnell Erz finden würde. Aber dann kam einer und las einen Artikel aus der *Volkszeitung* vor, der berichtete von einer Kommune in der Provinz Henan, die sogar im Sumpfland, wo kein Mensch es jemals vermutet hätte, ein riesiges Erzvorkommen entdeckt hatte und nun täglich tausend Tonnen reinsten Stahls produzierte. Mit diesem ermutigenden Beispiel wurde auch der letzte Zweifler überzeugt, und die Männer gingen auf Erzsuche, während gleichzeitig auf dem Platz hinter der Gemeinschaftslatrine mit dem Bau eines Hochofens begonnen wurde. Das geschah ausgerechnet zu der Zeit, als auf den Feldern jede Hand gebraucht wurde, denn starke Regengüsse hatten im Frühjahr die Terrassen teilweise weggespült. Und so mussten die Frauen sich doppelt anstrengen, und auch die Kinder wurden mit eingespannt, bis die Anti-Vogel-Kampagne ihnen eine willkommene Abwechslung brachte.

«Der Vorsitzende Mao versteht sicherlich mehr von der Landwirtschaft als deine Mutter!», setzte sich Stenton endlich gegen Li Lings Zweifel durch. «Und wenn der Vorsitzende Mao sagt, dass wir die Vögel vernichten sollen, dann müssen wir genau das tun. Und wenn der Vorsitzende Mao sagt, dass wir Erz brauchen, dann müssen wir Erz suchen!»

«Und wenn der Vorsitzende Mao sagt, dass wir auf allen vieren herumkriechen und bellen sollen wie die Hunde – müssen wir das dann auch tun?»

«Natürlich!», gab er zurück, ohne nachzudenken, und richtete sich endlich auf. Im Hause des großen Generals Wang Guoming konnte man es sich vielleicht erlauben, die Befehle des Vorsitzenden zu kritisieren. Aber über seine Lippen und die seiner Eltern wäre niemals ein abfälliges Wort gegen die Maßnahmen der Partei gekommen.

«Xiaolong, Xiaolong – wir haben noch drei Stück erledigt!», drang vom Tal herauf der Schrei des Spähers, hinter dem die Horde der Vogeljäger den Berg hinaufstrebte zu der Stelle, wo sie saßen. Schnell band sich Stenton sein Stirnband um, damit niemand seine Beule sehen und ihm peinliche Fragen stellen konnte.

Erst am Abend, daheim in ihrem Zimmer, als er unter Aufsicht seiner Mutter das Gesicht wusch, kam das Schandmal zum Vorschein.

«Was hast du da? Zeig mal her!» Sie nahm seinen Kopf in beide Hände und zwang ihn, sie anzusehen.

«Hingefallen», murmelte er.

«Tut es weh?»

«Nein. Es hat auch nicht wehgetan. Es war nur ein kleiner Sturz. Ich war hinter diesem Vogel her, und da flog er plötzlich auf einen Baum, und ich habe ihm hinterhergeschaut und dabei nicht auf meine Füße geachtet, und da bin ich über . . .»

«Sei still, Xiaolong.»

«Was ist denn? Willst du nicht hören, wie es passiert ist?»

«Ich will keine Lügen von dir hören. Du lügst viel zu gut, und das macht mir Angst.»

«Aber es stimmt doch!», protestierte er.

«Und warum kam die Mutter von Li Ling zu mir und bat um Verzeihung für den Stein, den sie dir an den Kopf geworfen hatte?»

Er ließ den Kopf sinken und schwor sich Rache. Diese kleine Giftschlange hatte ihrer Mutter tatsächlich alles erzählt! Er knirschte vor Wut mit den Zähnen. Dann stemmte er trotzig die Hände in die Hüften. «Li Ling und ihre Mutter sind mir die Richtigen! Soll ich dir mal was über die beiden erzählen? Sie machen sich heimlich über den Vorsitzenden Mao lustig, jawohl! Sie sagen, der Vorsitzende könnte allen Chinesen befehlen auf allen vieren zu kriechen und wie Hunde zu bellen, und sie kritisieren die Anti-Vogel-Kampagne und –»

Es kam so schnell und so unerwartet, dass er nicht einmal mit der Wimper zucken konnte. Weder sein Vater noch seine Mutter hatten ihn jemals geschlagen. Aber nun klatschte die Hand Honghuas mit solcher Wucht auf seine Wange, dass sie für einen Moment einen weißlichen Abdruck auf seiner sonnengebräunten Haut hinterließ.

«Nie wieder», sagte sie, bebend vor Aufregung, «nie wieder sollst du irgendjemandem weitererzählen, was ein anderer dir anvertraut hat, verstehst du? Nie wieder!»

Schockiert hatte er den Mund geöffnet, in seinen Augen

liefen Tränen zusammen, als sie ihn umarmte und selbst weinen musste. «Bitte, Xiaolong, versprich es mir.»

Er versprach es und erwiderte verwirrt ihre Umarmung.

Ihr Zimmer war im Grundriss kaum größer als die große, rote Fahne, die über dem Versammlungsplatz wehte. An der linken Wand stand das Bett der Eltern, gegenüber an der rechten Wand war das Lager des Jungen. Beides waren einfache, aus grobem Holz gezimmerte Möbel. Ansonsten gab es nur einen wackligen, hohen Tisch an der Stirnseite unter dem glaslosen Fenster, auf dem neben zerlesenen Ausgaben der *Volkszeitung* eine Waschschüssel stand. Ihre Kleidung und alle anderen Habseligkeiten bewahrten sie in einer ausgedienten Munitionskiste auf, die unter dem Elternbett stand. Der einzige Schmuck an der unverputzten Wand aus hellroten Backsteinen war ein Bildnis des Vorsitzenden Mao, der unergründlich und weise auf die kleine Familie herunterblickte. Sie brauchten keine Küche, denn die Mahlzeiten wurden in der Essenshalle der Kommune ausgegeben. Sie brauchten kein Radio, denn draußen hingen Lautsprecher, aus denen jeden Morgen um 5.30 Uhr, jeden Mittag um 12.00 Uhr und jeden Abend um 19.00 Uhr Marschmusik und die neuesten Nachrichten und Siegesmeldungen des Aufbaus übertragen wurden. Sie brauchten keine Toilette und kein Bad, denn es gab Gemeinschaftseinrichtungen in der Kommune. Dongqiao war in den letzten Jahren auf die stattliche Größe von über 70 000 Einwohnern angewachsen, und obwohl die Alteingesessenen noch immer von Dongqiao sprachen, hieß die Anlage schon seit Jahren offiziell *Volkskommune Achter Juni.* Es waren auf dem Gebiet der alten Siedlung Dongqiao rund um den Hauptplatz, den nun eine große, weiße Statue des Vorsitzenden Mao Zedong schmückte, im rechten Winkel zueinander drei gewaltige vierstöckige Blocks entstanden, wo mehr als 17 000 Menschen wohnten. Dies war eine von vier derartigen Wohnanlagen in Dongqiao. Alle Behausungen waren gleich groß. Wenn die Familie mehr als zwei Kinder hatte, wurden auf Antrag und mit viermonatiger Wartezeit vom Möbelkomitee Etagenbetten zur Verfügung gestellt. Die einzelnen Gehöfte, die die Bauern in dieser Gegend vor der Befreiung bewohnt hatten, waren entweder niedergerissen worden oder dienten heute als Viehställe. Keiner mehr sollte besser oder schlechter leben als sein Nachbar. Von den drei Häusern, die ehedem von den russischen Beratern bewohnt worden waren, standen nur noch zwei. Eines war nun das Gästehaus, und das andere war schon längst zur Parteizentrale umfunktioniert worden. Ringsherum an den terrassierten Hängen bis hinunter in die Ebene erstreckten sich die Felder der Kommune, und wo keine Terrassen angelegt worden waren, wuchsen Bäume und Sträucher. Eine staubige Straße schlängelte sich von der *Volkskommune Achter Juni* hinunter in die Ebene.

Niemand hier konnte wirklich mit Bestimmtheit sagen, warum ausgerechnet der Name «Achter Juni» ausgewählt worden war. Wenn, was am Anfang noch gelegentlich geschah, ein neugieriger Bauer diese Frage an die Parteikader richtete, antworteten sie ausweichend. Dieser Name sei von der Zentrale in Peking verordnet worden und stamme vom großen Vorsitzenden Mao höchstpersönlich, antworteten sie und fügten viel sagend hinzu, der 8. Juni sei ein Datum, das jeder Chinese kennen und auf das ein jeder Chinese stolz sein müsste. Es kursierten bald allerlei Gerüchte über den Ursprung des Namens. Manche behaupteten, er gehe auf eine entscheidende Schlacht der Roten Armee gegen die Guomindang im westlichen Sichuan am 8. Juni 1934 zurück, andere meinten, es sei der 8. Juni 1943 und damit ein wichtiger Teilerfolg gegen die japanischen Aggressoren gemeint. Da aber zweifellos der Vorsitzende Mao Zedong dieses Datum ausgegeben hatte, war es per se ein revolutionäres und wichtiges Datum, und wer es nicht kannte, der sollte lieber den Mund halten und sich richtig informieren. Nur einer der Bewohner des ehemaligen Dongqiao wusste um den Hintergrund dieses Datums, aber er äußerte sich nicht dazu.

George Franklin Farlane, der Alte Drache, kam spät am Abend müde und verdreckt von der Arbeit in den Bergen nach Hause, als Honghua und der Kleine Drache schon längst schliefen. Im Dunkeln legte er seine Kleider ab und kroch zu seiner Frau ins Bett.

«Habt ihr etwas gefunden?», fragte Honghua schlaftrunken.

«Keine Spur», flüsterte George zurück. «Wir werden es morgen noch einmal im Süden versuchen, aber ich kann mir nicht vorstellen, dass wir dort irgendetwas übersehen haben sollten. Wir waren fast drei Wochen im Süden und haben nichts entdeckt.»

«Was ist mit deinen Fingern?»

«Nichts – was soll sein?»

«Sie sind krumm. Wie Klauen.»

«Ich habe den ganzen Tag die Hacke geschwungen. Es braucht ein Weilchen, bis sie wieder gerade werden.»

Stenton erwachte von ihrer gewisperten Unterhaltung und spitzte angstvoll die Ohren. Er wollte hören, ob seine Mutter dem Vater von ihrer Auseinandersetzung berichten würde. Sie tat es nicht. Aber sie sagte: «Ich mache mir Sorgen wegen des Jungen. Er lügt.»

«Ach», sagte George leichthin. «Jeder Junge lügt. Ich habe auch gelogen. Und wie! Das gehört einfach dazu.»

«Aber er lügt, ohne mit der Wimper zu zucken. Was soll denn einmal aus ihm werden?»

«Mach dir keine Gedanken.»

Sie seufzte schwer und schluckte den Rest des Berichtes hinunter. Es herrschte lange Schweigen zwischen den Eheleuten, und schon umnebelte Stenton wohlig der Schlaf, als er seine Mutter leise fragen hörte: «Wenn der Vorsitzende

Mao befehlen würde, wir sollten alle auf allen vieren kriechen und bellen, George – was würdest du tun?»

Und als sich bereits die Pforten zu einem Traum öffneten, in dem es um die Jagd auf einen riesigen, blauen Vogel ging, hörte er seinen Vater sagen: «Ich wäre der erste, der das tun würde, und mein Bellen wäre das lauteste ...»

Die Feuer der kleinen Hochöfen brannten die ganze Nacht wie verstreute Leuchtkäfer in der Dunkelheit. Die Männer arbeiteten rund um die Uhr, um die Stahlproduktion zu erhöhen und den Aufbau des neuen China voranzubringen. Keiner wusste mit Gewissheit, wie man überhaupt Stahl erzeugte, aber jeder hatte schon mal etwas darüber gehört oder gelesen. Heiß musste das Feuer sein, unglaublich heiß. Es wanderte alle Kohle in die Hochöfen, um die für die Stahlgewinnung nötigen Temperaturen zu erzeugen, und als die Kohle ausging, verfeuerten sie die Bäume und dann die Sträucher und schließlich auch noch das Stroh und alles Papier, das sie finden konnten. Niemand sollte ihnen vorwerfen können, sie brächten nicht jedes Opfer und mobilisierten nicht alle Reserven, um dem Befehl des Vorsitzenden Mao zu gehorchen. Sie hatten zwar in den Bergen keine Spur von Erz gefunden, das sie zu Stahl kochen konnten, und deswegen kochten sie andere Metalle in der Hoffnung, dass mit der großen Hitze, dem guten Willen und dem Segen des Vorsitzenden Mao Stahl dabei herauskommen würde. Alle Arten von Metall, Eisen, Aluminium, Blech und Blei, deren sie habhaft werden konnten, wanderten in die Hochöfen und wurden nach ausgiebiger Erhitzung in die hoffnungsvoll vorgefertigten Formen für Stahlträger und Eisenbahntrassen gegossen, und alles, was dabei herauskam, nannten sie «Stahl» und stapelten es in der großen Halle des glorreichen sozialistischen Aufbaus, einer ehemaligen Scheune. Autowracks, defekte Maschinen und

Konservendosen verschwanden in den gefräßigen Flammen der kleinen Hochöfen, verglommen und verschmolzen zum weiß glühenden Traum vom schnellen Fortschritt. Die ehrgeizige Leitung der *Volkskommune Achter Juni* meldete fantastisch überhöhte Produktionszahlen an die Parteizentrale in Changsha: Im Monat Juli haben wir 22000 Tonnen reinsten Stahls hergestellt!» Und die Zentrale in Changsha rundete die Ziffer noch einmal auf 40000 Tonnen auf, und bevor die Meldung der obersten Stahlplanungsbehörde in Peking vorgelegt wurde, frisierte ein nervöser Funktionär, der gegenüber seinen Kollegen nicht das Nachsehen haben wollte, das Ergebnis noch einmal auf 50000. Dabei lagen in der Halle des glorreichen sozialistischen Aufbaus in Dongqiao nur knapp 2000 Tonnen einer schwer definierbaren, völlig unbrauchbaren Legierung, die gleich nach dem Erkalten spröde und brüchig wurde, und in all den anderen, nicht weniger glorreichen Hallen aller anderen Kommunen und Einheiten im ganzen Land sah es nicht anders aus.

Nun rief der Sekretär der *Volkskommune Achter Juni*, das «Hühnchen Bao», nachdem er mit stolzgeschwellter Brust die Lagerhalle durchwandert hatte, einen alten Freund an, der nunmehr ein bedeutender Redakteur bei der *Volkszeitung* in Peking war, und bat ihn, doch mal einen Bericht über die vorbildlichen Bemühungen der *Volkskommune Achter Juni* zu bringen. Als er nur wenige Tage später die Antwort erhielt, dass ein Berichterstatter unterwegs sei, um die heldenhaften Erfolge der Kommune in einer ganzseitigen Reportage zu würdigen, bekam es Bao Ji mit der Angst zu tun.

«Wie lauten die neuesten Produktionszahlen?», schnarrte er seinen Sekretär an.

«730 Tonnen in den letzten zwei Wochen», erwiderte dieser nach einem sorgenvollen Blick in die Bücher. «Die Produktion ist leider rückläufig.»

«Das darf nicht sein! Wir dürfen keine Anstrengung

scheuen, denn wir müssen dem ganzen Land ein leuchtendes Vorbild sein!»

Am Nachmittag hielt Bao Ji Kriegsrat mit den maßgeblichen Kadern der *Volkskommune Achter Juni*, und man kam zu dem Schluss, dass alles, alles unternommen werden musste, um die Halle des glorreichen sozialistischen Aufbaus bis unter das Dach mit feinstem Stahl zu füllen, damit das ganze Land und vor allem damit der Vorsitzende Mao sehen konnte, wie erfolgreich seine Anordnungen hier umgesetzt wurden.

«Nehmt alles Eisen und macht es zu Stahl!», befahl der Parteimann, und so geschah es.

«Wozu braucht der Bauer eine eiserne Hacke?», fragten die Stahlschmelzer. «Will er sich vor der Arbeit drücken, weil er mit einer Hacke aus Holz fester zuschlagen muss?» Sie konfiszierten alle Hacken, Eggen, Pflüge, Schaufeln, alle Äxte, Werkzeuge und Messer und warfen sie in die Bäuche der Öfen. Als das nicht reichte und der «Stahl» immer noch in sich zusammenfiel wie schlecht gebackener Kuchen, nahmen sie sich die wenigen Maschinen vor, die sie hatten, montierten erst die Teile ab, die sie für entbehrlich hielten, und dann zerlegten sie schließlich die Traktoren, die wenigen Autos und Lastwagen, die Druckerpresse und die Kreissägen. Als auch das nichts nützte, fielen sie über die Küche her.

«Wozu braucht der Koch zwei eiserne Töpfe?», fragten die Stahlschmelzer. «Reicht es nicht, wenn er einen hat? Was ist wichtiger? Ein dicker Bauch oder ein mächtiges China?»

Von Wohnung zu Wohnung gingen sie und sammelten jede Waschschüssel, jede Schraube, jedes Scharnier und jede Nadel ein und brachten alles zu den Hochöfen. Und als wegen Brennstoffmangels die Feuer ausgehen wollten und auf den Bergen in der Umgebung nichts mehr stand als trauriges Gebüsch, nahmen sie die Stiele der Hacken und Sensen und Äxte und jedes Möbel und verfütterten alles an die Flammen.

Aber von der *Volkszeitung* erschien niemand. Es tue ihm sehr Leid, ließ der Freund von Bao Ji ausrichten, aber er könne im Moment doch keinen Mann für eine Reise nach Hunan abstellen. Es sei nämlich eine Kommune in der Provinz Shandong entdeckt worden, die mit einer neuen, revolutionären Technik vier Reisernten pro Jahr einbringen könne, und das sei nun mal im Moment wichtiger.

Dass Essen wichtiger war als alles andere, das erfuhren sie in der *Volkskommune Achter Juni* in diesem Herbst. Die Vorräte waren restlos aufgebraucht, und die Ernte war schlecht ausgefallen. Ein Teil war der außergewöhnlichen Dürre zum Opfer gefallen, einen anderen Teil hatten die Schädlinge geraubt, die sich dank der Anti-Vogel-Kampagne ins Unermessliche vermehrten. In der Gemeinschaftsküche der Zentrale wurde Essen für 17000 hungrige Menschen mit den letzten zehn verbliebenen Töpfen zubereitet, und nur einmal in der Woche gab es warme Mahlzeiten, denn mehr Holz und Kohle konnte auch nach anstrengenden Tagesmärschen nicht mehr aufgetrieben werden. Im Oktober kam der Hunger in die Kommune gekrochen wie ein träges Ungeheuer, das sich langsam voranbewegt, weil seine Beute nicht fliehen kann. Der Hunger, der China über Jahrtausende in seinen Klauen gehalten hatte und der nun wieder erwachte, weil ein einziger Mann den Rachen nicht voll genug bekommen konnte.

Die übermütige Vogeljagd war längst abgeblasen worden, und eine andere, grimmige Jagd war an ihre Stelle getreten: die Jagd auf Nahrung. Nicht mehr unter Lärmen und Lachen, sondern schwach und stöhnend vor Anstrengung kletterten die Kinder und die Erwachsenen in die Berge, um irgendetwas Essbares zu sammeln. Wenn kein Löwenzahn mehr zu finden war, mussten sie sich mit Gras begnügen, und wo kein Gras mehr wuchs, gruben sie nach Wurzeln. Käfer und Würmer, die sie fanden, wurden die reinsten Leckerbissen. Frösche, Schlangen, Ratten und Mäuse gab es schon längst nicht mehr – die waren alle verspeist worden. Die Bauern drängten Bao Ji, einen Hilferuf nach Changsha zu senden, denn den Berichten der *Volkszeitung* war doch zu entnehmen, dass in anderen Gebieten Rekordernten eingebracht worden waren. Und tatsächlich schrieb Bao einen langen Brief an seinen Freund, den Redakteur, und bat, ob man nicht aus der Kommune in Shandong – aus der mit den vier Reisernten im Jahr, derentwegen der Artikel über Dongqiao entfallen war – etwas nach Hunan schicken konnte. Er bekam keine Antwort.

Stattdessen kam der Befehl von der Parteizentrale, dass die Kommune eine vierspurige Straße nach Changsha anlegen sollte.

«Wie sollen wir arbeiten, wenn wir nichts zu essen haben?», murrten die Männer, und immer öfter sah man sie mit ausgezehrten Verschwörermienen in kleinen Gruppen zusammenhocken. Bao Ji versuchte sie zu beruhigen. Wie ein Schatten huschte er über den Platz und zitierte eminente Parteibeschlüsse und aufputschende Mao-Reden, aber selbst das verfehlte seine Wirkung bei Menschen, die bereit waren Dreck zu fressen, nur um den nagenden Hunger zu beruhigen, der in ihren Eingeweiden bohrte.

«Wir müssen diese Straße bauen, damit die Konvois mit den Nahrungsmitteln uns erreichen können!», flehte Bao. «Bitte – macht doch mit. Je schneller wir die Straße bauen, umso schneller kommen die Lastwagen mit Essen!»

Die Aussicht auf Essen riss sie noch einmal mit, und in einem letzten Aufbäumen erhoben sie sich, um eine Trasse zu schaffen. Männer, Frauen und Kinder. 70 000 hungernde Menschen gruben mit bloßen Händen in Geröll und Gestein, trugen auf ihren Schultern gewaltige Erdmassen ab, um sie am anderen Ort aufzuschütten, und kehrten abends in die Kommune heim, um Grassuppe und heißes Wasser in ihren Schüsseln vorzufinden.

Es war an einem dieser Abende, da George, Stenton und Honghua von der Arbeit an der Straße heimkehrten, als dieses Foto entstand, das Stenton Farlane bis heute aufbewahrte. Sie waren erschöpft und müde, ihre Bäuche schon jenseits des Magenknurrens an einem Punkt, wo der Gedanke an Essen sie mit Gier und Übelkeit zugleich erfüllte, ihre Gürtel so eng geschnallt wie es eben ging, als sie den Fotografen erblickten – einen Mitarbeiter der Propagandaabteilung – und sich alle drei unwillkürlich und mechanisch ein glückliches Lächeln aufzwangen. Niemand sollte sehen, dass es ihnen nicht gut ging. Niemand sollte denken, sie seien nicht dankbar, den weisen und visionären Befehlen des Vorsitzenden Mao zu folgen. Niemand sollte sagen, dass die ruhmreiche Revolution im Morast der Willkür und des Mangels zu versinken drohte.

Seit dem Steinwurf auf seine Stirn und seit der Ohrfeige von seiner Mutter hatte Stenton ein besonderes Verhältnis zu Li Ling entwickelt. Er hatte entdeckt, dass sie Antworten parat hatte, wo ihm nicht einmal die passenden Fragen einfallen wollten. Ihre Gedanken und Einsichten fielen wie rettende Lichtblitze in die Unordnung und Verwirrung seiner Kindheit. Wenn Stenton nachts in die Dunkelheit lauschte, hörte er seinen Vater von den Erfolgen des Straßenbaus, den Lobeshymnen der *Volkszeitung* und den Direktiven der Parteizentrale reden. Wenn Li Lings Vater wieder einmal in die Kommune kam und sie das Gleiche tat, hörte sie Geschichten und Meinungen direkt vom Hofe des Kaisers, denn ihr Vater war einer der engsten Mitarbeiter von Premierminister Zhou Enlai.

General Wang, Li Jinxin, seine Frau, und die vier Töchter bewohnten dennoch die gleiche, kleine Wohnung wie alle anderen in Dongqiao. Der General duldete aus Prinzip keine Sonderbehandlung für seine Familie, und er selbst trug eine schlichte Uniform ohne Rangabzeichen wie jeder einfache Soldat. Obwohl er bei weitem der einflussreichste Mann in der Kommune war und in der Not mit einem einzigen Fingerzeig gewaltige Mengen an Getreide hierher hätte beordern können, tat er es nicht. Er wusste, dass es den Menschen in Dongqiao genauso erging wie Hunderten Millionen in ganz China, und er weigerte sich schlicht, aus seiner herausgehobenen Stellung Vorteile für seine Leute zu ziehen. Aber er besaß doch das Wissen der Mächtigen, denn er saß mit ihnen an einem Tisch und war dabei, wenn die wichtigen Entscheidungen gefällt wurden.

Stenton erinnerte sich noch sehr gut, wie er vor ein paar Jahren mit seinem Vater, dem General und Li Ling zu Ausflügen in die Berge aufgebrochen war. Wie sie gespielt hatten und herumtollten, wie sie im Fluss schwammen und einander neckten. Doch je höher der General in Peking aufstieg, desto seltener waren die Ausflüge geworden. Bald kam er nur noch drei- bis viermal im Jahr für ein paar Tage nach Dongqiao. Seine Zeit wurde von wichtigen Terminen und Gesprächen beansprucht. So nahe sie einander früher gewesen waren, so weit auseinander lebten sich nun die kleine Li Ling und der junge Farlane, bis sie einander bei den seltenen Begegnungen im Schulhof oder im Essensraum nicht einmal mehr grüßten, und erst der Stein, der seine Stirn traf, brachte sie wieder zusammen. Li Ling gab ihm etwas, das er zu Hause nicht finden konnte: Erklärungen und Zusammenhänge. Sie hungerten nicht, weil die Ernte schlecht und das Wetter widrig war, wie alle sagten – sie hungerten, weil sie die Vögel gejagt hatten und weil alles Metall in die Hochöfen gewandert war. Sie bauten die neue Straße nicht, weil sie eine Straße brauchten, sondern damit sie Arbeit hatten und nicht auf dumme Gedanken kämen. Sie bekämpften die Rechtsabweichler nicht, weil sie gefährlich waren, sondern weil sie nötig waren, damit die Revolution sich besser fühlen konnte. Li Ling gab diese Erklärungen, die weit über ihrem und Stentons Horizont lagen, mit kindlichem Ernst ab, und Stenton bewunderte sie und war ihr dankbar. Sie brachte so, ohne es zu wissen, Sinn in sein Leben. Alles, was um sie herum geschah, diente einem bestimmten Zweck – sie verstanden beide nicht, welchem. Aber es tat dennoch gut, zu wissen, dass es nicht einfach nur sinnlos war.

Und als das große Sterben begann, war dies wie ein Rettungsring.

Zuerst waren es die Alten, die bis auf das Skelett abgemagert waren. Opa Qiao und Oma Liu, Opa Zhao und Oma Fu waren mit einem Mal nicht mehr da. Als der Herbst in den Winter überging, gab es kaum noch jemanden über fünfzig in der *Volkskommune Achter Juni.* Und es gab plötzlich auch keine Kleinkinder mehr. Alle Babys bekamen hohle Wangen und starre Augen, und dann waren sie verschwunden. Es kamen keine neuen Babys mehr. Die Erwachsenen waren längst nicht mehr in der Lage zu arbeiten. Sie waren nicht einmal mehr in der Lage, die Toten zu bestatten. Wer umfiel, blieb liegen, bis er verfaulte. Mit stumpfen Blicken reihten sie sich schon am frühen Morgen in die Schlange vor der Essensausgabe ein. Da standen sie mit Knien, die zu unförmigen Klumpen angeschwollen waren. Der einzige Trost war, dass es wieder warme Grassuppe gab. Es kam wieder Rauch aus dem Schornstein des Küchengebäudes, auch wenn der Rauch sonderbar roch und selbst den Hungrigsten gelegentlich die Lust auf Essen nahm. Li Ling wusste wie immer mehr als alle anderen, und sie teilte dieses Wissen wie immer mit Stenton, lotste ihn in die Küche und machte ihn auf den Berg von Feuerholz aufmerksam, der neben dem Herd aufgeschichtet war. Es waren nicht Scheite und Äste, die dort lagen – es waren Knochen. Und noch etwas sagte Li Ling.

«Weißt du», sagte sie geheimnisvoll, «die Parteikader oben im weißen Haus» – so nannten sie die Zentrale der Partei im ehemaligen Russenhaus – «haben seit einiger Zeit wieder Fleisch in der Suppe.»

Bao Ji hatte seinen Posten verloren. Der verzweifelte Brief an seinen alten Freund bei der *Volkszeitung* hatte sich als verhängnisvoller Fehler erwiesen, denn der Freund hatte ihn empört an die ideologische Abteilung der Partei weitergegeben. Eine Untersuchungskommission war berufen worden und war zu dem Ergebnis gekommen, dass Bao ein Agent der Guomindang war. Er konnte seiner Hinrichtung nur dadurch entgehen, dass er umgehend alles gestand. Man sah ihn jetzt manchmal in abgerissener Kleidung den Hauptplatz fegen. An seiner statt hatte ein unbekannter Funktionär aus Peking die Leitung der Kommune übernommen, dessen Name Han Changfa lautete und der sich niemals unter den einfachen Menschen blicken ließ. Man wusste nichts von ihm, außer dass er ein zuverlässiger Mann der Partei war, dass er das Beste für die Kommune wollte, und manche wollten erfahren haben, dass er das Vertrauen des Generals Wang Guoming besaß.

«Das stimmt», sagte Li Ling. «Mein Vater ist überzeugt, dass Genosse Han uns retten wird, sonst hätte er ihn gewiss nicht für diese Aufgabe empfohlen. Jetzt wird alles gut. Genosse Zhou Enlai wird dafür sorgen, dass alle Chinesen genug zu essen haben, das hat er meinem Vater versprochen.»

Und es wurde tatsächlich vieles besser. Der geheimnisvolle, unsichtbare Han Changfa brachte irgendwie Saatgut nach Hunan, das die Bauern mit ihren nackten Fingern in die Erde drückten und das ihnen Hoffnung auf eine neue Ernte und eine bessere Zukunft ohne Hunger machte.

Aber für die kleine Familie des Ausländers kam die Hoffnung zu spät. Honghua war immer magerer geworden, und sie hatte Mühe sich überhaupt noch von ihrem Bett zu erheben. George und Stenton hatten sich so sehr an den Anblick hungriger und ausgezehrter Menschen gewöhnt, dass ihnen gar nicht aufgefallen war, wie sie immer hinfälliger wurde.

Eines Morgens erwachte George neben ihr, und sie war kalt und steif. Sie hatte nichts mehr gegessen. Sie hatte über Wochen den größten Teil ihrer Ration Grassuppe nicht angerührt und alles George und Stenton überlassen. Die beiden hatten gegessen, ohne zu wissen und ohne zu verstehen.

Das letzte, was sie für Honghua tun konnten, war, ihr ein Grab zu schaufeln, damit ihre Knochen zu Staub und nicht zu Kochfeuer wurden. Oben auf dem Berg, nur ein paar Meter von der Stelle, wo Lao Zhu lag, begruben sie die Rote Blume, von wo man einen wundervollen Blick auf das Tal hatte. Sie versenkten ihren in Decken gehüllten Leichnam in die Erde, und George sprach ein Gebet, das Stenton nicht verstand, denn es war eine fremde Sprache. Als sie zurück zu ihrer Wohnung gingen, einander bei den Händen haltend, sagte George:

«Ab morgen wirst du diese Sprache lernen.»

23. Kapitel

Shenzhen, 31. Dezember

Zhao Zhongwen bewohnte, wenn er in Shenzhen weilte, ein cremefarbenes Haus in einer Villensiedlung im Osten der Stadt, das von außen nicht anders aussah als die gleichförmigen Nachbarhäuser. Alle Häuser hier waren im prätentiösen, südkalifornischen Stil gebaut, mit dunklen, mexikanisch anmutenden Holzverzierungen und schweren Ziegeldächern. Palmen wuchsen in den Vorgärten, und ausländische Autos schnurrten vornehm über die peinlich sauberen Straßen.

Sie waren seinem Mercedes aus der Innenstadt gefolgt, hatten ihn in der Garage der Villa Nummer 34 verschwinden sehen und den Toyota-Bus in unverdächtigem Abstand geparkt. Sie gaben ein schräges Bild ab, als sie sich dem Gebäude näherten. Der kleine, wendige Jackie Lau und sein hoch gewachsener Begleiter. Jackie trug unter seinem Arm einen fest verschnürten Schuhkarton.

«Wer sind Sie?», knarrte es aus der Gegensprechanlage, kaum dass sie die Klingel an der Gartenpforte betätigt hatten. Der knappe Ton verriet den militärisch geschulten Wachmann. Jackie hatte über seine Kanäle in Erfahrung gebracht, dass Zhao in seinem Anwesen ein halbes Dutzend Aufpasser beschäftigte.

«Der Name ist Lau Wong-Lam», antwortete Jackie.

«Sie haben keinen Termin. Verschwinden Sie.»

«Moment, Moment! Ich liefere hier nur etwas, das Zhao Zhongwen bei mir bestellt hat.»

«Legen Sie es vor der Gartentür ab!», gebot die Knarrstimme.

«Geht nicht. Zu wertvoll. Außerdem hat Zhao xiansheng es persönlich bei mir bestellt und ich muss es persönlich abliefern.»

«Warten Sie.»

Minuten vergingen, bis die Stimme sich wieder meldete. «Ist es das Ei?»

«Erraten.

«Sie sind Lau Wong-Lam. Wer ist der andere?

«Ein bedeutender Professor für Paläontologie. Ich habe ihn mitgebracht, um die Echtheit des Stückes zu bezeugen.»

Mit einem Surren öffnete sich das Tor, und die beiden traten ein. Im Türrahmen erschien ein unsympathischer Mann mit pockennarbigem Gesicht, der sie wortlos hereinwinkte.

Zhao Zhongwen saß mit gelockerter Krawatte in einem mit rosarotem Kitsch und gefälschter Kunst hoffnungslos überdekorierten Wohnzimmer und studierte die Börsenkurse in einer Hongkonger Tageszeitung.

«Lau Wong-Lam!» Er blickte mit seinen Karpfenaugen nur kurz von seiner Lektüre auf und ließ seine Besucher an der Schwelle warten. «Wie ich höre, hatten Sie gestern Abend einigen *mafan* – Unannehmlichkeiten!»

«Eine Verwechslung. Hat sich alles längst aufgeklärt.»

«Hm, hm.» Zhao fuhr mit dem Finger die klein gedruckten Zahlenkolonnen ab.

«Ich habe hier das Ei, das Sie sich wünschten.» Jackie präsentierte den Schuhkarton, in dem ein in Watte gebetteter, besonders großer, ovaler Flusskiesel lag.

«Schon gut, Wen», winkte Zhao endlich den Aufpasser weg, der die beiden verdächtigen Besucher nicht aus den Augen lassen wollte.

«Ich habe Professor Long Jing mitgebracht, einen der bedeutendsten Paläontologen des Landes.»

Marco verbeugte sich.

Zhao legte endlich die Zeitung beiseite und musterte seine

Besucher über den Rand seiner Brille hinweg. Sein Mund öffnete und schloss sich zweimal.

«Professor Long. Ich habe einige Freunde in Taiwan, die sicherlich gerne Ihre Bekanntschaft machen würden. Die haben sich von windigen Füchsen wie diesem Lau hier für teures Geld irgendwelche angeblich uralten Steine andrehen lassen. Fossilien und so was. Natürlich haben sie keine Ahnung, was das ist, aber sie würden es gerne wissen.»

«Ich wäre Ihren Freunden sehr gerne dabei behilflich.»

«Lassen Sie mir Ihre Visitenkarte da, und man wird auf Sie zukommen.»

«Es gibt da nur ein Problem. Ich habe leider keinen Pass und kann nicht nach Taiwan reisen», ließ Marco einen ersten Versuchsballon starten. Mit Erfolg.

Zhao lachte. «Das wird schon geregelt, keine Sorge, Professor.»

«Ich weiß nicht . . .»

«Na, warten Sie ab, Professor. Warten Sie ab!»

«Also stimmt es?», fragte Jackie. «Taiwan wird bald wieder uns gehören?»

Marco hielt den Atem an und verfluchte im Stillen den kleinen Südchinesen für seine große Klappe. Das war nicht abgesprochen.

Zhaos Lachen brach abrupt ab und er blickte Jackie mit ernster Miene an.

Marco berechnete in Windeseile ihre Fluchtchancen und kam zu dem Ergebnis, dass sie hoffnungslos in der Falle saßen. Er konnte zwar den fischigen Wirtschaftsboss mit einem einzigen Handkantenschlag außer Gefecht setzen, aber an den Wachen am Eingang würden sie danach gewiss nicht ungeschoren vorbeikommen, denn sie hatten vorsichtshalber keine Waffen mitgebracht. Der Weg durch den Garten war von einer zwei Meter hohen Mauer verbaut, die von Kameras beobachtet und mit einem Elektrozaun verstärkt war.

Selbst Jackie Lau schien plötzlich erschrocken über seine

eigene Dreistigkeit. «Ich habe Ihre Rede auf dem Neujahrsbankett sehr genau verfolgt», erklärte er forschend.

«Und?», setzte Zhao Zhongwen misstrauisch nach. Seine Augen schienen noch weiter aus ihren Höhlen zu treten.

«Und später auf der Toilette traf ich dann zufällig zwei Männer, die sagten, dass Sie noch fähige und zuverlässige Leute suchten . . .»

Marco hätte dem Großmaul am liebsten die Hand über den Mund gepresst. Jackie redete sie um Kopf und Kragen!

«Ich hätte Interesse!»

«Interesse an was?» Jeden Moment würde er seine Leibwächter hereinrufen. Wenn Marco nicht so gebannt von Jackies Dummheit gewesen wäre, hätte er schon zugeschlagen und wenigstens versucht noch zu entkommen.

«Ach, kommen Sie!» Jackie zog ein beleidigtes Gesicht. «Ich wäre ja wohl ein lausiger Geschäftsmann, wenn ich die Zeichen der Zeit nicht rechtzeitig erkennen würde. Ich will endlich was Sinnvolles machen. Ich habe es satt, den Eiermann zu spielen. Ich biete Ihnen meine Hilfe und meine einzigartigen Fähigkeiten an! Ich würde mich sehr gut als neuer Polizeichef machen. Meinen Sie nicht? Und Professor Long habe ich mitgebracht, weil Sie keinen besseren Mann finden können, um die taiwanesische Akademie der Wissenschaften zu führen. Sie sagten ja eben selbst, dass die Leute dort keine Ahnung von Paläontologie haben.»

Jetzt sind wir erledigt, dachte Marco. Aber er täuschte sich.

Zhaos Fischmaul verzog sich zu einem breiten Grinsen. «Ich hatte schon immer eine Schwäche für Sie, Lau Wong-Lam. Ich werde Ihre Bewerbung wohlwollend prüfen. Und auch die Ihre, Professor Long.»

«Wann hören wir von Ihnen?», bohrte Jackie weiter.

«Am 4. Januar. Ist das schnell genug?»

«Perfekt. Gibt es irgendetwas, das wir vorher für Sie tun können?»

«Nein. Halten Sie sich bereit.»

«Das werden wir tun. Ich habe aber doch noch eine Frage. Ich sage es Ihnen ganz ehrlich . . .»

Marco war versucht ihn am Arm zu greifen und aus dem Raum zu ziehen, den verdammten Amateur!

«Ich habe da eine kleine, persönliche Auseinandersetzung mit General Wang Guoming. Irgendwie scheint er mich mit dem Tod seines Enkels in Verbindung zu bringen. Deswegen gab es auch nach dem Bankett diesen hässlichen kleinen Zwischenfall. Ich fürchte, wenn er bei der Besetzung auch ein Wörtchen mitzureden hat, dann könnten meine Chancen schwinden.»

Zhao Zhongwen wiegte bedächtig den Kopf und überlegte, wie viel er sagen konnte. Es war genau die richtige Frage, auf die er die passende Antwort hatte. Genau wie Hong Fansen brannte er darauf, alles zu sagen, und den Ruhm für die große Tat schon einzustreichen, bevor sie überhaupt vollbracht war. Genau wie Hong wollte er endlich zeigen, dass er mehr war als nur ein Befehlsempfänger des mächtigen und verwirrten General Wang. Dass Wang nichts weiter war als ein Werkzeug und dass die Armeeführer in Zhongguo von ganz anderem Schrot und Korn waren.

Aber er hatte schon zu viel gesagt und wollte nicht riskieren sich zu verplappern.

«Keine Sorge, Lau Wong-Lam. Um General Wang werden wir uns kümmern. Er wird weder Ihnen noch irgendeiner anderen Person in Zhongguo Ungelegenheiten machen. Wir werden uns etwas holen, das ihm sehr wertvoll ist, und dann – das verspreche ich Ihnen – wird er mit einem Mal ganz zahm werden.»

«Und was ist das?»

«Lassen Sie sich überraschen. Danke für das Ei. Ich werde Sie nicht vergessen.»

Marco verbeugte sich umständlich und ließ sich von Jackie aus dem Raum geleiten. Er stellte sich darauf ein von den Bewachern angegriffen zu werden, die Zhao alarmieren würde, sobald sie das Haus verlassen wollten. Aber nichts geschah. Die Wächter salutierten nur desinteressiert, und die beiden schritten nebeneinander her unbehelligt hinaus in die vornehme Stille der Siedlung und zurück zu ihrem Wagen.

«Sag nichts!», wehrte Jackie vorsorglich ab. «Ich wusste genau, was ich tue!»

«Du verdammter Idiot!», zürnte Marco. Aber in seinem Vorwurf lag auch eine Spur Bewunderung für Jackies unglaubliche Dreistigkeit.

«Der Mann ist Südchinese», grinste Lau. «Wir lieben es anzugeben, und können einfach kein Geheimnis hüten! Du kommst aus Hunan und verstehst das nicht. Er wollte uns einweihen, das spürte ich. Ich habe ihm nur ein bisschen dabei geholfen. Zhao rennt herum und verteilt Posten auf Taiwan wie Lose auf dem Rummelplatz. Er will, dass alle jetzt schon wissen, was für ein toller Hecht er ist.»

«Er verteilt Posten. Nur für einen hat er keine Verwendung . . .», wunderte sich Marco.

«Ja, das hat mich auch erstaunt.»

24. Kapitel

Washington, D. C., 31. Dezember

«Und wegen diesem Mist machen Sie einen solchen Aufstand?» In seinem etwas zu groß geratenen Frack sah Direktor Flint Cartlin aus wie ein Zirkusclown. Fred Summers jedoch war durchaus nicht nach Lachen zumute. Er hatte den Chef mit seinem dringenden Alarmruf ausgerechnet auf dem Wohltätigkeitsball der Ölbarone behelligt, und als Cartlin nun missgestimmt in seinem Büro auf und ab ging, die Besorgnis erregenden Papiere zerknüllend, war er sich plötzlich selbst nicht mehr sicher, ob das Ganze die Aufregung wirklich wert war.

«Ich dachte, Sir, es würde immerhin manches erklären ...»

«Wissen Sie, was mir das erklärt, Summers? Es erklärt mir, dass Sie eine Pause brauchen. Eine lange Pause. Haben Sie sich mal die Mühe gemacht hier unten hinzuschauen?» Er bohrte seinen Zeigefinger in die rechte untere Ecke des Papiers. «Sherry Wu hat unterzeichnet, Sherry-Fick-mich-Wu. Diese Bettmaus hat noch nie auch nur die Spur einer brauchbaren Information ausgespuckt. Und jetzt sagt sie plötzlich die Invasion der Chinesen auf Taiwan voraus. Gibt Ihnen das nicht ein wenig zu denken, Summers?»

«Es ist ja nicht nur das! Marco sagt dasselbe!»

«Und wenn schon? Können Sie zwei und zwei zusammenzählen? Die Chinesen wollen uns foppen. Das sieht ihnen ganz ähnlich. Sie wissen jetzt schon, dass sie in der Mongolei gewaltig eins auf die Fresse kriegen, und jetzt versuchen sie uns weiszumachen, sie hätten es auf Taiwan abgesehen. Gütiger Himmel, Summers, sind Sie wirklich so blöd? Muss ich Ihnen hier wirklich noch einmal das Abc der Desinformation herunterbeten?»

«Marco hat aber ...»

«Marco ist auch nicht der heilige Supermann! Ich höre schon seit langem aus unterschiedlichen Quellen, dass er nicht mehr in Form ist. Reif für den Ruhestand. Sie haben ihn halt rein gelegt. Das passiert jedem früher oder später. Nur Ihnen passiert es offenbar öfter als allen anderen. Sie haben Ihre Hausaufgaben nicht gemacht, Summers, und deshalb hocken Sie hier wie ein verficktes, angeschossenes Reh und greifen nach jedem Strohhalm. Soll ich etwa jetzt den Generalstabschef und den Sicherheitsberater, den Verteidigungsminister und womöglich auch noch den Präsidenten persönlich anrufen und sagen: ‹Hört mal, Jungs, die Sache ist ganz anders, als wir eigentlich dachten.› Wir haben eine ganze verdammte Armee in Bewegung gesetzt, weil wir jeden Tag einen Angriff auf die Mongolei erwarten. Sollen wir die nun zurückrufen? Und das nur, weil ein kleiner Fickfrosch und ein müder C-17 plötzlich den Rotchinesen auf den Leim gehen? Verschonen Sie mich bitte mit so einem Bockmist, Summers. Ich muss jetzt wieder zurück zum Ball, da sind nämlich ein paar Leute, die über unser nächstes Budget mitentscheiden. Und denen kann ich versichern, dass wir das eine oder andere Gehalt einsparen könnten!»

Die Berichte von Sherry Wu und Marco landeten auf dem Fußboden, die Tür knallte, und der Direktor war verschwunden.

Summers schenkte sich den Anruf und fuhr direkt ins State Department, wo er wie erwartet den Unterstaatssekretär in seinem Büro vorfand, und legte ihm die Abschriften der Berichte seiner China-Agenten vor.

«Eine Rauchbombe», befand Hewett, nachdem er die Papiere studiert hatte. «Sie glauben doch nicht im Ernst, dass die Chinesen so was riskieren würden?»

«Ich weiß nicht, was ich glauben soll, verdammt noch mal», brauste Summers auf und hieb mit der Faust auf Hewetts Schreibtisch. Die Frustrationen und Anspannungen der letzten Tage ballten sich allmählich zu einem explosiven Gemisch zusammen. Er berichtete dem verdutzten Unterstaatssekretär zur Erklärung für seinen Ausbruch von der heftigen Reaktion des CIA-Direktors. «Marco ist mein bester Mann – ich kenne ihn seit Jahrzehnten. Ich habe ihn selbst angeworben. Ich hatte niemals Grund an seinem Urteilsvermögen zu zweifeln. Er beruft sich auf niemand Geringeren als auf Zhao Zhongwen, den Vater des südchinesischen Wirtschaftswunders.»

«Eben. Ohne die Investoren aus Taiwan gäbe es dieses Wirtschaftswunder gar nicht. Das muss wohl auch dem so genannten Vater einigermaßen klar sein. Ich kenne Zhao. Er ist kein Idiot. Wieso sollte er die Zahlmeister seines Aufschwunges angreifen wollen? Das ist widersinnig!»

«Aber das Mädchen! Zugegeben – sie ist nicht gerade eine Stütze des Betriebs. Aber sehen Sie sich mal ihre Quelle an. Hong Fansen. Das ist nicht irgendein Mitläufer. Der Mann spielt Linksaußen ganz vorne mit. Wieso sollte er so etwas sagen?»

«Wieso sollte er Ihrer Mitarbeiterin so was sagen, wenn nicht willentlich? Mister Summers, ich kann mir nicht vorstellen, dass auch nur ein Körnchen Wahrheit an dieser Sache ist. Es fällt mir wirklich sehr schwer, das zu sagen, aber Cartlin hat recht. Wenn wir dem Präsidenten aufgrund dieser Berichte empfehlen, die ganze Flotte umkehren zu lassen, tun wir genau das, was die Chinesen offenbar von uns erwarten.» Er reichte Summers, der noch immer vor seinem Schreibtisch stand, die Berichte zurück. Der CIA-Bereichsleiter zerknüllte sie mit einem derben Fluch und verfrachtete sie in Hewetts Papierkorb.

«Ich bitte Sie nur um eines: Könnten Sie noch mal bei Ihrem Freund, dem General in Taipeh, anrufen und ihn um seine Meinung dazu bitten? Nur dies eine Mal noch.»

«Er wird mich auslachen und für übergeschnappt halten.»

«Wenn es um die Sicherheit ihrer verdammten Insel geht, sind die Taiwanesen normalerweise nicht zu Späßen aufgelegt.»

«Sprechen Sie Chinesisch?»

«Leidlich. Ist schon eine Weile her ...»

Hewett schaltete das Telefon auf und wählte die Nummer des Generals aus dem Kopf.

«Huey!», hustete Zhang. «Was wollen Sie denn schon wieder, alter Freund. Ist Ihre Maus gut in Peking gelandet?»

«Sie ist auf dem Posten, General. Vielen Dank noch mal an Sie und auch General Pun.» Hewett blickte verstohlen zu Summers auf, der allerdings sein angestaubtes Chinesisch noch nicht auf Betriebswärme gebracht hatte und dem diese kleine Information entging.

«Kleinigkeit, Huey. Sprechen wir nicht mehr darüber. Was liegt denn diesmal an?»

«Eine merkwürdige Sache, ehrwürdiger General. Neben mir steht ein sehr pflichtbewusster Beamter der CIA. Ich habe mir erlaubt unser Gespräch aufzuschalten, wenn Sie nichts dagegen haben.»

«Was sollte ich denn dagegen haben? Ich dachte, die Burschen belauschen sowieso alles und jeden.»

«Es ist der für den Fernen Osten zuständige Bereichsleiter, Mister Summers. Ich weiß nicht, ob Sie ihn kennen.»

«Nicht persönlich. Aber Pun, der alte Spürhund, ist des Lobes voll für die gute Zusammenarbeit. Meine Grüße an Sie, lieber Mister Summers.»

Der Gegrüßte nickte ungeduldig.

«General – was Mister Summers etwas verunsichert, sind die Berichte zweier seiner Feldagenten in der Volksrepublik. Eine junge Dame, die in Peking als Hostess arbeitet, und ein sehr erfahrener Mann, der gegenwärtig im Süden des Landes eingesetzt ist. Beide berichten, dass die Volksbefreiungsarmee einen Angriff auf Taiwan plant, und zwar innerhalb kürzester Zeit.»

«Hmhm.»

«Es heißt, die Aktion an der mongolischen Grenze sei nur ein Ablenkungsmanöver für uns, und in Wirklichkeit hätten die Chinesen vor, die Insel im Handstreich zu nehmen.»

«Humbug», wieherte General Zhang. «Taiwan ist ein unsinkbarer Flugzeugträger. Den nimmt keiner im Handstreich. Wer hat Ihren Leuten denn so einen Bären aufgebunden?»

«In Peking hat sich kein Geringerer als Hong Fansen dementsprechend geäußert. Im Süden haben wir Zhao Zhongwen und eine militärische Quelle, über deren Zuverlässigkeit wir allerdings noch nichts wissen.»

«Hong Fansen, hä? Der alte Furz. Den nimmt doch niemand mehr ernst, nicht einmal seine eigene Putzfrau. Ich weiß das, denn ich kenne den, der sie eingestellt hat. Haha. Zhao ist ein schwatzhafter Wichtigtuer. Und wer ist eure dritte Quelle?»

«Es ist einer unserer Informanten in Südchina.»

«Da müssten Sie schon etwas genauer werden . . .» Summers schüttelte energisch den Kopf.

«Das kann ich leider nicht.»

«Dann kann ich dazu auch nichts weiter sagen. Nur so viel: Der Wirtschaftsaufschwung auf dem Festland wäre nicht möglich ohne das Geld aus Taiwan. Das ist unsere beste Lebensversicherung. Wieso sollte die Regierung in Peking so dämlich sein ihre goldene Gans zu schlachten? Gerade jemand wie Zhao würde das doch niemals zulassen. Ich gebe hier in ein paar Tagen eine kleine Feier unter uns Militärleuten. Wir nennen das den ‹Generals' Club›. Wenn ich Ihre Geschichte da zum besten gebe, ist der Abend gerettet!»

Sterling Hewett III fühlte sich in seiner Rolle als «Advokat des Teufels» zunehmend lächerlich. «Es gab Andeutungen, General, dass dies eine Aktion von Leuten außerhalb der Regierung ist – eine Art Putsch.»

«Huey – wenn Sie sich jetzt ins Bockshorn jagen lassen, dann kann das ziemlich schlimme Folgen haben. Die Musik spielt in der Mongolei. Die Chinesen haben da eine Streitmacht aufgefahren, die sogar den Amerikanern einige Probleme machen kann. Es würde mich nicht wundern, wenn Sie schon sehr bald vor die Frage gestellt würden, ob Amerika tatsächlich wegen der Mongolei einen handfesten Krieg riskieren will. Ich habe Hinweise darauf, dass dies schon in drei Tagen der Fall sein könnte. Das sind Tatsachen. Alles andere ist Gewäsch.»

Hewett dachte an die gerade in ihrer Verwirrung beängstigende Nachricht, die Sophia Wong aus dem Lager des Generals Wang Guoming übermittelt hatte, dass nämlich die Frage von Krieg und Frieden in der Mongolei vielleicht bald die Frage der Nuance einer Übersetzung sein könnte, und er beschloss, dass Zhang Recht hatte. Er beschloss auch, die Geduld des greisen Militärs nicht allzu sehr zu strapazieren.

«Ich danke Ihnen, General. Wir bleiben in Verbindung.»

«Selbstverständlich. Meine Empfehlungen an Mister Summers. General Pun hält wie gesagt große Stücke auf ihn. Aber, wie Pun sagen würde: Wer immer alles glaubt, was die Agenten berichten, landet entweder im Irrenhaus oder in der Klapsmühle. Und der Mann weiß, wovon er redet. Haha. So long, Huey.»

«Marco hat noch niemals einen Fehler gemacht», sagte Summers zu sich selbst.

«Marco? Ist das Ihr C-17-Mann? Wohl wegen Marco Polo?» Erschrocken hob Summers den Kopf.

«Keine Sorge, ich werde den Namen schon nicht gleich an die Presse weiter geben.» Mein Gott, dachte Hewett, diese Geheimdienstleute leiden wirklich alle unter Verfolgungswahn. Wahrscheinlich hat dieser General Pun den Nagel auf den Kopf getroffen, und sie landeten früher oder später in der Gummizelle. Summers schien jedenfalls auf dem besten Weg dorthin, als er sich hastig für die nächtliche Störung entschuldigte und verschwand, als sei ihm plötzlich eingefallen, dass er daheim noch einen Braten im Ofen hatte.

Aber es war nicht die Erwähnung des Namens «Marco», die ihn elektrisiert hatte. Das hatte ein anderer Name verursacht.

Hewett blieb noch eine geschlagene Stunde in seinem Büro sitzen und hoffte vergebens, dass Sophia Wong noch einmal eine Nachricht absetzen würde. Er machte sich Sorgen und fragte sich, ob es wirklich eine kluge Entscheidung gewesen war, die talentierte, aber hitzköpfige Frau mit dieser Aufgabe zu betrauen, deren Wichtigkeit stündlich zunahm. Aber General Zhang hatte eine schnelle Entscheidung gebraucht und er wollte eine Chinesin, die ihre Muttersprache in lupenreines Englisch übertragen konnte. Er hatte sofort an sie gedacht, und Zhang, der sie zu kennen schien, hatte eingewilligt. Sie war am nächsten Morgen ahnungslos in seinem Büro erschienen und hatte um Versetzung in eine andere Abteilung gebeten, aus persönlichen Gründen, wie sie sagte, und er konnte sich denken, was das für Gründe waren. Aber es kam ihm vor wie ein Wink des Schicksals. Er fragte sie, ob sie sich vorstellen könne eine etwas heikle Aufgabe zu übernehmen, und sie hatte sofort eingewilligt.

Erst als sie längst unterwegs war, fiel ihm ein, dass sie sich womöglich in Lebensgefahr begab und dass das Geringste, was ihr drohte, sollte sie sich selbst verraten oder erkannt werden, ein jahrzehntelanger Aufenthalt in einem chinesischen Arbeitslager war. Sophia war frohgemut aufgebrochen wie zu einem Vergnügungsritt durch den Park.

Jetzt ritt sie auf einem Drachen.

Und sie ritt allein.

Hewett hatte keinen Menschen, weder die CIA noch den

Außenminister, noch den Krisenstab «Mongolei», dem er angehörte und der vierundzwanzig Stunden am Tag im Obergeschoss des State Department die Situation beobachtete, von Sophias Einsatz unterrichtet. Die Nummer, die sie in Peking anrief und von wo aus ihre Informationen an ihn weiterliefen, war die Nummer eines absolut zuverlässigen Botschaftsangestellten, Hewetts Neffen Matthew. Der Unterstaatssekretär wollte verhindern, dass die China-Laien und Schreibtisch-Strategen diese Verbindung für sich nutzten und wie immer alles falsch machten. Hewett wusste sehr wohl, dass dies nicht gerade den Regeln entsprach und womöglich sogar irgendwie illegal war. Aber es war durch und durch chinesisch und deswegen in diesem Fall die beste Lösung. *Guanxi* zu bemühen und eine *houmen*, eine «Hintertür», zu finden, brachte einen in China erfahrungsgemäß immer weiter als der offizielle Weg durch den Vordereingang. Und seine geheime, kleine Hintertür führte direkt ins Hauptquartier des allmächtigen Generals Wang Guoming. Was immer die chinesische Armee vorhatte – Sophia würde es als erste erfahren. Noch vor Summers' C-17-Mann und seiner Hostess, die sich als ziemlich leicht beeinflussbar entpuppt hatten. Und womöglich noch vor dem chinesischen Staatsrat.

Hewett gähnte und rieb sich die Augen. Er hatte nicht viel Schlaf bekommen.

Er schaltete mit der Fernbedienung das TV-Gerät ein, das in seiner holzgetäfelten Bücherwand eingelassen war, und wählte CNN, die auch zu dieser Stunde mit ihrer Sonderberichterstattung *Entscheidung in der Wüste Gobi* auf vollen Touren liefen. Die Nachrichtenleute hatten bereits mehr Ausrüstung in die Mongolei gebracht als die amerikanische Luftwaffe. Nördlich der Grenze von Erlian, keine zehn Kilometer vom Aufmarschplatz der Chinesen, war ein beachtliches Feldlager aus Übertragungswagen und Satellitenschüsseln, Wohnwagen und mongolischen Jurten entstanden. Live vom Ort des Geschehens, über dem eine stahlkalte Mittagssonne hing, meldete sich eine aufgeregte Reporterin, die von Tiefflügen chinesischer Kampfjets in direkter Nähe der Grenze berichtete. Ein Experte, den sie dazu befragte, meinte sogar, die Grenzlinie sei mehrfach verletzt worden. Es wurde zurückgeschaltet nach Washington, wo sich zwei weitere, offensichtlich übermüdete Experten darüber stritten, ob diese Grenzverletzung bereits die Voraussetzungen für die Operation *Returning Arrow* erfüllte. Sie kamen zu dem Ergebnis, dass dies schwer zu sagen sei. Weitere Meldungen. Die Russen hatten reagiert und lustlos ein paar Einheiten nach Osten verlegt. Das europäische Parlament hatte in einer nicht verbindlichen Resolution alle Regierungen aufgefordert, auf China und die USA einzuwirken, die Krise mit friedlichen Mitteln beizulegen. Die nächste Schaltung ging direkt an Bord des Flugzeugträgers *Independence*, wo der Reporter sich von einem hohen Offizier erklären ließ, wie lange die Tomcat-Jets ins Zielgebiet unterwegs sein würden, wie viel Sprit sie benötigten und welche Waffen sie an Bord hatten.

«Himmel», seufzte Hewett laut über den Fernsehfritzen. «Wenn es nach denen ginge, wären wir schon im Kriegszustand!»

Hewett war nach wie vor überzeugt davon, dass es keine bewaffnete Auseinandersetzung mit China geben würde – geben durfte. Es war ein Kräftemessen, eine Nervenprobe. China war als neue Supermacht auf der Bühne erschienen, und es suchte seinen Platz. Es hatte sich die Mongolei als Spielball gewählt und wollte sehen, wie das Match ausging. China war wie ein großes Kind, das sozialisiert werden musste. Es musste lernen seine gewaltigen Kräfte richtig einzuschätzen und richtig einzusetzen. Amerika musste es bei der Hand nehmen, ihm seinen Platz zuweisen und es, wenn nötig, mit sanfter Gewalt auf seinen Platz schubsen. In eigenem Interesse, denn wenn China auf den falschen

Weg kam, dann war die Welt nicht mehr zu retten. Amerika hatte, nicht zuletzt dank der weisen Empfehlungen von General Zhang, seine Vorkehrungen getroffen und die Chinesen würden wieder zur Vernunft kommen. Sie kamen doch am Ende immer wieder zur Vernunft. Nicht bevor alles an einem seidenen Faden hing, nicht bevor sie die Konfrontation bis auf die äußerste Spitze getrieben hatten. Aber am Ende, wenn gesichert war, dass sie ihr Gesicht nicht verlieren würden, beugten sie sich. Wenn nicht, würde Amerika ihnen die Vernunft einbläuen, genauso wie sie es mit Saddam getan hatten. Hewett schaltete den Fernseher ab und gähnte.

Halb zwei. Um 8.30 Uhr morgen Früh war die nächste Plenarsitzung des Krisenstabes anberaumt. Wieder eine kurze Nacht. Er löschte das Licht und verließ seinen Raum mit dem sonderbaren Gefühl irgendetwas vergessen zu haben. Er kontrollierte seine Taschen, fand seine Papiere und die Auto- und Hausschlüssel, zuckte die Achseln und machte sich auf den Heimweg.

Pressereferent Williams erschien um 7.30 Uhr am nächsten Morgen und war wie immer der erste im Büro. Er kam mit einem großen Packen Zeitungen unter dem Arm, die er beim Pförtner abgeholt hatte und die er in fünfundvierzig Minuten ausgewertet und in einer Mappe für den Unterstaatssekretär zusammengestellt haben musste. Er vergewisserte sich wie immer vorsorglich, ob nicht, was schon mehrmals vorgekommen war, der Chef die ganze Nacht durchgearbeitet hatte und noch in seinem Büro saß, sah, dass dies nicht der Fall war, und tat, was er immer tat: Er durchwühlte Hewetts Papierkorb, weil man ja nie wissen konnte, ob sich nicht irgendwas Nützliches in den Abfall verirrt hatte. Normalerweise bediente Hewett den Schredder, bevor er das Büro verließ, aber manchmal – und in letzter Zeit immer öfter – vergaß er das. Und dann war Hewetts Papierkorb nicht selten eine

Schatztruhe. In Hewetts Papierkorb hatte Williams im Verlauf seiner sieben Dienstmonate unter anderem den Entwurf einer bahnbrechenden Präsidentenrede über die Beziehungen zu Vietnam, einen vertraulichen Bericht über die bedrängte Situation der Demokratiebewegung in Hongkong und ein Memo über die Atomlieferungen an Pakistan gefunden. Diese hatte er direkt an Bruce weitergegeben, einen gewieften News-Producer und Makler von Informationen, vor allem Insider-Informationen. Bruce brachte die Fundstücke als *Quellen aus dem State Department* oder *Quellen im Umfeld des Präsidenten* auf den Markt und zahlte für jedes dieser Dokumente pauschal 10000 Dollar, legte noch einmal ein paar Tausender nach, wenn ein Sender oder eine Zeitung die Story exklusiv haben wollte. Das zusammengeknüllte Papier, das er jetzt aus dem Abfall zog, stellte alle bisherigen Entdeckungen in den Schatten. Williams brauchte eine Weile, bis er verstanden hatte, auf was er da gestoßen war und was das zu bedeuten hatte. Aber als er es verstanden hatte, sprudelte mit einem Mal Adrenalin durch seine Blutbahnen. Die Codenamen und -begriffe sagten ihm nichts, die langen Reihen von Zahlen, Buchstaben und Symbolen vor und nach dem Haupttext waren völlig unverständlich. Aber der Haupttext selbst bestand aus purem TNT. Es waren zweifellos Berichte von CIA-Informanten, die meldeten, China plane einen Angriff auf Taiwan. Williams blieb die Luft weg.

Als Hewett eine Stunde später das Büro betrat, lagen die CIA-Berichte, inzwischen kopiert und gegen ein Garantiehonorar von 20000 Dollar und der Option auf mehr an Bruce gefaxt, wieder in ihrem zusammengeknüllten Zustand im Papierkorb, als seien sie nie entnommen worden. Hewetts Sekretärin würde sie später vernichten.

«Ich war etwas spät dran», log Williams. «Ich bin noch nicht zum Zeitunglesen gekommen.»

«Macht nichts. Ich nehme mir die *New York Times* und die *Washington Post* mit in die Sitzung. Wenn mein Neffe Matthew aus Peking anrufen sollte, stellen Sie ihn bitte unter allen Umständen in den Konferenzraum durch.»

«Werde ich tun, Sir.»

25. Kapitel

Chicago, Illinois, 31. Dezember

Doktor Henderson löste die widerspenstigen, blutigen Gummihandschuhe von seinen Fingern und beugte sich erschöpft tief über das Waschbecken, ließ Wasser in seine Handflächen laufen und erfrischte sein Gesicht. Als die Tür zum Umkleideraum aufflog, hörte er, wie zwei Schwestern sich über ihre Pläne für den Silvesterabend unterhielten. «Eine Party bei Steve?» «Warum nicht? Obwohl ... Steve wurde immer so unangenehm, wenn sein Alkoholspiegel einen gewissen Punkt erreicht hatte ...» Im OP waren zwei maskenlose Pfleger damit beschäftigt, die Geräte beiseite zu schaffen und die Werkzeuge für die Reinigung und Sterilisation einzupacken. Patientin Nummer 46/3 war an die Seite geschoben worden und unter einer hellgrünen Decke verschwunden. Allein ihre bloßen Füße schauten darunter hervor, und an der anderen Seite das lange schwarze Haar.

«Was machst du heute Abend?» Es war Bridget, die Anästhesistin, und Doktor Henderson brauchte lange, um zu bemerken, dass er angesprochen war.

«Nichts Besonderes», antwortete er mechanisch.

«Warum kommst du nicht mit zu Steve? Wir tanzen und schauen uns die Übertragung vom Times Square im Fernsehen an, und dann tanzen wir wieder –»

«Mir ist nicht so nach tanzen.»

Sie legte ihre Hand auf seinen Unterarm. «Du hast getan, was du tun konntest. Das Ding war so groß wie ein Hühnerei! Frank!»

«Wenn ich ein wenig mehr nach links geschnitten hätte ...»

«Frank! Hör schon auf! Du bist müde.» Sie schaute auf die Uhr. «Wir waren jetzt fünfeinhalb Stunden da drinnen …

Es ist vorbei. Kommst du mit zu Woody's auf einen Drink?»

«Ich kann nicht. Ich muss noch den Bericht schreiben.»

«Als ob das nicht Zeit bis morgen hätte … Komm schon, Frank.»

«Es hat nicht Zeit bis morgen, Bridget, glaub mir. Ich muss mich sofort dransetzen.»

Doktor Henderson war alles andere als ein Streber. Sie wurde neugierig.

«Wer ist sie denn? Ich meine … wer war sie?»

«Ich habe keine Ahnung. Aber die Leute, diese angeblichen Angehörigen, die die ganze Zeit bei ihr waren, wollten umgehend unterrichtet werden. Sie sind in ihrem Hotel und ich soll sie dort anrufen.»

«Oh, Frank, das hat doch nichts zu bedeuten …»

«Und dass sie jedes Gespräch mit der Patientin auf Tonband mitgeschnitten haben? Dass sie ihr all diese Fragen gestellt haben? Hat das auch nichts zu bedeuten?»

«Vielleicht hast du Recht und sie war eine Zeugin in einem Mafia-Prozess oder so was. Du lieber Himmel, Frank – und wenn schon! Sie war schon fast tot, als sie hierher kam.»

«Ich muss den Bericht heute Nacht noch fertig schreiben, Bridget. Und ich muss die Angehörigen verständigen – wenn es denn Angehörige waren. Vielleicht komme ich später zu Woody's. Geht ihr doch schon mal vor.»

«Bis dann, Frank.» Sie verschwand im Umkleideraum.

«Bis dann …» Doktor Henderson trocknete seine Hände ab und warf den OP-Kittel in den Wäschekorb, bevor er in seinem Arbeitszimmer verschwand.

Die Nummer des Hotels lag unter seiner Schreibtischunterlage neben dem Foto von Bridget. Es klingelte nur einmal.

«Hier ist Doktor Henderson.

«Wie geht es der Patientin, Doktor Henderson?»

«Keine gute Nachricht. Die chinesische Patientin Yilai Chen ist verstorben. Sie war nicht mehr zu retten. Der Tumor war zu groß. Wir haben alles versucht, aber . . .»

«Danke für Ihre Mühe, Doktor Henderson.»

Das Gespräch war beendet.

26. Kapitel

Peking, 1966

Rot, rot, rot – die Fahnen hatten den Himmel verdeckt und überspannten wie ein Dach den Changan-Boulevard von einer Seite zur anderen. Sie gingen Schulter an Schulter, ihre Arme untergehakt. Eine Phalanx von einer Million Kindern marschierte von Osten her auf den Tiananmenplatz zu. Die in der ersten Reihe trugen wie Schilde die großen Bildnisse des Vorsitzenden vor sich her, auf dem Fuße gefolgt von der zweiten Reihe, der dritten, der vierten – endlos setzte sich die Kolonne fort, bis sie sich irgendwo in der Ferne verlor. Vom Bahnhof her drängten immer neue Schübe nach, zwischen den Bahnsteigen, wo die Sonderzüge aus dem ganzen Land ausschnauften, bis zum Fahnen geschmückten Tor des Himmlischen Friedens erzitterte der Boden der Hauptstadt unter den Füßen der Kinder, der jungen Revolutionäre, und die Luft war erfüllt von ihrem Ruf: «Zehntausend Jahre lebe der Vorsitzende Mao Zedong!»

Die zweihundertköpfige Gruppe aus Dongqiao, aus der *Volkskommune Achter Juni* hatte Mühe, sich im Getümmel nicht zu verlieren. Sie hielten einander bei den Händen, riefen die vertrauten Namen und schwenkten verzweifelt die heimatlichen Fahnen. Fünfundvierzig Stunden hatte die Bahnfahrt von Changsha gedauert. Fünfundvierzig Stunden hatten sie, zusammengedrängt in den engen Waggons, die Worte des großen Vorsitzenden studiert, die in dem kleinen *Roten Buch* gesammelt waren, das jedem der jungen Reisenden vor ihrer Abfahrt ausgehändigt worden war. «Der Genosse Mao Zedong ist der größte Marxist-Leninist unserer

Zeit», stand in dem Vorwort, das Genosse Lin Biao verfasst hatte. «Alle müssen seine Schriften wieder und wieder studieren, seinen Lehren folgen, sich nach seinen Befehlen verhalten und seine Krieger werden. Das ist unsere geistige Atombombe.» Schlaflos, aufgehetzt und voller Aufregung auf dem langen Weg in die Hauptstadt, einer endlosen Fahrt durch Reisfelder, Moorlandschaften, Städte und Berge, entlang der Flüsse und durch Wälder und Dörfer Chinas, lasen sie immer wieder die Worte des Vorsitzenden. «Klassen kämpfen. Eine Klasse gewinnt, die andere wird ausgemerzt», hatte der Vorsitzende gesagt. «Unsere Feinde sind alle, die mit den Imperialisten gemeinsame Sache machen ... Die Volksmassen und immer wieder nur die Volksmassen sind die bewegende Kraft in der Weltgeschichte.»

Sie verschlangen die unergründlichen Weisheiten des kleinen Roten Buches wie köstliche Nahrung.

«Die Vereinigung unseres Landes und die Einheit unseres Volkes und all seiner Nationalitäten – das sind die grundlegenden Garantien für den Erfolg unserer Aufgabe ... Die Armee muss eins sein mit dem Volk, und das Volk muss die Armee als die seine ansehen. Eine solche Armee wird unbesiegbar sein ... Wir müssen wissen wie wir unsere Kader zu beurteilen haben. Wir dürfen uns dabei nicht auf eine kurze Spanne oder einen einzelnen Vorfall im Leben des Kaders beschränken, sondern wir müssen sein ganzes Leben und seine ganze Arbeit beurteilen.» Sie lernten die Passagen auswendig und fragten einander ab.

«Wann sagte der Vorsitzende: ‹Jeder, der nur die guten Seiten und nicht die Schwierigkeiten sieht, ist unfähig, die Ziele der Partei zu erreichen.›?»

«Er schrieb es im Kapitel *Über Koalitionsregierungen* im dritten Band der *Gesammelten Werke* Seite 314!», gellte die Antwort.

«‹Jede Nation, groß oder klein, hat ihre eigenen Stärken und Schwächen?›»

«Rede auf der Höchsten Staatskonferenz am 8. September 1958!»

«Falsch, Xiao Yu! Du musst noch eifriger studieren.»

«Eröffnungsrede zum Achten Nationalen Kongress der Kommunistischen Partei Chinas am 15. September 1956!»

«So ist es richtig, Kleiner Drache!»

Als der Zug endlich, unendlich langsam in der Hauptstadt einrollte, waren ihre Gesichter gerötet vor Aufregung und ihre Köpfe in Aufruhr von den vielen, komplizierten Gedanken und Strategien des großen Führers, die sie auswendig kannten, aber nicht verstanden. Nur so viel wussten sie: Der Vorsitzende Mao war das größte Genie unter den Lebenden, und heute, an diesem wundervollen, heißen Hochsommertag würden sie ihn mit eigenen Augen sehen.

«Zehntausend Jahre lebe der Vorsitzende Mao!» Mit diesem Ruf quollen sie aus den Waggons. «Zehntausend Jahre lebe der Vorsitzende Mao!» Mit diesem Ruf reihten sie sich ein in die Massen der Kinder aus dem ganzen Land, die wie von unsichtbarer Hand gelenkt aus dem Bahnhofsgebäude hinaus in die Straßen fluteten, dem Sog folgend, der sie den Changan-Boulevard hinunterspülte bis zum Platz des Himmlischen Friedens, wo revolutionäre Platzanweiser sie zu ihrem Planquadrat geleiteten und sie freundlich zum Stillhalten ermahnten. Ja, sie würden den Vorsitzenden sehen. Nein, es würde nicht mehr lange dauern.

Die Hitze war erdrückend. Die Enge der hunderttausend Körper und die Strapazen der langen Anreise benebelten das Bewusstsein. Die Vorfreude auf den Vorsitzenden war geradezu fanatisch, mehr, als manche ertragen konnten. Sie brachen zusammen in der Masse, sanken einfach hinab auf die rechteckigen Steine, und niemand kümmerte sich um sie. Sollten sie doch die historische Stunde verschlafen. Wer stehen blieb und schreien konnte, der stand und schrie.

«Zehntausend Jahre lebe der Vorsitzende Mao!»

Der Abordnung aus Dongqiao war eine Stelle im vorderen Drittel des gewaltigen Platzes zugewiesen worden. Mittendrin im Fahnenmeer. Jeder hatte sein rotes Büchlein in der rechten Hand und schwenkte es wie einen Talisman gegen den blauen Sommerhimmel. Die Kleinwüchsigen sahen nicht mehr als die Rückenpartien der vorderen Reihe, die Hochgewachsenen sahen das Tor des Himmlischen Friedens, geschmückt mit dem Porträt des Vorsitzenden.

«Dort oben, auf dem Tor, wird er erscheinen!»

«Wo? Wo? Ich kann nichts sehen!»

«Wenn er sich einem Problem nähert, sollte der Marxist das Ganze sehen und auch die einzelnen Teile!», schrie einer von irgendwo.

«*Über die Taktik gegen den japanischen Imperialismus*, 27. Dezember 1935. *Gesammelte Werke*, Band eins, Seite 159», antwortete ein anderer.

Stenton Farlane und Li Ling standen Seite an Seite. Aus allen Richtungen drückten revolutionäre Körper sie zusammen. Ihre Schultern, ihre Arme, ihre Hände berührten sich in der wogenden Masse. Einmal, als eine neue Gruppe von irgendwoher in ihre Sektion drängte, warf der Schub sie gegen ihn, und er spürte die Berührung ihrer Brüste an seinen Armen.

Hilflos aufgewühlt dachte er: «*Um die große, sozialistische Gesellschaft aufzubauen, ist es von größter Wichtigkeit, die breite Masse der Frauen zu erregen und sie in die Produktivität einzubinden!*» und setzte im Geiste hinzu: *Der sozialistische Aufstand in ländlichen Gebieten*, 1955, Band eins.

Da geschah es.

«Er ist gekommen, er ist gekommen», flog das Wort von einer Reihe zur nächsten, bis alles Wanken und Schwanken auf dem Platz beendet war. Wer gute Augen hatte, der konnte auf dem Balkon über dem Tor Bewegungen ausmachen. Menschen liefen dort oben durcheinander, jemand hob seine Hand und winkte, Köpfe wanderten in großer Entfernung von links nach rechts und wieder zurück.

«Wo ist er? Kannst du ihn sehen?»

«Ich sehe ihn, ich sehe ihn!»

«Wo? Welcher ist es?»

Hunderttausende grelle Stimmen stiegen auf in den milchigen Pekinger Sommerhimmel. Wie eine rote Woge erhoben sich zur Huldigung die Bücher mit den Zitaten des großen Vorsitzenden über den Köpfen.

«Rote Garden!» Mit einem Mal verstummte alles Geschrei auf dem gewaltigen Platz. Die Lautsprecher knisterten und knackten. «Ihr seid die Soldaten der Großen Proletarischen Kulturrevolution. Ihr seid die Söhne und Töchter des Vorsitzenden und großen Steuermannes, unseres weisen Lehrers und großen Führers Mao Zedong!»

Es war Genosse Lin Biao, der da zu ihnen sprach. Der leibhaftige Lin Biao, den Mao selbst als seinen Nachfolger bestimmt und der das Vorwort für das *Rote Buch* geschrieben hatte. «Euer revolutionärer Eifer und euer Mut sollen China erneuern und unwiderruflich auf den Weg in den Kommunismus bringen. Ihr seid aufgerufen, die vier alten Übel zu zerschmettern. Zerschmettert das alte Denken, die alte Kultur, die alten Sitten und die alten Gewohnheiten. Ihr müsst den Kapitalismus und den Revisionismus in unserem Land ausrotten! Jagt sie – die Kuhdämonen und die Schlangengeister!»

«Zehntausend Jahre lebe der Vorsitzende Mao Zedong!», donnerte zur Antwort die Masse.

Und dann erschien er. Wer das Glück hatte, nahe genug am Tor des Himmlischen Friedens zu stehen, der konnte sehen, wie der größte lebende Marxist-Leninist, der Lehrer und Führer, gestützt auf zwei junge Revolutionärinnen, seine Hand erhob und den Massen zuwinkte. Die Gesandtschaft von der *Volkskommune Achter Juni* stand zu weit weg. Sie sahen nur eine Figur unter vielen, die oben auf der

Balustrade standen, genau an dem Ort, von wo aus Mao die Volksrepublik ausgerufen hatte. Und wieder, wie damals, erhob sich die nasale Stimme über dem Platz des Himmlischen Friedens, dem Mittelpunkt der Welt.

«Die Revolution ist die Eure!», verkündete der Gigant. «Die alten Übel müssen zerstört werden. Geht hin, meine kleinen Soldaten, geht hin und legt Feuer in das Hauptquartier!» Mehr musste er nicht sagen, um die wabernde Menschenmenge in einen Taumel der Begeisterung zu versetzen. Sie brüllten, sie schrien, sie winkten mit dem *Roten Buch,* als mache dies allein sie selig. Selbst Li Ling war ergriffen.

«Ich glaube, ich habe ihn gesehen!» Sie wippte auf den Zehenspitzen und klammerte sich aufgeregt an Stentons Arm fest, der wiederum unter dem weichen Druck ihrer Brüste erschauerte. «Hast du ihn gesehen?»

«Ja, natürlich!», schwindelte Stenton. «Ganz deutlich habe ich ihn gesehen. Mao Zedong, unseren Vater.»

«Es ist genau wie damals, wie 1949», schrie sie in sein Ohr. «Mein Vater hat es mir viele Male erzählt. Es ist wie in der Revolution!»

«Was geschieht jetzt?», wollte Stenton wissen.

«Wir müssen den Befehl des Vorsitzenden Mao ausführen!», schnauzte sein Nebenmann. «Hast du keine Ohren? Wir müssen die vier alten Übel zerschlagen. Wir müssen die Kuhdämonen und Schlangengeister jagen. Sofort.»

Keiner der jungen Revolutionäre wusste, was ein Kuhdämon war und wie man einen Schlangengeist entdeckt. Aber als sie ausschwärmten nach der Versammlung auf dem Tiananmenplatz, da wurde ihnen schnell klar, was der große Vorsitzende Mao und der geliebte Genosse Lin Biao gemeint hatten. Wo man auch hinsah waren Spuren der vier alten Übel zu entdecken. Da waren zum Beispiel diese alten Schilder an den Restaurants, wo in goldenen Schriftzeichen althergebrachtes Denken propagiert wurde. Dieses Restaurant hieß «Zweifaches Glück»! Das war höchst verdächtig!

Welch anderes Glück konnte es denn wohl geben, als den Vorsitzenden persönlich gesehen zu haben? Der Besitzer des Restaurants war zweifellos ein Agent der Guomindang, der noch ein anderes Glück für möglich hielt! Kräftige, junge Männer kletterten an der Hauswand empor und rissen das Schild herunter. Als der erzkapitalistische Konterrevolutionär lärmend auf die Straße gestürmt kam, schlugen sie ihn zusammen und ließen ihn blutend im Rinnstein liegen.

Diese Apotheke führte einen Namen, der aus der kaiserlichen Zeit stammte. Unglaublich, wie schamlos und frech sich die Revisionisten gebärdeten! Hinein! Wo ist der Apotheker?

Schlagt ihn, treibt ihm die alten Übel aus!

Der Mann quiekte wie ein Schwein und schrie nach der Polizei.

«Was willst du?», schalt ihn der Schutzmann, der tatenlos in der Menge stand. «Die revolutionären Massen zeigen nun ihren gerechtfertigten Zorn!»

«Kinder, Kinder – lasst doch einen alten Mann wie mich in Ruhe!» Der runzelige Hellseher, der in einer Seitengasse auf Kundschaft wartete und seinen wackeligen Tisch nicht mehr rechtzeitig in Sicherheit bringen konnte, hielt das Ganze zuerst für einen Streich. Aber nicht lange. Sie verbrannten sein Buch, in dem seit Generationen die Weissagungen der alten Schriften gesammelt wurden, sie zerbrachen die Zahlenstifte, mit denen das Los ermittelt wird, bogen ihm die Arme auf den Rücken, banden sie zusammen und zogen seinen grotesk verrenkten, klapprigen Körper wie eine Flagge am nächsten Baum empor, bis sie seine Schulterknochen brechen hörten. Sie lachten ihn aus, während er starb.

«Alles Alte muss zerschmettert werden», johlten die Roten Garden, und weiter zogen sie, überfielen eine junge Frau und rissen ihr ihre viel zu langen Haare aus. Verprügelten einen alten Professor, der mit einem Packen klassischer Bücher aus der Bibliothek kam, und legten Feuer in einem dreihundert Jahre alten Hofhaus.

Stenton und Li Ling liefen mit. Sie johlten mit und halfen mit, die Auslagen eines kapitalistischen Obstladens auf dem Straßenpflaster zu zermatschen. Sie warfen Steine in die Fenster von Schlangengeistern und pinselten mit roter Farbe in großen Lettern Warnungen an die Türen der Kuhdämonen. Aber als ihre Gruppe begann eine Greisin herumzuschubsen, die mit ihren gebundenen Füßen nicht schnell genug fliehen konnte, und sie eine «feudalistische Hure» nannten, ergriff Li Ling Stentons Hand.

«Wir müssen zum Bahnhof zurück», sagte sie und zog ihn weg von der hässlichen Szene.

«Aber unser Zug geht doch erst um acht Uhr!», protestierte er.

«Bitte!»

Sie kannten sich nicht aus in Peking und mussten mehrmals Passanten nach dem Weg fragen. Die Menschen, denen sie sich näherten, schreckten vor ihnen zurück. Sie sahen die roten Armbinden und blickten sich angstvoll nach Hilfe um, fanden niemanden, und dann kamen sie mit gesenktem Kopf auf sie zu, als erwarteten sie Schläge. Wenn sie hörten, dass diese beiden Roten Garden nichts weiter wollten als eine Auskunft, dann wurden sie kalt und unfreundlich. Sie deuteten in irgendeine Richtung oder gaben vor den Weg nicht zu kennen.

Der Weg zum Bahnhof war ein Weg durch kokelnde Trümmer, über Scherbenhaufen und eingerissene Wände, entlang eingetretener Türen, aus denen Wehklagen drang. Li Ling und Stenton vermieden jedes Wort. Sie kamen, obwohl sie sich verlaufen hatten, viel zu früh am Bahnhof an und warteten auf dem Vorplatz stundenlang auf ihre Freunde, die sich noch weiter mit Kuhdämonen und Schlangengeistern abgaben. Gruppen von Roten Garden kamen mit geröteten Gesichtern von ihrer ersten Schlacht zurück, prahlten mit ihrem revolutionären Heldenmut und ihrer reinen Gesinnung.

«Dieser Bahnhof sieht mir sehr revisionistisch aus!», hörten sie einen bulligen jungen Mann mit Shanghaier Akzent sagen. «Ich weiß nicht, ob wir ihn nicht niederbrennen sollten.»

«Und wie kommen wir dann nach Hause? Wie sollen wir dann dort die Revolution fortsetzen?», gab eine seiner Begleiterinnen zu bedenken.

«Na gut», lenkte der Rotgardist ein. «Aber wir kommen zurück, und dann . . .»

«Ich weiß nicht . . .», flüsterte Li Ling, als die Gruppe weitergezogen war und niemand sie hören konnte. «Hat der Vorsitzende Mao wirklich gesagt, dass wir alte Leute zusammenschlagen und Häuser in Brand stecken sollen?»

«Die vier alten Übel müssen ausgerottet werden», erklärte Stenton geduldig. «Wie soll es denn sonst eine neue, klassenlose Gesellschaft geben, wenn die Revisionisten und Kapitalisten immer noch die alten Sachen weitermachen?»

«Ich will ja gerne den Befehlen des Vorsitzenden folgen. Aber . . . sieh mal. Meine Mutter hat diesen alten Kompass, den sie von ihrer Mutter bekommen hat. Sie sagt, sie könne damit die guten und die bösen Einflüsse erkennen.»

«*Fengshui* heißt das. Das ist ein altes Übel. Aberglauben!»

«Ja, sicher. Aber sie hat unser Zimmer genau nach diesem Kompass eingerichtet.»

«Das ist sehr verdächtig.»

«Aber was soll ich denn jetzt machen? Soll ich vielleicht meine eigene Mutter verprügeln und ihr den Kompass abnehmen? Ist denn meine Mutter ein Kuhdämon? Soll ich das ganze Zimmer verbrennen, weil es mit einem alten Übel eingerichtet wurde, oder vielleicht das ganze Haus? Unsere Nachbarin hat sich den Kompass ja auch einmal ausgeliehen! Was soll ich denn tun?»

«Das weiß ich doch auch nicht. Vielleicht solltest du mal

mit ihr reden und sie dazu bringen Selbstkritik zu üben. Und dann gibt sie dir den Kompass von ganz allein. Der Vorsitzende Mao hat immerhin gesagt, dass es für jede politische Partei und für jeden einzelnen schwierig ist Fehler zu vermeiden. Aber wenn ein Fehler begangen ist, dann sollten wir ihn korrigieren ...»

«... und zwar je schneller, umso besser. *Über die Demokratische Diktatur des Volkes*, 30. Juni 1949, *Ausgewählte Werke*, Band vier, Seite 422. Das weiß ich. Aber das hilft mir doch jetzt nicht. Der Vorsitzende hat auch gesagt, dass Kommunisten immer ihren eigenen Kopf benutzen und niemals und unter keinen Umständen irgendjemandem blindlings folgen und der Unterwerfung Vorschub leisten sollen.»

«*Den Arbeitsstil der Partei berichtigen*, 1. Februar 1942, *Ausgewählte Werke*, Band drei, Seite 49 bis 50.»

«Eben. Meine Mutter sagt, dass Mao die ganze Sache nur begonnen hat, um seine Gegner in der Parteiführung auszuschalten. Sie haben ihn für die Hungersnot verantwortlich gemacht, und deswegen musste er etwas tun. Und so hat er einfach beschlossen, alles kaputtzumachen, und wir sind seine Werkzeuge.»

«Da kommen die anderen. Wir müssen los. Unser Zug ist bereit.»

Auf dem Weg zurück nach Changsha waren die Abteile erfüllt von Heldengeschichten. Die Roten Garden berichteten stolz, wie sie Klassenfeinde und Revisionisten angegriffen und verbessert, wie sie hier und dort überall alte Übel zerschmettert hatten. Li Ling und Stenton hockten nebeneinander auf dem Boden im Gang. Als die Nacht sich in die Länge zog und das immer gleiche Geräusch der Waggonräder auf den Trassen sie einschläferte, sank ihr Kopf auf seine Schulter, und sie schliefen ein, Seite an Seite. Die Roten Garden, die noch wach waren, beobachteten sie.

Halb verständnisvoll, halb feindselig.

Am Abend des übernächsten Tages erreichten sie Dongqiao. Die rote Fahne an der Bambusstange trug Stenton voran. Dank eines improvisierten Wettbewerbs. Ihm gebührte diese Ehre, denn niemand hatte die Weisheiten des großen Vorsitzenden aus dem *Roten Buch* schneller parat als er.

Trotz aller Wachsamkeit erkannten sie zu ihrer Befriedigung keine revisionistischen und «alten» Elemente in ihrer Heimat und sanken dankbar in einen revolutionären Schlummer.

Am nächsten Tag war für alle politischer Unterricht verordnet. Genosse Han Changfa, der neuernannte Vorsitzende des örtlichen Revolutionskomitees, wollte aus dem *Roten Buch* vorlesen, und es sollte eine Diskussionsstunde folgen, in der mit einigen Selbstkritiken zu rechnen war. Stenton war trotz der Strapazen der langen Reise in aller Frühe auf den Beinen und half den Freiwilligen, die Wandzeitungen mit Zitaten des großen Vorsitzenden zu schreiben und rund um den Versammlungsplatz aufzuhängen.

Sie schlich sich an und erschreckte ihn.

«Was machst du?», fragte sie unschuldig.

«Nichts.»

«Und was machst du, wenn du damit fertig bist?»

«Auch nichts.»

Sie ließ sich neben ihm auf den Boden sinken und wischte sich theatralisch den Schweiß von der Stirn.

«Es ist so heiß heute», stöhnte sie. «Noch nicht einmal Mittag und schon eine solche Hitze!»

«Rückst du mal ein wenig zur Seite? Sonst kann ich das Spruchband hier nicht anbringen.»

«Was steht denn drauf?» Sie erhob sich und klammerte sich sogleich an seinem Arm fest, als kämpfe sie mit einer nahenden Ohnmacht.

«Was ist denn?», fragte Stenton angstvoll. Und da wusste er plötzlich, dass sie es mit Absicht tat. Wieder drückte sie ihre Brüste gegen seinen Arm, während sie vorgab sich von einem Schwindelanfall zu erholen.

«Gar nichts. Ich bin nur zu schnell aufgestanden. Es wurde mir schwarz vor Augen. Es geht schon wieder ... deine Kalligraphie ist wirklich saumäßig. Man sieht sofort, dass du ein Ausländer bist.»

Sie stieß ihn weg und machte sich über ihn lustig. Mit einem Mal wusste Stenton mit absoluter Gewissheit, dass sie ihn liebte. Obwohl er gar nicht wusste, was damit eigentlich gemeint war. Aber er wollte mehr davon.

Dringend.

«Es ist wirklich sehr heiß», stammelte er unbeholfen.

«Ich habe mir schon gedacht, wie schön es wäre, heute im Drei-Schlangen-See schwimmen zu gehen.»

«Ich kann nicht mitkommen. Ich muss noch vier Wandzeitungen schreiben für die Versammlung.»

Reingefallen. Sie lachte höhnisch und schüttelte den Kopf. Ihre streng geflochtenen Zöpfe wippten siegesgewiss. «Wer hat denn gesagt, dass ich mit dir gehen würde? Was bildest du dir denn eigentlich ein? Wenn ich gehe, dann gehe ich natürlich mit Xiao Peng.»

«Natürlich.»

«Jetzt siehst du aber belämmert aus.»

«Ach, hau doch ab. Ich muss mich weiter um meine revolutionäre Arbeit kümmern. Ich habe keine Zeit für dich.»

Sie trollte sich kichernd und ließ ihn in seiner Verwirrung zurück.

Die Schriftzeichen, die er nun auf die Papiervorlagen pinselte, sahen noch schlechter aus als vorher. Die einen waren zu zackig, wenn er zu viel von seinem Zorn einfließen ließ, die anderen zu weich und zu ungenau, wenn das andere, das neue Gefühl die Oberhand gewann.

«Du solltest dich ein wenig ausruhen, Xiaolong», ermahnte ihn der Leiter des Revolutionären Vorbereitungskomitees. «Du bist nicht mehr ganz konzentriert bei der Sache.»

Er ließ sich das gesagt sein und ging nach Hause, streckte sich auf dem Bett aus und starrte an die Decke. Ihr Gesicht erschien dort wie eine ferne Luftspiegelung und verschwand wieder, gerade als er es sich einprägen wollte. Er sprang auf und durchsuchte den Schrank nach der Kamera seines Vaters. Er wollte ihr Gesicht bannen, es immer bei sich haben. George hatte ihm vor langer Zeit gezeigt, wie man das Gerät handhabte, er hatte jedoch bisher nie Interesse dafür aufbringen können. Aber jetzt hielt er den kleinen, schwarzen Kasten, den George hütete wie einen Schatz und den er sogar vor dem Feuer der Hochöfen gerettet hatte, in seinen Händen und wünschte sich nichts sehnlicher, als Li Lings Gesicht und ihr Lachen darin für immer festzuhalten.

Es war ein Spiel, und er verstand die Regeln, ohne sie je gelernt zu haben. Sie wollte, dass er sah, wie sie die Kommune verließ und leichten Fußes in die Berge verschwand. Er sah sie, und er folgte ihr in gebührendem Abstand. Aber er wusste genau, dass sie es wusste. Es war ein Fußmarsch von über einer Stunde bis zum See. Bergauf, bergab auf schmalen, steinigen Pfaden durch die Büsche und Sträucher bis zum Drei-Schlangen-See, den ein kleiner Wasserfall speiste und dessen grün schimmerndes Wasser so klar war, dass man bis auf den Grund sehen konnte.

Als er die letzte Wegbiegung genommen hatte und den See im Tal schimmern sah, verschlug es Stenton den Atem. Sie stand mit dem Rücken zu ihm auf einem riesigen, flachen Stein, der wie eine große Zunge in das Wasser hinausragte, und war dabei sich zu entkleiden. Ihre unförmigen, verbeulten Hosen hatte sie bereits abgestreift. Nun knöpfte sie ihr khakifarbenes Hemd auf und ließ es nur durch eine elegante Bewegung ihrer Schultern von ihrem Körper gleiten. Sie stand für einen Moment da wie ein Denkmal, splitternackt und unsagbar schön, bevor sie die Arme in die Luft warf und sich kopfüber in den See stürzte, der ihren perfekten Körper aufnahm wie eine Belohnung. Er sah sie unterhalb der Wasseroberfläche mit kräftigen Zügen bis zum gegenüberliegenden Ufer schwimmen, wo sie auftauchte, ihr Haar aus der Stirn strich und sich fallen ließ, rücklings treibend unter dem blauen Augusthimmel. Ihre Beine öffneten und schlossen sich unter dem schwarz glimmenden Trugbild ihrer Scham, ihre Brüste ragten aus dem Wasser wie Inseln. Seine Schritte hinunter zu der Felszunge waren noch schneller als sein Pulsschlag. Er legte die Kamera ab, entledigte sich ungeduldig seiner Kleider und sprang ihr nach, hinein in das herrlich frische Wasser und in sein Glück. Beinahe wären sie ertrunken in ihrer Umarmung, in der Tiefe des bodenlosen Sees. Ihre Haut fühlte sich an wie Seide, ihre Lippen waren kalt und süß. Er zog sie zurück an Land, seine Männlichkeit, gerade erwacht, pochte und drängte.

«Ich wusste, dass du kommen würdest ...», sagte sie.

Ihre Beine schlossen sich wie Zangen der Liebe um seine Hüften, als sie sich auf der Felszunge wiederfanden, stöhnend vor Lust und Schmerz. Ihre Finger flossen durch sein Haar, krallten sich in das Fleisch seines Rückens, wo sie rote Spuren auf seiner Haut wie von verglühenden Feuerwerkskörpern hinterließen, glitten tiefer, umfassten ihn, forderten ihn, neckten ihn, verweigerten sich ihm und hoben ihn wieder und wieder zum Himmel empor, näher, als er jemals zu hoffen gewagt hätte.

Die Sonne war schon fast hinter dem Berg verschwunden, als sie ihr Haar wieder flocht, während er ihre Brüste liebkoste, als sie ihn wegstieß, um das Hemd anzulegen, und lachte, als er die Kamera zückte, um dieses Foto zu machen, das ihn sein Leben lang begleiten sollte. Seine Hände lagen auf ihren Hüften, und er wollte nie wieder etwas anderes fühlen, als sie sagte: «Ich liebe dich. Ich liebe dich mehr als den Vorsitzenden Mao.» Und noch bevor er etwas erwidern konnte, noch bevor er überhaupt die Macht dieser Worte verstanden hatte, war alles vorbei.

Niemals würden sie erfahren, wie lange sie dort gelauert

hatten, wie viel sie gesehen hatten. Plötzlich brachen sie aus den Büschen hervor wie böse Geister und fielen über die Liebenden her, rissen sie auseinander und zu Boden, schlugen sie und traten sie. Erschrocken und benommen schauten sie hoch, gegen den blauen Himmel, in bekannte, jetzt aber wutverzerrte Gesichter. Xiao Peng, Li Lings beste Freundin, führte die Bande an.

«Was habe ich euch gesagt?», johlte sie. «Sie ficken hier wie verdammte, revisionistische Kaninchen, statt die Worte des Vorsitzenden zu hören. Ist das vielleicht revolutionärer Geist? Packt sie! Bestraft sie für dieses schamlose, konterrevolutionäre Verbrechen!»

27. Kapitel

Guangzhou, 1. Januar

Professor Stenton Farlane hatte einen unscheinbaren, grauen Straßenanzug aus chinesischer Fertigung angelegt. Das goldfarbene Label des Herstellers, einer gewissen Schneiderei «Jin Ying», samt seines Wappens eines phönixhaften Wesens war nach Art der Neureichen und der Möchtegerns deutlich sichtbar in Höhe des Handgelenks am Ärmel angebracht. Der Anzug war schlecht gebügelt, saß schlecht, und die schräg gestreifte rosagrüne Krawatte, die er dazu angelegt hatte, zeugte von ausgesucht schlechtem Geschmack und wurde von einer aufschneiderischen, mit Glasdiamanten besetzten, billig vergoldeten Spange gehalten. Die schwarzen Schuhe waren glanzlos und schmutzig, sein Haar ungekämmt. Er bot, als er dem Taxi entstieg, mit dem Fahrer lautstark um den Preis stritt und mit schleppenden Schritten die Auffahrt zur Pforte hinaufging, das perfekte Bild eines Tölpels aus der tiefsten Provinz. Man mochte ihn für einen ungebildeten Bauern auf Stadtfahrt halten, für einen unbedeutenden Kader der unteren Ebene oder für einen ländlichen Emporkömmling.

Zwei jungenhafte Soldaten standen neben dem Eisentor auf niedrigen Holzpodesten Wache und ließen ihn nicht aus den Augen, als er zum Pförtnerhäuschen schlenderte und seine Papiere durch den Schlitz in der Glasscheibe schob. Der Pförtner, ein dürres Männlein in speckig weißem Hemd, zeigte nicht das geringste Interesse an dem Besucher, sondern hatte sich der Übertragung eines Aerobic-Fitnessprogramms zugewandt. Auf dem flimmernden Fernsehschirm hüpften fünf gertenschlanke Chinesinnen in eng sitzender und glitzernder Sportkleidung zu stampfenden Rhythmen Hände klatschend auf und ab.

«Genosse!», sprach Stenton ihn an.

«Hä?» Es klang wie eine übellaunige Kreissäge.

«Genosse, ich möchte einen Besuch machen.»

«Hä?» Der Pförtner nahm, ohne hinzusehen, ein Glas vom Tisch, das früher einmal Gurken oder Instantkaffee beinhaltet hatte und jetzt je zur Hälfte mit aufgeschwemmten Teeblättern und einer urinfarbenen Flüssigkeit gefüllt war, schraubte den Deckel ab und trank daraus mit wohligem Schlürfen.

Stenton war nach ungezählten Begegnungen dieser Art zu der Erkenntnis gelangt, dass nur Geduld und ein fester Wille zum Ziel führen konnten. Der Pförtner, der sprichwörtliche «Mann mit dem Schlüssel», war immer das größte Hindernis. Stenton hatte in jahrzehntelanger, leidvoller Erfahrung gelernt, dass die eigentliche Macht in China nicht bei der Armee und der Partei lag. Sie lag vielmehr bei den Pförtnern und wurde nur noch von der Macht der Chauffeure übertroffen. Und beide dieser notorisch unangenehmen Berufsgruppen liebten nichts mehr, als ihre Mitmenschen, die ihrer Gnade hilflos ausgeliefert waren, diese Macht spüren zu lassen. Sie waren unfreundlich aus Gewohnheit, unverschämt aus Überzeugung und unwillig aus Leidenschaft.

«Was willst du?», schnarrte der Pförtner und wandte sich widerwillig von den hüpfenden Mädchen ab und Stenton zu.

«Ich möchte eine Ärztin hier im Krankenhaus besuchen.»

«Bist du krank? Hast du einen Termin? Das hier ist ein Armeekrankenhaus, da kann nicht einfach jeder Piepel ankommen und reinwollen.»

«Ich bin ein Mitglied der Eisenbahnergewerkschaft von Changsha.» Stenton deutete auf den braunen Plastikeinband, den er durch den Schlitz geschoben hatte. Auch die einzige Ohrfeige, die ihm seine Mutter jemals gab, hatte nichts daran ändern können, dass er mit großer Überzeugungskraft log. Der Eisenbahnerausweis, den er vor Jahren durch Zufall im Zug gefunden und mit seiner Fotografie versehen hatte, war ihm schon oft zupass gekommen, wenn er aus Neugier oder Notwendigkeit Einrichtungen und Behörden betreten wollte, die Ausländern eigentlich nicht zugänglich sind. Als Ausländer brauchte man immer einen Gastgeber, einen Aufpasser und Mentor, der die Verantwortung trug. Und wenn man den nicht hatte, erregte man sofort Misstrauen und musste sich langwierigen Verhören und einem erbitterten Formularkrieg unterziehen. Mit einem chinesischen Dokument öffneten sich die meisten Türen wie von selbst – sofern man denn in der Lage war, den Mann mit dem Schlüssel entweder durch Hinweis auf seine bedeutenden *guanxi* einzuschüchtern oder ihn durch bodenlose Schmeicheleien zu erweichen.

Der Krankenhauspförtner erwies sich als harter Knochen: «Wir behandeln hier keine Eisenbahner. Geh zum Eisenbahnerhospital.»

«Ich will gar nicht behandelt werden. Ich will einen Besuch bei einer alten Genossin machen, die ich gut kenne und die jetzt hier als Ärztin arbeitet. Ihr Name ist Li Ling.»

«Wir haben keine Frau Doktor mit diesem Namen», teilte ihm der Pförtner abweisend mit und bleckte seine Tee gebräunten Zähne.

«Sind Sie da auch ganz sicher? Wollen Sie nicht einmal im Namensverzeichnis nachsehen?»

«Willst du mir vorschreiben, wie ich meinen Beruf auszuführen habe, du Schmalspurschaffner? Wenn ich sage, dass es so eine hier nicht gibt, dann gibt es keine. Verstehst du, was ich sage?»

«Ja, natürlich. Ich habe aber ein Empfehlungsschreiben mitgebracht, das Sie sicherlich interessieren wird.» Stenton pochte noch einmal an die Scheibe, und endlich griff sich der Mann die Papiere, nicht den Eisenbahnerausweis, sondern das Kuvert, das daneben lag. 200 Kuai, hatte Stenton berechnet, müssten reichen. Weniger hätte den Mann erzürnen können, mehr hätte sein Misstrauen erregt. Er spähte in den Umschlag, schloss ihn dann wieder, ließ ihn rasch in einer Schublade verschwinden und schob Stenton seinen Ausweis zurück.

«Warum sagst du das nicht gleich? Das Gebäude auf der rechten Seite. Melde dich beim diensthabenden Arzt, Professor Pan.»

Aus tief hängenden, graublauen Wolken setzte ein unangenehmer Nieselregen ein, als Stenton Farlane das palmenbestandene Gelände durchschnitt, auf das weiß getünchte, vierstöckige Verwaltungsgebäude zuhielt und sich zu Professor Pan durchfragte, der in einem Büro am Ende des Ganges im Obergeschoss residierte. Die Tür war halb geöffnet, und hüstelnd trat er ein. Ein trotz seiner Beleibtheit eiliger Mann, der unter seinem weißen Kittel eine grüne Militäruniform mit vier Sternen am Kragen trug und gerade im Stehen irgendwelche medizinischen Berichte überflog, würdigte ihn nur eines flüchtigen Blickes.

«Was kann ich für Sie tun?», fragte er die Berichte.

«Mein Name ist Qiu, ich bin von der Eisenbahnergewerkschaft in Changsha. Ich bin gekommen, um eine alte Freundin zu besuchen, Doktor Li Ling.»

Der Mann blickte bei der Erwähnung des Namens von seinen Dokumenten auf und beäugte Stenton mit hochgezogenen Augenbrauen.

«Dr. Li Ling?» Seine Augenbrauen kletterten noch höher.

«Ja. Ich bin zufällig gerade in der Stadt und wollte nur kurz ein paar Worte mit ihr wechseln. Wenn sie sehr beschäftigt ist, kann ich natürlich auch warten.»

«‹Doktor› Li Ling?», fragte der Mann noch einmal, und Stenton fühlte sich unter dem prüfenden Blick wie bei einer

Lüge ertappt. Hoppla, dachte er. Vielleicht ist sie gar kein Doktor, sondern eine Krankenschwester.

«Verzeihen Sie», murmelte er, «wo ich herkomme, nennen wir halt alle, die im Krankenhaus arbeiten, ‹Doktor›.»

«Haben Sie die nötigen Papiere?», fragte Professor Pan streng, und wieder kam sich Stenton vor wie ein Schüler, der beim Schwindeln aufgeflogen war.

«Die nötigen Papiere?», fragte er, vor allem um Zeit zu gewinnen. Diesen aufmerksamen Arzt in Uniform würde er sicherlich nicht so leicht bestechen können wie den Pförtner. Er hatte auch eine größere Menge Dollars bei sich, aber irgendetwas sagte ihm, dass dies nicht der Weg sein könnte Professor Pan zu überzeugen. Dieser Mann war kein Narr, und der Name Li Ling hatte ihn hellhörig gemacht.

«Wenn Sie nicht die nötigen Papiere haben, kann ich Sie nicht zu Li Ling bringen», sagte der Arzt. Stenton witterte eine Spur des Bedauerns in dieser Aussage und stellte sich umgehend darauf ein.

«Es ist nur ...», sagte er mit der ganzen Hilflosigkeit eines ortsfremden Eisenbahngewerkschafters, «... dass wir uns damals, in der Kulturrevolution, zum letzten Mal gesehen haben. Und wir waren wirklich sehr gute Freunde. Wir haben uns die ganze Zeit über Briefe geschrieben. Und endlich habe ich Urlaub bekommen und wollte sie mit einem Besuch überraschen ...»

Professor Pans verständnisvolle Miene verriet ihm, dass er den richtigen Ton angeschlagen hatte.

«Mein Freund», sagte er, beinahe traurig, «ich würde Ihnen wirklich gerne helfen, aber ich habe meine Befehle. Niemand darf Li Ling sehen und mit ihr sprechen, der nicht die schriftliche Erlaubnis von General Wang Guoming oder seines Sekretärs Zhou Hongjie vorlegt. Seit ich in diesem Hospital tätig bin, kam niemals, niemals jemand, um sie zu besuchen, außer General Wang persönlich.»

Er fasste den überraschten Stenton am Arm und zog ihn

sanft zum Fenster. «Sie können Ihre Freundin Li Ling sehen – aber sprechen können Sie nicht mit ihr.»

Der kurze Regenschauer war vorüber, und die fahle, südchinesische Wintersonne bahnte sich einen Weg durch die Wolken. Im Garten gingen Grüppchen von Patienten in weißen Krankenhausbademänteln spazieren, manche an Krücken, andere saßen im Rollstuhl. Vor einem mächtigen Baum stand ein Mann und gestikulierte wild mit den Armen, so als halte er einen leidenschaftlichen Vortrag vor großem Publikum. Zwei ältere Damen saßen etwas abseits im nassen Gras und stritten sich wie ungezogene Mädchen um eine ramponierte Spielpuppe. Auf allen vieren kroch ein junger Mann zwischen den Büschen umher, schnüffelte mit der Nase an den Zweigen und hob das rechte Bein.

Stenton erkannte sie sofort. Auch sie trug einen weißen Stoffmantel, saß mit eingesunkenen Schultern allein auf einer Bank, hatte die Hände in den Schoß gelegt und starrte auf den Kieselweg, wo eine Taube mit einer großen Brotkrume rang. Ihr Gesicht war ausdruckslos, die Wangen hohl, der Blick trübe und leer.

«Niemand kann mit ihr sprechen, denn sie spricht nicht. Und, mein Freund, niemand kann ihr Briefe schreiben, denn sie liest nicht, und sie schreibt nicht. Jedenfalls nicht in den letzten dreißig Jahren. So lange behandele ich sie nämlich schon ... Ich weiß nicht, wer Sie sind und wie Sie hier hereingekommen sind. Und ich will gar nicht wissen, warum Sie die Patientin Li Ling suchen. Aber ich schlage vor, dass Sie schnell wieder gehen.»

Stenton war wie betäubt von ihrem Anblick. «Was ist mit ihr geschehen?», presste er unter Mühen hervor und klang ganz und gar nicht mehr wie ein verirrter Eisenbahner.

«Ein Schock, ein Trauma, eine seelische Wunde. Tiefer als jede, die ich je gesehen habe. Gehen Sie jetzt, bevor ich jemanden rufen muss. Und ich warne Sie: Machen Sie bloß nicht den Versuch in den Garten zu kommen. Er ist umzäunt und bewacht. Das da unten ist der Garten der psychiatrischen Abteilung.»

«Bitte, ich muss mit ihr reden!» Er ergriff unsinnigerweise beide Hände des Arztes.

«Ausgeschlossen. Bringen Sie die Erlaubnis des Generals.»

Professor Pan zog seine Hände zurück, als hätte ein Lepröser nach ihm gegriffen.

«Ohne die Erlaubnis kann ich nichts für Sie tun. Sie wird ohnehin das Hospital bald verlassen. Zhou Hongjie wird sie heute Nachmittag abholen lassen. Verschwinden Sie jetzt! Ich habe schon mehr gesagt, als gut für mich ist!»

Stenton bewegte sich rückwärts vom Fenster weg, sog jede Sekunde, in der ihr Anblick ihm vergönnt war, wie eine Droge ein, bis der wachsende Fensterrahmen ihre Gestalt verschluckt hatte.

«Ist sie hoffnungslos ...

«Ich weiß es nicht. Es gibt Momente da versucht sie durchzudringen. Ich spüre es. Die plötzliche Verlegung erfolgt gegen mein ausdrückliches Votum. Bitte, gehen Sie jetzt, und kommen Sie niemals wieder.»

Stenton hatte die Tür erreicht, drehte sich um und eilte den Gang hinunter, die Treppe hinab, hinaus ins Freie. Atmete zum ersten Mal seit dreißig Jahren dieselbe Luft wie Li Ling, war ihr nah und doch ferner denn je. Alle Wege zu ihr waren ihm jetzt verschlossen. Die Wächter hätten ihn ergriffen und eingesperrt, noch bevor er sie erreicht hatte. Aber vielleicht war genau dies die Lösung? Stenton blieb so lange gedankenverloren zwischen den Palmen am Eingang stehen, dass die Ärzte und Schwestern, die das Gebäude betraten und verließen, ihn mit misstrauischen Blicken zu mustern und untereinander zu tuscheln begannen. Dann ging er wieder in das Gebäude, suchte den Waschraum auf und benetzte sein Gesicht mit Wasser. Mit beiden Händen wühlte er in seinen Haaren, bis sie wie ein Krähennest in alle Richtungen auseinander standen. Er riss sich das Hemd aus der Hose und öffnete den Reißverschluss. Er beschmierte den billigen Anzug mit einem grünlichen Reinigungsmittel, das neben dem Abfluss stand, und löste die Schnürsenkel an seinen Schuhen. Als er wieder in den Spiegel sah, bot er das Bild eines Irren. Mit schleppenden Schritten verließ er den Waschraum, Speichel rann aus seinem Mundwinkel, Schleim aus seiner Nase. Er schlurfte, ohne die Füße zu heben, hinaus auf den Hof und schnurstracks auf den ersten Wachmann zu, den er sah. Der blutjunge Soldat erschrak, als er den Irren auf sich zukommen sah, und griff sofort nach seinem Gummiknüppel.

«Verdammt! Wie bist du hier rausgekommen?», fragte er und hielt den Knüppel an ausgestreckter Hand, um den vermeintlichen Ausbrecher auf Distanz zu halten.

«Bitte», lallte Stenton. «Ich will wieder zurück zu meinem Doktor. Hilf mir.»

«Bleib ganz ruhig. Ganz ruhig. Ich bringe dich wieder rein.» Der Soldat machte einen schnellen Schritt und bog Stentons Arm auf den Rücken, so dass der Professor beinahe vor Schmerz aufgeschrien hätte.

«Jetzt gehen wir zurück. Los.» Eilig schob er den Irren vor sich her, zum Tor, das den Garten der Psychiatrie vom Rest des Geländes abtrennte. Dort wartete ein zweiter Wärter.

«Verdammt, Xiao Lin, hast du keine Augen im Kopf? Wie konnte das passieren?», fuhr er den Torwächter an.

«Ich schwöre, ich habe ihn nicht herausgelassen», wehrte sich der Gescholtene. «Er muss über den Zaun geklettert sein.»

«Ich muss das dem Direktor melden. Mach das Tor auf.»

«Mein Doktor, mein Doktor», sabberte Stenton und hoffte, dass der Soldat nicht sofort zum Direktor laufen und Meldung machen würde.

«Bitte, Xiao Ren, melde es nicht. Ich bin hier erst seit zwei

Wochen, und ich will nicht wieder zurück in die Kaserne. Bitte, melde es nicht.»

Der Soldat schob Stenton in den Garten und knallte das Tor hinter ihm zu. Während er mit hängenden Schultern in den Garten schlappte, hörte er, wie der Torwächter seinem diensteifrigen Kameraden versprach ihm in diesem Monat die Hälfte seines Soldes abzugeben, wenn er nur diesen peinlichen Vorfall nicht zur Meldung bringen würde. Der Kamerad sagte, er wolle es sich überlegen.

Stenton riskierte einen verstohlenen Blick hinauf zum Büro des Professors Pan, unsicher, ob er nicht beobachtet wurde. Aber niemand stand am Fenster. Einige weiß gekleidete Pfleger, kräftige, rohe Burschen, standen rauchend unter einem Pavillon in der Mitte des Gartens und diskutierten über Fußball. Sie beachteten die Gestalt nicht, die wenige Meter an ihnen vorbeischlich.

Die Frau, die er geliebt hatte, saß noch immer in unveränderter Haltung auf der Parkbank und starrte ins Nichts. Die Taube war längst mitsamt ihrer Beute verschwunden. Li Lings Gesicht war eingefallen und müde, sie wirkte um viele Jahre älter, als sie war. Ihr Lachen war lange verblüht. In ihr Haar, das ungekämmt und wirr in die Stirn fiel, hatten sich graue Strähnen geschlichen. Die Haut an ihren Händen war schuppig und spröde. Ihre Füße, die in ausgelatschten Schlappen steckten, waren schmutzig und von einem hässlichen Pilz befallen. Eine wilde Wut packte Stenton, als er die roten Wundmale erblickte, die wie Ringe ihre Schienbeine umspannten. Es waren die Spuren von Fesseln, vielleicht von Ketten.

«Li Ling?» Wie viel Mut kostete es, den geliebten Namen auszusprechen. Wie viel Hoffnung, die mit einem Mal zu Staub zerfiel.

Sie antwortete nicht. Sie blickte nicht auf. Noch nicht einmal ihre Augen verrieten, dass sie ihn gehört hatte. Regungslos verharrte sie in ihrer traurigen Umnachtung.

«Kommst du mit mir?», fragte er und reichte ihr die Hand, die sie ergriff, als sei es ein Stück Holz. Sie erhob sich mechanisch und trottete neben ihm her. Stenton hatte keine Ahnung, wo er sie hinführen sollte. Es gab keinen Weg zurück durch das Tor. Er geleitete sie in die entgegengesetzte Richtung, tiefer in den Garten, vorbei an dem Mann, der immer noch seine feurige Ansprache an den Baum hielt. «Die sehr kleine Gruppe von Parteimitgliedern, die einer konterrevolutionären Linie anhängen und den Weg des Kapitalismus wählen, werden von der Woge der Großen Proletarischen Kulturrevolution hinweggefegt ...», deklamierte der Mann im aufgeblasenen Stil eines Leitartikels der *Volkszeitung*, und es geschah etwas Unheimliches. Li Ling verlangsamte ihre Schritte und lachte. Es war eigentlich kein Lachen, es war nicht viel mehr als ein Schnaufen, sie zog die Luft durch ihre Nase ein und gab sie stoßweise wieder von sich. Eine Gänsehaut kroch über Stentons Arme und er zog sie weiter.

Die Wärter im Pavillon würdigten das Paar keines Blickes, aber sie zeigten Anzeichen jener Unruhe, die jeden Chinesen befällt, wenn die Mittagsstunde und die Essenszeit naht. Sie löschten ihre Zigaretten, rieben sich die Hände, gähnten und streckten die Glieder. Noch zwei Minuten, schätzte Stenton, und sie würden beginnen ihre Patienten zusammenzutreiben und in den Speisesaal zu führen. Bis dahin musste er Li Ling und sich selbst in Sicherheit gebracht haben.

Der Zaun war an die drei Meter hoch und oben mit einer Doppelreihe aus Stacheldraht bewehrt. Kein Baum stand in der Nähe, von dem aus man sich hinüberhangeln konnte. Schon gar nicht mit der schwachen, verwirrten Li Ling. Stenton steuerte auf eine der Steinbaracken zu, die im hinteren Bereich des Gartens standen und die er für die Personalunterkünfte hielt. Er wusste sich für den Moment keine andere Hilfe, als Li Ling zunächst in einer der Baracken zu verstecken und dort zu warten, bis sich hoffentlich irgendeine Fluchtmöglichkeit ergab. Trillerpfeifen, Händeklatschen und laute Rufe erklangen hinter ihnen, die Pfleger machten sich bemerkbar. Die Uhr lief ab. Lange würde ihr Verschwinden gewiss nicht unentdeckt bleiben, ein leerer Platz am Tisch würde eine Suchaktion im Garten auslösen. Er versuchte sie in die Baracke zu schieben. Aber sie wehrte sich. Sie blieb stehen und riss ihre Hand zurück, schüttelte heftig den Kopf wie ein trotziges Kind.

«Li Ling – bitte, vertrau mir. Ich will dich hier herausbringen!», bettelte Stenton und wurde sich zum ersten Mal der Gefährlichkeit dieses Unterfangens bewusst. Er, ein amerikanischer Akademiker, war dabei, eine geistig Verwirrte, noch dazu die Tochter eines der wichtigsten Armeeführer des Landes aus dem Hochsicherheitsbereich eines Militärhospitals zu entführen! Wenn irgendetwas schief ging, wenn die stämmigen Wärter ihn überwältigten, war er vernichtet. Kein Gnadengesuch, keine diplomatische Intervention, nichts konnte ihn vor einer jahrelangen Haftstrafe retten. Aber er musste sie retten. Er hatte sie einmal hilflos zurückgelassen, und er würde es nie wieder tun. Sie widersetzte sich mit aller Kraft und scheute vor der Tür zur Baracke zurück. Sie brummte mit geschlossenem Mund etwas, das sich wie eine Melodie anhörte, und machte dabei ein verkniffenes und entschlossenes Gesicht, als mit einem Mal die Lautsprecher in der Gartenanlage losplärrten. Sie spielten schleppend eine Melodie, die offenbar der Essensruf war. Li Ling deutete mit der freien Hand auf den hinteren Teil des Hauptgebäudes. Aus einem der Fenster im Erdgeschoss stieg eine weiße Dampfwolke – die Küche. Dann zeigte sie auf die Baracke und wieder zurück auf die weiße Wolke.

«Was willst du mir sagen?», fragte Stenton verzweifelt, weil er spürte, wie sie Verbindung zu ihm suchte und er sie nicht verstand. Sie riss ihre Hand von seiner los und beschrieb mit beiden Armen einen großen Kreis, blies dazu, als fache sie ein Feuer an.

«Feuer!» Endlich hatte Stenton begriffen. Wenn er Feuer in der Baracke legte, konnte er vielleicht genug Unruhe stiften, um mit Li Ling durch den Haupteingang zu fliehen. Er zögerte keine Sekunde, angelte ein Benzinfeuerzeug aus seiner Jackentasche und spähte in den Raum. Es war keine Wohnstätte, es war die Wäscherei der Klinik – bis unter die Decke voll gestopft mit schmutzigen Laken.

Er warf das brennende Feuerzeug in den Wäschestapel, der sofort in Flammen aufging, und zog Li Ling in Richtung Ausgang. Aus den Fenstern der Baracke quollen bereits dunkle Rauchschwaden. Er ging mit Li Ling hinter einem Busch in Deckung und beobachtete einen Pfleger, der offenbar auf der Suche nach der fehlenden Patientin durch den Garten streifte und den Brand bemerkte. Schreiend lief er zurück zum Hauptgebäude. Der Wächter am Tor schaute ihm verwundert hinterher, machte ein paar Schritte in den Garten hinein, sah die Baracke brennen und eilte zurück, um per Telefon Hilfe zu rufen, schrie seinem Kameraden, der Stenton eingeliefert hatte, eine Warnung zu und öffnete das Tor. Als er sich umdrehte, stand ihm Stenton gegenüber, der ihn mit einem erbarmungslosen Haken niederstreckte und mit Li Ling ins Freie drängte. Sie wehrte sich, wollte den Garten nicht verlassen, und so hob er ihren federleichten Körper empor und rannte mit der zappelnden Li Ling in den Armen wie um sein Leben. Die Ärzte und Uniformierten, die ihm entgegenliefen, mochten meinen, er habe eine Patientin aus der Feuersbrunst gerettet, denn sie versuchten nicht ihn zu stoppen.

«Haltet ihn!», schrie jemand aus dem Obergeschoss. Stenton blickte sich um und sah Professor Pan, der das Fenster geöffnet hatte und den Eindruck machte, als sei er entschlossen, hinunterzuspringen, um die Entführung zu verhindern. Stenton fühlte fast so etwas wie Mitleid mit dem

Arzt, der General Wang das Verschwinden seiner Tochter erklären musste.

Stenton erreichte den Ausgang. Auch hier waren die Bewacher und selbst der Pförtner verschwunden, um sich in dem inzwischen qualmverhangenen Garten nützlich zu machen oder wenigstens von einem guten Aussichtspunkt die Löscharbeiten zu beobachten. Stenton preschte hinaus auf die Straße, brachte ein Taxi zum Halten und gab dem verdutzten Fahrer den Befehl, aufs Gas zu treten. Zwei Löschzüge der Feuerwehr kamen ihnen mit Sirenengeheul entgegen.

Li Ling zitterte am ganzen Körper und weinte. Er schloss ihren schmalen Körper fest in seine Arme und küsste sie sanft auf die Stirn.

«Alles wird gut, Li Ling», sagte er.

28. Kapitel

Peking, 1. Januar

«Wer ist der junge Mann auf dem Foto?», fragte George, nahm fasziniert den silbernen Bilderrahmen von der Anrichte und betrachtete das Bild eindringlich. Es war ihm, als schaue er durch einen Zauberspiegel zurück in eine andere Zeit und sehe den jungen Da Wang, der ihn durch die dunklen, verdreckten Gassen von Yiyang geleitete, der ihm das Schwimmen beibrachte und der ihn aus dem Keller des Generals Zhang befreite.

«Es ist mein Enkelsohn. Wang Ming.»

«Er sieht genauso aus wie du damals. Fast schon unheimlich, diese Ähnlichkeit.»

«Ja, nicht wahr?»

«Ich habe keine Enkel. Obwohl ich ja langsam in das Alter komme. Stenton hat nur einmal geheiratet, und das war eine Schlampe, von der er sich zum Glück getrennt hat. Wenn es da Enkel gegeben hätte, hätten die mich vermutlich auf einem Scheiterhaufen verbrannt ... Da Wang?» Während George weiterplapperte, geriet der General plötzlich buchstäblich ins Schwanken. Seine Hand suchte Halt an einer Stuhllehne und er schloss die Augen.

«Es ist nichts», sagte er schwach.

«Komm, setz dich hier hin. Trink einen Tee.» George bemerkte mit großem Schrecken, dass die Augen seines Freundes in Tränen versanken. Er wagte nicht zu sprechen. Ungeschickt und ratlos nahm er Da Wangs Hand.

«Der Junge war mein Leben», sagte der General nach langem Schweigen. Seine Worte waren kaum mehr als ein Flüstern. «Meine dritte Tochter brachte ihn zur Welt. Am 9. September 1976. Es war der Tag, an dem ganz China weinte, denn es war der Tag, an dem der Vorsitzende Mao starb.» George erinnerte sich genau an den Tag. Er war wie ferngesteuert trotz strömenden Regens den ganzen, langen Weg bis zum Postamt von Malagash gelaufen und hatte zur Bestürzung der Schalterbeamtin ein Beileidstelegramm an die Regierung der Volksrepublik China aufgegeben.

«Aber ich weinte nicht. Ich hielt meinen Enkel in den Armen und gab ihm den Namen ‹Ming› – der Erleuchtete. Er weinte und schrie und gluckste, wie Babys so sind, und spielte mit meinem Finger, bis er einschlief. Eigentlich hätte ich trauern sollen um den großen Verlust, den China erlitten hatte. Aber ich konnte nicht trauern. Wang Ming gab mir Kraft. Vom ersten Atemzug, den er tat, gab er mir Kraft und Leben. Die Geburt war schwer. Meine dritte Tochter hat sich nie mehr ganz davon erholt. Ihr Mann war ein Tunichtgut, ein ehemaliger Arbeiter aus dem Stahlwerk, der nichts konnte, außer jeden seiner Rülpser als revolutionäre Tat zu loben. Er war ein Mitläufer am Hofe von Maos Witwe Jiang Qing und der Viererbande und landete ein paar Monate nach Wang Mings Geburt im Gefängnis. Ich habe nie wieder etwas von ihm gehört. So hatte ich den Jungen die meiste Zeit um mich. Er wuchs hier in diesem Haus auf. Er spielte hier auf diesem Teppich und er lernte an diesem Tisch Schreiben und Lesen.»

George hielt den Atem an und ließ den alten Mann weitererzählen. Etwas Unerhörtes ging vor sich. Es war das erste Mal, dass Da Wang von sich selbst, von seinen Gefühlen sprach.

«Nur einmal gab es Ärger zwischen uns. Einmal. Ich habe ihn sogar geschlagen. Das war 1989. Dieses verfluchte Jahr 1989. Wang Ming hatte sich anstecken lassen von dem Trubel und Chaos in den Straßen. Er kam nach Hause und erzählte mir voller Begeisterung, dass China Pressefreiheit brauche und Meinungsfreiheit und Demokratie. ‹Wir haben doch Demokratie! Dafür habe ich mein Leben lang gekämpft›, schimpfte ich ihn aus. ‹Dann brauchen wir eben mehr Demokratie›, schrie er zurück. ‹Oder eben eine andere Demokratie!› Er wusste ja selbst nicht, was er eigentlich wollte. Aber jeden Tag schlich er sich hinaus und lungerte bei den Studenten auf dem Tiananmenplatz herum, die ihm all diese wirren Ideen einpflanzten, die er gar nicht verstand. Als das Kriegsrecht verhängt wurde, beschimpfte er mich sogar und beschuldigte mich, ich wolle seine Freunde da draußen umbringen. Aber das stimmte gar nicht. Ich wollte, dass sie wieder zurück in ihre Schule gingen und lernten. Es waren doch Kinder. Und sie waren genauso wie die Kinder damals in der Kulturrevolution. Sie rissen einfach alles an sich und hatten keinen Respekt mehr vor den Älteren. Wenn ich über den Platz gehen wollte, um meinen Enkel zu suchen, dann musste ich mir erst eine Genehmigung vom Studentenrat holen! Es fehlte nicht viel, und sie hätten mir die Eselsmütze aufgezogen und mich johlend durch die Straßen gejagt!» Mit einemmal ging ein Zittern durch den Körper des Generals. Sein Kopf sank hinab auf die Brust, seine Hände massierten wie wild die Oberschenkel. Ein Anfall! dachte George. Eine Herzattacke! Ich muss Hilfe holen. Doch kaum war er aufgestanden, hörte er Da Wang murmeln: «Nein, nein, nicht, nicht. Nicht mehr schlagen. Ich ... ich habe gelogen. Ich bin der, den ihr sucht. Die beiden waren nur meine Werkzeuge. Ich bin der Spion. Aber ich will mich bessern. Ich unterstütze die Roten Garden. Ich verehre den Vorsitzenden Mao Zedong. Han, Han, danke Han. Danke.»

«Da Wang – was ist los? Was hast du?» George ergriff den General bei den Schultern und schüttelte seinen Oberkörper. Er spürte, wie die Spannung aus den Muskeln seines Freundes floss, als hätte jemand ein Ventil geöffnet. Er stand noch immer da, mit beiden Händen auf Da Wangs Schultern, als der General seine Erzählung im gleichen Ton wie zuvor wieder aufnahm. Verwirrt und mit pochendem Herzen setzte sich George wieder hin und zwang sich ruhig weiter zuzuhören.

«Dann erfuhr ich, dass der Platz mit Gewalt geräumt werden sollte, und geriet in Panik», sagte Wang. «Zum Glück machte mein Sekretär Zhou Wang Ming ausfindig und brachte ihn nach Hause. Ich sperrte ihn in das Zimmer ein, in dem du jetzt wohnst. Er wollte nicht gehorchen. Er wehrte sich und schrie, dass er mit seinen Kameraden sterben wolle. Da schlug ich ihn. Nicht fest. Ich wollte ihm doch nicht wehtun. Aber heute wünschte ich, ich hätte es nicht getan. Ein paar Stunden später rollten die Panzer den Changan-Boulevard hinunter, und alles war vorbei. Ich habe mit Wang Ming nie wieder über diesen Tag gesprochen. Etwas war zerstört zwischen uns. Ich sorgte dafür, dass er erst zur Universität ging und dann in die *Wujing* eintrat. Er wehrte sich nicht. Er tat alles, was ich von ihm verlangte und widersprach niemals. Aber er war nicht mehr derselbe. Ich liebte ihn trotzdem. Ich wusste gar nicht, wie sehr ich ihn liebte, bis sie mir seinen Leichnam zeigten.»

George war zu erschrocken, um der erschütternden Erzählung konzentriert folgen zu können. Was war mit Da Wang geschehen? Was hatten sie ihm angetan? Er war sich sicher, dass der alte General keiner Menschenseele vor ihm die Geschichte anvertraut hatte. Aber er war auch sicher, dass dies nicht der erste Anfall dieser Art war. Wie hatte der junge Soldat gesagt? «Werden Sie nicht unruhig. Er hat eine sehr schwere Zeit hinter sich. Manchmal hat General Wang deshalb einige schwierige Minuten. Aber die gehen vorbei.» Da Wang hatte ihm eine Wunde offenbart, die er tief in sich trug. Eine Wunde, die so grässlich war, dass George sie nie wieder sehen wollte. Denn er selbst war, ohne es je gewusst zu haben, der Grund dafür gewesen, dass sie Da Wang zugefügt wurde. Da Wang hatte für Georges und Stentons Rettung fürchterlich gebüßt.

«Was ist mit deinem Enkel geschehen?», fragte er, alle anderen Gedanken niederringend.

«Ich weiß es nicht genau. Man sagt, er habe Kämpfe ausgetragen. Kämpfe auf Leben und Tod, bei denen Wetten abgeschlossen wurden wie bei den Kämpfen von Grillen. Man sagt, er sei ein sehr guter Kämpfer gewesen und habe viele Gegner besiegt. Für Geld. Für ein paar tausend Kuai. Irgendwann traf er einen, der ein noch besserer Kämpfer war, und dieser Mann brach ihm das Genick. Vor ein paar Tagen habe ich ihn auf dem Friedhof von Babaoshan beerdigt.» Da Wang grinste unheimlich und abwesend und blickte hinüber zu dem Sarg, der geöffnet in der hinteren Ecke des Zimmers auf zwei Hockern stand. «Es mag sich merkwürdig anhören, aber ich glaube, ich bin mit Wang Ming gestorben. Ich bin nur noch die Hülle eines alten Mannes. Bevor die Todesnachricht kam, war mein einziges Ziel China den letzten Dienst zu erweisen und es zu vereinen, bevor uns Taiwan für immer verloren geht. Nun ist das größte aller Ziele plötzlich unbedeutender geworden, und es erscheint mir viel wichtiger, den Mörder meines Enkelsohns zu finden und zu richten. Und vielleicht geschieht auch die Eroberung Taiwans nur aus diesem Grund. Ich will vor meinem Tod noch Rache nehmen an General Zhang.»

«Vielleicht wird es dich verwundern», sagte George vorsichtig, «aber ich hatte nie das Bedürfnis mich an Zhang zu rächen. Ich wollte das immer dir überlassen – obwohl er meine Eltern ermordet hat. Es gibt eine andere Person, an der ich mich rächen würde – aber ich habe mich längst mit dem Gedanken abgefunden, dass ich sie niemals wieder finden werde. Vielleicht ist es besser so.»

«Wenn du so denken kannst, dann bist du ein glücklicher Mann.»

«Aber ich will dir eine Frage stellen: Warum hast du bis

jetzt gewartet, um Zhang anzugreifen, Da Wang? Der Krieg gegen die Guomindang ist doch längst vorbei. Wir haben ihn gewonnen.» Wenn Da Wang von militärischen Dingen redete, war er immer noch der starke, unbesiegbare Held und nicht das winselnde Etwas, das er irgendwo in seinem Inneren trug und das durch grausame Erinnerungen geweckt wurde. Dieses Etwas war mehr, als er ertragen konnte, denn er hatte es einst auch in sich getragen. Auch er hatte in der Kulturrevolution Unsägliches erlebt. Auch er war unter den Schlägen und der Folter der Roten Garden zusammengebrochen und hatte zu ihren Füßen gelegen und um Gnade gefleht. Er trug diese Narbe in seiner Seele und hatte niemals einem Menschen davon erzählt, nicht einmal seinem eigenen Sohn. Wie sie ihn, der kein anderes Ziel kannte, als China zu einem starken, glücklichen Land zu machen, als amerikanischen Spion anklagten. Wie sie sein Bein mit einem schweren Hammer zertrümmert hatten. Und wie, als er am Boden lag, der junge Mann mit den beiden Zigaretten näher und näher kam, um sie dem Wehrlosen in die Nasenlöcher zu rammen und mit Genuss darin umzudrehen, bis jeder einzelne Nerv verkohlt war und George für die nächsten zwölf Monate nichts anderes riechen konnte als den Gestank nach verbrannter Haut und danach nichts mehr. George wusste genau, welcher Wahnsinn in der Seele des Gemarterten und Gedemütigten lauerte wie ein böses, dunkles Höhlentier. Er hatte in der Einsamkeit seiner Farm und Volkskommune in Malagash gelernt, das dunkle Tier immer wieder zu besänftigen, es tief in seine weit verzweigte Höhle zu drängen, es zu zähmen. Da Wang aber, der Starke, hatte es mit sich herumgetragen bis heute, und als er nach dem Tod seines Lieblings schwach und hilflos war, hatte es ihn eingeholt und war brüllend über ihn hergefallen. George erkannte, dass nur sein Soldatenstolz den alten Da Wang, den George vergöttert hatte, wiederbeleben und zurückbringen konnte. Zumindest vorübergehend. Der Da

Wang, der Held von einst, war heute ein gebrochener, von seiner Tragödie zerfressener Mann.

«Das ist eine lange Geschichte», sagte dieser Mann, nun wieder in aller Ruhe und mit einem überlegenen Lächeln. «Mein Sekretär brachte mir eines Tages die Examensarbeit eines jungen Soldaten zur Kenntnis, die in hohen Armeekreisen einiges Aufsehen verursacht hatte. Er meinte, dies sei der perfekte Plan, das Vaterland auf schnelle und nahezu unblutige Art und Weise zu einen. Die Landsleute auf Taiwan und besonders ihre Marionettenregierung spuckten zu dieser Zeit große Töne über Unabhängigkeit, und überall in Peking wurde hitzig diskutiert, wie wir mit dieser Situation fertig werden sollten. Einige befürworteten sogar ein sofortiges Losschlagen, das verheerende Folgen gehabt hätte. Da kam Zhou genau zum rechten Zeitpunkt mit dieser Arbeit und empfahl, wir sollten zugreifen, bevor es zu spät sei. Ich musste ihm Recht geben. Der Plan benötigte nur etwas Schliff. Die mögliche Einmischung der Amerikaner war dabei nicht ausreichend berücksichtigt. Zhou meinte, er könne mit Leichtigkeit dafür sorgen, dass wir Hilfe von der Gegenseite, also von den Taiwanesen selbst bekämen, und er stellte über verschwiegene Kanäle Kontakt zu einer hohen, patriotischen Persönlichkeit in Taipeh her. Danach suchten wir mit größter Sorgfalt unsere Verbündeten. In der Armeeführung herrschte schon lange wachsendes Unbehagen über die Trägheit der Politiker in der Taiwanfrage. Es war nicht schwierig von dort Unterstützung zu bekommen. Aber ohne die Partei und ohne die Wirtschaft wäre es nicht möglich, unseren Besitz nach dem militärischen Sieg langfristig zu halten. Wir fanden die Genossen Hong Fansen und Zhao Zhongwen, die sich unserer Sache ohne Zögern anschlossen.»

«Wir?»

«Zhou Hongjie und ich. Eigentlich mehr Zhou. Ich bin in letzter Zeit nicht mehr so ganz auf der Höhe. Ich schlafe manchmal nächtelang nicht, und dann nicke ich plötzlich mitten in einem wichtigen Gespräch ein.»

«Ich würde ihn wirklich gerne kennen lernen, deinen Zhou. Er muss ein sehr guter Mann sein.»

«Wir werden später hinübergehen in das Büro, das ich immer noch benutzen darf, obwohl ich längst kein Kommando mehr habe. Er leitet dort die Vorbereitungen für die Operation *Gelber Kaiser*.»

«Ein guter Name für das Vorhaben.»

«Das finde ich auch.»

Georges Taktik hatte gewirkt. General Wang hatte seine Schwäche, seine «schwierigen Minuten», überwunden und seinen Schmerz niedergekämpft. Umso mehr verwunderte es George, dass Da Wang nun von sich aus das große Tabu berührte. Offenbar fühlte er sich doch stark genug.

«Xiaolong, ich habe damals in Dongqiao nicht mehr die Gelegenheit gehabt, dich um Verzeihung zu bitten für das, was sie dir und deinem Sohn angetan haben. Euch ist schreckliches Unrecht widerfahren.»

«Vielen ist in dieser Zeit schreckliches Unrecht widerfahren. Du hast es nicht verursacht. Du hast uns das Leben gerettet und musst nicht um Verzeihung bitten. Ich habe dir zu danken. Du hast mir zweimal das Leben gerettet. Du hast mich aus dem Keller des Generals befreit – erinnerst du dich nicht?

Wieder passierte es! Wieder hatte er unwissend das dunkle Tier geweckt. Der General saß mit einem Mal stocksteif in seinem Sessel. Seine Hände krallten sich so fest in seine Oberschenkel, dass die Knöchel weiß hervortraten. Seine Worte waren kaum zu verstehen. «Wir brauchen die Waffen. Der törichte Junge ist der Schlüssel zu den Waffen. Ich muss den Jungen retten.»

«Was sagst du?»

«Die Kaufleute sind Ausbeuter und Menschenfresser, aber ich muss mit ihnen paktieren. Ich brauche die Waffen.»

«Da Wang?»

«Zhang, Zhang, du bist erledigt. Ich bekomme die Waffen, und wenn ich jede Kanone mit einem Liter meines eigenen Blutes bezahlen muss.»

George packte ein kaltes Gruseln. Der alte General sprach mit der Stimme des jungen Revolutionärs. Sein Blick war gebannt und auf ein unsichtbares Ziel gelenkt, als stünde er unter Hypnose. Als suche er Schutz vor unsichtbaren Peinigern, verbarg Da Wang seinen Kopf unter seinen Armen und krümmte sich zusammen, als prügele jemand mit voller Wucht auf ihn ein.

George ergriff mit beiden Händen den Arm des Generals und drückte ihn, so fest er konnte. Er wusste jetzt, dass die «schwierigen Minuten» vorbeigehen würden und dass Da Wang in einigen Augenblicken wieder in aller Ruhe weitersprechen würde. Aber er wusste auch, dass der General, der einst große Armeen zum Sieg geführt hatte, nicht mehr Herr seiner selbst war.

Sie wollte gerade das Haus in der Villensiedlung verlassen und zum Einkaufen in die Stadt fahren. Sie hatte bereits ihren Mantel angelegt und kramte noch in ihrer Handtasche nach dem Autoschlüssel, als das Rasseln der Türklingel sie erschreckt zusammenfahren ließ. Sherry Wu erwartete keinen Besuch. Schon gar nicht am frühen Vormittag des Neujahrstages. Sie hatte den Jahreswechsel allein verbracht, hatte alle Einladungen zu den diversen Silvesterpartys ausgeschlagen und sich auch nicht im Imperial Club blicken lassen. Sie hatte daheim gesessen und sich vor dem Fernseher betrunken, bis sie sich besser fühlte. Es hatte keine Reaktion aus Langley gegeben. Es war, als sei ihr Bericht über die Enthüllungen des Hong Fansen noch nicht einmal gelesen worden und im Neujahrstrubel untergegangen. Marco, nach dessen Nähe sie sich mehr denn je sehnte, selbst wenn er abweisend blieb, war irgendwo in Shenzhen verschwunden und meldete sich nicht. Sie hatte versucht ihn über Jackie Lau zu erreichen und über die geplante Invasion der «Küche» zu unterrichten, aber Jackies Büro war nicht besetzt.

Sie öffnete die Haustür beim zweiten Klingeln und wusste nun, dass sie in Schwierigkeiten geraten war.

«Du wohnst ja nicht schlecht für ein Bauernmädchen aus Guizhou, das seine armen Eltern versorgen muss.» Hinter seinen zentimeterdicken Brillengläsern funkelten kalt die Augen Hong Fansens. Er betrat den Flur, gefolgt von zwei groben Schlägern, die Lederjacken mit schwarzen Pelzkrägen trugen und sich breitbeinig vor der Tür aufbauten.

«Ich habe . . .» ein wenig Geld zur Seite legen können – wollte sie sagen, aber seine rechte Hand schoss empor, bevor sie den Satz vollenden konnte. Ihr Kopf fiel unter dem unerwarteten, harten Schlag zur Seite. Der Goldring mit dem Abbild des Vorsitzenden Mao, den er an seinem Finger trug, hatte ihre Wange aufgerissen. Sie spürte warmes Blut an ihrem Hals herunterrieseln.

«Du dummes Flittchen.» Hong Fansen kochte vor Zorn. «Hast du wirklich geglaubt, du könntest mich hereinlegen? Ich weiß genau, was du deinen Freunden in Washington erzählt hast. Und ich weiß sogar, dass sie dort über dich lachen. Sie nennen dich dort den Fickfrosch. Ist das nicht lustig?»

Sie wagte nicht die Augen zu öffnen, und fühlte sich, als hätte ihr jemand den Boden unter den Füßen weggezogen. Wenn sie doch nur noch die Pistole in ihrer Handtasche hätte! Aber die hatte sie aus Angst, jemand im Imperial Club könne sie zufällig finden und dumme Fragen stellen, in ihrem Nachtschränkchen deponiert. Wäre er allein gewesen, hätte sie den Greis niederstrecken können, denn sie hatte in Langley zwei Selbstverteidigungskurse besucht. Aber flankiert von den beiden Gorillas war Hong Fansen nicht zu schlagen. Sherry verspürte mit einem Mal eine Angst, die sie nie zuvor gekannt hatte. Sie fürchtete sich vor dem Tode.

«Ich weiß gar nicht ...», wovon Sie reden. Ich bin doch nur eine Hostess – wollte sie sagen, aber ein weiterer Hieb brachte sie zum Schweigen. Noch tiefer riss der Mao-Ring ihre Wange auf. «Sag nichts, Fickfrosch», zischte Hong Fansen bedrohlich ruhig. Er fuhr herum und sagte zu den Schlägertypen. «Macht es kurz. Ich warte im Wagen.»

Noch bevor er die Tür zugeschlagen hatte, kreischte Sherry unter den Schmerzen auf, die der harte Griff der derben Hand auf ihrem Oberarm verursachte. Nähte schnitten ihr ins Fleisch, als ihr die Kleider vom Leib gerissen wurden.

Hong Fansen stieg nicht in den Wagen, sondern lauschte auf die gedämpften Schreie, die aus ihrem Haus drangen. Sein Raubvogelgesicht zeigte keinerlei Ausdruck, obwohl er innerlich vor Erregung und Wut kochte. Der dumme Fickfrosch hatte ihn in große Schwierigkeiten gebracht. Er war von seinen Mitverschwörern streng kritisiert worden, als sie erfuhren, dass er den Angriffsplan ausgeplaudert und durch seine Torheit das gesamte Unternehmen in Gefahr gebracht hatte. Es war pures Glück gewesen, dass ihre eigenen Leute der kleinen Spionin nicht glaubten.

Erst als die Schreie aus dem Haus verstummten, verschwand Hong Fansen hinter den getönten Scheiben seines Wagens.

29. Kapitel

Auf dem Weg nach Dafu, 3. Januar

Sie hatten die letzten Ausläufer der Großstadt Fuzhou hinter sich gelassen, passierten die letzten verklinkerten Fabrikanlagen und fuhren entlang der Reisfelder durch kleine Ortschaften. Weiß getünchte Häuser mit roten Ziegeldächern säumten die Straße. Jeder Eingang war ein Geschäft, die Besitzer hockten auf Stühlen im Freien, Frauen strickten, Männer spielten Schach, Kinder tobten. Hupend und waghalsige Überholmanöver vollführend hielt Marco den Toyota in der Mitte der Fahrbahn, Jackie Lau saß mit angezogenen Beinen im Beifahrersitz und kaute an seinen Fingernägeln.

Auf dem Kleidermarkt in Fuzhou hatten sie sich mit khakifarbenen Westen ausgestattet, wie sie die Kameraleute vom staatlichen Fernsehen CCTV gern trugen, hatten aus Marcos Fundus das weiße Emblem des Propagandasenders entnommen und auf der Brusttasche aufgenäht – zwei ineinander verschlungene Ovale, blau und grün, in deren Mitte die Buchstaben «TV» rot prangten.

Der Fallschirmspringer, der bei seinem letzten Anruf im Oriental Regent von Daniel Kwok die Nummer von Marcos Mobiltelefon erhielt, hatte diese Verkleidung vorgeschlagen, denn er wusste, dass bei jedem Manöver, bei jeder Militäraktion die Kameras des Propagandaministeriums mitliefen, um danach in aller Ausgiebigkeit die Ruhmestaten der Truppe zu preisen. Die Filmleute waren ausgesuchte Patrioten und Künstler ihres Faches. Sie besaßen besondere Papiere, die ihnen Zugang zu Militäreinrichtungen verschafften, wenn sie von Offizieren der Armee begleitet wurden. Chen Hong ging ein enormes Risiko dabei ein, die beiden Spione durch die Kontrolle zu schleusen, aber das war der Preis für die Gewissheit, dass Yilai die Operation überstanden hatte.

Zwei Kilometer vor dem Militärposten, der den Eingang zum Sperrgebiet bewachte, fanden sie den halb verfallenen Ziegenstall, den der Fallschirmspringer als Treffpunkt genannt hatte. Marco baute sofort sein Satellitentelefon auf und hatte eine Minute später Fred Summers in der Leitung.

«Wir sind am Zielort», meldete er. «Unser Mann wird gleich hier sein. Haben Sie alle Vorkehrungen getroffen?»

Summers klang müde. «Das D-12-Band ist erstellt, unsere Leute haben Antworten auf 162 mögliche Fragen parat.»

«Was ist mit dem Feuerwerk?»

«Es ist nicht so leicht, wie Sie denken!», versetzte Summers gereizt.

«Ich brauche einen Code XX für die *Leftwich*, und zwar umgehend.»

«Ich arbeite daran», antwortete Summers ausweichend. «Es ist nicht leicht.»

Marco erfasste eine unbezähmbare Wut auf Summers. Er kannte seinen Führungsoffizier lange genug, um zu wissen, dass er nicht gerade ein Diplomat im Umgang mit seinen Vorgesetzten war. Summers bog sich wie ein Bambus im Sturm, wenn der aus den oberen Etagen blies.

«Gehen Sie an Cartlin vorbei, um Himmels willen!», brauste Marco auf. «Gehen Sie direkt zum Präsidenten. Wir haben keine Zeit!»

«Ich bin nicht mehr befugt, Marco. Cartlin hat mich beurlaubt. Ich bin am Ende!»

«Okay, Summers. Ich kann Ihre Probleme nicht lösen. Tun Sie, was Sie tun können. Wir gehen rein. Entweder ich bekomme den Code, oder ihr verliert Taiwan noch heute Nacht so schnell, als würde es das Klo runtergespült.»

Er schmetterte den Hörer auf die Gabel und wandte sich Jackie Lau zu, der mit betroffenem Gesichtsausdruck neben dem Toyota stand und die Straße beobachtete.

«Da hinten kommt ein Jeep. Das muss der Fallschirmspringer sein.»

Marco schluckte mit Mühe seine Wut hinunter und klopfte Jackie Lau auf die Schultern. «Danke für deine Hilfe, Jackie.»

«Was soll das?»

«Hier trennen sich unsere Wege. Ich gehe allein.»

«Du bist verrückt, Ma Ko. Sie würden sofort Verdacht schöpfen. Niemals kommt ein Kameramann zu so einer Aufgabe allein. Er hat immer einen Assistenten dabei, der gleichzeitig sein Aufpasser ist. Hundert zu eins, dass irgendein Schlaumeier sich deine Papiere zeigen und schnell nachprüfen lässt. Dann bist du dran.»

«Das hier ist kein Wettspiel, Jackie. Sobald wir hinter der Straßensperre sind, geht es um Leben und Tod.»

«Ich wäre schon längst tot, wenn du mir nicht geholfen hättest. Ich komme mit.» Er holte tief Luft, selbst erschrocken über die Unwiderruflichkeit seiner Aussage.

Der Jeep kam näher und drosselte sein Tempo.

Marco griff in seine Hemdtasche und zog ein dunkelblaues Dokument hervor, in das ein goldenes Wappen eingeprägt war. Ein widerwilliger Fred Summers hatte es ihm bei ihrer nächtlichen Begegnung am Chesapeake-Ohio-Kanal in die Hand gedrückt. Jetzt reichte er es weiter an den Südchinesen.

«Ihr Pass, Mister Lau. Willkommen in Amerika.»

Jackie nahm den Pass an sich und starrte auf das feierliche Motiv des Adlers, der in einer Kralle den Olivenzweig, in der anderen das Bündel Pfeile hielt.

«Muss ich nicht einen Test bestehen? Die amerikanischen

Staaten auswendig können und so weiter?», fragte er und konnte sich nicht erinnern jemals so tief bewegt gewesen zu sein, dass seine Stimme ihm versagte.

«Geschenkt», sagte Marco.

«Und den Fahneneid? Muss ich nicht den Fahneneid leisten?»

«Was du gerade tust, ist besser als jeder Eid.»

«Danke, Ma Ko.» Er streichelte liebevoll über den Pass und ließ ihn dann in der Innentasche seiner Weste verschwinden.

«Versteck ihn lieber hier irgendwo, und wir holen ihn auf dem Rückweg», mahnte Marco.

«Und was mache ich, wenn wir dann etwas in Eile sind? Keine Chance. Ich gebe ihn nicht wieder her.»

Die Bremsen quietschten jäh, als der Jeep des Fallschirmspringers vor dem Toyota-Bus auf dem holprigen Straßenrand auswich.

«Wo ist das Telefon?», fragte der Soldat, ohne Jackie zu begrüßen oder sich dem Fremden vorzustellen. Er warf den beiden lediglich olivgrüne Armbänder zu, die sie als offizielle Militärkameraleute auswiesen.

«Ich wähle die Nummer für Sie», bot Marco an und betrachtete sich den Mann währenddessen genauer. Er trug Tarnkleidung ohne Rangabzeichen, aber Marco konnte seiner Körperhaltung entnehmen, dass er kein einfacher Soldat, sondern ein Offizier war. Sein Gesicht war hart und unbewegt, seine Augen nur zwei in äußerster Anspannung zusammengezogene Schlitze. Er vermied es Marco oder Jackie Lau direkt in die Augen zu sehen, hielt seinen Blick starr auf die Tastatur des Inmarsat-Telefons gerichtet und wartete, bis Marco ihm den Hörer reichte. Er kauerte sich neben dem kleinen Satellitenschirm nieder und hielt den Hörer mit beiden Händen.»

«Wei?»

Sein Gesicht erhellte sich schlagartig.

«Yilai? Yilai? Wie geht es dir?»

«Es geht mir gut. Die Operation hat elf Stunden gedauert, aber alles ist gut verlaufen.»

«Hast du Schmerzen?»

«Es kitzelt ein bisschen, das ist alles. Ich kann schon wieder gerade laufen und war heute sogar im Garten spazieren.»

«Das ist gut. Behandeln sie dich gut? Wei? Hallo, Yilai? Behandeln sie dich gut?»

«Was, entschuldige bitte, ich bin noch ein wenig verwirrt.»

Marco hatte sich abgewandt und fühlte Mitleid mit dem Mann, der mit einer Toten sprach. Es war ein grausames, aber notwendiges Spiel. Jedes Wort, das Yilai seit ihrer Ankunft im Hospital gesprochen hatte, war mit digitalen Aufzeichnungsmaschinen mitgeschnitten und vom chinesischen Stab in der Zentrale neu zusammengefügt worden. Sie hatten lange Gespräche mit ihr geführt, sie über ihren Familienhintergrund und das Verhältnis zu ihrem Bruder ausgefragt, bis ihr kritischer Zustand das nicht mehr länger zuließ. Schwankungen der Stimme, Intonationen und Betonungen, die in einen anderen Zusammenhang gehörten, waren ausgemerzt worden, so dass Yilai, die Tote, sich genauso anhörte wie Yilai, die Lebende. In Langley saßen drei hochkonzentrierte, begabte Spezialisten beisammen und spielten per Knopfdruck die passenden Antworten auf die Fragen des Fallschirmspringers ein. Sie hatten auf jede Erkundigung eine Erwiderung parat, sogar auf diese: «Wie haben die Yankees gegen die Braves gespielt?» Für den äußersten Notfall hatten sie den Joker. «Ich weiß nicht, ich bin noch ein wenig verwirrt.»

«Du hörst dich komisch an», hörte Marco Chen Hong sagen. «Ist irgendwas?»

«Nein. Es geht schon. Ich bin noch müde. Ich kann nicht so lange sprechen.»

«Dann will ich dich nicht länger erschöpfen.»

«Gege? Älterer Bruder?» Der Offizier horchte auf, und Marco sah, wie sein Körper sich plötzlich versteifte. Seine Schwester hatte ihm gegenüber nie diese Anrede benutzt.

«Ich habe noch eine Bitte», sagte das Tonband.

«Ja?» Marco konnte sehen, wie es hinter der Stirn des Fallschirmspringers arbeitete. Niemand wittert einen Verrat schneller als ein Verräter. Er wusste zwar nichts von der digitalen Technik, die hinter diesem Taschenspielertrick stand. Aber er mochte denken, dass er mit einer geschickten Stimmenimitatorin sprach.

«Bitte halte das Versprechen, das du meinen Rettern gegeben hast. Sie haben wirklich alles für mich getan, was sie versprochen haben.»

«Ich werde mein Wort halten, Meimei, jüngere Schwester», sagte er forschend.

«Bitte, nenn mich nicht so – du weißt, wie ich das hasse!»

Der Fallschirmspringer entspannte sich wieder und brachte ein erleichtertes Lächeln zustande. «Ich werde mein Versprechen halten, Yilai. Werde bitte schnell wieder gesund. Lebe wohl. Und vergiss nicht, wenn du zurück bist, Yueyue regelmäßig zu füttern.»

«Ich werde es nicht vergessen. Lebe wohl.»

Er gab Marco den Hörer zurück und richtete sich auf.

«Hier sind die Sondergenehmigungen für den Eintritt in das Sperrgebiet. Die Wachen sind informiert. Es erwarten Sie zwei Offiziere der Propagandaabteilung, die Sie auf Schritt und Tritt begleiten werden.»

«Moment mal, Tiger», schaltete sich Jackie Lau ein. «Das war aber nicht abgemacht.»

«Es geht nicht anders. Ein Kamerateam ohne offizielle Begleitung würde sofort Misstrauen erwecken. Die Offiziere haben keine Ahnung, was heute Nacht geschehen soll, und denken, es sei die übliche Manöverbeobachtung. Sie müssen selbst mit ihnen fertig werden.»

Eine starke Windböe traf sie und riss den Satellitenschirm des Telefons um. «Es wird Sturm geben», sagte Chen Hong mit Blick auf den wolkenschweren Abendhimmel. «Gehen wir.»

30. Kapitel

Peking, 3. Januar

«Tut mir Leid, General, aber Zhou Hongjie musste zu dringenden Geschäften in die Parteizentrale», meldete der Soldat. Er wusste zwar genau, in welcher Sache der Sekretär unterwegs war, aber er wagte nicht dem General dies zu eröffnen. Zhou hatte einen Anruf aus dem Militärhospital von Guangzhou erhalten. Die Tochter des Generals war verschwunden. Vermutlich entführt.

Da Wang und George betraten die riesige Büroetage des Generals, und George sah sich um und pfiff bewundernd durch die Zähne.

«Die wissen schon, was sie dir schuldig sind, wie?»

«Niemand schuldet mir irgendetwas. Ich bin hier nicht sehr oft», sagte Da Wang peinlich berührt. «Ich fühle mich irgendwie nicht so wohl hier. Zhou regelt die Geschäfte.»

Da Wang schritt zum Schreibtisch und überflog stirnrunzelnd die neuesten Meldungen, die Zhou ihm hier zusammengestellt hatte. Der Tag X war endlich da. Alle Vorbereitungen für die Operation *Gelber Kaiser* waren abgeschlossen. Der militärische Teil der Aktion würde mit der Präzision eines Uhrwerkes ablaufen, ohne dass es weiterer Unternehmungen bedurfte. Dennoch wurde es Da Wang äußerst ungemütlich, als er die Notizen von Zhou überflog. Die Amerikaner hatten Wind von der Aktion bekommen. Hong Fansen, dieser unglückselige Narr, hatte seine große Klappe nicht halten können, und Gleiches galt für Zhao Zhongwen. Verdammte Zivilisten. Zum Glück schien es, als wolle niemand diesen Informationen Glauben schenken und als spiele ihnen dank ihrer exzellenten Vorarbeiten diese unerwartete Wendung noch in die Hände. Trotzdem fühlte sich Wang Guoming nicht wohl bei dem Gedanken, dass ihr Plan bereits von amerikanischen Experten im US-Fernsehen diskutiert wurde. Ihm war gesagt worden, dass alle der gefährlichsten Agenten der CIA ausgeschaltet worden waren. Offenbar war da jemandem ein Fehler unterlaufen. Zhou hatte sich klugerweise verdrückt, bevor ihn der Zorn des Generals treffen konnte.

«Ist was nicht in Ordnung?», fragte George.

«Was? Nein, nein. Es gibt kein Problem. Wir werden plangemäß in zwei Stunden nach Fuzhou aufbrechen.»

Der junge Soldat hatte sich zurückgezogen, und George hielt den Moment für gekommen Da Wang seine Zweifel an der Operation zu eröffnen. Er hatte das strategische Genie des Generals immer bewundert. Aber er war heute ein alter Mann, der mit entsetzlichen «schwierigen Minuten» zu kämpfen hatte. Als er ihn nun dort stehen sah, mit den Papieren in seiner leicht zitternden Hand, da fragte er sich, ob Wang Guoming eigentlich wusste, was er tat. Wußte er, dass er unter Umständen einen Weltkrieg auslösen konnte? Dass er viele Millionen Menschenleben gefährdete? George schöpfte Atem, sammelte Mut und eröffnete dem Freund, was ihn plagte, seit er von dem Vorhaben erfahren hatte.

«Deine Sorge ist unbegründet», antwortete der General kühl.«Du kennst mich lange genug. Ich hätte diesen Plan nicht gut geheißen, wenn die Gefahr einer Eskalation bestünde. Ich will so wenig wie möglich chinesisches Blut vergießen. Für andere, die nach mir kämen, wäre dies kein Hinderungsgrund mehr.»

Er erläuterte George die Grundzüge des Angriffsplans, der darauf beruhte, dass ein Mitverschwörer auf Taiwan dafür sorgte, dass die Abwehr außer Kraft gesetzt war.

«Wer ist dieser Mann?»

«Du kennst ihn nicht. Sein Name ist General Pun. Ein gebürtiger Sichuanese. Er ist dort drüben ein sehr einflussreicher Mann. Vielleicht sogar noch einflussreicher als General Zhang.»

«Warum hilft er euch?»

«Weil er ein Patriot ist. Weil er China liebt und weil er wie wir davon überzeugt ist, dass wir unser Land vereinigen müssen. Wenn wir es jetzt nicht tun, dann werden es andere tun. Manche werden mich hinterher einen Abenteurer nennen. Aber ich weiß, wie es im chinesischen Generalstab aussieht, und ich kann dir sagen: Ich bin ein Täubchen im Vergleich mit einigen anderen. Nimm nur einmal General Huang, der die Truppen im Militärbezirk Shenyang befehligt. Er drängt seit Jahren darauf in Korea einzumarschieren. Oder General Jiang in Guangzhou. Wenn es nach ihm ginge, hätten wir bereits den Philippinen, Malaysia und Indonesien den Krieg erklärt, um die Nansha-Inseln einzunehmen. Außerdem befürwortet er einen Militärschlag gegen Japan, um unsere Gebietsansprüche durchzusetzen. Dadurch, dass wir sie an Bord haben, können wir diese Hitzköpfe ruhig stellen und kontrollieren.»

«Und dann? Was ist danach? Sie werden immer mehr verlangen.»

«Das werde ich schon zu verhindern wissen.»

«Da Wang.» George kam ganz nah an den Freund heran. «In deinem Zimmer steht bereits ein Sarg! Du hast mir geschrieben, dass der Winter deines Lebens begonnen hat. Wie willst du denn von deinem Grab aus die Huangs und Jiangs im Zaum halten? Du hilfst ihnen Taiwan zu bekommen, und dann werden sie sich nicht mehr zurückhalten und China in die Katastrophe führen.»

«Zhou wird schon dafür sorgen, dass sie nicht übermütig werden.»

George schüttelte den Kopf. «Dein Zhou mag ein erstklassiger Sekretär sein, aber er ist kein Wang Guoming. Du hast den Langen Marsch überlebt. Du hast geholfen, die Japaner und die Guomindang zu besiegen. Du hast mit Mao und Zhou Enlai aus derselben Reisschüssel gegessen. Wenn du nicht mehr da bist, dann wird dies ein anderes Land sein, Da Wang. Das ist es ja jetzt schon! Alles, wofür wir einmal gekämpft haben und wofür unsere Freunde starben, bedeutet nichts mehr. Es ist Geschichte. Die Kinder wissen heute mehr über Mickymaus als über den Vorsitzenden Mao. Es ist zu spät daran noch etwas zu ändern. Diesen Krieg haben wir verloren, und wir können ihn nicht noch einmal führen, denn diesmal hätten wir das Volk gegen uns. Aber wenn du das Land diesen Leuten überlässt, dann werden sie unser liebes China zu einem Ungeheuer machen.»

«Was soll ich deiner Meinung nach tun, Xiaolong?», versetzte Wang Guoming ärgerlich.

«Die ganze Sache aufhalten. Du bist der Einzige, der das kann.»

«Das ist ausgeschlossen», versetzte Da Wang ärgerlich. «Ich dachte, du wärst mein Freund, und nun kommst ausgerechnet du mir mit solchen kleinmütigen Bedenken!»

«Verzeihen Sie – ist Zhou Hongjie noch nicht im Büro?» Die weibliche Stimme ließ ihn herumfahren, und George erstarrte. Gleiches geschah der jungen Frau mit den auffallend kurzen Haaren, die in ihrem braven Kostüm in der Tür stand und die beiden Männer überrascht hatte.

George gefror das Blut in den Adern. Die CAMP, die kapitalistische Hexe, seine ehemalige Schwiegertochter, für die nur ein toter Kommunist ein guter Kommunist war. Hier stand sie vor ihm im Herzen des kommunistischen China. Eine Spionin.

«Verdammt», entfuhr es ihm.

Sophia wurde sofort von einer rasenden Furcht ergriffen. Sie drehte sich auf dem Absatz um und rannte auf den Flur hinaus. Dabei verlor sie die Papiere, die sie unter dem Arm trug. Raus hier, nichts wie raus hier, war alles, woran sie denken konnte. Nicht im Lift, der konnte gestoppt werden. Sie warf sich gegen die Tür zum Treppenhaus und hastete die Stufen hinunter, rutschte aus und fiel hin, rappelte sich wieder hoch und setzte ihre kopflose Flucht fort. Als sie im siebten Stockwerk angekommen war, hörte sie die Stimmen und Schritte ihrer Verfolger über sich. Sie versuchte, das Treppenhaus zu verlassen, aber die Tür war verschlossen. Es blieb ihr nichts anderes übrig, als weiter nach unten zu rennen.

«Was, zum Teufel, war das?», wunderte sich General Wang, als die junge Frau aus dem Raum stürzte.

George war außer sich. «Du glaubst, euer Plan ist unfehlbar, Da Wang. Ich sage dir: Die Amerikaner wissen bereits alles. Von dieser Frau.»

Da Wang griff zum Telefon und bellte ein paar kurze Befehle in die Muschel.

Als Sophia endlich das Erdgeschoss erreicht hatte und die Tür zum Eingangsbereich aufstieß, blickte sie in die Läufe von vier geladenen Pistolen. Die Wachleute wiesen sie an sich auf den Boden zu legen, und durchsuchten sie unsanft nach Waffen. Dann drehten sie ihr die Arme auf den Rücken und brachten sie zum Verhör zurück in die Dachetage.

«Ich sage nichts, und wenn Sie mich foltern!», schrie sie und versuchte, ihre Arme aus der eisernen Umklammerung ihrer Wächter zu befreien.

George blickte voller Verachtung auf seine ehemalige Schwiegertochter. Sie erwiderte seinen Blick aus Augen, in denen blanker Hass aufflammte.

«Wer sind Sie?», fragte Da Wang streng.

«Fragen Sie doch ihn!», fauchte sie.

«Meine ehemalige Schwiegertochter», erklärte George.

«Wieso ehemalig?», fuhr sie ihn an. «Stenton hat mir erst vor ein paar Tagen gesagt, dass er mich liebt.»

«Stenton ist nicht mehr ganz bei Trost.»

«Was haben Sie Ihren Auftraggebern berichtet?», setzte

sich Da Wang über die familiäre Auseinandersetzung hinweg.

«Ich habe nichts berichtet, weil ich nichts erfahren habe! Aber ich sage Ihnen eines, wenn Sie glauben, dass Sie die Mongolei einfach so überrennen können und die Amerikaner zusehen, dann haben Sie sich getäuscht, General Wang.»

Da Wang lächelte leise. «Gewiss. Ich glaube, von ihr geht keine Gefahr aus. Wenn Zhou sie eingestellt hat, dann können wir beruhigt sein. Er ist ein sehr vorsichtiger –»

Das Telefon unterbrach ihn. Er nahm den Hörer ab, und George sah, wie er blass wurde. «Bringen Sie die Spionin an einen sicheren Ort», wies George die Wächter an. Es war ihm sehr wichtig, dass die scharfzüngige Sophia nicht sah, wie General Wang, der größte lebende Held Chinas, seine «schwierigen Minuten» bekam. «Wir werden uns später mit ihr beschäftigen.»

Da Wang hängte den Hörer ein. Sein Gesicht war weiß wie ein Gespenst.

«Was ist geschehen?», fragte George voller Bange.

«Jemand hat Li Ling aus ihrer Klinik verschleppt.»

Bei der Erwähnung des Namens stockte George der Atem.

«Sie ist doch krank. Sie . . . sie ist völlig hilflos ohne die Ärzte.»

George stützte Da Wang und geleitete ihn zu einem Sessel. «Warum? Wer würde so etwas tun?»

George hatte eine Antwort auf diese Frage, aber er behielt sie für sich und hoffte von ganzem Herzen, dass er sich irrte.

Ja, Da Wang bekam seine schlimmen Minuten. Aber es waren keine Minuten. Es waren zwei Stunden, in denen der alte Mann wie in Trance in seinem Sessel hockte. Kalter Schweiß erschien auf seiner Stirn, Tränen liefen über sein zerfurchtes Gesicht, seine Lippen zuckten so sehr, dass George ihn zeitweise kaum verstehen konnte. Seine unter Schluchzen erzählte Geschichte begann an diesem furchtbaren Tag. Es war der schlimmste Tag seines Lebens. Der Tag, nachdem er Stenton und George zum Flugzeug und aus dem Land geschmuggelt hatte.

Er erzählte es nicht, er durchlebte jede Minute, krampfte seine Hände um Georges Hand und klammerte sich daran wie ein Sterbender an den schwindenden Rest seines Lebens. Wie die Roten Garden seine Tochter, seine Lieblingstochter, die kluge, freche Li Ling misshandelt hatten. Wie er es schließlich nicht mehr aushalten konnte und eingeschritten war. Wie sie auch über ihn herfielen und seine Verdienste, seine Heldentaten, sein ganzes Leben mit Schmutz und Hohn besudelten, wie sie ihn schlugen und seine Arme auf den Rücken banden und ihn mit der Eselskappe auf dem Kopf in der schmerzhaften, berüchtigten Flugzeugstellung durch die ganze Kommune Spießruten laufen ließen. Wie er dabei rufen musste: «Ich bin ein konterrevolutionäres Schwein und habe mit den ausländischen Spionen zusammengearbeitet.» Wie ihn Han Changfa, sein alter Vertrauter, den er selbst während der Hungerjahre hierher geschickt hatte und der dann zum Vorsitzenden des örtlichen Revolutionskomitees befördert wurde, ihn rettete und die Roten Garden davon überzeugte, dass General Wang eine tausendseitige Selbstkritik schreiben solle. Wie er nach Hause kam und Li Jinxin fand, die kahl geschoren und leblos auf dem Boden lag, ihr längst erkalteter Körper übersät mit Blessuren und Wunden. Sie hatte sich mit Rattengift das Leben genommen. Oder hatten die Roten Garden sie umgebracht? Er sollte es nie erfahren.

Han Changfa hatte auch Li Ling vor dem Zorn der Meute in Sicherheit gebracht. Aber seine Hilfe kam zu spät. Ihr blitzschneller Verstand war erloschen, sie sprach nicht mehr, sie nahm nichts mehr wahr. Am nächsten Tag war alles vorbei. Han Changfa hatte noch am Abend Premierminister Zhou Enlai verständigt, der sich sofort auf den Weg nach Dongqiao machte und dort in den frühen Morgenstunden eintraf. Er half General Wang den Leichnam seiner Frau zu bestatten, und brachte ihn und seine drei Töchter, die Han vorsorglich in Schutzhaft genommen hatte, nach Peking. Zhou Enlai sorgte auch dafür, dass Li Ling in die Obhut der besten Fachärzte gegeben wurde. Aber auch die konnten sie nicht mehr zurückholen. Sie kam ins Militärhospital Nummer 1 nach Guangzhou, dessen psychiatrische Abteilung im ganzen Land angesehen war. Mehr konnte auch der Premierminister nicht für den gedemütigten General tun. Er konnte niemanden bestrafen und niemanden zur Rechenschaft ziehen. Die revolutionären Massen hatten ihrer gerechtfertigten Empörung Luft gemacht, und es war nicht der richtige Moment etwas gegen den heiligen Zorn der jungen, wilden Bataillone Maos zu sagen. Später, als die Große Proletarische Kulturrevolution zum Bürgerkrieg wurde, als rivalisierende Banden von Rotgardisten sich gegenseitig massakrierten und blutige Straßenschlachten lieferten und der große Vorsitzende Mao Zedong die Armee zu Hilfe rief, um die Lage wieder unter Kontrolle zu bekommen, da hatte General Wang mit eiserner Hand gegen die Marodeure durchgegriffen. Hatte jeden ihrer «roten» Anführer, den er nur in die Finger bekam, durchmachen lassen, was er und Millionen anderer unschuldiger Menschen durchgemacht hatten.

Aber auch das konnte ihm keinen Trost bereiten.

Nur einmal kehrte Da Wang nach Dongqiao zurück. Zum Totenfest 1979. Die verfluchte Viererbande war gestürzt, Deng Xiaoping hatte mit Unterstützung der Armee in Peking die Macht übernommen. Da Wang brachte Blumen an das Grab Li Jinxins und wanderte einige Stunden ziellos durch die Volkskommune, die allen revolutionären Glanz verloren hatte. An den Wänden verblassten die mit roter Farbe aufgeschmierten Hass- und Kampfparolen der Roten Garden, die jungen Leute waren demütig und fromm in den Feldern tätig, um von den Bauern zu lernen. Hühner staksten gackernd über den Hauptplatz, und in seiner alten Wohnung lebte ein junges Ehepaar, das vor einigen Jahren aus Shanghai hierher geschickt worden war. Er war Physiker, seine Frau Übersetzerin für klassische deutsche Literatur. Sie beaufsichtigten die Schweineställe.

Da Wang versicherte ihnen, dass sie nun bald nach Shanghai würden zurückkehren können. Die Zeiten, sagte er, hätten sich geändert. Der Physiker, der drei Jahre im örtlichen Gefängnis dafür verbüßt hatte, dass er zwei Paar Schuhe besaß, bat den General, er solle dort einmal nach dem Rechten sehen. Es säßen dort seit vielen Jahren einige Häftlinge, die sich niemand traue, wieder auf freien Fuß zu setzen. Da Wang folgte dieser Bitte und fand Han Changfa wieder. Sie hatten ihn bald nach der Abreise des Generals und seiner Töchter selbst einer Kampfsitzung unterzogen und in den Kerker geworfen. Vierzehn Jahre hatte er dort verbracht.

Da Wang nahm ihn mit nach Peking. Die beiden Männer kannten einander seit vielen Jahren. Han hatte sich den Revolutionären unter Da Wangs Befehl angeschlossen, als er beinahe noch ein Kind war. Er war dem General überallhin gefolgt, hatte auf dem Langen Marsch seine Stiefel geputzt und ihm in den Lehmhöhlen von Yan'an das dünne Maissüppchen gekocht. Da Wang entdeckte sein Redetalent und seine natürliche Begabung dafür, Informationen und Fakten zu beschaffen. Er setzte den jungen Han zeitweise als Agenten im Hauptquartier des Generals Zhang in Changsha ein und bekam von ihm stets verlässliche Hinweise. Nach der Befreiung ging Han mit dem General nach Peking. Und weil er kein Soldat war und nie einer werden würde, verschaffte ihm sein Mentor einen Posten als Kader in der Staatlichen Planungsbehörde. Jahre später, während des Großen Sprungs, hatte er Da Wangs Hilfe vergelten können, indem er nach Dongqiao kam und dafür sorgte, dass es wieder Essen und Saatgut gab. Dort blieb er und wurde dank seiner guten Verbindungen nach Peking immer mächtiger. Als die

Kulturrevolution begann, wurde er zum Leiter des örtlichen Revolutionskomitees ernannt, was ihn zunächst gegen alle Verfolgungen immun machte. Doch nach dem Vorfall mit Wang Guoming und seiner Tochter, die er gerettet hatte, konnte er sich nicht mehr halten und wurde von den unkontrollierbaren und launischen Roten Garden zur Rechenschaft gezogen und in den Kerker geworfen.

Nachdem Da Wang ihn wieder befreit und nach Peking mitgenommen hatte, legte Han seine Vergangenheit ab und fing ein neues Leben an. Er änderte seinen Namen. Er nannte sich wie der verstorbene Premier, den er bewunderte.

Zhou.

Zhou Hongjie.

Da Wang eroberte unter Schmerzen seine Haltung zurück. Aus den Tiefen seiner alptraumhaften Erfahrungen, die ihn jagten wie böse Geister, kletterte er Stück für Stück wieder in die Wirklichkeit zurück, bis er sogar wieder in der Lage war ein ironisches Flackern in seinen müden Augen zu entzünden.

«Ich sagte Zhou damals, dass es wohl sein Schicksal sei, im Gefängnis zu sitzen. Und mein Schicksal sei es, ihn da herauszuholen.»

«Was meinst du?» George war unendlich froh den Freund wieder lächeln zu sehen.

«Es war schon das zweite Mal, dass ich ihn befreite. Das erste Mal war er noch ein Knabe. General Zhang hatte ihn in seinem Keller eingesperrt. Du müsstest ihn dort unten gesehen haben . . .»

Er hatte es geahnt. Die ganze Zeit über hatte es irgendwo in den Winkeln seines Kopfes gesessen und sich nicht hervorgewagt. Jetzt sprang es ihn an mit einer Macht, die ihn fast umwarf. Fetzen von in Hass getränkten Erinnerungen rasten durch seinen Kopf und setzten sich zusammen zu dem Bild eines schmutzigen Jungen mit zerzausten Haaren und zerrissener Kleidung, der aus dem Stroh auftauchte und fragte: «Bist du ein ausländischer Mensch?» Er erinnerte sich auch noch an den Namen des Rattenjungen. Xiao Han. Der kleine Han.

Einmal hatte er ihn wiedergesehen. Am Tag, an dem er China verlassen musste, da hatte er vor ihm auf dem Boden gelegen, fast ohnmächtig vor Schmerz wegen seines geborstenen Beines und seiner verbrannten Nase, und hatte aufgeblickt in die Augen des Rattenjungen, der seit vier Jahren schon der Führer der Volkskommune und unumschränkter Herrscher über bald achtzigtausend Menschen war. Er hatte sich nie öffentlich gezeigt, hatte keine der Paraden der Werktätigen abgenommen und an keinem Gesangsabend mit revolutionärem Liedgut teilgenommen. Er hielt sich weiter im Dunkeln, im Verborgenen und riss im Stillen immer mehr Macht und Befugnisse an sich, bis sein Wort in Dongqiao mehr galt als das Wang Guomings. Auch Han musste George Franklin Farlane, den Sohn des Missionars, wiedererkannt haben, denn er wandte sich schnell ab und sagte den wartenden Rotgardisten, sie könnten mit dem ausländischen Spion und seiner Brut verfahren, wie sie wollten. George und Stenton hätten das nicht überlebt, aber General Wang, vor dem sie noch einen schwindenden Rest von Respekt hatten, setzte sich für sie ein und schaffte sie fort nach Changsha, wo er ein Flugzeug für sie bereitstellte.

Bei seiner Rückkehr am nächsten Tag erwartete ihn jedoch bereits das Fegefeuer, das, da war George sicher, kein anderer als Han Changfa für ihn entfacht hatte, der dann noch die Frechheit besaß, als sein Erlöser aufzutreten.

«Fühlst du dich nicht gut, Kleiner Drache? Du siehst mit einem Mal so krank aus.» Jetzt war es an Wang Guoming sich Sorgen um den Zustand seines Freundes zu machen.

George wusste nicht, wie er dem alten General eröffnen sollte, dass er über Jahre und Jahrzehnte den Meisterspion des Generals Zhang gefördert und ihm vertraut hatte. Aber er wusste jetzt dies: dass die Operation *Gelber Kaiser* Zhangs eigenes Werk war und dass sie abgebrochen werden musste. Hatte Da Wang nicht selbst gestanden, dass Zhou Hongjie die Vorarbeiten geleistet und die Mitverschwörer gefunden hatte? Zhou, der einen Sarg für den General gekauft hatte wie ein treu sorgender Sohn und der doch nur ein Ziel hatte: den General so schnell wie möglich darin zu versenken.

«Wir müssen nach Fujian, Da Wang», drängte er. «Du musst die Aktion aufhalten. Die Amerikaner wissen davon und die Taiwanesen auch. Wenn ihr angreift, seid ihr verloren.»

Sherry Wu glaubte nicht mehr daran, dass sie jemals wieder das Licht der Sonne erblicken würde. Der Schmerz bohrte immer noch wie eine Maschine in ihrem Unterleib, ihr Gesicht war unter den Schlägen bis zur Unkenntlichkeit verschwollen, ihre Wange eingerissen, üble Blessuren an Armen, Rippen und Beinen schrien auf bei jeder Muskelzuckung, ihre Nase war verstopft mit geronnenem Blut und hinuntergeschluckten Tränen.

Ja, sie würde sterben. Entweder an den inneren Verletzungen, die ihr die beiden Gorillas beigebracht hatten, oder durch eine Kugel in den Hinterkopf. Und sie wollte sterben. Sie war vergewaltigt, erniedrigt und geschlagen worden. Sie hatten ihr die Seele aus dem Leib gerissen, ihren Willen gebrochen und ihre Persönlichkeit zermalmt. Es gab keine Sherry Wu mehr. Es gab nur noch ein verzweifelt schluchzendes Wundmal, das gefesselt und geknebelt in einer dunklen Kammer in irgendeinem Pekinger Hochhaus auf dem Fußboden lag und sich den Tod wünschte. Sie wusste nicht, welche Uhrzeit es war, und sie wusste nicht einmal, ob es draußen Nacht oder Tag und welcher Wochentag es war. Zwischen schrecklichen Träumen und einer noch grausigeren Realität wanderte ihr Bewusstsein hin und her, Durst und Hunger kamen und gingen wie Kerkerwächter auf ihren Kontrollgängen.

Hong Fansen hatte sie nur noch als Schatten auf dem Rücksitz seiner Limousine wahrgenommen, als die Männer sie hinauszerrten in den kalten Wintermorgen und sie in den Kofferraum zwängten. Kein Nachbar in der Villensiedlung, der die Polizei verständigt hätte, kein Polizist, der auf einen Anruf reagieren würde. Sie würden ohnehin nur das Nummernschild überprüfen und feststellen, dass der Wagen einem hohen Parteikader gehörte, und dann würden sie sich wieder ihrem Kartenspiel zuwenden oder ihre Zeit damit verbringen sich von Taxifahrern Geld zustecken zu lassen. Es gab kein Gesetz in diesem Land. Es gab kein Recht und keine Gerechtigkeit. Verbrecher wie Hong konnten sich alles erlauben. Folter, Entführung und Mord. Niemand konnte sie aufhalten.

Sie hatten sie einfach hier abgeladen, achtlos auf den nackten Fußboden geworfen wie einen Sack und hier vergessen. Sie malte sich aus, dass sie hier festgehalten werden sollte, bis Hong und seine Freunde die «Küche» eingenommen hatten. Dann würde man sie vielleicht den Amerikanern zum Tausch anbieten. Wie die abgeschossenen amerikanischen Piloten im Golfkrieg würde man womöglich Fernsehbilder von ihr benutzen, um die öffentliche Meinung in Amerika zu beeinflussen und das eine oder andere Zugeständnis von der Regierung zu erzwingen – aber so groß würde das Entgegenkommen in ihrem Fall gewiss nicht sein. Dafür würden schon Cartlin und Summers sorgen. «Das ist nur ein Fickfrosch», würden sie sagen. «Sie hat niemals irgendetwas Brauchbares geliefert.»

Und alles, alles nur wegen Marco, den sie vom ersten Augenblick an so bewunderte, um dann später festzustellen, dass sie ihn liebte.

Sie hörte Schritte auf dem Flur. Die Tür wurde aufgesperrt, das Deckenlicht eingeschaltet. Sie versuchte den

Kopf zu heben, aber der Schmerz ließ das nicht zu. Starr blickte sie geradeaus in den leeren Raum auf eine schmutzig weiße Wand. Genauso achtlos und grob, wie man sie vor unbestimmter Zeit in diesem Zimmer abgeladen hatte, wurde eine zweite Frau auf den kalten Fußboden gestoßen und landete direkt neben ihr.

Sie blickten sich an.

In den Augen beider Frauen flackerte Wiedererkennen auf, bevor das Licht in ihrem Gefängnis wieder ausgeschaltet wurde.

31. Kapitel

Guangzhou, 3. Januar

Die Spritzen, die sie ihm gegen die barbarischen Schmerzen gegeben hatten, benebelten ihn und ließen ihn mehrmals täglich in stundenlangen Schlummer sinken. Gestern hatte er nicht einmal mitbekommen, wie die Feuerwehr anrückte und einen Brand im Wäschehaus löschte, obwohl das Geschrei und die Sirenen so laut waren, dass sie einen Toten aufgeweckt hätten. Eine Krankenschwester hatte ihm später alles berichtet. Eine Patientin sei entführt worden, verriet die Krankenschwester atemlos vor Empörung, aber dies sei keine gewöhnliche Patientin gewesen. Die Tochter von General Wang Guoming. Der Name seines Auftraggebers durchfuhr den Mann ohne Namen wie ein Stromstoß, und er beschloss den Schmerz zu ertragen und sich keine neuen Medikamente mehr verabreichen zu lassen. Er brauchte seine Sinne jetzt mehr als jemals zuvor. Sein rechter Arm lag neben ihm im Bett wie ein Fremdkörper, der mit Metallschienen und Lederriemen versehen war. Er war zweimal gebrochen, hatten die Ärzte festgestellt. Einmal in der Mitte des Oberarmknochens und ein zweites Mal knapp über dem Handgelenk. Der zweite Bruch war sauber und glatt und würde, wie man ihm versicherte, wieder voll verheilen. Er könne damit sogar wieder Tennis spielen. Aber der Oberarm war hinüber. Die Ärzte in Shenzhen hatten in ihrer Hilflosigkeit sogar erwogen, den Arm zu amputieren, weil der gesplitterte Knochen das Gewebe verletzt und eine böse, innere Blutung verursacht hatte. Als sie aber erfuhren, dass ihr Patient ein hohes Tier im *Guojia Anquanbu* war, unternahmen sie nur das Nötigste und ließen ihn mit Blaulicht geradewegs ins Militärhospital nach Guangzhou überführen. Sie fürchteten sich und fühlten sich nicht stark genug, für diesen besonderen Arm die Verantwortung zu übernehmen.

Der Mann ohne Namen hatte die Ärzte im Militärhospital zu allerhöchster Eile angetrieben. Wenn die Spur, die Jackie Lau hinterlassen hatte, erkaltet war, dann hätte er nicht nur seinen Arm, sondern auch diesen Fall und wahrscheinlich auch seinen Job, vielleicht sogar noch mehr verloren. Laus Wohnung war bereits gefunden und durchsucht worden. Dabei fielen genug Beweise an, um ihn für Jahrzehnte hinter Gitter zu bringen und wegen vier oder fünf verschiedener Delikte zum Tode zu verurteilen. Aber es gab keinen Hinweis darauf, wo er sich aufhalten konnte. Eine Adressliste mit zweihundert Namen und Anschriften in ganz China, die den Beamten in die Hände gefallen war, wurde überprüft, aber das konnte einige Tage dauern. Ein Komplize des Flüchtigen, der sich als sein Sekretär ausgab, war gefasst und verhört worden, hatte jedoch kaum etwas zu sagen, außer dass Lau ihm telefonisch aufgetragen habe, in einem Shenzhener Hotel einen wichtigen Anruf entgegenzunehmen und dem Anrufer die Nummer eines Mobiltelefons durchzugeben. Außerdem, sagte er, habe er schon lange den Verdacht, dass Jackie Lau ein Agent der Amerikaner sei. Die Nummer des Mobiltelefons führte sie zu einem Shanghaier Parfüm-Importeur, der sich das Ganze nicht erklären konnte. Als er dies hörte, witterte der Mann ohne Namen etwas Größeres, etwas, das weit über den Mord am Enkel von Wang Guoming hinausging. Wenn an Telefonnummern in dieser Art und Weise herummanipuliert wurde, dann war mehr als nur herkömmliches Verbrechen im Spiel. Er witterte Landesverrat. Die magischen Buchstaben «CIA» flimmerten in roter Leuchtschrift vor seinen Augen, sogar wenn er sie geschlossen hielt.

Ein schüchternes Klopfen an der Tür. Der Namenlose

musste alle Kraft zusammennehmen, um ein einigermaßen hörbares «Herein» von sich zu geben.

Meng betrat den Raum. Jener Meng aus Shenzhen, der nun mehr denn je unter Korruptionsverdacht stand und der schon so gut wie hingerichtet war dafür, dass er Jackie Lau gedeckt hatte. Daran würden auch die Blumen und die Schachtel mit dem teuren, ausländischen Konfekt nichts ändern, die er mit einer Geste der Unterwerfung auf dem Tisch abstellte.

«Ich bin eigens aus Shenzhen hergekommen, um mich nach Ihrem Wohlbefinden zu erkundigen und zu fragen, ob ich irgendetwas für Sie tun kann», sagte Meng und faltete fromm die Hände wie vor einem geöffneten Grab.

Der Mann ohne Namen sagte nichts. Er musterte den Shenzhener Büroleiter ausdruckslos.

«Ich habe auch eine gute Nachricht mitgebracht», verkündete Meng.

Der Kranke wurde hellhörig. Hatten sie Jackie Lau gefunden? Hatten sie ihn erledigt?

«Ihr Zimmer ist an die Satellitenanlage angeschlossen worden. Ich habe mich persönlich dafür eingesetzt.» Er machte einen schnellen Schritt zum Fernseher und schaltete das Gerät ein.

«Sie bekommen jetzt alle Hongkonger Kanäle, das japanische Fernsehen und auch die amerikanischen Programme.»

Der Mann ohne Namen machte sich eine geistige Notiz: diesen Sohn einer Schildkröte mit seiner eigenen Waffe zu erschießen. In seiner Wut verkrampfte er sich, und sein zerstörter Arm beantwortete diesen Impuls mit einem verheerenden Schmerzstoß.

«Verschwinden Sie», keuchte er. «Raus hier!»

«Ich bin immer in der Nähe, falls Sie etwas brauchen», sagte Meng kratzfüßig und schlich sich aus dem Raum.

Nachdem der erste Zorn verraucht war, angelte er sich vom Nachttisch die Fernbedienung und schaltete durch die

Kanäle. Im japanischen Fernsehen wurden zu alberner Musik alberne Tänze aufgeführt. Im Hongkonger Fernsehen gab es eine ins Kantonesische übersetzte, australische Seifenoper. Im amerikanischen Nachrichtenkanal liefen Bilder von chinesischen Truppenmanövern.

Der Mann ohne Namen verstand Englisch sehr viel besser, als er es sprach. Er verstand jedes Wort von der Meldung, die nun verlesen wurde.

«Quellen aus dem Weißen Haus unterrichteten uns von geheimen Papieren der CIA, in denen Agenten der Behörde vor einem bevorstehenden Angriff Chinas auf Taiwan warnen. Von unterschiedlichen Informanten erfuhren CIA-Mitarbeiter, dass der Aufmarsch an der mongolischen Grenze, der uns alle in Atem hält, nichts anderes ist als ein groß angelegtes Ablenkungsmanöver. Die geheimen Papiere deuten an, dass in Wirklichkeit mit einem Angriff einer chinesischen Eliteeinheit auf Taiwan zu rechnen ist. Der Verteidigungsminister dementierte allerdings, jemals von diesen Papieren gehört zu haben, und auch das State Department wies sie als Fälschung zurück. Von chinesischer Seite hieß es, es gebe keine geheime Eliteeinheit, und die Berichte seien nur ein weiterer, zum Scheitern verurteilter Versuch, China international in Verruf zu bringen.»

Keine Droge dieser Welt hätte den Verstand des Namenlosen so sehr benebeln können, dass er nicht sofort die Verbindung gesehen hätte. «Hong Qi», hatte Jackie Lau gesagt, bevor seine Komplizen ihn gerettet hatten. Es war kein Name. Es war tatsächlich die *Rote Fahne.* Der Fallschirmspringer gehörte zur Eliteeinheit, die, das wusste der Namenlose sehr wohl, in Dafu gegenüber Taiwan stationiert war.

«Meng!», schrie der Mann ohne Namen heiser. Zwei Sekunden später erschien ein dankbares, dienstbeflissenes Gesicht im Türrahmen.

«Überprüft sofort die Adressen in Fuzhou und Xiamen

aus dem Buch dieses Lau. Vergesst alle anderen. Nehmt nur die Adressen in Fuzhou und Xiamen.» Erschöpft sank er zurück in sein Kissen. Schmerz hin oder her – er konnte hier nicht warten, bis sein Arm wieder funktionierte. Die Ärzte redeten von Risiken und Nachblutungen, aber er zwang sie ihm trotzdem einen Gips anzulegen, so dass er reisen konnte. Nach Fuzhou oder nach Xiamen. Zur Einheit *Rote Fahne.* Dorthin, wo der Mörder war, und dorthin, wo der Verräter war.

32. Kapitel

Peking, 3. Januar

Schlüssel rasselten an der Tür zu ihrem Gefängnis, die schwere Eisentür wurde aufgeschoben und das Licht angeschaltet. «Ich glaube, meine junge Dame, es wird jetzt Zeit, dass wir einmal ernsthaft miteinander reden.» Es war Zhou Hongjie, und er kam langsam auf Sophia zu, beugte sich zu ihr hinunter und nahm ihr den Knebel ab.

Wenn er erwartet hatte, sie schreckensstarr und voller Demut zu finden, wurde er enttäuscht. Kaum dass er das Tuch aus ihrem Mund genommen hatte, schrie sie ihn an: «Was bilden Sie sich eigentlich ein? Glauben Sie, dass Sie damit durchkommen? Sie fordern eine Supermacht heraus! Die werden Ihren vertrockneten Kommunistenarsch rösten, bevor Sie auch nur Zeit haben, die Hose herunterzulassen!»

Sherry Wu kniff die Augen zusammen, denn sie war jede Sekunde darauf gefasst einen Schuss zu hören. Sie kannte Sophia Wong und hatte sie aus verschiedenen Gründen niemals leiden können. Jetzt empfand sie ein Gefühl der Bewunderung für diese Frau. Sie war eine kapriziöse, scharfzüngige, reiche Schlampe. Aber sie hatte mehr *cojones* als fast jeder Kerl, den Sherry kannte. Leider würde sie dafür sterben. Umso mehr verwunderte sie die Antwort des greisen Mannes. Statt sie zu ohrfeigen und sie zu erschießen, redete er ruhig, fast mit Bedauern auf sie ein.

«Sachte, sachte, junge Dame. Ich verstehe Ihre Gefühle sehr gut. Ich bedauere das, was Ihnen und dieser anderen jungen Dame geschehen ist, zutiefst. Bitte, vergeben Sie mir, ich konnte es nicht verhindern. Aber vielleicht ist es noch nicht zu spät, Ihr Land vor einem schlimmen Fehler zu bewahren.»

Seine Worte brachten sie schneller zum Verstummen, als das ein Revolverschuss vermocht hätte. Sie schnappte nach Luft und sah ihm mit fragendem Blick dabei zu, wie er ihre Fesseln löste.

«Was meinen Sie damit?», brachte sie schließlich hervor.

«Einige Personen sind dabei einen schrecklichen Fehler zu begehen. Sie wissen, welchen Fehler ich meine. Es ist zu spät sie daran zu hindern. Aber es ist noch nicht zu spät, eine Katastrophe abzuwenden.

«Wovon reden Sie?»

«In ein paar Stunden wird der Angriff auf Taiwan beginnen. Ich billige diese Aktion zwar nicht, aber ich kann sie auch nicht stoppen. Meine einzige Hoffnung sind Sie.»

Er hatte ihre Hände befreit, und sie richtete sich auf, um die Fesseln an ihren Füßen zu lösen. Ihr Kostüm rutschte ins Endlose hinauf und Sherry erblickte mit größtem Unwillen und Neid ein paar sehr, sehr attraktive Beine.

«Ich brauche jetzt eine direkte Verbindung nach Washington. Stimmt es, dass Sie für den amerikanischen Geheimdienst arbeiten?»

Sherry versagte sich nur deshalb den Protest, weil doch nur ein gedämpftes Husten dabei herauskommen würde. Sophia Wong beim Geheimdienst! Das war wie ein Paradiesvogel in einer Adlerkolonie. Wenn der Alte wirklich eine CIA-Mitarbeiterin suchte, warum, verdammt noch mal, nahm er dann nicht ihr den Knebel ab?

«Nein, ich arbeite für das Außenministerium. Unterstaatssekretär Hewett hat mich hierher geschickt.»

«Hewett? Sehr gut. Er kennt China. Kann ich über Sie mit dem Außenministerium Kontakt aufnehmen?»

«Natürlich.»

«Dann kommen Sie bitte mit. Uns bleibt nicht mehr viel Zeit.»

Sherry konnte nicht mehr an sich halten und schrie ihren Zorn in das Tuch. Es hörte sich erbärmlich an.

«Was ist mit ihr?», erbarmte sich Sophia, die Schöne, die Befreite.

«Ich kann im Moment nichts für sie tun. Die CIA glaubt ihr nicht, und sie könnte uns im Moment mehr schaden als nutzen.»

«Aber Sie können sie doch zumindest losbinden und ihr den Knebel abnehmen?»

«Sie ist Hong Fansens Gefangene, der ebenfalls in diesem Haus wohnt. Ich werde mit ihm reden. Bitte, lassen Sie uns gehen. Die Zeit drängt.»

Das Büro hoch über den Dächern Pekings war bereits beleuchtet, die Wintersonne hatte sich verabschiedet, und der blaue Himmel versank immer mehr im schwärzlichen Dunst.

«Sie sind eine sehr gute Dolmetscherin, und das ist genau das, was ich jetzt brauche. Sie müssen meine Worte selbst verstehen, um sie Ihren Leuten verständlich zu machen. Es ist keine einfache Sache.»

Sophia nahm sich ein Blatt Papier und einen Bleistift von seinem Schreibtisch, setzte sich auf einen Stuhl und schlug die Beine übereinander. «Dann schießen Sie los.»

Zhou Hongjie schritt zum Fenster, blickte hinaus in die Dämmerung und verschränkte die Arme hinter seinem Rücken.

«Es gibt nur noch Amerika und China», sagte der Sekretär in einem Ton, als halte er eine Rede vor der Generalversammlung der Vereinten Nationen. «Alle anderen Staaten schauen auf uns, die Mächtigsten, und erwarten Führerschaft und Entscheidungen. Wir sind zusammengeschweißt in der gemeinsamen Verantwortung für die Zukunft. Nicht nur unsere eigene, sondern auch die anderer Völker. Man könnte sogar sagen: der Welt. Amerika und China brauchen einander. Sie sind wie Yin und Yang. Wenn sie sich gegeneinander stellen, wird nichts Gutes dabei herauskommen. Sie können niemals wirklich zusammen sein, denn sie sind zu verschieden. Aber sie werden einander immer ergänzen müssen. Es darf niemals eine Konfrontation zwischen den beiden geben, denn die Welt würde das nicht überstehen. Und genau das steht unmittelbar bevor ... Eine Gruppe von Abenteurern, die einen Großteil der chinesischen Armee, der Partei und sogar unserer Wirtschaft beherrscht, versucht gerade, Taiwan heimzuholen. Niemand kann sie jetzt noch aufhalten. Unsere Regierung spielt sich zwar gerne auf, aber in Wirklichkeit muss sie der Armee gehorchen. Sie ist schwach, von inneren Machtkämpfen zerrissen und steht hilflos vor den Problemen dieses Landes. Von ihr ist keine Hilfe, nicht einmal eine Entscheidung zu erwarten. Dies müssen Sie dem Außenministerium in Washington übermitteln. Aber noch etwas, und das ist der entscheidende Punkt: Diese Putschisten sind nichts weiter als ein Haufen von Idioten. Denn, was sie nicht ahnen, ist Folgendes: Am Ende soll kein chinesisches Taiwan stehen, sondern ein taiwanesisches China. Der Angriff auf Taiwan ist nur der Anfang. Die Volksbefreiungsarmee wird mit offenen Augen in eine gewaltige Falle, vielleicht die größte militärische Falle in der Weltgeschichte rennen. Ich weiß, wovon ich rede, denn ich habe selbst geholfen diese Falle aufzustellen. Aber jetzt kann ich nicht länger schweigen. Sobald die ersten Vorauseinheiten Taiwan erreicht haben, wird die taiwanesische Armee mit ihrer Gegenoffensive beginnen. Sie werden den Vorstoß der Chinesen als Anlass benutzen, um vor der Welt ihren eigenen Feldzug zu rechtfertigen. Bevor die Angreifer vom Festland es ahnen, werden sie selbst die Angegriffenen sein. Die Armee Taiwans ist in ihrer Ausstattung mit modernen Waffen der chinesischen um viele Generationen voraus. Sie wollen bis zum morgigen Abend ihre Operation abgeschlossen haben und die Fahne der Guomindang auf dem

Platz des Himmlischen Friedens hissen. Und, wenn Sie meine Meinung dazu hören wollen: Sie werden erfolgreich sein. Sie haben es klug vorbereitet. Die Volksbefreiungsarmee ist gespalten. Die eine Hälfte ist im Manöver vor Taiwan, mit der werden sie selbst fertig. Die andere Hälfte der Kampftruppen ist schön überschaubar an der mongolischen Grenze massiert. Die haben sie den Amerikanern zugedacht, die ihnen unfreiwillig bei ihrem Vorhaben helfen sollen. Ein alter General, der es schon immer meisterhaft verstand die USA zu manipulieren, erfüllt sich damit seinen Lebenstraum. Vielleicht sagt Ihnen der Name etwas – General Zhang. Er hätte längst sterben müssen, aber irgendetwas hielt ihn am Leben, und ich weiß jetzt, dass es der Wille war eines Tages über ganz China zu herrschen. Es war niemand anderer als Zhang persönlich, der dafür gesorgt hat, dass Sie diesen Posten als Dolmetscherin bekamen. Sein Einfluss reicht weit bis tief hinein in Ihre Hauptstadt. Sie, junge Dame, sollen nach seinem Willen von hier aus den Angriff auf die Mongolen, den es tatsächlich nie geben wird, bestätigen und Ihre Armee zum Eingreifen aufstacheln. Es gibt nur eine einzige Möglichkeit, Zhangs Feldzug, der Millionen Menschenleben kosten wird, noch zu verhindern. Unterrichten Sie Ihren Unterstaatssekretär von diesem Plan. Er muss diese Informationen sofort an den Präsidenten weitergeben. Die Amerikaner dürfen sich auf keinen Fall dazu verleiten lassen, einzugreifen! Das wäre das Ende.»

Sophia kritzelte atemlos die letzten Worte des Sekretärs auf das Papier und setzte instinktiv einen dicken Punkt dahinter.

«Können Sie das übersetzen?», fragte Zhou Hongjie, der diese großen Worte in seiner Sprache mit Autorität und Überzeugung ausgesprochen hatte, nun plötzlich schüchtern und unsicher.

«Ich denke, ja», sagte Sophia entschlossen.

«Da ist das Telefon. Die Leitung ist sicher. Rufen Sie direkt in Washington an.»

Unterstaatssekretär Hewett glaubte ihr kein Wort.

«Beruhigen Sie sich, Sophia. Was ist denn das für eine Geschichte? Ich kenne General Zhang seit einer Ewigkeit. Er ist ein geschäftstüchtiger, aber liebenswerter alter Mann. Und vor allem ist er ein Realist. Sie stellen ihn ja auf eine Stufe mit Hitler und Stalin, du liebe Zeit!»

Zhou Hongjie sah die Übersetzerin kämpfen, schwitzen und sich in Verzweiflung winden. Er konnte nicht zulassen, dass diese lebenswichtige Information von einem sturen, in lieben Erinnerungen gefangenen Mann zerstört wurde. Er musste alle Karten auf den Tisch legen. Er zog aus einer Schublade mehrere Dokumente in chinesischer Sprache hervor, die er Sophia in die Hand drückte.

«Übersetzen Sie dies, und geben Sie mir den Hörer.»

«Mein Name ist Zhou Hongjie», sagte er. «Verstehen Sie Chinesisch?»

«Leidlich.»

«Ich kenne General Zhang noch ein paar Jahre länger als Sie, Hu xiansheng», sprach er den Unterstaatssekretär in ehrerbietiger Form mit seinem chinesischen Namen an. «Er hat Sie immer und immer wieder nur getäuscht.»

«Was soll das denn heißen?»

«Ich weiß, dass er noch vor Ende des Krieges in Hongkong eine Handelsfirma namens Feng Dong gegründet hat, die sich auf den Handel mit Getreide spezialisierte.»

Am anderen Ende der Leitung entstand ein ungemütliches Schweigen. Zhou konnte Hewett schlucken hören.

«Feng Dong, Hu xiansheng. General Zhang hat die Hilfslieferungen der Vereinten Nationen, deren Verteilung Sie damals überwachen sollten, veruntreut und den Ausländern zu einem überhöhten Preis zurückverkauft, während Tausende und Zehntausende Menschen verhungerten.»

«Das hat mir damals schon mal jemand weiszumachen

versucht», protestierte Hewett kraftlos. «Das ist doch nichts weiter als ein kommunistisches Propagandamärchen.»

«So? Ich glaube an dieses Märchen, Hu xiansheng. Denn ich saß zu dieser Zeit im Stab von General Zhang in Changsha und habe persönlich das Geld, das Sie ihm bezahlt haben, auf ein Konto im Ausland eingezahlt.»

«Das ist doch absurd!»

«Nein. Ich weiß sogar, wie Zhang Sie nannte. Er nannte Sie ‹meinen kleinen, weißen Goldesel›, weil Sie ihm alles geglaubt und seine Machenschaften unwissentlich gedeckt haben.»

«Beweise», keuchte Hewett. «Wo sind Ihre Beweise?»

«Erinnern Sie sich an das Bankett, das er Ihnen zu Ehren in Changsha gab? Sie kamen gerade aus dem befreiten Gebiet zurück. Ich war dabei. Ich saß sogar neben Ihnen, und Sie berichteten mir, wie die Kommunisten versucht hatten, Sie gegen den General einzunehmen. Ich sagte Ihnen damals, dass Sie sich nur umsehen und sich mit eigenen Augen von der Integrität des Generals überzeugen könnten. Erinnern Sie sich?»

Hewett antwortete nicht. Er erinnerte sich sehr gut. Ein schmales, verkniffenes Gesicht stieg aus dem Nebel der Vergangenheit auf. Wache, flinke Augen, die hin und her huschten, während er sprach, als suchten sie den Raum nach unsichtbaren Lauschern ab.

«Sie haben mich nicht verstanden», fuhr Zhou bitter fort. «Wir saßen bei einem üppigen Bankett mit Gongbaojiding, Krabben und Wein, und draußen verhungerten die Menschen. Das meinte ich. Deutlicher konnte ich nicht werden. Ich habe Ihnen aber den Namen von Zhangs Kontaktmann in Hongkong gegeben und Ihnen empfohlen ihn zu überprüfen. Aber das haben Sie ja damals nicht für nötig gehalten. Wenn Sie es getan hätten, wäre Ihnen aufgefallen, dass der Mann ein vormaliger Boss der Shanghaier Unterwelt war.»

Hewett schwieg. Er hatte den Namen sehr wohl überprüft und war zu genau diesem Ergebnis gekommen. Aber er hatte es nicht wahrhaben wollen.

«Aber Sie nannten sich damals anders», lenkte Hewett ab. «Sie hießen nicht Zhou. Ihr Name war Han. Han Changfa.»

«Sie haben ein außergewöhnliches Gedächtnis», bemerkte der Sekretär anerkennend. «Ich war ein kommunistischer Spion. General Wang Guoming, der meine Vorgeschichte kannte, setzte mich in der direkten Umgebung von Zhang ein. Ich konnte unserer Sache dort einige gute Dienste erweisen. Leider konnte ich die Amerikaner nicht auf unsere Seite bringen, denn die Amerikaner hatten sich bereits für die Guomindang entschlossen. Aber ich muss es nun wieder versuchen, Hu xiansheng. Diesmal steht noch mehr auf dem Spiel als damals. Sie haben meine Informationen damals nicht geglaubt und Sie haben China verloren. Aber wenn Sie mir heute nicht glauben, dann verlieren Sie die Zukunft. Das China, das General Zhang mit seinem Blitzkrieg aufbauen will, wird eine fürchterliche Diktatur sein, gegen die sich unser kommunistisches Regime wie ein Kindergarten ausnimmt.»

«Und was soll ich Ihrer Meinung nach tun?»

«Greifen Sie auf keinen Fall in der Mongolei ein, egal, was man Sie glauben machen will. Es ist alles nur eine Lüge. Stoppen Sie Zhang und fallen Sie nicht auf sein Spiel herein.»

«Sie sind verrückt!»

«Warten Sie, bis Sie hören, was Ihre Frau Wong noch zu sagen hat.»

Milde lächelnd gab Zhou Hongjie Sophia den Hörer zurück.

«Mister Hewett? Ich habe hier gerade einen Stapel Papiere in die Hand bekommen. Ich konnte nur einen Teil übersetzen, aber das reicht. Mir jedenfalls. Das meiste sind Bankunterlagen. Überweisungsaufträge und so was. Einige Millionen auf ein Schweizer Konto. Dann noch ein Kaufvertrag über ein Strandhaus in Maine, Anteile an einer texanischen Ölfirma und einem Hotelprojekt auf Hawaii. Alles wurde ausgestellt und veranlasst von General Zhang und reicht – Himmel! – bis in die sechziger Jahre zurück. Zhang hat über Jahre systematisch einen unserer Topleute buchstäblich gekauft und aufgebaut. Er hat seine Universitätsausbildung bezahlt, seine Miete und sogar seine Hochzeitsreise.»

Der Unterstaatssekretär bekam es mit der Angst zu tun. Auch er hatte in der Vergangenheit immer wieder Geschenke von General Zhang angenommen. Wer in Washington, welcher Bürokrat oder Kongressabgeordnete verschloss sich jemals den Geschenken und Aufmerksamkeiten der lächelnden, weltgewandten Taiwanesen? Sie machten sich durch Wahlkampfspenden beliebt, zahlten die Aufnahmegebühr für den Golfclub, kauften ganze Auflagen von langweiligen Büchern, die irgendwelche unbedeutenden Senatoren geschrieben hatten. Sie luden ganze Sippschaften zu so genannten Informationsreisen nach Taipeh ein, und niemand dachte sich etwas dabei. Es waren ja schließlich gute Chinesen, es waren doch unsere Freunde und sie verstanden sich besser als jeder andere darauf, Freundschaften in Washington zu kultivieren. Und der, der es am besten verstand, war General Zhang. Einmal schickte er Hewett ohne besonderen Anlass eine Vase, die heute sein Wohnzimmer schmückte. Er hatte das Stück aus purer Neugierde von Fachleuten schätzen lassen. Sie war 25 000 Dollar wert. Der General hatte für seine Großzügigkeit niemals eine Gegenleistung eingefordert. Im Gegenteil. Es war am Ende doch immer Hewett gewesen, der den alten Mann um Hilfe gebeten hatte. Wenn stimmte, was er jetzt erfahren hatte, dann war dies alles nur geschehen, um ihn einzulullen und einzunehmen. Für diesen einen Tag, an dem General Zhang seinen entscheidenden Zug unternehmen und China erobern wollte.

«Wer ist der Mann?», fragte Hewett mit einem dicken Kloß im Hals. «Wen hat Zhang aufgebaut?»

«Es ist Flint Cartlin, Sir. Der Mann, der demnächst Verteidigungsminister werden soll. Der sogar nach dem Weißen Haus schielt.»

33. Kapitel

Langley, Virginia, 3. Januar

Fred Summers wusste nicht, ob es ein gutes oder ein schlechtes Zeichen war: Direktor Cartlin war zum ersten Mal seit Ausbruch der China-Krise und eigentlich zum ersten Mal, seit er ihn kannte, ruhig und gefasst. Er schrie ihn nicht an, er machte ihm keine Vorhaltungen, er beleidigte ihn nicht. Als Summers auf seinen Anruf hin das Direktorenbüro betrat, saß Cartlin mit einem Gläschen Cognac in einem schweren Ohrensessel und hatte sich seiner Schuhe entledigt. Seine grünbestrumpften Füße ruhten auf dem Sofa, er paffte eine Zigarre.

«Sie wollten mich sprechen, Sir?»

«Summers «, sagte Cartlin träge, als sei es die Antwort auf eine kinderleichte Quizfrage.

«Ja, Sir?»

«Wie lange sind Sie eigentlich schon bei der CIA?»

Summers beschloss, dass Cartlins Aufgeräumtheit als schlechtes Zeichen zu deuten war. Er konnte sich zwar nicht vorstellen, was er in den Augen des Direktors nun wieder falsch gemacht haben sollte, aber es war mit Sicherheit etwas Entscheidendes. Es war schlimm genug, wenn Cartlin tobte. Aber es war noch viel schlimmer, wenn er überlegen schmunzelte, so wie jetzt.

«Sie wissen es genau», antwortete Summers, der unfreiwillig eine stramme Haltung eingenommen hatte, ohne den Vorgesetzten anzusehen. «Ich war schon 1969 dabei – in Phang Doc.» Summers war von der CIA-Basis in Hongkong viele Male in Vietnam eingesetzt worden. Unter anderem zu der Befreiungsaktion in Phang Doc. Es war gewiss kein kluger Zug, Cartlin jetzt an diese Stunde zu erinnern, aber er konnte nicht anders. Summers hatte damals gesehen, in welchem Zustand Cartlin und seine zwei Mitgefangenen waren, als das Suchkommando sie aus den Erdlöchern zog, in denen sie monatelang gefangen gewesen waren: Ausgehungert, wimmernd und weinend küssten sie die Hände ihrer Retter. Beschmiert mit Exkrementen und Dreck, übersät von fingerdicken Blutegeln und vom Wahnsinn nur noch ein paar Tage entfernt. Einer seiner Mitgefangenen hatte sich zwei Wochen nach der Befreiung in einem Spital in Okinawa erhängt, der andere war vor einigen Jahren mit einem Sturmgewehr in ein Schnellrestaurant in San Diego gestürmt und hatte zwölf Menschen und dann sich selbst erschossen. Nur Cartlin war bei der Armee geblieben, hatte den Krieg bis zu Ende mitgemacht, hatte danach Jura studiert und war einer der erfolgreichsten Staatsanwälte des Landes, als ihn der Präsident vor einem halben Jahr an die Spitze der «Central Intelligence Agency» berufen hatte. Summers ahnte, dass Cartlin ihm nur deshalb mit solch ausgesuchter Geringschätzung und blankem Hass begegnete, weil er den knochenharten, von allen gefürchteten Direktor damals schwach gesehen hatte.

«Phang Doc», schnaufte Cartlin. «Wie lange haben wir da geschmort, bis ihr Sesselfurzer endlich euren Arsch in die Höhe bekamt und uns rausgeholt habt! Eine echte Glanzleistung von Ihnen, Summers, das muss ich schon sagen!»

Summers sagte nichts.

«Ich wusste immer schon, dass Sie eine Null sind», knurrte Cartlin. «Aber ich hatte keine Ahnung, welches Ausmaß Ihre Blödheit angenommen hatte, bis ich heute den Fernseher einschaltete. Haben Sie heute schon den Fernseher eingeschaltet, Mister Summers?»

«Nein, Sir.»

«Da liegt die Fernbedienung. Bitte, fühlen Sie sich ganz wie daheim. Schalten Sie ein.»

Summers gehorchte.

«Die Herkunft der angeblichen CIA-Papiere, die einigen Medien zugespielt wurden, ist nach neuesten Erkenntnissen offenbar geklärt. Wie gewöhnlich gut unterrichtete Quellen uns mitteilten, sind die Papiere Teil einer Desinformationskampagne der chinesischen Regierung», meldete der Korrespondent, der in einem Kamelhaarmantel vor dem Weißen Haus stand, während Schneeflocken munter durch das Bild tanzten. «Der Nationale Sicherheitsberater Ed Myers ließ mitteilen, es gebe nicht einen einzigen ernst zu nehmenden Hinweis darauf, dass die Papiere echt seien oder ihr Inhalt den Tatsachen entspreche. Ähnlich äußerte sich auch CIA-Direktor Cartlin, der das Ganze als einen üblen Scherz verurteilte.»

«Sie haben die Berichte an die Presse weitergegeben, um mir ein wenig Feuer unter dem Hintern zu machen, stimmt's, Summers?»

«Nein, Sir. Ich kann mir das selbst nicht erklären.»

«Sie sind ein ausgemachter Pechvogel. Wie Sie selbst sehen, glaubt kein Schwein diesen Scheiß, den Ihre so genannten Agenten da verzapfen. Selbst die Taiwanesen lachen sich tot darüber. Nicht einmal Taiwans Börse, die sonst bei jedem Furz aus China Amok läuft, hat einen Knacks bekommen.»

Eine ohnmächtige Wut auf Hewett packte Fred Summers. Ob er absichtlich oder aus Gedankenlosigkeit gehandelt hatte, spielte jetzt keine Rolle mehr. Er hatte Summers vernichtet. «Sie wollten mal in der Oberliga spielen und große Politik machen, was Summers? Das haben Sie nun davon.» Er riss seinen linken Arm hoch und schaute auf die Uhr. «Sie haben bis zum Mittag Zeit Ihr Büro zu räumen. Wir werden eine Untersuchung in die Wege leiten. Und wenn ich mit Ihnen fertig bin, dann werden Sie sich wünschen, dass Sie mich niemals aus diesem Loch in Phang Doc herausgezogen hätten.»

Summers brachte es nicht einmal jetzt, wo sowieso alles verloren war, fertig, zu sagen, was ihm auf der Zunge brannte: «Das, Mister Cartlin, habe ich mir jeden Tag gewünscht. Jeden verdammten Tag.» Er drehte sich schweigend um und verließ den Raum. Cartlins Zigarrenwolken gerieten in Aufruhr und schlugen hinter ihm zusammen wie die Luftmassen eines schweren Gewitters.

Er fühlte sich plötzlich wie ein Fremder, wie ein Eindringling in diesen Gängen, in denen er seit zwanzig Jahren zu Hause war und wo er mehr Zeit verbracht hatte als in seinem Haus in Virginia. Er erreichte sein Büro gerade noch rechtzeitig, um den Anruf von Marco entgegenzunehmen.

Marco, der dabei war, in die Kaserne der *Roten Fahne* einzudringen. «Tun Sie es nicht!», wollte Summers ihn warnen, aber auch dazu fehlte ihm der Schneid. Marco würde so kurz vor seinem Ziel ohnehin nicht mehr aufgeben. Und wenn, wovon Summers innerlich überzeugt war, wenn er Recht hatte und die Chinesen tatsächlich einen Angriff auf Taiwan planten, dann war Marco der einzige Mensch, der das jetzt noch verhindern konnte.

Aber er musste es allein tun.

Mit einer Gelassenheit, die ihn selbst erschreckte, überflog er zum letzten Mal die geheimen Papiere aus dem mongolischen Theater. Die Flugzeugträger waren so nahe wie möglich an der chinesischen Hoheitszone in Bereitschaft, und eine Gruppe von Marines war heimlich in Ulan Bator gelandet, um einen Evakuierungsplan für die Elite des Landes aufzustellen, die man gegebenenfalls als Exilregierung vorzeigen konnte. Eine Hand voll Agenten tummelte sich im Grenzgebiet auf mongolischer Seite und konnte nichts anderes melden, als dass die Lage ruhig war.

Summers lächelte bösartig, als er das ganze Ausmaß der

Torheit sah, mit dem sich die Administration an der Nase herumführen ließ. Eine Kriegsweisheit des chinesischen Strategen Sun Tzu kam ihm in den Sinn: «Sei so schlau, dass du unsichtbar bist, und so geheimnisvoll, dass niemand dich fassen kann. Dann hältst du das Schicksal deines Feindes in den Händen.» Es wollte ihm scheinen, als verführen die Chinesen nach genau diesem Prinzip, und sie fuhren gut damit.

Außer den aktuellen Berichten aus der Mongolei lag noch ein versiegelter Umschlag des Archivs in seiner Post.

Gleich nach seinem letzten Besuch bei Hewett hatte er im Archiv Einsicht in eine Akte beantragt, von der er wusste, dass dieser Name darin erwähnt war, der in dem Gespräch eine Rolle gespielt hatte. General Pun, der Chef der taiwanesischen Sicherheitsbehörde.

Obwohl er seinen Antrag mit dem fetten Stempel «Dringlich» versehen hatte und obwohl er zigmal dort angerufen hatte, war das Papier erst jetzt geliefert worden, weil das Archiv sich gerade im Umbau befand. Jetzt, wo alles zu spät war, hielt er das verfluchte Ding in seinen Händen.

CN/TW 1442 a-f. Gesprächsprotokolle, ein Briefwechsel, ein Kooperationsvertrag. Es war ein Tag im Frühsommer gewesen, Cartlin hatte gerade seinen Posten neu übernommen und hielt allerorten kluge Vorträge über die Vorzüge der internationalen Zusammenarbeit von Geheimdiensten. Nach dem Ende des Kalten Krieges könne man endlich seine vereinten Kräfte der Bekämpfung von Terrorismus, Rauschgiftkriminalität und der Mafia widmen und so weiter. Und weil das bei den Abgeordneten im Kongress so gut ankam, unterzeichnete er gleich ein ganzes Dutzend Kooperationsabkommen mit allen möglichen ehemals verfeindeten Diensten und vertiefte die bereits bestehenden Kontakte zu den befreundeten Organisationen, darunter auch dem Nachrichtendienst der Taiwanesen. General Pun, den Summers als einen quadratischen Zwerg mit

Lippen wie Arschbacken in Erinnerung behalten hatte, war eigens nach Washington gekommen, um die Zusammenarbeit auf eine neue Basis zu stellen, und hatte eine geheime Liste von taiwanesischen Agenten mitgebracht, auf deren Informationen die Amerikaner jederzeit zurückgreifen konnten, wenn es die nationale Sicherheit der USA oder Taiwans erforderte. Im Austausch und mit den freundlichsten Empfehlungen überreichte ihm ein gut gelaunter Cartlin seinerseits eine Liste, auf der die Namen und Positionen der maßgeblichen CIA-Mitarbeiter vermerkt waren. Es waren sechsunddreißig Namen. Summers brauchte eine halbe Stunde, um in seinem chaotischen Aktenschrank die Gewissheit dafür zu finden, dass zwei dieser sechsunddreißig in den vergangenen sechs Monaten an eine andere Stelle versetzt worden waren, dass ein weiterer Selbstmord begangen und der letzte seine Mitarbeit aus ungenannten Gründen eingestellt hatte. Blieben zweiunddreißig zu Beginn der Säuberungswelle. Und alle zweiunddreißig waren aufgeflogen und beseitigt worden. Es gab nur vier Namen, die auf Cartlins Liste nicht vermerkt waren. Der eine war Marco. Der andere war Otto, der zweite C-17-Mann für China, der leider zur Zeit in Hongkong alle Hände voll zu tun hatte und nicht disponibel war. Der dritte Name, der nicht auf der Liste stand, war Sherry Wu, eine unwichtige Akteurin, an der Marco aus unerfindlichen Gründen einen Narren gefressen hatte und die er zu einer C-17-Agentin aufbauen wollte. Der letzte Name war Jackie Lau, der einfach nicht für vorzeigbar genug erachtet wurde. Als er den Beweis vor sich liegen hatte, begann Summers schon wieder zu zweifeln, ob er nicht anfing Gespenster zu sehen. Wenn die Taiwanesen tatsächlich die CIA-Leute an die Rotchinesen verkauft hatten, dann konnte das nur bedeuten, dass sie entweder beabsichtigten sich selbst ins Knie zu schießen, oder dass zumindest einer von ihnen falsch spielte.

Ein Bericht fiel ihm ein, den Marco vor einiger Zeit abgeliefert hatte und der irgendwo im Schrank liegen musste. Diesmal dauerte es nur zehn Minuten, bis Summers das gesuchte Schriftstück in seinen Händen hielt. Es handelte sich um eine Analyse der Dokumente, die Sherry Wu einigen internen Spott eingetragen hatten und die kaum einer für beachtenswert gehalten hatte. Auch Summers hatte sich besorgt gefragt, ob Marco vielleicht ein Liebesverhältnis zu der jungen Dame hatte. Das würde immerhin erklären, warum er auch nur einen ernsthaften Gedanken an diese Schularbeiten aus der Luftwaffenakademie von Chengdu verschwendete, die sie irgendwie in ihre Finger bekommen hatte. Summers erinnerte sich nicht an die Arbeit selbst, sehr wohl aber fiel ihm die Schlussbemerkung Marcos ein, der schrieb, wenn eine hochgestellte Persönlichkeit in Taiwan den Angriffsplan unterstütze und die nötigen Vorarbeiten leiste, dann liege da einiges Gefahrenpotential. Summers hatte nun keinen Zweifel mehr daran, dass General Pun diese Persönlichkeit war, aber er hatte erhebliche Zweifel daran, dass ihm auch nur eine einzige Seele in Washington diese Geschichte abkaufen würde.

Als er ein drittes Mal zu seinem Aktenschrank ging, um nach einer weiteren Mappe mit den Profilen taiwanesischer Spitzenmilitärs zu suchen, und mit dem Dokument in der Hand zu seinem Tisch zurückging, schrie er fast laut auf vor Schreck. In der Mitte seines Raumes stand schwitzend, wie nach einer sportlichen Höchstleistung, und um Atem ringend Unterstaatssekretär Sterling Hewett III. Die vornehme Bräune war aus seinem Gesicht gewichen. Es war weiß wie ein Bettlaken.

«Sie hatten Recht», keuchte er. «Ihr Marco hatte Recht. Es ist Taiwan und nicht die Mongolei.»

Summers dachte nicht einmal daran zu fragen, was Hewett zu seinem Meinungsumschwung veranlasst hatte. Und er vergaß auch, den Unterstaatssekretär dafür zu kritisieren, dass er den CIA-Bericht weitergegeben hatte. Er konnte nur noch an eines denken: Marco war in der Kommandozentrale der Einheit *Rote Fahne*, und er brauchte einen XX-Code.

«Wir müssen zum Präsidenten. Jetzt sofort.»

34. Kapitel

Dafu, 3. Januar

Die Dämmerung hatte eingesetzt, als der Fallschirmspringer sie durch den Kontrollposten brachte. Die Wachen zeigten nur ein oberflächliches Interesse an ihren Passierscheinen, da sie von einem hohen Offizier begleitet wurden. Einer von ihnen erwies sich jedoch als Autokenner und erkannte am dunklen Klang des Motors, dass der Toyota-Transporter kein herkömmliches Modell war.

«Spezialanfertigung für Teamwagen beim Fernsehen», erklärte Marco knapp.

«Ob ich mal unter die Haube sehen kann?», fragte der sachverständige Wachposten und Marco sah, wie Jackie Lau sich tiefer in seinen Sitz drückte, als wolle er darin verschwinden.

«Was soll das, Soldat?», fuhr der Fallschirmspringer den Neugierigen an. «Das ist hier keine Automobilschau.»

«Verzeihen Sie!» Mit gesenktem Kopf schlich der Mann wieder in sein Wachhäuschen zurück.

Die beiden Propagandaoffiziere, die sie begleiten sollten, warteten in einem Jeep an der nächsten Abzweigung. Der Fallschirmspringer stieg aus und sprach kurz mit ihnen, dann kam er zu Marcos Fenster.

«Die beiden werden Sie zu einem Platz führen, von wo aus Sie Ihre Bilder machen sollen. Ab jetzt kann ich nichts mehr für Sie tun.»

«Wann geht es los?», fragte Marco.

«Um 22.00 Uhr. Sie können es nicht mehr aufhalten. Sie können es nach Amerika melden, aber auch das wird keinen

Unterschied mehr machen. Alles ist vorbereitet. Morgen Früh ist alles vorbei. Ich bin dann tot und Sie genauso.» Marco fühlte, wie schwer diesem Mann sein Verrat fiel, wie seine Schuldgefühle ihn förmlich zernagt hatten. Er war trotzdem voller Bewunderung für den Fallschirmspringer.

«Sie sind ein guter Soldat», sagte er. «Sie haben ein liebendes Herz.»

Zum ersten Mal sah ihm der Mann namens Tiger direkt in die Augen, überrascht, als habe er ihn plötzlich mit seinem richtigen, geheimen Namen angesprochen.

«Ja», sagte Chen Hong. «Ich weiß.»

Damit drehte er sich auf dem Absatz um, bestieg seinen Jeep und brauste ab in die Dunkelheit.

Der erste Propagandaoffizier, ein stämmiger Mandschure mit buschigen Augenbrauen, kam auf den Kleinbus zu und salutierte. «Sie sind nicht zum ersten Mal bei einem derartigen Einsatz?», fragte er missmutig.

«Natürlich nicht.»

«Was ist denn mit Liu Liang?»

Marco vermutete, dass dies ein anderer CCTV-Kameramann war, mit dem der Offizier schon einmal zusammengearbeitet hatte und er tastete in seiner Westentasche nach dem kleinen, stumpfnasigen Revolver, falls dies nicht der Fall sein sollte.

«Liu ist plötzlich krank geworden, und ich wurde als Vertretung benannt.»

«Schade. Liu ist ein netter Kerl. Hat er was Ernstes?»

«Krebs im Endstadium.»

«Wirklich? Verdammt. Es erwischt immer die Besten. Ihr Name ist?»

«Ma.»

«Also, Kameramann Ma. Mein Name ist Hauptmann Li. Sie wissen, dass Sie uns nach der Beendigung Ihrer Filmarbeiten die Kassetten aushändigen, und wir sehen dann, was im Fernsehen gezeigt werden darf und was nicht.»

«Die Regeln sind mir bekannt.»

«Wir bringen Sie jetzt zu einem Unterstand etwa zwei Kilometer vom Einsatzzentrum entfernt. Sie haben die nötige Ausrüstung, um auch von dort aus alles zu filmen, nehme ich an.»

«Bestimmt.» Marco lächelte überlegen und freute sich insgeheim über die Eitelkeit der Militärs. So versessen waren sie darauf ihre Heldentaten hinterher im Fernsehen zu feiern, dass sie ohne weiteres das Risiko eingingen sich bei ihrem Husarenangriff auf Taiwan auch noch zusehen zu lassen.

«Folgen Sie uns.»

Hauptmann Li stampfte zurück zu seinem Kameraden, und stotternd setzte sich ihr Jeep in Bewegung, holperte ostwärts zu einem betonierten Aussichtspunkt. Als sie ihre Kameraausrüstung zwei Treppen hoch in den Unterstand geschleppt hatten, konnte Marco das ganze Gelände überblicken. Unmittelbar neben dem Bunker fielen schroff die Felsen zum Meer hin ab. Im Westen, vielleicht vier Kilometer entfernt, hob sich unter dem letzten einsamen Lichtstreif im Abendhimmel eine kugelförmige, gelbliche Sphäre von der hügeligen Umgebung ab. Es mussten dies die Lichter des Hubschrauberhangars sein. Weiter östlich davon, etwa auf gleicher Höhe mit dem Punkt, wo sie jetzt standen, und ebenfalls direkt über den Klippen, konnte er eine weitere Lichtquelle ausmachen – offenbar die Gebäude der eigentlichen Kaserne und der Einsatzzentrale. Verdeckt wurden sie von einem einzelnen Hügel, der größten Erhebung auf dem Gelände. Dies, beschloss Marco, war der Punkt, den er spätestens bis 22.00 Uhr erreicht haben musste.

Noch anderthalb Stunden blieben bis dahin.

Im Beobachtungsbunker waren zwei Soldaten in schlaff sitzenden Uniformen postiert, die den Gästen Tee einschenkten und ansonsten stumpf in die Nacht stierten. Die beiden Propagandaoffiziere hatten sich in einer Ecke auf den Ruinen von Ledersesseln niedergelassen und spielten eine Partie chinesisches Schach. Jackie Lau hatte seine Kopfhörer aufgesetzt und vermittelte das Bild eines eifrigen, technischen Assistenten, aber seine fragenden Blicke verrieten Marco, dass er endlich wissen wollte, wie sie nun verfahren sollten. Er brannte darauf diese ganze Sache hinter sich zu bringen und endlich seine Restaurantkette in Kalifornien zu eröffnen. Marco wollte nicht zu früh aufbrechen. Je länger sie dort draußen unterwegs waren, umso größer war die Gefahr, dass sie entdeckt wurden. Am Kontrollposten und auch unterwegs entlang der Straßen im Sperrgebiet waren ihm Überwachungskameras aufgefallen, die jedes Fahrzeug, das sich auf dem Gelände bewegte, früher oder später einfangen mussten.

Noch eine Stunde, bedeutete er Jackie Lau mit den Fingern seiner rechten Hand.

Um 21.20 Uhr rasten zwei schwarze Mercedeslimousinen mit hohem Tempo auf den Kontrollposten am Eingang zum Kasernengelände zu und bremsten knapp vor der Schranke scharf ab.

Die beiden Wachen, denen nur ein weiteres Fahrzeug für diese Nacht angekündigt worden war, gaben einen dringenden Warnruf an die Funkzentrale durch, ergriffen ihre Sturmgewehre und bauten sich vor der Schranke auf. Die Läufe ihrer Waffen waren bedrohlich auf die Passagiere der Fahrzeuge gerichtet.

«Wer sind Sie?», schrie der Autonarr. Er erkannte wohl die weißen Armeenummernschilder an den Wagen, doch dies konnten Fälschungen sein.

Das Fenster an der Beifahrerseite des ersten Fahrzeuges versank im gepanzerten Türrahmen, und der Kopf eines Mannes wurde sichtbar.

«Nicht so aufgeregt, Soldat», rief er. «Ihre Finger wackeln

ja am Abzug. Und das könnte Sie in große Schwierigkeiten bringen. Wir sind ‹acht-eins-vier›, Kamerad.»

Ba yi – acht-eins –, 1. August, das magische Gründungsdatum der Volksbefreiungsarmee, und die Kennzahl vier – *su* –, gleich lautend mit dem Wort «Tod», dazu. Das war der Geheimcode, mit dem wenige Eingeweihte jederzeit jeden Militärstützpunkt des Landes betreten konnten. Die Posten erkannten die Parole und ließen erleichtert ihre Waffen sinken.

«Tut mir Leid», sagte der Autonarr, kam näher und lugte in das Wageninnere. «Wir haben nicht mit Ihnen gerechnet.»

«Niemand rechnet mit uns.»

Erschrocken wollte der Posten seine Waffe wieder heben, denn er hielt das, was er neben dem Mann sah, für einen mobilen Raketenwerfer oder etwas Ähnliches. Aber dann erkannte er, dass es eine improvisierte Halterung für den eingegipsten Arm des Insassen war.

Der Mann ohne Namen spürte, dass er ganz kurz vor dem Ziel war. Sein Instinkt, den nicht einmal die Spritzen der Guangzhouer Militärärzte hatten benebeln können, funktionierte wie eh und je. Bei der Überprüfung der Adressen in Fuzhou waren die zuständigen Mitarbeiter auf den Namen eines ihnen bekannten Arztes gestoßen, der schon lange im Verdacht stand umstürzlerische Aktivitäten zu planen. Sie hatten das Haus des Mannes am Nachmittag umstellt und den Besitzer einem gnadenlosen Verhör unterzogen. Der Arzt gab zu, Jackie Lau und einen Mann namens Ma, der dem Akzent nach aus Hunan stammte, für eine Nacht beherbergt zu haben. Die beiden waren nur wenige Stunden vor der Ankunft ihrer Verfolger mit unbekanntem Ziel aufgebrochen. Wiederum war es sein untrüglicher Instinkt, der den Namenlosen dazu drängte, das Haus des Arztes vom Keller bis zum Dachboden zu durchsuchen. Dabei fanden sie etwas, das die beiden Spione dort zurückgelassen hatten und das den Mann ohne Namen mit einem lange vermissten Hochgefühl erfüllte. Er führte es nun bei sich wie einen Schutzschild. Selbst wenn am Ende doch alles verloren war und die CIA-Agenten entwischen sollten – mit diesem Joker im Ärmel würde er selbst die ganze Sache überleben und vielleicht sogar besser dastehen als zuvor.

«Irgendwelche besonderen Vorkommnisse, Soldat?», fragte er routinemäßig den Posten.

«Nein, Genosse. Wir tun hier unsere Arbeit wie immer. Bisher sind nur die üblichen Garnisonswagen hereingekommen und ein Fernsehteam von CCTV, das die Manöver beobachten will.»

«Ein Fernsehteam.»

«Ja, Genosse. Mit einem von diesen neuartigen Teamwagen. Von außen ein ganz normaler Toyota-Bus. Aber ich habe sofort gehört, dass da was ganz anderes unter der Haube war. Mindestens 200 PS.»

«Ach, so. Es waren zwei Leute, richtig?»

«Ja. Zwei Leute. Brigadegeneral Chen Hong hat sie persönlich begleitet.»

«Chen Hong war der Name?»

«Ja. Sie sind dann von den Propagandaoffizieren in den Unterstand gebracht worden.»

«Danke, Soldat. Würden Sie jetzt freundlicherweise die Schranke öffnen? Wir haben hier noch etwas zu tun.»

«Zu Befehl, Genosse.»

Die Propagandaoffiziere saßen immer noch über ihrem Schachspiel, schlürften Tee und rauchten Zigaretten. Es hatte keine Kontrollanrufe gegeben, und sie hatten keine Meldung gemacht. Wenn überhaupt jemand außer ihnen von der Anwesenheit des Kamerateams informiert war, dann wurden die beiden Gäste jedenfalls nicht als verdächtig eingestuft. Marco gab Jackie Lau ein Zeichen, dass die Zeit nun gekommen war. Er mochte diesen Teil seiner Arbeit nicht, er hatte ihn nie gemocht. Aber er führte ihn jedes Mal kalt und leidenschaftslos aus. Der Tod gehörte zu seinem Geschäft, und wenn es nicht der Tod der anderen war, dann sein eigener.

Er schaltete die Kamera ein und schwenkte sie wie zur Probe über das nächtliche Gelände. Plötzlich hielt er inne und presste sein Auge fest in den Gummiring, der den Sucher umfasste. «Was ist denn das? Du liebe Zeit. Das sieht ja beängstigend aus!»

Die Offiziere ließen sich täuschen und kamen herbeigeeilt, um den Kameramann daran zu hindern etwas zu sehen, das nicht für seine Augen bestimmt war.

«Was ist das? Was sehen Sie?», fragte Hauptmann Li ungeduldig.

«Schwer zu sagen. Das Licht ist nicht besonders gut. Aber es sieht aus, als gebe es dort hinten mächtigen Ärger.»

«Weg da! Lassen Sie mich mal sehen!» Er verscheuchte Marco von dem Gerät und spähte hinein, der zweite Mann drängelte nach.

«Ich sehe nichts – was meinen Sie denn?»

Beide hatten ihm nun den Rücken zugewandt. Die Stiche seines Messers waren schmerzlos und präzise. Die Männer sackten fast gleichzeitig zusammen und ahnten nicht einmal, was mit ihnen geschehen war. Jackie Lau hielt mit seiner Waffe die beiden anderen Soldaten in Schach, die angsterfüllt zurückwichen.

«Seid vernünftig, dann wird euch nichts geschehen», ermahnte er sie. «Hände hinter den Kopf. So ist es gut. Und jetzt umdrehen.» Er fesselte sie mit einem seiner Tonkabel an Armen und Beinen, stopfte ihnen ihre Socken als Knebel in den Mund und schleppte die Bewegungsunfähigen in den dunklen Nebenraum, wo zwei Pritschen standen. «Geht schlafen!», befahl er ihnen, und sie schlossen tatsächlich sofort die Augen.

«Was jetzt?», fragte Jackie.

«Auf den Hügel dort drüben. Ich muss so nahe wie möglich an die Befehlszentrale heran.»

Sie stürmten die Treppe hinunter.

«Nicht unseren Bus. Wir nehmen den Jeep», sagte Marco. «Ich brauche nur ein paar Sachen.» Aus dem Laderaum holte er sein Satellitentelefon, den Laptop und das Positionierungsgerät.

«Damit kannst du sie ja wohl nicht aufhalten!», stellte Jackie ernüchtert fest. «Was machen wir hier eigentlich?»

«Ich kann die Position durchgeben und hoffen, dass wir mittlerweile einen Code XX haben.»

«Und was ist das?»

«Grünes Licht für einen Raketenschlag von See her.»

«Scheiße», sagte Jackie Lau.

Bockig wie ein widerspenstiges Reittier ließ sich der Jeep über die dunklen Straßen lenken. Marco fuhr und behielt die Hügelkuppe im Auge, zu der es keinen direkten Weg gab. Sie fuhren erst mehr als einen Kilometer westwärts, um dann auf eine andere Straße zu gelangen, die nach Osten führte. Es kam ihnen nur ein Fahrzeug entgegen. Eine schwarze Limousine, hupend und wütend die Scheinwerfer aufblendend, jagte an ihnen vorbei und verschwand in der pechschwarzen Nacht.

«Die Straße führt nicht zu dem Hügel», erkannte Jackie Lau mit Schrecken. «Die Biegung da vorne führt nach links, zum Hauptquartier.»

«Dann eben ohne Straße!» Der Motor heulte auf, als die Räder die asphaltierte Piste verließen und auf sandigem Boden zwischen mannshohen Büschen landeten. Zeigte sich der Jeep auf der Straße als widerspenstiger Bastard, erwies er sich im Gelände als Rassewagen. Er pflügte wie ein Panzer durch das Unterholz, sprang über eine ganze Reihe Steine und freiliegende Wurzeln, bis Marco einer Reihe von niedrigen Pinien nicht mehr ausweichen konnte und mit knapper Not zum Stehen kam, bevor der Wagen in die

Bäume raste. Der Fuß des Hügels war noch lange nicht erreicht.

«Wir müssen zu Fuß weiter.» Marco sprang aus dem Wagen und suchte sich im Dunkeln seine Ausrüstung zusammen. Der kräftige Wind brauste in den Wipfeln der Bäume, aus der Ferne drang in unregelmäßigen Abständen das dumpfe Krachen vom Geschützdonner des nahen Großmanövers.

«Ich brauche eine Taschenlampe», krächzte Jackie.

«Ausgeschlossen. Sie würden uns sofort bemerken.»

«Aber ich sehe nichts! Gar nichts! Nur schwarz. Ich bin nachtblind.»

Marco schulterte den Koffer, in dem sich das Inmarsat-Satellitentelefon befand, legte sich die Schnur des kleinen Positionierungsgerätes um den Hals, nahm in eine Hand den Computer, in die andere eine Waffe.

«Dann bleib hier unten. Aber verkrieche dich unter dem Auto, verstanden? Wenn die Raketen einfliegen, ist das der sicherste Ort.»

«Ich muss dir noch was sagen. Hatte ich ganz vergessen.»

«Was denn, zum Teufel? Mach schnell!»

«Du hast mich doch nach Lee Tai du gefragt, dem Schatten des Todes?»

«Und?»

«Ich wollte es dir die ganze Zeit schon sagen. Er arbeitet für die CIA.»

«Das kann nicht sein! Die CIA setzt doch keine Killer auf ihre eigenen Leute an!»

«Ich habe es von seinem Bruder, der ist gleichzeitig sein Manager. Es stimmt!»

Jackie wünschte sich, er hätte das jetzt nicht gesagt. Marco, eben noch bereit, den Mount Everest im Laufschritt zu erstürmen, hielt plötzlich inne und wirkte abwesend.

«Vielleicht hat sich sein Bruder ja doch geirrt», versuchte Jackie hilflos die Situation zu retten.

Es waren seine letzten Worte. Das Geschoss drang knapp unterhalb seines Herzens in seine Brust und zerriss den amerikanischen Pass, den er dort versteckt hielt.

Der Mann ohne Namen beschloss, zuerst Brigadegeneral Chen Hong das Handwerk zu legen. Für die Spione war noch genug Zeit, zuerst musste er den Verräter fassen, der gleichzeitig der Mörder von Wang Ming war.

Die Limousinen steuerten selbst bewusst auf den Hangar zu, und selbst dem Mann ohne Namen verschlug es für einen Moment die Sprache, als er im gelblichen Licht der Anlage die gewaltige Flotte von hundert startbereiten Kampfhubschraubern erblickte. Er hatte selbst in seiner Zeit als aktiver Soldat einige Manöver mitgemacht, aber keines von dieser Größenordnung.

Ein unbändiger Stolz und das wohltuende Gefühl von Stärke erfassten ihn, als der Wagen in die Talsenke glitt und auf das Hauptgebäude zuhielt.

Mühsam und mit Hilfe der anderen Agenten befreite er sich aus seinem Sitz und marschierte hinein, seinen gekrümmten, eingegipsten Arm wie eine bizarre Last vor sich hertragend.

«Ich will Brigadegeneral Chen Hong sprechen. Sofort!», bellte er den erstbesten Soldaten an, der seinen Weg kreuzte.

«Das wird nicht möglich sein», bedauerte der Soldat, beeindruckt von der Heftigkeit des Fremden. «Die Truppe ist zur letzten Lagebesprechung versammelt und darf nicht gestört werden.»

«Bring mich auf der Stelle zu Chen Hong!», herrschte der Namenlose den Soldaten an.

Unsicher und verzagt schaute der sich nach Unterstützung um, aber seine Kameraden waren plötzlich alle verschwunden, und er stand diesem zornigen Mann mit dem wundersamen Armgestell allein gegenüber.

«Bitte, folgen Sie mir», lenkte er kleinlaut ein und führte

den Fremden durch den leeren Flugzeughangar zu einem Seitentrakt. In einem Versammlungsraum saßen die fünfundzwanzig Hauptleute der Operation *Gelber Kaiser* beisammen. General Bai hatte der Gruppe soeben die letzten Instruktionen erteilt und war bereits wieder auf dem Weg in die Befehlszentrale, wo jede Minute der hohe Besuch eintreffen konnte. Brigadegeneral Chen Hong hatte das Wort übernommen und erläuterte anhand zweier detaillierter Landkarten von Nord- und Südtaiwan die genauen Positionen ihrer Angriffsziele und den genauen Verlauf der Operation.

Sobald sie die Luftabwehr, die Marine und die Kommunikationsrelais der Bodentruppen ausgeschaltet hatten, würden sie Vollzug an das Hauptquartier in Dafu melden, idealerweise noch vor 1.00 Uhr, spätestens jedoch um 1.30 Uhr. Wenn Taiwans ahnungslose Armee erblindet und erlahmt war, konnte die zweite Phase beginnen, die eigentliche Operation. Aus dem Großmanöver entlang der chinesischen Küstengewässer, an dem diesmal 450000 Soldaten beteiligt waren, würde plötzlich Ernst werden. Die Landungsboote würden Kurs auf ausgewählte Buchten an der taiwanesischen Westküste nehmen, die sie selbst bei aufgewühlter See bis um 4.30 Uhr erreicht haben mussten. Die Zerstörerflotte und die U-Boote nahmen derweil Kurs auf Taipeh und Kaohsiung, um die wichtigsten Häfen zu blockieren und durch ihre Anwesenheit eine kopflose Massenflucht zu verhindern. Es durfte, dazu gab es eine Order von höchster Stelle, nur ein einziges Schiff die Insel verlassen. Es war dies der Container *Regula* der Poseidon Oriental Lines. Bevor die Hafenblockade verhängt wurde, hatten die chinesischen Kampfjets die Lufthoheit über der Insel gesichert und konnten jede startende Maschine innerhalb von Minuten ausmachen und nötigenfalls vom Himmel holen. Aber wenn alles lief wie geplant, würde das gar nicht nötig sein. Wenn alles lief wie geplant, würde bei dieser Invasion – abgesehen vom gewaltsamen Vorstoß der *Roten Fahne* – kein einziger Schuss fallen, denn, so versicherte Chen Hong seinen Leuten, die Freunde und Verbündeten auf Taiwan hätten bereits die wesentlichen Vorbereitungen getroffen. Es bestand kein Grund zu der Befürchtung, dass die amerikanischen Truppen sich in die Aktion einmischen würden, denn ihre ganze Aufmerksamkeit galt der Mongolei, und bis sie die Invasion als solche erkannt hätten, war es bereits zu spät. Um 8.30 Uhr würde die neue Regierung, die aus angesehenen und loyalen Geschäftsleuten und Politikern bestand, die Bevölkerung in einer von allen Radio- und Fernsehstationen verbreiteten Ansprache von den Ereignissen informieren und zur Ruhe und Besonnenheit aufrufen. Die Erklärung, die bereits geschrieben war, versicherte den Taiwanesen ein gewisses Maß an politischer Mitbestimmung und absolute wirtschaftliche Freiheit im neuen, vereinten China zu. Sie rief alle zu einer großen, gemeinsamen Anstrengung auf, um die Teilung zu überwinden und einen gemeinsamen Weg in die Zukunft zu gehen.

Dem bisherigen Präsidenten und seiner Clique, die Taiwan zum 51. Staat der USA machen wollten, werde die Ausreise anheim gestellt. Es sollte keine Rache und keine hässlichen politischen Schauprozesse geben. Die Volksbefreiungsarmee werde nur so lange auf der Insel bleiben, bis die Übergangsregierung die Sache fest im Griff hatte, und würde sich dann so schnell wie möglich wieder zurückziehen. Die Erklärung war in einem feierlichen und zugleich versöhnlichen Ton gehalten. Alles in allem, das würden selbst feindlich gesinnte, ausländische Kommentatoren zugeben müssen, hörte sich die Erklärung vernünftiger und gemäßigter an als beinahe alles, was aus der Volksrepublik China seit langer Zeit zum Thema Taiwan geäußert worden war.

Der Mann ohne Namen stand erstarrt hinter der Eingangstür und lauschte mit angehaltenem Atem auf die ungeheuerlichen Befehle, die Chen Hong den Kommandeuren seiner Kampfgruppen gab. Er war sofort gefangen von der Logik und der Schläue dieses Planes und hätte spontan Beifall geklatscht, wäre da nicht ein einziger Schönheitsfehler gewesen. Derjenige, der diesen genialen Plan vortrug und die Aktion anführte, war ein Verräter. Nachdem Chen Hong das Briefing mit einem Uhrenvergleich beendet hatte, reihum ging und jedem der Kommandeure persönlich die Hand schüttelte, hielt der Namenlose den Zeitpunkt seines Auftrittes für gekommen. Flankiert von den ängstlich dreinblickenden Mitarbeitern aus Fuzhou, denen es während des Vortrages von Chen Hong abwechselnd heiß und kalt geworden war, betrat er den Raum und steuerte schnurgerade auf den Verräter zu, der ihm den Rücken zugekehrt hatte.

«Brigadegeneral Chen Hong. Im Namen des Staatsrates der Volksrepublik China nehme ich Sie fest wegen des Verrates von Staatsgeheimnissen an eine feindliche Macht», verkündete er.

Langsam drehte sich Chen Hong herum. Er erkannte den Mann sofort als den geheimnisvollen Besucher, der Lao Ding in Peking abgeführt hatte und der Jackie Lau einen solchen Schrecken eingejagt hatte, dass er zu stottern begann. Chen Hong aber war über die Angst entdeckt zu werden, bereits hinaus. Der Mann, der nun blässlich, mit geröteten Augen und mit dick eingegipstem Arm vor ihm stand, konnte ihm nichts mehr anhaben. Die Operation begann in fünfzehn Minuten, und er war der Einzige, der sie zum Erfolg führen konnte. Seine Kameraden blickten verwirrt zwischen ihm und dem fremden Zivilisten, der die ungeheuerliche Anschuldigung vorgebracht hatte, hin und her.

«Ich glaube, Sie wissen nicht, wovon Sie reden», sagte Chen Hong ruhig.

«Ich rede von Landesverrat», schnappte der Mann ohne Namen. «Sie haben die Informationen über diese Aktion an die Amerikaner verkauft. Ich habe es sogar im Fernsehen gesehen!»

«Glauben Sie nicht immer alles, was das Fernsehen sagt.»

Chen Hong kehrte ihm wieder den Rücken zu und verabschiedete sich von den letzten seiner Kampfgenossen. Die Umstehenden gluckten vor Vergnügen.

«Chen Hong, ich warne Sie!» Der Mann ohne Namen stellte nüchtern fest, dass seine Stimme vor lauter Aufregung und Zorn viel von ihrem Schmiss verlor. Seine ganze Macht und die des Apparates, der hinter ihm stand, galt mit einem Mal nichts mehr. Er wurde sich der feindseligen Blicke der Soldaten in ihren Kampfanzügen bewusst, die näher an ihn herantreten. Er war versucht seine Waffe zu ziehen und den Verräter hier und auf der Stelle zu erschießen. Aber ihn befiel die dunkle Ahnung, dass die anderen, die ausnahmslos auf der Seite des Verräters standen, ihn gleich danach in Stücke reißen würden.

«Wenn ihr diesem Mann folgt, seid ihr tot!», versuchte er, sie gegen Chen Hong einzunehmen.

«Das sind wir so oder so», murmelte einer, und ein anderer kicherte böse.

Hilflos stand der Mann ohne Namen wie ein einsames Raubtier in der Mitte eines Rudels anderer, viel gefährlicherer Raubtiere.

Chen Hong hatte seine Runde beendet und salutierte den Männern, die einer nach dem anderen zu den Hubschraubern hinausgingen, wo ihre Leute angetreten waren. Niemand achtete mehr auf den Eindringling.

«Der Staatsrat wird Sie alle zur Verantwortung ziehen», versuchte er, die Hinausgehenden aufzuhalten.

«Scheiß auf den Staatsrat», bekam er zur Antwort. Einer schubste ihn so grob aus dem Weg, dass er das Gleichgewicht verlor und hingestürzt wäre, wenn die beiden schreckensbleichen Fuzhou-Agenten ihn nicht aufgefangen hätten.

Chen Hong verließ den Versammlungsraum als Letzter. Die Karten und Papiere unter seinen Arm geklemmt, marschierte er stumm an dem Namenlosen vorbei.

«General Wang Guoming sucht dich, du verfluchter Hurensohn», kläffte ihm der Namenlose hinterher. «Du hast seinen Enkelsohn ermordet.»

Chen Hong blieb stehen.

Der Namenlose schöpfte Hoffnung. Endlich zeigte der Verräter Nerven. «Der Eiserne Wang, Chen Hong – erinnerst du dich? Du hast ihm das Genick gebrochen! Der General hat mich beauftragt den Mörder zu finden, und ich habe ihn gefunden.»

«Ich wusste nicht, wer er war. Richte dem General aus, dass sein Enkelsohn ein verdammt guter Kämpfer war», sagte Chen Hong, ohne seinen Blick von der geöffneten Tür zu nehmen. «Aber jeder einzelne meiner Männer da draußen ist ein besserer Kämpfer. Und jeder einzelne wird in dieser Nacht sterben.»

Damit war er zur Tür hinaus. Der Mann ohne Namen stampfte wütend mit dem Fuß auf und wollte ihm nachstürzen, aber ein halbes Dutzend mit Maschinenpistolen bewaffneter Soldaten hielt ihn davon ab.

«Niemand betritt das Flugfeld», sagte einer, während die Gestalt Chen Hongs zwischen den anlaufenden Helikoptern verschwand.

«Zurück zum Wagen. Ich muss sofort in das Hauptquartier!», schrie der Namenlose.

Unterwegs begegneten sie einem Jeep, der mit hoher Geschwindigkeit durch das Gelände raste, und für den Bruchteil einer Sekunde, in der die Lichter der Scheinwerfer in die Fahrerkabine fielen, erkannte der Mann ohne Namen den Beifahrer des Militärfahrzeuges.

Es war Jackie Lau.

«Fahr weiter. Fuß runter vom Gas! Bremse langsam ab!», befahl er seinem Fahrer und blickte gerade noch rechtzeitig nach hinten, um den Jeep im Gebüsch abseits der Straße verschwinden zu sehen. «Mach das Licht aus und fahr zurück. Meine Waffe. Ich brauche meine Waffe.»

Zu Fuß folgten der Mann ohne Namen und seine beiden Helfer der Schneise umgemähten Buschwerkes, die der Jeep geschlagen hatte. Als er die roten Bremslichter aufflammen sah, hatte er die Gewissheit, dass sie ihm nicht entkommen würden. Leise schlichen die Verfolger näher, bis sie die gehetzten Stimmen der Eindringlinge hören konnten. Der hünenhafte Begleiter des Spions hatte ihnen seinen Rücken zugewandt. Jackie Lau aber, der seitlich neben ihm stand, konnten sie selbst in der Dunkelheit erkennen.

Der Mann ohne Namen hätte gerne selbst geschossen, aber sein rechter Arm war nutzlos, und er konnte keinen Fehlschuss riskieren.

«Der Kleine, der rechts steht ... Mach ihn fertig», flüsterte er dem Agenten aus Fuzhou zu, der seine Waffe nahm und zielte. Sie waren nicht darauf eingestellt, dass ihr Feuer sofort erwidert würde. Noch bevor sie die bellende Salve aus Marcos Waffe hörten und ihr Mündungsfeuer wahrnahmen, brachen alle drei zusammen. Dem Schützen aus Fuzhou war eine Kugel in die Nase gedrungen und riss ihm den Schädel weg, der zweite erhielt einen Treffer in der Mitte der Brust, und der Mann ohne Namen verspürte einen dumpfen Schlag gegen seinen Oberschenkel, der ihn umwarf.

Der Wind war zu einem handfesten Sturm angeschwollen. Das Brüllen der See, deren weiße Schaumkronen aus der Dunkelheit hervortraten wie wabernde Geister, wurde nur vom fernen Getöse der Manöverkanonen übertönt. Lichtblitze erhellten den südlichen Nachthimmel, aus einem Dutzend Rohre stiegen Leuchtspurgeschosse wie grelle Perlenschnüre empor, um jenseits der tief hängenden Wolken zu verglimmen.

Marco schleppte den Koffer mit dem Inmarsat-Telefon

durch das dornige Buschwerk den steilen Hang hinauf, erreichte keuchend vor Anstrengung die Hügelkuppe und entfaltete den Schirm im Windschutz eines mächtigen Felsens. Ein rotes Blinken signalisierte den Kontakt mit dem Satelliten. Er schloss blind den Computer und das Positionierungsgerät an und wartete ungeduldig, bis das Programm angelaufen war. Er spähte über den Felsen hinunter zum hell erleuchteten Hauptquartier der *Roten Fahne*, wo Unruhe entstanden war. Zwei Soldaten trabten zum Eingang, verschwanden im Gebäude, und wenige Sekunden darauf ertönte eine quäkende Alarmsirene. Es blieb nicht mehr viel Zeit. Eine Salve schwerer Artillerie grollte von Süden heran. Mit dem Zeigefinger hackte Marco die Nummer in die Tastatur des Telefons, die ihn über ein Relais in Naha, Okinawa, mit der Kommandobrücke der *Leftwich* verband. Der Zerstörer der Spruance-Klasse, ein leiser U-Boot-Killer, war aus dem Kampfverband der USS *Nimitz* ausgeschert und als einziges US-Schiff zur Manöverbeobachtung am Eingang der Taiwanstraße verblieben. Marco presste die linke Hand auf das freie Ohr, um den Lärm abzudämpfen, und konzentrierte sich auf den Code, den außer ihm und einer kleinen Anzahl anderer C-17-Agenten nur die Kapitäne der Kriegsmarine kannten. Er hörte eine verzerrte Stimme antworten, konnte aber keine Worte verstehen.

«Dies ist ein C-17-Notruf», brüllte er, als gelte es, die 150 Seemeilen bis zur *Leftwich* allein durch die Kraft seiner Stimmbänder zu überbrücken. «Code XX Charlie, Bravo, XX! Ich bitte um Tomahawk auf Zielposition ...» Auf der Anzeige des Positionierungsgerätes blinkten nur vier Linien auf – es hatte keinen Satellitenkontakt, offenbar blockierte der Felsen den Empfang.

«Code XX Charlie, Bravo, XX!», wiederholte er, riss das Gerät aus dem Computer, durch den es direkt in die Datenbank des Zerstörers gelangen konnte, und hielt es mit ausgestrecktem Arm in die Höhe.

«C-17, hier ist die USS *Leftwich.* Wir sind nicht in einer Code-XX-Situation!»

Nur der Präsident persönlich konnte grünes Licht für einen taktischen Raketenschlag geben, und das war nicht geschehen. Marco verfluchte den rückgratlosen Summers und den ahnungslosen Cartlin. Sie hatten seine Warnungen allesamt ignoriert! Ein neues Geräusch mischte sich in die Symphonie des Lärmes, die ihn umgab. Es erhob sich wie ein Brausen, schwoll an zu einem Hacken und dann zu einem Orkan aus Stampfen und Hämmern. Keine hundert Meter neben ihm und auf gleicher Höhe glitt der erste Hubschrauber vorüber, dicht dahinter der zweite, der dritte ... Marco ließ den Telefonhörer sinken und starrte auf die endlose Reihe von Kampfmaschinen, die eine nach der anderen röhrend über den Meeressaum in der Dunkelheit verschwanden.

«*Leftwich!*», schrie Marco. «Hundert Hubschrauber starten gerade von hier, um Taiwan anzugreifen. Haben Sie das verstanden?»

«Es ist nur ein Manöver, C-17! Außerdem haben wir nichts auf unserem Radar!»

Wütendes Geschrei ertönte vom Fuß des Hügels, Befehle wurden gebrüllt, die Lichtfinger starker Scheinwerfer durchtasteten die Nacht auf der Suche nach dem Eindringling.

Seine Stimme überschlug sich. «Sie fliegen zwei Meter über dem Wasser, und sie können in einer halben Stunde drüben sein! Ich brauche eine Tomahawk auf ihre Befehlszentrale, dann können wir sie noch stoppen.»

«Was?», hörte Marco den Mann auf der Brücke schreien. «Warten Sie, C-17!» Andere Stimmen aus dem Hintergrund riefen unverständliche Worte. Marco sah einen Wagen, der in schnellem Tempo auf das Hauptquartier zupreschte und vor dem Eingang scharf abgebremst wurde.

«C-17. Wir haben eine XX-Situation. Gerade aus D. C.

bestätigt. Gott steh uns bei! Geben Sie mir die Koordinaten.»

Der Positionierer an Marcos ausgestrecktem Arm hatte Satellitenkontakt. Die Zielkoordinaten blinkten auf. Die Tomahawk-Rakete konnte in drei Minuten hier sein, war auf zehn Meter genau und hatte genug Saft, einen Großteil der Anlage zu zerstören. Mit etwas Glück konnte Marco den Schlag hier oben auf dem Hügel überleben. Dem Fahrzeug vor dem Hauptquartier entstiegen zwei Männer, einer in Uniform, der andere in Zivilkleidung. Sie eilten zur Tür. Der Mann in Zivil hinkte.

«C-17! Geben Sie mir die verdammten Koordinaten!», brüllte der Kapitän der *Leftwich*.

Ich kann nicht, dachte Marco fern und benommen.

«C-17! Melden Sie sich!»

Ich kann nicht ...

«C-17! Können Sie mich hören? Was ist denn los mit dem Scheißer?»

... meinen Vater ...

«C-17!»

... umbringen.

Zwei starke Arme umschlangen ihn von hinten und quetschten seinen Brustkorb zusammen. Der Telefonhörer wurde ihm aus der Hand geschlagen, ebenso der Positionierer. Stahlbesetzte Stiefel krachten mit zerstörerischer Wucht auf die Tastatur des Computers und des Inmarsat-Telefons nieder.

«Nicht töten!», bellte einer. «Bringt ihn in die Zentrale!»

35. Kapitel

Hongkong, August 1966

Es war das erste Mal, dass ihn der Traum heimsuchte und ihn in die Hölle zurückwarf, der er gerade entronnen war. Der Mob der Kinder mit den roten Armbinden hatte ihn, der am Boden lag, umzingelt, Steine flogen, Fußtritte in seine Knie und Ellbogen hinderten ihn daran, sich zu erheben. «Spion, Spion, amerikanischer Spion!», schrien sie hysterisch im Chor. «Jetzt haben wir dich, und du sollst für deine Verbrechen büßen!»

Eben waren sie noch seine Freunde, seine Kameraden und Genossen gewesen – jetzt stürzten sie sich auf ihn, um ihn zu zerfleischen. Bekannte, lieb gewonnene Gesichter, die der Zorn zu Fratzen des Hasses verzerrte. Vertraute Stimmen, angeschwollen zum Keifen und Bellen. «Spion, Spion, verdammter Spion!», jemand schlug ihn mit der Fahnenstange aus Bambus, die er selbst am Tag zuvor bei ihrer gloriosen Rückkehr aus Peking voller Stolz, Patriotismus und revolutionärem Eifer allen voran in die *Volkskommune Achter Juni* getragen hatte.

Er erwachte schweißgebadet und stöhnend in einem fremden, weißen Raum. Durch die Blenden am Fenster schimmerten grün und friedlich die Zweige von Palmen. Ein Ventilator wirbelte an der Decke und spendete angenehme Kühle. Es schien Stenton, als höre er von fern noch immer das hasserfüllte Geschrei der Roten Garden, aber er war jetzt in Sicherheit. Die britischen Imperialisten kontrollierten schließlich Hongkong. Hier konnten ihm die Fanatiker nichts mehr anhaben. Flüchtig wahrgenommene Einzelheiten der Flucht rückten nach und nach in sein Bewusstsein zurück. Das angsteinflößende Heulen der Propeller, wenn die kleine Militärmaschine von Turbulenzen geschüttelt wurde. Die matten Lichter von Guangzhou, das nach zweieinhalb bangen Flugstunden endlich erreicht war. Die unsanfte Landung auf einer buckligen, dunklen Piste, an deren Ende eine Shanghai-Limousine mit verhängten Fenstern wartete, die sie auf geheimen Wegen hinunter zur Grenze brachte. Die Fahrt im offenen Jeep der britischen Patrouille hinunter in diese unheimliche, bunte Stadt Hongkong, die leuchtete und pulsierte mit Schriftzeichen, die ständig an- und ausgeschaltet wurden. In deren engen Straßen ausländische Matrosen Arm in Arm mit chinesischen Mädchen schlenderten, während aus geöffneten Kneipentüren unanständige Musik plärrte. Der Jeep brachte sie zu einem vornehmen Krankenhaus, das Canossa Hospital hieß und wo sie Chinesinnen in hellblauen Kitteln in Empfang nahmen. Ihr mildes Lächeln hatten sie offenbar alle von einer ebenfalls hellblau gekleideten Ausländerin mit feuerroten Haaren gelernt, die den beiden ihre Zimmer zuwies und dafür sorgte, dass sofort ein Arzt nach Georges gebrochenem Bein sah.

Stenton erhob sich aus dem Bett, das ihm direkt unheimlich und verdächtig vorkam, so sauber und weiß, wie es war. Er saß entschlussunfähig auf der Bettkante und versuchte Ordnung in seine Gedanken zu bringen. Einige angstvolle Minuten lang glaubte er, immer noch in China und nicht im sicheren Hongkong zu sein. Oder spielten ihm seine Sinne einen Streich? Er hörte den Mob schreien: «Zehntausend Jahre lebe der Vorsitzende Mao Zedong» und «Ein Hoch auf die Große Proletarische Kulturrevolution!» Vielleicht hatten sich die Sprechchöre in sein Gehör eingefressen wie eine ätzende Flüssigkeit. Vielleicht war dies die Verletzung, die er davongetragen hatte. Seinem Vater war das Bein oberhalb des Knies zerschmettert worden, und ihm hatten sie das

Kampfgeschrei der Roten Garden eingetrichtert, das er nie wieder loswerden konnte und für immer und ewig mit sich herumtragen müsste.

Eine hellblaue, chinesische Krankenschwester betrat leise den Raum und brachte ihm eine Tasse Tee und Weißbrot. Ihr Haar war unter einer Haube zusammengesteckt, und auf ihrer Brust wippte ein Kreuz, das Stenton vage mit der Religion des Westens verband, über die er nicht viel wusste. Sie lächelte noch immer so gütig und nett, dass Stenton sich fragte, welche Teufelei wohl in diesem Hospital gegen ihn und seinen Vater ausgeheckt wurde.

«Wie geht es dem jungen Herrn heute?», fragte sie auf Englisch, einer Sprache, die Stenton zwar nach sechs Jahren Privatunterricht durch seinen Vater fließend beherrschte, in der er sich aber noch immer nicht heimisch fühlen wollte. Es war immerhin die Sprache der Spione und Klassenfeinde.

«Sprechen Sie Chinesisch?», fragte er scheu.

«Natürlich. Ich bin ja Chinesin. Ich komme aus Heilongjiang ganz im Norden, wo die Winter so kalt sind, dass Fische im Fluss festfrieren.»

Er musste über diese Vorstellung lachen.

«Na, wenn du schon wieder fröhlich sein kannst, dann ist ja das Ärgste schon überstanden. Tun dein Rücken und deine Gelenke noch weh?» Sie ließ sich seine blauen Knie und Ellbogen zeigen und die zwei bösen Striemen, die ihm die Hiebe der Fahnenstange beigebracht hatten. «Da legen wir gleich noch ein wenig Eis drauf, und es wird bald heilen.»

Er wollte sie ansprechen, aber er wusste nicht, wie man Krankenschwestern ansprach. Das einzige Wort, das er kannte war «Genossin». Sie spürte seine Unsicherheit.

«Was kann ich noch für dich tun?»

«Ich glaube, etwas stimmt mit meinem Kopf nicht . . .», sagte er zögernd.

«Hast du Schmerzen? Haben sie dich auch auf den Kopf geschlagen?»

«Ja, ich meine, nein. Das war nicht so schlimm. Aber es ist ... ich weiß nicht, wie ich sagen soll. Ich höre immer noch diese Stimmen.»

«Und was sagen diese Stimmen?»

«‹Lang lebe der Vorsitzende Mao› und so weiter. Genau das, was sie auch in Hunan die ganze Zeit geschrien haben. Aber wir sind doch in Hongkong, oder nicht? Ich habe Angst, dass die Stimmen mich verfolgen.»

Sie setzte sich neben ihn auf die Bettkante und streichelte seinen Kopf. Stenton durchbrauste sofort ein warmes Gefühl, und er suchte in ihr, was er für die nächsten Jahre und Jahrzehnte in jeder Frau suchen würde – er suchte Spuren von Li Ling.

«Mein Junge, du musst dir keine Sorgen machen. Diese Stimmen sind nicht in deinem Kopf. Sie sind da draußen auf der Straße. Da gibt es jeden Tag prochinesische Demonstrationen von irgendwelchen Hitzköpfen, die gerne die Kulturrevolution nach Hongkong bringen möchten. Die machen ein paar Schaufenster kaputt und prügeln sich ein bisschen herum. Aber die Polizei wird schon mit ihnen fertig.»

«Wissen sie, dass wir hier sind?»

«Niemand weiß, dass ihr hier seid, außer den Grenzposten, die euch hierher gebracht haben, und den Amerikanern.»

«Welchen Amerikanern denn?»

«Sie werden sich dir bestimmt noch vorstellen.» Sie streichelte ihm noch einmal über den Kopf. «Du und dein Vater, ihr seid hier so sicher wie in Abrahams Schoß.»

«Wo?»

«Das ist nur so eine Redensart. Iß jetzt etwas, und dann bringe ich dich zu deinem Vater. Er hat schon so oft nach dir gefragt.»

«Wie geht es seinem Bein?»

«Das wird hoffentlich wieder in Ordnung kommen. Ich fürchte aber, das mit der Nase kriegen wir nicht wieder hin . . .»

George saß aufrecht in seinem Bett und studierte mit befremdetem Gesichtsausdruck eine britische Zeitung. Sein schlimmes Bein war geschient worden, die Nase war rot angelaufen wie bei einem unverbesserlichen Alkoholiker, beide Nasenlöcher waren mit Wattepfropfen verstopft. Die Krankenschwester ließ die beiden allein.

«Stenton!» Es klang, als leide er unter einem starken Schnupfen.

«Was ist mit deiner Nase?», fragte der Junge.

«Ach, das. Ich dachte, es wäre nicht so schlimm. Aber die Ärzte meinen, ich hätte wahrscheinlich meinen Geruchssinn verloren. Verbrannt.»

«Wieso verbrannt?»

«Irgend so ein Rotgardist hat mir zwei brennende Zigaretten reingesteckt. Er sagte, dass ich genug in China herumgeschnüffelt hätte. So ein Arschloch.»

Stenton packte zum ersten Mal diese Wut, die ihn nie wieder loslassen sollte. Wut auf die Rotgardisten, mit denen er selbst vor ein paar Tagen noch herumgezogen war. Wut auf sich selbst, dass er nicht erkannt hatte, dass sie ihn und George früher oder später anklagen mussten. Wut auf die verfluchte Kulturrevolution, auf den Vorsitzenden Mao, der über diesem ganzen Wahnsinn präsidierte, und auf Zhou Enlai, den sie alle vergötterten wie einen guten Geist und der doch nichts weiter war als ein Mitläufer. Er verspürte den starken Wunsch, jetzt sofort hinauszurennen in die Straßen von Hongkong und sich den erstbesten demonstrierenden Rotgardisten an der nächsten Straßenecke zu schnappen und zu erschlagen.

Am frühen Nachmittag erschien ein schwitzender,

schlecht gelaunter Mitarbeiter des US-Konsulats, der einen großen, mit Formularen gefüllten Aktenkoffer bei sich führte. Er nahm ihre Personalien auf und machte Passfotos von George und Stenton.

«Sie bereiten uns ganz schöne Ungelegenheiten», meckerte der Beamte. «Wir haben keinerlei Unterlagen über Sie beide. Keine Geburtsurkunde, keinen Taufschein – nichts. Wir wissen nicht einmal, ob Sie tatsächlich amerikanische Staatsbürger sind.»

«Wenn es Ihnen nicht passt, dann lassen Sie es doch einfach sein», versetzte George streitlustig. «Ich lege keinen Wert auf die amerikanische Staatsbürgerschaft.»

«So was Undankbares», giftete der Beamte.

«Nennen Sie mir einen Grund, warum ich Ihnen dankbar sein sollte!»

«Hören Sie, Mister Mao Zedong, ich sorge dafür, dass Sie in die Staaten ausreisen können, verstehen Sie?»

«Die Mühe können Sie sich sparen. Ich gehe ganz bestimmt nicht nach Amerika.»

«Wenn es nach mir ginge, könnten Sie zur Hölle fahren. Oder zurück zu ihren ‹Commie›-Freunden in China. Aber leider habe ich meine Befehle. Also noch mal: Geburtsname der Mutter . . .!»

Zur gleichen Zeit, da George mit dem Beamten stritt, machte Stenton im Nachbarraum die Bekanntschaft zweier Herren, die sich ausgiebig nach seinen Erfahrungen in der *Volkskommune Achter Juni* erkundigten. Stenton gab ihnen gerne Auskunft. Die Wut auf das, was sie ihm und vor allem seinem Vater und der geliebten Li Ling angetan hatten, kochte auf höchster Flamme. Er beschrieb den Alltag in der Kommune, die politischen Versammlungen, die Kampfsitzungen und die Folterungen. Er stellte verwundert fest, dass es ihm leichtfiel mit den Amerikanern auf Englisch zu sprechen.

«Meinst du, das kann so weitergehen?», fragte der jüngere der beiden Besucher, der sich offenbar seinen Kopf am niedrigen Türrahmen gestoßen hatte, denn auf seiner Stirn war eine rote Beule erblüht. «Wird sich nicht früher oder später jemand finden, der etwas gegen diesen Terror unternimmt?»

«Vielleicht die Armee. Ich habe gehört, dass die Armee nicht glücklich über die ganze Sache ist. General Wang ist ein Freund meines Vaters und hat uns bei der Flucht geholfen. Das hätte er niemals getan, wenn er selbst die Kulturrevolution unterstützen würde.»

Die beiden Männer tauschten einen wissenden Blick.

«General Wang hat uns benachrichtigt. Wir dachten erst, jemand erlaube sich einen Scherz.»

«Wer sind Sie?»

«Wir arbeiten für die amerikanische Regierung. Wir haben versucht mit deinem Vater zu sprechen, aber er war leider nicht sehr auskunftsfreudig.»

«Sie müssen ihn verstehen – er hat Schreckliches durchgemacht.»

«Aber er ist daraus nicht klug geworden. Er spricht immer noch vom großen Vorsitzenden Mao Zedong, und von der ‹Großen Proletarischen Kulturrevolution› und schimpft auf die amerikanischen Imperialisten. Ich fürchte, er wird mit dieser Haltung große Schwierigkeiten in den Staaten bekommen.»

«Ich weiß», seufzte Stenton. «Er will auch gar nicht dorthin zurück. Aber wo sollen wir denn sonst hingehen?»

Wieder wechselten die Männer einen Blick.

«Kanada wäre eine Möglichkeit», schlug der ältere vor.

«Das Problem ist, dass wir kein Geld haben. Und mein Vater hat nichts gelernt außer Ackerbau. Vielleicht könnten wir in Kanada in einer Volkskommune Arbeit finden.»

Der jüngere unterdrückte ein Lächeln. «Ich glaube, das ließe sich einrichten. Was ist mit dir? Hast du auch nichts für Amerika übrig wie dein Vater?»

«Doch. Ich würde Amerika sehr gerne kennen lernen. Es ist doch auch mein Land, nicht wahr?»

«Ja, das ist es, Stenton. Und es braucht dich.»

«Ich habe eine Bitte», wagte er zu sagen.

«Dann raus damit.»

«Ich habe hier einen Film, der entwickelt werden muss. Ich habe ihn heimlich aus China mitgebracht, und ich würde gerne sehen, ob die Bilder etwas geworden sind.»

«Das tun wir gerne für dich. Morgen Früh hast du die Abzüge.»

«Danke sehr.»

Sie packten ihre Papiere zusammen, erhoben sich und schüttelten Stenton zum Abschied die Hand.

«Wir bleiben in Kontakt, mein Junge. Wir kümmern uns um dich und deinen Vater», sagte der freundliche, jüngere Mann mit der Beule. «Wenn es irgendetwas gibt, das du brauchst oder das du gerne wissen möchtest – ich schreibe dir hier eine Telefonnummer auf. Da kannst du mich erreichen. Frag einfach nach Fred Summers.»

36. Kapitel

Taipeh, 3. Januar

Die Kapelle stimmte soeben ein Potpourri alter Glenn-Miller-Hits an, als eine Seitentür sich öffnete und General Zhang den Saal betrat. Er hatte wie immer zu diesem Anlass seine weiße, ordensgeschmückte Paradeuniform angelegt, die immer saß wie angegossen, weil ein tüchtiger Schneider sie immer wieder dem Körper ihres Trägers anpasste. Der General schrumpfte. Sein stolzes Alter von nunmehr siebenundneunzig Jahren war trotz der Ginseng-Therapie nicht spurlos an ihm vorübergegangen. Seine einstige Körperfülle war längst gewichen, und er war buchstäblich nur noch der halbe Kerl, der er früher war, wie er selbst gerne scherzte. Seine Haut an Gesicht und Händen war wie rissiges Pergament, er ging langsam, wie eine wandelnde Mumie, auf einen Stock gestützt und von einer jugendlichen, attraktiven Dame begleitet, die er den Gästen anstandshalber als seine Nichte vorstellte. Dabei wusste jeder, dass der General keine Familie besaß und dass die angebliche Nichte zur Ausstattung seines Schlafzimmers gehörte. Der General prahlte vor ausgewähltem Publikum gerne mit seiner Manneskraft und einem von seinem Greisenalter unberührten sexuellen Hunger auf «junges Fleisch», den er angeblich durch den Genuss von reichlich Nashornpulver aufrechterhielt. «Ich kann ficken, bis ich tot umfalle!», protzte er sehr zum Vergnügen seines Stabes von Mitarbeitern und Vertrauten. Die Band spielte «In the Mood», und General Zhang machte seine Begrüßungsrunde durch die Reihen der Generäle, schüttelte Hände, nahm Huldigungen und Ehrbezeugungen entgegen, klopfte diesem auf die Schulter, drohte jenem verspielt mit dem knochigen Zeigefinger. Alle waren sie zu seinen Ehren im Foyer der riesigen Villa am Stadtrand von Taipeh erschienen. Die dreißig wichtigsten Militärs in Taiwan waren hier versammelt, obwohl die Beobachtung des chinesischen Großmanövers und die erhöhte Alarmbereitschaft, die bei Truppenbewegungen auf dem Festland verhängt wurde, sie eigentlich in ihren jeweiligen Befehlszentralen unabkömmlich machte. Aber dort hatten heute Abend für ein paar Stunden die Stellvertreter das Sagen, denn wenn der Generals' Club seine Neujahrsversammlung abhielt, durfte niemand fehlen. Jeder einzelne der Offiziere und Befehlshaber hatte an irgendeinem Punkt seiner Karriere den Weg des allmächtigen Generals Zhang gekreuzt, hatte von ihm gelernt, war von ihm empfohlen, befördert oder gemaßregelt worden. Zu einem Diner im Generals' Club eingeladen zu werden, war so gut wie alle Orden der Republik zusammengenommen. Es war der Ritterschlag.

Admiral Hsu, Chef der Seestreitkräfte, General Wu, Kommandant der Luftwaffe, General Lee, Befehlshaber des Heeres – sie begrüßten den alten Mann mit Verbeugungen. Der Verteidigungsminister küsste der jungen Begleiterin des Patriarchen gar galant die Hand.

«Es freut mich, Sie alle hier in meinem bescheidenen Heim begrüßen zu dürfen», sprach Zhang die Armeeführer förmlich an. «Unsere Freunde und Brüder auf dem Festland haben sich ja alle Mühe gegeben unsere kleine Feier hier mit ihren albernen Kriegsspielen zum Platzen zu bringen. Aber diesen Sieg wollen wir ihnen nicht gönnen, habe ich Recht, meine Herren? So bitter sie endlich einmal einen Sieg nötig hätten.»

Sie lachten und erhoben zustimmend ihre Sektkelche. General Zhang winkte einen Kellner heran, nahm sich ein Glas Wasser vom Tablett und prostete seinen Gästen zu.

«Wie ist Ihr Befinden, ehrwürdiger Herr General?», erkundigte sich der Verteidigungsminister.

«Könnte nicht besser sein. Ich fühle mich wie ein junger Kerl in dieser lustigen Gesellschaft! Habe mich seit sechzig Jahren nicht mehr so wohl gefühlt.»

Das Grüppchen lachte erleichtert über den leutseligen Greis, dem sie alle so viel zu verdanken hatten. Sie sahen in ihm den weisen, wohlmeinenden Gönner. Bis auf einen waren sie noch zu jung, um General Zhang jemals als Militärführer erlebt zu haben. Nur General Lee hatte als junger Offizier zu den Truppen gehört, die 1947 unter seinem Befehl standen.

Der Feldzug gegen die Kommunisten lief damals trotz massiver amerikanischer Hilfe nicht gut. Immer mehr der zwangsrekrutierten jungen Soldaten, deren Sold aus nichts weiter als wertlosem Papier bestand, liefen mitsamt ihren Waffen zur Roten Armee über. Generalissimus Chiang Kaishek handelte zunehmend wie ein Mann in Panik. Er ließ ganze Landstriche bombardieren, in denen er Stützpunkte der Kommunisten vermutete, er sprengte die Dämme am Gelben Fluss und ließ das Land überfluten, damit es nicht den Feinden in die Hände fallen konnte. Jedem, der denken konnte, war klar, dass die Niederlage nur noch eine Frage der Zeit war. Es war bereits in aller Stille ein Vorauskommando nach Taiwan entsandt worden, um dort für die Nationalchinesen Quartier zu machen, wenn sie dann auch ihre letzten Basen auf dem Festland aufgeben mussten. Von dort, aus Taipeh, traf im Februar 1947 eine dringende Depesche des provisorischen Gouverneurs ein, der um die Entsendung starker Truppenverbände ersuchte. Die Eingeborenen, meldete er, hätten sich gegen die Guomindang erhoben. Nach einem halben Jahrhundert japanischer Herrschaft dürsteten sie nach Selbstbestimmung und wollten sich nicht der Herrschaft der Nationalchinesen unterwerfen. Chiang Kai-shek wusste, wen er mit der schwierigen Aufgabe betrauen konnte, den Widerstand zu ersticken. General Zhang setzte mit einer Armee von 22 000 Mann auf die Insel über.

Innerhalb weniger Tage hatten seine Soldaten den Aufstand niedergeschlagen. Zhang ließ die Bevölkerung eines ganzen Landstriches, der für seine Aufsässigkeit berüchtigt war, Tausende Männer, Frauen und Kinder, Alte, Verwundete und Kranke, in einem Talkessel westlich von Taipeh zusammentreiben. Der junge Lee hatte strammgestanden in einer Reihe von ehrgeizigen Offizieren, als General Zhang mit seinem amerikanischen Jeep in das Tal gebraust kam, seinen damals noch stattlichen Leib aus dem Sitz hob und den Befehl gab, die Gefangenen ohne Ausnahme zu erschießen. Und das taten sie.

Lee und seine Kameraden führten den Befehl aus, ohne viel darüber nachzudenken. Die Armee der Guomindang kam aus einem Vernichtungskrieg, hatte Jahrzehnte des Schlachtens und Mordens hinter sich und keinerlei Achtung vor Menschenleben. Sie schossen die wehrlosen Taiwanesen über den Haufen, als seien es Schädlinge. General Lee hatte sich auch später nicht viele Gedanken über das Massaker vom 28. Februar und die vielen kleinen anderen Massaker gemacht, bei denen Zehntausende Taiwanesen umgebracht worden waren. Das Morden hatte seinen abschreckenden Zweck erfüllt, denn die Inselbevölkerung fügte sich danach bedingungslos dem Willen der Nationalchinesen, und die wenigen, die immer noch Widerstand leisteten, wurden gnadenlos verfolgt, gefoltert und ermordet. Niemand wagte es fortan offen darüber zu sprechen, dass die «Republik China» auf einem Berg von Leichen gegründet worden war. Die Schuldigen, allen voran General Zhang, wurden von der Partei gedeckt. Erst lange nachdem das Kriegsrecht aufgehoben wurde und Taiwan schon auf dem Weg zur Demokratie war, beschloss das Parlament eine Entschädigung der Opfer. Aber die Namen der Täter kannte noch immer keiner.

Auch von den hochdekorierten Gästen im Generals' Club wussten nur die wenigsten mit Gewissheit von der Rolle, die General Zhang damals gespielt hatte. Und wer es wusste, sprach nicht darüber. Auch nicht General Lee. Aber dieser konnte dem General Zhang niemals mit derselben an Anbetung grenzenden Bewunderung seiner Offizierskameraden gegenübertreten. Er sah immer noch den feisten Kriegsherrn vor sich, mit Augen so kalt und gefühllos wie Glasmurmeln, der sich aus dem Jeep zwängte und nur diese zwei fürchterlichen Worte sagte und dabei noch nicht einmal seine Stimme erhob: «Alle erschießen.»

«Was sind die letzten Meldungen vom Kabinettstisch?», erkundigte sich Zhang jetzt beim Verteidigungsminister, obwohl er längst wusste, worüber die Regierung am Nachmittag beraten hatte und zu welchem Ergebnis sie gekommen war.

«Wir bleiben weiter auf Deeskalationskurs», erklärte der Minister. «Es herrscht die allgemeine Überzeugung, dass diese Manöver nicht uns gelten, sondern innenpolitisch zu beurteilen sind. Den Herren in Peking geht mal wieder der Arsch auf Grundeis und sie wollen ihr Volk mit dieser Schau bei der Stange halten. Sofern es uns betrifft, können sie herummanövrieren, bis ihnen der Sprit ausgeht. Und das wird bei ihrer notorischen Rohstoffknappheit gewiss bald der Fall sein.

Die Runde knurrte mit grimmigem Lächeln Zustimmung.

«Und diese amerikanischen Fernsehmeldungen? Dass die so genannte Volksbefreiungsarmee einen Angriff plant?»

«Völliger Unfug. Es wäre das erste Mal, dass die CIA etwas über China wüsste, das wir nicht wissen. Jemand hat sich einen albernen Scherz erlaubt.»

«Aber was soll das Theater an der mongolischen Grenze?», wandte sich Zhang an General Wu. «Können Sie sich darauf einen Reim machen?»

«Das ist eine sehr ernst zu nehmende Warnung an die

Amerikaner und auch an die Japaner», antwortete der Luftwaffenchef. «Ich glaube nicht, dass es tatsächlich zu einem Schlagabtausch kommen wird. Niemand glaubt das. Nicht einmal unsere Freunde in Washington glauben das wirklich. Sie müssen jetzt nur entschlossen und stark aussehen, weil sie sonst beim nächsten Mal garantiert das Nachsehen haben werden. Und das nächste Mal wird garantiert kommen.»

«Ah, Pun, mein lieber Freund!» General Zhang schien mit zunehmendem Alter Schwierigkeiten damit zu haben, längeren Ausführungen konzentriert zu folgen. Er hatte in der Menge die tonnenhaften Umrisse eines kleinen Mannes entdeckt, der sein Winken freudig erwiderte und sich dem Grüppchen anschloss. Unwillkürlich rückten die Umstehenden von ihm ab. General Pun hatte nicht viele Freunde. Er war der Chef des Geheimdienstes. Er besaß über jeden, der in der Republik China jemals ein öffentliches Amt bekleidet hatte, ein Dossier. Er wusste zum Beispiel, dass General Zhang ein Hauptverantwortlicher des Massakers am 28. Februar war und er wusste sogar, dass General Lee daran teilgenommen hatte. Er kannte die sexuellen Vorlieben der Regierungsmitglieder und die Telefonnummern ihrer Konkubinen. Er kannte jedermanns Schweizer Bankkonten und jedermanns Kontakte nach Washington oder nach Peking und er kannte sogar den Namen des Mannes ohne Namen, denn er hatte mehr als einmal mit ihm an einem Tisch gesessen, um Informationen auszutauschen. General Pun war auch der Einzige, der wusste, wie viele westliche und taiwanesische Agenten während der groß angelegten Säuberungswelle vor ein paar Wochen aufgeflogen waren, denn er hatte ihre Namen und ihre Identität persönlich an den Mann ohne Namen weitergegeben. Das gehörte zu einem Plan, der nicht sein eigener war, denn trotz seiner beinahe unerschöpflichen Informationsquellen als Stellvertretender Generalsekretär des Nationalen Sicherheitsrates in Taiwan, der die Geheimdienste kontrollierte, fehlten ihm die nötige Phantasie und kreative Intelligenz, einen so famosen Coup zu planen. Das hatte er einem anderen überlassen, und dafür sollte er reich belohnt werden.

General Pun war der Sohn eines ehemals mächtigen Kriegsherrn, der über große Teile der Provinz Sichuan herrschte, bevor er sich angesichts des kommunistischen Sieges das Leben nahm. Pun Nian, oder William Pun, wie er sich gerne nennen ließ, hatte schon als Knabe von nichts anderem geträumt, als eines Tages der Herrscher von Sichuan zu werden und wie einst der Kaiser Liu Bei in sagenhaftem Reichtum die Ebene von Chengdu zu beherrschen. Jetzt, im Alter von siebenundsechzig Jahren, gab er nichts mehr auf den Titel und die Ländereien. Jetzt wollte er nur noch das Gold. Die verdammten so genannten Demokraten im Parlament machten ihm die Hölle heiß. Ständig verlangten sie Einsicht in seine Operationen, drohten mit Ausschüssen und Komitees. Irgendwann würden sie ihn stürzen und womöglich vor Gericht bringen, denn viele von ihnen hatte er persönlich verfolgt, gefoltert und für Jahre hinter Gitter gebracht, als er noch Chef des «Garnisonskommandos» war, der gefürchteten Behörde, die in glücklicheren Tagen für innere Sicherheit auf Taiwan sorgte und die alle umstürzlerischen Aktivitäten und kommunistischen Umtriebe gnadenlos verfolgte. Das Kommando war inzwischen aufgelöst worden. Daran konnte man sehen, wohin dieses Land steuerte. Er hatte schon einige Hinweise darauf bekommen, dass gewisse «liberale» Kreise versuchten alle Untaten und Verbrechen Chiang Kai-sheks und seines Sohnes Chiang Ching-kuo auf ihn abzuladen und ihn dafür vor Gericht zu stellen. Es war nicht auszuschließen, dass sie ihn dafür sogar zum Tode verurteilen würden, so wie seine beiden persönlichen Freunde Chun Do Hwan und Roh Tae Wo in Südkorea. In so einer Situation halfen dann seine ganzen Dossiers nichts mehr. So weit würde Pun Nian es ganz gewiss nicht kommen lassen.

«General Zhang ist, wie ich sehe, bei bester Laune», grinste Pun, dessen Lippen in geradezu obszöner Weise wulstig waren.

«Auf Ihr Wohl, General!» Er hob sein Glas und zog schlürfend den Champagner ein.

«Was gibt es Neues aus meinem Schlafzimmer, Pun?», polterte Zhang übermütig und kniff dabei seiner jungen Begleiterin in den Po.

«Nichts Neues, General Zhang», feixte der Angesprochene mit gesenktem Kopf. «Meine Agenten melden, dass Sie sich immer noch bester Manneskraft erfreuen! Im letzten Bericht stand wörtlich: ‹Zhang treibt es wilder als ein Stier.› Manche machen sich bereits ernsthafte Sorgen um Ihr Nieren-Yin!» Die Anspielung auf diese Körperkräfte, die nach der chinesischen Medizintheorie durch sexuelle Überbeanspruchung ausgezehrt werden, verfehlte ihre Wirkung nicht.

«So ist es recht, Pun!» Brüllend vor Lachen, das bald in ein unbändiges Husten überging, klopfte Zhang ihm auf den Rücken und auch die anderen Generäle und der Verteidigungsminister stimmten brav in den Heiterkeitsausbruch ein.

«Was sagen denn Ihre Leute zu den sonderbaren Meldungen aus Amerika? Die Volksbefreiungsarmee müsste ja schon auf dem Weg sein?»

«Ja, sicher – wussten Sie das denn nicht?»

Mehr Gelächter.

«Meine lieben Freunde!», rief Zhang, nachdem er seinen Hustenanfall niedergerungen hatte. «Jetzt ist es Zeit das Buffet zu erobern. Lassen Sie mich Ihnen allen noch einmal dafür danken, dass Sie sich trotz der angespannten Lage Zeit für einen alten Kameraden genommen haben. Ich weiß Ihr Kommen zu würdigen. Bitte haben Sie Verständnis, dass ich mich jetzt zurückziehe, ich bin ein wenig müde nach den Anstrengungen des Nachmittags, und es liegen womöglich noch größere Anstrengungen vor mir.» Er tätschelte viel sagend den Arm seiner Begleiterin, die ihn unter dem Applaus der Militärs durch die Seitentür in seine Privatgemächer führte.

Kaum war die Tür geschlossen, als ein Offizier aus dem Stab von General Wu, der über das Autotelefon Kontakt mit der Befehlszentrale hielt, sich respektvoll, aber bestimmt den Weg zu seinem Chef bahnte und ihn beiseite bat.

«Wir haben einen sehr sonderbaren Funkspruch aufgefangen, General», meldete der Offizier, dem immer noch der Atem ging. «Er schien von einem Satellitentelefon vom Festland zu kommen und war an den Zerstörer *Leftwich* gerichtet. Der Mann forderte einen Raketenschlag auf die Armeebasis in Dafu und sagte, es seien soeben hundert Hubschrauber in Richtung Taiwan losgeflogen.»

«Das Manöver?»

«Nein, General. Wir glauben, dass es sich nicht um das Manöver handelt, sondern um einen Angriff.»

«Mit Hubschraubern? Was soll denn das? Sind die völlig übergeschnappt?»

General Wu suchte in der Menschentraube, die sich um das Buffet gebildet hatte, die Befehlshaber der Marine und der Bodentruppen und beorderte sie zu sich. Auch Admiral Hsu und Lee zeigten sich skeptisch. Aber keiner wollte ein Risiko eingehen. Zusammen verließen sie eilig den Festsaal und steuerten auf ihre Wagen zu. Inzwischen hatte auch die Marine die Kunde von dem mysteriösen Funkspruch erhalten und der aufgeregte Adjutant von Admiral Hsu kam ihnen auf halbem Wege entgegen.

«Verbinden Sie mich sofort mit der Einsatzzentrale», befahl Hsu und ließ sich auf den Rücksitz seiner Limousine fallen.

«Ich versuche das schon die ganze Zeit, Admiral. Aber die Leitung ist plötzlich tot.»

«Das kann nicht sein. Versuchen Sie es weiter. Lee? Rufen Sie bei Ihren Leuten an. Sofort», brüllte er über die Dächer der geparkten Fahrzeuge hinweg. Und wusste schon, dass es sinnlos war, denn er hörte den General fluchen.

Im Laufschritt eilten die drei wichtigsten Männer der taiwanesischen Landesverteidigung ins Haus des Generals Zhang zurück, um ein funktionierendes Telefon zu suchen. Am Eingang trafen sie auf einen bestürzten Verteidigungsminister, der sich ein hitziges Wortgefecht mit einem Türsteher lieferte. «Was zum Teufel geht hier vor?», fragte er. «Mein Fahrer sollte mich um halb neun hier abholen, aber dieser Bursche hier sagt, niemand dürfe das Gelände verlassen!»

«Bewahren Sie die Ruhe, meine Herren.» Die rundliche Gestalt des Geheimdienstchefs Pun erschien im Türrahmen. «Der ganze Spuk wird in Kürze vorbei sein, es wird Ihnen nichts geschehen. Dafür garantiere ich. Kommen Sie herein, und vergnügen Sie sich noch ein wenig am Büffet. Die Austern sind fabelhaft.»

37. Kapitel

Washingtom, D. C., 3. Januar

Auf der mannshohen Glaswand im Gefechtsraum des Weißen Hauses, auf die die Karte des pazifischen Theaters projiziert war, blinkten rot die Positionierungslampen von drei Flugzeugträgergruppen, die nur wenige Meilen von chinesischen Hoheitsgewässern entfernt am Eingang zum Golf von Bohai lagen. Es blinkten gelb die Lampen der Stützpunkte auf Hawaii, Okinawa, Guam, in Japan und Südkorea. Und es blinkte blau, einsam am nördlichen Eingang der Taiwanstraße, die Lampe der zurückgelassenen USS *Leftwich*, eines leisen Zerstörers, der ideal für den Kampf gegen U-Boote war, denn U-Boote waren die einzige wirkliche Gefahr für Taiwan, dachten die Strategen im Pentagon.

Zwei Dutzend Offiziere brüteten über Funksprüchen, Radarsignalen und Telexen von allen Einheiten, protokollierten die Satellitenbilder und werteten sie aus. Eine Wand von zwölf Monitoren zeigte die Aufnahmen der Spionagesatelliten, die auf China gerichtet waren. Die Bildschirme eins bis sechs gaben in unterschiedlichen Größen und aus unterschiedlichen Winkeln die Geschehnisse im nächtlichen Feldlager der Chinesen bei Erlian an der mongolischen Grenze wieder. Endlose Reihen von Zelten, einen riesigen Panzerparkplatz und einen Fuhrpark von zweitausend Lastwagen im grünlichen Licht der Nachtsichtvorrichtungen. Unverändert ruhig, keine besonderen Vorkommnisse, notierten die Protokollanten. Auf Monitor sieben und acht waren die Stützpunkte der gefürchteten Su-27-Kampfjäger in Anhui und Jiangsu zu sehen, die ebenfalls in gespenstische Ruhe gehüllt waren. Die Monitore neun und zehn waren auf die Küstenregion von Fujian konzentriert, wo das Großmanöver abgehalten wurde, Monitor elf verwies auf eine weitab gelegene Wüstengegend in der Provinz Xinjiang.

Doug Finch, der Generalstabschef, hatte seine massige Gestalt in die eng sitzende Uniform gezwängt, die Füße auf den Tisch gelegt, kaute mit seinem Steinbeißergebiss auf einer langen Zigarre und ließ sich von einem jungen Sergeant eine Tasse pechschwarzen Kaffee einschenken. Er beobachtete die Bilder aus Fujian. Auf dem Bildschirm flimmerte etwas, das aussah wie ein gewaltiges Wetterleuchten unter einer Wolkendecke. Wann immer diese für ein paar Minuten aufriss, konnte man Kriegsschiffe und Artillerie, Truppentransporter und Amphibienfahrzeuge ausmachen, die sich in perfekt orchestrierten Formationen bewegten.

«Chinesische Kriegsspiele», murmelte er abfällig. «Sieht gut aus. Wie ein verdammtes Ballett. Aber nur so lange, wie sie alleine spielen und nicht auf Gegenwehr treffen.»

«Sir! Was sagten Sie, Sir?», fragte der junge Mann, der den Kaffee gebracht hatte. Er war groß und schlank, seine strohblonden Haare auf exakt einen Zentimeter geschoren.

«Nichts.»

«Sir, kann ich sonst noch etwas für Sie tun, Sir?»

«Ja», gähnte Finch sarkastisch. «Ein Stück Hefekranz mit Zitrone, wie ihn meine Mutter früher immer zu Weihnachten gebacken hat. Das wäre jetzt genau das, was ich brauche!»

Der Sergeant verdrückte sich und war eine Minute später wieder zur Stelle.

«Sir! Der Hefekranz, Sir.»

«Was?»

«Sie wollten einen Hefekranz, General. Ich weiß nicht, ob meine Mutter dasselbe Rezept hat wie Ihre Frau Mutter, aber vielleicht möchten Sie einmal kosten?»

«Hol mich der Teufel!» Er nahm die Füße vom Tisch und

griff sich ein großes Stück, kaute mit verträumter Miene. «Hol mich der Teufel. Schmeckt genau wie damals.»

«Sir, freut mich, Sir.»

«Wie heißen Sie, mein Junge?»

«Sir, Sergeant Clarke, Sir.»

«Danke, Sergeant Clarke. Kommen Sie aus Boston?»

«Sir, ja, Sir.»

«Habe ich mir gedacht. Ich nämlich auch. Kunstwerke wie dieses hier können nur die Mütter von Boston backen.»

«Sir! Ein altes Familienrezept, Sir.»

Finch deutete, Hefekranz mit Zitrone schmatzend, auf den Monitor. «Kennen Sie sich mit dem Ding hier aus? Ich will da mal näher ran!»

«Ja, Sir! Ich kenne mich aus. Aber ich darf das Gerät nicht bedienen. Nur der Major darf das Gerät bedienen, Sir.»

«Und wo ist der Major?»

«Sir. Auf dem Abort, Sir.»

Finch verdrehte die Augen. «Sagen Sie das nicht, Sergeant, verstanden? Sagen Sie nicht: ‹Sir, auf dem Abort, Sir.› Das hört sich an, als wollten Sie mich verarschen. Was ist nun? Können Sie das verdammte Ding für mich bewegen?»

«Ja, Sir.»

«Worauf warten Sie dann noch?»

«Ja, Sir. Was wollen Sie sehen?»

«Wo kann ich diese Kaserne finden, von der sie im Fernsehen reden? Von dieser angeblichen Eliteeinheit, Sie wissen schon ...»

«Dafu, Sir?»

«Ja, doch. Wie funktioniert das hier?» Er pochte mit seinen wurstigen Fingern ziellos auf dem Keyboard des Computers herum.

«Warten Sie, Sir, lassen Sie mich mal machen. Wir haben leider nicht die genauen Koordinaten. Alles, was wir wissen, ist, dass sie irgendwo zwischen dem 25. und 26. Breitengrad, zwischen 119 und 120 liegen soll. Unser Vogel hat die ganze

Küste im Auge, Sir.» Der Junge tippte eine Zahlenreihe ein und Finch sah auf dem Monitor etwas, das aussah wie das Bild aus dem Cockpit eines abstürzenden Flugzeuges. Als sich das Signal stabilisierte, konnte er nichts mehr erkennen.

«Wolken, Sir», erklärte der Offizier.

«Wie kommen wir durch die verdammten Wolken?»

«Gar nicht, Sir. Jedenfalls nicht mit diesem Gerät. Wir müssen warten, bis sie sich verziehen. Da, links unten, da bricht es schon auf.»

«Und was ist das da?»

«Sieht aus wie ein Flugplatz, Sir.»

«Können Sie da näher ran?»

Clarke beugte sich erneut über das Keyboard und hackte darauf herum. «Ist ein bisschen haarig, Sir. Das ist unser Taiwan-Satellit, noch SHF-Superhochfrequenz. Einer von der alten Sorte. Näher kann ich Sie nicht ranbringen.»

«Aber die anderen können das?»

«Das sind digitale KH-2 und MILSTAR.»

Finch kaute verständnislos auf seiner Zigarre und heftete den Blick auf den Bildschirm. «Hubschrauber», grunzte er.

«Ganz recht, Sir.»

«Eine Menge davon. Russische MIL Mi-28. Himmel, die haben ja mehr davon als die Russen selbst. Und was sind diese da?»

«Kawasaki OH-X, Sir.»

«Sie kennen sich aus, was? Die verdammten Japse. Kuscheln sich gemütlich unter unseren Schutz und verkaufen hinter unserem Rücken den Chinesen ihre modernsten Kampfhubschrauber. Kennen Sie sich zufällig auch mit Chinesen aus, Clarke? Können Sie mir sagen, was die da vorhaben?»

«Sir, ich war noch nie in China, Sir. Aber die Schwester meiner Urgroßmutter war verheiratet mit einem Missionar ...»

«Ah, vergessen Sie's.»

«Was machen Sie da, Sergeant?»

Clarke sprang auf, nahm Haltung ein und salutierte. Der Vorgesetzte, zurück vom Abort, musterte ihn feindselig.

«Das wird ein Nachspiel haben, Sergeant», kläffte der Major.

Finch erhob sich und fischte mit der Zunge die letzten Reste des köstlichen Hefekranzes aus seinem Zahnfleisch.

«Sergeant Clarke untersteht meinem persönlichen Kommando, Major. Noch Fragen?»

«Sir, nein, Sir.»

«Weitermachen, Clarke.» Finch zwinkerte dem Jungen zu.

Unterstaatssekretär Sterling Hewett III und Fred Summers haderten mit dem Wachposten an der Einfahrt zur Pennsylvania Avenue 1600.

«Ich kann Sie nicht reinlassen, Gentlemen», beharrte der Soldat. «Sie haben nicht die nötigen Papiere.»

«Heiliger Himmel, Officer.» Summers ballte verzweifelt die Fäuste. «Das hier ist ein CIA-Ausweis, und dieser Herr ist Unterstaatssekretär im State Department.»

«Das berechtigt Sie noch nicht zum Betreten des Weißen Hauses, wann immer es Ihnen passt. Ich habe bereits in der Zentrale angerufen und Sie haben keinen Termin. Mehr kann ich nicht tun.»

«Officer, dies ist ein Notfall, verstehen Sie?

«Ich habe meine Befehle, Gentlemen. Bitte, lassen Sie sich einen Termin geben.» Er richtete seinen Blick starr geradeaus, um zu demonstrieren, dass er die Unterhaltung für beendet ansah.

Hewett brodelte vor Zorn, aber Summers zog ihn am Ärmel weiter. «Hier erreichen wir nichts!»

«Gottverdammt noch mal!», schimpfte der Unterstaatssekretär.

«Sparen Sie sich Ihren Atem», fuhr ihn Summers an und

schritt voran, um das Gebäude herum. Sie brauchten eine Viertelstunde, bis sie auf die andere Seite gelangten. Eine lange Schlange von Reisegruppen hatte sich vor dem Besuchereingang gebildet. Gerade wurde eine Gruppe von Hausfrauen aus dem Mittleren Westen von einer drallen Fremdenführerin, die wirkte wie eine Pfadfinderleiterin, hineingewinkt.

«Hinterher!», befahl Summers. «CIA, bitte lassen Sie uns durch!» Er hielt seinen Dienstausweis hoch, vor dem die Anstehenden respektvoll zurückwichen.

«Gibt es Schwierigkeiten?», fragte ein Neugieriger.

«Ein Attentat?», wollte ein zweiter wissen.

«Kein Grund zur Unruhe», beschwichtigte Hewett und hätte um ein Haar hinzugefügt: Wir werden unser Bestes tun.

Summers hängte sich an die Besuchergruppe und verlangsamte seinen Gang.

«Sie haben Glück», flötete die Führerin. «Heute kann ich Ihnen eine besondere Attraktion bieten. Der König von Jordanien hat seinen Besuch wegen Krankheit abgesagt, und das Kaminzimmer ist ausnahmsweise für Besucher geöffnet.»

Über das entzückte Raunen der Hausfrauen hinweg wisperte der nervöse Hewett: «Sie bringen uns in Teufels Küche!»

«Hier sehen Sie die Porträts unserer Präsidenten. Eine Galerie des Ruhmes. Kennen Sie sie alle?»

«Verhalten Sie sich ruhig! Ich kenne die Leute vom Secret Service, die hier arbeiten. Vielleicht lassen sie uns durch.»

«Dort links geht es zum Rosengarten. Da kann ich sie leider jetzt nicht hinführen, denn es ist ja tiefster Winter.»

Verhaltenes Lachen.

«Vielleicht? Sagten Sie vielleicht?»

«Haben Sie eine bessere Idee?»

«Bitte, treten Sie ein. Aber fassen Sie nichts an. Dies ist der

Raum, in dem unlängst der Friede in Nahost besiegelt wurde und in dem alle Staatschefs und gekrönten Häupter dieser Erde schon gesessen haben.»

Summers ergriff Hewetts Arm und zog ihn den Gang hinunter. Die Tür war durch ein elektronisches Schloss gesichert, nur mit Zahlencode zu öffnen. Summers gab eine Zahl ein, aber nichts geschah.

«Sie müssen die Nummer geändert haben», stellte er fest. Hewett blickte sich im Flur um und bemerkte die Kamera oben in der Ecke.

«Sie haben uns», stellte er nüchtern fest.

«He – Sie!», folgte gleich darauf der Anruf eines breitschultrigen, schwarzen Mannes in Zivil, der mit verschränkten Armen hinter ihnen auftauchte. «Was machen Sie da?»

Summers wollte seinen Ausweis aus der Tasche holen, doch bevor er die Hand wieder zum Vorschein brachte, blickte er in den Lauf einer Pistole.

«Keine Bewegung, Freundchen», drohte der Schwarze.

«Sie starten.» Sergeant Clarke deutete auf den Monitor, wo sich die Kampfhubschrauber einer nach dem anderen in die Lüfte erhoben.

Finch nahm die Zigarre aus dem Mund.

«Alle auf einmal?»

«Sieht so aus. Meinen Sie, dass doch was dran war an diesen Fernsehberichten?»

«Bullshit! Ich habe selbst mit Cartlin gesprochen. Der hat sich totgelacht über diese angeblichen CIA-Berichte. Was wir hier sehen, gehört mit zum Manöver. Die Chinesen hätten gerne, dass wir nach da unten schauen und die Mongolei aus den Augen verlieren. Würde mich gar nicht wundern, wenn ...»

«Monitor eins bis sechs», rief einer der Offiziere. «Bewegung!»

«Gütiger Himmel. Ich hab's gewusst. Es geht los!»

Sie konnten es nicht hören, aber offenbar war im Zeltlager von Erlian eine Sirene erklungen. Das Angriffssignal. Aus tausend Zelten drängten die Soldaten wie schwarze Punkte in die unheimlich grüne Nacht, die die Monitore zeigten. Sie formierten sich zum Appell und stoben sodann auseinander, dorthin, wo die Panzer standen. Finch ergriff ohne hinzusehen das Mikrofon, das über eine Standleitung mit dem Vorzimmer des Präsidenten verbunden war.

«Es ist so weit», brummte er. «Schicken Sie den Chef runter!»

Sein Dienstausweis, den er am Revers trug, stellte den strengen Schwarzen als Sergeant Hobbs vor. Secret Service. Er ließ Summers und Hewett von zwei uniformierten Wachleuten abführen.

«Ich bin bei der CIA», protestierte Summers ohne Erfolg. Sergeant Hobbs war nicht zu erweichen. Er geleitete die beiden finster schweigend in einen sterilen Raum und gebot ihnen zu warten.

«O Gott!» Summers wippte auf seinen Absätzen, als müsse er dringend auf die Toilette. «Was soll denn dieser Touristenscheiß!»

«Was? Wovon reden Sie?»

«Das hier ist nur eine Show, die sie für Besucher abziehen, die allzu forsch daherkommen. Die sollen dann einen Riesenschrecken bekommen. Wenn wir Pech haben, schmoren wir hier bis zum Mittag!»

«Sie haben gesagt, dass Sie die Leute kennen!»

«Manche. Nicht alle! Hobbs ist offenbar neu.»

Der Präsident kam in den Kriegsraum gestürmt wie ein wütender Bulle in die Arena. Hinter ihm erschienen der Verteidigungsminister und der Nationale Sicherheitsberater.

«Was ist?», blaffte er.

«Sie besteigen ihre Panzer, Sir», meldete Finch. Der Präsident bezog Stellung vor der Monitorwand und versuchte, die ungewohnten, grün flackernden Bilder zu verstehen.

«Greifen sie an?»

«Noch nicht.»

«Was sind unsere Optionen?»

«Erster Luftschlag innerhalb von zwanzig Minuten von den Flugzeugträgern. Cruise-Missiles in vier Minuten. Flächendeckendes Bombardement in zwei Stunden», referierte Verteidigungsminister Everett.

«Und dann?»

«Wenn wir den chinesischen Luftraum verletzen, haben wir uns entschieden. Dann gibt es kein Zurück mehr.» Finchs Zigarrenstummel hing erkaltet in seinem Mundwinkel. «Monitor elf!»

Monitor elf brachte die entscheidenden Bilder. Von der stationären Abschussrampe der chinesischen Interkontinentalraketen Ostwind 31 irgendwo tief in Xinjiang.

«Keine Bewegung!», meldete der Offizier. Die Schleusen der Raketen waren noch geschlossen. Es würde mindestens zehn Minuten dauern, bis die Ostwind startbereit wäre. Und nach Abschuss noch einmal so lange, bevor sie sich der Westküste näherte.

«Holen Sie mir die *Nimitz* ans Rohr, und schalten Sie auf!»

«Hier ist die *Nimitz*, Commander Zannuck spricht.»

«Bleiben Sie auf Empfang, Commander!», beschied ihn Finch. «Die *Nimitz* hat lenkraketenbestückte Zerstörer und ein U-Boot in ihrem Geleitzug, Sir. Tomahawko der F-14-Jets. Sie haben die Wahl.»

«Summers! Was zum Teufel denken Sie sich? Wollen Sie einen verdammten Putsch inszenieren?» Der Diensthabende Offizier des Secret Service, ein untersetzter Mann mit Elvis-Presley-Frisur, betrat den Raum mit einem Gesicht, als sei sein Magengeschwür aufgebrochen.

«Wir müssen den Präsidenten sehen, Ted. Jetzt sofort.»

«Sie sind übergeschnappt! Soweit ich informiert bin, ist der Präsident gerade in den Gefechtsraum gerufen worden.»

«Wir sind zu spät!» Hewett raufte sich die Haare.

«Wer ist das?», fragte Secret-Service-Ted.

«Unterstaatssekretär Hewett vom State Department.»

«Da wird sich der Außenminister aber wundern.»

«Ted. Ich habe Sie nie um einen Gefallen gebeten . . .»

«Oh, nein, nein, nein!» Ted wehrte Summers mit beiden Händen ab, auf seinem Gesicht gefror ein krampfhaft imitiertes Lächeln.

«Ich habe Ihren ‹Fuckup› in Burma damals gedeckt und ich habe nichts mehr zu verlieren. Bringen Sie uns hier raus und in den Gefechtsraum, Ted, sonst sind Sie Ihren Job los und auch Ihre Pension.»

Hewett wunderte sich über die plötzliche Autorität, die Summers entwickeln konnte. Der Mann mit der Elvis-Tolle wich zurück und versuchte nicht einmal mehr zu lächeln.

«Sie haben einen C-17-Mann und zwei Geiseln verloren, weil Sie sich nicht aus dem Bett bewegen konnten!», erinnerte ihn Summers kühl. «Ich habe das Feuer abbekommen. Wenn ich Ihnen nicht geholfen hätte, wären Sie jetzt ein verdammter Privatschnüffler. Aber Sie sind im Secret Service. Also. Geben Sie mir jetzt Deckung!»

«Schon gut, regen Sie sich ab, Summers!» Er warf einen alarmierten Seitenblick auf die Überwachungskameras. «Kommen Sie mit!»

«Bitte kommen für USS *Leftwich*«, schepperte es aus den Lautsprechern im Gefechtsraum.

«Sie sind auf der Roten Frequenz, *Leftwich*!», ermahnte der Funker. «Diese Frequenz ist freigehalten für Top-A-Operationen und gegenwärtig für die *Nimitz* freigehalten!

Verlassen Sie sofort diese Frequenz, es sei denn, Sie haben eine Top-A-Klassifikation!»

«Unser Commander hat da gerade einen eurer C-17-Leute am Telefon, der einen taktischen Raketenschlag auf ein Ziel in China fordert und wir haben keinen Code XX. Für mich klingt das wie eine Top-A-Klassifikation.»

«Das ist Marco!» Summers hörte den Funkspruch der *Leftwich* in dem Moment, als er den Gefechtsraum betrat, und eilte zum Präsidenten. «Geben Sie ihm den Code XX!»

«Wer zum Teufel ist das?», schnappte der Präsident.

«Tun Sie, was ich sage, bitte! Ich bin von der CIA. Marco ist unser Mann am Boden.»

«Sir, darf ich etwas sagen, Sir?»

Finch riss sich von dem Anblick des schwitzenden CIA-Mannes los und fuhr zu Clarke herum.

«Es sind die Hubschrauber, Sir. Auf Monitor neun. Sie halten einen strammen Ostkurs. Und sie fliegen verdammt niedrig.»

«Monitor elf! Der Schacht wird geöffnet!»

«Monitor eins bis sechs! Die Panzer setzen sich in Bewegung. Sie rollen auf die mongolische Grenze zu.»

«Monitor zehn! Die chinesischen Landungsboote drehen bei und nehmen Kurs auf das offene Meer. Richtung Taiwan. Ebenso die Fregatten und Zerstörer.»

«Monitor sieben und acht! Die Su-27-Flotte startet in Richtung Osten.»

«Was zum verfickten Mist geht hier vor?», keuchte Doug Finch.

«Sie greifen an. Die verdammten Narren greifen tatsächlich an zwei Fronten an!», schrie einer.

«Hier ist die USS *Nimitz*! Wir erwarten Befehle!», krächzte es aus den Lautsprechern.

«Sagt ‹Good bye, Los Angeles›», sagte trocken der Mann,

der die chinesische Interkontinentalrakete beobachtete. «Ich sehe Zündungsfeuer!»

«Das kann nicht sein!», murmelte Sergeant Clarke beleidigt.

«Hier ist die *Leftwich*! Hören Sie mich? Ihr C-17-Mann meldet, dass die Chinesen Taiwan angreifen!»

«Geben Sie den Code XX, Mister President, bitte!», flehte Summers.

«Und was soll das nützen?», brüllte der Präsident.

«Er kann sie aufhalten. Ich weiß, dass er es kann!»

«Das ist unmöglich!», entrüstete sich Clarke.

«Was ist unmöglich?» Finch hatte noch immer den süßen Geschmack von Hefekranz im Mund, vermischt mit dem beißendem Aroma der durchnässten Tabakblätter.

«Sir, tut mir Leid, Sir. Wir haben auf Monitor zehn die ganze Zeit über starke Bewölkung mit ganz wenigen Auflockerungen gehabt, und jetzt ist der Himmel mit einem Mal völlig klar!»

«Die Wolken sind eben weiter gezogen, Sergeant.»

«Nein, Sir. Ich habe hier die Wetterdaten. Die Wolkendecke reicht geschlossen von Shanghai bis Hongkong. Was Sie da sehen, ist an einem anderen Tag aufgenommen worden. Ich schwöre es. Und sehen Sie eins bis sechs! Die Auflösung ist mit einemmal viel schwächer als zuvor.»

«Wovon zur Hölle reden Sie?»

«Sir, eins bis sechs werden von MILSTAR bedient, Sir. Aber was wir dort sehen, das ist SHF oder sogar UHF.»

Finch schwirrte der Kopf und er wollte sich ungeduldig abwenden.

«Und noch etwas, Sir. Die Su-27, die wir da jetzt starten sehen, sind bereits vor zwei Tagen aus Anhui und Jiangsu abgeflogen. Sie sind bei dem Manöver eingesetzt.»

«Was soll das heißen?», schnauzte Finch, und alle Köpfe wandten sich Clarke zu, der hilflos die Arme in die Luft warf.

«Das heißt, Sir, jemand macht uns was vor. Das einzige Bild, das noch stimmt, sind die Hubschrauber. Alles andere ist – mit Verlaub – Bullshit, Sir.»

Der Präsident hatte sich das Mikrofon genommen. Seine Hand war alles andere als ruhig. «USS *Nimitz*! Bitte kommen.»

«Blinzeln Sie nicht, Mister President», sagte Finch.

«USS *Nimitz* hört!»

«Mister President, Sir, verzeihen Sie, Sir. Fragen Sie, was seine MILSTAR-Empfänger zeigen!», rief Sergeant Clarke dem Oberbefehlshaber der US-Streitkräfte zu.

Der Präsident blickte den jungen Soldaten an wie eine Fliege in seiner Suppe.

«Sergeant!», blaffte der Major seinen Untergebenen an. «Was fällt Ihnen ein?»

«Tun Sie, was er sagt, Mister President», mischte sich General Finch ein und drängte den Major beiseite.

«*Nimitz*? Was haben Sie auf den ...?»

«MILSTAR!»

«Was sehen Sie auf dem MILSTAR?»

«Dasselbe wie seit drei Tagen», antwortete Commander Zannuck. «Keine Bewegung an der Grenze. Der Flughafen ist ruhig, die Rakete im Silo, das Silo geschlossen.»

«Verdammt», fluchte Finch. Auf den Monitoren eins bis sechs im Gefechtsraum rollten die Panzer in Richtung Mongolei, donnerten Kampfjets die Startpiste hinunter, rumorte es im Raketenschacht der Ostwind 31 wie im Schlund der Hölle.

«Der Junge hat Recht.»

«*Nimitz,* bleiben Sie in Bereitschaft für Order! USS *Leftwich* bitte kommen!»

«USS *Leftwich* hört!»

«Code XX bestätigt.»

«Verstanden. Code XX für Zielgebiet Dafu. Wir warten auf die Koordinaten!»

Das Statikgeräusch erfüllte den Gefechtsraum wie ein böses Omen.

«Kadena Airbase meldet Aktivität auf den Luftwaffenstützpunkten in Taiwan!», schrie einer der beiden Funker, die mit Kopfhörern ausgerüstet vor der gläsernen Projektionswand standen. Drei neue Lichter erschienen auf der Landkarte und blinkten im Norden, der Mitte und im Süden der chinesischen Insel. «Sie fahren alles raus, was sie haben. Mirage und F-16 startbereit.»

Doug Finch war mit drei Schritten neben ihm. «Wer zum Teufel hat die denn auf den Plan gerufen?»

«Die Horchstation in Ishigaki hat ein Signal der taiwanesischen Marine aufgefangen. Sie haben Generalalarm ausgelöst.»

«Das würden sie nie tun, ohne uns vorher zu informieren!»

«Sie haben es aber getan, General Finch! Naha Regional Command versucht, den Generalstab in Taipeh zu erreichen, und bekommt keine Antwort. Die höchsten Armeeführer sind für niemanden zu sprechen.»

Endlich riss sich Unterstaatssekretär Hewett aus seiner angstvollen Lethargie, in die ihn das Geschrei und die wirre Gefährlichkeit des Gefechtsraumes versetzt hatten.

«Taiwan greift China an», sagte er. Die Ungeheuerlichkeit seiner Worte wurde durch seine leise Stimme noch verstärkt. «Sie wissen, dass die Hubschrauber kommen, und nehmen dies als Vorwand für die Eroberung des Festlandes.»

«Was reden Sie da?», fuhr ihn der Verteidigungsminister an.

«Es stimmt, Sir», sprang Summers ein. «Wir sollten die Streitmacht an der mongolischen Grenze auslöschen, deswegen haben sie uns mit gefälschten Satellitenbildern gefüttert. Mit dem Rest der chinesischen Armee werden sie allein fertig.»

«Das ist doch Unfug!», brauste der Verteidigungsminister

auf. «MILSTAR ist hundert Prozent sicher gegen jede Art von Manipulation!»

«MILSTAR vielleicht schon, Sir. Aber nicht die CIA. Ich wette, ich weiß, wer die falschen Aufnahmen eingespeist hat . . .»

«Sir, Monitor sechs. Die Hubschrauber! Sie kommen zurück!»

38. Kapitel

Kaserne der Einheit «Rote Fahne»,
Dafu, 3. Januar

Jackie Laus Leiche lag neben einem Haufen schmutziger Stiefel im Wachraum, seine weit aufgerissenen Augen starrten glanzlos in das Deckenlicht. Ein Soldat war gerade dabei, die zerfetzten Überreste des amerikanischen Passes aus seiner durchlöcherten Weste zu bergen, als der Greiftrupp hineinplatzte, der Marco überwältigt hatte. Sie hatten seine Arme weit auf den Rücken gebogen und trugen ihn fast herein, seine Füße berührten kaum die Erde. Ein Soldat ging hinter ihm und drückte seinen Kopf hinunter.

«Wir haben ihn!», verkündete der Anführer. «Wir haben den Spion!» Die zerstörten Wracks seiner Ausrüstung, Computer, Telefon und Positionierungsgerät, hatten sie mitgebracht und schmetterten sie vor dem Gefangenen auf den Fußboden. An den Haaren riss der Soldat Stentons Kopf in die Höhe, um ihn dem Befehlshaber zu präsentieren.

General Wang, der mit dem Funkgerät beschäftigt war, fuhr herum. Ebenso George Franklin Farlane, der neben ihm stand. Vater und Sohn blickten sich in die Augen. Stenton versuchte in Georges Gesicht zu lesen. Was fühlte er? Wut? Verbitterung? Hass?

Nichts dergleichen. George schüttelte nur leicht den Kopf und schloss die Augen, als habe er es immer gewusst und nun nur die Bestätigung dafür bekommen.

«Junge, mein Junge», sagte er auf Englisch. «Du hast es fast geschafft. Aber der Alte ist dir mal wieder zuvorgekommen.»

«Was?», fragte er und erhielt dafür einen derben Boxhieb in die Rippen.

«Sprich nur, wenn du gefragt wirst, dreckiger Spion!», schnauzte einer der Greifer.

«Was sollen wir mit ihm tun, General? Erschießen?»

«Lasst den Mann los. Er ist der Sohn eines chinesischen Patrioten!», befahl General Wang Guoming und die Soldaten wichen erschrocken von dem Gefangenen zurück, als hätten sie gerade erfahren, dass er eine ansteckende Seuche trage.

General Wang beugte sich über die Konsole, über die die Funkverbindung mit den Hubschraubern der Einheit *Rote Fahne* gehalten wurde und seine Stimme donnerte wie ein Orkan durch den Äther, in die Nacht hinaus auf das Meer, erreichte die Piloten der Hubschrauber, noch bevor sie das chinesische Hoheitsgebiet verlassen hatten.

«Hier spricht General Wang Guoming. Die Mission wird abgebrochen. Die *Rote Fahne* fliegt zurück zur Basis. Ich wiederhole. Die Mission wird abgebrochen! Bestätigen Sie!»

«Jch bestätige den Erhalt des Befehls.» Die Antwort aus dem Führungshelikopter war verzerrt und kaum verständlich. «Aber ich führe ihn nicht aus. Tut mir Leid, General, aber ich muss meine Mission zum Erfolg bringen. Für China.»

«Das ist Brigadegeneral Chen Hong», bemerkte General Bai, dessen Mundwinkel tiefer heruntergezogen waren als jemals zuvor. «Was ist denn in den gefahren?»

«Ich ordere die *Rote Fahne* zurück in die Basis!», wiederholte Da Wangs Donnerstimme. «Brigadegeneral Chen Hong ist seines Kommandos enthoben.»

Sie verließen ihn. Ein Hubschrauber nach dem anderen drehte ab, sie formierten sich neu, stiegen auf in eine ungefährliche Höhe und erschienen wie grüne Leuchtkäfer auf dem Radarschirm im Hauptquartier der *Roten Fahne*, auf das sie nun wieder Kurs nahmen.

Chen Hong aber flog weiter. Die sieben Männer, die in seiner Maschine saßen, hatte er selbst ausgesucht. Sie würden ihm ohne zu zögern in den sicheren Tod folgen.

Während Da Wang und General Bali in gedämpftem Ton konferierten, ertrug Stenton die Ungewissheit nicht mehr länger.

«Hast du es gewusst?»

«Was? Dass du für die amerikanische Regierung arbeitest? Natürlich. Glaubst du, ich bin blind und taub? Und dumm? Glaubst du, ich hätte dir die Geschichte abgenommen, die du mir damals aufgetischt hast, als du die Farm gekauft hast?»

Stenton hatte die 65 000 Dollar für das Haus und das Grundstück in Malagash in bar bezahlt. George hatte keine Fragen gestellt.

«Mich haben sie ja auch versucht anzuwerben.»

«Und?»

«Ich habe einen Nachttopf nach dem Kerl geworfen und ihn am Kopf erwischt. Da wusste er wohl, dass mit mir kein Staat zu machen war.» Stenton erinnerte sich an die Beule auf der Stirn des jungen Summers. «Aber ich dachte mir schon, dass du es tun würdest. Ich hatte nur darauf gewartet, wie du es mir beibringen würdest.»

Da Wang schickte General Bai hinaus.

«Er sorgt dafür, dass General Jiang festgesetzt wird und die Manövertruppen nicht in die Falle der Taiwanesen laufen. Die Operation *Gelber Kaiser* ist vorbei.»

«Was ist mit den Truppen an der mongolischen Grenze?»

«Ich habe mit der Zentralen Militärkommission telefoniert, ihnen alles gestanden und sie gebeten, die Einheiten sofort abziehen zu lassen. Ich habe dir zu danken, Xiaolong. Du hast mich vor einem großen Fehler bewahrt. Habe ich dir nicht einmal gesagt, dass der Tag kommen würde, wo du deine Aufgabe für China erfüllen würdest? Heute war dein Tag.»

Der Mann ohne Namen saß mit seinem von Marcos Kugeln zerschossenen, dick verbundenen Bein in einem Rollstuhl und ließ sich in das Hauptquartier schieben. Sie hatten ihn wieder mit starken Schmerzmitteln voll gepumpt, und er fühlte sich, als schwebe er. Er verspürte Genugtuung bei dem Gedanken Jackie Lau erledigt und Rache für seinen zerborstenen Arm geübt zu haben. Aber er hatte den Fallschirmspringer verloren und den Spion den anderen überlassen müssen. Das nagte an seinem Selbstbewusstsein. Zum Glück hatte er doch noch diesen besonderen Trumpf im Ärmel, der ihm durch Zufall in den Schoß gefallen war und den er jetzt ausspielen konnte. Zufall? Nein. Bei ihm gab es keinen Zufall. Was aussah wie Zufall, war das Ergebnis seiner Schläue und Gründlichkeit. Bei der Durchsuchung des Hauses in Fuzhou, in dem der umstürzlerische Arzt die beiden Flüchtigen hatte unterkriechen lassen, brachen die Geheimdienstleute auch in ein Krankenzimmer ein, in dem sich eine angebliche Patientin des Doktors ausruhte. Die Frau hatte keinen Ausweis bei sich und stellte sich beim Verhör dumm. Die Holzköpfe aus Fuzhou wollten sie schon der üblichen Behandlung unterziehen, doch hielt sie der Namenlose zurück. Er nahm sich stattdessen den Arzt vor, der schließlich gestand, dass dieser Lau und der Mann aus Hunan diese offensichtlich geistesgestörte Frau mitgebracht und ihn gebeten hätten, für einige Stunden auf sie aufzupassen. Der Arzt verschwieg freilich, dass ihm der Mann aus Hunan einen verschlossenen Umschlag anvertraut hatte für den Fall, dass er doch nicht zurückkommen würde. In dem Umschlag fand der Arzt 100000 US-Dollar und eine Telefonnummer in Nova Scotia, Kanada.

Im Schrank der Frau fanden die Beamten einen Bademantel, in den die Worte «Militärhospital Nummer 1» eingestickt waren. Er hatte die Frau mit nach Dafu gebracht. Sie hatte die ganze Zeit reglos wie Gemüse auf dem Rücksitz des zweiten Wagens gesessen. Die beiden Fahrer, die einzigen aus Fuzhou, die die Aktion überlebt hatten, führten die Willenlose jetzt hinter dem Rollstuhl her.

«Zu Wang Guoming!», herrschte der Namenlose den Soldaten an, der vor der Tür Wache schob.

Der Soldat öffnete ihm folgsam die Tür und half seinen beiden Begleitern den Rollstuhl über die Schwelle zu heben.

Zu seiner Überraschung fand er den General mit einem greisen Ausländer und einem Chinesen in schmutziger, zerrissener Zivilkleidung vor.

Er machte keine lange Vorrede, posaunte seinen Sieg heraus: «General. Ich bringe Ihnen Ihre entführte Tochter zurück!»

Als sie ihren Vater erblickte, stieß die verwirrte Frau einen lauten, unheimlichen Seufzer aus und torkelte auf ihn zu, fiel ihm in den Arm und schluchzte wie ein kleines Mädchen.

«Li Ling, Li Ling.» Er strich ihr durch das Haar und küsste sie wieder und wieder auf die Stirn. «Ist ja gut, mein Kleines. Alles ist wieder gut.»

Der Mann ohne Namen erstarrte vor Schreck in seinem Rollstuhl. Der Zivilist, der Chinese mit der schmutzigen Kleidung, trug eine Weste mit dem Emblem von CCTV. Der Spion! Mit seiner unversehrten Hand tastete der Mann nach seiner Waffe, fand sie nicht und blickte sich Hilfe suchend um. Die Fahrer glotzten ihn verständnislos an.

«Er ist der Spion!», schrie der Namenlose außer sich und zeigte auf Stenton. «Erschießt ihn!»

Niemand rührte sich.

«Erschießt ihn, verdammt noch mal!», quäkte der Mann. Sein wallendes Blut belebte wieder den stechenden Schmerz in seinen verletzten Gliedmaßen. Er erhob sich aus seinem Rollstuhl, doch sein zerschossenes Bein wollte ihn nicht tragen und er fiel der Länge nach hin. Die beiden Fahrer kamen ihm zögernd zu Hilfe und setzten ihn wieder hin.

«Er ist der Spion», kreischte der Namenlose, irrsinnig vor Schmerzen.

«Seien Sie doch still. Er ist der Sohn eines chinesischen Patrioten», wies ihn der Wachsoldat zurecht.

«Guo Hemin», sagte General Wang ruhig. «Ihr Auftrag ist beendet. Sie sind verletzt. Ruhen Sie sich aus.»

Der strenge Blick des Generals erinnerte den Mann, der Guo Hemin hieß, an den Fallschirmspringer.

«Der Mörder», japste er. «Der Mörder Ihres Enkels ist Brigadegeneral Chen Hong. Er hat die Einheit verraten und den Spion auf das Gelände geschmuggelt.»

«Ist das wahr?», fragte der General und sprach zum ersten Mal direkt Stenton an.

«Ich weiß, dass er Kämpfe auf Leben und Tod austrug, weil er das Geld brauchte. Seine Schwester hatte einen Tumor im Kopf. Er wollte damit ihre Operation bezahlen. Er wurde betrogen und sah keinen anderen Weg, als Informationen zu verkaufen. Im Austausch brachten wir seine Schwester in die USA. Die Operation kam zu spät. Sie starb vor drei Tagen.»

Wang Guoming erinnerte sich. «Ja, das wurde mir berichtet. Seine Schwester war todkrank. Und ich sagte ihm, dass ihn dies zu einem besseren Menschen machen würde.»

«Er ist kein schlechter Mensch. Er hat ein liebendes Herz.»

«Und du anscheinend auch, du verdammter Idiot!» George konnte seinen Zorn auf Stenton nicht mehr länger zurückhalten. «Wieso musstest du das Mädchen aus der Klinik entführen? Hast du ihr nicht schon genug angetan?»

«Sie war in Gefahr. Zhao Zhongwen hat angedeutet, dass Li Ling benutzt werden sollte, um General Wang nach der Eroberung zu erpressen und gefügig zu machen. Sie wollten sie am selben Tag aus dem Krankenhaus abholen.»

«Das ist unmöglich!», empörte sich Da Wang, noch immer Li Ling in seinen Armen haltend. «Nur ich persönlich könnte das veranlassen! Ich oder Zhou Hongjie.»

«Ich glaube», sagte George, «jetzt ist der Zeitpunkt gekommen, wo ich dir etwas über deinen Sekretär erklären muss . . .»

Das Rattern und Klopfen der zurückkehrenden Hubschrauber erklang in der Ferne und kam schnell näher. Sie überflogen das Hauptquartier und setzten zur Landung auf dem Flugfeld an, wo sie eine halbe Stunde zuvor gestartet waren. Neunundneunzig Kampfmaschinen.

Eine kam nicht zurück.

39. Kapitel

Dongqiao, August 1966

Sie sah ihn im Augenwinkel den Flur hinunterkommen, begleitet von zwei Roten Garden, die seine Arme in schmerzhaftem Griff umfasst hielten, aber sie wagte nicht aufzublicken, als sie den Geliebten an ihr vorbei aus dem Gebäude führten. Sie saß mit gesenktem Kopf auf der abgewetzten Holzbank vor der Tür des Kommissars für Interne Untersuchungen und Vorsitzenden des örtlichen Revolutionskomitees und versuchte, sich auf neue Beleidigungen, neue Anschuldigungen und neue Demütigungen vorzubereiten. Han Changfa war zwar ein Freund und alter Vertrauensmann ihres Vaters. Aber deswegen konnte sie nicht auf Milde hoffen. Was galten denn Freundschaften noch in dieser Zeit? Die beiden, die Stenton gerade nach draußen gedrängt hatten, waren seine besten Freunde gewesen. Xiao Peng war ihre Freundin gewesen, mit der sie alle Geheimnisse teilte, und sie war es, die am lautesten geschrien hatte.

«Sie ficken! Sie fiiicken!», hatte sie geschrien, das schmutzige Wort mit Genuss in die Länge ziehend. Dabei wusste sie nicht einmal, was das war. Sexualaufklärung gehörte nicht zum Stundenplan der Roten Garden. Die Mädchen wussten zwar, was der Vorsitzende Mao in seiner Eröffnungsrede zur ersten Plenartagung der Politischen Volksratskonferenz über die heimischen Reaktionäre und ihre Taktik gesagt hatte, aber sie verstanden nicht, was in ihren Körpern vorging. Von manchen hatte Li Ling gehört, dass sie ihren ersten Monatsfluss für ein Zeichen ihrer revolutionären Entflammung hielten. Nicht viele hatten eine

Mutter wie Li Jinxin, die ihren Töchtern alles erklärte und keine Frage unbeantwortet ließ.

«Li Ling!» Ihr Name erklang dumpf wie ein böses Schimpfwort hinter der geschlossenen Tür, und sie erhob sich folgsam. Ihr Körper tat noch immer weh von den Schlägen und Tritten ihrer ehemaligen Freunde. Sie hielt die rote Armbinde der Roten Garden, die sie, die Entehrte, nicht mehr an ihrem Arm tragen durfte, säuberlich zusammengefaltet in ihren Händen.

Han Changfa saß steif hinter seinem Schreibtisch unter dem Ehrfurcht gebietenden Porträt des großen Vorsitzenden Mao Zedong und empfing sie mit einem durchdringenden, kalten Blick. Sie senkte den Kopf und wagte nicht zu sprechen. Er ließ sie lange dort stehen, betrachtete ihr von Fingernägeln verschrammtes Gesicht, ihre zerrissene Kleidung. Sie hielt glühend vor Scham die Schöße ihres ramponierten Hemdes mit den Händen zusammen. Alle Knöpfe waren unter dem Ziehen und Zerren wütender Hände verloren gegangen. Der Stoff war an ihrer Schulter entzweigerissen und zeigte ihre blanke Haut bis hinunter zum Ansatz ihrer Brüste. Sie spürte seinen Blick auf genau dieser Stelle brennen.

«Die Beschuldigungen gegen dich sind äußerst ernsthaft», begann Han. «Du hast dich mit einem ausländischen Spion eingelassen.»

«Er ist kein –», wollte sie widersprechen, aber er hämmerte mit beiden Händen auf die Platte seines Schreibtisches, dass sie sofort verstummte.

«Wage nicht mir zu widersprechen!», schrie er sie an und holte tief Luft, um seiner Stimme wieder diesen leisen, unheimlichen Klang zu geben.

«Wer hat dir beigebracht mit einem Mann zu schlafen?»

«Niemand hat es mir beigebracht.»

«Du lügst!» Wieder sausten seine Hände hinab auf den Tisch. «Deine Mutter hat es dir beigebracht!»

«Das ist nicht wahr!» Plötzlich wurde ihr klar, was Han im Schilde führte. Er war eigentlich nicht hinter ihr her. Er wollte Li Jinxin, ihre Mutter. Li Ling erinnerte sich an ein geflüstertes Gespräch, das sie vor einigen Wochen belauscht hatte. Da hatte ihre Mutter dem General etwas gesagt, das diesen in Wut versetzte. Li Ling hatte die Unterhaltung damals nicht verstanden. Es wurden keine Namen genannt.

«Ich habe mit eigenen Augen gesehen, wie er dem Boten aus Changsha einen Umschlag zugesteckt hat, als er sich unbeobachtet fühlte», hatte ihre Mutter in ihrer tapferen Hartnäckigkeit behauptet.

«Du siehst Gespenster. Du lässt dich von der allgemeinen Hysterie anstecken.»

«Und warum horcht er dich jedes Mal stundenlang aus, wenn du aus Peking zurückkommst?»

«Er bekleidet ein wichtiges Amt in der Volkskommune, vielleicht das wichtigste. Er will wissen, was an der Spitze entschieden wurde.»

«Dann soll er die *Volkszeitung* lesen! Er fragt dich aber nach all diesen militärischen Dingen! Was soll ihm das hier in Dongqiao nutzen? Er ist ein Spion für eine fremde Macht!»

«Schweige jetzt. Ich will nichts mehr von diesem Unsinn hören!»

Ihre Mutter hatte Recht gehabt. Han war ein Spion und er wusste, dass sie es wusste.

«Du bist nur ein dummes, kleines Gänschen. Deine Mutter ist die erzreaktionäre Schlampe, mit der die revolutionären Massen abrechnen werden.»

«Nein, bitte, bitte!» Sie warf sich vor Han Changfa auf den Boden. «Bitte, tun Sie ihr nichts!»

Sie vergaß, ihr Hemd zusammenzuraffen, als Han sich hinter seinem Schreibtisch erhob. Ihr Unterhemd, nur mehr ein Fetzen, bedeckte nichts. Er starrte auf ihre jungen Brüste und leckte sich den Mund.

«Du willst mir also weismachen, du hättest selber herausgefunden, wie man das macht? Mit einem Mann ...»

«Ja, ja. Sie hat mir kein Wort darüber gesagt!»

Es war so dumm, es war so durchsichtig und so gemein. Sie erkannte seine Absicht, noch bevor er hinter seinem Schreibtisch hervorkam wie eine Echse aus ihrem Bau.

Sie vergrub ihr Gesicht in den Händen und ließ es geschehen. Weinend, schluchzend, wehrlos, in der Hoffnung, es würde Li Jinxin retten.

Aber es rettete sie nicht.

Han Changfa sperrte sie für die Nacht in eine Arrestzelle und ließ die lechzende, revolutionäre Meute, über die er gebot, von der Kette. Zur Abrechnung mit der erzreaktionären Schlampe und kapitalistischen Kupplerin Li Jinxin.

Sie war allein. Han hatte die drei anderen Töchter ebenfalls in Haft genommen – eine Vorsichtsmaßnahme, wie er später erklärte. Da Wang würde es ihm danken.

Als der Sturm vorüber war und die lärmenden Kinder weitergezogen waren zur nächsten Bestrafung eines ultrarechten Kuhdämons und Spions, der in seiner Wohnung einen Radioempfänger versteckt hatte, betrat Han Changfa die verwüstete Wohnung des Generals, fand Li Jinxin rasiert und verletzt in den Trümmern und flößte ihr das Rattengift ein. Sie hatte ihn dummerweise gesehen, als er dem Mittelsmann von General Zhang die Liste mit den Namen der Politiker übergab, die beim großen Vorsitzenden in Ungnade gefallen waren und die in den nächsten Wochen und Monaten gestürzt würden. Dafür musste sie sterben.

Am nächsten Morgen kam Wang Guoming zurück, den die Rotgardisten am Betreten seiner Wohnung hinderten und zur Kampfsitzung zerrten. Die Sitzung gegen seine Tochter war schon vorüber. Er sah Li Ling, einen Eselshut tragend, in der Mitte der Horde auf dem Boden hocken. Sie hatten ihr einen Phallus aus Pappmaché um den Hals gehängt, der mit der amerikanischen Flagge bemalt war. Li

Ling redete nicht mehr. Sie redete nie wieder. Und weiter wollten die Peiniger auf ihr herumtrampeln, unter Geschrei brachten sie eine Eimerladung Scheiße aus den Latrinen, mit der sie das Mädchen übergießen wollten, da sprang Wang Guoming dazwischen, stürzte sich auf den Rädelsführer und würgte ihn, bis er blau anlief und seine Augen heraustraten.

«Wang Guoming ist ein Schlangengeist!», schrie einer aus der fanatischen Menge. «Er stellt sich gegen die revolutionären Massen!»

«Das ist eine Beleidigung des Vorsitzenden Mao!»

«Ergreift den Reaktionär!»

«Er versucht unsere Arbeit zu behindern! Auf ihn!»

Schläge, Tritte, Hiebe prasselten auf ihn ein, sie bissen und bespuckten ihn, zwangen ihn in die Knie und rissen ihm die Haare aus, bis Han Changfa erschien und sie zur Vernunft brachte. «Geh nach Hause, Wang Guoming, schnell. Ich kümmere mich um deine Tochter!», raunte er dem Verletzten zu, und laut verkündete er: «General Wang wird bis morgen eine tausendseitige Selbstkritik schreiben!»

Unter dem Hohngelächter der Kinder ging der General nach Hause und fand Li Jinxin.

40. Kapitel

Taipeh, 3. Januar

General Zhang fischte sich eine Ginsengwurzel, die vierte an diesem Tag, aus dem Glas und begann darauf herumzulutschen. Zähne, die schon seit fünfunddreißig Jahren nicht mehr seine eigenen waren, erforschten die Form und suchten den geeigneten Punkt, die Wurzel zu zerknacken, während er seine von Leberflecken wie von einer Seuche befallene Hand nach dem Funkgerät ausstreckte. Seine jugendliche Begleiterin räkelte sich gelangweilt auf dem Plüschsofa. Er hatte sie, kaum dass sie ihn von der Party hinauf in sein Arbeitszimmer geleitet hatte, eine «dumme Gans» genannt und von sich gestoßen. Er war nervös wie noch nie zuvor in seinem langen Leben. Sein Plan, sein Traum, an dem er sechzig Jahre festgehalten hatte – in dieser Nacht würde er endlich wahr werden. China, es brauchte ihn, es wartete auf ihn, es schrie nach ihm. Er war alt und würde bald sterben. Er hatte keine Söhne, denen er dieses kostbarste aller Besitztümer vermachen konnte, aber das galt ihm nichts. Nur einen Tag die Gewissheit zu haben China zu beherrschen, war ihm genug. Die Amerikaner, die Narren, würden ihm dabei helfen. Er hatte dafür gesorgt, dass sie mit falschen Informationen und trügerischen Satellitenbildern gefüttert wurden, bis sie ihr Wasser nicht mehr länger halten konnten und die Armeen des Nordens, die die noch größeren Narren aus Peking so leichtsinnig an der mongolischen Grenze massiert hatten, innerhalb weniger Minuten vernichten würden.

Cartlin, sein Mann in Washington, hatte das in die Hand

genommen, der ahnungslose Hewett war ihm auf seine Art dabei behilflich gewesen. Und Zhou, sein Mann in Peking, hatte arrangiert, dass die Armeen des Südens in die Falle gingen und von der haushoch überlegenen taiwanesischen Luftwaffe zerrieben wurden.

Zhangs Befehl klang wie das Krächzen eines hungrigen Geiers: «An alle Einheiten!», schrie er in das Mikrofon, das er fest an seine vertrockneten Lippen presste. Die Durchsage auf der Notfallfrequenz, zu der außer ihm nur der Präsident und der Verteidigungsminister Zugriff hatten, die sich bereits beide in der Obhut von bewaffneten Kommandos befanden, unterbrach jeden Funkverkehr und erreichte jeden Stützpunkt auf der Insel. «Dies ist General Zhang. Die Roten greifen an! Eine Hubschraubereinheit ist auf dem Weg von Pingtan. Sobald sie eingetroffen sind, sollen die Manövertruppen nachfolgen. Dies ist keine Übung. Wir haben den Fall *Rote Flut.* Ich wiederhole. Wir haben den Fall *Rote Flut*!» Wer dieses Codewort hörte, wusste, dass es ernst war. Seit fünfzig Jahren war die taiwanesische Armee auf nichts anderes trainiert worden als den Fall *Rote Flut.* Nichts anderes hatten sie gefürchtet, für nichts anderes die modernsten Waffensysteme gekauft, die es gab. Auf allen Luftwaffenbasen, in allen Kasernen, in allen Häfen und Bunkern kreischten innerhalb von Sekunden nach der Durchsage von General Zhang die Sirenen. Die Truppen, wegen der chinesischen Großmanöver ohnehin in erhöhter Alarmbereitschaft, brauchten nur drei Minuten, um die ersten Jäger in die Lüfte zu schicken, die ersten U-Boote zu versenken und die Flotte auf Kurs zu bringen. «Es gilt der Plan Rote Flut vier!», befahl Zhang. Es war der letzte aller Verteidigungspläne, der selbst im Generalstab am meisten umstritten war und von General Zhang vor Jahren für ebendieses Szenario entwickelt worden war. Der Plan sah die totale Gegenoffensive vor, die Eroberung des Festlandes. Die Luftwaffe würde den Großteil der angeblichen Manövertruppen ausschalten. Die Marine würde das gesamte Küstengebiet südlich von Shanghai sichern, während die Armee eine Landung in der Bucht von Xiamen vorbereitete. Nichts, gar nichts konnte ihn jetzt noch stoppen. Wenn der Morgen graute, gehörte China ihm allein.

«General Zhang?»

Schon morgen würde er in Peking einmarschieren, würde die Volksmassen vom Tor des Himmlischen Friedens aus grüßen, von dem dann nicht mehr das Bildnis des Erzkommunisten Mao, sondern das des Generals Zhang prangen würde. Er hatte es längst malen lassen.

Und er würde die Geburt des neuen China verkünden.

«General?»

Erst beim zweiten Anruf erkannte er die Stimme. Pun hatte sich Zugang zu dem Raum verschafft. Der speckige Narr. Er konnte von Glück sagen, wenn er im neuen China noch einen Posten als Tankwart finden würde.

«Was wollen Sie?», herrschte er den ungebetenen Gast an.

«Es tut mir sehr Leid, General, wir müssen die Aktion abbrechen. Wang Guoming hat seine Hubschrauber zurückbeordert. Die Manövertruppen verhalten sich ruhig. Es gibt keinen Angriff der Roten. Die Amerikaner haben nicht eingegriffen. Die Armeen des Nordens sind intakt.»

«Zu spät. Ich habe bereits das Signal gegeben. Wir greifen an. Mit oder ohne die Yankees.»

«Ich habe gerade mit Ihrem Mann in Peking gesprochen.» General Pun kam näher. Zhang bemerkte irritiert, dass er eine Pistole in der Hand hielt. «Tut mir Leid, General. Aber Zhou hatte von Anfang an den besseren Plan.»

Das Geschoss drang in Zhangs rechtes Auge und zersprengte seinen morschen Schädel, dessen Inhalt sich wie ein grausiger Platzregen auf dem Tisch verteilte. Das Mädchen auf dem Sofa schrie entsetzt auf und ging hinter einem Kissen in Deckung. Pun schoss dreimal in ihre Richtung und behielt sie im Auge, bis ihr Körper nicht mehr zuckte. Als er sicher war, dass sie sich nicht mehr rühren konnte, entfernte er den blutüberströmten Leichnam des Generals aus dem Sessel, wischte die Blut- und Gewebespuren so gut es ging von dem Funkgerät und griff selbst zum Mikrofon.

«Hier spricht General Pun. Mission abbrechen! Mission Rote *Flut* sofort abbrechen und in die Kasernen zurück. Es war nur eine Übung.»

Dann suchte er eine andere Frequenz. «Alles ist bereit. Setzt euch in Bewegung, sobald ihr die Explosionen hört.»

41. Kapitel

Peking, 3. Januar

Sie hatte geahnt, dass er zurückkommen würde. Er war nicht der Mann, der sich das Vergnügen ihres Todes entgehen ließ. Ihr Körper wurde stocksteif vor Angst und Widerwillen.

Hong Fansen schloss die Tür hinter sich ab und beugte sich zu seiner Gefangenen hinunter.

«Ich habe mit Ihnen zu reden.»

Sherry Wu schloss die Augen und versuchte sich an ein Gebet zu erinnern. Ihre Eltern waren strenggläubige Katholiken und deshalb gleich nach 1949 aus China geflohen. Obwohl sie sich der katholischen Kirche deswegen verpflichtet fühlte und ihr die sorglose Kindheit und Jugend in Seattle, Washington, verdankte, hatte sie selbst niemals viel mit Religion anfangen können. Sie bedauerte das jetzt. Vielleicht hätte ihr der Glauben die Kraft gegeben, das Kommende durchzustehen.

Hong Fansen, der Raubvogelmann, hielt ein kleines, spitzes Messer in seiner Hand. «Sie haben mir einigen *mafan* verursacht, wissen Sie das? Ich sollte Präsident und Generalsekretär werden. Ich sollte Zhongguo führen. Nachdem Sie mich verraten hatten, wurde ich für ungeeignet erklärt. Aber das bedeutet jetzt nichts mehr . . .»

Sie schwor sich, sie würde keinen Laut von sich geben. Sie würde ihn nicht mit ihren erstickten, gedämpften Knebelschreien erfreuen, sie würde nicht um Gnade winseln, und keine Träne würde aus ihrem Auge kommen, selbst wenn er ihr mit seinem Obstmesser bei vollem Bewusstsein das Fleisch von den Knochen schälte.

Sie hoffte nur, es würde ihr doch noch ein Gebet einfallen.

Sie sah das Messer niederfahren, aber sie spürte keinen Schmerz. Sie spürte stattdessen, wie ihre Fesseln nachgaben und sie ihre Hände wieder bewegen konnte. Der Arm, auf dem sie viele Stunden gelegen hatte, war taub wie ein Ast, und als nun das Blut langsam wieder in die Adern rieselte, schmerzte das wie tausend feine Nadelstiche.

«Ich muss umdisponieren, leider.» Hong Fansen hatte sich auf einem Stuhl niedergelassen und blickte auf sie herab, durch sie hindurch. Noch immer waren ihre Beine aneinander gefesselt und ihr Mund mit einem breiten Klebeband versiegelt.

«Die Operation ist fehlgeschlagen.» Er kicherte böse. «Unser General hat in letzter Minute kalte Füße bekommen. Ich war immer dagegen, diesem alten Narren zu vertrauen, aber leider hört die Zentrale Militärkommission noch immer auf seine törichten Einflüsterungen. Wir brauchten ihn, jedenfalls für den ersten Schritt. Das erweist sich nun als der entscheidende Fehler. Vielleicht war das unser einziger Fehler. Alles andere war perfekt. Perfekt. Ich wollte nur das Beste für unser Land. Und jetzt stehe ich plötzlich da wie ein gemeiner Verschwörer.»

Es bedeutete ihm nichts, dass Sherry, die seit zwei Tagen nichts gegessen oder getrunken hatte und die genauso lange in Todesangst gefesselt auf dem Fußboden in einem abgedunkelten Raum verbracht und vor einer Minute noch damit gerechnet hatte qualvoll ermordet zu werden, seinen selbstkritischen Betrachtungen nicht so recht folgen konnte.

Sie fragte sich stattdessen, ob sie hier sterben würde oder ob doch noch ein Wunder zu erwarten war.

Hong sprach wie ein Angeklagter vor einem unsichtbaren Richter, der sich mit seinem Fall befasste. «Wir hätten ein neues China schaffen können. Ein geeintes, starkes China. Mit dem Reichtum und den Waffen Taiwans und der Reinheit und dem Revolutionsgeist der Volksrepublik. Wir wären die neue Supermacht gewesen. Niemand hätte sich uns entgegengestellt und niemand uns zu belehren gewagt. Das war mein Ziel. Der Vorsitzende Mao wäre stolz auf mich gewesen. Aber stattdessen habe ich nur noch wenige Stunden, bevor die Regierung mich verhaften und des Hochverrats anklagen wird.»

Erst als er sie nun wieder direkt ansprach, wusste sie, dass das Wunder gleich hinter der Tür wartete. Er nannte sie nicht mehr Fickfrosch. Er sagte:

«Mein Fräulein! Ich muss China verlassen. Und zwar schnell. Meine Freunde in der Partei haben mich gewarnt, dass General Wang ein Geständnis abgelegt und meinen Namen genannt hat. Zhao Zhongwen wurde bereits verhaftet. Ich weiß, dass die CIA geheime Wege hat, auf denen hilfreiche Leute aus China gerettet werden können. Ich werde hilfreich sein, das gelobe ich. Ich weiß Dinge, und ich kenne Zusammenhänge wie niemand sonst auf der Welt.»

Sie riss die Augen weit auf und verdrehte die Pupillen nach unten. Er verstand das Signal. Mit einem Ruck entfernte er das Klebeband von ihrem Mund und sie hatte das Gefühl, er hatte ihr die Lippen abgerissen. Stöhnend presste sie beide Hände auf ihren Mund und rang den Schmerz nieder. Mühsam und unter Pein formte ihr betäubter Mund die Worte:

«Sie reden mit keinem von der CIA außer mit mir, verstanden? Dann bringe ich Sie raus.»

Es war tief in der Nacht. Obwohl sie hundemüde war und in einem fort gähnte, hatte Zhou Sophia nicht in ihr Hotel zurückkehren lassen. Er brauche sie noch, hatte er gesagt.

Sie ließ sich im selben Sessel nieder, in dem General Wang am Nachmittag gesessen und gelitten hatte, und beobachtete Zhou Hongjie, der ihr noch immer den Rücken zugekehrt hatte und mit langsamen Schritten vor dem Fenster auf und ab ging, das den ganzen Osten Pekings überblickte. Er war offenbar versunken in trüben Gedanken, denn auch seine Zukunft war ungewiss. General Wang hatte sich gemeldet und die Operation für gescheitert und beendet erklärt. Persönlich hatte der General den Staatspräsidenten und alle Mitglieder der Zentralen Militärkommission benachrichtigt und dringend darum ersucht, die Befehlshaber Huang und Jiang ihres Kommandos zu entheben. Wang Guoming wollte noch in der Nacht nach Peking zurückkehren, um vor einem Militärtribunal die volle Verantwortung für die Aktion zu übernehmen.

«Sie nannten ihren Plan die Operation *Gelber Kaiser*», sagte Zhou plötzlich. «Das habe ich vorgeschlagen. Eigentlich aber kam dieser Name von General Zhang, wie die weitaus meisten Details der ganzen Sache. Ich arbeitete übrigens seit Jahren für General Zhang. Ich habe streng genommen mein ganzes Leben für ihn gearbeitet.» Er schnaufte belustigt. «Manche, die ihm nahe standen – und das waren nicht gerade viele –, sagten sogar, ich sei sein leiblicher Sohn. Natürlich hatten sie keine Beweise dafür. Aber eine gewisse Ähnlichkeit lässt sich in der Tat nicht verleugnen und ich kann mich nicht erinnern, jemals meinen Vater oder gar meine Mutter gesehen zu haben.»

Sophia rutschte ungemütlich in ihrem Sessel hin und her. Irgendwie wollte ihr dieser Monolog des Sekretärs nicht gefallen. Und irgendwie begann sie diesen Mann wieder zu fürchten. Als sie ihn zum ersten Mal gesehen hatte, konnte sie ihn nicht leiden. Nicht nur, weil sie wusste, dass er ein einflussreicher und unbelehrbarer Kommunist war. Es war etwas in seinen Augen, die sie niemals direkt ansahen, in der Art, wie die vertrockneten Hautlappen reptilhaft unter seinem Kinn hingen, in der schmierigen Weise, wie er sein Haar nach hinten kämmte, das sie abstieß. Als er ihr den Plan der Verschwörer eröffnete, hatte sie vorübergehend über diese Äußerlichkeiten hinweggesehen, hatte sich von seiner Logik und Aufrichtigkeit einnehmen lassen. Aber nun schrumpfte er wieder zusammen auf das alte Bild. Das Bild eines durch und durch unsympathischen, verhärteten Greises, der offenbar entschlossen war den übel riechenden Inhalt seiner Seele vor ihr auszubreiten. Sie wollte es nicht wissen, denn sie fürchtete, dass sie darin etwas Unanständiges, etwas Widerliches finden würde.

«Wenn ich tatsächlich sein Sohn bin, dann hat er mich nicht eben verwöhnt», fuhr Zhou mit seiner Erzählung fort. «Jahrelang hielt er mich in einem Kellerloch, in dem Menschen grausam zu Tode gefoltert wurden. Menschen, die ich zuvor ausgehorcht hatte. General Wang befreite mich damals. Ich wich auf Befehl – nun, sagen wir: meines Vaters – für die nächsten Jahre kaum von seiner Seite, und ich konnte der Guomindang stets von den Bewegungen der kommunistischen Truppen berichten. Einmal auf dem Langen Marsch hätten sie die Rote Armee fast erledigt dank einer Information, die von mir kam. Nach dem Krieg gegen die Japaner setzte Wang ironischerweise ausgerechnet mich als Spion bei General Zhang ein. Ich führte ihn grandios an der Nase herum. Dann nahm er mich mit nach Peking, dort wurde ich ein hohes Tier in der Planungskommission und konnte General Zhang mit unschätzbaren Informationen über den schlechten inneren Zustand der Volksrepublik dienen. Ich wäre noch höher aufgestiegen, aber Wang Guoming forderte einen Gefallen ein und schickte mich nach Hunan, wo ich die *Volkskommune Achter Juni* in Dongqiao leitete, bis mich die Roten Garden ins Gefängnis warfen. Jeden Tag verbrachte ich in der Dunkelheit, kaum zu essen, niemand, der mit mir sprach. Ich war immer erleichtert, wenn sie mich einmal wieder zum Verhör brachten, obwohl sie mich dann schlugen. Diese Verhöre waren für mich die einzige Verbindung zur Welt. Aber die Haft machte mir nichts aus. Ich war ja an Kerker gewöhnt. Und ich begann damit, an einem großen Vorhaben zu arbeiten. Ich schwor mir, dass irgendjemand irgendwann dieses Unrecht wieder gutmachen musste. Ich setzte meinen Preis bei zehn Millionen US-Dollar an. Zehn Millionen kapitalistisches Geld für jeden Tag, den ich in meiner Zelle verbrachte. Da ich vierzehn Jahre saß, also 5100 Tage, macht das fünfzig Milliarden Dollar. Eine schöne Stange Geld, finden Sie nicht?»

Hatte Sophia eben noch mit mildem Unbehagen zugehört, sträubte sich jetzt ihre Haut, als hätte sich eine eiskalte Hand von hinten um ihren Hals gelegt. Der ruhige, leidenschaftslose Ton, in dem Zhou seine irreale Forderung aussprach, klang Besorgnis erregender, als hätte er es mit Schaum vor dem Mund und rollenden Augen herausgeschrien. Er war nicht einfach nur übergeschnappt, beschloss sie: Er war gefährlich.

«Letztendlich ist es mir immer egal, wer das Geld bezahlt. Die Hauptsache war, dass ich es bekommen würde. Und so wartete ich, bis mir eines Tages ein unscheinbares akademisches Papier in die Hand fiel, in dem ein junger Naseweis von der Militärakademie in Chengdu sich wichtig machen wollte. Es war ein Angriffsplan der Volksbefreiungsarmee auf Taiwan und umgekehrt, der in der Armeeführung einiges Aufsehen erregt hatte. Ich gab das Dokument, wie alle Papiere, die Taiwan betrafen, an General Zhang weiter. Er war besonders angetan von dem zweiten Teil der Arbeit, in dem es um die Möglichkeiten eines taiwanesischen Angriffes auf China ging. Ein paar Wochen später befahl mir Zhang, die Operation *Gelber Kaiser* vorzubereiten und in den Kopf des alten General Wang einzupflanzen, bis er es für seine eigene Idee hielt. Das tat ich natürlich. Ich tat immer, was Zhang mir befahl. Aber ich brachte zudem noch meine eigene, viel kleinere und viel klügere Operation in Gang. Ich nannte sie scherzhaft die Operation *Goldener Kaiser*. Denn endlich wusste ich, wer meine Haftentschädigung bezahlen würde. Die Narren Hong und Zhao und ihre hochdekorierten Generalsfreunde, die besessen waren von der Idee ihr Zhongguo aufzubauen, sie ahnten nicht, was eigentlich geschehen sollte. Sie wollten Wang Guoming und mich benutzen. Dabei sah der Plan von General Zhang vor, dass sie benutzt würden.»

Er schüttelte sich vor Lachen.

«Aber dann kommt der *Goldene Kaiser* und macht ihnen alles kaputt! Ist das nicht köstlich? Ist das nicht genial? Und am Ende müssen mir die Chinesen und die Amerikaner noch dankbar sein, denn ich habe verhindert, dass sie einander bekriegen, denn das hätte meinen ehrenvollen Abgang und meine weiteren Pläne unmöglich gemacht! Ich bin der Goldene Kaiser des Friedens!»

«Gestatten Sie, dass ich jetzt zurück in mein Hotel gehe?» Es hielt Sophia nicht mehr in ihrem Sessel. Sie stand auf und ging zur Tür. Sie wollte nichts mehr hören. Je mehr sie wusste, umso sicherer würde er sie töten.

«Ich sagte Ihnen doch: Sie werden noch gebraucht!», herrschte Zhou sie an. «Was meinen Sie, warum General Zhang auf meine dringende Bitte hin bei Ihrem vertrottelten Unterstaatssekretär einfädelte, dass ausgerechnet Sie als Aushilfsspionin nach Peking geschickt wurden, Sophia Wong? Es ist nur eine kleine Idee, die ich mir bei Hong und seinen Freunden ausgeliehen habe. Die wollten Wang Guoming gefügig machen, indem sie seine irrsinnige Tochter verschleppten. Willst du den Vater treffen, dann hole dir seinen Sohn. Und wenn er keinen hat, dann hole dir eben seine Tochter. Ihr Herr Vater hat ausgezeichnete Geschäftsbeziehungen nach Mittelamerika. Er ist zudem ein gewiefter, chinesischer Geschäftsmann, also kennt er alle Tricks. Ich muss meine fünfzig Milliarden US-Dollar doch irgendwie auf halbwegs legalem Wege aus Panama nach Kalifornien schaffen, um mich gebührend damit amüsieren zu können. Ihr Vater wird mir dabei sicherlich eine unschätzbare Hilfe sein. Wie ich erfahren habe, hat er gute Geschäftskontakte nach Mittelamerika, die er sicherlich gern für mich nutzen wird. Umso lieber, weil er damit seiner Tochter das Leben rettet. Sie sehen, der *Goldene Kaiser* hat an alles gedacht.»

«Fünfzig Milliarden.» Ihre Hand fuhr nervös durch das kurze Haar, an das sie sich noch immer nicht gewöhnt hatte. «Niemand auf der Welt hat fünfzig Milliarden Dollar!»

Er blickte auf die Uhr. «In diesen Minuten gehen sie in meinen Besitz über. Ich werde danach der reichste Mann der Welt sein, also seien Sie nett zu mir. Es sind die Devisenreserven Taiwans, meine Liebe. Die Taiwanesen sind vorsichtige und misstrauische Leute. Sie haben ihre Dollars nicht etwa in ausländischen Schatzbriefen angelegt, sondern haben sie schön brav gesammelt und halten sie unter Verschluss. Und just während wir sprechen, wird das größte Sparschwein der Welt geschlachtet.»

Die Tür öffnete sich, und der junge Soldat, der ihr Tee gebracht hatte, erschien.

«Der Flughafen hat angerufen, Genosse Zhou. Die Sondermaschine ist in einer Stunde startklar.»

«Dann wird es höchste Zeit, dass ich meine Sachen zusammenpacke. Bringen Sie das Fräulein in der Zwischenzeit wieder in die Kühlkammer zu der anderen jungen Dame, Lei, damit sie keine Dummheiten macht.» Der Wachsoldat fasste sie am Ellbogen und zog sie zur Tür. Sie wehrte sich nicht. Wie benommen von der kalten Berechnung seines Planes ließ sie sich abführen, den Gang hinunter, in den Aufzug und hinab in das Gefängnis, das Han die «Kühlkammer» nannte. Sie wären beinahe mit dem seltsamen Paar zusammengestoßen, das in großer Hast aus dem schummrigen Kellerkorridor in den sich öffnenden Lift drängte. Den schmächtigen, greisen Glatzkopf mit dem Raubvogelgesicht, dessen Augen hinter dicken Brillengläsern angstvoll funkelten, nahm sie kaum wahr. Sie sah nur das Mädchen, das ihr diesen unverzeihlichen, unvergesslichen Stich von Eifersucht zugefügt hatte. Diese junge Chinesin, deren schönes Gesicht jetzt durch Schläge und Schrammen entstellt war. Das Mädchen, das vor ein paar Tagen während ihres Besuches mit Unterstaatssekretär Hewett in ihrem Hotelzimmer erschienen war und sie mit ihrer sonderbaren Nachricht in die tiefste Verwirrung ihres Lebens gestürzt hatte, als sie erkannte, dass sie Stenton liebte und nur ihn, und zwar mit aller Macht und Sehnsucht und aller Wut. Das Mädchen, neben dem sie stundenlang gefesselt und geknebelt in der Dunkelheit gelegen hatte, schmorend wie über einem Feuer über dieser einen Frage.

Sie schüttelte den Arm ihres Bewachers ab.

«Wer sind Sie?», fragte sie auf Englisch Stentons Pekinger Hostess. «Warum haben Sie meinen Mann an den Drei-Schlangen-See bestellt?»

Der Wachsoldat ergriff sie sogleich wieder mit roher Gewalt am Arm, riss sie weiter den Gang hinunter zur Kühlkammer.

«Wer sind Sie?», rief Sophia der Unbekannten nach, während der Aufzug sie und den mageren Alten verschluckte. Und weil keine Antwort kam, schrie sie so laut sie konnte und in der Tonart einer chinesischen Furie, von der sie nicht wusste, dass sie sie überhaupt beherrschte, schrie so giftig, dass selbst der Soldat für einen Moment furchtsam vor ihr zurückwich: «Er gehört mir, verstehen Sie? Mir allein! Ich liebe ihn!»

42. Kapitel

Berg Taman, südlich von Taipeh, 3. Januar

Chen Hong steuerte seinen Hubschrauber über die Vororte der taiwanesischen Hauptstadt und hielt Kurs auf die südlichen Berge.

Es war ihm nicht leicht gefallen seinem General den Befehl zu verweigern. Die Operation *Gelber Kaiser*, die größte Heldentat in der chinesischen Geschichte, sollte also gestoppt werden. Er hatte damit gerechnet, und er wusste, es war seine Schuld. Er hatte die Feinde von dem Vorhaben informiert und dadurch seinen eigenen, genialen Plan zum Einstürzen gebracht. General Wang hatte das Richtige getan. Aber nun würde auch er, der Verräter Chen Hong, das Richtige tun. Er hatte sein Land verkauft, aber nun würde er sein Verbrechen wieder gutmachen. Er wollte den Bunker am Berg Taman stürmen und die Atomraketen der Taiwanesen unschädlich machen. Dafür sollten sie ihn in Erinnerung behalten. Dafür, dass er China von dieser fürchterlichen Bedrohung befreit hatte. Er war bereit dafür sein Leben zu lassen, und das Gleiche galt für seine Männer. Sie hatten den Lageplan des schwer bewachten Raketenbunkers so weit verinnerlicht, dass sie sich auch mit verbundenen Augen auf dem Gelände zurechtgefunden hätten.

Der Hubschrauber landete auf einem Sportfeld bei der verschlafenen Ortschaft Wuai. Kein Licht wurde in den Häusern angeschaltet, keiner lief aufgeregt auf die Straße. Von Wuai aus waren es fünf Kilometer steil den Berg hinauf bis zum ersten Kontrollposten. Die Männer, die schwer an ihrer Kampfausrüstung trugen, an den Sturmgewehren, den Nachtsichtgeräten und dem Sprengstoff, bewältigten die steinigen Bergpfade in nur fünfunddreißig Minuten. Zweihundert Meter vor dem ersten Kontrollposten gingen sie in Deckung und warteten, bis das Vorauskommando die Wachen am Eingang überwältigt hatte und die grünen Laternen schwenkte. Der zweite Kontrollposten lag direkt am Tor zum Bunker, der mit Stahlschiebetüren gesichert war. Fünf Männer gaben ihr Leben bei dieser Aktion, und dennoch standen die verbliebenen drei vor dem Tor und wussten nicht wie es zu öffnen war. Der schwer verletzte Kommandeur der Wachtruppen lachte und spuckte Blut. Niemand, sagte er, würde den Code entschlüsseln, der die Tür öffnete. Chen Hong hatte keine Zeit zum Rätselraten. Er deponierte die Hälfte des mitgebrachten Sprengstoffs vor dem Eingang und verursachte eine Explosion, die bis in die Vorstadt von Taipeh zu hören war. Als der Rauch sich verzogen hatte, stürmten die drei verbliebenen Elitesoldaten in den Tunnel. Sie warfen Handgranaten in das Inferno, bis das Todesklagen der Wächter verstummte. Einer, seinen zerfetzten Oberarm umklammernd, kam schreiend ins Freie gelaufen, wo Chen Hong ihn ansprang und zu Fall brachte.

«Wo ist der Kontrollraum?», schrie er den Mann an. «Wo werden die Raketen gezündet?»

«Keine Raketen, keine Raketen!», jammerte der Verblutende.

Ein einziger Wachsoldat war noch am Leben, und er feuerte eine Salve auf die Eindringlinge, als sie den Bunker betraten. Bevor Chen Hong ihn unschädlich machen konnte, war er allein. Die Kugeln des Wächters hatten seine letzten Kameraden zerrissen.

Die Wände des Tunnelgangs, der in den Berg hineinführte, waren hellgrün gestrichen, glatt und steril. Wären da nicht die Rauchwolken gewesen, er hätte sich in einem breiten, hell erleuchteten Krankenhausflur gewähnt, dessen Decke ein übermütiger Architekt als Bogengang gestaltet hatte. Zerfetzte Soldatenkörper waren wie Müll im Gang verstreut, noch immer stöhnten irgendwo in den Seitengängen die Verletzten.

Chen Hong schlich, sein schussbereites Sturmgewehr im Anschlag und es nervös nach rechts und links haltend, den langen Gang hinunter tiefer in den Berg Taman hinein, wo er die Abschussrampen der Atomwaffen vermutete. Er schleppte zwei schwere Taschen mit Plastiksprengstoff auf seinen Schultern, die er seinen toten Kameraden abgenommen hatte.

Er hielt inne und lauschte. Was er hörte, klang wie das Brummen schwerer LKW-Motoren, die sich die Serpentinenstrecke zum ersten Kontrollpunkt hinaufmühten. Er gelangte an eine weitere verschlossene Stahltür, hinter der er den Abschusskontrollraum vermutete. Zwei Päckchen Sprengstoff müssten reichen. Er platzierte sie rechts und links an den Flügeln der Pforte, stellte den Zeitzünder auf dreißig Sekunden und rannte zurück in den nächsten Seitengang. Der Zündungsmechanismus war fehlerhaft. Noch bevor Chen Hong hinter der Ecke verschwunden war, detonierte der Sprengsatz verfrüht und warf ihn wie eine Puppe gegen die Wand des Seitenganges. Sein Schlüsselbein und sein Oberschenkelknochen brachen wie Zweige, sein Trommelfell platzte unter dem Druck und dem Lärm der Detonation. Ein Knochen ragte neben seinem Hals aus seiner Schulter, Blut rann ihm aus den Ohren und der Nase, als er wieder zu sich kam. Er wollte sich erheben, aber sein Bein gehorchte ihm nicht. Er kroch weiter durch den groben Schutt der gesprengten Wand, stieß sich mit dem unversehrten Bein ab und zog sich mit beiden Armen an größeren Trümmerstücken vorwärts. Dabei stieß der hervorstehende Knochen bei jeder Bewegung hinaus und wurde bei der nächsten in die Schulter zurückgezogen wie der Kolben einer grausigen Maschine. Sein Gewehr und die beiden Taschen mit Sprengstoff schleifte er hinter sich her. Sein Gehör war verloren. Er hörte nicht einmal mehr sein eigenes Keuchen, nur noch ein Brausen und Tosen. Zentimeter für Zentimeter arbeitete er sich vor. Vorbei an den verbogenen Überresten des Tores, vorbei an zerborstenen Stahlträgern, die wie Finger nach ihm greifen wollten, hinein in das Herz Taiwans.

Zuerst dachte er, er sei in einem Gefängnis. Rechts und links war der Gang hier drinnen von dicken Gitterkäfigen begrenzt. Aber es saßen keine Gefangenen in den Käfigen. Es saßen dort auch keine Raketentechniker vor blinkenden Konsolen. Es waren nur große, quadratische Metallkästen. Die ersten zwei Käfige waren von der Explosion an der Stahltür erreicht worden. Sie waren beschädigt, und der Inhalt der Kästen hatte sich unter die Trümmer gemischt.

Grüne Scheine.

Chen Hongs Hand griff nach einem Bündel dieser Scheine und hielt sie ganz nah an sein Gesicht. Es waren Geldscheine. Dollarscheine.

Er verstand nicht.

Weiter und weiter kroch er in den tiefen Gang hinein. Vorbei an immer neuen Käfigen mit immer mehr Geldkisten. Das war das Herz von Taiwan.

Nicht Atomraketen.

Es war Geld.

Hätte er sein Gehör noch besessen, so hätte er Stimmen und das Summen eines Elektromotors gehört. Zwei Dutzend bewaffnete Männer betraten im Dunst der abziehenden Staubwolken den Tunnel, ihnen voraus fuhr ein Gabelstapler. Sie hatten ihre containerbeladenen LKWs auf dem Platz vor dem Eingang abgestellt. Sie waren gekommen, um das Geld zu holen und auf ein Schiff zu bringen, das im Hafen von Chilung vor Anker lag. Es war die *Regula,* ein Containerschiff der Poseidon Oriental Lines, die in den frühen Morgenstunden ihren Heimathafen verlassen und nach Panama fahren sollte. Die Frachtlinie Poseidon Oriental gehörte dem alten General Zhang, und es hatte General Pun eine besondere Freude bereitet, gerade von dieser Reederei ein Schiff zu chartern.

Laut der Zollerklärung, die bereits ausgestellt und gestempelt war, hatte die *Regula* Computermonitore und Spielzeug aus taiwanesischer Fertigung an Bord. Tatsächlich aber waren es siebzig Milliarden US-Dollar in bar und acht Milliarden in Gold, ein Großteil der taiwanesischen Devisenreserven. Von Anfang an hatten Zhou und sein Helfer Pun die Operation *Gelber Kaiser* als Deckmantel für den größten Coup aller Zeiten benutzen wollen. Im Chaos, das mit dem Angriff der Roten ausbrechen würde, wollten sie die bestbewachte Festung der Insel schleifen und den Schatz außer Landes schaffen. Alles war vorbereitet. Als Wang Guoming die Operation plötzlich absagte, hatte Pun für einen Moment befürchtet, ihr famoser Plan wäre vernichtet. Doch Zhou hatte ihn beruhigt. Chen Hong war programmiert und gehorchte wie ein Roboter. Er war nicht zurückgekehrt, sondern setzte seine Mission fort, und Pun schickte die LKWs los, die nur ein paar Kilometer vom Bunker entfernt auf ihren Befehl warteten, und stieg selbst in seinen BMW, um gleichzeitig mit ihnen den Schauplatz zu erreichen.

Die Männer betraten den Käfigtunnel und machten sich sofort daran, das verstreut herumliegende Geld aus den beschädigten Kisten in ihre Taschen zu stopfen.

«Haltet euch nicht mit dem Kleinkram auf, ihr Idioten!», schimpfte Pun. «Jeder bekommt seine Million wie abgesprochen.»

Er selbst freilich würde beträchtlich besser kassieren. Alles, was über fünfzig Milliarden hinausging, gehörte ihm, hatte Zhou versprochen. Das waren seinen Schätzungen zu-

folge noch einmal so zwischen zwanzig Milliarden in bar und hinzu kam noch das Gold.
Seine Söldner waren alle vormalige Mitarbeiter des aufgelösten «Garnisonskommandos», die General Pun mehr fürchteten als Gott, den Teufel und alle taiwanesischen Geister zusammen. Das machte sie zu sehr zuverlässigen Leuten. Vier von ihnen hatten statt Gewehren Schneidbrenner umhängen und machten sich sofort daran die Stahlkäfige zu öffnen. Nicht mehr als fünfzehn Minuten waren für den größten Raub der Menschheitsgeschichte vorgesehen. Zwei Stunden waren für die Fahrt in den Hafen von Chilung veranschlagt. Um 3.00 Uhr sollte die *Regula* beladen werden und um 5.00 Uhr in See stechen. Der Gabelstapler surrte in den ersten Käfig und schob seine Arme unter die Palette, die feierlich wie ein Altar in der Mitte des Raumes aufgebaut war. Mit einem angestrengten Heulen wurden die ersten anderthalb Milliarden in die Höhe gehievt, während die Männer mit den Schneidbrennern sich bereits an den übernächsten Toren zu schaffen machten.

«He!», brüllte einer der beiden Männer, die in den hinteren Bereich des Tunnels vorgedrungen waren. «Hier liegt einer! Muss einer von diesen verdammten Rotchinesen sein. Er sieht jedenfalls verdammt rot aus!»

«Kümmert euch nicht um ihn», schnauzte Pun. «Bringt die Kisten auf die Lastwagen.»

Chen Hong, blutüberströmt, hatte sich unter unsäglichen Schmerzen und mit schwindenden Kräften vorgearbeitet bis an das Ende des Tunnels. Hier hinten, in den letzten acht Käfigen, lag nicht mehr Bargeld, sondern Gold.

Als er die Wand erreicht hatte und sich erschöpft dagegenlehnte, sah Chen Hong die Männer, die ihm gefolgt waren und sich die grünen Geldscheine in die Taschen stopften. Sein Verstand arbeitete nur noch in schwächer werdenden Impulsen, seine Arme und Hände wollten ihm kaum noch gehorchen, als er die Taschen mit dem Sprengstoff zu sich heranzog und die Zünder aktivierte.

Auf zwei Minuten begrenzte er den Rest seines Lebens.

Er starb als ein Mann, der seinen Verrat gesühnt hatte. Seine Schwester war gestorben. Er hatte es gespürt. Mitten in der Nacht war er wach geworden und hatte gewusst, sie war tot. Und er bekam die Gewissheit, als er am Telefon des amerikanischen Spions mit ihr sprach. Sie hatten ihn mit einem Trick hereinlegen wollen.

Vergebens.

Yueyue sollte sie füttern, hatte er ihr gesagt. Und sie oder wer immer ihre Stimme zu ihm gebracht hatte versprach es. Yueyue war ein kleines Hündchen, das sie besessen hatte, als sie vier Jahre alt war.

Yilai war tot. Die Amerikaner hatten seine Schwester nicht retten können. Aber sie hatten es versucht. Er hatte sie nicht retten können und auch er hatte es versucht. Sogar Verrat hatte er dafür begangen. Aber sein Verrat wog nicht schwer gegen den Verrat derer, die ihn hierher geschickt hatten. Mit einem Bündel des Geldes, das die fremden Männer sich in ihre Taschen stopften, hätte Yilai vor ein paar Monaten noch gerettet werden können. Jetzt konnte ein ganzer Tunnel von Geld sie nicht zurückbringen.

Jetzt musste er ihr folgen.

Jetzt musste er sie einholen.

«Ich komme, Yilai», war sein letzter Gedanke.

«Habe ich euch nicht gesagt, ihr sollt euch nicht um den Roten kümmern, verdammt noch mal?» General Pun war äußerst ungehalten und nervös. Sein kleiner, runder Körper rollte wie eine Kugel auf die beiden zu, die sich vor dem Sterbenden aufgebaut hatten.

«Ich dachte, der wäre tot. Sieh mal da – jetzt grinst er auf einmal!»

«Quatsch doch nicht! . . . du hast Recht. Was hat er denn da in den Taschen? Warte mal. Das sieht aus wie ein verdammter – Zurück! Er hat eine Bombe! Raus hier! Raus hier!»

43. Kapitel

Kaserne der Einheit «Rote Fahne»,
Dafu, 3. Januar

Schluchzend wie ein Kind, das Schutz sucht vor dem bösen schwarzen Mann aus ihren schlimmsten Alpträumen, krallte sich Li Ling an Stenton fest, bis das Weiß ihrer Fingerknöchel hervortrat. Er hielt sie fest in beiden Armen und sprach tröstend auf sie ein.

Der Anfall war unerwartet gekommen. Während George dem sprachlosen General die Geschichte des Rattenjungen, des ewigen Verräters, erzählte und der Name Han Changfa fiel, hatte sie mit einem Mal ihren Kopf erhoben, als habe sie einen fernen Ruf vernommen. Ein Beben war durch ihren Körper gefahren, und sie murmelte Worte, verständlich nur ihr selbst in ihrer undurchdringlichen Dunkelheit. Lauter und lauter wurde ihre Stimme, bis es ein Schreien war, dann ein Heulen. Sie stürzte sich auf Stenton, hieb mit beiden Fäusten auf ihn ein, trat ihn und schlang gleichzeitig ihre Arme um seinen Oberkörper.

General Wang Guoming beobachtete schreckensbleich seine kranke Tochter, die sich unter Stentons Flüstern und Streicheln langsam beruhigte.

«Was hat er ihr angetan?», fragte Da Wang tonlos. «Was hat der Verbrecher meiner Tochter angetan?»

«General!» Bai kam in die Befehlszentrale getrabt und erstarrte schuldbewusst, als er die Szene erblickte. Stenton und Li Ling umklammert in einer verzweifelten Pose, Da Wang und George ratlos danebenstehend. Er beschloss das zu ignorieren.

«Ein Jet der Luftwaffe ist in unseren Kontrollbereich eingedrungen. Er fliegt den Luftkorridor 27 Ost an. Der Pilot reagiert nicht auf unsere Funksprüche.»

Wang Guoming starrte den Kameraden verständnislos an.

«Luftkorridor 27 Ost, General. Das ist die Route nach Taiwan.»

«Von wo kommt die Maschine?», fragte er endlich.

«Vom Militärflugplatz Xijao in Peking. Die Starterlaubnis wurde auf Ihren Befehl hin erteilt. Es sind zwei Passagiere an Bord. Zhou Hongjie und eine unbekannte Begleiterin.»

«Der verdammte Hund.» Da Wang fuhr zu George herum. «Er will sich absetzen. Genau wie damals Lin Biao.» Maos designierter Nachfolger, General Lin Biao, war 1971 nach einem missglückten Putschversuch gegen seinen Gönner aus China geflüchtet. Aber er kam nicht weit. Seine Fluchtmaschine war über der Mongolei abgestürzt. Angeblich wegen eines Triebwerkschadens. Aber General Wang wusste es besser. Maos Jäger hatten das Flugzeug vom Himmel geholt.

George nickte. «Nur fliegt er nicht nach Moskau, sondern nach Taipeh.»

«Gleichviel. Er fliegt in sein Verderben. Zwingen Sie die Maschine zum Landen», knurrte Da Wang. «Bringen Sie mir den Verräter hierher.»

«Wir haben nur wenige Minuten, bis die Maschine unseren Luftraum verlässt. Wir können ihnen nicht folgen, ohne einen ernsten Zwischenfall zu provozieren.»

General Wang überlegte nicht lange.

«Wenn sie nicht umkehren wollen, dann schießt sie ab.»

George wagte einen Seitenblick zu Stenton, der ihnen zuhörte, während er Li Ling weiter in den Armen wiegte.

«Mein Junge, ich habe dir was zu sagen», sagte er ernst. «Es betrifft deine ehemalige Frau.»

«Was ist mit ihr?» Stenton bemerkte mit Unbehagen, dass sein Vater nicht wie üblich von der CAMP sprach. «Ich weiß nicht, warum, und ich weiß nicht, für wen. Aber sie scheint in derselben Branche tätig zu sein wie du. Sie war offenbar auf Zhou angesetzt. Sie ist die unbekannte Begleiterin in dem Flugzeug, Stenton.»

44. Kapitel

Washington, D. C., 3. Januar

Sie hatten mit angehaltenem Atem zugesehen und über Funk zugehört, wie die Jets der Taiwanesen aufstiegen und sich zu einem Angriff auf das Festland formierten, um ihre Aktion nur wenige Minuten später wieder abzubrechen und zu ihren Stützpunkten zurückzukehren.

«Ich habe ja gleich gesagt, das ist nur eine Übung», posaunte der Verteidigungsminister. Erleichterung wogte auf im Gefechtsraum des Weißen Hauses. Funker rissen sich unter Gelächter die Kopfhörer ab, die wie Zangen auf ihre Seelen drückten, einer warf jubelnd einen Stapel mit Protokollen in die Luft, andere reichten sich die Hände und klopften einander freudestrahlend auf die Schultern.

«Gut gemacht, Mister President», lobte General Finch und ergriff die Hand des verdatterten Oberbefehlshabers.
«Ich habe doch gar nichts gemacht. Alles ging so verdammt schnell.»

«Ja, eben.»

Die Techniker aus dem Pentagon brauchten nur zehn Minuten, um die Kabel zu finden, die von den Satellitenmonitoren zu einem Geräteschrank führten, der in einer dunklen Ecke des Raumes stand. Sie waren verbunden mit der Quelle, aus der die trügerischen Bilder eingespeist worden waren.

«Videorekorder.» Die Techniker rümpften beleidigt die Nasen. «‹Made in Taiwan!›» Sie wurden von einer Zeitschaltuhr kontrolliert, um genau zur richtigen Minute die Satellitenübertragung zu unterbrechen und falsche Bilder einzuspeisen, die an einem anderen Ort, zu einer anderen Zeit aufgenommen worden waren.

Als Cartlin atemlos den Raum betrat, richteten sich alle Blicke auf ihn.

«Sie greifen an. Meine Leute auf der mongolischen Seite haben soeben einen Notruf abgesetzt. Wir müssen sofort reagieren, Mister President!»

Dann erblickte er Fred Summers, der neben seinem Freund, dem Präsidenten, stand. Seinem ehemaligen Freund.

«Was macht der hier? Den Mann habe ich entlassen!», tobte der CIA-Direktor und ahnte, dass irgendetwas schrecklich schief gegangen sein musste. Warum glotzten sie ihn alle an?

«Mister Cartlin», sagte Summers ruhig. «Ich habe nachgedacht. Das Erdloch in Phang Doc war noch viel zu gut für Sie.»

Unterstaatssekretär Sterling Hewett III verließ den Gefechtsraum, in dem er um Jahre gealtert war, allein und niedergeschlagen. Er hatte entscheidend mitgeholfen eine Katastrophe abzuwenden, und eigentlich sollte er Stolz und Genugtuung empfinden. Stattdessen fühlte er sich wie ein nutzloser, halb blinder Narr.

Mister «Wir-werden-unser-Bestes-tun».

Er hatte versucht sein Bestes zu tun. Auf jeder Sprosse seiner Karriereleiter hatte er das versucht, und nun wurde ihm klar, wie viele seiner Entscheidungen, seiner Empfehlungen und seiner Erfahrung auf nichts weiter basierten als auf dem Spiel eines geschickten Verbrechers. Seit fünfzig Jahren hatte er sich eingebildet in China zu lesen wie in einem offenen Buch. Aber es war ein Buch voller Lügen und Betrügereien.

Erst als er in den eisigen Vormittag hinaustrat, fiel ihm auf, dass er irgendwo seinen Mantel vergessen hatte. Vielleicht im Gefechtsraum? Im Verhörzimmer des Secret Service? Er wollte keinen der beiden Räume jemals wieder betreten.

«Suchen Sie den hier?»

Fred Summers trat neben ihn, hielt ihm das Kleidungsstück hin und half dem gealterten Unterstaatssekretär hinein.

Schweigend gingen sie nebeneinander die mit peinlicher Sorgfalt eis- und schneefrei gehaltene Zufahrt des Weißen Hauses hinunter. Dem Wachsoldaten, der sie zwei Stunden zuvor nicht hatte hereinlassen wollen und der noch immer vor seinem Häuschen stand, gingen die Augen über, als er sie erblickte.

Sie straften ihn mit Nichtachtung.

«Sie haben was verpasst», sagte Summers, als sie den Bürgersteig hinunter zu seinem abgestellten Wagen schlenderten. «Ein höchst interessantes, umfassendes Geständnis unseres allseits geschätzten Mister Cartlin. Abgelegt unter Tränen und auf Knien. Ich habe ihn seit vielen Jahren nicht mehr in dieser Verfassung gesehen.»

Hewett schnaufte böse.

«Zhang hat ihn nicht nur über Jahrzehnte mit Geld versorgt, er hatte auch versprochen ihm seinen Wahlkampf zu finanzieren. Es war, wie wir vermuteten. Unsere Luftwaffe sollte die eine Hälfte der chinesischen Armee ausschalten, die andere wollte Zhang von Taiwan aus erledigen. Aber irgendjemand hat ihm einen Strich durch die Rechnung gemacht. Wir haben inzwischen den taiwanesischen Generalstab erreicht. Zhang hatte sie in seinem Haus festgesetzt. Wie es aussieht, half ihm General Pun vom Geheimdienst. Jedenfalls bis zu einem gewissen Punkt. Dann hat er ihn erschossen.»

«Zhang ist tot?»

«Kopfschuss aus nächster Nähe», nickte Summers. «General Pun ist untergetaucht. Auf ganz Taiwan wird nach ihm gefahndet. Aber ehrlich gesagt: Ich glaube nicht, dass sie ihn finden werden. Das scheinen sie nicht einmal selbst zu glauben. Sie haben jetzt auch ganz andere Sorgen. Ein Großteil ihrer Devisenreserven ist in die Luft geflogen.»

«Was?»

«Jemand hat den Bunker ihrer Nationalbank gesprengt. Im Moment sind sie gerade dabei, die Dollars wieder einzusammeln und zu sehen was noch zu retten ist. Wir wissen noch nicht, ob das Teil der Operation *Gelber Kaiser* war und ob auch dahinter Zhang steckte. Vielleicht brauchte er das ganze Geld, um Cartlins Wahlkampf zu bezahlen. Man müsste schon jedem Wähler ein paar Hunderter in die Hand drücken, um diesen Stinkstiefel zu wählen. Sie haben das Beste noch nicht gehört! Er hat versucht einen unserer eigenen Leute zu ermorden.»

«Marco?»

«Natürlich. Und zwar mitsamt seinem Vater. Er sagte, er habe es im Auftrag von Zhang veranlasst. Er wollte verhindern, dass der alte Farlane einen gewissen Han Changfa wiedererkennt. Weiß der Himmel, was das zu bedeuten hat. Jedenfalls hat er einen brandgefährlichen Killer auf sie angesetzt, den wir unter dem Namen Lee Tai Du kennen. Kriegsname ‹Der Schatten des Todes›. Er sollte sie beide zu Weihnachten auf der Farm des Alten in Nova Scotia erledigen. Zum Glück konnte Marco ihm entkommen. Marco ist nun mal der Beste . . .»

Aber Hewett hörte ihm nicht zu. Ein vertrauter Name hatte seine Aufmerksamkeit erregt.

«Wer, haben Sie gerade gesagt, sollte diesen Han Sowieso nicht wiedererkennen?»

«Ich habe keinen Namen genannt. Oder?» Summers hätte sich für seine Unvorsichtigkeit ohrfeigen können! Ihm fiel wieder ein, dass er Hewett verdächtigte, die Berichte Marcos und Sherry Wus an die Presse geleitet zu haben. Würde Summers jetzt auch noch den Namen seines besten C-17-

Mannes in der Zeitung lesen? Sie hatten den Oldsmobile erreicht, und der CIA-Mann suchte in der Tasche nach seinem Schlüssel, Hewetts Blick nervös ausweichend.

«Sagten Sie nicht Farlane?»

«Ich habe nichts gesagt, und wenn Sie diese Information weitergeben, dann ...»

«Ihr Marco ist Professor Stenton Farlane?»

«Mister Hewett, ich bitte Sie, das für sich zu behalten, sonst gefährden Sie Menschenleben. Was zum Teufel ist denn daran so verdammt lustig.»

Hewett schüttelte grinsend den Kopf. «Haben Sie sich schon mal gefragt, woher ich die Informationen über die Operation *Gelber Kaiser* und über Cartlin hatte? Von meiner C-17-Frau! Und das ist niemand anders als Sophia Wong-Farlane. Die Gattin des Agentenprofessors.»

Summers teilte durchaus nicht die Heiterkeit des Diplomaten. «Was soll das denn heißen, Ihre ‹C-17-Frau›?»

«Ich habe mir erlaubt meine eigenen Recherchen anzustellen. Meine ehemalige Dolmetscherin hat sich tapfererweise bereit erklärt, sich auf eine offene Stelle in Peking zu bewerben, und wie sich zeigte, war das genau die richtige Stelle.»

Summers, der soeben die Tür an der Fahrerseite aufschließen wollte, setzte den Schlüssel wieder ab und umrundete den Wagen. Hewett stellte zu seiner Verwunderung fest, dass Summers sauer war. Stinksauer.

«Was bilden Sie sich denn eigentlich ein?», fragte er giftig und kam ganz nah an Hewett heran. «Wieso überlassen Sie nicht uns diese Arbeit? Wieso müssen Sie etwas anfangen, von dem Sie nicht das Geringste verstehen?»

«Entschuldigen Sie mal!», wehrte sich Hewett empört. «Sie sind schließlich zu mir gekommen, um meine Quellen zu benutzen. Richtig?»

«Ja. General Zhang. Und das hätte uns beinahe Kopf und Kragen gekostet. Und jetzt sagen Sie bloß, Ihre Dolmetscherin haben Sie auch durch Zhang nach Peking eingeschleust.»

«Natürlich.»

Summers wandte sich wutschnaubend ab.

«Dann können Sie von Glück sagen, wenn sie noch am Leben ist.»

45. Kapitel

Im Luftkorridor 27 Ost, 3. Januar

Zhou Hongjie, unterwegs in eine glänzende Zukunft, saß am Fenster und blickte hinaus in die Nacht, sah die Lichter der Küstenstädte unter sich dahingleiten und sonnte sich im größten Triumph seines Lebens, auf das er zurückblickte wie ein Bergsteiger, der allein und ohne fremde Hilfe den anspruchsvollsten aller Berge bezwungen hatte. Wie vor Jahrmillionen das erste Tier aus dem Wasser an Land gerobbt war, so war Zhou wie Ungeziefer aus dem schmutzigen Keller des Generals Zhang in sein eigenes Leben emporgekrochen, das er nun als reichster Mann der Welt beschließen würde. Nie hatte er etwas anderes getan als gelogen und betrogen, verraten und hintergangen, und auf diese Weise hatte er den Gipfel erklommen. Immer verfolgt und immer gepeinigt wurde er auf diesem Weg, aber jede dieser Demütigungen hatte ihn nur stärker gemacht. Er hatte General Zhang vernichtet, er hatte Wang Guoming mit Blindheit geschlagen, er hatte die Operation *Gelber Kaiser* wie eine gigantische Luftblase geschaffen und platzen lassen. Er hatte die Welt an einen Abgrund geführt und sie dort stehen lassen, während er sich in die Lüfte erhob, auf den Schwingen einer letzten, süßen Lüge, die ihm das Tor zum Paradies öffnen würde. Niemals, das hatte er wohl bei seinen Planungen bedacht, niemals hätte sein Flugzeug China verlassen können. Die Grenztruppen hätten ihn vom Himmel geholt wie damals den albernen Narren Lin Biao. Aber Zhou hatte vorgesorgt und das Schicksal war ihm dabei behilflich gewesen. Einen perfekten Plan kann nichts, gar nichts erschüttern, lehrten die alten Weisen, und sie hatten Recht.

«Wir fliegen in einer geheimen Mission, und Sie sind für den großen, patriotischen Auftrag auserwählt worden», hatte er dem staunenden Piloten seiner Fluchtmaschine erklärt. «Sie wissen, dass die Tochter des Generals Wang schwer krank ist.» Die beiden Ahnungslosen hatten gerüchteweise davon gehört. Sie sei tobsüchtig und nicht bei Verstand, erzählte man sich.

«Uns fällt die Aufgabe zu sie zu einem berühmten Arzt nach Taiwan zu bringen. Natürlich darf davon nie etwas bekannt werden, um nicht unsere eigenen Ärzte in ein unvorteilhaftes Licht zu bringen. Außerdem ist Ihnen bekannt, dass der General bisher jede Sonderbehandlung für seine Familie abgelehnt hat. Nur in diesem Fall ist er gezwungen eine Ausnahme zu machen. Aber er wünscht nicht, dass jemand davon erfährt. Die Piloten nickten verständnisvoll und halfen dem Soldaten Lei dabei, die Gefangene des Genossen Zhou, die mit Tabletten ruhig gestellt war, auf den Sitzen im hinteren Bereich des Flugzeuges festzubinden. Das Täubchen trug einen langen, roten Mantel, eine übergroße Sonnenbrille und ein tief ins Gesicht gezogenes Kopftuch für den unwahrscheinlichen Fall, dass einer der Piloten sie erkannt hätte. Wo immer die wirkliche Li Ling zu dieser Stunde auch war – und Zhou vermutete, dass der übernervöse Trottel Zhao Zhongwen sie aus der Heilanstalt entführt hatte –, für die beiden Piloten, für die Aufklärer der Grenztruppen und ganz besonders für den alten General Wang saß sie als Geisel in diesem Flugzeug, und er würde es nicht wagen sie aufzuhalten.

Der Flugzeugführer hielt die zweimotorige Turboprop-Maschine aus chinesischer Fertigung auf einer Höhe von viertausend Metern, als er links und rechts neben dem Rumpf die Positionslichter der MIGs aufblinken sah.

«Feilong 7, landen Sie sofort auf dem Flughafen Pingtan»,

erreichte ihn der Funkspruch aus dem Kampfjäger. Feilong – Fliegender Drache –, das war die Typenbezeichnung einer Spezialanfertigung der chinesischen Y-12, die nur von hohen Würdenträgern des Staates benutzt wurde.

«Negativ, MIG. Ich fliege auf Befehl des Generals Wang Guoming», antwortete der Pilot.

«Der General befehligt auch uns. Ihr Flug ist beendet, Feilong 7.»

«Was sind das für Flugzeuge?» Zhou Hongjie steckte seinen Kopf in das Cockpit.

«Grenztruppen. Sie behaupten ebenfalls Order von General Wang zu haben!», erklärte der Pilot, etwas verunsichert.

«Das ist unmöglich. Sie wissen nichts von unserem Auftrag. Passen Sie auf!»

Die MIG von Steuerbord zog plötzlich neben der Feilong 7 vorbei und setzte sich vor sie.

Die Turbulenz, die die Maschine erfasste, schleuderte Zhou an die Decke und wieder auf den Boden.

«Halten Sie sich fest!», kreischte der Kopilot, während sein Kamerad verzweifelt versuchte, über den aufgewühlten Luftstrom hinter dem Kampfjet hinweg den Kurs zu halten und seine Maschine zu stabilisieren.

«Feilong 7, ich wiederhole: Landen Sie sofort in Pingtan», quäkte die MIG sie erneut an. Der Donner eines dritten Kampfjets erdröhnte über ihnen.

«Gehen Sie runter auf tausend Meter. Und drosseln Sie dort das Tempo. Tun Sie es, oder wir drücken Sie runter.»

«Tun Sie, was er sagt!», schrie Zhou. «Das ist unsere Chance. Lange können die MIGs diese niedrige Geschwindigkeit nicht halten, und wir können ausbrechen! Sie werden uns nicht über das offene Meer hinaus folgen.»

Der Fliegende Drache senkte die Nase und schoss geradewegs dreitausend Meter in die Tiefe.

Zhou hatte recht behalten. Die MIGs konnten das Tempo

nicht mitmachen und drehten ab. Doch die Erleichterung im Cockpit währte nicht lange. An ihrer Stelle erschienen wie riesige Killerinsekten zwei MIL-Kampfhubschrauber neben dem Fliegenden Drachen.

«Feilong 7. Sie haben sechs Kilometer bis zur Küste», warnte einer der Helikopterpiloten. «Wir haben Befehl Sie abzuschießen, wenn Sie chinesisches Hoheitsgebiet verlassen. Drehen Sie jetzt bei, und fliegen Sie das Flugfeld von Pingtan an.»

«Wir müssen runter», stammelte in seiner Panik der Pilot. «Wir können ihnen alles erklären und dann wieder starten!»

«Sie bluffen! Es ist zwar gegen unseren ausdrücklichen Befehl. Aber sagen Sie ihnen, wen wir an Bord haben! Los!», kläffte er den Piloten an.

«Natürlich!» Erleichtert griff der Pilot das Funkgerät und rief den Hubschrauber. «MIL, in unserer Maschine ist die kranke Tochter des Generals Wang. Wir haben den Auftrag, sie nach Taiwan zu einem Arzt zu bringen!»

Das wirkte. Zhou konnte förmlich hören, wie sich der verunsicherte Hubschrauberpilot in seiner Einsatzzentrale erkundigte, konnte sehen, wie Wang Guoming erblasste, wie er schwach wurde, vielleicht wieder in eine seiner Umnachtungen fiel, die lange genug währen würde, damit Zhou das sichere, offene Meer erreichte, wo zwei Jäger der taiwanesischen Luftwaffe, die General Pun geschickt hatte, sie erwarten und nach Taipeh geleiten würden.

Doch da ertönte, verzerrt zwar, aber doch mächtig und bedrohlich, die Stimme aus dem Lautsprecher, die Zhou nie wieder zu hören geglaubt hatte. «Piloten der Feilong 7, hier spricht General Wang Guoming. Der Mann, der vorgibt in meinem Namen zu handeln, ist ein Hochverräter. Sie haben nicht meine Tochter, sondern eine amerikanische Spionin an Bord.» Der Pilot wollte sich fragend nach Zhou umdrehen, aber dieser kam ihm zuvor. Der eiskalte Lauf einer Pistolenmündung wurde ihm ins Genick gedrückt.

«Hören Sie nicht auf ihn. Bleiben Sie ganz ruhig, und tun Sie, was ich Ihnen sage, dann werden Sie reich belohnt.»

Die gelben Lichter des Flugfeldes von Pingtan tauchten aus der Dunkelheit auf, sie überflogen die Baracken und rot blinkenden Meldetürme der Kaserne. Dahinter lag schwarz das rettende Meer.

«Junge, ich habe deine Frau nie leiden mögen, aber glaub mir, wenn ich könnte, würde ich sie da herausholen.» George redete auf seinen Sohn ein, der wie versteinert vor dem Radargerät stand. General Wang hielt über Funk Kontakt mit den beiden MIL-Hubschraubern.

«Noch dreißig Sekunden», bellte er.

Sie konnten das näher kommende Donnern der MILs vernehmen, in dem das Heulen der zwischen den Kampfhubschraubern eingekeilten Turboprop-Maschine völlig unterging.

«Stenton? Sag doch was, Junge. Verdammt!»

Stenton konnte nicht sprechen, er kochte vor Wut und Reue und schwor sich Sterling Hewett III eigenhändig zu erwürgen. Er hatte ihr einen neuen Job vermittelt, wie sie gesagt hatte. Dieser selbstgefälliger, blasierte Bürokrat hatte seine Frau in den Tod geschickt. Und sie hatte es ihm verheimlicht, so wie Stenton vor ihr über all die Jahre seine wahre Tätigkeit verborgen gehalten hatte. Nun bezahlten sie teuer für ihre Lügen und das Versteckspiel. Lauter und lauter wurde der Fluglärm. Stenton riss sich aus seiner Versteinerung, stürzte besinnungslos hinaus in die Nacht und sah am westlichen Himmel die Lichter der Hubschrauber und des zwischen ihren hässlichen Insektenkörpern in tödlicher Umarmung eingekeilten Fliegenden Drachen näher kommen.

«Sie fliegen weiter», knurrte Da Wang.

«Gottverdammt!», schrie George und hämmerte seine knochige Faust auf die Konsole. «Es ist meine Schwiegertochter! Ich habe dich nie um etwas gebeten, Da Wang . . .»

«Wir zielen auf das Ruder und die Triebwerke. Vielleicht gelingt ihnen eine Bruchlandung. Mehr kann ich nicht für dich tun.»

Stenton sah das Mündungsfeuer der MIL-Waffen aufblitzen, hörte wenig später das hässliche Knattern, das Kreischen der zerstörten Triebwerke, das in seinen Ohren klang wie Sophias verzweifelter Hilferuf, den er hören würde bis in alle Ewigkeit. Sah Funken sprühen am Nachthimmel, sah den Rumpf des Fliegenden Drachen sich neigen und in steilem Winkel hinabsausen zur Erde, über die Baracke hinweg, in den Pinienhain über den Klippen. Hörte das Geräusch zerberstenden Stahls und splitternder Bäume. Wartete auf eine Explosion, aber nichts geschah. Die Hubschrauber drehten, wie Raubvögel nach der Jagd, gemächlich und siegesgewiss ab und flogen eine weite Schleife zurück zu ihrem Horst.

«Vielleicht ist ihr nichts passiert, Junge.» Noch niemals hatte Stenton seinen Vater so aufgeregt, so aufgelöst gesehen. George kam aus dem Hauptquartier gehumpelt, so schnell es sein verletztes Bein zuließ, und ergriff den Arm seines Sohnes. Da Wang schritt hinter ihm, Soldaten umschwärmten ihn, winkten Jeeps heran, die sie zur Absturzstelle brachten.

«Sie ist tot», stellte Stenton fest. Die Gewissheit schmerzte ihn weniger als das Bangen davor. Der Tod, wenn er eintrat, war eine Tatsache. Marco verdrängte Stenton. Für Stenton, den Professor, war der Tod ein Schrecken. Für Marco aber war der Tod ein alter Bekannter.

George saß neben Stenton auf dem weiten Weg zum Wrack und hielt, durchgeschüttelt von den Bodenwellen, seine Hand fest. Noch nie, dachte Stenton, war er seinem Vater so nahe gewesen wie auf diesem Weg zu der Leiche seiner Frau. Er ließ ihn reden, obwohl er nicht zuhören wollte. Ließ ihn reden, weil George sich schuldig fühlte, ohne Schuld zu tragen. George redete wie ein hilfloser, alter

Mann, der sich und der Welt einen Irrtum eingestehen muss. Den größten Irrtum seines Lebens.

«Sophia hatte Recht, weißt du», sagte George. «Mit jedem Wort hatte sie Recht. Ich war ein alter Trottel. Ich habe einen Traum von China gehabt, aber die Chinesen machen ja am Ende doch immer, was sie wollen. Und um unsere Träume scheren sie sich einen Dreck. Sophia war eine Chinesin. Ich war bloß ein verdammter Ausländer und bin es immer noch. Ein amerikanischer Spion, genau wie du. Wir sind, verdammt noch mal, doch immer nur amerikanische Spione gewesen und nichts weiter. Deine Mutter hat es immer gewusst, sie war eine kluge Frau. Das weiß ich erst heute. Warum meinst du, hast du keinen chinesischen Namen? Ich wollte dich Chenhua oder Zuoxin oder Yuzu nennen. Aber deine Mutter ließ das nicht zu.»

«Warum nicht?»

«Weil sie nicht wollte, dass du einen chinesischen Namen hast! Weil sie immer wusste, dass du niemals ein Chinese sein würdest, genauso wenig wie ich. Sie weigerte sich schlicht. Sie weigerte sich sogar dir einen zweiten Namen zu geben. Nur Stenton und sonst nichts. Sie wollte, dass sich die Chinesen ihre Zunge abbrechen bei dem Versuch ‹Stenton› zu sagen.»

Der Jeep sprang über einen umgestürzten Baum, und die beiden Männer auf dem Rücksitz wurden unsanft bis hinauf an das Verdeck geschleudert. Sie hatten die Absturzstelle erreicht. Die Lichtfinger der Jeeps tasteten sich über die grauenvolle Szene aus zerrissenen Wrackteilen und kokelndem Holz.

Da Wang, der dem zweiten Fahrzeug entstieg, brüllte den ausschwärmenden Soldaten Befehle zu. Jemand brachte ihnen starke Taschenlampen.

«Du willst vielleicht hier im Wagen warten, Xiaolong», sagte er.

«Nein», sagte Stenton und griff sich eine Lampe.

Die Körper der beiden Piloten fanden sie zuerst. Zermalmt zwischen den Trümmern ihres Cockpits und einem Felsen, zerquetscht zu einem blutigen Brei.

George unternahm einen letzten Versuch seinem Sohn das Schlimmste zu ersparen.

«Warte doch im Auto auf uns, Stenton. Geh zurück.»

Stenton schüttelte nur den Kopf.

Ein Soldat fand Zhou Hongjie und rief die anderen herbei.

Zhou hing mit dem Kopf nach unten in einem Baum, seine weit gespreizten Beine waren an den Knöcheln in Astgabelungen gefangen. Seine mehrfach gebrochenen Arme baumelten hinab, als ob eine leichte Brise sie bewegte und seine Fingerspitzen befanden sich nur eine Handbreit, doch unerreichbar hoch über dem Boden. Aus seinem Bauch ragte wie der Zeiger einer schaurigen Sonnenuhr ein abgebrochener Ast, dessen lang gezogener Schatten im Licht der Taschenlampen tanzte. Zhous Augen waren weit aus den Höhlen getreten, so als hätte ein erbarmungsloser Riese seinen Körper zusammengequetscht.

«So enden Verräter», sagte George, er wusste selbst nicht warum. Zhou aber lebte noch. Und er sah sie. George und Da Wang hörten seinen Atem röcheln, seine Lippen versuchten Worte zu formen. Seine zerschnittenen, mit Rinnsalen von Blut bedeckten Arme fuhren empor, als wolle er Hilfe suchend nach ihnen greifen oder als wolle er sie packen und mit sich in die Hölle reißen.

George blickte den General fragend an. Der schüttelte den Kopf.

«Ich habe keine Gnade für ihn.»

Er bot dem Amerikaner seine Waffe an.

Unheimlich hallte der peitschende Klang der Pistole durch den Pinienhain über den Klippen, der in der Dunkelheit von Lichtkegeln blitzartig erleuchtet wurde und so für Sekunden gebückte, uniformierte Gestalten erkennen ließ, die wie Diebe in der Nacht die weit verstreuten, metallenen Eingeweide, Gefieder und Krallen des Fliegenden Drachen durchsuchten.

Es war Stenton, der sie fand. Fetzen ihres roten Mantels schimmerten im silbernen Licht auf wie ein Signal. Schon als er näher trat, wusste er, dass sie tot war. Ein lebloser Körper, begraben unter einem herausgerissenen Flugzeugsitz. Ihre Hände ragten darunter hervor, aneinander gekettet mit Handschellen, wie zum Gebet gefaltet, halb begraben im aufgewühlten, sandigen Boden. Die perfekt gefeilten, braun lackierten Nägel zerbrochen.

Brauner Nagellack, den Sophia für einen Verstoß gegen die Menschenrechte hielt.

Er sank in die Knie, legte die Taschenlampe beiseite und vergrub den Kopf in den Händen.

Der Tod war ihm ein alter Bekannter. Er hatte viele seiner Feinde geholt und manchen seiner Freunde.

Und nun hatte er Sherry Wu geholt.

46. Kapitel

Peking, 4. Januar

Der Staatspräsident befand sich in keiner guten Stimmung. Von allen Seiten feuerten feindselige Politbüromitglieder, ZK-Gewaltige und Provinzhierarchen auf ihn ein. Anfragen stapelten sich in seinem Vorzimmer, manche in rüdem, herausforderndem Ton.

Wie er es hatte zulassen können, dass ein Grüppchen von Meuterern das Land in solche Gefahr brachte? Wer China denn nun regiere, die Partei oder die Armee, und wer kontrolliere die Armee, wenn nicht er? Ob er den Anforderungen seines Postens überhaupt gewachsen sei? Die Verhaftungen, die sie hatten vornehmen können, mochten den ärgsten Sturm zumindest vorübergehend besänftigen. Die Generäle Huang und Jiang sowie der Wirtschaftslenker Zhao Zhongwen waren kassiert worden. Hong Fansen war noch flüchtig, aber auch ihn würde man früher oder später aufgreifen. Aber dann fing der Ärger erst an. Wenn es zu einer Untersuchung kam, wenn General Wang als Kopf der Verschwörung vor einem Militärtribunal und einer Parteikommission aussagen würde, dann würde allen klar werden, welche unrühmliche, passive Rolle er, der Präsident, in dieser ganzen unseligen Angelegenheit gespielt hatte. Wie er es versäumt hatte, die Truppenbewegungen an der mongolischen Grenze rechtzeitig zu stoppen, wie er sich hatte bluffen lassen und den Generälen freie Hand gegeben hatte. Und dann noch die vielen, vielen anderen Geheimnisse, die General Wang kannte und die niemals, niemals in die falschen Ohren dringen durften.

Er musste verhindern, dass dieser Mann verhört wurde, und er war entschlossen es zu verhindern.

General Wang hatte sich noch in der gestrigen Nacht gestellt und war in seinem Haus unter Arrest gestellt worden, den er selbst angeordnet hatte.

Der Präsident war seit vielen Jahren nicht mehr zu Fuß durch die gartenhaften Gassen des Regierungsviertels gegangen. Doch an diesem Morgen ließ er seine Limousine stehen und marschierte schnurstracks zum Haus von Wang Guoming.

«Ich bin äußerst ungehalten!», blaffte er den großen, alten Mann an, der ihm persönlich die Tür öffnete. «Sie haben eine Verschwörung angeführt, die unsere langfristigen, politischen, patriotischen Ziele zu untergraben und uns in größte Schwierigkeiten zu bringen geeignet war.»

Da Wang stellte nicht ohne Erheiterung fest, dass dieser Mann selbst in seiner Raserei noch genauso sprach, wie die *Volkszeitung* ihn zitierte.

«Ich kenne meine Schuld und ich bin bereit, die Verantwortung zu übernehmen», sagte er. «Ich erwarte keine milde Strafe. Wenn ich an Ihrer Stelle wäre, Genosse Präsident, würde ich mich erschießen lassen.»

«Es steht Ihnen nicht zu mir Vorschriften zu machen!», schnappte der Präsident und schritt, nervös mit beiden Armen fuchtelnd, in Wangs spartanischem Wohnzimmer auf und ab. «Ich respektiere den herausragenden Beitrag, den Sie zur Befreiung unseres Vaterlandes geleistet haben. Sie sind ein Held unseres Volkes. Ich kann nicht zulassen, dass das Andenken an einen unserer letzten Veteranen derartig besudelt wird. Das wäre schlecht für das ganze Land und die großen patriotischen Aufgaben, die noch vor uns liegen. Ich denke vor allem an die Wiedervereinigung mit Taiwan, die friedliche Wiedervereinigung, General Wang!»

«Ich habe verstanden.»

«Ich kann nicht zulassen, dass General Wang Guoming,

unserem strahlenden Helden, ein Hochverratsprozess gemacht wird», fuhr der Präsident in höchster Erregung fort. «Das würde alle meine Anstrengungen zur Festigung sozialistischer Werte in diesem Land zunichte machen. Verstehen Sie, was ich damit sagen will?»

«Ich denke schon.»

«Ich will damit sagen», schnarrte der Präsident dennoch weiter und blieb vor dem Sarg stehen, der noch immer in Da Wangs Stube stand wie ein stummes Omen, «dass es für einen Mann wie Sie nur einen einzigen ehrenhaften und patriotischen Weg aus dieser ganzen Angelegenheit gibt, und ich erwarte, dass Sie diesen Weg beschreiten.»

«Ich werde Sie nicht enttäuschen, Genosse Präsident.»

«Nun denn, General Wang. Leben Sie wohl!» Damit rauschte er zur Tür hinaus.

George erschien hinter Da Wang im Türrahmen. «Professor Pan möchte jetzt aufbrechen.»

«Ich bin einverstanden.»

Der Arzt aus dem Militärhospital in Guangzhou, den sie noch in der Nacht nach Peking eingeflogen hatten, betrat den Raum. Er trug die kleine Tasche mit Li Lings Sachen. Die Frau ging neben ihm her wie ein kleines Mädchen, hielt seine Hand fest und hob nicht ihren Blick, als ihr Vater vor sie trat.

«Sie wird bei mir in guten Händen sein, General Wang», sagte der Arzt in Uniform. «Solange ich lebe, werde ich nicht aufhören sie zu rufen. Und vielleicht hört sie mich eines Tages.»

«Sie wird mich niemals wiedersehen», stellte der General fest.

«Li Ling trägt Sie in ihrem Herzen, General.»

Und er trat zur Seite, der Große Wang, seine Hand berührte flüchtig den Stoff ihres Wintermantels, als sie sein Haus verließ und wieder eine Tür vor seinem liebenden Herzen für immer zuschlug.

George stand wachsam hinter ihm, bereit, ihn zu stützen, wenn er fiel. Aber Da Wang blieb standhaft.
«Bist du so weit?», fragte er den General.
«Ich bin so weit.»

Sie erwartete ihn an dem Treffpunkt, den sie heute Morgen am Telefon ausgemacht hatten. Am Ufer des Sees im Beihai-Park hinter der Verbotenen Stadt. Es hatte nur zweier Anrufe bei der Botschaft bedurft, und er hatte sie in ihrem Hotel ausfindig gemacht. Ein eiskalter Nordostwind wehte ihm entgegen, als er auf sie zuschritt. Zum ersten Mal sah auch er, was ausgerechnet George vor ihm bemerkt hatte. Keine Spur mehr von Drachenlady oder von CAMP. Sie war eine Chinesin. Und sie war schöner als jemals zuvor. Über ihrem kurzen Haar, das sie zehn Jahre jünger erscheinen ließ, trug sie eine blaue Strickmütze, war in eine dicke, graue Steppjacke gehüllt und trat, bevor sie ihn kommen sah, von einem Fuß auf den anderen, um sich aufzuwärmen.
Sie sagte nichts, die Frau, die er liebte und um deren Leben er gebangt hatte, als sei es sein eigenes. Sie behielt ihre Hände in den Taschen und wandte sich, kaum dass er neben ihr stand, von ihm ab, den Schlittschuhläufern auf dem zugefrorenen See zu.
«Sie ist tot, nicht wahr?»
«Ja.»
«Ich kannte nicht einmal ihren Namen.»
«Ihr Name war Sherry Wu.»
«Sie hat dich geliebt.»
Er ließ nicht erkennen, ob er das gewusst hatte.
«Sie hat es mir gesagt. Gestern Abend. Sie war schon in Sicherheit, wollte diesen Kader, diesen Hong, außer Landes bringen. Aber dann kam sie noch einmal zurück in die Kühlkammer, nachdem ich sie fürchterlich angebrüllt hatte. Sie hat für dich Li Ling gesucht und gefunden, und sie hat mir die Nachricht mitgegeben, damit ich genau das denke,

was ich gedacht habe. Sie wollte dich für sich haben, das hat sie mir selbst gesagt.» Sophia schüttelte den Kopf. Stenton sah, dass sie weinte. «Das dumme Ding. Als ich ihr erklärte, was Zhou vorhatte, bestand sie darauf, statt meiner in dem Flugzeug zu sitzen. Sie sagte, sie würde mit ihm schon fertig werden. Sie gab dem Wachsoldaten ihre Uhr, eine goldene Rolex, dafür, dass er sie und nicht mich mitnahm. Sie ist gestorben, Stenton, damit wir zusammen sein können.»

Von der Eisfläche auf dem See her gellte das Lachen von Kindern, die sich mit Schlittschuhen und Eisschlitten vergnügten. Lange standen sie schweigend am Geländer unter den kahlen Weiden, ließen den kalten Wind ihre schutzlosen Gesichter peitschen.

«Du hast sie gefunden, deine Li Ling, nicht wahr?», fragte sie schließlich. Sie gab sich Mühe, zu verbergen, wie schwer ihr diese Frage fiel. Er merkte es dennoch. «Wirst du nun bei ihr bleiben?»

«Nein. Aber es gibt vieles, das ich dir erklären muss. Über mich und meine Vergangenheit und über Li Ling. Es war damals in Dongqiao . . .»

Sie legte ihren Zeigefinger auf seine Lippen. ‹Nicht jetzt. Ich will, dass du Frau Yu kennen lernst.

«Frau Yu?»

«Sie hat einen Mann, drei Söhne und Schwiegertöchter und drei Enkelkinder, für die sie abends kochen muss. Mehr weiß ich auch noch nicht von ihr. Und dass sie Schlittschuhe verleiht. Kannst du Schlittschuh laufen?»

«Natürlich kann ich das.»

«Ich wusste es. Würdest du es mir beibringen . . .?»

Epilog

Malagash, Nova Scotia, 25. Januar

Die Schneewolken hatten ihre Fracht bei Tagesanbruch abgeladen und waren weiter ins Landesinnere gezogen. Der Wind war abgeflaut, und die Sonne erstrahlte weißgolden an einem blauen Himmel über dem verschneiten Land. Schwere Eisschollen, auf denen Möwen umherwanderten, trieben gemächlich auf den schwarzen Wassern durch die Northumberland-Straße. Die Luft war klirrend kalt. Umso wohler tat das Kitzeln der Sonnenstrahlen auf der Haut.

Es war einer dieser Wintertage, die keinen anderen Gedanken zuließen als nur den an Ruhe und Frieden.

Ein Tag zum Vergessen.

Zum Verheilen von tiefen Wunden in den Seelen alter Männer. Die Spuren ihrer Stiefel, unter denen der Neuschnee bedächtig knirschte, führten hinaus aus dem einsamen Haus am Meer, vorbei an dem verwitterten Schild mit der Aufschrift «Volkskommune 1. Oktober» an den Strand. Eingehüllt in dicke Wintermäntel wanderten die beiden Männer am gefrorenen Saum der trägen Wellen entlang.

«Weißt du – eines habe ich niemals verstanden», sagte der Hinkende mit dem schlohweißen, etwas zu langen Haar. «Sie haben immer gesagt: Jeder Chinese muss das Datum kennen, und jeder Chinese muss stolz auf das Datum sein!‹ Und jeder, der damit nichts anfangen konnte, musste sich gleich wie ein verdammter Reaktionär vorkommen. Aber, ehrlich gesagt, ich habe nie wirklich verstanden, warum Dongqiao ausgerechnet die *Volkskommune Achter Juni* wurde. Was zum Teufel war denn nun am 8. Juni?»

«Ach, das war nur einer von seinen Witzen.»
«Wessen Witze?»
«Maos. Er hatte ja wirklich eine sonderbare Art von Humor. Und man wusste nie, ob man lachen sollte oder nicht. Da kam eines Tages einer zu ihm und sagte: Wie nennen wir denn nun diese große, neue Volkskommune in Dongqiao? Das war eines der ersten befreiten Gebiete in China, und es ist eine sehr wichtige Kommune. Aber wir wissen nicht, wie wir sie nennen sollen. Und da sagte der große Vorsitzende: ‹Wir sollten sie nach einem bedeutenden und wichtigen Datum benennen.› Und alle sagten: ‹Ja!› Und er lachte und sagte: ‹Es gibt einen Tag, an den ich mich besonders gut erinnere, und das war der achte Juni!› Und alle sagten: ‹Ja! Das ist es. Dongqiao heißt von nun an *Volkskommune Achter Juni.*› Und als alle wieder gegangen waren und nur noch Zhou Enlai und ich im Zimmer saßen, da sagte er: ‹Den 8. Juni 1956, den werde ich nie vergessen. Ich hatte gut gegessen und eine Zigarette geraucht, und dann kam diese junge Krankenschwester und verabreichte mir eine Massage. Und was für eine! Und ich fragte sie: Wie heißt denn diese Art von Massage? Und sie sagte: Heute ist der 8. Juni. Das war die Massage des 8. Juni!›»
«Eine Massage? Sie haben unser schönes Dongqiao nach einer Massage benannt, die Mao bekam?»
«Und was für eine! Siehst du – das war eben seine Art von Humor. Da konnte man mitlachen oder nicht mitlachen.»
«Und? Hast du mitgelacht?»
«Ich weiß es nicht mehr.»
Der Weißhaarige hustete. Zumindest klang es wie ein Husten. Wie Nebel stieg sein Atem in die Morgenluft. Aus dem Husten wurde ein Keuchen und dann ein Lachen. So laut, wie er seit Jahren nicht mehr gelacht hatte.
«Eine Massage?», prustete er.
Der Schwarzhaarige ließ sich anstecken. Er beobachtete

den anderen zuerst verwirrt, dann konnte er auch nicht mehr an sich halten und breitete die Arme aus.

«Eine Massage!», rief er – und Tränen der unterdrückten Heiterkeit rannen über sein Gesicht. «Und was für eine!»

«Und was für eine!», rief der Weißhaarige zurück.

Sie bogen sich, sie hielten sich die Bäuche, sie schrien vor Schmerz unter dem Lachanfall, der sie nicht mehr losließ. Sie deuteten brüllend mit den Zeigefingern aufeinander, schubsten sich herum wie Schulbuben, sie ließen sich in den Schnee fallen und lagen da, einander bei den Händen haltend, bis das Lachen in einem Kichern verebbte und der Schwarzhaarige sagte: «Aber das ist vorbei, nicht wahr, Kleiner Drache . . .?»

«Ja, Da Wang», sagte der andere. «Das ist vorbei . . .»